KB106990

공자가 들려주는 인생경험

論語

별재

상

남회근 지음
송찬문 번역

마하연

論語別裁
南懷瑾 先生 述著
ⓒ 南懷瑾文化事業有限公司, 2014

Korean translation copyright ⓒ Mahayon Publishing Co., 2023
Korean edition is published by arrangement with
Nan Huai Jin Culture Foundatian.

논어별재 (상)

초판 1 쇄 2023년 12월 10일 초판 발행 2023년 12월 15일

지은이 남회근 지음 | 옮긴이 송찬문 | 펴낸이 송찬문 | 펴낸곳 마하연 |
등록일 2010년 2월 3일 | 등록번호 제 311-2010-000006 호 | 주소 10266 경기도
고양시 덕양구 통일로 966번길 84-4 | 전화번호 010-3360-0751
이메일 youmasong@naver.com
다음카페 홍남서원 http: //cafe.daum.net/youmawon

ISBN 979-11-85844-16-9   04150

책값은 뒤표지에 있습니다. 잘못된 책은 바꿔 드립니다

『논어별재』, 논어로 논어를 풀이하다

남회근 선생은 그의 자서에서 겸허하게 말합니다. "이 책이름을 「별재」別裁라고 정한 것도 이번의 강의가 정통 유가의 경학 밖에서 다른 체재로 이루어진 단지 개인적인 견해일 뿐, 학술적인 부류에 들어가지 못하고 하학상달下學上達의 일을 논할 만 정도가 되지 못하기 때문입니다." 그렇다면 『논어별재』가 일반 주해본 들과는 다른 참신함(別出心裁)은 어느 방면에서 표현되었을까요?

첫째, 『논어별재』의 가치는 강해에 있지 주해에 있지 않습니다. 둘째, 『논어별재』에는 남회근 선생의 독창적인 견해가 많아 해석이 전인들과는 다른 곳이 100여 곳입니다. 셋째, 『논어별재』의 한 가지 특별한 점은 현실과 연계하여 생동감이 넘친다는 것입니다. 넷째, 눈앞의 사회 실제와 저자 자신의 인생 경험을 활용 강해함으로써, 공자의 말 속의 말과 말 밖의 말 그리고 『논어』 원문에서 직접 말하고 있지 않지만 간접적으로 말하고 있는 의미에까지도 확대하여 보충하고 있습니다.

『논어별재』는 공자 시대와 2천여 년이나 떨어져 있습니다. 공자는 그 시대의 사람들에게 말해주는 것이지만, 『논어별재』는 남회근 선생이 이 시대 사람들에게 들려주는 것으로, 통속적이어서 이해하기 쉽고 심오한 내용을 알기 쉽게 표현하며, 『논어』 사상의 내함과 공자가 말하는 본뜻과 꼭 들어맞는 동시에 현실 사회의 실제와 결합시켜 강술하고 있는데, 이야말로 전정한 전승傳承인 것입니다.

또한 『논어별재』는 과거 역대의 경학가들 주석과 천명闡明 발휘로 본래 면모를 잃어버린, 특히 주희의 「사서장구」四書章句로 그 원본의 전체적인 연관된 사상 원칙이 산산 조각이 나버린 『논어』를 새롭게 꿰뚫어 통하게 함으로써 『논어』의 본래 면모를 회복하였습니다. 선생은 말합니다. "본래 『논어』 스무 편은 공자의 제자들이 수미가 일관되고 조리가 정연하도록 마음을 다해 편찬한 한 편의 완전한 글입니다. 『논어』 20편 전체뿐만 아니라 각 편의 문장 모두가 조리가 정연하고 맥락이 일관되어 있습니다. 뿐만 아니라 전체 20편은 수미首尾가 호응하도록 편집 배열되어 있어서 한 편의 자연스럽고 완벽한 훌륭한(天衣無縫) 문장이나 다름없습니다.”

　그리하여 『논어별재』는 우리를 대신하여 편과 편 사이의 내재적인 논리 연계를 찾아줍니다. 제1편「학이」는 개인이 내재적인 학문 수양을 하는 것을 말합니다. 제2편「위정」은 학문의 외적인 응용을 말합니다. 제3편「팔일」은 문화정신을 말하는데, 개인의 내성內聖을 배움으로 삼고 외적 응용을 위정爲政으로 삼으며 이를 종합하는 문화정신을 말하고 있습니다. 인仁은 공자 학문의 중심인데, 제4편「이인」은 오로지 인에 대해서만 말합니다. 제5편「공야장」과 제6편「옹야」는 공자와 그 제자들 간의 대화와 토론을 통하여 공문의 학문을 설명합니다. 공문 학문 중의 인의 응용은 추기급인推己及人으로서, 자기의 이익을 생각할 때 남의 이익도 염두에 두며, 이를 확충하여 천하 사람들의 이익까지 생각하는 것입니다. 인仁의 길은 바로 이렇게 걸어가기 시작하는 것입니다. 이상의 여섯 편을 연결하면 『논어』 전체 중의 공문 학문의 강요입니다.

　이어서 제7편「술이」는「학이」편에 대한 주해로서 학문의 도리를 확장하였습니다. 제8편「태백」은「위정」편의 개인의 학문 수양에 대한 확장 주해입니다. 제9편「자한」은「공야장」과「옹야」두 편 내용의 확장으로서 공자의 학문과 교육 그리고 역사 관념과 관련하여 한걸음 더 나아간 발휘입니다. 제10편「향당」은 공자의 일상생활의 소묘素描입니다. 일반적으로 『논어』 20편을 상하 두 부분으로 나누어 위의 10편을 상론, 아래의 10편을 하론으로 삼습니다. 하론의 9편인「선진」편부터「자장」편까지는 주로 공자와 제자 사이의 대화나 토론, 그리고 학생들에 대한 공자의 평가와, 학생 문인들의 공자 학설에 대한 천명 발휘를 서술하고 있습니다. 이런 것들은 모두 상론 각 편에 대하여 실제적인 사례로써 주해하고 발휘하고 있기 때문에 역시 연관되어있습니다.

　하론의 각 편과 상론의 각 편도 대체적으로 하나하나 대응 관계가 있습니다. 예를 들어 제11편「선진」과 제15편「위령공」은「학이」와「위정」편에 대한 발휘입니다. 자로가 정치 종사의 도리를 묻는 것으로 시작하는 제13편 「자로」는 「위정」편에 대한 발휘입니다. 제12편 「안연」과 제14편 「헌문」은 모두 「이인」편에 대한 발휘입니다. 제16편 「계씨」와 「옹야」편은 서로 호응하는 관계입니다. 제17편 「양화」는 「술이」편의 확장으로서, 말하고 있는 것은 대부분이 공자의 사람됨과 처세의 중점인데, 후세에 교훈의 거울로 삼아 활용한 것들입니다. 마지막 한 편인 「요왈」은 비교적 특별합니다. 남회근 선생은 말하기를 "이 편을 여기에 놓아둔 것은, 공자와 그 제자·문인들과는 관계없이 상고의 역사 자료만 기록하고 있어서 앞의 열아홉 편과 다른 것 같지만, 실제로는 공자의 사상이 중국 상고의 전통 문화의 연속선상에서 바로 그런 부분들로부터 나온 것임을 나타낸다."라고 합니다. 그리고 「요왈」편의 마지막한 단락은 다음과 같습니다.

공자께서 말씀하셨다. (시대의 환경과 추세인) 명命을 알지 못하면, (선견지명先見之明이 없으니) 군자가 될 수 없다. (사람으로서의 예의와 전통문화의 철학적 이치이자 인생의 도리인) 예禮를 알지 못하면, (환경에 끌려 다니며 휘둘릴 뿐) 스스로 꿋꿋하게 서서 인생길을 걸어갈 수 없다. (옛 선현들이 일러 주는 인생 경험인) 말씀을 (깊고 절실하게 진정으로 이해하여) 알지 못하면, 올바른 사람됨(과 처세의 방법)을 알 수 없다."
子曰 : 不知命, 無以爲君子也. 不知禮, 無以立也. 不知言, 無以知人也.

이것은 『논어』 전체 20편의 최종 결론입니다. 「학이」에서 시작하여 『논어』 전체는 사람됨의 학문을 말하고 있습니다. 한 걸음에 한 단계씩 올라가 사람됨의 완벽한 경지인 군자君子를 향하여 등반하여, 마침내 여기에 이르러 끝남으로써 『논어』 첫 머리와 호응하면서 전체 문장을 총결總結합니다. 선생의 이러한 「별재」를 거침으로써 『논어』 20편은 하나의 유기체로서 내재적인 논리성과 연속성이 있음을 명확히 이해하게 됩니다.
『논어』는 도대체 무엇을 말하고 있는 것일까요? 『논어』의 첫머리는 다음의 세 마디입니다.

　공자께서 말씀하셨다. "(올바른 사람이 되기 위하여 언제 어디서나) 배우고 때때로 그것을 익히(기 좋아하고 반성하며 점점 진보하여 가)니, 또한 기쁘지 아니한가? (학문적 지기知己인) 벗이 먼 곳으로부터 찾아오니, 또한 즐겁지 아니한가? 사람들이 (이해하여) 알아주지 않더라도 (하늘을) 원망하지 않(고 남을 탓하지 않)으니, 또한 군자가 아닌가?"
　子曰 : 學而時習之, 不亦說乎? 有朋自遠方來, 不亦樂乎? 人不知而不慍, 不亦君子乎?

　첫머리의 세 마디 말은 『논어』의 기점이며 더욱이 전체 『논어』의 눈동자로서 중심점(眼點)입니다. 이 세 마디 말은 세 가지 일을 말하는 것이 아니라 한 가지 일인, 학문을 하는 것을 말합니다. 무엇을 배우는 것일까요? 인仁을 배우는 것입니다. 인은 공자가 학문을 하는 최고의 목적이자 전체 『논어』의 중심입니다.
　공자의 '인'은 도대체 무엇일까요? 역대이래의 해석이 많았습니다. 논어에서 인을 언급하는 곳은 모두 109곳인데, 그런 사람들은 그 중 어느 한 점을 붙들고는 인의 전체라고 여깁니다. 이는 장님들이 코끼리를 더듬으면서 저마다 일면만 집착하는"衆盲摸象, 各執一端. 것입니다. 그 중에 가장 크고 가장 오랜 기간의 곡해는 당나라 시대의 한유韓愈였습니다. 그는 "널리 사랑하는 것을 인이라 한다."(博愛之謂仁)고 해석했습니다. 남회근 선생은 말합니다. "한유는 자기의 의견을 가지고 주해를 한 것입니다. 이것은 한유의 사상이지 공자의 사상이 아닙니다. 한유는 묵자를 연구한 전문가였습니다. 겸애설을 묵자는 중요하게 보았으며 묵가의 사상이라고 할 수 있습니다. 한유는 자칭 공맹을 직접 계승했다고 하였는데, 이것이 후세에 와전되어 송대의 이학자理學家들에 이르러서는 이 인仁을 전문적으로 강론했습니다. 하지만 남회근 선생의 견해에 의하면 송나라 유학자 이학자들이 말하는 그런 식의 인의 이론은 이미 공자 사상의 본래면목이 아니었습니다. 왼쪽에서 불가의 것을 훔치고 오른쪽에서 도가 노장의 것을 훔쳤습니다. 특히 노자의 것을 더 많이 훔쳤습니다. 그런 다음 한번 융회融會하여 자기들 것으로 삼았습니다. 청나라 말기 무술변법戊戌變法 중의 여섯 군자六君子의 하나였던 담사동譚嗣同이 『인학』仁學이란 책을 한 권 썼는데 기본적으로는 여전히 송나라 유학자들의 이학으로 시작하여 공문의 학문을 토론했습니다. 현대 학자들이 인에 대하여 내린 정의는 더욱더 각양각색입니다.

　남회근 선생은 지적합니다. "인仁은 공자의 사상에서 많은 것을 나타내고 있는데, 형이상의 본체로부터 형이하의 만물의 용用에 이르기까지 모두 인으로 돌아갑니다." 유의해야 합니다! 인에는 체와 용이 있습니다. 하나의 간단한 정의를 내릴 수 없습니다. 이것이 선생의 「별재」입니다. 전체 『논어』 중에서 공자의 인에 관계된 논술로서 가장 중요한 것이 「이인」 편과 「안연」 편입니다.

　「이인」 편 전체는 인의 용用, 인의 행위를 말하고 있으며 그 첫 단락은 다음과 같습니다.

　공자께서 말씀하셨다. "(진정한 학문이) 인仁의 경지에 터를 잡고 안주하는 것(을 기준으로 삼고 그에 도달함)은 (진실하고 선하고) 아름다운 (진선미眞善美의 경지에 도달한) 것이다. (진정한 학문과 수양이) 인의 경지를 안주처로 선택해 그 경지에 처하는 데 이르지 않는다면 어찌 지혜의 성취라고 하겠는가?"
　子曰 : 里仁爲美, 擇不處仁, 焉得知 ?

　「안연」 편 첫 단락에서 다음과 같이 공자는 극기복례克己復禮가 바로 인仁이라고 답하는데, 이것은 인의 체體를 말합니다.

　안연이 인仁(이란 무엇인지)에 대하여 묻자, 공자께서 말씀하셨다. "자기(의 심리)를 (깨끗하게 함으로써) 극복해서 (언제나 공경하지 않음이 없고 언제나 올바르게 생각하는 듯 엄숙한 상태, 즉 내심에서의 자신에 대한 신중함이 자기를 극복한 자아의 성실하고 공경하는 상태를 유지하는) 예禮의 경지를 회복한 것이 인仁(의 체體 경지)이다. (다시 말해, 자신의 망념·정욕·사악한 생각·편향된 관념을 정화淨化 극복하여 올바른 생각正思으로 완전히 걸어간 다음의 예禮의 경지라야, 비로소 인仁이라 부릅니다. 그리고 그 예의 경지에서 발전하여 사람과 사물에 대해 어디서나 예를 갖추는 것이 예의禮儀입니다. 이런 수양을 갖추기 위해서는 먼저 자신의 심리를 인식해야 합니다) 어느 날이라도 (그렇게) 자기를 극복하고 예禮의 경지를 회복하면, (온 세계) 천하가 인의 경지로 돌아간다. (그 인의 경지란 우주 만물과 자기의 심신이 하나로 합하여 일체一體가 된 것이다. 그러한 인생 최고의 경지인) 인의 경지를 이루는 것은 자기(의 심신으)로부터 비롯되지 남으로부터 비롯되겠느냐?"

顔淵問仁. 子曰 : 克己復禮爲仁. 一日克己復禮, 天下歸仁焉. 爲仁由己, 而由人乎哉 ?

이상은 인仁의 체의 내재적 수양을 중점으로 말했습니다. 인의 외적 응용은 사람됨과 처세의 규범을 가리키며, 이 방면의 내용은 정말로 많고 많습니다. 『논어』의 대부분은 어떻게 사람이 되고 어떻게 일처리를 할 것인지를 담론하고 있습니다. 남회근 선생은 이 책에서 『논어』 자체의 활기찬 생명을 살려내어 깨우쳐줌으로써 우리들 이 시대 사람들이 현대의 생활 경험으로써 『논어』에 내재된 진정한 사상을 이해할 수 있게 해줍니다. (이상은 주로 남회근 선생의 학생 위승사魏承思의 「남회근저작도독南懷瑾著作導讀」에서 주요 내용을 뽑아 번역한 것입니다)

우리들 인생은 개인·가정·사회·국가·세계·우주자연과 서로서로 연기緣起적으로 얼기설기 얽혀 있는 다양한 문제들의 연속이요 위험의 연속입니다. 이를 잘 헤쳐 나아가고 해결할 수 있으려면 진정한 지혜와 용기가 필요합니다. 그런 점에서 선생 자신이 저작들 중에서 『대학강의』와 함께 대표적으로 추천하는 『논어별재』는 누구에게나 인생의 진정한 스승이 되기에 충분합니다. 선생의 저작들은 인생 지혜의 보고寶庫이자 인생 수업의 최고급 교재들입니다. 서가에 꽂아두고 늘 애독 음미하고 활용 실천한다면 무궁한 이익을 얻을 것입니다. 옛사람이 말하기를 "반 권의 『논어』로 천하를 다스린다."고 했습니다. 하물며 동서고금 제자백가의 지혜의 정수精髓와 인생 경험을 그에 더하여 말해주는 『논어별재』는 더 말할 나위가 없습니다!

선생은 말합니다, "책에서 말하는 도리를 이해함은 지식일 뿐이지 학문이 아닙니다. 진정한 학문은 이해한 도리를 자기의 정신, 생각, 행위로 변화시킬 뿐만 아니라 실행하고 해낼 수 있어야 비로소 진정한 학문입니다. 지식은 곳곳마다 있지만 학문은 자기가 해내어야 합니다.

그 도리를 마음에서 이해하고, 사람됨, 일처리에 사용해야 읽어 통한 것이요 성공한 것이라 칠 수 있습니다. 성공은 꼭 고위직에 오르고 돈을 많이 모아야 하는 것이 아니요 큰 회사를 차린 것이 결코 아닙니다. 그것은 한 인간이 학문을 완성함과는 무관합니다. 오직 자기 교육을 완성하고 자기를 구제했다면 비로소 진정한 성공입니다"

선생은 또 말합니다, "저는 지금 나이가 많습니다. 농담 반 진담 반으로 저는 말합니다. '인생은 영문을 모른 채 태어나고', 우리는 모두 영문을 모른 채 태어나며 부모님도 영문을 모른 채 우리를 낳았습니다. '그런 다음 어쩔 수 없이 살아가고, 까닭을 모른 채 죽어갑니다.' 이렇게 일생을 사는 사람은 우습지 않습니까?

사람은 인생관을 정할 수 있어야 비로소 홀로 우뚝 설 수 있습니다. 자신의 인생관을 먼저 확정하고 어떤 사람이 되고자 하는지를 알아야 합니다. 반드시 자신의 포부, 목적, 인생관을 지녀야 할 뿐만 아니라 확고부동하여 시종 변하지 않아야 합니다. 인생관을 세운 사람은 행함에 있어서 지키는 바가 있으므로, 하는 바가 있고 하지 않는 바가 있습니다. 마땅히 해야 할 것은 하고, 해서는 안 되는 것은 하지 않습니다. 내가 발견한 바로는 오늘날 수많은 사람들, 심지어 6, 7십 세가 된 사람도 정확한 인생관이 없습니다. 당신은 올바른 인생관이 있습니까?"

남회근 선생의 『논의강의』가 역자의 첫 번역서로서 씨앗을 뿌리는 사람 출판사를 통해 2002년 9월23일 초판이 발행되었고, 그 후 이어서 마하연 출판사가 2012년 6월30일 2판을 발행한 이래 2023년 현재까지, 어느덧 21년 동안 꾸준히 독자들의 사랑을 받아왔습니다. 역자는 이를 기쁘게 여기는 한편, 마음 한 구석에는 좀 더 좋은 번역을 하지 못한 것이 못내 아쉬웠습니다. 특히 『논어강의』 초판 발행 당시 출판사의 편집 과정에서 무리하게 손질되었던 부분들이 다소 있음을 나중에야 발견했습니다. 물론 그 나름의 이유로 손질했을 것이고 저자의 『논의강의』를 이해함에는 별로 큰 문제가 없지만, 줄곧 온전한 번역으로 다시 손질하지 못한 채 출판할 수밖에 없는 처지에서 늘 저의 마음에 걸려있었습니다. 사실 저는 천학비재淺學菲才로서 세상 물정에 그리 밝지 못한 천생 서생이지만 직장을 그만 둔 뒤 후반생은 오늘의 우리 사회 대중과 장래의 후생들을 위하여 양서의 번역으로 법공양하겠다는 뜻을 세웠습니다. 그렇게 자발적이자 운명적인 궁고窮苦 · 적막寂寞 · 처량凄涼 · 역고譯苦의 길을 선택하여 홀로 걸어온 지난 20여 년의 풍상우설風霜雨雪의 세월 속에서, 18년 동안에 도시로 시골로 산중으로 이리저리 모두 열한 번이나 이사를 다녔습니다. 게다가 찾아온 업보의 병고와 액난 등으로 생명이 위태로운 위기들도 있었습니다. 하지만 오로지 법공양의 일념으로 『논어강의』·『중용강의』 등 지금까지 선생의 저작 14종 18권을 번역 출판하였습니다(부록 「마하연의 책들」 참조). 처지가 이렇다보니 『논의강의』를 다시 손질할 겨를도 없었고 선뜻 내키지도 않았습니다. 원서 분량이 두툼한 거의 1천 페이지로서 다시 번역문과 일일이 대조 검토하고, 『논어』 원문의 한글 번역문을, 독자가 더욱 쉽게 이해하도록 저자의 해석에 따라 보완 또는 수정하는 작업 등이 또다시 심신을 지치게 하는 까다로운 일이기에 쉽게 착수하지 못했습니다. 그러나 중국에서 남회근 선생 별세 후에 검토 수정을 거친 수정판 『논어별재』 원서가 2014년에 출판되었고, 저는 벌써 고희古稀의 나이에 가까워져서 더 이상 미룰 수가 없었습니다. 그래서 지난 1년 여 동안 수정판과 대조하면서 수정하거나 재역 또는 보완하여 이제 마쳤습니다. 그리고 이번에 책 이름을 원서대로 『논어별재』論語別裁로 바꾸었습니다. 이와 관련하여 저의 지난 20여 년의 번역 역정을 간략한 기록으로 남기면서 서문을 맺습니다.

2023년 11월 중순
고양시 장령산 심적재에서
송찬문 삼가 씁니다

『논어강의』 2판 역자 서문

"가는 것이 저 흐르는 물과 같구나! 밤낮을 쉬지 않으니."

우리가 알듯이 공자가 냇가에서 하신 말씀으로 『논어』 제9편 자한에 나옵니다. 돌아보니 남회근 선생의 이 『논어강의』가 씨앗을 뿌리는 사람 출판사를 통해 2002년 9월 초판 1쇄 발행된 뒤 거의 10년의 세월이 흘렀습니다. 그간 이런저런 사정으로 계속 발행되지 못하다 이제야 다시 마하연 출판사에서 2판을 발행하여 독자들의 요구에 부응합니다.

2판에서는 초판에서의 오탈자 등을 바로잡는 한편, 부록 3의 남회근 선생의 저서 소개 부분 대신에 '중국문화 속에서의 유가'라는 선생의 글을 한 편 번역하여 실었습니다. 이 글에서 선생은 말합니다.

"주공(周公)과 공자가 글을 써서 이론을 내세운 목적은, 상고 시대인들의 인도(人道) 문화의 정화(精華)를 한 데 모아 후세에 전하여 그 문교(文敎)가 모든 사람들에게 보급되어, 위로는 제왕에 이르고 아래로는 백성에게까지 미치기를 바라는 것이었음을 알아야 합니다. 즉, 모두 저마다 어떻게 사람다운 사람이 될 수 있으며, 만일 나아가 정치를 하여서 사회군중을 위하여 큰일을 하려면 반드시 고금의 일에 정통할 줄 알아야 하며, 어떻게 해야 비로소 성군(聖君)과 현명한 재상이 될 수 있는지를 교화하는 데에 있었습니다. 바꾸어 말하면 공자가 주공이 결집 교화한 주요 목적을 받들어 계승한 것도, 바로 장자(莊子)가 말한 대로 단지 '도주요순(陶鑄堯舜)'일 뿐이었습니다. 즉, 사람들에게 어떻게 성군과 현명한 재상의 전형을 하나 빚어 만들 것인지를 가르쳐서, 그가 대중을 위하여 봉사함으로써 일생 동안 배운 것을 저버리지 않게 하는 것일 뿐이었습니다.

그러나 매우 유감스러운 것은 진한(秦漢)시대 이후부터 이른바 유생들은 영광스러운 직업을 꾀하기 위하여 벼슬길에 나아가 관료가 되었으며 그저 기성 권력인 제왕 폐하에 의지하여 따르면서 신하로서 엎드려 제왕을 부르고, 그 자신은 고요(皐陶)·설(契)·직(稷)같은 군주나 재상으로서의 뛰어난 인재도 아니면서 도리어 '치군요순지도(致君堯舜之道)', 즉 군왕을 보좌하고 이끌어 역사상의 요임금 순임금에 견줄 수 있게 하는 도가 있다고 일컬었으니 어찌 춘추대몽(春秋大夢)이 아니겠습니까! 이로 말미암아 사유지도(師儒之道)가 있는 유가 학설, 더 나아가는 오경과 사서 등의 유학의 내함을 저버리게 함으로써 천고동안 먼지를 뒤집어쓰고 있는 채 세상일에 어둡고 소홀히 하는 학문으로 변하게 해버렸습니다.

송나라 시대에 주돈이(周敦頤)·정호(程顥)와 정이(程頤)·장재(張載)·주희(朱熹), 이 사파오자(四派五子)의 이학유종(理學儒宗)이 열려 오로지 심성(心性)에 대한 미언(微言)을 밝히는 것을 일삼고 스스로 공맹의 심법을 계승하였다고 일컬으며 불교와 도가 학설을 배척하였습니다. 이로부터 후세의 사유명교(師儒名教)를 형성하고 오로지 정주(程朱)의 장주(章注)만을 지킴으로써 주공·공자의 학문은 끊어졌습니다."

우리는 왜 『논어』를 읽어야 할까요? 우리는 나이가 들어갈수록 인생이 어렵다는 것을 깨닫습니다. 그리고 대다수 사람들의 인생은, 선생이 말했듯이 영문을 모른 채 태어나 어쩔 수 없이 살아가며 까닭을 모른 채 떠나갑니다. 선생은 말합니다.

"『논어』는 공자의 인생 경험을 우리에게 일러 주었는데, 이를 이해하지 못하면 어떻게 바른 사람이 되고 어떻게 일해야 하는지를 모르게 됩니다."

"현대사회의 심리적 병폐에 빠져있는 일반인들이, 우리가 풀이하는 문자 언어 밖에서 체험하고 해탈할 수 있는 하나의 답안을 찾아내어, 인생의 비바람과 위험 속에서도 우뚝 서서 움직이지 않는 인생의 목적과 정신을 하나 세울 수 있게 되는 것이야말로 바로 저가 간절히 바라는 바입니다."

2012년 6월 중순
관불산 심적재에서 송찬문 삼가 씀

추천의 글

『논어』에서 배우는 삶의 지혜

2년 전이었을 것이다. 송찬문宋燦文 군이 상, 하 두 권으로 된 『논어별재論語別裁』라는 중국어로 된 책을 보내 왔다. 동서고금의 학문을 종횡무진으로 넘나드는 남회근 선생의 강해가 흥미진진하고, 그 해석이 독창적이었다. 흥미로운 책이어서 재미있게 읽었던 기억이 새롭다.

『논어』는 공자와 제자들 또는 그 문인들의 언행 기록을 산만하게 모아 놓은 책이라는 게 지난 2천 년 동안 내려온 정설이다. 나 자신도 그렇게 배웠고, 조선의 선비들도 그렇게 읽었다. 물론 오늘날도 여전히 그렇게 풀이하고 있다. 그런데 이 책의 저자인 남회근 선생은 그렇지 않다고 주장한다. 결론적으로 『논어』는 수미가 일관된 한 편의 문장이라는 것이다. 이런 관점에서 풀이하는 저자의 강해를 읽어가다 보면 많은 부분을 공감하고 동의하게 된다.

저자는 2천 년 동안 굳어온 장구훈고章句訓詁의 범위를 벗어나, 자신의 인생 체험과 독창적인 견해를 결합시켜 『논어』 자체가 지니고 있는 활발한 생명을 깨우쳐 주고 있다. 그리하여 현대인이 오늘을 살아가면서 『논어』에 내재된 진정한 사상을 이해하게끔 해준다. 저자는 자신의 이러한 해석 입장 등을 이 책의 부록에서 자세히 밝히고 있다. 독자들께서 꼭 읽어보시기를 권한다.

『논어』는 '학이'學而에서 시작하여 '지인'知人으로 끝맺고 있다. 궁이 풀이하자면 '학이지인'學而知人, 곧 "배워서 사람됨을 알라."는 말이 된다. 다시 두 글자로 요약하면, '학인'學人, "배우는 사람이 되고, 사람됨을 배우라."는 풀이가 된다. 무슨 일을 하든 먼저 사람됨을 배우라는 논어의 가르침과 정신을 담은 이 책을 독자들에게 권하는 자리를 빌려, 오늘날 우리 사회의 교육 문제에 대해 말해보고자 한다. 왜냐하면 '교육'이야말로 한 국가 사회의 흥망성쇠를 결정짓는 열쇠이기 때문이다.

내가 『논어』를 처음 읽은 것은 어언 60여 년 전의 일이다. 일제치하에서 중학교를 다니던 시절 한문 수업 시간이었다. 그 당시 내가 다니던 학교의 한문 선생님은 해방 후 고려대학교에서 후학을 가르치시며 한학의 대가로 이름이 높았던 김경탁金敬琢 선생이시다. 북경대학교를 졸업하신 지 3, 4년 지난 30대 중반의 선생님께서는 자그마한 체구에 조용하고 얌전하신 전형적인 선비의 모습이었다.

많은 것을 배울 수는 없었지만 당시 중학교(지금의 중·고등학교를 합친 학제)의 한문 교육 수준이 대단히 높았던 것만큼은 사실이다. 역사의 고사故事와 선현들의 언행·교훈, 지식·교양과 사람됨을 결합시킨 내용으로, 처음부터 한학漢學에서 강조하는 인간됨, 사회 도덕적 범절, 인간 본성과 관련된 그런 문장들을 배웠던 것이다. 이외에도 외국어 수업은 별도로 '중국어' 두 시간과 '영어' 네 시간이 있었다.

요즈음 한자(한문) 교육 문제를 둘러싸고 다시금 사회적 논쟁이 상당히 뜨겁게 달궈지고 있는 모양이다. 나는 어린이를 대상으로 하는 한자나 한문 또는 영어를 비롯한 어떠한 외국어 학습도 주입식으로 강요하는 것에는 비판적이다. 하지만 나는 뇌세포가 가장 활발하게 활동하는 스무 살 전까지의 학교 교육 과정에서, 우리 언어, 문화, 관습 그리고 정서와 사상 속에 녹아있는 한자와 한문을 어느 정도 이해시키는 데는 그렇게 많은 시간이 들지도 않고 큰 어려움도 없으리라 생각한다.

우리 사회 일각에는 영어를 공용어로 지정해야 한다고 주장하는 이들이 있다. 심지어 서너 살 먹은 어린이에게도 외국인 교사를 붙여 몇 시간씩 가르칠 뿐만 아니라 "영어를 못하면 사람 구실도 못한다."는 영어숭배사상에 사로잡혀 있는 이들도 적지 않다. 그렇게 영어를 배우는 시간의 10분의 1만이라도 한자 한문을 배우는 데 할애한다면 앞으로의 세대들이 사상적 토대의 폭과 깊이를 넓히는 데 상당히 큰 도움이 되리라 생각한다. 온 나라 사람들이 '미국말'만을 배우기 위해서 하루에 몇 시간씩을 기꺼이 투자하면서도 왜 일주일에 한두 시간이라도 한자나 한문을 배우기 위해서는 그렇게 할 수 없는지 나로서는 이해할 수 없는 일이다.

오늘날 사람들은 학교에서 가르치는 과목이 너무 많다고 비판한다. 그 많은 과목에도 불구하고 인성을 기르고, 인간과 우주 원리·자연과의 조화된 삶을 지향하고, 자기 얼을 생활화하는 내용을 담은 과목은 너무나 빈약하다. 기능적인 내용에 치우친 나머지, 소위 자본주의적 소비 사회의 물질적 경쟁에서 오로지 이기기 위한 것이나, 심지어는 그것과도 무관한 잡다한 것을 너무도 많이 가르치고 있을 뿐이다. 우리 사회 전반에 만연한 살인을 비롯한 각종 범죄·비인간화·타락·쾌락주의·이기주의……, 인간적 양심과 도덕 윤리의 총체적 파탄은 바로 왜곡된 교육에 기인한다.

나 자신은 어떠한 언어에 대해서도 퍽 관용적이고 폭넓게 생각하는 사람이다. 1960년대에 이미 한국어를 비롯해 영어·일어·불어·중국어 해서, 5개 국어를 익혔다. 그래서 당시 국제회의가 드물었던 우리 나라에서 어쩌다가 국제회의가 열리면 3개 언어 통시통역을 맡아서 짭짤한 과외수입이 생기기도 했다. 물론 어학에 타고난 소질이 있었겠지만 마음 한편에서는 괜히 여러 외국어를 배우느라 시간을 허비했구나 하는 생각이 들기도 했었다. 그러나 나 자신이 지식 전달 매체인 여러 외국어 능력을 갖지 못하고, 한글 또는 영어에만 의존하여 사고·사유해서 지식과 사상을 형성했더라면 많은 것을 흡수할 수 없었을 것이다.

만사가 한글만으로도 해결된다거나 영어만 잘하면 충분하다는 주장은 그 어느 쪽도 옳지 않다. 물론 한글만으로도 많은 것을 할 수 있다. 그렇다고 다른 언어·문자에 녹아 있고 함축되어 있는 것까지도 만족스럽게 담아낼 수는 없다. 나는 지식인이 언어나 주장이나 사고에 대해 한 가지만을 편집광적으로 고집하거나 다른 것을 배척하는 태도는 옳지 않다고 생각한다. 지난 2천 년 동안 한자는 우리의 발전을 저해하고 낙후시키는, 생명력 없는 지배계급의 전용 문자였다는 생각이나 주장은 지나치게 평면적이고 단선적인 논리이다. 이와 더불어 한자는 전혀 배울 필요가 없다거나, 오로지 돈을 벌어주고 출세의 기회를 만들어 내는 수단인 영어만이 제일이라는 생각 역시 평면적이고 단선적인 극단주의이다.

우리는 외국어 교육에 있어서 의사 소통의 기능적인 측면을 넘어서, 생활·문화·사상·철학·역사의 측면에서 다른 민족이 축적해온 지혜와 문화적 결실을 배울 필요가 있다. 오늘날 널리 쓰이는 영어 교재를 들여다보면 인간이 좀더 아름답고 평화롭고 지혜롭고, 더우기 인간끼리 공유할 수 있는 정신적이거나 사상적인 내용들을 찾아보기 어렵다.

지금 우리 교육의 목표는 오로지 돈벌이와 출세를 위해 남보다 앞서 가기 위한 투쟁 방법, 기술, 그리고 거기에 필요한 지식을 습득하는 데 있다. 이것은 참으로 중대한 문제다. 무엇을 위해서 살 것인가, 어떻게 살아야 하는가에 대해서 자성하고 스스로 고민하면서 생각하게 하는 교육으로 나아가지 않으면 안 된다. 여기에서도 어느 정도의 한문 고전 이해는 적지 않은 도움이 될 것으로 생각한다.

유럽 여러 나라의 학교 교육 과정에는 문화적·지적·예술적·학문·사상적 전통이 매우 깊은 희랍 문화에 젖줄을 댄 인본주의적 사유철학이 존중되고 있다. 프랑스의 고등학교에서는 우리 나라 대학의 철학과에 못지 않게 철학을 공부해야 한다. 그들은 5, 6백 쪽이나 되는 부피와 깊이 있는 내용으로 구성된 철학 교과서를 몇 권씩 읽고 공부하고 토론하고 발표해야 한다. 요점만 뽑아 가르치고 암기시키는 한국의 방식과는 다르다. 상당히 높은 수준으로서, 고대에서 현대에 이르는 많은 철학서를 읽게 만든다. 그 좋은 본보기로, 프랑스의 대학 입시 첫째 시간 시험 과목은 '철학'이다. 시험에서는 철학을 삶에 적용하는 '산지식'을 요구하는 문제가 서너 개 출제되고, 그 가운데 하나를 선택하여 서너 시간에 걸쳐 생각하고 서술케 한다. 많은 참고서적을 지참하는 것도 허락된다. 예를 들면, "사회와 국가 생활에 있어 정의와 질서의 가치와 그 관계를 논하라."같은 식이다. 사람이 살아가면서 직면하고 고민하고 해결해야 할 구체적인 문제이자, 학생이 배우고 읽는 과정에서 철학적으로 사고해 보지 않으면 풀 수 없는 문제들이다.

우리 나라는 최근 들어서야 '논술'을 가르치고 시험을 치르지만, 그것마저 글쓰기 기법이나 가르치는 게 고작이다. 사상 내용을 가르치지 않는 논술이라면 사지선다형보다 크게 나아진 게 별로 없어 보인다. 요컨대 '생각'의 수준을 높이고, 폭을 넓히고, 깊이를 더하는 철학적 사고를 하도록 가르치는 교육 환경을 만들어야 한다. 우리는 사유하는 훈련은 시키지 않고 암기만을 시키고 있다. 교육이 전적으로 기능적인 교육이요 반대 급부만을 위한 교육이기 때문이다. 이것은 우리 사회의 최고 가치가 '돈'과 '힘'(권력)인 까닭이다. '인간'이나 '인간성'은 가치 서열의 어디에도 없다.

그런 면에서 우리는 사람됨을 가르쳐 주는 『논어』를 비롯한 동양의 고전들을 새롭게 읽고, 그 속에 담긴 자양분을 흡수해야 한다. 그럼으로써 우리의 생각을 새롭게 하고 또 넓고 깊게 하지 않으면 안 된다. 서양과 동양의 문화 사상이 피와 살에 녹아든 교양인, 물질과 정신의 가치 감각이 균형을 이룬 지성인이 비로소 그 속에서 태어날 것이다.

조선조 5백년의 유학은 지나치게 추상화된 나머지, 오로지 성리학의 의리義理에 맞추어 해석하면서, 성리학이 아닌 다른 사상이나 학파는 모두 배격하는 극단주의와 교조주의로 흘렀다. 이것은 조선조 특유의 유학 수용에서 비롯되었다. 그 결과로 우리 민족성은 빠르고 조급하게 굳어졌으며, 준엄함과 비타협을 숭상하게 되었다. 따라서 무언가 너그럽고 넓은 아량, 모든 것이 시간이 걸려서 이루어지는 느림의 여유가 몹시 부족하게 되었다. 이것은 인간관계에서 관용과 아량과 학문·사상적 상용相容의 정신을 상실케 했다.

이런 민족성의 형성은 수천 년 동안 살아온 자연 풍토에도 그 원인이 있지 않나 싶다. 나는 살아오면서 적지 않은 나라를 가보았지만, 전 국토의 7할 이상이 산이고 평지는 3할도 못 되는 나라는 드물었다. 물론 우리의 산하에는 아기자기한 멋과 맛은 있지만 드넓은 평원은 적다. 뾰족 뾰족 첩첩이 솟아 있으면서, 동서남북을 가로지른 크고 작은 산들과 그 속의 급한 계곡이 찬미되는 경향이다. 장강 만리와 같이 긴 흐름이 없는 급류들은 은연중에 우리 민족을 성급하고 배타성이 강하도록 만들어, 어떤 사물이나 현상을 해석하고 수용하는 데 극단적인 수용 태도로 몰아갔는지도 모른다. 만약 땅이 넓었더라면 그렇지 않았을지도 모른다. 하루 안에 가는 것만이 꼭 선善한 것이 아니라 열흘 걸려 가는 것도 선하다는 식으로, 선善에 대한 가치의 중심이 바뀌어야겠다.

어떤 국제적인 행사를 국가적으로 치르는 일, 예를 들어 지금 한창인 '월드컵' 같은 것도 온 국민이 오로지 '하나가 되어' 흥분해야 한다는 생각이나 행동 양식은 두려운 일이다. 사람들이 자기 스스로를 마취시켜 그렇게 생각하고 그렇게 흥분함으로써 자기들과 다르게 생각하는 사람과 다른 이들의 가치를 배척하고, 심지어 적대시하게 된다. 다시 말해, 전체가 흥분하는 속에 자기가 동화되는 것, 그렇게 해서 우리가 '하나'되는 것, 즉 전체에 대한 개체의 완벽한 동일화가 '행복'이라고 느끼는 것은 참으로 위험한 일이다. 지난날의 극우·반공주의(사상), 독재권력이 부채질한 국가 안보, 하찮은 일에도 발동돼야 하는 '애국심'이 그런 것들이었다. 오늘의 거국적 현상인 '미국 숭배'와 '미국말 배우기 열풍'도 그런 것들과 다를 바 없다. 우리는 다양성을 용납해야 한다. 하나의 행위나 가치, 하나의 목표를 향해서 모든 인간들이 하나로 뭉치고, 하나가 되는 행동과 사고 방식을 지나치게 미화하는 것은 히틀러나 스탈린의 전체주의나 과거 일본 군국주의에 길들어진 사상과 다를 바 없는 것으로, 심히 위험한 일이 아닐 수 없다. 여기서 한문이 가르쳐 주는 '화이부동'和而不同의 지혜가 생각난다.

요컨대 '학문·교육'이란 사람됨을 배우고(學), 묻고(問), 가르치고(敎), 기르는(育) 것이다. 우리 자신이 지닌 좋지 않은 기질은 변화시켜야 한다. 시대는 바뀌어도 우주와 인생의 진리는 변함이 없다. 오늘날과 같은 과학시대에 지식은 엄청난 속도로 발달하고 있지만, 그렇다 해도 '지혜'가 진보한 것은 아니다. 우리가 고전을 읽는 목적은 옛날로 돌아가자는 것이 아니라 그 지혜를 배우자는 것이다.

우리의 전통 문화를 이해하려면 유학사상을 이해해야 하고, 유학사상을 이해하려면 공맹의 학을 알아야 하고, 공자를 말하려면 『논어』를 읽어야 한다. 그러한 『논어』를 제대로 이해하려면 남회근 선생의 『논어별재』를 읽어야 할 것 같다. 이 책은 서가에 꽂아 놓고 평생을 읽어도 늘 새로우리라 생각한다. 그 해석이 우리가 지금까지 읽어온 틀에 박힌 것이 아니라 우리 삶의 주변에서 예를 드는 흥미진진한 내용이기 때문이다.

나는 요즈음 세상만사를 놓아버리고 나빠진 건강을 회복하기 위해 요양 중이다. 그런데 이제 송군이 번역하여 출판을 앞두고서 내게 글을 청한다. 사양했건만 간청을 이기지 못해 많은 사람들이 이 책을 읽고 삶의 지혜를 배우기를 권하는 한편, 후생을 격려하는 뜻에서 이렇게 적는다.

2002년 6월 4일
산본의 수리산 기슭 우거(寓居)에서
리영희(李泳禧)

『논어강의』 초판 역자 서문
『논어』는 한 편의 대문장大文章이다

세상에 『논어』는 많습니다. 김씨 논어, 이씨 논어, 박씨 논어 등 저마다 이해하고 풀이한 『논어』가 국내외에 몇 천 종이나 되는지 모릅니다. 그러나 그 많은 『논어』들의 공통적인 해석 입장은, 『논어』는 공자와 제자들 또는 그 문인들의 언행 기록을 산만하게 모아놓은 것이라는 겁니다. 정말 그럴까요? 적어도 공자에게 육예六藝를 배운 제자들이나 그 문인들은 논리적 사고가 부족하여 그런 기록들을 모아 놓기만 했을까요? 아니라고 주장하시는 분이 계십니다. 바로 이 책의 저자인 남회근 선생입니다.

선생은 지난 2천 년 동안의 잘못된 해석에 대하여, 특히 과거 6, 7백 년 동안 주류 학설이 되어왔던 주자의 공자사상과 해석에 대하여 강력히 비판하면서, 『논어』는 수미일관된 한 편의 훌륭한 대문장이라고 주장합니다. 이런 관점에서 『논어』 20편 500여 장을 해석해 보니, 길고 짧은 모든 토막의 글들이 마치 수많은 구슬들이 한 끈에 꿰이듯이 논리적 유기적 의미맥락을 지니면서, 2천여 년 동안 그 속에 감추어졌던 깊은 뜻이 드러납니다. 그러므로 선생의 『논어』 해석은 옛사람을 대담하게 뒤엎는 곳이 허다합니다. 선생의 이러한 해석 입장은 이 책의 부록과 강해 속에서 자세히 밝히고 있으므로, 역자의 군더더기 설명이 필요 없겠습니다.

저는 이 책을 9년 전에 처음 읽었는데, 천하의 진미를 맛보고 난 듯 그 맛이 혀끝에 감돌면서 잊혀지지 않았습니다. 그래서 많은 분들이 읽어볼 수 있도록 언젠가는 우리말로 번역하고 싶었습니다. 하지만 본래 배움도 짧고 재능도 부족한 사람이라 쉽게 번역에 착수하지 못했습니다. 세월은 자꾸 가고 마음은 조급해지면서 더 이상 미룰 수 없어 1999년 봄부터 시작, 한편으로는 맵고 쓴 풍진의 인간세를 새롭게 맛보고 시달리면서 2년 동안에 걸쳐 틈틈이 해온 결과, 그런 대로 번역을 마치고 이제야 출판하게 되었습니다.

이 책의 원 제목은 『『논어별재』로, 저자가 1974년에 대만에서 대중들에게 했던 강의 내용을 정리 보완하여 1976년에 출판하였습니다. 그후 꾸준히 팔려 대만에서만도 30여 쇄를 발행했으며, 최근에는 중국 대륙 각지에서도 베스트셀러가 되고 있습니다. 비록 27년 전의 강해이지만, 오늘 우리들의 문화 모습을 너무나도 생생히 말하고 있습니다. 참으로 놀라운 일입니다.

어떤 분은 공자가 죽어야 나라가 산다고 합니다. 또 어떤 분은 공자가 살아야 나라가 산다고 합니다. 어느 쪽이 옳을까요? 둘 다 옳을까요? 둘 다 그를까요? 아니면 각각 옳기도 하고 그르기도 할까요? 그 어느 쪽이든 이 책을 읽고 나면 공자에 대해 스스로 새롭게 느끼고 인식하는 바가 있으리라 믿습니다. 나아가, 과거와 현재의 우리 유학에 대해서도 새로운 눈으로 바라볼 수 있을 것입니다.

오늘날 우리는 심각한 사상적 문화적 위기에 처해 있다고 크게 걱정들을 하고 있습니다. 서양문화의 무비판적인 수용과 편식에 따른 우리 전통문화의 파괴, 부도덕한 정치, 문화교육의 부재, 사치와 향락, 배금주의, 인간소외, 생명경시, 환경파괴와 오염, 자원고갈, 이기주의의 만연, 컴퓨터와 TV에의 중독, 학교와 가정의 붕괴, 종교의 타락, 부익부 빈익빈의 심화, 외화내빈, 음란·폭력 문화의 범람, 자아상실, 기초실력이 없는 정보화 등…, 우리를 기쁘게 하고 희망차게 하는 말들보다는 서글프게 하고, 심지어는 분노케 하는 말들이 끝없이 이어집니다. 마치 어디서부터 풀어야 할지 모를 정도로 헝클어진 한 뭉치 실타래 같은 이 모든 문제들에 대한 근원적인 해답을 어디서 찾을 수 있을까요? 바로 고금의 학문을 융회하여 현재를 진단하고 미래를 예견하는 저자가 27년 전에 했던 이 강해 속에서 찾아 볼 수 있다고 감히 말씀드립니다.

오늘의 세계는 서양문화의 공헌으로 교통의 편리, 건축의 화려함, 생활의 쾌적함 등 물질문명 면에서는 그 어느 때보다 행복한 시대라 할 수 있지만, 치열한 생존경쟁, 파괴적인 전쟁에 대한 공포, 끝없는 욕망 충족을 위한 번뇌 등으로 정신문명 면에서는 역사상 가장 고통스런 시대라 할 수 있다고 저자는 말합니다. 오늘날의 사상 풍조는 모두 응용 사상을 말하는 것이지 기본적인 철학사상이 아니기에 인심이 갈수록 혼란해지고 세상 풍조는 날마다 나빠지고 있다고 진단하고 있습니다. 이렇게 발달된 물질문명과 결핍된 정신문명의 불균형으로 인류는 지금 새로운 위기에 직면하고 있으며, 그에 따라 21세기 인류의 질병은 정신병이 주가 되어 이미 심각하게 진행되고 있다고 말합니다. 오늘날 과학 만능을 맹신한 나머지, 현대인들은 옛사람을 뛰어넘는 것으로 착각하여 멋대로 전통을 뒤엎고, 수천 년간 전해 내려온 동서양 성현들의 인류교화 원천을 막아버리고 있다고 지적하면서 중국의 요堯·순舜·우禹·탕湯·문文·무武·주공周公·공자孔子 등이 주장한, 유가의 성의誠意·정심正心·수신修身·제가齊家·치국治國·평천하平天下의 사상이나, 인도의 석가모니에서 시작되어, 용수·마명·무착·세친이 전개한 대승불교사상, 그리고 서양의 소크라테스·플라톤·아리스토텔레스·아우구스티누스·마틴 루터·칸트 등이 발휘한 인문적이고 종교적인 진眞과 선善의 추구 정신을 배워, 우리들의 정신 생명을 충실히 함으로써 물질문명과 정신문명의 균형 발전을 이루어야 한다고 역설합니다.

이 책이 번역 출판되기까지는 여러 사람의 정성어린 수고와 도움과 격려가 있었습니다. 휘갈겨 쓴 적지 않은 양의 번역 원고를 정성을 다해 1차로 정리 편집해 준 누이동생 송연심宋連心, 2차로 번역문을 꼼꼼히 읽고 교정과 함께 편집 수정작업을 해주신 이기남李琦南 여사님과 '씨앗을 뿌리는 사람' 출판사, 그리고 이 책을 공동 번역키로 했다가 개인적인 사정상 함께 하지는 못했지만 때때로 소중한 의견을 제시해주고 깊은 관심을 보여주신 박철상朴徹庠 씨께 감사드립니다. 특히 크게 감격스러운 것은, 우리 시대의 행동하는 지성이신 리영희李泳禧 교수님께서 몸이 불편하심에도 우리 사회의 교육문제에 대해 글을 써 주시고 후생을 격려해 주신 일입니다. 저는 직접적인 훈도를 받지는 못했지만, 『전환시대의 논리』, 『우상과 이성』, 『새는 좌우의 날개로 난다』, 『역정』 등 교수님의 저서와 글을 통하여 인간과 사회에 대해 많은 것을 배우고 생각하게 되었습니다. 교수님의 격려에 옛사람이 말한 임중도원任重道遠의 정신을 생각해봅니다.

『논어별재』는 남회근 선생이 이해한 『논어』요, 이 번역본은 제가 이해한 『논어별재』입니다. 혹시 있을지 모르는 오류에 대해서는 독자 제현의 질정을 바랍니다.

이제 무겁고 큰짐을 하나 내려놓으면서 분에 넘치는 시 한 수로써 저의 심회를 남기고 싶습니다.

삼가 『논어별재』를 찬탄함

학이學而에서 요왈堯曰까지 하나로 꿰뚫으니
논어의 기맥이 비로소 통하누나
종사宗師의 외짝눈 두렷히 밝은 곳에
니구산尼丘山의 면목이 참으로 드러났네

끝으로, 옛사람이 말한 지천명知天命의 나이를 바라보고 있건만 불혹不惑은 커녕 아직 이립而立에도 이르지 못한 채 아무 것도 이룩한 바가 없고 허물만 많아 회한이 깊은 저는, 이 책의 번역을 빈녀일등貧女一燈의 법공양으로 삼아 모든 분들께 일독을 권해드립니다.

2002년 6월10일
서울 인사동 유마서원에서
송찬문宋燦文 삼가 씀

재판 저자 서문

이 책이 금년 단오절에 출판된 뒤 많은 독자들의 애호를 받아 이 제 재판을 발행하게 되었습니다. 정말 예상하지 못했던 일입니다.

이를 통해 사회 인심의 향배를 알 수 있으며, 공자의 학설이 갖는 가치는 참으로 귀중하여 결국 아무리 세월이 흘러도 늘 새롭고 영원히 무너뜨릴 수 없는 것임을 알 수 있습니다. 이 때문에 나 자신은 오히려 부끄럽게 생각합니다. 당시에 빈틈없이 『논어』의 뜻을 풀이하지 못해서 잘못을 면할 수 없었기 때문입니다. 초판이 나오자 친구 분들이 두터운 정에서 번번이 의견을 주시면서 이어서 『맹자』 등의 경서를 강의하여 일련의 유가 학설들을 현대화된 모습으로 보여 주기를 바랐습니다. 이런 정에 더 없이 감사드립니다. 청춘시절에는 완고하여 쓸모가 없었고 늙어서는 멋대로 지내고 있는 나는 줄곧 그저 게으름만 부려 왔습니다. 공자 이전에 태어났던 성인들은 공자가 아니었더라면 성인으로 추앙 받을 수 없었고, 공자 이후에 태어난 사람들은 공자가 아니었더라면 성인의 학문을 밝힐 수 없었습니다. 우리 세대들은 비록 읽어본 바가 있지만 선현들의 찌꺼기 아님이 없으니 정말 어찌 얘기할 만하겠습니까! 어찌 얘기할 만하겠습니까! 그래서 당시 친구들의 물음에 일괄하여 답하는 시 한 수를 썼습니다.

옛 성현의 도가 희미해져 남 뜻에 영합하다 보니　　　古道微茫致曲全
이제까지의 학술은 성현을 억울하게 했네　　　　　　由來學術詆先賢
나의 풀이가 어찌 다 참으로 이치에 맞으리요　　　　陳言豈盡眞如理
이 책 보고 의아하다면 한번 웃을 인연 남긴 셈이네　開卷倘留一笑緣

재판에 즈음하여 학우들이 나더러 의견을 좀 써달라고 하므로 이렇게 써서 뒷날 한 번 웃음 지을 인연으로 남겨놓는 것도 괜찮을 것 같습니다.

때는 병진년(丙辰, 1976년) 동짓달
대북에서 남회근 쓰다

초판 저자 서문

　지난 15년의 세월을 돌아보니 아주 길었다고 할 수는 없지만 그렇다고 짧지 만도 않았습니다. 그러나 나는 시간에 대해서는 타고날 때부터 잘 잊어버리고 한가하게 세월을 보내서 정말 늙음이 닥쳐오는 것도 잊어버렸는데, 이제 이 논어강의록을 출판하기 위해 이전의 기록들을 넘겨보고서야 이 짧은 15년의 역정 속에서 이미 서너 차례 『논어』를 강의했음을 발견했습니다. 당초에는 완전히 흥미가 나서 강의했던 것으로 개인적인 독서 견해에서 출발했지 도道를 지켜내야겠다는 의도는 조금도 없었으며, 기발한 주장을 하여 뛰어남을 과시하고 싶다는 뜻은 더더욱 없었습니다. 강의한 후 학우들의 기록 노트를 보고 나서 나도 모르게 깜짝 놀라며 한 번 웃었는데, 마치 꿈속의 잠꼬대를 기억하는 것과 같았습니다. "말이 지나고 나면 사려도 끊어지고 일이 지나면 자취도 없다"言亡慮絶, 事過無痕는 말이 있는데 생각해보니 매우 재미있었습니다.
　첫 번째 『논어』강의는 1962년 가을이었습니다. 당시의 기록은 앞부분의 여섯 편뿐으로 뒷날 『공학신어』孔學新語 — 논어정의금훈論語精義今訓 — 라는 초판 책이름으로 출판했으며, 양관배揚管北 거사가 제목을 썼습니다. 한 번은 어떤 직장에서 논어 반 권을 강의한 적이 있는데 강의 기록은 정리하지 못했습니다. 또 한 번은 1974년 4월에 시작하여 초청자 측이 정한대로 매주 수요일 오후에 두 시간씩 1년 동안 강의하고서야 『논어』 전체를 강의했습니다. 그런데 가장 감격스런 것은 채책蔡策

선생이 이 강의 내용 전체를 기록해준 일입니다. 채 선생께서는 기록을 충실히 했을 뿐만 아니라 나대신 상세하게 자료를 보충해주었습니다. 예를 들면 전통 족보의 형식이나 전통 제례의 규범입니다. 하지만 안타깝게도 그의 일이 너무 바빠서 모두 보충할 수는 없었습니다. 채 씨는 그 당시 중앙일보 비서직을 맡고 있었습니다. 문필 직업에 종사하는 사람이 정신적으로 힘들고 바쁜 점은 그 직업 종사자가 아니면 상상할 수 없을 정도인데도, 그는 전혀 아무것도 바라는 바 없이 청강 시간의 열 배나 되는 시간을 들여서 이 강의 기록을 완성했으니 그 정에 감사드리며 그 마음에 감복하는 바입니다.

이 밖에도 이 강의록은 당수상唐樹祥 사장의 깊은 관심 덕택에 『청년전사보』青年戰士報 「자호판」慈湖版에 1975년 4월 1일부터 1976년 3월 16일까지 모두 실렸습니다. 아울러 『인문세계』人文世界 잡지에도 대부분 실렸습니다. 또 이평산李平山 선생이 몹시 좋아하시면서 자금까지 지원하여 주셔서 책으로 인쇄하게 되었습니다. 하지만 이 『논어』의 강의는 시대적인 환경 산물로서 약간의 지견知見일 뿐 학술적 가치는 없습니다. 하물며 "글은 말을 다할 수 없으며 말은 뜻을 다할 수 없다"書不盡言, 言不盡意고 했으니 그 문화적인 내용 무게는 더욱 논할 만한 것이 못됩니다. 고금의 학술 지견은 대체로 그 시대의 자극을 반영하며 그 사회의 병태에서 오는 슬픈 울음입니다. 그 누가 쇠퇴에서 떨치고 일어나게 하고 폐단을 구해서 역사와 시대를 변화시켜 편하고 즐겁게 만들 수 있을까요? 이는 실제 현실 일선에서 일하는 사람들의 노력에 전적으로 달려 있습니다. 우리 같은 서생書生의 지견은 책 속의 유희에 지나지 않을 뿐 현시대의 어려움에 실제 도움이 되지 않으니, 답답함과 근심을 풀고 달래는 희론戲論 정도로 여겨보면 괜찮을 것입니다.

공자 학설과 『논어』 자체의 가치는 어느 시대 어느 곳에서든 그 원문의 본뜻에 대하여 의도적으로 곡해하지 않으면, 헐뜯을 수도 없고 찬양할 수도 없는 불후의 가치를 언제나 지니고 있습니다. 후학들이 독실하게 배우고 신중하게 사고하면서 분명하게 가려, 그 터득한 바를 융회하여 구체적인 현실을 통해 살펴본다면 틀림없이 스스로 깨달음을 얻을 수 있습니다. 이제 이 책을 인쇄에 부치면서 송대의 유학자였던 진동보陳同甫 선생의 깊고 치밀한 견해를 특별히 인용함으로써 독자들이 거울삼도록 하고자 합니다.

그는 송의 효종孝宗에게 아뢰어 말하길, "오늘날의 선비들이 자기 자신을 마음을 바르게 하고 의념을 정성스럽게 하는(正心誠意者) 학자로 생각하는 것은 모두 중풍에 걸려 아픈지 가려운지를 모르는 사람들입니다. 온 세상 사람들이 나라의 적賊을 앞에 두고도 그저 편히 지내면서 머리를 수그리고 양손을 가슴에 맞잡은 채 성명性命을 담론하지만 무엇이 성명性命인지도 모릅니다"고 했습니다. 또 『논어』에 대해서는 이렇게 말했습니다. "『논어』라는 책은 하학下學의 일 아님이 없다. 학자가 그 상달上達의 설을 구하려 해도 얻을 수 없지만 그 말의 미묘함을 곰곰이 깊이 새겨보면 의미가 살아나면서 견해가 발전해 간다. 그러면 또 말하기를 이것은 뛰어나고(精) 저것은 못하다(粗)고 한다. 이러니 일생토록 『논어』를 읽었어도 결국은 잡초 속에 빠져 있다. 그럼에도 오히려 자신이 얻은 바가 있다고 자처하고 있다. 무릇 도道는 온 천하에 있되 근본과 지엽이 없고 안과 밖도 없는 것이다. 성인의 말에 어떤 것은 취하고 어떤 것은 버릴 것이 어찌 있겠는가! 어떤 것은 취하면서 어떤 것은 버린다면 이는 성인이 도道와 둘이 되는 것이다. 그렇다면 『논어』의 글을 어떻게 읽을 것인가? 말한다, 자신의 마음을 밝게 하여 하학에 부지런하면서 그 마음의 같은 바를 구하되 그 공부가 깊어지고 힘이 갖춰지면 뒷날의 상달이 오늘의 하학 아님이 없는 것이다. 이리하여 『논어』의 글을 읽으면 반드시 그 체體를 알고 통하게 되어 그 글을 좋아하게 마련이다."

이 책이름을 "별재"別裁라고 정한 것도 이번의 강의가 정통 유가의 경학 밖에서 다른 체재로 이루어진 단지 개인적인 견해일 뿐, 학술적인 부류에 들어가지 못하고 하학상달下學上達의 일을 논할 만 정도가 되지 못하기 때문입니다.

때는 병진년(丙辰, 1976년) 3월
대북에서 남회근 쓰다

차례

제1편 학이 學而

제2편 위정 爲政

제3편 팔일 八佾

제4편 이인 里仁

제5편 공야장 公冶長

제6편 옹야 雍也

제7편 술이 述而

제8편 태백 泰伯

제9편 자한 子罕

일러두기

1. 이 책은 원래 초판과 2판은 대만의 노고문화사업주식회사老古文化事業股分有限公司
가 발행한 2000년 3월 대만 4판6쇄 정장본의 『논어별재』論語別裁를 완역하여 『논
어강의』로 출판하였던 것입니다. 이를 다시, 중국 인민동방출판전매유한공사人民東
方出版傳媒有限公司가 2017년 11월 7차로 발행한 『논어별재』 상하를 저본으로 수
정하여 2023년 12월 『논어별재』로 개명하여 발행한 것입니다.
2. 논어 원문의 풀이는 저자의 해석을 반영하였으되 예스러운 표현을 가능한 살렸
습니다. 풀이 속의 괄호( )안의 글은 저자의 해석을 보충한 것입니다. 해당 번역
문 이해에 꼭 유의해야 할 점이 있는 경우 바로 하단에 보다 작은 글자로 저자의
강해를 넣었습니다.
3. 번역 저본에 나오는 중국어 인명과 지명 책이름 등의 고유명사는 중국식 발음
으로 표기하지 않고 우리식 한자 발음으로 표기하였습니다.
4. 이 책은 논어를 상론上論과 하론下論으로 각각 10편씩 나누어 강의하되, 상론의
제10편인 향당편은 제20편 「요왈편」 다음에 두어 논어의 총결론으로 삼고 있습
니다. 부록 중 「중국문화 속에서의 유가」와 「공자의 생애」는 역자가 더한 것입니
다.
5. 이 논어강의는 저자가 1974년도 대만에서 행한 것으로 강의에서 언급하고 있는
화폐단위나 국제사정은 당시의 시대 상황입니다.
6. 독자의 이해를 돕기 위해 필요한 경우 괄호에 간단히 주를 달고 역주로 표시하
거나 각주를 달았습니다.

강의를 시작하며

요즈음(1974년 대만—역주) 대학생들 사이에 통하는 새로운 호칭이 하나 있는데, 바로 '삼사교수'三四敎授입니다. 모르는 교수 한 분을 보았을 때 무슨 과목을 가르치는 분인지 학생에게 물어 보면, 흔히 이렇게 대답합니다. "아! 삼사교수예요." 이 말에는 매우 경시하는 의미가 담겨 있습니다. '삼사교수'란 삼민주의(三民主義: 손문이 제창한 중국 민주주의 혁명의 정치 이론. 곧, 민족주의·민권주의·민생주의의 세 가지로서, 신해혁명의 지도 원리가 되었음—역주)와 사서오경四書五經을 가르치는 교수를 일컫는 말입니다. 그분들은 학교에서도 알아주는 사람이 없고, 학생들도 군사훈련 교관을 대하듯 다른 눈초리로 대하는데, 아주 심각한 문제입니다.

8, 9년 전에 국립대학 교수로 있는 친구와 이야기를 나누면서, 어떻게 가르쳤기에 학생들이 삼민주의에 대해 그처럼 반감을 가지게 되었느냐고 물어 보았습니다. 그러자 그 친구는 어쩔 수 없는 일이라고 하더군요. 하지만 나는 어쩔 수 없는 일이 아니라 생각하고, 그를 대신하여 내가 학생들을 몇 시간 가르쳐 보고 싶다고 했습니다.

그 뒤 마침 그럴 기회가 생겼습니다. 한 대학생이 나더러 자신들의 모임에 참석해 달라고 청해 왔습니다. '중국문학의 재혁명'을 주제로 토론회를 연다는 것이었습니다. 그 토론 주제를 듣자마자, 나는 즉시 이렇게 말했습니다. "자네들이 그런 모임을 연다고? 좋아! 내가 저녁에 가 보도록 하지."

나는 친구인 삼민주의 교수와 함께 그 모임에 가 보았습니다. 참석한 학생들 모두 장난꾸러기들 같았습니다. 학생들은 격앙 강개한 어조로 한바탕 크게 떠들고 나더니, 마지막에야 나더러 한마디 해 달라고 하더군요.

나는 학생들에게 "여러분은 '혁명'이 무슨 뜻인지부터 먼저 이해해야 합니다. 이 대학은 국립 최고학부인 만큼, 이 학교의 청년 지식인이라면 '혁명'이라는 단어의 뜻부터 정확히 알아야지요. 이 단어는 중국의 가장 오랜 저작의 하나인 『역경』에서 나왔습니다." 하고 말문을 연 다음, 여러 가지 이유를 들어 설명했습니다.

"예를 들어, 우리는 오사 운동五四運動 때부터 문학 작품을 고문인 문언문文言文 대신 구어체인 백화문白話文으로 쓰고 있는데, 이것이 무슨 성과가 있었습니까? 내가 본 바로는 지난 수십 년 동안 대중 교육이 널리 보급되었고 지식도 보편화되었으며, 세계에 대한 지식도 많이 흡수할 수 있게 되었습니다. 이런 것들이 국가 발전에 공헌했음은 부인할 수 없습니다. 그러나 우리 문화는 오히려 이때부터 한 칼에 단절되어 버렸습니다. 그 원인은 무엇일까요? 전통 문화라는 창고에는 아주 많은 것들이 쌓여 있는데, 수천 년 동안 쌓여 온 이 문화는 모두 고문으로 보존되어 있습니다. 그런데 백화문으로 교육받은 사람들은 고문을 이해할 수 없으니, 당연히 이 창고를 열어 볼 수 없게 된 것입니다. 우리 문화는 바로 이 한 칼에 허리가 잘려 버린 것입니다.

여러분은 지금 문학의 재혁명을 말하고 백화 문학白話文學을 논하고 있는데, 우리가 왜 백화문을 추진하게 되었는지를 알아야 합니다. 오사 운동 전후에 사람들은 나라를 구하기 위해서는 신지식을 받아들여야 하며, 특히 동서고금의 학술과 문화를 융합해야 한다고 생각했습니다. 그리하여 구세대 학생들이 외국으로 유학을 나가 보니, 어느 나라든 말과 글이 일치하는 것이었습니다. 그래서 그들은 우리 나라가 발전하지 못한 까닭은 문자라는 도구가 가로놓여 있기 때문이라 생각하게 되었습니다. 특히 사서오경은 '공자왈'孔子曰 '맹자왈'孟子曰 따위의 고리타분한 말로 온통 뒤죽박죽이니, 이것을 타도하지 않으면 안 되겠다고 생각해서 백화문을 제창하게 된 것입니다.

언어와 문자의 변천

그러나 한 가지 주의해야 할 점이 있습니다. 영어·독일어·프랑스어 등 세계 여러 나라의 언어와 문자가 지금은 비록 일치하고 있지만, 말은 대략 30년에 한 번씩 변한다는 점입니다. 따라서 100년 전의 영어나 프랑스어 서적은 오늘날 전문가가 아니면 이해할 수 없습니다.

우리의 옛 조상들은 언어가 시대에 따라 변한다는 것을 알았습니다. 그래서 문자를 언어로부터 분리해서, 짧은 시간을 이용하여 2, 3년 정도 문자를 배우면 글을 쓸 수 있게 했습니다. 그 문자는 단독으로 한 체계를 이루어 사상을 표현했기 때문에, 문자가 간직하고 있는 사상은 수천 년 뒤의 사람이 보더라도 그 뜻을 해득解得하는 데 막힘이 없습니다. 그런데 이 문자가 국가의 운명에 무슨 해를 끼쳤다는 것입니까? 문자에는 잘못이 없습니다. 단지 교육이 보급되지 않아 사람들이 문자에 대한 소양을 제대로 쌓지 못했기 때문입니다. 당시 오사 운동을 제창했던 일부 인사들이 진보를 추구했던 점에서는 옳았지만, 학문 수양의 입장에서는 솔직히 말해 논의해 볼 필요가 있습니다. 이들이 제시한 문학 혁명은 문제점이 적잖게 나타났습니다.

예를 들어, 일상생활에서 날마다 하기 마련인 화장실 가는 일을, 우리 어렸을 적에는 '출공'出恭이라 했는데, 그 뒤 '해수'解手라고 했다가 지금은 '상일호'上一號라고 합니다. 보십시오, 요 몇십 년 동안 말이 얼마나 많이 변화했는지. 이 때문에 오사 운동 전후의 백화문 자료들은 요즘에 보면 거의 의미가 통하지 않을 정도입니다. 그러면 오늘날의 글은 어떻습니까? 읽기에 불편함이 없으니 좋지 않냐고요? 예, 좋습니다. 그런데 문제는 글을 다 읽고 나면 글의 가치도 끝나 버려, 대부분이 보존해야 할 가치가 없다는 데에 있습니다. 앞으로 우리 언어가 또 어떻게 변화할지 알 수 없으니까요. 이런데도 여러분이 왜 문학 재혁명을 바라는지 나는 이해하지 못하겠습니다.

문학 혁명에 대해서는 나도 말할 자격이 없고, 여러분도 말할 자격이 없습니다. 왜 그럴까요? 만일 고문古文이나 사륙체四六體·시詩·사詞를 짓는 데 상당한 실력을 갖추고 난 다음에 이런 문학에서 결함을 발견했다면, 비로소 혁명을 말할 자격이 있을 것입니다. 지금 여러분은 '명'命조차 없는데, 무엇을 '혁'革하겠다는 것입니까? 과연 여러분은 문학 혁명을 운운할 자격이 있습니까?"

내가 이렇게 이야기를 끝내자, 듣고 있던 학생들은 모두 얼떨떨한 표정이었습니다. 이 모임은 그 뒤 흐지부지되고 말았다고 합니다. 알게 모르게 대학생들에게 불었던 이 작은 풍파는 잠잠해져 버렸습니다.

그 뒤 나는 삼민주의를 가르치는 친구에게 그를 대신해서 몇 시간 강의를 해 보겠다고 했습니다. 대학생 중에는 믿음이 강한 사람도 물론 많았지만, 삼민주의를 골치 아픈 과목으로 생각하는 사람도 있었기 때문입니다. 나는 친구를 대신하여 강의하면서, 처음에는 삼민주의를 강의하지 않고 전통 문화와 전통 사상의 변천 과정과 그 원인을 강의했습니다. 상고부터 현재까지 왜 이렇게 변했고, 나중에 국부國父 손문孫文의 삼민주의가 어떻게 나오게 되었는지 분석하고는 다음과 같이 말했습니다.

"내 말이 옳습니까? 옳지 않습니까?" "옳습니다." "가치가 있습니까? 없습니까?" "가치가 있습니다." "그러므로 삼민주의를 공부해야 합니다. 공부하고 나서 비평해도 됩니다. 보지도 않고 맹목적으로 삼민주의는 당팔고黨八股라고 말해서는 안 됩니다. 당팔고를 여러분은 알고 있습니까? 알지 못하면서 함부로 비평해서는 안 됩니다."

내가 이렇게 강의를 하고 나자, 학생들은 삼민주의를 공부하고 싶은 생각이 들게 되었다고 합니다. 이것은 내가 겪은 이야기입니다.

사서오경에 대한 오해

사서四書도 사정은 마찬가지여서, 우리가 지금 『논어』 강의를 하면서 문화부흥운동을 추진하자고 말하고 있지만, 신식 교육인 국민의무교육을 시행한 이래 학생들이 사서오경을 싫어하는 현상은 극에 달해 있습니다. 그런데 문제는 사서오경의 공자와 맹자의 사상이 잘못 해석되고 있다는 데에 있습니다. 이것은 지금에 와서 시작된 일이 아니라, 당송唐

宋 이후 또는 멀리 한당漢唐 시대부터 많은 요점들이 잘못 해석되어 왔습니다. 이 상황을 설명하기 위해 실제 있었던 이야기를 하나 하겠습니다.

우리 세대는 시대 배경으로 보면, 새로운 것과 옛 것, 우리 것과 외국 것이 서로 교체하는 거대한 변화의 틈바구니에 끼어 살아 온 인생입니다. 나는 유년 시절에 사숙私塾에서 공부했는데, 그 때에는 사서오경 공부에 몹시 반감을 품었습니다. 그 당시 선생들은 우리가 질문을 하면 "나중에 너희들도 다 이해하게 될 게다." 하고만 대답했는데, 우리는 그 '나중에'가 언제일지 도무지 알 길이 없었습니다.

그래서 오사 운동이 신학문 운동을 일으켰을 때, 우리는 비록 팔을 걷어붙이고 열렬한 지지자로 나서지는 않았지만, 그 운동에 동의하여 다소 강개했습니다. 중년으로 접어들면서 전통 사상과 외국 사상에 대해, 특히 시대의 변천 속에서 많은 일들을 보고 나자, 그 중요한 원인이 무엇인지 스스로 찾아보기로 했습니다.

그 원인을 찾아보자는 것도 17, 8년 전에 몇 분들과 함께 모여 이야기하면서 나왔는데, 모두들 나라를 구하기 위해서는 문화를 부흥시켜야 한다고 생각했습니다. 그리하여 몇몇 교수학자들은 사서를 새롭게 편집해야 한다고 주장했습니다. 그분들의 생각으로는, 사서는 그 내용이 조리가 없고 뒤죽박죽이라는 것입니다. 『논어』만 하더라도 유사한 내용을 묶어서, 효도를 말한 것은 효도를 말한 것대로, 인仁을 말한 것은 인을 말한 것대로 편집하여 『논어』 전체의 편장篇章을 조리 있게 정리해야 한다는 것이었습니다. 그에 따라 내게도 한 부분을 맡아 정리해 달라고 청해 왔습니다. 나는 좀 생각해 보겠다고 대답하고는 집으로 돌아와 사서를 다시 한 번 읽어 본 결과, 그와 같이 개편하면 문제가 있다는 것을 알게 되었습니다.

다음 모임에서 나는 개편에 반대하는 입장을 분명히 밝히고 찬성하지 않았습니다. 왜냐하면 『논어』를 전체적으로 보면, 그 자체로 일관된 체계가 있어 딱 들어맞기 때문입니다. 우리는 그것을 새로운 관점에서 쪼개어 나눌 필요가 없습니다. 문제는 과거부터 『논어』가 잘못 해석되어

온 데 있습니다. 우리가 원래의 진정한 공맹 사상을 파악하려면, 당송 이후의 주석을 옆으로 밀쳐 두고 원문만 읽어 나가면 됩니다. 이것을 '경으로써 경을 풀이한다'(以經解經)고 하는데, 원문만을 읽되 원문을 숙독하다 보면 원문 자체에 담긴 사상이 앞뒤에 나오는 원문 속에서 분명하게 해석된다는 것입니다. 이러한 태도로 『논어』를 연구해 보면 앞뒤의 편장이 일관되게 통하므로, 나는 개편을 주장하지 않았던 것입니다.

도가 사상

그 뒤 여러 곳에서 『논어』를 강의하면서, 나는 한 가지 문제점을 지적했습니다. 바로 우리가 오사 운동 이래로 외쳐 온 "공가점孔家店(도처에 남겨져 있는 공자의 유교 사상과 그 자취를 비유한 말—역주)을 타도하자."는 구호에 문제가 있다는 것입니다.

우리 문화가 변화 발전한 과정은 크게 두 단계로 나눌 수 있습니다. 진한秦漢 이전과 이후가 바로 그것입니다. 사람들은 대체로 진한 이전의 전통 사상은 공맹 사상이 전부라고 생각합니다. 공맹 사상은 사실 당시 사상의 흐름 가운데 한 부분일 뿐이었습니다. 그밖에도 도가·묵가·제자백가 등 매우 많은데, 이들 모두가 합쳐져 우리 전통 사상을 이루고 있습니다. 크게 보면, 유가·도가·묵가의 큰 세 줄기로 분류할 수 있습니다.

이 중에서 특히 정치적으로 중요한 시기마다 끌어다 활용해 온 것이 바로 도가 사상이란 점을 우리는 유의할 필요가 있습니다. 역사상 변란이 있을 때마다 도가 사상은 그 변란을 평정하는 데 크게 이용되었고, 천하가 태평하게 되면 공맹의 유가 사상이 주로 활용되었습니다. 이것은 우리 역사를 이해하는 데 있어서 대단히 중요한 열쇠입니다.

공맹 사상은 본래 도가와 분리되어 있지 않았습니다. 분리된 것은 진한 이후의 일이며, 당대唐代에 이르러서는 우리 문화가 이미 유가·도가·묵가의 삼가가 아니라, 유가·불가·도가의 삼가로 바뀌어 버렸습니다. 불가는 인도에서 들어온 불학佛學으로서 인도 문화의 정화精華라 할 수 있는데, 동한 말기부터 이 땅에 들어오기 시작하여 송대宋代까지 계속되었습니다. 송대 이후 인도 본토에서는 이미 진정한 불학이 없어졌습니다. 아랍 민족의 이슬람교, 힌두교 등에 점거되면서 인도에서 쇠잔해 버렸던 것입니다. 오늘날 진정한 불학을 연구하려면 중국으로 올 수밖에 없습니다. 유럽인이나 일본인들이 말하는 불학은 정확하지 않습니다.

유 ·불·도, 세 개의 큰 가게

당송 이후의 우리 문화는 유儒·불佛·도道 삼가로 요약되는데, 이 삼가는 세 개의 큰 가게로 비유해 볼 수 있습니다.

먼저 불가佛家는 백화점과 같습니다. 그 안에는 수많은 물건들이 여기저기 진열되어 있고 갖가지가 다 갖추어져 있어서, 돈과 시간만 있으면 가서 구경할 수 있습니다. 구경 다니다 물건을 사도 좋고 안 사도 좋으며 아예 구경하지 않아도 좋지만, 사회는 이것을 필요로 합니다.

도가는 약방과 같습니다. 병이 나지 않으면 안 가도 되지만, 병이 나면 가지 않을 수 없는 곳입니다. 병이 난 것은 마치 변란의 시기와 같아서, 변란을 평정하려면 도가를 연구 응용하지 않으면 안 됩니다. 도가 사상은 병가兵家·종횡가縱橫家의 사상과, 천문天文·지리地理·의약醫藥 등을 모두 포함하고 있어서, 국가와 민족이 병이 나면 이 약방에 가지 않으면 안 됩니다.

유가는 양곡가게와 같습니다. 공맹 사상은 우리가 날마다 먹어야만 하는 식량입니다. 그런데 오사 운동 때 우리는 약방과 백화점은 부수지 않고 한사코 양곡가게만 부쉈습니다. 양곡가게를 부수고 나서, 우리들은 밥을 먹지 않고 서양 빵을 먹게 되었습니다. 서양 빵은 우리들에게 습관화되어 있지 않은 탓에 오래 먹게 되면 위에 탈이 날 수 있습니다. 그런데도 오래 먹다 보니, 서양 사상들이 출현하게 되었습니다. 이런 사상들은 서양에서 온 것이지 우리 문화에서 온 것이 아닙니다. 그런데 어떻게 우리 나라에 오게 되었을까요? 왜 이런 식으로 변했을까요?

우리는 먼저 우리 문화와 역사의 변천을 깊이 이해해야 합니다. 왜 오늘날 이렇게 되었는가를 알아야 할 뿐만 아니라, 앞으로 어떻게 해야 할지도 알아야 합니다. 이는 우리 모두가 당면하고 있는 매우 중요한 문제입니다. 따라서 이 문제를 풀기 위해서는 사서四書를 깊이 연구해야 합니다. 우리의 고유문화를 연구하는 것은 결코 시대의 흐름에 역행하는 것이 아니라, 새로운 시각으로 그것을 이해하기 위한 것입니다.

아울러 우리는 지난 2천 년 동안 우리의 문화·사상·역사가 어떤 정치 체제하에 있었던 간에 대체로 모두 사법司法을 중심으로 전개되었고, 사법과 행정行政은 나눌 수 없는 하나였음을 이해해야 합니다. 사법이라면 곧 법률을 말하게 되는데, 현재 우리들은 양대 법 계통, 이른바 해양법海洋法 계통과 대륙법大陸法 계통만 말합니다. 사법의 입법立法 부문도 이 두 개의 법 계통 정신을 근거로 해서 나왔습니다.

그러나 우리는 진대秦代 이래 한·당·송·원·명·청대에 이르도록 줄곧 우리 고유의 법률 계통이 있었다는 것을 잊고 있습니다. 이 법률 계통은 바로 사서오경四書五經을 철학적 기초로 삼고 있는데, 과거의 많은 판례를 보면 바로 사서오경의 도덕관념을 근거로 하고 있음을 알 수 있습니다. 그러므로 엄격히 말하면, 사서오경은 과거 헌법이 없던 시대의 실질적인 헌법 사상이었습니다. 다시 말하자면, 정치사상의 중심이자 법률 사상의 중심으로 기능했던 것입니다. 그 밖의 각종 철학 사상도 모두 이 사서오경에 귀착한다 하겠습니다. 물론 좋은 점만을 이야기한다면 그렇다는 것이지요.

억울하게 맞은 매

이제 나쁜 점을 이야기해 봅시다. 공가점은 왜 사람들로부터 타도 당했을까요? 오사 운동 당시 사람들이 저마다 공가점을 타도하자고 나섰던 것은 필연적이었습니다. 왜 그랬을까요? 공가점이 정말 억울하게 당했다는 것은 나중에 알게 된 사실입니다. 왜냐하면 이 가게는 본디 공자와 맹자 두 사장이 차린 주식회사인데, 그 아래로 증자曾子·자사子思

· 순자荀子 같은 간부들이 채용되었습니다. 사장이 파는 상품은 물건도 진짜고 값도 쌌습니다. 그런데 수천 년이 지나는 동안 후대 사람들이 물을 타 팔면서 상품이 변질되어 버렸습니다. 어떤 내용들은 후대 사람들이 해석을 잘못했는데, 특히 송대의 성리학자(理學家)들이 그러했습니다. 해석이 한 번 잘못되어 버리자, 빛나던 공자 사상 전체가 대단히 두텁고 무거운 그림자에 뒤덮여 버렸습니다. 그 결과 후대 사람들이 공맹 사상을 뒤엎으려 했던 것입니다.[1]

최근 어떤 사람이 나와 몇몇 사람들에게, 공자 사상의 문제점을 논하는 글을 써 달라고 청해 왔습니다. 나는 이렇게 답변했습니다. "몇몇 사람들이 공자 사상을 뒤엎으려 하는데, 이는 좋지 않은 일입니다. 다 소용없는 짓입니다. 왜냐하면 공자 사상은 이 땅에서 타도될 수 있는 것이 절대 아니기 때문입니다. 이것은 감정적인 말이 아닙니다. 수천 년의 역사를 자세히 살펴보면, 과거에도 공자 사상에 손을 댄 사람이 있었습니다. 현대에 들어와서도 오사 운동이 공가점을 타도하려 했지만, 결과적으로 타도됐습니까? 그렇지 않습니다. 오히려 두들기면 두들길수록 빛이 났습니다. 이렇게 되자, 본래 공자를 연구하려 하지 않았던 세계 각국에서도 요즘엔 오히려 공자를 연구하게 되었습니다."

지금 우리 나라 사상 학술계가 직면하고 있는 더 중요한 과제가 하나 있습니다. 그것은 바로 우리 문화의 보고寶庫를 어떻게 이해할 것인가 하는 점입니다. 중년 이하의 사람들은 이에 대해 아는 바가 거의 없습니다. 더욱이 지금 중학교에 다니는 학생부터 대학에 다니는 학생까지의 청소년들은 아예 우리 문화의 보고를 모릅니다. 이 때문에 나는 사서를 강의하기로 하고, 『논어』부터 시작하게 된 것입니다.

---

1) 성리학은 중국 송나라 · 명나라 때에 주돈이周敦頤, 정호程顥, 정이程頤 등에서 비롯하고 주희朱熹가 집대성한 유학의 한 파이다. 이기설理氣說과 심성론心性論에 입각하여 격물치지格物致知를 중시하는 실천 도덕과 인격과 학문의 성취를 역설하였다. 우리나라에는 고려 말기에 들어와 조선의 통치 이념이 되었고, 길재 · 정도전 · 권근 · 김종직에 이어 이이 · 이황에 이르러 조선 성리학으로 체계화되었다. 좀 더 자세한 설명은 남회근 지음 송찬문 번역 『중용강의』 「역자의 말」과 부록 「성리학」의 글을 참고하기 바란다.

다시 『논어』를 논한다

『논어』는 무릇 어릴 때부터 읽어 왔을 터인데, 지금 여러분들이 주로 읽고 있는 책은 문제 있는 판본입니다. 그것은 송대의 대유학자인 주희 朱熹 선생이 주해註解한 것입니다. 주희 선생의 학문과 인품에 대해서는 대체로 할 말이 없지만, 그렇다고 해서 사서오경에 대한 그의 주해를 절대적으로 옳은 것이라고 할 수 있을까요? 몹시 불경스러운 말이지만 책임지고 말하건대, 문제가 너무 큰데다 완전히 옳은 것이라고는 할 수 없습니다.

남송南宋 이전의 사서四書는 주희 선생의 주해를 이용하지 않았지만, 그가 주해를 하고 나서부터는 완전히 그의 사상에 휩싸여 버렸습니다. 그렇게 된 것은 명나라 때부터인데, 주가 황제(朱家皇帝: 명나라를 세운 주 원장을 말함—역주)가 사서로 시험을 봐서 관료를 뽑도록 명령을 내리면 서, 주희의 주해로 된 사서만을 채택하도록 했습니다. 그 결과 이후 6, 7백 년 동안 모든 사서오경과 공맹 사상은 대체로 '주희의 공자 사상' 으로 제한되었습니다. 바꾸어 말해, 명대 이후 사람들은 과거시험에 응 시하기 위해 모두 주희 사상의 테두리 안에서 뒹굴었던 것입니다. 그러 는 가운데 매우 많은 문제들이 생겨나게 되었는데, 앞으로 우리가 연구 해 가면서 알게 될 것입니다. 그러므로 여러분들이 주로 읽고 있는 주 희 선생 주해본은 참고할 가치가 있기는 하지만 완전히 믿어서는 안 됩 니다..2)

우리는 지금 공자를 연구하기로 했는데, 공자는 『역경』 「계사전」에서 단 두 마디로, "글은 말을 충분히 표현할 수 없고, 말은 뜻을 다할 수 없다."(書不盡言, 言不盡意)고 했습니다. 이 말은 사람의 언어란 표현하고자 하는 생각을 다 표현할 수 없다는 뜻입니다. 오늘날에는 이런 문제를 전문적으로 연구하는 의미론(語意學)이라는 학문이 있습니다. 소리가 완

---

2) 『논어별재』를, 주자 주해본 『논어』 변역서 등과 비교하면서 읽어간다면 더욱 좋을 것이다. 이 책의 하권 부록 「공자의 생애」를 먼저 읽어보기를 권한다. 도올 김용옥 역해 『논어+역경』과 그 부록 「논어를 읽기 위한 사전」과 「공자연표」도 함 께 참고하면 더욱 좋을 것이다.

전히 같은 한마디의 말도 녹음기를 통해서 방송하는 것과 서로 얼굴을 대하고 표정과 동작을 곁들여 말하는 것은, 듣는 사람이 같다 할지라도 서로 다른 별개의 체험과 느낌을 얻게 될 것입니다. 그러므로 세계에는 의지와 생각을 완전하게 표현할 수 있는 언어는 하나도 없습니다. 더군다나 말을 문자로 바꿔 놓고 문자를 문장으로 바꿔 놓음에 따라, 그 본의와 표현된 것 사이에는 더 한층 간격이 벌어집니다.

우리가 공맹 사상을 연구하려면 반드시 『논어』에서부터 시작해야 합니다. 『논어』가 결코 공맹 사상 전부를 대표할 수는 없지만, 반드시 여기에서부터 시작해야 합니다. 지금 나의 관점에는 옛 사람의 해석을 아주 대담하게 뒤엎는 곳이 허다합니다. 나는 『논어』가 나누어질 수 없는 하나의 체계이며, 전 20편은 편마다 완결된 한 편의 글이라고 생각합니다. 지금 우리가 보고 있는 책의 문구에 찍힌 방점傍點들은 송대 유학자들이 표시해 끊은 것입니다. 그로부터 한 조목 한 조목이 교조敎條가 되었는데, 이렇게 방점으로 표시해 끊어서는 안 됩니다. 전체 20편의 『논어』는 연결시켜 보면 완결된 한 편의 문장입니다. 적어도 오늘 나는 이렇게 생각하는데, 내일 또 새로운 견해가 나올지도 모릅니다. 훗날 나 자신이 지금의 내 견해를 스스로 뒤엎게 될지도 알 수 없지만, 오늘 현재까지는 이렇게 생각하고 있습니다

學而

배움에 무슨 즐거움이 있을까

『논어』 제1편인 이 「학이」學而편은 당시 공자가 학생들을 가르치던 목적과 태도, 종지宗旨, 방법 등을 포괄하고 있습니다. 과거에 우리들은 이 편에 방점을 쳐서 한 조목 한 조목 나누어 읽었는데, 이것은 잘못된 것입니다.

공자께서 말씀하셨다. "(올바른 사람이 되기 위하여 언제 어디서나) 배우고 때때로 그것을 익히(기 좋아하고 반성하며 점점 진보하여 가)니, 또한 기쁘지 아니한가? (학문적 지기知己인) 벗이 먼 곳으로부터 찾아오니, 또한 즐겁지 아니한가? 사람들이 (이해하여) 알아주지 않더라도 (하늘을) 원망하지 않(고 남을 탓하지 않)으니, 또한 군자가 아닌가?"

(유가 사상에서 학문은 글공부가 아닙니다. 사람의 됨됨이가 훌륭하고 행위가 바른 것, 이것이 바로 학문입니다. 이것은 나의 개인적인 해석이 아닙니다. 『논어』 전체를 연구하고 나면, 공자가 올바른 사람으로 살아가는 일, 곧 진정한 사람됨을 어떻게 완성할 것인가 하는 과제를 얼마나 중시했는지 알게 됩니다)

子曰：學而時習之，不亦說乎？ 有朋自遠方來，不亦樂乎？ 人不知
자왈　학이시습지　불역열호　　유붕자원방래　불역락호　　인부지
而不慍，不亦君子乎？
이불온　불역군자호

이 세 구절의 말을 글자대로 해석해 보라고 하면, 남녀노소를 막론하

고 틀림없이 그 뜻을 잘 알 것입니다. 옛 사람의 주해註解에 따르면, 학문은 누구나 익숙하도록 수시로 되풀이하여 익혀야 한다는 것입니다. "또한 기쁘지 아니한가?"(不亦說乎)의 '說'(열)자는 고문에서 차용한 글자인데, '悅'(열)자와 같은 자字로서 '기쁘다'는 뜻입니다.

만약 이것이 정확한 주해이며 공자는 이 때문에 성인이 될 수 있었다면, 나는 이 말에 감복하지 못해 공자의 사당에 참배하러 가지도 않을 것입니다. 정직하게 말해서, 어린 시절에 선생님과 학부형이 우리들에게 공부하라고 다그칠 때의 모습이란 정말 "배우고 때때로 그것을 익히니, 또한 괴롭지 아니한가?"(學而時習之, 不亦苦乎)였습니다. 공자가 만일 이렇게 말했다면, 나는 틀림없이 그를 정말 성인으로 받아들여 감복했을 것입니다. 공자님은 인정세태에 너무나도 통달하신 분이라고 생각했을 것이기 때문입니다.

"벗이 먼 곳으로부터 찾아오니, 또한 즐겁지 아니한가?"(有朋自遠方來, 不亦樂乎)에 이르면 그 말뜻을 알 듯 모를 듯한데, 무슨 의미일까요? 일반인부터 공무원에 이르기까지 대체로 월급에 의지해서 밥 먹고 살아갑니다. 넉넉해 보았자 3일이요 궁해 보았자 1개월인데, 바로 그 궁한 며칠 동안에 친구가 집에 찾아와 식사하자고 할 경우, 주머니 사정이 허락하지 않는다면 참 고통스럽기 이를 데 없는 상황이 아닐 수 없습니다. 그러니, "친구가 먼 곳에서 찾아오니, 또한 비참하지 아니한가?"(有朋自遠方來, 不亦慘乎)이지, "또한 즐겁지 아니한가?"는 절대 아닙니다.

셋째 구절인 "사람들이 알아주지 않더라도 원망하지 않으니, 또한 군자가 아닌가?"(人不知而不慍, 不亦君子乎)에서, '慍'(온)자는 글자대로 해석하면 마음속에 있는 원망을 뜻하는데, 풀어 버리지 못하고 마음속으로 짜증내거나 싫어하거나 미워하거나 원망하는 감정을 말합니다. 그러니까 남이 나를 이해해 주지 않아도 내가 마음속으로 원망하지 않아야 비로소 군자인 셈이지요. 그렇지만 상대가 내게 잘못했을 때, 나는 상대를 때리거나 속이까지 하지는 않더라도, 차라리 군자가 되지 못할지언정 마음속으로 상대를 원망할 수야 있지 않겠습니까! 그런데 이것조차도 하지 않아야 군자라니, 정말 군자가 되기란 어렵습니다.

글자에 근거하여 주석대로 해석하면 바로 이렇게밖에 풀이되지 않습니다. 그러기에 오늘날의 젊은이들만 사서四書를 기피하는 게 아니라, 수백 년 동안 심지어 천여 년 동안 과거의 지식인들도 사서에 반감을 가지지 않을 수 없었습니다. 사서가 종교적인 교조와 딱딱한 법률로 변해 버린 까닭에 그대로 따르지 않으면 안 되었기 때문입니다.

그러나 사서는 절대로 이런 것이 아닙니다. 제대로 이해하고 나면, 공자가 참으로 성인이며 조금도 틀리지 않았음을 알게 됩니다.

"배우고 그것을 때때로 익힌다."(學而時習之)의 핵심은 시간적인 '때때로'(時)와 보고 익힌다(見習)의 '익힌다'(習)에 있습니다. 먼저 주의해야 할 점은, 공자의 모든 저술을 읽어 보고 공자의 사상 전체를 이해해야 무엇을 '학문'이라 하는지 알게 된다는 것입니다. 사람들은 보통 '글공부가 곧 학문'이라 생각하는데, 이것은 틀린 것입니다. 유가 사상에서 학문은 글공부가 아닙니다. 학문에 대한 설명이 이 「학이」편 속에 들어 있습니다. 학문은 결코 독서나 글쓰기가 아닙니다. 문장이 좋다는 것은 그 사람의 글 솜씨가 좋다는 것이요, 지식이 깊고 해박하다는 것은 그 사람의 지식이 깊고 해박하다는 것을 말할 뿐입니다. 학문으로 말하자면, 한 글자도 모르는 사람이라도 학문이 있을 수 있습니다. 즉, 사람의 됨됨이가 훌륭하고 행위가 바른 것, 이것이 바로 학문입니다. 이것은 나의 개인적인 해석이 아닙니다. 『논어』 전체를 연구하고 나면, 공자가 올바른 사람으로 살아가는 일, 곧 진정한 사람됨을 어떻게 완성할 것인가 하는 과제를 얼마나 중시했는지 알게 될 것입니다.

진인眞人과 가인假人

사람됨에 대해서는 장자도 언급했는데, 그의 저서 『장자』에서 도道가 있는 사람을 '진인眞人'이라 불렀습니다. 당송 이후에는 신선이나 도를 얻은 사람을 '진인'이라 불렀습니다. 예를 들어, 오늘날 우리는 남궁南宮이라는 신선궁에 모셔진 여순양呂純陽을 가리켜 여진인呂眞人이라고 부릅니다. 오늘날 '진인'이란 명칭은 종교적인 색채를 띠게 되어, 서양의 하느님이나 중국의 신선, 또는 부처를 가리키는 것으로 여겨집니다. 그러나 과거에 도가에서 말하던 '진인'이란 학문과 도덕이 궁극에 이른 사람을 가리켰습니다.

진인과 대칭되는 개념이 '가인'假人인데, '가인'이란 도덕의 최고 기준에 도달하지 못한 사람을 말합니다. 사람으로서 최고 성취를 발휘한 이를 도가에서는 '진인'이라고 불렀고, 공자는 이것이 곧 배움(學)이며 배운 사람(學而之人)이라 생각했습니다. '배울 학'(學), 이 한 글자에 공자는 이렇게 많은 의미를 포함시켰던 것입니다.

그럼 학문은 어떻게 하는 것일까요? 학문은 문자도 아니고, 지식도 아닙니다. 학문은 인생 경험에서 우러나오는 것이며, 사람으로서 행동하고 일하는 과정에서 체험하는 것입니다. 학문을 닦는다는 것은 책을 읽는 것에 그치지 않습니다. 언제 어디서나 생활하는 가운데 마주치는 모든 것이 책이자 교육인 것입니다. 그러기에 공자는 『논어』「이인」里仁편에서 "남의 잘못을 보고서 자신도 반성하여 인仁을 수양할 줄 알아야 한다."(觀過而知仁)고 말하고 있습니다. 남이 잘못하는 것을 보고, 그런 잘못을 범하지 않겠다고 스스로 반성하는 것, 이것이 바로 '학문'입니다. 학문은 바로 그런 도리입니다. 그러므로 공자의 연구 방법 관점에서 보면, 언제 어디서나 생각을 해야 하며, 언제 어디서나 보고 익혀야 하며, 언제 어디서나 체험이 있어야 하며, 언제 어디서나 반성할 수 있어야 하는데, 이것이 바로 학문입니다.

반성하는 일이 쉽지는 않지만 점차 진보가 있게 되면 스스로 회심의 흥취가 일어, "또한 기쁘지 아니한가?" 하며 즐거워하게 됩니다. 우리는 일상에서 이런 경험을 합니다. 친구가 어떤 일을 하는 것을 보고 잘못될까 걱정이 되어, "하지 말게, 이 사람아! 문제가 생기면 어쩌려고 그래?" 하고 말해도 친구는 듣지 않습니다. 그렇지만 결국 그 말이 옳았음이 나중에 증명되면, 물론 친구를 안타깝게 여기면서도, 자기가 알게 된 도리에 대해서는 한 층 더 나아가 회심의 미소, 즉 크게 웃는 웃음이 아닌 조용한 미소를 짓게 됩니다. 회심의 미소를 짓는다는 것은 곧 기뻐한다(說)는 것으로, 마음에 터득한 바가 있음을 나타냅니다.

이와 같이 공자가 여기서 첫째로 말한 것은 학문의 종지宗旨로서, '때 때로'(時)와 '익힌다'(習)에 중점을 두어 언제 어디서나 학습해야 함을 말하고 있습니다. 사서를 읽으면 학문이고, 사서를 읽지 않으면 학문이 아니라는 것이 결코 아니지요. 학문의 본뜻은 그게 아닙니다.

학문은 곤궁함과 외로움 속에서

이어지는 둘째 구절은 학문하는 사람이라면 한 가지 일을 각오해야 한다는 말입니다. 나의 연구와 체험에 근거하여 말하자면, 진정으로 학문을 한다면 군자에게는 해야 할 바가 있고 해서는 안 될 바가 있습니다. 마땅히 해야 할 것은 하고, 해서는 안 될 것은 머리가 잘릴지라도 하지 말아야 하는 것입니다. 인仁의 입장에서 도의상 당연한 일은 자기를 희생해서라도 해야 하며, 세상과 사람들을 위한 것이라면 하고 다른 것을 위해서는 하지 말아야 하는 것입니다. 따라서 학문을 한다는 것은 곧 일생토록 곤궁하고 외롭게 지낼 각오를 하는 것과 같습니다. 이는 우리가 역사, 즉 공자의 삶을 보면 알게 됩니다.

공자의 일생은 매우 곤궁하고 외로웠습니다. 지금이야 곳곳에서 공자를 기리면서, 잘 드시라고 제사상을 차려 식은 돼지머리를 올리고 있지만, 공자 살아생전에는 도시락 하나도 드실 수 없을 정도였습니다. 하지만 그는 부귀를 적극적으로 구하지 않았습니다. 공자가 부귀를 적극적으로 구하지 않았다는 것은 어떻게 알 수 있을까요? 공자는 당시에 권력과 지위를 얻을 수 있는 가능성이 있음을 분명히 알고 있었고, 제자들도 스승인 공자가 권력과 지위를 차지하기를 바랐습니다. 공자 시대의 중국 인구는 수백만 명에 불과했는데, 이 수백만 명 중에 그의 제자는 3천 명을 헤아린 데다, 그들 모두 각 나라에서 뛰어난 인재들로 평가받는 이들이었으니, 실로 대단한 역량이 아닐 수 없었습니다. 그래서 제자들, 특히 군사학 전문가인 자로子路 같은 이는 팔을 치켜들면서, "선생님, 우리가 해 버립시다!" 하는 기색마저 보였지만, 공자는 결코 그렇게 하지 않았습니다. 왜 그랬을까요?

공자는 안정된 사회라도 문화 교육이 완성되지 않는다면 다른 문제들을 해결할 수 없다고 보았기 때문입니다. 공자는 근본적으로 문제를 해결하려면 사상의 순수함과 올바름, 즉 과거에 '덕성'德性이라 일컬었던 것에 의지해야 한다고 보았습니다. 그래서 공자는 곤궁하고 외로운 가운데서도 일생토록 교육에 종사했습니다. 이처럼 학문을 하려면 외로움과 처량함을 두려워하지 않아야 합니다. 이러한 정신과 이러한 태도가 있어야 비로소 학문한다고 말할 수 있습니다.

학문을 한다 해도 일생토록 이해해 줄 사람이 없을 수도 있겠지만, 학문이 있는 한 자연히 지기知己가 있을 것이라고 공자는 말합니다. 이런 까닭에 그는 둘째 구절에서 "벗이 먼 곳으로부터 찾아오니, 또한 즐겁지 아니한가?"라고 말했습니다. 한 사람이 천하 국가와 천추만대千秋萬代를 위한 사상을 품고 있을 때가 바로 적막하고 처량할 때인데, 지기 한 사람이 찾아온다면 그것은 정말 기쁘기 한량없는 일일 것입니다.

그러나 "벗이 먼 곳으로부터 찾아온다."(有朋自遠方來)의 '遠'(원)자는 꼭 '먼' 외국을 가리키는 건 아닙니다. 예컨대, 외국에서 몇 사람들이 우리 문화를 배우러 온다면 우리가 즐거울까요? 그것은 외화벌이를 위해서 몇 푼의 돈을 더 버는 것일 뿐이겠지요. 이 구절은 그런 뜻이 아닙니다. 공자의 이 '遠'자는 지기를 얻기가 어렵다는 것을 형용하는 단어입니다. "인생에서 지기를 한 사람이라도 얻으면 죽어도 여한이 없다."는 옛말이 있습니다. 인생을 같이하는 아내나 아들딸이나 부모도 자신의 지기는 아닙니다. 그러므로 사람이 지기를 하나라도 얻을 수 있으면 죽어도 여한이 없다는 말은 진실입니다. 어떤 사람이 호기롭게 일생을 산다 하더라도 자기를 완전히 이해해 주는 한 사람의 지기를 얻을 수 있는 것은 아닙니다. 특히 학문하는 사람은 더욱 그렇습니다. 그래서 "벗이 먼 곳으로부터 찾아오니, 또한 즐겁지 아니한가?"라는 둘째 구절이 따라 나오는 것입니다. 즉, "그대는 알아주는 사람이 없더라도 걱정하지 말라. 천천히 알아주는 사람이 생긴다. 이 사람은 먼 곳에 있는데, 이 멀다는 것이 꼭 공간상 멀리 있는 지역을 가리키는 것은 아니다."라는 것입니다.

공자의 학문은 5백 년이 지나 한무제漢武帝 때에 이르러 비로소 흥기하여 그야말로 크게 대두하였습니다. 동중서董仲舒는 공자의 학문을 크게 선양했고, 사마천司馬遷은 『사기』史記를 지어 공자를 대단히 찬양했습니다. 그러니 그 동안의 시간은 얼마나 멀리 떨어진 것입니까! 이 5백 년 동안 공자의 학문은 대단히 쓸쓸했으며, 이렇게 긴 시간이 지나고 나서야 비로소 "벗이 먼 곳으로부터 찾아오니, 또한 즐겁지 아니한가?"라는 말의 진정한 뜻을 이해하게 되었다 하겠습니다.

누가 나를 이해해 줄까

셋째 구절인 "남이 알아주지 않더라도 원망하지 않으니, 또한 군자가 아닌가?"(人不知而不慍, 不亦君子乎)라는 말은 학문하는 사람은 일생 동안 자신을 이해해 주는 사람이 없더라도 원망하지 않는다는 뜻입니다.

'원망하지 않는다'(不慍)는 문제는 중요합니다. 하늘을 원망하고 남을 탓한다는 뜻의 '원천우인'怨天尤人이라는 말을 우리는 다들 알고 있습니다. 어떤 사람이라도 어려움과 괴로움에 부닥쳐 타격을 입으면, 누가 자기에게 잘못했다느니, 자신을 돕지 않았다느니 하면서 남을 욕하는 것이 일반인의 심리입니다. 더 심한 사람은 하늘까지 원망하는데, 이 구절에 표현된 '원망한다'(慍) 속에는 하늘을 원망하고 남을 탓하는 것도 포함됩니다.

사람이 진정으로 학문을 하게 되면, 하늘을 원망하지 않고 남을 탓하지 않으면서 스스로 반문하기를, "왜 나는 일어설 수 없을까? 왜 나는 아직 목적에 도달하지 못했을까?" 합니다. 자기의 학문과 수양, 행위 방식 등 갖가지 문제를 통절히 반성하고, 마음속에 결코 하늘을 원망하거나 남을 탓하는 생각을 묻어 두지 않습니다. 오늘날의 관념으로 말하자면, 이러한 심리야말로 진정 건강한 심리이며, 이래야만 군자라 할 수 있습니다. 그러므로 군자라야 학문할 자격이 있고 인생의 도道를 배울 자격이 있습니다. 현대적으로 표현하자면 바로 인생철학을 강구하기 시작한다는 것입니다.

이 세 구절의 뜻을 연결해서 설명해 보면, 삶 속에서 학문 수양을 할 때에는 언제나 먼저 스스로 학문의 즐거움을 얻을 수 있어야 비로소 천하 사람들의 즐거움을 위해 고심하고 봉사할 수 있다는 뜻에 지나지 않습니다. 그러므로 이 세 구절의 핵심은 중간 구절에 있는 "또한 즐겁지 아니한가?"(不亦樂乎)에 있습니다.

이제 우리는 명나라 진미공陳眉公의 다음과 같은 말을 인용해서 참고로 삼아도 좋을 것입니다.

어떤 것이 즐거움을 홀로 즐기는 것인가?
일 없이 고요히 앉았으니 하루가 이틀이요
어떤 것이 남과 더불어 즐기는 것인가?
그대와의 하룻밤 대화가 십 년 독서보다 나음이요
어떤 것이 대중들과 즐기는 것인가?
이 가운데는 텅 비고 훤하여 본래 아무것도 없으니
어찌 공경대부 수백 인만 용납하리오

如何是獨樂樂? 曰 : 無事此靜坐, 一日是兩日.
如何是與人樂樂? 曰 : 與君一夕話, 勝讀十年書.
如何是衆樂樂? 曰 : 此中空洞原無物, 何止容卿數百人.

이러한 흉금과 기개가 있어야 남이 알아주지 않아도 원망하지 않을 수 있습니다. 이러한 흉금과 기개가 없다면, 지식이 많아지거나 지위가 높을수록 자신을 비우고 득의할 수도 없고, 그렇다고 실의에 빠질 수도 없습니다. 그렇게 되면 "곧바로 천문산天門山 가장 높은 곳에 도달해도 남을 용납할 수 없고, 나 자신만 용납할 뿐이다."(直到天門最高處, 不能容物 只容身: 중국 호남성湖南省 장가계張家界에 있는 천문산은 해발 1,518m의 명산이다—역주)는 격이 됩니다.

사랑과 죄

다음으로 이어지는 것은 유자有子의 말입니다.

유자가 말했다. "그 사람됨이 부모에게 효도하고 형제자매 사이에 우애하면서도 윗사람에게 말썽피우기를 좋아하는 사람은 드물다. 윗사람에게 말썽피우기를 좋아하지 않으면서도 난동을 일으키기 좋아하는 사람은 아직 없었다. (왜냐하면 그런 사람은 두터운 정이 있고 분별력과 자제력이 있기 때문이다) 군자는 근본에 힘써야 하니, 근본이 서야만 학문의 길이 생겨난다. 효도와 우애는 사람됨의 근본이다!" 3)

(학문의 길은 자신의 사람됨이라는 근본 위에 인생을 세우고 내심內心을 수양하는 데 있습니다. 학문의 근본은 효제를 배양하는 데 있는데, 이 효제는 교조적인 것이 아닙니다. 바꾸어 말해서, 인성人性의 빛나는 사랑, 즉 지극한 사랑, 지극한 정을 배양하라는 것입니다)

有子曰：其爲人也孝弟, 而好犯上者鮮矣；不好犯上而好作亂者, 未
유자왈　기위인야효제　　이호범상자선의　불호범상이호작란자　미
之有也。君子務本, 本立而道生；孝弟也者, 其爲人之本與？
지유야　군자무본　본립이도생　효제야자　기위인지본여

먼저 효제孝弟는 사람됨의 근본이라 말하고 있는데, 인仁과 효孝는 공자 학문의 기본입니다. 그러나 효제는 공가점孔家店이 사람들로부터 타도되는 죄목 가운데 하나가 되었습니다.

왜 효제가 타도되어야 할 죄목의 하나가 되었을까요? 이보다 먼저 알아 두어야 할 것이 있는데, 그것은 바로 사마천이 『사기』를 지었다는 중대한 역사적 사건입니다. 그는 당시 한무제의 몇 가지 처사에 반감을 품었지만, 복종하지 않을 수 없었습니다. 하지만 그가 정말 복종했을까요? 그는 양심상 받아들일 수 없었기에 『사기』를 쓰고, 자신의 사상을 그 속에 담았던 것입니다. 『사기』 가운데 제왕에 관한 일을 기록한 것

---

3) 한문 원문 중 마지막 구절 '其爲人之本與'에서, 일반 판본에는 '其爲仁之本與'로 되어있다. 이 경우 해석은 '효도와 우애는 인仁을 실천하는 근본이다'가 된다.

을 「본기」本紀라 부르는데, 그는 황제가 되지 못한 항우項羽도 「본기」에 넣었습니다. 한고조漢高祖와 항우를 통해 한 사람은 성공한 영웅이며, 한 사람은 실패한 영웅임을 암시한 것입니다. 또 『사기』 중의 「세가」世家는 본래 제후에 관한 일을 기록한 것인데, 공자는 제후가 아님에도 「세가」에 넣었습니다. 사마천이 보기에 공자에게는 천추千秋의 사업이 있고, 그의 언행과 사상이 주는 영향은 장차 천추만대까지 미칠 것이므로, 그를 「세가」 속에 넣는다는 것이었습니다.

　공자의 사상과 언행은 많은 책에 나타나 있는데, 그의 저작 가운데 가장 중요한 것이 바로 『춘추』입니다. 그가 『춘추』를 쓰고 난 다음에 했다는 중요한 두 마디 말이 있으니, 그것은 "후세에 나를 알아주는 사람이 있다면 『춘추』 때문일 것이며, 나를 비난하는 사람이 있다면 그 역시 『춘추』 때문일 것이다."(知我者春秋, 罪我者春秋)입니다. 천고 이래로 이 말에 대해 여러 가지 해석이 있었지만 모두 대단히 애매모호했는데, 우리 시대에 와서야 분명하게 이해되었습니다. 왜 그럴까요?

　민주주의 시대가 된 이래로 사람들은 공자가 봉건적인 전제군주인 황제를 도왔다고 비난하고 있습니다. 왜냐하면 황제의 전제적 사상과 제도가 '임금을 받든다'(尊君)는 공자 사상의 일부를 이용했기 때문입니다. 먼 훗날인 지금에 와서 우리들은 그를 비판하면서, 그가 이런 사람이었다고 생각하고 있습니다. 그러나 우리가 지금 다시 『춘추』를 읽고 공자 사상을 연구해 보면, 그렇지 않다는 것을 알게 됩니다. 그 나름대로 충분히 일리가 있는 것입니다.

　되돌아가 효제에 대해 생각해 봅시다. 효제야말로 우리 문화의 정신입니다. 실제 있었던 두 가지 이야기를 예로 들어 보겠습니다.

　10여 년 전에 하버드 대학교 박사 과정에 있던 한 학생이 나와 함께 중국 문화에 관한 논문을 썼습니다. 그가 미국으로 돌아가기 전에, 나는 그에게 미국으로 돌아가면 우리 문화의 효도 사상을 제창하라고 부탁했는데, 매우 어렵다고 말하더군요. 나는 그에게, 이것은 천추의 사업이지 현세로 끝날 사업이 아니라면서 효도가 무엇인지 말해 주었습니다. "우리가 말하는 효孝란 부모는 자애롭고 자식은 효성스럽다(父慈子孝)는 것으로 상대적이다. 어버이가 자식에게 자애를 베풀면, 자식은 돌이켜 부모를 사랑하는 것이 바로 효이다. 형은 우애하고 동생은 공경한다(兄友弟恭)는 것도, 형이 동생에게 잘해 주면 동생은 자연히 형을 사랑하게 된다는 뜻이다." 하고 말입니다.

후대에 와서 우리는 효도를 말하면서, "너는 마땅히 효도해야 해. 세상에 옳지 않은 부모는 없어."라고 하는데, 이 말에는 문제가 있습니다. 세상에는 옳지 않은 부모들도 확실히 있습니다. 왜 옳지 않은 부모가 없겠습니까? 이것은 공맹의 사상이 아닙니다. 다른 사람들이 공맹의 감투를 빌려 쓰고 주장한 것 때문에 공가점孔家店이 타도의 대상이 되어버려, 이런 억울한 죄들을 크게 입었습니다.

효도란 이러한 것

이 세상의 생물을 좀 볼까요. 크게 보면 사람도 생물에 지나지 않기에, 도가에서는 과거에 사람을 '나충'倮蟲 — 털 없는 매끄러운 벌레 — 이라 불렀습니다. "인간은 만물의 영장"이라는 말은 사람 자신이 허풍치고 있는 것일 뿐이지, 아마 돼지나 소·개·말의 입장에서 보면 사람은 만물 중에서 가장 나쁜 동물일지 모릅니다. 자기네 같은 돼지·소·개·말을 잡아먹으니까 말입니다. 이처럼 입장이 서로 다른 것입니다. 생물학적 관점에서 또 달리 보면, 이 나충은 다른 생물과 그다지 다를 게 없지만 또 다른 생물과 같지 않은 까닭은 바로 인문 문화人文化를 첨가하였다는 점입니다. 이로부터 문화의 소중함을 알 수 있습니다.

이런 이야기를 하는 까닭이 있습니다. 이 세상의 동물들, 가령 돼지나 소·개·말·닭·오리 같은 것들이 모두 어미닭이 병아리를 보호하듯 새끼를 보호하는 것을 보면, 세계에서 가장 위대한 것이 모성임을 알 수 있습니다. 새끼가 다 클 때까지는 기다리고 돌보아 주지만, 떠나보낸 다음에는 서로 다시 돌아보지 않습니다. 동물들이 이처럼 하는데, 사람도 원래는 이렇게 하지 않았겠습니까? 그런데 사람은 오늘날 왜 이렇게 하지 않을까요? 이런 까닭에 인문 문화 교육을 이야기하는 것입니다.

정丁자가 된 십자가

서양인들은 늘 자신들의 문화를 십자가 문화, 곧 다음 세대를 사랑하는 문화라고 자처합니다. 다들 아는 이야기지만, 미국은 어린이들에게는 천당이요, 중년에게는 시장(도박장)이요, 노인들에게는 묘지라고들 합니다. 지금 시점에서 보면 서양 문화의 결정結晶은 바로 이와 같아서, 다음 세대만 사랑할 줄 압니다. 바로 그 다음 세대가 어른이 되어 결혼하면 곧 부부입니다. 부모·형제·자매에 대해서는 돌보지 않습니다. 남녀에서 부부로 되어, 가정·사회·국가로, 더 나아가 횡적으로는 세계를 향해 발전하고, 수직적으로는 어린이들을 사랑하는 방식으로 순환해 갑니다. 그들은 스스로를 십자가 문화라고 생각하고 있지만, 내가 보기에는 이 십자가가 끊어져서 정丁자 문화가 되어 버렸습니다. 왜냐하면 십자가의 위쪽 반절이 없어졌기 때문입니다.

내가 이렇게 말하면 그들은 아마 받아들이지 못할 것입니다. 그러나 자연 과학의 발전이라는 측면에서 보면 그들이 우리를 학생으로 여겨도 좋지만, 인문 문화의 측면에서 보면 그들은 우리의 학생이 되기에도 부족합니다. 미국은 건국한 지 겨우 2백 년이 되었지만, 우리는 5천 년의 역사를 가지고 있습니다. 인문 문화란 삶의 체험과 역사에서 나오는데, 특히 우리 나라 역사는 수많은 실패와 파괴를 겪은 뒤 오늘날에 이르러서야 이 문화 체계를 완성했습니다.

서양인들은 물론 십자가 문화에 윗부분이 없다는 것을 인정하지 않겠지요. 왜냐하면 위에는 하느님이 계시니까요. 그러나 볼 수 없고 만질 수 없는데, 누가 믿겠습니까? 설령 하느님이 있다고 인정하더라도 우리 문화에는 사람이 하느님에게 도달하는 교량 역할을 하는 효孝가 있습니다. 효란 무엇일까요? 바로 서양 문화에서 말하는 사랑으로서, 보답하는 사랑을 말합니다. 부모는 마치 두 친구처럼 자녀를 20여 년 간 애지중지 키워 놓고 나면 늙어서 잘 움직일 수 없게 되니, 이제는 다 큰 자녀가 반대로 부모를 돌보아 드리는 것이 바로 효입니다. 효도의 정신은 바로 여기에 있는데, 사람으로서 이런 감정조차도 없다면 말이 안 됩니다.

그러면 서양 문화에는 이런 사랑이 있을까요, 없을까요? 당연히 있습니다. 다만, 생활 방식이 다를 뿐입니다. 부모가 자녀의 집에 가고 싶을 때는 미리 편지를 보내 준비하게 하면, 자녀들 역시 부모를 생각할 것입니다. 또 조상 제사를 예로 들면, 서양인들은 꼭 한식寒食 때에 성묘하는 것은 아니지만 묘지를 찾아 그 앞에 서면 슬픈 감정이 일어나기는 마찬가지입니다. 다만, 표현 방법이 다를 뿐입니다. 유감스러운 점은, 외국인은 효도를 문화적으로 배양하는 심리가 형성되어 있지 않다는 것입니다.

효의 개념이 이제 이해되었을 것입니다. 다음에는 무엇을 '제'弟라고 할까요? 이것은 바로 형제자매간의 우애를 말합니다. 오륜五倫에는 군신君臣·부자父子·부부夫婦·형제兄弟·친구朋友가 있습니다. 이 오륜 중 네 가지는 대체로 이해가 되는데, 왜 여기에다 '친구'라는 한 가지를 더했을까요? 이게 바로 우리 문화의 특징입니다.

친구가 오륜에서 한 자리를 차지하고 있는 까닭은 무엇일까요? 어떤 때는 터놓고 말하고 싶은 심정이나 고뇌가 있는데, 위로는 부모에게도 아래로는 처자에게도 말할 수 없고, 오직 친구에게 말할 수밖에 없는 것이 있습니다. 그래서 친구는 오륜 가운데 하나로 꼽힐 수 있는 것입니다. 친구란 일종의 감정적 결합으로서 우리 문화의 특징인데, 이 '제'弟는 형제자매뿐만 아니라 친구까지 포함함으로써 사회적인 우정으로 확대될 수 있습니다.

이야기하다 보니 또 한 가지 옛날 일이 생각납니다. 5, 6년 전에 하버드 대학교 사회학과 교수 한 분이 방문을 와서, 여러 가지 질문을 했습니다. 이야기 도중에, 그는 사서 중의 하나인 『대학』을 읽고 그 사상에 매우 감탄했지만, 『대학』 사상에는 한 가지 문제가 있다고 지적했습니다. 자기는 사회학 교수인데, 『대학』 가운데에는 성의誠意·정심正心·수신修身·제가齊家·치국治國·평천하平天下는 있지만 그 사이에 사회사상이 없으니 그것이 유감이라는 것이었습니다.4)

---

4) 『대학』 원문 경 1장에 나오는데, 이에 대하여 남회근 선생이 부분적으로 간략히 풀이한 내용을 역자가 주로 그의 저작 『남회근 강연록』과 『21세기초 전언후어』에서, 그리고 일부는 『대학 강의』原本大學微言에서 참고하여 정리 번역하였다.

원문과 번역문만 실으니 강해 부분은 『중용강의』 앞부분에 있는 중간 제목 '쓰임에 들어맞다가 중용의 중이다' 중의 (역자 보충) 「대학 원문 경 1장 간략한 풀이」를 읽어보기 바란다. 한편 보다 깊고 자세한 강해는 역자가 『선과 생명의 인지 강의』에 보충한 부록 「5.인지에 관한 남회근 선생의 법문을 간단히 말한다」와, 남회근 지음 설순남 옮김의 『대학강의』를 함께 읽어보기 바란다.

大學之道는 在明明德하며 在親民하며 在止於至善이니라. 知止而后有定이니 定而后能靜하며 靜而后能安하며 安而后能慮하며 慮而后能得이니라 物有本末하고 事有終始하니 知所先後면 則近道矣리라. 古之欲明明德於天下者는 先治其國하고 欲治其國者는 先齊其家하고 欲齊其家者는 先修其身하고 欲修其身者는 先正其心하고 欲正其心者는 先誠其意하고 欲誠其意者는 先致其知하니 致知는 在格物하니라. 物格而后知至하고 知至而后意誠하고 意誠而后心正하고 心正而后身修하고 身修而后家齊하고 家齊而后國治하고 國治而後天下平이니라. 自天子로以至於庶人이 壹是皆以修身爲本이니라. 其本이 亂而末治者否矣며 其所厚者薄이오 而其所薄者厚하리 未之有也니라. 此謂知本이며 此謂知之至也니라.

대학(大學)의 도(道)는 명덕(明德)을 밝힘에 있으며, 백성을 친애함에 있으며, 지극한 선[至善]의 경지에 머묾에 있다.

(자기의 심리상태, 좀 더 명백하게 말하면 자기의 심사心思와 정서情緒를) 지성(知性: 소지지성所知之性, 아는 작용)이 알고서 멈추어[止: 制止] 지성의 평온하고 청명한 경지에 전일하도록 한 뒤에야 안정[定: 安定]이 있고, 안정이 있는 뒤에야 평정[靜: 平靜]할 수 있고, 평정이 있는 뒤에야 경안[安: 輕安]할 수 있고, 경안이 있는 뒤에야 혜지[慮: 慧智]가 열릴 수 있고, 혜지가 있는 뒤에야 명덕을 얻을 수 있다.

어떤 물건이든 근본과 말단이 있고, 어떤 일이든 끝과 시작이 있으니, 먼저 하고 뒤에 할 것을 알면 도에 들어가는 문에 다가갈 수 있다.

옛날에 명덕을 천하에 밝히고자 하는 자는 먼저 그 나라를 다스리고, 그 나라를 다스리고자 하는 자는 먼저 그 집안을 다스리고, 그 집안을 다스리고자 하는 자는 먼저 그 자신을 수양하고, 그 자신을 수양하고자 하는 자는 먼저 그 마음을 바르게 하고, 그 마음을 바르게 하고자 하는 자는 먼저 자기의 의념(意念)을 정성스럽게 하고, 자기의 의념을 정성스럽게 하고자 하는 자는 먼저 자기의 지성(知性: 능지지성能知之性)에 도달하였으니, 지성에 도달함은 외물(外物)을 물리침에 있다. (남회근 선생은 『대학강의』에서 격물格物을, 만사만물의 성리性理를 알게 된다는 뜻으로도 풀이합니다).

외물이 물리쳐진 뒤에야 지성이 도달하고, 지성이 도달한 뒤에야 의념이 정성스럽게 되고, 의념이 정성스럽게 된 뒤에야 마음이 바르게 되고, 마음이 바르게 된 뒤에야 자신이 수양되고, 자신이 수양된 뒤에야 집안이 다스려지고, 집안이 다스려진 뒤에야 나라가 다스려지고, 나라가 다스려진 뒤에야 천하가 화평해진다.

천자(天子)로부터 일반 백성들에 이르기까지 똑같이 저마다 자신의 수양을 근본으로 해야 한다. 그 근본이 어지러운데도 말단이 다스려지는 경우는 없었으며, 두텁게 해야 할 것을 얇게 하고 얇게 해야 할 것을 두텁게 한 경우는 아직 없었다. 이것을 일

　나는 그의 말을 듣고 크게 웃을 수밖에 없었습니다. 나는 그에게 이렇게 말해 주었습니다. "『대학』에는 이미 당신이 말한 사회사상이 포함되어 있어요. 제가齊家가 바로 그것입니다. 제가의 '가'家는, 교회에 가서 결혼하면 곧 이루어지는 가정의 '가'家가 아닙니다. 그것은 서양 문화의 소가족 제도를 의미하는 '가'입니다. 과거 우리 사회는 대가족 제도를 근간으로 하고 있어서 친족親族이 있고, 사당祠堂이 있었습니다. 소위 '오세동당'(五世同堂: 할아버지·아버지·자기·아들·손자 5대가 한 집에 사는 것—역주)으로 가족들이 모여 살았습니다. 물론 대가족은 결점도 있었지만, 좋은 점도 많이 있었습니다. 친족이 발전하는 것도 이를 기초로 시작되었는데, 효도 정신이 근원을 이루었습니다. 만일 대가족 제도가 파괴되지 않았다면 서양 사상이 들어올 수 없었을 겁니다. 되풀이해서 이야기하는 바이지만, 제가의 '가'家가 바로 사회를 가리키는 용어입니다. 그러므로 대가족 제도는 반드시 연구할 가치가 있습니다."

　예를 들면, 강서인江西人들은 '노표'老表라는 호칭을 쓰는데, 가장 친절하고도 좋은 칭호입니다. 그 유래는 다음과 같습니다. 옛날 전란 때 많은 강서인들이 호남으로 이주했는데, 오랜 세월이 흐른 뒤에 젊은 후손들이 강서로 가서 조상의 묘에 성묘했습니다. 그런데 강서에 남아 살던 후대 자손들은 웬 낯선 이들이 와서 성묘하는 것을 보고, 혹시 자기네 조상 묘에 다른 사람들이 와서 잘못 제사를 지내거나, 조상 묘가 도굴당하는 것은 아닐까 하고 염려했습니다. 그래서 이듬해에는 묘에 가서 먼저 지키고 있었는데, 양쪽이 서로 만나 가족들 윗대의 연원을 따져 보고 양쪽이 표친(表親: 아버지나 어머니의 형제자매 쪽 친척—역주) 관계임을 알고 나서는 서로 '노표'老表라 불렀습니다. 이 '노표'라는 명칭은 종법 사회가 혈통과 가족을 얼마나 중시했는지를 말해 줍니다. 서양 소가족 제도의 관점에서 이 같은 우리네 대가족적 제가齊家를 본다면 얼마나 우스꽝스러운 일이겠습니까?

　이상 몇 가지 개념을 이해하였으니, 다시 본문을 봅시다. 유자有子는 누구일까요? 유자의 이름은 유약有若으로, 공자의 학생이며, 자字는 자유

러 근본을 안다고 하고, 이것을 일러 지성이 도달하였다고 한다.

子有입니다. 공자보다 43세 어렸는데, 공자가 죽은 뒤 공자를 그리워한 학생들은 유자의 학문을 훌륭하게 보아 그에게 학문 강의를 요청한 적이 있었습니다. 공자의 제자들이 이 책을 편집할 때 곧바로 유자의 말을 제시한 것은 당시에 그가 조교助敎나 마찬가지였기 때문입니다. 유자는 여기에서 "어떤 사람에게 학문이 있는지 없는지를 알려면, 그 사람이 부모에게 효를 다하는지, 형제·자매·친구에게 우애하는지를 보면 된다."고 말하고 있습니다.

"윗사람에게 말썽피우기를 좋아하는 사람은 드물다."(而好犯上者鮮矣)에서 원문의 '범상犯上'은 말썽피우는 것을 의미하는 것으로, 효제 하는 사람은 두터운 정이 있어서 말썽피우기를 좋아하지 않는다는 말입니다.

근본적인 것과 지엽적인 것

여기서 주의해야 할 것은, 『논어』의 이런 점을 들어 온정주의라고 비난하는 이들입니다. 그들이 공맹 사상을 이렇게 비판하는 이유는 그들 스스로가 세상에 존재하는 감정의 힘을 믿지 않기 때문입니다. 우리 문화 속에서 감정의 힘은 거대합니다. 특히, 친족親族에 대한 감정은 아주 강렬합니다. 예를 들면, 친구의 도道를 기본으로 형성된 특수 결사체가 있는데, 이것이 바로 우리가 말하는 방회幇會입니다. 방회는 진·한 이후부터 당·송·원·명·청까지 역대로 줄곧 존재해 왔습니다.

역사적으로 농민과 지식인이 결합하면 곧 변란이 발생했다고 말한 사람이 있지만, 나는 동의하지 않습니다. 과거를 돌이켜보면 우리 농민은 가장 고분고분했습니다. 조금이나마 마음 놓고 살면서 일할 수 있고 그다지 굶지 않고 살 만하면, 농민들이 조정을 귀찮게 하는 일은 드물었습니다. 그저 야채나 두부에 밥 먹을 수 있을 정도면 됐습니다. 조정이 두려워했던 것은 반농민이지 진짜 농민이 아니었습니다. 지식인들과 특수 사회가 결합하면 사회가 곧잘 어지러워지곤 했던 것입니다.

그렇지만 이런 특수 사회는 인의의 도(仁義之道)를 대단히 중시했습니다. 이러한 특수 사회는 공자孔子·묵자墨子·유협遊俠 세 가지 사상이 결합되어 나타난 것으로, 전통 문화 속에 뿌리를 깊게 박고 있어서 그 힘은 대단했습니다. 이 특수 사회는 모든 일을 정리情理에 호소했습니다. 그러므로 우리는 일부 사람들이 온정주의라고 공격하는 것이 바로 우리 고유의 좋은 것들임을 분명히 알아야 합니다. 이것을 어떻게 잘 발전시킬 것인가는 또 다른 문제입니다.

그래서 유자는 "어떤 사람이 참된 성정性情을 지니고 있다면, 윗사람에게 말썽을 피워서 난동을 일으키지 않을 것이다. 윗사람에게 말썽피우기를 좋아하지 않으면서도 난동을 일으키기를 좋아하는 것은 불가능하다. 왜냐하면 그런 사람은 분별력과 자제력이 있기 때문이다."라고 말한 것입니다.

그러므로 여러분은 학문의 근본이 무엇인지 알아야 합니다. 그것은 바로 "군자는 근본에 힘쓴다."(君子務本)는 것입니다. 문학에 능하거나 지식이 해박한 것은 지엽적인 것입니다. 학문의 길은 자신의 사람됨이라는 근본 위에 인생을 세우고 내심內心을 수양하는 데 있습니다. 그래서 "근본이 서야 학문의 길이 생겨난다."(本立而道生)고 한 것입니다. 학문의 근본은 효제를 배양하는 데 있는데, 이 효제는 교조적인 것이 아닙니다. 바꾸어 말해서, 인성人性의 빛나는 사랑, 즉 지극한 사랑, 지극한 정을 배양하라는 것입니다. 이것이 곧 "효도와 우애는 사람됨의 근본이다!"(孝弟也者, 其爲人之本與)로서, 유자는 효도와 우애가 사람됨의 근본이라고 말했습니다. 무엇이 인仁인지에 대해서는 다음에 따로 한 편이 있으므로, 지금은 토론하지 않겠습니다. 인仁은 공자가 학문을 하는 최고 목적이었습니다.

달콤한 말

유자의 말이 끝나고, 다음 구절이 이어집니다.

공자께서 말씀하셨다. "(인의仁義가 있는 것처럼 그럴싸하게) 듣기 좋게 말이나 잘하고 보기 좋게 태도나 꾸미는 사람들 중에는 (정작 자

신은 성실하게 실천하지 않기 때문에) 인仁의 학문 경지를 진정으로 이를 수 있는 사람이 드물다."

子曰 : 巧言令色鮮矣仁。
자 왈 　 교 언 영 색 선 의 인

무엇이 '교언'巧言일까요? 요즘 말로 하면, 듣기 좋게 허풍 떨거나 거짓으로 꾸며 낸 말을 가리킵니다. 공자는 말하기를, "어떤 사람들은 그럴싸하게 말하는 데 능해서, 인의를 말하더라도 그 누구보다 이치에 들어맞는 말만 하지만, 정작 자신은 성실하게 실천하지 않는다."고 했습니다. '영색'令色이란 태도에 인의仁義가 있는 것처럼 꾸미지만 실은 가짜인 것을 말하는데, 그런 것들은 학문과는 모두 상관이 없습니다. '선의인'鮮矣仁이란 인仁의 학문 경지를 진정으로 이룰 수 있는 사람은 적다는 뜻입니다. 왜냐하면 가짜로 꾸미기 때문입니다. 우리가 텔레비전 드라마에서 볼 수 있듯이, 어릿광대는 연기 동작을 하자마자 '교언영색'을 드러내어 보입니다.

공자의 말씀처럼 "듣기 좋게 말이나 잘하고 보기 좋게 태도나 꾸미는 자들 중엔 인仁의 학문 경지를 진정으로 이룰 수 있는 사람이 드물기"(巧言令色鮮矣仁) 때문에, 나는 늘 학생들에게 지도자가 되는 첫째 수양은 참고 포용하는 것이라고 말합니다. 사람들이 모두 어릿광대처럼 '교언영색'을 하는 것은 아니지만, 아첨 받기를 좋아하는 것은 다 마찬가지입니다. 아첨 받기를 마음으로 불편해하고, 남이 나를 욕해도 담담하게 받아들일 정도까지 수양하기란 대단히 쉽지 않은 일입니다. 그러므로 이러한 자신의 결점과 남의 결점을 알고 나면, 사람들을 대할 때 그들에게서 나타나는 '교언영색'을 꼭 눈에 거슬려하지는 않을 수 있게 됩니다.

다들 경험해 봐서 아는 일이겠지만, 여러 사람 위에서 지휘하게 되면 기분이 우쭐해집니다. 이 우쭐함 때문에 사람은 잘못에 빠져들고 미혹하게 되므로, 스스로 경각심을 가지지 않으면 안 됩니다. 명예를 바라지도 않고 돈도 바라지 않으며 다만 학문만을 닦는다는 사람이 있으면, 그와 학문을 토론하겠다고 찾아오는 사람이 있습니다. "윗사람이 좋아하는 것을 아랫사람은 한층 더 좋아한다.”(上有好者, 下必甚焉)는 사실에 주의해야 합니다. 그 사람은 학문을 명리의 수단으로 삼을 수 있기 때문입니다. 그러므로 “듣기 좋게 말이나 잘하고 보기 좋게 태도나 꾸미는 사람들 중에는 인仁의 학문 경지를 진정으로 이룰 수 있는 사람이 드물다.”는 도리를 물론 이해하고서, 학문을 착실히 해야 하고 ‘교언영색’해서는 안 됩니다.

삼면 거울

다음은 어떻게 학문을 해야 할 것인가를 말합니다.

증자가 말했다. “나는 (학문하는 것이 간단해서) 매일 세 가지로 나 자신을 반성한다. 남을 위해 일을 함에 있어 충실하였는가? 친구들과 사귐에 있어 신의를 잃지 않았는가? 스승의 가르침을 실천하였는가?”

曾子曰 : 吾日三省吾身, 爲人謀而不忠乎 ? 與朋友交而不信乎 ? 傳
증자왈　오일삼성오신　위인모이불충호　　여붕우교이불신호　　전
不習乎 ?
불습호

증자曾子는 공자의 학생으로 이름은 삼參이며, 공자보다 46세나 아래였습니다. 이를 통해 우리는 공자가 노나라로 돌아와 학문을 강의하고 도道를 전한 대상은 바로 젊은 세대였고, 우리네 심정과 마찬가지로 자신이 죽은 뒤 이 학문의 근본과 명맥이 전해지지 못할까 걱정했다는 것을 알게 됩니다. 공자는 지금의 우리와 마찬가지로 다음 세대에 잘 넘겨주기 위해 젊은 학생들에게 애써 강의했던 것입니다.

증자는 당시 공자의 학생 중에서도 비교적 둔했는데, 둔하다는 것은 좀 서투르다는 것이지 어리석다는 뜻은 아닙니다. 그는 사람됨이 성실하고 말을 별로 하지 않았으며, 뒤에 공문孔門의 도통道統을 정통으로 전했습니다. 그는 『대학』을 저술했고, 공자의 손자 자사子思는 『중용』을

저술했는데, 자사는 증자에게서 배웠습니다. 오늘날 일반인들은 『대학』·『중용』이 공자 사상을 대표하는 것으로 알고 있지만, 절대로 그렇게 잘못 알면 안 됩니다. 『대학』은 증자가 지은 것이지만, 원래는 『예기』 중의 한 편이었습니다. 한참 뒤인 당송 시대에 와서 비로소 그것을 따로 떼어내어 사서의 하나로 자리 잡게 된 것입니다. 그러므로 『대학』·『중용』의 사상을 곧 공자 사상으로 생각하는 것은 그리 타당하지 않습니다. 이것은 단지 공자 사상이 변천한 것일 뿐입니다.

맹자는 자사의 학생이니까 공자의 증손자뻘 되는 제자인데, 맹자 때는 이미 전국 시대였습니다. 그 때문인지 맹자 사상은 공자 사상과 다소 차이가 있습니다. 공자는 태도가 온화하고 거동이 의젓하며 수양이 지극히 높았지만, 맹자는 어떤 때는 소매를 걷어붙이고 주먹이라도 내지를 듯 협기가 있는데다, 말을 했다 하면 그 기세가 등등했습니다. 이런 차이는 그분들이 처한 시대 상황과 관계가 있습니다. 이 역시 시대와 문화 사상의 변천을 말해 줍니다.

증자는 말하기를, "나는 학문하는 것이 간단하다. 날마다 다만 세 가지 일을 자신에게 물어 살펴본다."고 했습니다. 그가 한 것이 무슨 학문이었는지 유의해야 합니다. 그 첫째는 "남을 위해 일을 함에 있어 충실하였는가?"(爲人謀而不忠乎)인데, 무엇이 '충'忠인지에 대해서는 고대와 후세가 해석하는 것이 약간 다릅니다. 고대에 말하는 '충'은 일에 대해서나 사람에 대해서 마음을 다하지 않음이 없는 태도, 즉 어떤 일이라도 마음을 다해 하는 것을 일컫는 것입니다. 이 '忠'자는 문자상으로 보면 마음(心)이 가운데(中) 있는 것으로, 확고부동한 견해(定見)가 있는 것을 가리킵니다. 그러므로 "남을 위해 일을 함에 있어 충실하였는가?"라는 말은, 내가 그러겠다고 약속했던 일을 잊어버린다면 곧 '불충'不忠이 되어 남에게도 좋지 않고 남의 일을 그르치게 된다는 뜻입니다.

둘째, "친구들과 사귐에 있어 신의를 잃지 않았는가?"(與朋友交而不信乎)라는 것은, 친구와 교제하면서 말에 신용이 있었는가, 스스로 한 말을 모두 지켰는가, 모두 해 내었는가 하는 반성입니다.

셋째는 "스승의 가르침을 실천하였는가?"(傳不習乎)입니다. 다시 말하면, "선생님이 나더러 어떻게 사람이 되고 어떻게 행동하라고 가르치셨는데, 나는 진정으로 그 가르침을 실천했는가, 실천하지 못했는가?" 하는 것입니다. 증자는 "나는 이 세 가지가 있을 뿐"이라고 말합니다. 이 세 마디 말은 겉으로 보면 상투적인 것으로서 간단하지만, 이 세 가지를 제대로 실천하려면 결코 쉽지 않을 것이며, 간혹 그저 좀 분발하는 정도에 지나지 않을 것이라고 나는 생각합니다.

증자의 이 몇 마디 말을 왜 여기에 넣어 두었을까요? 엄격히 말하자면 이러한 학문은 문학이 아니라 살아가면서 사람됨과 일처리로써 체득해 보아야 비로소 그 어려움을 알게 되는 것, 이게 바로 학문이라는 것입니다. 여기까지 말한 이러한 학문은 모두 개인의 수양입니다. 그렇지만 학문은 개인의 수양만을 말하면 될까요? 아닙니다. 이를 확충하면 바로 사회 문제·정치 문제가 됩니다.

그래서 위에서는 학문의 내적인 함양을 말했고, 이제부터는 학문의 외적인 활용을 말합니다. 공자의 말을 인용하고 있습니다.

공자께서 (지도자의 덕목과 수양 방법을) 말씀하셨다. "천승千乘의 나라國를 이끌어 나감에 있어서는, 매사를 성실히 하여 신의가 있어야 하며, 비용을 절약하여 사람을 사랑하여야 하며, 백성을 동원하여 일을 시킴에 있어서는 때에 맞게 하여야 한다."

(國이란 글자는 해석할 때 주의해서 보아야 합니다. 진한秦漢 이전의 고서에 나오는 國을 해석하는 데 있어서 많은 학자들이 큰 오류를 범해 왔습니다. 예를 들어, 노자는 소국과민小國寡民을 말했는데, 노자 사상 하면 곧 소국 정치를 말할 뿐만 아니라, 20세기 초에 어떤 사람은 무정부주의가 노자의 사상과 같은 것이라고까지 말했습니다. 한漢대 초기까지의 國은 오늘날의 국가 개념이 아닙니다. 그 시기의 國이나 邦은 모두 지방 정치 단위의 명칭임을 알아야 합니다. 이와 상대적으로 '천하' 天下는 전全 중국에 있는 모든 나라를 나타냅니다)5)

子曰：道千乘之國，敬事而信，節用而愛人，使民以時。

---

5) '천하'라는 단어에는 그 외에도 중국의 영토, 천하, 온 세상, 온 세상 사람들, 전 세계, 국가, 국가의 정권이나 통치권, 자연계, 천지간이라는 의미가 있다.

자왈 도천승지국 경사이신 절용이애인 사민이시

여기서 道(도)는 영도한다는 뜻인 導(도)와 같은 글자로서, 공자는 천승지국千乘之國을 영도할 수 있는 지도자의 덕목과 수양 방법을 가르치고 있습니다.

'國'(국)이란 글자는 해석할 때 주의해서 보아야 합니다. 진한 이전의 고서에 나오는 國을 해석하는 데 있어서 많은 학자들이 큰 오류를 범해 왔습니다. 예를 들어, 노자는 "소국과민"小國寡民을 말했는데, 노자 사상 하면 곧 소국 정치를 말할 뿐만 아니라, 20세기 초에 어떤 사람은 무정부주의가 노자의 사상과 같은 것이라고까지 말했습니다.6) 한대 초기까지의 國은 오늘날의 국가 개념이 아닙니다. 그 시기의 國이나 邦은 모두 지방 정치 단위의 명칭임을 알아야 합니다. 소위 "제후가 나라로 나아갔다"(諸侯就國)는 것은 중앙 정부가 명령을 내려 지방관(諸侯)이 각자 자기의 위치(封地)로 돌아갔다는 뜻입니다.

그 때의 지방 단위에는 천승千乘의 나라와 백승百乘의 나라가 있었습니다. 천승의 나라를 오늘날의 의미로 비교하는 것은 아무래도 부적절하므로 비교하지 않는 것이 좋겠습니다. 고대에는 전차戰車·장정壯丁·전부田賦 등을 합산하여 '승'乘이란 단위로 계산했습니다. 한당漢唐 이래

---

6) 소국과민小國寡民은 『노자』 제80장에 나오는데 남회근 지음 설순남 옮김 『노자타설』 (하)권에서 그 원문과 해석을 전재하니 이에 대한 강해는 같은 책을 읽어 보기 바란다.

나라는 작고 백성들은 적어서 뛰어난 재능이 있어도 사용하지 못하게 하여 백성들로 하여금 죽음을 중히 여기고 멀리 이사하지 못하게 한다. 비록 배와 수레가 있어도 타고 갈 곳이 없고, 비록 갑옷과 무기가 있어도 진칠 곳이 없으며, 백성들로 하여금 다시 끈으로 매듭을 지어 사용하게 한다. 그 음식을 달게 여기고, 그 의복을 아름답게 여기고, 그 거처를 편안히 여기고, 그 풍속을 즐겁게 여기게 한다. 이웃 나라가 서로 바라보이고 닭과 개의 소리가 서로 들려도 백성들이 늙어 죽을 때까지 서로 왕래하지 않는다.

小國寡民, 使有什伯之器而不用. 使民重死而不遠徙, 雖有舟輿, 無所乘之. 雖有甲兵, 無所陳之. 使民復結繩而用之. 甘其食, 美其服. 安其居, 樂其俗. 鄰國相望, 雞犬之聲相聞, 民至老死不相往來.

로 이에 대한 고증 주해가 많이 있으므로 더 말할 필요가 없겠습니다.

어쨌든 하나의 큰 국가나 작은 조직 단위, 혹은 지방 정치를 이끌어 가는 데에는 "매사를 성실히 하여 신의가 있어야"(敬事而信) 하는데, 이는 아주 어려운 일입니다. '경사'敬事란 어떤 일에 대해서도 성실하게 하는 것입니다. 직무를 차라리 맡지 않을지언정, 일단 맡은 바에야 성실하게 해야 하는데, 지금 도처에서 많은 사람들이 맡은 일을 성실히 하지 않고 있습니다. '이신'而信이란 아랫사람이 절대 믿고 복종하도록 하는 것입니다. 아랫사람으로부터 신뢰를 얻으려면, 바로 일을 성실하게 하고 한 말은 반드시 지켜야 합니다. 훌륭한 장수를 예로 들면, 부하 병사들에게 솔선수범하는 것이 바로 '경사'敬事이며, 그렇게 되면 누구나 감동하여 그를 신뢰하게 될 것입니다. 그러므로 "매사를 성실히 하여 신의가 있어야" 합니다.

"비용을 절약하여 사람을 사랑한다."(節用而愛人)는 말은 곧 경제 정책의 조치 시행을 말하는 것으로, 씀씀이를 절약해야 한다는 경제 원칙을 제시하고 있습니다. 누구를 위해 절약해야 하는 것일까요? 바로 나를 위해서가 아니라 남을 위해서입니다.

그 다음에 "백성을 동원하여 일을 시킴에 있어서는 때에 맞게 하여야 한다."(使民以時)는 말은, 사람을 쓸 때는 때를 잘 가려야 한다는 것입니다. 이 '때'(時)는 중요합니다. 군사 분야만 해도 그 포괄 범위가 큽니다. 그러기에 손자병법은 때와 형세를 강조하고, 형세를 이용하는 방법도 기술하고 있습니다. 남을 대할 때에도 도덕상 때를 잘 알아야 하는데, 예를 들어 부하가 중병에 걸려 있는데도 위문을 가기는커녕 오히려 출근하지 않는다고 책망한다면, 이것이 바로 사람을 사랑하지 않는 것이며, 백성을 때에 맞게 동원하여 일을 시키지 못하는 것입니다. 그러므로 사람에게 일을 시킬 때에는 시간적으로 꼭 적절한 때에 시켜야 합니다. 그렇게 해야만 부하들도 지휘를 따르게 되고, 나아가 전국의 백성들도 자연히 지도자를 따르게 되는 것입니다. 이것이 도덕의 수양이자 바로 학문입니다.

이러한 말들은 공자가 문하생들에게 가르친 학문의 도리일 뿐만 아니라, 당시 사회의 병폐를 겨냥한 것이기도 합니다. 춘추전국 시대의 역사 자료를 연구해 보면, 그 시대가 왜 그렇게 문란했는지 마음속으로 알 수 있습니다!

스승의 길, 제자의 길

이상 "천승千乘의 나라를 이끌어 나감에 있어서는, 매사를 성실히 하여 신의가 있어야 하며, 비용을 절약하여 사람을 사랑하여야 하며, 백성을 동원하여 일을 시킴에 있어서는 때에 맞게 하여야 한다."(道千乘之國, 敬事而信, 節用而愛人, 使民以時)까지는 공자 문하의 학문하는 목적과 태도 그리고 방법에 대한 기록입니다.

지금까지의 강의를 통해 우리는 이른바 학문을 한다는 것은 인생을 경험하는 가운데 체득해야 하는 것이지, 실제에 활용하지 않고 그저 글만을 읽는 것이 아님을 이해하게 되었습니다. 가령 어떤 사람이 글을 잘 쓰면 단지 그의 문학이 좋다 할 수 있을 뿐이고, 그 사람의 지식이 해박하다면 그의 견문이 해박하다 할 수 있을 뿐이지, 꼭 학문이 있다고 할 수는 없습니다. 책을 읽은 적은 없더라도 그 사람됨과 일처리가 바르다면, 그야말로 바로 학문이 있는 사람인 것입니다. 어떻게 알 수 있을까요? 다음 단락이 바로 그 하나의 증명으로서, 곧 이어 학문의 도리를 말해 줍니다.

공자께서 말씀하셨다. "제자들은 (집에) 들어와서는 (부모에게) 효도하고, (밖에) 나가서는 (모든 이에게) 우애해야 하며, 신중하여 믿음이 가게 해야 하며, 널리 사람들을 사랑하고, 학문과 도덕을 갖춘 사람(仁)을 친근히 하여야 한다. 이렇게 행하고도 남은 힘이 있거든 글을 배우라."

子曰：弟子入則孝, 出則弟, 謹而信, 汎愛衆, 而親仁。行有餘力,
자왈 제자입즉효 출즉제 근이신 범애중 이친인 행유여력

則以學文。
즉 이 학 문

이 말을 문자상으로만 해석하면 물론 쉽습니다. 그러나 우리 한번 깊이 연구해봅시다. 고대에는 학생을 제자弟子라고 불렀는데, 옛날의 선생들은 학생을 자기 자식이나 마찬가지로 여겼습니다. 이 말을 하게 되니, 한숨짓지 않을 수 없습니다. 우리 문화에서는 사제지간이 아버지와 자식 같아서, "하루 동안의 스승도 평생 아버지처럼 모시는"(一日從師, 終身若父) 기풍이 있었으며, 선생도 학생을 일생 동안 책임졌습니다. 우리 눈으로 직접 본 바로서, 수십 년 전까지만 해도 이러한 기풍이 남아 있었습니다. 학생이 장원에 급제하여 큰 벼슬을 했더라도 고향에 돌아와 스승을 뵐 때에는, 스승이 공명功名이나 지위가 전혀 없더라도 예전에 스승을 따를 때처럼 스승에게 무릎 꿇고 절을 해야 했습니다. 학생은 선생에게 이렇게 했고, 선생도 학생을 일생 동안 책임졌습니다.

특수한 예를 하나 들어 보겠습니다. 우리가 잘 알고 있듯이 명나라의 방효유方孝孺는 뒤에 영락제永樂帝가 그를 죽이려 했을 때, 충신이라면 죽음을 두려워하지 않는다면서, 자신의 9족九族까지 죽여 달라고 말했습니다. 그러자 영락제는 한사코 10족을 멸하겠다며 1족을 더 보탰습니다. 그 1족이란 바로 방효유의 스승 가족을 말합니다. 그 스승이 잘못 가르친 탓이라 여겼던 것입니다.

이를 통해서 우리는 과거 전통 문화 속의 한 가지 정신을 볼 수 있는데, 바로 사도정신師道精神입니다. 지난날 인문 세계의 '도'道에는 세 가지가 있었습니다. 하나는 '군도'君道로서, 아랫사람을 어떻게 이끌어 나갈 것인가, 즉 어떻게 가장 노릇을 하고, 어떻게 국가의 지도자가 되고, 어떻게 한 조직의 우두머리 노릇을 할 것인가 하는 것으로, 이런 것이 모두 군도, 곧 군주의 길에 해당합니다. 그 다음은 '신도'臣道로서, 어떻게 하면 충실한 부하가 될 것인가, 어떻게 남을 도와 일을 완성시킬 것인가 하는 것입니다. 셋째는 여기에서 말하는 '사도'師道입니다.

과거 전통 문화에서 이 세 가지 도는 하나로 모아집니다. 이른바 백성의 어른이 되고, 백성의 부모가 되고, 백성의 스승이 되는 것입니다.

이처럼 당시의 교육·행정·사법과 교화(교육과 교화는 서로 다른 뜻을 가지는데, 나중에 다시 토론하겠습니다)는 한 몸에 모아졌습니다. 그러한 사도정신이 스승을 존경하고 가르침을 소중히 여기는(尊師重道) 정신을 형성한 것입니다. 그래서 선생은 학생을 제자로 불렀는데, 자기 형제와 같다는 의미의 '제'弟와 자기 자녀와 같다는 의미의 '자'子를 써서 우정과 애정이 결합된 관계임을 나타냈던 것입니다. 그래서 가르치는 학생은 '제자'라 부르고, 그 제자의 제자는 '문인'門人이라 부르게 된 것입니다.

오늘날 민주주의 사회에서도 우리 고유의 '존사중도'尊師重道 정신은 연구할 가치가 충분히 있는 것으로서, 앞으로 이 정신을 어떻게 세우고 어떻게 부흥시킬 것인가에 주의를 기울여야 합니다. 오늘날의 '존사중도'는 한낱 구호에 불과할 뿐, 진정으로 '존사중도'하는 이는 초등학생들뿐입니다. 여러분도 경험했겠지만, 초등학교에 다니는 아이들은 집에 돌아와서 입만 열면 선생님이 무어라 했다고 말합니다. 몇 년 전 스승의 날에 아이가 집에 돌아와 선생님께 드릴 사례금을 달라하기에 50원(元: 대만의 화폐단위—역주)을 드리라고 하니까, 아이는 절대 안 된다며 선생님께 드리는 것이니 100원을 달라고 하더군요. 이런 일은 중학교로 가면 드물어지고, 고등학교 이상으로 가면 아예 없어져 버리며, 대학에 가면 학생들은 선생을 자기와 상관없는 사람으로 여깁니다.

선생도 학생 대하는 것이 이와 같아서, 가방 끼고 학교에 나와서 책 한 권 꺼내 강의 한 번 하고 시간 수당을 받습니다. 서로가 상행위商行爲여서, 가르치고 나면 이해하고 못하고는 네 일이고, 나는 가방을 끼고 돌아가면 끝이라는 식입니다. 학생과 선생이 길에서 마주칠 때 머리를 끄덕이는 것도 내가 느끼건대 이미 아주 드문 일이 되어 버렸습니다. 일반적으로 피차 잘 모르니까 그저 서로 마주 보면서 당당하게 지나가는 것이겠지만, 학력이 높을수록 '존사중도'의 정신이 없습니다. 이런 상황이야말로 오늘날 우리 문화의 지극히 큰 아이러니입니다.

요즘 대학에서 선생과 학생 사이의 도의나 감정을 말해보면 아주 특별합니다. 학위를 받기 위해 논문을 쓰는 경우 학생들은 수시로 선생을 찾아와서는 "선생님, 어떻게 할까요?" 하면서 친근히 합니다. 나 역시 이런 일을 겪어 본 적이 있습니다.

학위를 받으려고 공부하는 학생 한 명이 날마다 나를 찾아왔는데, 그 태도가 대단히 공손했습니다. 그 공손함이 너무 지나쳐서 심지어 우리 집 아이들까지 이렇게 말하는 것이었습니다. "저 학생은 정말 훌륭해요. 예의가 아주 바르군요." 그 말에 나는 이렇게 대꾸해 주었습니다. "주의해야 한다. 예물이 후하고 말이 솔깃할 정도니!"(幣重言甘). 과연 그 학생 역시 내게 선물을 보내 왔는데 아주 정성을 다했더군요. 나는 그 학생에게 말했지요. "뭘 이렇게 후한 선물을 보내 왔나? 연구비를 받는다 하더라도 한 달 연구비로는 이런 것들을 사기에도 부족할 텐데, 이럴 필요가 어디 있는가?" 그러자 그 학생이 말하더군요. "선생님에 대해서는 마땅히 공경해야지요." 나는 그의 말이 진심에서 우러나온 것이 아님을 알았습니다. 왜냐하면 그의 말이 너무 공손하고 달콤했기 때문이지요. 이와 같은 '교언영색'巧言令色이나 '폐중언감'幣重言甘은 신뢰할 것이 못 됩니다. 아니나 다를까, 그 학생은 졸업한 뒤에는 그림자조차도 보이지 않더군요.

이것이 바로 오늘날 우리 문화의 괴이한 현상이며, 도덕 문화면에서 흔히 볼 수 있는 일들입니다. 국민의 도덕적 수양은 교육계부터 시작해서 철저하게 연구해야 합니다. 그래서 내가 여기서 스승과 제자 사이의 도리를 얘기해야 했습니다.

큰 일에 신중했던 여단

여기서 공자는 제자들에게 "집에 들어와서는 부모에게 효도하라."(入則孝)고 가르칩니다(어떻게 하는 것이 효도하는 것인지는 앞으로 여러 곳에서 논의할 것이므로 여기서는 말하지 않겠습니다). 그리고 "밖에 나가서는 모든 이에게 우애하라."(出則弟)고 가르칩니다. 집 밖으로 나서면 친구·사회·일반인들에게 우애할 수 있고 나라를 사랑하고 천하를 사랑하는 데까지 확대할 수 있는데, 이 모두가 바로 '弟'(제)의 뜻입니다. 다음으로 공자는 "신중히 하여 믿음이 가게 해야 한다."(謹而信)고 가르칩니다. 그런데 이

'신중함'(謹)이 옹졸함으로 변하지 않도록 주의해야 합니다. 신중함과 소심함은 전혀 다른 것으로, 어떤 사람들은 신중함이 지나쳐 소심하게 되어 버리는데, 정도를 지나치면 그것이 바로 옹졸함입니다.

신중함에 대해서는 역사상 좋은 본보기가 있는데, 바로 우리들이 가장 숭배하는 인물 중의 하나인 제갈량입니다. "제갈량은 일생토록 오로지 신중했고, 여단은 큰 일에 흐리멍덩하지 않았다."(諸葛一生唯謹愼, 呂端大事不糊塗)라는 유명한 말 그대로입니다. 이 문장은 유명한 한 폭의 대련(對聯)이자 좋은 격언입니다.

여단은 송나라 때의 명재상으로, 겉보기에는 아주 미련했지만 실은 결코 미련하지 않았습니다. 그렇게 보일 정도로 수양이 깊었던 것이지요. 그는 일을 처리함에 있어서 중요한 관건은 절대 소홀히 하지 않았습니다. 제갈량이 이룬 일생의 성공은 신중함에 있었으니, 신중함에 관한 가장 훌륭한 모범을 찾고자 한다면 제갈량의 일생을 연구할 필요가 있습니다. 이에 관해서는 잠시 뒤로 미루어 두겠습니다. 요컨대 신중하다고 해서 옹졸한 데로 흘러서는 안 됩니다. 수양할 때에 이 점을 주의하지 않으면 안 됩니다. 사람은 처세함에 있어 삼가고 신중하여 신뢰를 받을 수 있어야 합니다. 사람과 사람 사이에 또는 사람과 사회 사이에는 모든 말에 신의가 있어야 합니다.

또한, 공자는 "널리 사람들을 사랑하라."(汎愛衆)고 했습니다. 넓은 아량으로 사람을 사랑할 수 있어야 한다는 것입니다. 지금 이 자리에서 강의하면서 우리가 나누는 동지애와도 같은 이 우애를 다른 사람에 대한 우애로까지 확대할 수 있어야 합니다. 널리 사람을 사랑함은 바로 윗사람으로서의 도리君道와 스승으로서의 도리師道가 합해진 것으로서, 천하 사람을 마치 자기를 사랑하듯 사랑한다는 것은 말은 쉽지만, 이 정도에 이르기까지 수양하는 것은 정말 어렵습니다.

이런 것을 모두 하고 나서는 "학문과 도덕을 갖춘 사람을 친근히 하며"(而親仁), "이렇게 행하고도 남은 힘이 있거든 글을 배우라."(行有餘力, 則以學文)고 공자는 가르쳤습니다. 그렇게 하고도 힘이 남거든 문학가가 되어도 좋고, 과학자나 예술가나 그 밖의 어떤 것이 되어도 좋다는 뜻입니다. 그런 것들은 각자가 지향하는 바이자 흥취의 차이일 뿐이니, 각자가 알아서 힘닿는 대로 하라는 말이지요.

색色의 올바른 해석

자하가 말했다. "(학문과 수양이 훌륭한 사람인) 현인賢人을 본받아서 태도를 (공손하게) 바꾸(어 받들)고, 부모를 섬김에 그 (마음과) 힘을 다(하여 사랑하고 가정을 사랑)하며, (사회에 나아가 일하며) 임금을 섬김에 (자기의 사심을 버리고 나라를 위해) 그 몸(과 마음)을 바치며, 벗들과 사귐에 있어 말에 신의가 있(어서 마음을 다해 지킨)다면, 비록 그가 글공부는 하지 않았다 하더라도 나는 반드시 그를 가리켜 (진정으로) 학문을 한 사람이라 할 것이다."

子夏曰 : 賢賢易色 , 事父母能竭其力 , 事君能致其身 , 與朋友交言而
자하왈   현현역색   사부모능갈기력   사군능치기신   여붕우교언이
有信 , 雖曰未學 , 吾必謂之學矣 。
유신   수왈미학   오필위지학의

이 몇 마디 말은 학문의 목적이 문학이나 지식이 아니라 올바른 사람됨에 있음을 앞 단락에 이어 증명하고 있습니다. 자하子夏는 공자보다 44세 아래로, 그의 이름은 복상卜商이었습니다. 공자가 죽은 뒤 자하는 전국 시대 초기에 하동河東에서 학문을 강의했고, 그 결과 전국 시대에 활약했던 대학자들은 그의 영향을 크게 받았습니다. 그러므로 우리 모두 유의해야 할 것은, 국가와 사회, 나아가 역사를 이끌어 나가는 것은 결국 학문 사상이라는 점입니다.

이제 우리는 자하의 말을 연구하면서, 학문이 무엇인지를 증명해 봅시다. "현현역색"賢賢易色이라는 원문을 보면 '賢'자가 두 번 쓰였는데, 앞의 '賢'자는 동사로 쓰이고 있습니다. 왜냐하면 중국의 문자는 때로는 가차假借하기 때문입니다. 뒤의 '賢'자는 명사로서, 현인賢人, 즉 학문과 수양이 훌륭한 사람을 가리킵니다. '역색'易色을 송대의 유학자들은 어떻

게 해석했을까요? 그들은 '색'色자를 여색, 여자, 남녀의 색으로 풀이하였습니다(나중에 공자가 비난의 대상이 되었던 것은 이와 같이 잘못 해석된 탓도 있습니다).

"현현역색"賢賢易色이란, 학문과 도덕이 훌륭한 현인을 보면, 즉시 그를 본받으라는 말입니다. '易色'(역색)이 만약 정말 송대의 유학자의 말대로, "여색은 모두 다 취하지 말라. 마누라도 가지지 말라. 연애 중인 여자 친구도 모두 버리라. 여자 쪽이라면 남자 친구도 가지지 말라."는 뜻이라면, 나는 공자를 성인이라 여기지 않겠습니다. 왜냐하면 성인이라면 인정을 위배하지 않을 것이기 때문입니다. 공자는 『예기』禮記에서 "음식과 성性은 사람의 큰 욕구의 대상이다."(飮食男女, 人之大欲存焉)라고 했는데, 확실히 인생에 대한 공자의 견해는 형이하학적이었지, 형이상학적인 것을 말하지 않았습니다.

대체로 사람의 생명은 두 가지 큰 문제를 떠날 수 없는데, 바로 음식과 성性입니다. 음식은 민생 문제와 같은 것이며, 성性은 건강과 즐거움의 문제로서, 인생은 이 두 가지를 떠날 수 없습니다. 언젠가 우리 문화에 관계되는 글을 읽었는데, "식욕과 성욕은 본성이다."(食色性也)라는 말은 공자가 한 것이라고 했더군요. 그런데 이는 틀린 말입니다. 이것은 공자가 한 말이 아니라, 맹자와 동시대 인물인 고자告子의 말입니다.[7]

이 성性의 문제는 도대체 선천적인 성일까요 후천적인 성일까요? 이 문제는 다음에 다시 토론하기로 하겠습니다. 그러나 송대의 유학자들이 "현현역색"賢賢易色을, 학문을 하기 위해서는 자기의 아내나 혹은 남편을 버려도 좋다고 풀이한 것은 이치가 통하지 않습니다.

이 '색'色의 의미는 간단합니다. 바로 태도, 형색形色이란 뜻입니다. 뒤에 나오는 본문 속에 또 하나의 증명이 있는데, 이른바 '태색'態色이란 용어로서, 곧 태도를 뜻합니다. 그러므로 "賢賢易色"의 뜻은, 어떤 사람이 학문이 좋고 수양이 좋으며 재간이 커서 확실히 훌륭하다면, 우리가 그를 보고 곧 경건한 마음이 저절로 생기고 태도도 자연히 달라지게 된

---

7) 『맹자』「고자장구」告子章句 상 제4장에 나온다. 남회근 선생 저작들 중에는 『맹자』 각 편의 강해가 있고 그 번역본들이 나와 있다.

다는 것입니다. 이것은 사람의 보통 심리로서, 명백하고 소박한 것입니다. 아무리 나쁜 사람이라 할지라도 그런 좋은 사람을 보게 되면 어쨌든 자신도 모르게 그에 대해 비교적 친근하고 화목해지기 마련인 게 인지상정人之常情입니다.

"부모를 섬김에 그 힘을 다한다."(事父母能竭其力)는 것은 곧 효도를 말합니다. 이 말에는 한 가지 의문이 일어나는데, 자하는 왜 "그 힘을 다한다"(竭其力)고 말했을까요? 중점은 이 '竭'(갈)자에 있습니다. 지난날 사람들은 부모에 대한 효순孝順을 이야기할 때, 자식은 마땅히 효도하지 않으면 안 된다고 말했습니다. 그러나 사실은 효도도 자기 힘을 헤아려서 해야 하며, 힘을 다해 효도하되 정도를 지나쳐서는 안 됩니다.

몇 해 전에 어떤 젊은이가 타고난(배운 것이 아닌) 효심에서 부모를 봉양하려고 도둑질을 하다가 체포된 일이 있었습니다. 이 소식을 들으면서 우리는 그 젊은이가 도둑질한 것은 죄라고 할 수 없다는 생각이 들게 됩니다. 왜냐하면 효순하는 마음으로 어머니의 병을 치료하기 위해 돈을 훔쳤다면 용서해야 마땅하다고 생각하기 때문입니다. 그러나 학문 수양의 입장에서 보면, 그에 대해 '이 사람은 양호한 교양을 받지 못했다'고 비평할 수 있습니다. 도리상으로 말하면, 청년은 좋은 마음이었지만, 좋은 마음을 학식으로 잘 가꾸어, 그로 하여금 "그 힘을 다한다"(竭其力)는 말의 참뜻을 알도록 해서 분수에 지나친 일을 하지 않도록 해야 합니다. 옛 사람이 이 두 마디 말을 종합해 놓은 다음과 같은 한 폭의 대련이 있습니다.

온갖 착함 중에 효도가 으뜸이지만	百善孝爲先
그 마음만 살펴보고 자취는 따지지 말라	原心不原跡
자취를 따지면 가난한 집에는 효자가 없다	原跡貧家無孝子
모든 악 중에 음란함이 첫째가지만	萬惡淫爲首
그 자취만 논하고 마음은 논하지 말라	論跡不論心
마음을 논하면 세상에 완전한 사람이 적다	論心世上少完人

"그 마음만 살펴보고 자취는 따지지 말라."(原心不原跡)는 구절은 그의 마음이 효인가 불효인가만 보라는 것입니다. 예컨대 가난한 사람이 분유 한 통을 어머니 드시라고 사 드리고 싶지만 실제는 돈이 없어 살 수 없을 때, 마음은 몹시 괴롭지만 천천히 돈을 좀 저축해서 사 드릴 수 있기를 바랄 뿐입니다. 이런 마음이 있고 이런 정감이 참되기만 하다면, 우리는 그를 불효하다고 말할 수는 없습니다.

"자취를 따지면 가난한 집에는 효자가 없다."(原跡貧家無孝子)는 말은, 실제 행동으로 효도하는 것이 꼭 있어야 한다면 가난한 집에는 효자가 있을 수 없다는 의미입니다. 이것은 대단히 분명한 이치로서, 우리가 이러한 도리로 해석해 본다면, "부모를 섬김에 그 힘을 다해야 한다."(事父母能竭其力)는 말은 곧 자기의 마음과 힘을 다한다면 그것이 바로 효도란 뜻입니다.

다음으로 "임금을 섬김에 그 몸을 바친다."(事君能致其身)고 했습니다. 이 '君'(군)자는 지난날 공가점을 타도하고 심지어는 공자를 중상모략하면서 전통 문화를 훼멸시키는 구실이 되었습니다. 그들은 이것이 봉건사상이며 제왕을 떠받들고 독재를 떠받들어 온 낡은 교조(教條)라고 생각했던 것입니다. 그러나 사실은 그렇지 않습니다.

우리는 먼저 우리 문화에서 '君'자가 어떤 뜻인가를 이해해야 합니다. 문자의 모양으로 보면, '君'자의 옛 글자는 '입 구'(口)가 없고 머리 부분만 있는 '尹'자로서, 옛날에는 𡰪으로 썼습니다. 한자는 도안(圖案)이 변천되어 온 것인데, '君'자는 손에 지팡이를 하나 들고 있는 모양 아래에 '입 구'(口)자를 놓아 한 사람을 나타내고 있습니다. 이 글자는 나이가 많고 학문과 도덕이 높으며 지휘봉 같은 지팡이를 들고 있는 사람을 묘사한 것입니다. 즉 지팡이나 지휘봉을 들고 있는 사람은 모두 '君'이 됩니다. 뒤에 이 글자가 가차(假借)되어 오로지 '황제'만을 뜻하는 것으로 변했지만, 사실은 중국 문화에서의 '君'(군)자는 황제만을 가리키는 단어가 아니었습니다.

예를 들면, 지난날 우리가 같은 연배에게 편지를 쓸 때 그를 '선생'이라 부르기도 그렇고 '동생'이라 부르기도 어색할 경우에 '君'을 썼고, 또 선생이 학생에게 편지를 쓸 때 선생이 좀 겸손하게 학생을 '모모군'某某君이라고 불렀습니다. 그런데 그 '君'이 황제를 나타낸다고 한다면, 곧 '모모황제'가 되어 버릴 텐데 말이 됩니까? 이런 일은 있을 수 없습니다. 일본인들은 우리 문화를 배워서, 편지를 쓸 때 보통 '군君'을 존칭하는 단어로 삼습니다.

그러므로 "임금을 섬김에 그 몸을 바친다."(事君能致其身)는 의미는 다음과 같습니다. 친구든 동료든 당신과 친하게 지내는 사람이 있다고 합시다. 그는 당신을 이해하고 인정해 줍니다. 그런 그가 당신에게 어떤 일로 도움을 청해 왔을 때, 당신은 그를 도와주지 않으면 안 된다는 생각이 들어 그러겠다고 대답했다고 합시다. 그러면 그가 바로 당신에게는 '君'(군)입니다. 당신은 친구의 일을 도와주겠다고 대답한 이상, 그를 도와주기 위해 성실하게 마음을 다함으로써 약속한 말에 신용을 지킵니다. 바로 이렇게 자신의 몸과 마음을 다하는 것이 "능치기신"能致其身입니다. 결혼을 한 것과 마찬가지로 죽을 때까지 한결같아 변함이 없어야 합니다. 그러지 않을 바에야 애당초 약속을 하지 말아야 합니다. 그러나 일단 약속한 이상, 사람으로서의 올바른 도리를 중시하고 신용을 지켜야 합니다.

남을 위해 일하는 도리가 바로 곧 충忠입니다. 즉, 자기의 힘을 다하는 것입니다. 표면상으로는 돕겠다면서 부하로서 공경하는 모습을 보이고, 등 뒤에서는 모든 것을 동의하지 않고 오히려 말썽만 피워 뒷다리를 잡아당겨서는 안 됩니다. 사회에서 어떤 일의 책임자가 되었더라도 흔히 이런 일들에 부딪치곤 합니다. 이것은 사람으로서의 올바른 신도臣道가 부족하기 때문인데, 간단히 말해서 성실하지 못한 것입니다.

그러므로 "현인을 본받아서 태도를 바꾸고, 부모를 섬김에 그 힘을 다하며, 임금을 섬김에 그 몸을 바치라."(賢賢易色, 事父母能竭其力, 事君能致其身)는 말을 쉽게 풀이하면 이렇습니다. "훌륭한 사람을 만나면 공손한 태도로 받들고, 집에서는 마음과 힘을 다해 가정을 사랑하고 부모를 사랑하여라. 사회에 나가 일을 할 때에는 남에 대해서나 국가에 대해서나 자기의 사심을 버려라. 곧, 나라를 위해 몸을 바쳐라."

다음에는 또 "벗들과 사귐에 있어 말에 신의가 있어야 한다."(與朋友交 言而有信)는 말을 거듭하고 있는데, 사람들은 대체로 자기가 친구에게 한 말에 신용을 지키고 있다고 생각합니다. 그러나 나 자신의 반성에 의하면, 신의를 지키는 데 철저하고 싶었지만 사실은 그것이 어려웠습니다. 어떤 때는 친구에게 한 약속을 이행할 수 없는 것이 마음속으로 난처하여, 자신의 도덕적 요구를 위해서 무슨 방법을 써서라도 약속을 이행하였습니다. 그러므로 자세히 연구해 보면, "벗들과 사귐에 있어 말에 신의가 있어야 한다."는 말은 실천하기가 정말 쉽지 않습니다. 그러므로 자하는 말하기를 "이렇게까지 할 수 있다면, 비록 그가 책을 한 번도 읽어 본 적이 없더라도 나는 반드시 그를 가리켜 진정으로 학문을 한 사람이라고 말하겠다."(雖曰未學, 吾必謂之學矣)고 했습니다. 이 말이야말로 "배우고 때때로 익힌다."(學而時習之)는 공자의 말이 실제에 활용하지 못하는 책을 읽는 것을 말하는 것이 결코 아님을 설명해 주지 않습니까?

그러므로 우리는 『논어』를 읽을 때, 송대 유학자들이 하던 대로 한 토막 한 토막씩 해석해서는 안 되며, 전편을 연관시켜 읽어 나가야만 그 의미를 스스로 분명히 알게 됩니다.

송대 유학자들이 저지른 대죄

다음에는 학문의 태도를 말하고 있는데, 이것은 더욱 묘합니다. 공자의 말을 인용합니다.

공자께서 (학문하는 태도를) 말씀하셨다. "군자는 자중自重하지 않으면 (다시 말해 언행에 신중하고 자기의 인격을 존중하지 않으면), (자기 믿음과 자존심의) 위엄이 없고, 학문도 견고하지 않(아 그 지식은 그에게 소용이 없)다. (처세에는) 충실忠實과 신의를 위주로 하고, (세상의 모든 사람은 다 장점이 있어서) 자기보다 못한 벗은 없으니 (남도 존중하며 그 장점을 발견할 줄 알고) 자기의 잘못이 있으면 고치기를 꺼려하지 말아야 한다. (이것이 진정한 학문이다)"

子曰：君子不重則不威 , 學則不固 , 主忠信 , 無友不如己者 , 過則勿
자왈　군자부중즉불위　학즉불고　주충신　무우불여기자　과즉물

憚改 。
탄개

이 단락을 이야기하면서 우스갯소리를 하자면, 주朱 문정공(주자)과 후대의 일부 유학자들은 모두 볼기를 3백 대씩 맞아야 합니다. 그들이 고전古典에다 멋대로 주석을 달고 멋대로 해석한 결과 우리 문화가 우리 손에 의해 훼손되었기 때문입니다. 어떻게 그것을 알 수 있을까요?

여러분이 나처럼 본 적이 있는지 모르겠습니다만, 청나라 말기에 케케묵은 학자들은 대체로 이런 모습이었습니다. 그분들은 "군자부중즉불위"君子不重則不威라는 이 구절을 읽고는, "군자는 언행에 무게가 없으면 위엄이 없다."는 송대 유학자들의 해석대로 흉내를 냈는데, 그 모습이란 요즈음 말로 하면 젊은이들이 세대 차이를 느낄 만한 것이었습니다. 그 당시 노인들이 모여 담소하고 있는 정경을 그려 봅시다. 여러분은 노인들의 담소에 별다른 것이 있으리라고 생각하지 마시기 바랍니다. 그들 역시 음식이나 성性이나 인사시비人事是非 아니면 장난스런 이야기를 합니다. 학문이 아무리 높다 하더라도 그들 역시 사람이니까요! 사람은 대체로 거기서 거기라 모두 마찬가지입니다. 그런데 그 노인들은 별 것 아닌 일에 대해 담소하고 있는 것이 뻔한 데도, 젊은이들이 들어오는 것을 보면 안경을 코끝에 걸치고 손에는 담뱃대를 들고 갑자기 목소리를 가다듬어, "어이, 자네들은 뭐 하러 왔나? 가서 글이나 잘 읽게!" 하시는데, 완전히 도학자道學者의 표정입니다.

그분들은 자기들보다 젊은 후배에 대해서는 '무게가 있어야'(重) 한다고 생각했던 것입니다. 그들은 이 '重'(중)을 무슨 뜻으로 해석해야 할지 모르고, 그저 얼굴 표정을 근엄하게 하는 것으로 여겼는데, 왜 그랬을까요? "군자부중즉불위"君子不重則不威라고 했으니, 한사코 무겁게 보여야 하지 않았겠습니까? 무겁지 않아 보세요! 학문이 튼튼하지 않게 되거든요(學則不固).

"무우불여기자"無友不如己者라는 구절이 이어지는데, 이 구절을 송대 유

학자들은 "자기보다 못한 친구들과는 사귀지 말라."는 뜻으로 해석했습니다. 이 해석에는 문제가 있습니다. 그분들은 어떻게 풀이했을까요? 적어도 학문과 도덕이 자기보다 나은 친구와 사귀어야 한다고 풀이했습니다. 그렇다면 다 끝난 것이지요. 사마천司馬遷·사마광司馬光 같은 대학자들은 누구와 사귀어야 할지 모르게 되어 버리니 말입니다. 이런 식으로 자기보다 나은 친구하고만 사귀어야 한다면, 대학 총장은 교육부 장관하고만 사귈 수 있고, 교육부 장관은 국무총리하고만 사귈 수 있고, 국무총리는 대통령하고만 친구가 될 수 있고, 대통령이 되고 나면 하느님하고만 친구가 될 수 있겠네요? 자기보다 못한 사람과는 친구로 사귀지 말라고 했으니까요! 공자가 이렇게 말했다면, 공자는 권세나 재물에 빌붙는 소인이니 마땅히 볼기를 맞아야 합니다.

송대 유학자들의 해석대로라면, 다음에 나오는 "잘못이 있으면 고치기를 꺼리지 말아야 한다."(過則勿憚改)는 구절은 어떻게 풀이해야 할까요? 또, 앞뒤의 구절은 서로 어떻게 연결될 수 있을까요? 중국 문화가 바로 이렇게 송대 유학자들에 의해 망쳐져 버렸습니다.

그러면 공자는 무슨 뜻으로 말했을까요? "군자부중즉불위"君子不重則不威에서의 '重'(중)자는 자중自重한다는 뜻으로, 자중심自重心은 오늘날의 자존심自尊心과 같은 말입니다. 다시 말해 모든 사람이 저마다 자중해야 한다는 뜻입니다. "군자부중즉불위"君子不重則不威를 요즈음 말로 해석하면, '자기에게 믿는 마음이 없는 것'이라고 말할 수도 있습니다.

오늘 정오 무렵에 외국에서 철학을 공부하는 청년을 부모가 데리고 찾아왔습니다. 그 청년은 "저는 제가 존재하지 않는 것 같아요."라고 말하는 것이었습니다. 내가 "어째서 네가 존재하지 않는다는 생각이 들지?" 했더니, 그는 자기 자신이 없다고 느낀다는 것이었습니다. 내가 다시, "지금 내가 하는 말을 너는 듣고 있지? 그런데 어떻게 네가 존재하지 않을 수 있겠니? 서양의 유명한 철학자 데카르트는 '나는 생각한다. 그러므로 나는 존재한다.'고 했는데, 너는 생각할 수 있으니 곧 네가 존재하는 것인데, 어째서 네가 없다는 거냐?"고 하자, 그 청년은 "없습니다. 저는 아무것도 할 수 없을 것 같습니다." 하고 말했습니다. 그래서 나는 그에게 말해 주었습니다. "너는 할 수 있다. 누구보다도 잘할 수 있어." 사실 그 젊은이는 자기를 믿는 마음을 잃어버린 것이므로, 자신 심만 되찾으면 좋아질 수 있습니다.

사람이란 모두 태어날 때부터 어느 정도 오만함을 가지고 있지만, 어떤 때는 일을 처리하는 데 조금도 자신이 없을 수가 있는데, 이것은 개인의 심리 문제인 동시에 대중의 심리 문제이기도 합니다. 예를 들어, 여러분 중 누군가가 어떤 임무를 하나 맡았는데, 이른바 "위태로움을 보고 목숨까지 내던져야 할"(見危授命) 경우에 부딪치게 되면 신념을 잃고 심리적으로 몹시 공허해질 수가 있습니다. 이 지점에서 진정한 학문이 필요하며, 이 학문은 책 속에 있는 것이 아닙니다. 이게 바로 자중自重입니다. 사람이 자기 믿음이 없고, 자기를 중시하지 않아 자존심이 없으면, 학문은 튼튼하지 않아서(學則不固), 그 지식은 당신에게 소용이 없습니다. 그러므로 우리는 자기의 인격과 자기를 믿는 마음을 반드시 세워야 합니다.

그러면 "무우불여기자"無友不如己者는 무엇을 말하는 것일까요? 어떤 사람도 깔보지 말라, 어떤 사람도 자기보다 못하다고 생각하지 말라는 말입니다. 앞 구절은 '자중하라'는 것이고, 뒤의 구절은 '남을 존중하라'는 것입니다. 우리는 자기 스스로를 존중해야 할 뿐 아니라 남의 자존심도 존중해 주어야 합니다. "無友不如己者"는 당신의 친구가 당신보다 못하다고 생각하지 말라는 것입니다. 당신보다 못한 친구는 없습니다. 세상 사람들의 총명과 지혜는 대략 큰 차이가 없습니다. 어떤 사람이 반응이 빠르면 총명하다고 하고 반응이 느리면 둔하다고 합니다. 당신이 총명한 사람을 속이면 그는 금방 알아차릴 것입니다. 당신이 둔한 사람을 속이면 수십 년이 지난 오랜 뒤, 죽음에 이르러서는 알게 될 것입니다. 당신에게 속고서도 죽을 때까지 속은 줄 모를 정도로 정말 어리석은 사람은 드뭅니다. 이런 인생의 이치를 주의해야 합니다.

그러므로 어떤 사람도 업신여겨서는 안 됩니다. 사람과 사람의 교제에는 각각의 장점이 있어서, 그 사람은 이 점이 틀렸지만 다른 점은 맞을 수 있습니다. 주의해야 할 두 가지 중점이 있습니다. 즉, "그 사람 때문에 그의 말까지 버리지는 말고, 그의 말 때문에 그 사람까지 버리지는 말라."(不因其人而廢其言, 不因其言而廢其人)는 것인데, 그 사람의 행위는 아주 못돼 먹었지만, 때로는 그가 좋은 말 한마디를 할 수도 있습니다. 여러분은 주의해야 합니다. 그 사람의 인격에 문제가 있다거나 그 사람에 대한 인상이 나쁘다고 해서, 그의 좋은 의견을 한사코 들으려하지 않아서는 안 됩니다. 그러면 옳지 않습니다.

어떤 때는 "그의 말 때문에 그 사람까지 버리지는 말아야"(不因其言而廢其人) 할 경우도 있습니다. 어떤 사람은 입만 열면 남을 욕하고 거칠고 쌍스런 말을 합니다. 그래서 여러분은 거칠고 쌍스런 말을 하는 촌뜨기는 학문이 없다고 생각해서, 그 사람의 인격 전체를 얕잡아 봅니다. 이 양쪽 모두가 옳지 않으므로, 어느 쪽으로도 치우쳐서는 안 됩니다. "자기보다 못한 벗은 없습니다."(無友不如己者). 세상의 모든 사람은 다 장점이 있으니, 우리는 그 장점을 활용하고 단점은 버려야 합니다. 그래서 "잘못이 있으면 고치기를 꺼리지 말아야 합니다."(過則勿憚政). 다른 사람의 장점을 발견할 줄 알고, 자기의 결점을 발견했을 때는 고치기를 두려워하지 말아야 하는 것, 이것이 바로 진정한 학문입니다.

심리학적 연구에 의하면, 사람은 자기의 잘못을 쉽게 발견한다고 합니다. 사람이 일을 잘못했다든가 말을 잘못했을 때, 스스로 그것을 알까요, 모를까요? 분명히 압니다. 사람에게는 한 가지 병폐가 있는데, 참으로 수양이 있는 사람이 아니면 이 병폐를 고치지 못합니다. 이 병폐란 자기가 잘못했다는 것을 분명히 알지만 바로 다음 순간 갖가지 이유를 찾아내어 자기 행위를 절대 옳은 것이라고 우기고, 생각할수록 자기는 잘못이 없다고 여기는 것입니다. 특히, 사업에서 좀 성취한 사람들이 이 병폐를 가지고 있으면 어찌 해 볼 방법이 조금도 없습니다. 사람이 잘못을 발견하자마자 스스로 용감하게 잘못을 고치는 것이야말로 진정한 학문이요, 진정한 도덕입니다.

그렇다면 이 "무우불여기자"無友不如己者가 이런 뜻이란 것을 나는 어떻게 증명할까요? 자연스럽게 역시 『논어』에 근거합니다. 만약 공자가 '無'(무)자를 동사로 사용하려고 했다면, '無'자를 사용하지 않았을 것입니다. 예컨대 뒤에 가면 毋意(무의: 자기 의견을 고집하지 않다)·毋我(무아: 자기중심적으로 생각하지 않았다) 등등의 말이 나오듯이, 모두 '하지 말라'는 뜻으로 '毋'(무)라는 글자를 사용하고 있습니다. 또, 이 단락의 앞뒤 구절이나 『논어』의 전체적인 정신에 근거하여 보면, 이 구절의 의미는 대단히 분명합니다. 앞 구절에서는 '자기를 존중하라'고 하고, 바로 다음 구절에서는 '남을 존중하라'고 한 것입니다. 과거 천여 년 동안의 해석은 모두 남과 교제할 때는 지식이나 재산이나 지위 등을 중시해야 한다는 뜻으로 변질되었는데, 이것이 말이 됩니까?

그러므로 공가점이 사람들에 의해 타도 당했던 것은, 사장은 잘못이 없고 모두 점원들이 잘못했기 때문이라고 나는 말합니다. 이 점을 특히 바로잡아야 합니다.

보살은 원인을 두려워한다

다음 한 단락은 결론이나 마찬가지입니다.

증자가 말했다. "일은 그 결과를 신중히 예측하고 그 시작을 따져 잘한다면, 백성들의 도덕 기풍은 (자연히) 너그러움과 신중함으로 돌아갈 것이다."

(학문하는 사람은 어느 일에나 처음 동기가 있을 때 잘 해야 합니다. 좋은 결과를 바란다면 시작이 좋아야 합니다. 즉, 시작을 신중히 해야 합니다)

曾子曰 : 愼終追遠, 民德歸厚矣。
증 자 왈   신 종 추 원   민 덕 귀 후 의

이 단락에 대하여 옛 사람들은 "돌아가신 부모의 장례를 정중히 치르고 먼 조상을 정성껏 추모하면, 백성들의 덕이 두터워질 것이다." 라고 해석했습니다. 이에 대해 나는 의견이 약간 다릅니다. 과거 전통 문화에서는 원래 효도를 매우 중요시했습니다. 역사상 황제에게 올린 주의奏議에는 언제나 "폐하의 조정은 효로써 천하를 다스립니다."(聖朝以孝治天下)

라는 구절이 항상 있었습니다. 이 말은 오늘날로 치면, 헌법의 기본 정신이나 마찬가지입니다. 옛날에는 헌법이라는 명칭은 없었지만, 효도를 헌법의 기초와 중심으로 삼았던 철학 정신이 있었습니다. 그래서 황제는 그 권력이 천하를 좌지우지했지만, 일단 내궁에 들어가면 모후母后에게 무릎을 꿇어야 했으며, 황태후가 어떤 일에 대해 해서는 안 된다고 한마디 하면 황제도 고치지 않으면 안 되었던 것입니다(그러나 황제가 내궁에서 나오면, 모후는 정사에 간섭할 수 없었습니다).

물론 옛날부터 효도로 천하를 다스린 것은 사실이지만, 이를 억지로 끌어다 이 단락을 해석하는 것도 옳지 않습니다. 옛 사람은 "신종추원" 愼終追遠을 효도로 해석했습니다. 옛날에는 집안 대청에 모신 조상의 위패 위에 항상 "愼終追遠"이란 네 글자를 걸어놓았는데, 이는 옛 사람들이 "愼終追遠"을 효도에 대해 말한 것으로만 해석했기 때문입니다. 옛 사람들은 '신종'(愼終)한다는 것을, 세상을 떠난 사람이나 죽은 선조에 대해 우리는 그리워해야 한다는 뜻으로 해석했던 것입니다. "민덕귀후의" 民德歸厚矣에 대해서는, 사람들이 모두 부모에게 효순하고 조상에게 효도한다면 사회 기풍이 너그러움으로 쏠릴 수 있다고 해석했습니다.

이런 해석에는 문제가 있습니다. 뜻이야 맞지만 견강부회牽强附會한 것입니다. 왜 『논어』는 학문을 논하는 「학이」편에 증자의 이 말을 인용해 놓았을까요? "신종추원"愼終追遠은 정말 무슨 뜻일까요? '종'終은 곧 '결과'를 말하며, '원'遠은 매우 멀다는 뜻으로, 오늘날 용어로는 '먼 원인' (遠因)이라고 하면 해결됩니다. 즉, "좋은 결과를 바란다면, 먼 원인(遠因)이 되는 시작을 잘하라."는 뜻입니다. 결과를 신중히 하려는 자는 먼저 그 먼 원인으로 거슬러 돌아가야 합니다. 모든 일의 결과는 그것의 먼 원인에서 비롯됩니다. 여기에서 우리는 불교의 한마디 말을 인용할 수 있습니다. "보살은 원인을 두려워하고, 범부는 결과를 두려워한다."(菩薩 畏因, 凡夫畏果). 불교의 보살은 대체로 유가의 성인聖人에 해당하는데, 성인은 일의 동기를 대단히 중시합니다.

예를 들어, 어떤 사람이 한 친구와 함께 장사를 하기로 약속했다면 이 약속을 한 동기가 바로 처음 원인이 되는데, 우리가 주의해야 할 것은 이 동기가 선한 원인이 될 수도 있고 악한 원인이 될 수도 있다는 것입니다. 만약 그것이 악한 원인이라면, 그는 사장이 된다고 하더라도 나중에 감옥 생활을 하게 될 것이므로 반드시 이 원인에 주의해야 합니다. 그러므로 보살은 원인을 두려워합니다. 하지만 범부, 즉 보통 사람들은 결과를 두려워합니다. 마치 사형수가 사형당할 때가 되어서야 후회하듯이, 우리는 나중에 결과가 나타났을 때에야 두려워합니다. 정말 주의해야 합니다, 학문하는 사람은 어느 일에나 처음 동기가 있을 때 잘 해야 합니다. 바로 앞에서 이야기했듯이, 좋은 결과를 바란다면 시작이 좋아야 합니다. 즉, 시작을 신중히 해야 합니다.

어떤 사람은 수단을 가리지 않고 창업을 하면서, 서양의 종교 개혁자인 마르틴 루터의 "수단을 가리지 않는다."는 말을 인용하기 좋아합니다. 그러나 여러분이 주의해야 할 것은 이 말의 반쪽만을 인용해서는 안 된다는 것입니다. 그는 "수단을 가리지 말고 최고 도덕을 완성하라."고 말했는데, 오늘날에는 이 말을 두 도막으로 내서 그 한 도막인 "수단을 가리지 않는다."는 부분만 인용하고, "최고의 도덕을 완성한다."는 부분은 함께 말하지 않는데, 이렇다면 위험합니다.

그러므로 "신종추원"愼終追遠의 뜻은, 좋은 결과를 바라는 것은 좋은 시작을 하는 것만 못하다는 말로서, 서양 속담의 "좋은 시작이 성공의 절반이다."라는 말과 같은 이치입니다. 모두들 이 이치를 이해한다면, 곧 사회도덕의 기풍이 자연히 너그러움과 신중함으로 돌아간다(民德歸厚矣)는 이치를 이해할 수 있을 것입니다. 이것이 '학문'의 도리입니다.

공자의 다섯 가지 풍모와 특징

지금까지 이야기가 너무 엄숙했습니다. 그래서 다음에는 익살스러운 이야기가 나옵니다. 이로써 우리는 공문 제자들의 문장 필법이 결코 틀에 박힌 딱딱한 것이 아니라, 활발하고 생동하는 것임을 알 수 있습니다.

자금이 (학우) 자공(의 소매를 살며시 잡아당겨 문 쪽으로 끌고 가서 공자의 시선을 피한 후 그)에게 (속삭이듯이) 물었다. "선생님은 나라마다 도착하면 그 나라의 정치(가 어떠한지)를 (알아보고) 들으시는데, 이것은 선생님이 벼슬을 구하고 싶어서입니까? 아니면 그 사람들에게 약간의 어떤 의견을 주어 그 나라들이 부강해지도록 하시고 싶어서입니까?"

자공이 말했다. "선생님은 온화·선량·공경·검소·겸양으로써 얻으신 것이네. (선생님은 일반사람들의 생각처럼 어떤 일에 대해 늘 남을 밀어내고 가로채서 하시는 것이 아니네. 선생님은 남에게 겸양하셔서, 사실상 거절할 수 없게 된 상황이 되어서야 비로소 마지못해 나서서 자신이 하시는 것이네. 설사 그대가 생각하듯이) 선생님이 벼슬을 구하는 것이라 하더라도, 아마 일반사람들이 (벼슬이나 자리를 구하고 공명을) 구하는 노선과는 다를 것이네!"

子禽問於子貢曰：夫子至於是邦也，必聞其政，求之與？抑與之與？
자금문어자공왈　부자지어시방야　필문기정　구지여　억여지여

子貢曰：夫子溫·良·恭·儉·讓以得之。夫子之求之也，其諸異乎人
자공왈　부자온　량　공　검　양이득지　부자지구지야　기저이호인

之求之與！
지구지여

자금子禽의 이름은 항亢, 자字는 자원子元으로, 공자보다 40세 어렸습니다. 공자는 일생 동안 학문을 강의했는데, 특히 열국列國을 주유하고 돌아와 다음 세대를 양성하는 데 전념했기 때문에 학생들이 모두 젊은 이들이었습니다.

자공은 공자의 제자 가운데 가장 출중한 인물로서, 춘추전국 시대의 유명한 오나라와 월나라 간의 전쟁도 자공과 관련이 있습니다. 그는 자기 부모 나라인 노나라를 보호하기 위해 자발적으로 민간 외교의 신분으로, 춘추전국 시대의 유명한 오나라와 월나라에 가서 서로의 이해관계를 들어 두 나라가 전쟁을 일으키게 했습니다.

이 단락은 어느 날 자금이 자공에게 질문한 것으로, 이를 활극으로

엮는다면 틀림없이 익살스럽고 재미있어서 보는 사람들이 빙그레 웃게 할 한 장면의 극이 될 것입니다. 자금이 살며시 자공의 소매를 잡아당겨 문 쪽으로 끌고 가서 공자의 시선을 피한 후, 목소리를 낮추어 속삭이듯 묻습니다. "자공! 내가 당신에게 묻겠는데, 우리 선생님은 나라마다 도착하시면 그 나라의 정치를 탐문探聞하시는데, 이것은 선생님이 벼슬을 하고 싶어서입니까, 아니면 그 사람들에게 약간의 어떤 의견을 주어서 그 나라들이 부강해지도록 하시고 싶어서입니까?"

그러자 자공의 대답은 참 묘했습니다. "우리 선생님은 온화·선량·공경·검소·겸양으로써 얻으신 것이네. 아우! 선생님은 일반 사람들이 생각하듯이 어떤 일에 대해 늘 남을 밀어내고 가로채서 하시는 것이 아닐세. 선생님은 남에게 겸양하셔서, 사실상 거절할 수 없어야 비로소 마지못해 나서서 자신이 하시는 것이네. 설사 그대가 생각하듯이 선생님이 벼슬을 구하기 위한 것이라 하더라도, 아마 일반인이 벼슬이나 자리를 구하고 공명을 추구하는 노선과는 아마 다르겠지?"

자공은 자금에게 정면으로 답하지 않고 반면의 이치를 말해 준 것입니다. 이 방법은 후진 학생들에 대한 일종의 계발 식 교육 방법으로, 정면으로 답하지 않고 가르침을 받는 사람 스스로가 사고하여 판단하게 하는 것입니다. 온溫·량良·공恭·검儉·양讓 이 다섯 글자의 개념을 여기서 간단히 해석해 보겠습니다.

'온'溫은 온화한 것으로, 오늘날 단어로 말하면 평화입니다. '량'良은 선량한 것, 도덕적인 것입니다. '공'恭은 공경하는 것, 엄숙한 것입니다. '검'儉은 낭비하지 않는 것이며, '양'讓은 모든 일에 겸양하고 우호적이며 이성적이며, 자기를 가장 마지막에 두는 것입니다.

위의 다섯 글자는 말하자면 다섯 가지 조건입니다. 다섯 글자로 공자의 풍모와 성격 그리고 그의 수양을 묘사하고 있습니다. 이 다섯 글자는 많은 의미를 내포하고 있어서, 유가에서는 올바른 사람이 되기 위해 이 다섯 글자의 의미에 대해 깊이 연구하고, 많이 공부하도록 가르쳤습니다.

다섯 글자가 오경을 관통한다

온溫·량良·공恭·검儉·양讓의 다섯 글자를 말하자면, 또 우리 문화 전체의 근원에까지 거슬러 올라갑니다. 이 때문에 우리는 먼저 한 권의 책을 연구해야 하는데, 바로 『예기』禮記입니다. 『예기』는 전통 문화의 보고寶庫입니다. 우리의 '대동사상'大同思想은 바로 『예기』 중의 「예운」禮運편에 나오는 한 절節입니다. 대동사상의 철학적 기초를 이해하기 위해서는 「예운」편 전체를 반드시 알아야 합니다.

『예기』는 우리 문화의 보고이자 과거 수천 년 동안의 헌법 정신이 있는 곳으로, 그 안에는 현대 학문인 정치·경제·철학·교육·사회·과학 등 모든 분야가 다 들어 있으며, 의약·위생과 과거 선조들의 과학적인 관념까지도 다 들어 있습니다. 그러므로 우리 문화의 근본을 이해하려면 반드시 『예기』를 연구하지 않으면 안 됩니다.

하지만 어찌 『예기』만 그렇겠습니까! 바꾸어 말하면 우리 문화를 이해하고, 공맹 사상을 이해하고, 요·순·우·탕·문·무·주공·공자 이래로 쭉 이어 내려온 근본 연원을 이해하려면 오경五經도 반드시 이해해야 합니다.

오경에 대해서는 『예기』 중의 한 편인 「경해」經解가 그 총평을 하고 있습니다. 거기에는 무엇이 쓰여 있을까요? 요즘 관념으로 말하면, 오경의 요점을 간단하게 소개하고 있는데, 시詩·서書·역易·예禮·악樂·춘추에 대해 각각 한두 마디로 비평하고 있습니다.

「경해」편은 말합니다. "공자왈 : 입기국, 기교가지야"孔子曰 : 入其國, 其教可知也. 즉, "공자는 어떤 나라에 들어가면 그 나라의 교화教化를 알 수 있다고 말씀하셨다."는 뜻입니다. 어느 지방에 들어가면 그 사회의 기풍을 보고 그 지방의 문화와 교육 사상을 알 수 있다는 것입니다.

「경해」편은 이어서 말합니다. "기위인야, 온유돈후, 시교야"其爲人也, 溫柔敦厚, 詩教也. 즉, "시詩는 사람을 온유돈후하도록 가르친다."는 뜻입니다. 온溫·량良·공恭·검儉·양讓 중에서 온溫을 이야기할 경우에는 공자가 말한 시詩의 교육 정신에 주의해야 합니다 (지금은 여기에 깊이 들어가지 않고 잠시 참고로만 삼겠습니다).

또, 말합니다. "소통지원, 서교야."疏通知遠, 書敎也. 『서경』은 『상서』尙書 라고도 하는데, 가장 오랜 역사책으로서, 역사를 이야기하고 있을 뿐 아니라 가장 오랜 문헌 자료로서도 중요합니다. 서양인들은 역사를 배울 때(오늘날 우리가 역사를 연구하는 방법도 대부분 서양 관념에서 온 것이다), 역사학의 그다지 연구할 가치가 없는 것에만 매달리고 있습니다. 그들은 역사를 전문적으로 연구하기 위해 역사 연구 방법론, 문헌해석학적 연구, 사회사적 연구 등으로 세분하고 있습니다. 그러나 옛날 우리 나라에서는 학술가와 문학가가 구분되지 않았고, 학술가와 철학가도 구분되지 않았습니다. 선조들이 역사를 읽었던 목적은 인생과 정치를 이해하고, 과거를 이해하여 미래를 영도하기 위해서였습니다. '소통지원'疏通知遠이란 역사를 읽고 인정세태를 투철히 이해하여 통달함으로써 그 원대함을 알아야 한다는 것입니다.

이 원대함의 이치를 최근에 있었던 일로 설명해 보겠습니다. 한 외교관 친구가 부임하러 출국한다기에, 나는 그에게 옛 사람의 글귀로 대련 한 폭을 보냈습니다.

세상사는 높이 착안해야 하고　　　　　　　世事正須高著眼
관리는 머리 숙이는 일 삼가기를 싫어하지 말라　　宦情不厭少低頭

일반인들도 당연히 이처럼 해야 하지만, 외교관은 더욱더 이 글귀를 잘 운용해야 합니다. 세계정세의 변화와 미래의 발전에 대한 안목이 있어야 하며 멀리 크게 보아야 합니다. '환정'宦情은 벼슬한 자의 마음가짐으로, 인격자여야 한다는 것입니다. 특히, 외교관은 한 국가의 격格을 대표하면서 전 국민의 인격을 대표하기 때문에 뼈대가 있고 꿋꿋해서 머리 숙이기를 삼가고, 머리 숙이기를 삼가는 것을 싫어하지도 말아야 합니다. 남과 그럭저럭 타협해서는 안 되는데, 어떻게 해야 그렇게 할 수 있을까요? 바로 역사를 이해해야 합니다. 즉, 『서경』의 교육 정신이 바로 '소통지원'疏通知遠임을 아는 일입니다.

"광박이량, 악교야"廣博易良, 樂敎也. 우리 전통 문화에서는 음악·예술

· 문예 · 스포츠 등이 모두 '악'樂에 포함됩니다. '樂'의 교육적 요지는, 넓고(廣博) 위대한 도량을 양성하는 것입니다. '이양'易良은 나쁜 것에서 좋은 것으로, 곧 평이하고 선량한 것으로 바뀌는 것입니다.

"결정정미, 역교야"絜靜精微, 易敎也.『역경』의 사상은 선조가 남긴 문화의 결정입니다. 옛날 문자가 아직 발명되기 전에 우리 선조들은 팔괘 그림으로써 일을 기록하기 시작하여 의사를 표현했습니다. 무엇을 '결정'絜靜이라 할까요? 바로 철학과 종교의 신성함과 순수함입니다. '정미' 精微는 과학에 해당됩니다.『역경』 사상은 과학에서 철학에까지 이릅니다. 철학 · 과학 · 종교 세 가지 정신이 모두 융합되어 있습니다. 그래서『역경』의 정신을 "결정정미, 역교야"絜靜精微, 易敎也라고 말했습니다.

"공검장경, 예교야"恭儉莊敬, 禮敎也는 인격의 수양과 인품의 훈도를 말합니다.

"촉사비사, 춘추교야"屬辭比事, 春秋敎也.『춘추』도 공자의 저작이며 역사책이기도 합니다. 무엇이 '촉사비사'屬辭比事일까요? 우리가『춘추』라는 역사책을 읽고 이해하면, 외교 · 정치 분야뿐만 아니라 다른 인생 문제에도 참고로 삼을 수 있습니다. 왜냐하면 세상에서 일어나는 허다한 일의 자초지종과 인과因果는 서로 다르지 않기 때문입니다. 그래서 역사는 반복된다고 말하는 사람들이 항상 있습니다. 이것은 철학의 한 문제인데, 역사는 정말 반복될까요? 불가능합니다. 정말 불가능할까요? 가능할 수도 있습니다. 왜냐하면 옛 사람도 사람이고, 지금의 우리도 사람이고, 선조들도 사람이고, 외국인도 사람이어서, 사람과 사람 사이에서는 형태는 다르지만 원칙은 변하지 않으므로 역사는 반복된다고 말할 수 있습니다. 그러나 역사가 반복되건 되지 않건, 특히 우리 문화는 5천 년 역사를 가지고 있기 때문에, 어떻게 올바른 사람이 되고 어떻게 처세할 것인가에 대해서는 선배들의 경험을 곳곳에서 발견할 수 있습니다. 비록 고대 사회의 형태가 지금과는 다르지만, 원칙은 둘이 아니므로『춘추』를 읽고 나면, "촉사비사"屬辭比事, 즉 지식이 깊고 해박해지면 어떤 일이 발생했을 때 자연히 옛 사람에게도 이런 일이 있었으며 그 일의 선악과 처리 방법이 어떠했는지 알게 된다는 것입니다. 이것을 '비사'比

事라 하며, 곧 『춘추』의 가르침입니다.

　이상은 『예기』의 「경해」편 속에서, 오경에 대해 단지 몇 글자를 사용하여 각 경전의 핵심 사상이 품고 있는 긍정적인 특징을 나타냈습니다. 각 문장의 몇 글자들을 풀이하여 오늘날 글을 쓰는 식으로 써 본다면 여러 개의 박사학위를 받을 수 있을 것입니다. 작은 것을 크게 부풀리면 될 테니 말입니다!

　글로 쓸 경우 서양의 16세기 르네상스 운동부터 시작하여 오늘에 이르기까지의 일체를 끌어넣고, 그 마지막에 이 「경해」를 설명하여 붙인다면, 한 편의 박사 논문을 완성할 수 있을 것입니다. 그렇지만 옛 사람은 이와 같이 몇 마디 말로 설명하고 있을 뿐입니다.

선지식善知識, 악지식惡知識

　그 다음에 「경해」는 오경의 부정적인 특징도 요점적으로 열거하고 있습니다. 먼저 "고시지실, 우"故詩之失, 愚라고 했습니다. 흔히 문학하는 사람들은 책만 읽은 나머지 세상 물정 모르는 책벌레가 되어 사람들이 싫어하게 되는데, 그렇게 되면 바로 바보가 된다는 뜻입니다. 어떤 학문이든 정반正反 양면이 있습니다. 오경도 마찬가지입니다.

　이어서 "서지실, 무"書之失, 誣라고 했습니다. 우리가 역사를 읽을 때는 주의해야 합니다. 특히, 중국 역사를 읽을 때는 더욱 주의해야 합니다. 왜냐하면 송나라의 역사는 원나라 사람이 쓴 것이고 원나라의 역사는 명나라 사람이 쓴 것이며, 명나라의 역사는 청나라 사람이 쓴 것으로, 사건의 발생 당시로부터 오랜 시간이 지난 데다 저마다의 주관이나 선입견이 또 다르기 때문입니다. 그러기에 역사에 기록된 인명이나 지명, 시간은 모두 사실이지만, 어떤 기록은 실제 사실과 다르고, 또 완전한 것으로 볼 수는 없습니다. 이러한 결함을 채우기 위해 역사의 이면裏面 글을 읽어야 합니다. 이면의 글로는 무엇을 읽어야 할까요? 역대 왕조의 주의奏議를 보는 것입니다. 주의는 오늘날 신문의 사설에 해당하는 것으로, 당시 대신들이 제출한 건의문이나 보고서입니다. 왜 건의문이나 보고서를 제출해야 했을까요? 조정에서 제기된 일에 문제가 발생했음을 알 수 있습니다. 그렇지 않다면 건의하지 않았을 테니까요. 송나라의 왕 형공王荊公, 즉 왕안석王安石은 『춘추』는 케케묵은 장부라면서 『춘추』를 읽기 싫다고 한 적이 있는데, 이것도 "서지실, 무"書之失, 誣의 관념입니 다. 역사를 연구하고 읽을 때에는 이 점을 주의해야 합니다.

"악지실, 사"樂之失, 奢. 예술 등만 중시하면 사회 풍조가 지나친 사치 와 낭비로 변하기 쉽다는 것입니다.

"역지실, 적"易之失, 賊. 어떤 사람이 위로는 천문에 통하고 아래로는 지리에 통달해서 손가락으로 팔괘를 꼽아 점을 치지 않고도 앞을 내다 볼 수 있어 다른 사람이 움직이기도 전에 일체를 알아 버린다면, 이것 은 좋은 일일까요? 아주 좋지 않습니다! 연못 속의 고기를 살펴보는 자 는 불길합니다. 기본적인 도덕 수양이 없다면, 이 사람은 교활하고 음흉 해서 속임수가 잇달아 나옵니다. 그러므로 『주역』을 배워 위로는 천문 에 통달하고 아래로 지리에 통달할 수 있는 것도 물론 중요하지만, 올 바른 사람이 되는 것이 더욱 중요합니다. 올바르지 못한 사람은 가진 지식이 많으면 많을수록 나쁜 일을 할 수 있는 재주도 커지므로, "역지 실, 적"易之失, 賊이 되어 버리는 것입니다.

"예지실, 번"禮之失, 煩. 예의는 매우 중요하지만, 지나치게 중시하는 것도 좋지 않습니다. 의학 이론대로 한다면, 우리들의 두 손에는 세균이 득실거리고 있어 감히 빵도 만질 수 없는 것이나 마찬가지입니다. 변호 사의 말을 모두 듣는다면 길도 감히 걷지 못할 것입니다. 움직였다 하 면 법을 위반하는 것이 될 테니까요. 여러분이 예법禮法대로 정확히 하 려면, 너무나도 번거롭게 됩니다. 그래서 예의는 알맞은 정도에 그쳐야 합니다.

"춘추지실, 난"春秋之失, 亂. 역사인 『춘추』의 대의를 이해하는 것은 물 론 좋지만, 어떤 경우에는 역사를 읽고 지식이 쌓일수록 문제가 생기게 됩니다. 마치 어떤 사람이 군사 철학을 연구하지 않았을 때는 건전한 국민으로서 아무런 문제가 없었는데, 군사 철학을 연구하고 나서부터 난을 일으키기 쉬워지는 것이나 마찬가지입니다. 어떤 사람이 무술을 할 줄 몰랐더라면 자기 집 안방 침대에서 편안히 천수를 다했을 텐데, 무술을 할 줄 알고 나서 오히려 제 명에 죽지 못한 것과 같은 이치입니다.

지금까지 살펴본 바와 같이, 「경해」편의 오경에 대한 비평은 긍정적인 면과 부정적인 면을 동시에 말해 놓은 것입니다. 그 다음에 나오는 몇 단락은, 오경을 배워 그 수양이 온유돈후하여 어리석지 않음에 이르러야 한다고 말하고 있습니다. 그와 같은 사람이라야 어떤 사람도 사랑할 수 있고, 어떤 친구도 사랑할 수 있습니다. 이른바 '돈후敦厚'란, 다른 사람의 결점을 잘 포용하고 용서를 잘하며, 다른 사람의 잘못을 서서히 감화시켜 고쳐 나가게 하지만 결코 세상사에 어둡지 않은 것을 말합니다. 그래야만 시詩의 깊은 경지에 이른 사람으로서, 시의 교육이 된 셈입니다. 그 이하 서書·역易·예禮·악樂·춘추春秋도 모두 이와 같습니다.

이제 다시 『논어』로 돌아갑시다.

자공이 말한 공자의 온溫·량良·공恭·검儉·양讓은 공자의 수양을 말해 주며, 동시에 중국 고대 전통 문화의 집대성입니다. 공자는 이렇게 높고 깊은 수양이 있었기에, 그의 목적을 숙세주의(淑世主義: meliorism의 의역으로 '세계 개선론'이라 할 수 있는데, 염세와 낙천 사이의 중간적인 인생관으로, 세계는 지극히 선하지도 지극히 악하지도 않다고 생각하고 인류는 함께 노력하여 악을 없애고 선을 행하자고 사회를 고무시키는 진취적인 사상—역주)에 두었습니다. 공자는 세상 사람들을 구하겠다는 사상을 가지고 있었는데, 그것이 바로 우리가 앞에서 언급했던 그의 천추대업千秋大業이었으며, 그의 천추대업은 곧 학문 사상의 성취였습니다.

천추대업은 시작할 때에는 언제나 쓸쓸하기 마련입니다. 공자·노자·석가모니·예수·마호메트 모두 그 당시에는 사람들에게 중요시되지 않았습니다. 그렇지만 그들의 덕은 만세에 미치고 이름은 천고에 떨치고 있습니다. 공자의 천추사업은 전통 문화·사상·정신을 집대성하려는 것이었는데, 공자는 이것이 자신의 임무임을 분명히 알고 현실의 영화를 희생하고서야 자신의 일을 할 수 있었습니다.

그래서 자공은 여기에서 자금에게 말하고 있습니다. "자네는 선생님이 도대체 무엇 때문에 오셨는가를 묻는데, 자네 한번 생각해 보게나. 선생님은 이런 분이신데, 자네가 꼭 선생님께서 정치에 야심이 있고 바라는 바가 있다고 생각한다면, 선생님께서 바라시는 것은 일반인들이 이해할 바가 아닌가 싶네."

일단의 재미있는 문답을 거친 후 다음 단락의 문제가 옵니다.

그 아버지에 그 아들이면 효도일까

공자께서 말씀하셨다. "부모가 계실 때에도 자신의 언행이 일치하는지 살펴보고, 부모가 안 계실 때에도 언행이 일치하는지 살펴보며, 부모가 돌아가신 뒤 삼 년 동안 부모에 대한 도리를 바꾸지 않으면서 언행이 일치하면 효자라 할 수 있다."

子曰：父在觀其志，父沒觀其行，三年無改於父之道，可謂孝矣。
자왈　부재관기지　　부몰관기행　　삼년무개어부지도　　가위효의

이 단락을 이야기하게 되니, 나는 또 선배 일부 유학자·이학가理學家·선비님들에게 실례의 말씀을 드릴 수밖에 없습니다. 왜냐하면 그분들의 해석이 또 틀렸기 때문입니다. 그분들은 이렇게 해석했습니다. "어떤 사람을 평가할 때 그의 부모가 아직 살아 계실 때는 부모의 뜻을 살피고, 부모가 돌아가신 뒤에는 부모의 행업을 살펴, 3년 동안 그의 부모가 걸었던 길을 바꾸지 않아야 그를 효자라고 할 수 있다."

그러나 이렇게 풀이하면 문제가 생깁니다. 가령 부모의 행업이 바르지 않아 도둑질로 생계를 유지했다면, 아들은 도둑질을 하고 싶지 않아도 효도하기 위해서 3년 동안 도둑질을 하지 않을 수 없습니다. 이렇게 되면 문제가 되지 않습니까? 다른 사람이 그를 나쁜 사람이라고 나무라면, 그는 잘못임을 분명히 알면서도 "공자가 말했어요! 성인이 말한 거예요. 효자가 되려면 3년 간 잘못할 수밖에 없어요!"라고 할 것입니다. 이래서야 공자를 성인이라고 할 수 있을까요? 그렇다면 나는 공자의 사상을 '쥐 새끼나 낳는(老鼠生兒) 효도 철학'이라고 하겠습니다. 왜냐

구요? 속담에 "용은 용의 새끼를 낳고, 봉황은 봉황 새끼를 낳으며, 쥐는 새끼를 낳아 구멍을 판다."(龍生龍, 鳳生鳳, 老鼠生兒打地洞 : 그 부모에 그 자식이라는 뜻―역주)고 했습니다. 이것이 말이 됩니까? 절대로 말이 되지 않습니다! 이런 문제들은 모두 과거의 오해에서 시작되었습니다. 물론 송대 유학자들이 모두 다 틀린 것은 아닙니다만, 이렇게 틀린 곳도 있으므로 우리가 주의해야 합니다. 그래서 옛 사람은 "책을 읽을 때 이마에 눈 하나가 따로 있어야 한다."고 했습니다. 옛날부터 신상神像에는 눈이 하나 더 있는데, 이를 지혜의 눈이라고 합니다. 종교가가 말하는 이 지혜의 눈으로 책을 보아야 이해하기 쉽습니다.

"부재관기지"父在觀其志. 옛 사람들에게 있어서 '志'(지)는 의지로서, 사상과 태도가 여기에 포함됩니다. 우리 모두 어린 시절에 이런 경험을 했을 것입니다. 부친이나 스승 앞에서 훈계나 분부를 들을 때는 대답마다 "예, 예." 하지만, 뒤돌아서서는 급우나 친구에게 장난스런 표정을 지어 보이며 불복하는 뜻을 나타내곤 했습니다. 그러므로 "부재관기지" 父在觀其志라는 말은, 부모가 앞에 계실 때 언행이 일치해야 하며, 부모가 앞에 계시지 않거나 부모가 보이지 않거나 돌아가셨을 경우에도 언행이 일치하고 태도가 정성스럽고 정직하여, 받아들이지 않겠다고 했으면 받아들이지 않고, 좋은 사람이 되겠다고 했으면 끝까지 좋은 사람이 되는 것을 말합니다. 다시 말하면, 부모가 죽은 뒤 3년 동안 부모에 대한 도리를 바꾸지 않고, 한번 말한 것은 실천하여 3년이 지난 뒤에도 부모에 대한 애정이 식지 않고 언행이 일치하며 일관되게 실천하는 것, 이것이 바로 여기서 말하는 효도입니다.

뒤죽박죽이 되어 버린 예법

다음에는 학문하는 태도를 말합니다.

유자가 (예禮의 철학을) 말했다. "(사람과 사람 사이에는 차이가 있을 수 있고, 일과 일 사이에는 서로 모순이 있기 마련인데, 그런 모순을 중화시키고 편차를 조정하는 데 예禮가 필요하다. 사회 질서와 개인의 예의로서의) 예禮의 작용은 (균형의 조정인) 조화를 중시한다. (전통 문화인) 선왕先王의 도는 그래서 훌륭하였으며, 크고 작은 모든 일을 그에 따라 행했다. 그러나 어떤 일이 잘 행해지지 않는 바가 있다고 해서, 조화의 중요함을 알아 (지나치게) 조화시키기만 하고 예로써 조절하지 않으면 행해질 수 없는 것이다.″

(우리의 예절이나 예의는 단지 예禮의 일종의 표현일 뿐입니다. 전통 문화에서의 예는 서양 문화로 말하자면 바로 철학입니다. 예라는 것은 예의나 예절만이 아니라 형이상적인 철학과 형이하적인 인생 운용의 일체를 포괄합니다)

有子曰: 禮之用 , 和爲貴 , 先王之道 , 斯爲美 , 小大由之 ; 有所不
　　　유 자 왈　 예 지 용　 화 위 귀　 선 왕 지 도　 사 위 미　 소 대 유 지　 유 소 불

行, 知和而和 , 不以禮節之 , 亦不可行也 。
행　 지 화 이 화　 불 이 례 절 지　 역 불 가 행 야

왜 학문을 말하다가 '예'禮에 대해 말하는 것일까요? 이 '예'에 대해서는 바로 앞에서 『예기』를 이야기했습니다. '예'를 말하자니, 정말 감개가 깊습니다. 우리는 예로부터 자칭 '예의의 나라'라고 일컬어 왔지만, 지금은 많은 문제가 생겨나고 있습니다. 우리 나라 사람들은 수십 년 전만해도 사람을 만나면 양손을 모아 잡고 허리를 깊이 숙여 인사했는데, 차츰 몸만 앞으로 구부리게 되더니, 그 뒤로는 군대식으로 손을 눈썹에 대고 15도로 몸을 굽히다가, 또 그 뒤로는 악수로 변했다가 다시 고개만 끄덕이는 것으로 변하더니, 다시 변해 이제는 턱만 좀 치켜듭니다. 오늘날 사람들이 서로 만나 예를 표하는 동작은 무슨 식인지 모르겠습니다. 그래서 '예'를 이야기하자면 감개가 정말 깊습니다.

문화의 표현 형태는 보통 의衣·관冠·문文·물物의 네 가지로 크게 나뉩니다. 일본인들은 오늘날 평상시에는 서양식 의복을 입지만, 황실에 중대한 의식儀式이 있을 때나 명절날에는 여전히 자신들이 제정한 민족 예복을 입습니다. 중국인들은 항일전쟁 전에 집권당(국민당을 말함―역주)이 의관문물에 대한 문건 초안에 국민의 복장에 대한 규정을 두었지만, 항일전이 일어나는 통에 실행하지 못했습니다.

오늘날 우리가 사람을 만날 때의 예법으로는 방금 말한 다섯 가지 인사법 외에도, 공항 같은 데서는 포옹을 한 번 하고 얼굴을 서로 비비는 인사법이 있는데, 정말 동서고금의 예법을 다 모아 놓았다고 할 만합니다. 또 결혼식을 보면, 과거에는 천지天地에 절하고 부모에게 절했지만, 오늘날 이른바 문명 결혼식에서는 신부가 흰옷을 입습니다. 그런데 이 흰옷은 과거에는 상복喪服이었습니다. 또, 결혼식 때 남자 들러리가 있는가 하면, 신부의 너울을 들어 주는 화동도 있는데, 이런 것을 문명 결혼식이라 하고 있습니다. 다음은 법률 문제인데, 혼인서약서라고 한 장 써서 그 위에 도장 두 개 찍고 증인도 표시하는데, 마치 이혼 준비를 위한 것이라는 느낌이 들 정도입니다. 지금은 더 간단해져서, 외국인과 결혼하는 경우 외국인이 일본식 슬리퍼를 신고 가서 결혼하는 것도 보았습니다. 법원 공증처公證處에 가서 보면 별별 이상한 모습들이 다 있습니다.

장례식에서는 더한 것을 볼 수 있지요. 군악대 · 양악대 · 고적대 · 스님 · 도사 등 동서고금의 온갖 방식을 다 모은 장의 행렬은 그 예법이 이도 저도 아닙니다. 그러므로 이 예의에 우리 모두 주의를 기울여야 하며, 자기의 국가를 위해 문화를 건립하는 것은 대단히 중요한 일이라고 말합니다. 우리 모두 구체적인 연구에 나서야 합니다.

『논어』의 이 단락에 나오는 '예'禮는 사회 질서의 예와 개인의 예를 말합니다. 전에 한 학생이 나에게 '남 선생님'(南老師)이라고 편지를 써 보냈기에, 나는 그 학생에게 "네가 도대체 누구에게 편지를 써 보낸 것인지 모르겠다. 왜냐하면, 우리 집 아이도 교사여서 '남 선생님'이니 말이다. 네가 우리 예법대로 이름을 부르지 않을 바에는 차라리 서양식대로 '친애하는 누구에게' 하면 될 텐데, 그냥 '남 선생님'이라고만 써서 보내니, 누가 받아 보라는 말이냐? '남'南은 성씨로서 통칭이요, 이름은 특칭特稱이 아니냐." 하고 일러 주었습니다. 우리 예법에서는 편지에 통칭이나 성을 쓰는 것은 예의에 맞지 않습니다. 더욱 우스운 것은 편지를 쓴 사람 자신을 가리켜 '우생 모모'愚生某某라고 하는 것입니다. 이 '愚'(우)자는 본래 같은 연배로 나이가 좀 많은 사람이나 연장자가 자기를 일컫는 겸양어로서, 우형愚兄·우숙愚叔·우구愚舅 등으로 씁니다. 그런데 편지 보낸 이가 우생愚生이라 써 보내 왔으니, 누가 누구의 학생인지 모르겠습니다.

이것은 일반인들이 전통 문화를 경시하고 주의를 기울이지 않아서 일어나는 많은 문제 중의 하나입니다. 편지 쓸 줄도 모르고 예의도 모르며, 나아가고 물러나는 몸가짐과 손님 응대도 모르고 자리의 높낮음도 모릅니다. 오늘날은 소파에 앉거나 자동차를 타는데, 서양식의 것을 사용하는 데는 서양식의 예의와 관습이 있으므로, 특히 외교 분야를 공부하는 사람이라면 잘 알아야 할 것입니다. 그렇지만 지금 젊은이들은 예의 면에서 늘 잘못을 범하고 있으니, 우리들이 스스로 일컫는 "문장이 빛나는 나라요, 대대로 시를 읽고 예를 익혀 온 집안"(文章華國, 詩禮傳家)이라는 말에 비추어 보면, 매우 괴롭고 침통합니다. 국가와 민족을 위해서 이런 점들에 주의를 기울여야 합니다.

다시 유자의 말인 "예의 작용은 조화를 귀하게 여긴다."(禮之用, 和爲貴)를 논해 보면, 이것은 '예禮의 철학'이라 할 수 있습니다. '예'禮는 무엇을 하는 것일까요? 중화 작용中和作用을 합니다. 좀 크게 말해서 평화를 가져옵니다. 이것 역시 바로 '예의 사상'입니다. 사람과 사람 사이에는 차이가 있을 수 있고, 일과 일 사이에는 서로 모순이 있기 마련인데, 그런 모순을 중화시키고 편차를 조정하는 데 예가 필요합니다. 그런 면에서 법률도 바로 예의 작용인데, 법률의 원칙 하에서 나라를 다스리고 일을 처리하는 세칙들이 바로 예의 작용입니다. 예가 없다면 사회는 곧 질서가 없게 되는데, 이렇게 되면 어떻게 되겠습니까? 그러므로 사람과 사람 사이에도 예가 필요하고, 일과 일 사이에도 예가 필요합니다. 예의 작용은 바로 이 '균형을 조정하는 것'(和爲貴)입니다.

"선왕의 도는 그래서 훌륭하였으며, 크고 작은 모든 일을 그에 따라 행했다."(先王之道, 斯爲美, 小大由之)를 생각해 봅시다. 우리 문화에서 '선왕'先王이라 할 때는 어떤 특정 황제를 지칭하지 않으며, 오늘날 우리가 말하는 '전통 문화' 또는 '우리 문화'라는 뜻으로 '선왕'先王이라는 말을 씁니다. 이른바 "왕이란 백성들이 기대하는 바이다."(王者望也), "왕이란 백성들을 위해 봉사하는 것이다."(王者用也) 등의 주해 이외에도 우리는 '先王' 두 글자의 뜻이 과거부터 쭉 내려오는 조상들을 나타낸다는 것을 이해해야겠습니다. 그래서 전통 문화인 선왕의 도는 훌륭하였습니다(斯爲美). 우리는 세계 어떤 민족, 어떤 국가보다 더 빨리 인문 문화를 건립한 민족입니다. 큰 일이든 작은 일이든 다 예의 정신으로 처리해야 하며(小大由之), 예의 정신을 잃으면 안 됩니다. 잃으면 반드시 문제가 생깁니다.

"어떤 일이 잘 행해지지 않는 바가 있다고 해서 조화의 중요함을 알아 조화시키기만 하고 예로써 조절하지 않으면 또 행해질 수 없는 것이다."(有所不行, 知和而和, 不以禮節之, 亦不可行也). 이것은 상당히 모순된 이치를 말하고 있습니다. 우리는 "矯枉過正"(교왕과정)이란 네 글자를 자주 봅니다. '枉'(왕)은 굽은 것으로, 우리는 사물이 굽어 있는 것을 보면 그것을 곧게 바로잡으려고 합니다. 그렇지만 지나치게 곧게 하려고 하면 또 굽게 됩니다. 바꿔 말해서 이쪽으로 굽든가 아니면 저쪽으로 굽습니다. 요컨대 지나치게 바로잡는 것은 곧 굽게 하는 것입니다. 예禮도 이와 같아서 중화시키려고 지나치게 조절하는 것도 좋지 않습니다. 예를 전혀 모르는 것도 물론 옳지 않지만, 하루 종일 예의만 차리는 것도 예가 지나친 것이어서 남에게 아첨한다는 오해를 받게 됩니다. 그래서 "조화의 중요함을 알아 조화시키기만 하면"(知和而和), 즉 어떤 일에 대해 중화中和의 도를 알아 중화시키고 조정하되 지나치게 조정하면, 도리어 잘못됩니다. 그래서 "예로써 조절하지 않으면 또 행해질 수 없다."(不以禮節之, 亦不可行也)고 했습니다. 그러므로 예의 기본 정신은 어떤 일을 조정하고 중화시키는 것이지만, 일정한 한도가 있어서 이 한도를 넘어서면 또다시 조정해야 합니다.

하느님의 외할머니는 누구일까

우리 문화를 연구하려면 공자가 편찬한 『예기』를 보지 않으면 안 됩니다. 『예기』는 우리의 초기 전통 문화를 모두 담고 있는 책입니다. 현대 학술로 말하면, 철학·정치·군사·경제·위생·의학 등 각 방면의 학문이 모두 포함되어 있습니다. 물론 개괄적으로 그렇다는 것이고, 오늘날처럼 학문이 세분화되어 있지는 않습니다. 이와 같이 『예기』는 예의에 대해서만 말하고 있는 것이 아닙니다. 우리의 예절이나 예의는 단지 예禮의 일종의 표현일 뿐입니다.

전통 문화에서의 예禮는 서양 문화로 말하자면 바로 철학입니다. 철학은 대체로 두 개의 범주로 나뉘는데, 하나는 형이상학形而上學이고, 하나는 형이하학形而下學입니다. 중국식으로 말하자면, 형이하학은 우주 만유 일체의 학문으로서 그 안에 모든 것이 포함되어 있습니다. 형이상학은 우리가 도道라 부르고 유가 사상에서 천天이라 부르는 것인데, 천도天道는 곧 본체론本體論입니다. 형이하학은 서양 철학으로 말하면 인식론 또는 가치론입니다. 서양 철학은 대개 이렇게 분류됩니다. 형이상학이란 명칭은 『역경』에서 온 것인데, 일본인들이 그리스 철학을 번역할 때 『역경』에서 공자가 말한, "형이상의 것을 도라고 한다."(形而上者謂之道)에서 차용한 말입니다.

무엇이 형이상학일까요? 바로 우주의 기원에 관한 문제입니다. 즉, 닭이 먼저인가 달걀이 먼저인가, 남자가 먼저인가 여자가 먼저인가, 도대체 우주 만유는 누가 창조한 것일까 하는 문제들입니다. 종교가는 우주 만유를 하나의 주재자主宰者가 창조한 것이라고 말합니다. 철학자는 그럼 그 주재자는 어디서 왔느냐고 묻습니다. 주재자를 창조한 것이 주재자의 어머니라고 한다면, 주재자의 외할머니는 또 누구일까요? 철학자는 이렇게 끝까지 궁구해 갑니다. 이 형이상학적인 도를 토론하는 것이 바로 본체론입니다. 이와는 달리 형이하학은 우주 만유가 형성된 이후의 갖가지 현상과 갖가지 지식에 대해 논합니다.

서양에서는 본체론에 대한 연구가 그리스에서 처음 시작되었는데, 이미 2, 3천 년이나 되었습니다. 그 당시 본체론은 대체로 두 파로 나뉘어 있었는데, 하나는 유물론이었고, 다른 하나는 유심론이었습니다. 서양 철학에서 말하는 '유심'唯心은 우리 고유의 사상에서 말하는 '유심'과는 또 다릅니다. 철학을 논할 경우, 이 기본 사상의 기원 문제를 먼저 분명히 인식해야 혼동하지 않습니다.

나중에 철학자들은 이렇게 생각했습니다. "사람들은 어떻게 해서 우주의 기원을 알 수 있을까? 지식과 생각에 의해서 알 수 있는 것이다. 그렇다면 생각 자체는 믿을 수 있을까? 먼저 이것을 연구해야겠다." 그래서 인식론이 생기게 된 것입니다. 생각 자체를 믿을 수 없다면, 생각을 통해서 이해한 우주의 본래 모습도 불완전한 것입니다. 그래서 우리가 '안다'는 것에 대한 이런 중대한 의문은 철학의 한 중요한 범주로 자리 잡게 되었습니다. 수천 년 간 이어 내려온 이 학술을 우리들은 일본인의 번역에 따라 '철학'이라 부르고 있습니다.

또 다른 한 부분은 인생철학, 즉 사람의 가치 문제를 연구하는 것입니다.

서양 철학자들이 보기에 우리 문화에는 철학이 없는데, 적어도 우리의 전통 문화에서는 서양인들처럼 우주의 본체를 추구하지 않았기 때문입니다. 우리가 오늘날 보듯이 서양 문화는 체계가 엄밀합니다. 그들의 철학 사상은 종교로부터 출발했는데, 종교는 사람들에게 믿기만 하라고 가르치는데다 전제적이고 강권적強權的이어서 사람들이 의문을 품는 것을 용납하지 않았습니다. 여러분은 하느님이 어떻게 태어났는지를 알고 싶지만 물어 볼 수 없고, 다만 믿기만 하면 구원을 얻습니다. 그러나 철학자들은 말합니다. "당신이 나에게 믿으라고 하는 것은 좋소. 그렇지만 먼저 무대 장막을 열어젖혀서 나에게 제대로 보여 주시오. 내가 보고 난 다음에 확실히 믿겠소." 이것이 철학의 정신입니다.

뒷날 철학이 발전하여 과학이 생겨나게 되자, 과학자는 한 걸음 더 나아가 말했습니다. "한 번 보기만 해서는 안 되고, 내가 만져 본 후에야 하느님이 확실히 있다고 믿겠다." 이처럼 종교에서 철학으로, 철학에서 다시 과학으로 나아간 것이 오늘날 서양 문화의 발전 단계입니다.

그러면 우리에겐 정말로 철학이 없을까요? 있습니다! 모든 철학은 인생철학입니다. 올바른 사람이 되는 윤리 도덕을 말하고, 사람됨이란 마땅히 어떠해야 된다는 것을 말할 뿐입니다. 서양인들이 동양에는 철학이 없다고 말하니까 과거 국내의 일부 학자들도 따라서 그렇게 말했는데, 이것은 옳지 않습니다. 우리의 철학 사상은 모두 『예기』나 『역경』 등의 책 속에 들어 있을 뿐만 아니라, 그 내용도 대단히 풍부합니다. 그러므로 우리 모두 이것을 정리하기 위해 노력해야 합니다. 우리 학자들이 최근 10여 년 사이에 정리해 낸 철학 사상은 아직 충분하지 않습니다. 아니, 너무 부족합니다. 그런데다 한쪽으로 치우쳐 있습니다. 이점에 있어서, 우리 스스로 옛것을 익혀 새것을 알 수 있도록(溫故知新) 이 분야로 많은 노력을 기울여야 합니다.

지금 내가 말하고 있는 핵심은, 예禮라는 것은 예의나 예절만이 아니라 형이상적인 철학과 형이하적인 인생 운용의 일체를 포괄한다는 것입니다. 그래서 바로 다음의 구절이 이어지고 있습니다.

『삼국연의』의 막후 공로

유자가 말했다. "신의가 의리에 가까우면 약속한 말을 실천할 수 있다. 공손함이 예절에 가까우면 (무의미한) 치욕을 멀리할 수 있다. 하는 일의 동기에 어느 정도 사사로움이 있더라도 존경할 만하다."

有子曰: 信近於義 , 言可復也 ; 恭近於禮 , 遠恥辱也 ; 因不失其親 ,
유 자 왈　신 근 어 의　　언 가 복 야　　공 근 어 례　　원 치 욕 야　　인 불 실 기 친

亦可宗也 。
역 가 종 야

유자는 "신의가 의리에 가까우면 약속한 말을 실천할 수 있다."(信近於義, 言可復也)고 했습니다. 왜 우리 문화는 인仁·의義·예禮·지智·신信을 제창할까요? '신'信에는 어떤 좋은 점이 있을까요? 왜 사람에게 '信'을 지니라고 가르칠까요? 그것은 곧 '信'이 '義'(의)에 가깝기 때문입니다. '義'란 '서로 마땅한 것'(相宜)입니다. 이 '義'자에는 우리 문화와 서양 문화의 차이가 표현되어 있습니다.

'인의'仁義 두 글자에서 '仁'(인)자는 '박애' 또는 '자애'를 뜻하며, 세계 각국 문화에 모두 '仁'자와 같은 뜻의 단어가 있지만, '義'(의)자는 영어·

프랑스어·독어 등 어느 나라 문자 중에도 같은 뜻의 단어가 없다는 점에 우리는 유의해야 합니다. 오직 한자 문화권에만 있는 것입니다. 이 '義'자에 대해서는 두 가지 해석이 있는데, 유가 공문儒家孔門에서는 "의義란 마땅한 것이다."(義者宜也)라고 해석합니다. 꼭 들어맞는 것을 마땅함이라고 하는데, 이것은 바로 '예'禮의 중화 작용이며, '시의時宜 적절하다'는 것이 바로 이 뜻입니다.

'의'義의 또 다른 해석은 묵자의 정신인 '의협'義狹입니다. 이른바 "길을 가다 남이 불공평한 일을 당하는 것을 보면 칼을 뽑아 도와준다."(路見不平, 拔刀相助)는 것입니다. 우리에게는 이러한 성격이 있는데, 이러한 성격은 때로는 유가의 영향력보다도 훨씬 강해서, 친구를 위해서는 자신의 한 목숨을 바쳐도 상관없고 힘을 다해 친구를 도와주어야 한다고 생각합니다. 다른 민족도 이러한 정신은 있지만, 이러한 정의定義를 가진 말은 없습니다. 우리에게는 이러한 문화가 있고, 과거에는 이러한 문화가 중·하층 사회에 널리 퍼져 있었습니다. 이는 매우 중요한데, 특히 국가가 변란에 처했을 때는 이런 경향이 더욱 뚜렷이 나타납니다.

항일전쟁 동안에 보았듯이, 우리 국민이 국가와 민족을 위해 희생한 그 정신은 대단히 위대한데, 이것이 바로 우리 문화의 표현입니다. 어떤 사람은 이것이 유가 공맹 사상의 영향이라고 말하는데, 반드시 그런 것만은 아닙니다. 실은 『삼국연의』(三國演義: 나관중이 지은 소설 『삼국지』를 말함—역주) 등 몇몇 소설들이 이미 가르쳐 준 것입니다. 그래서 우리 민족은 저마다 충의忠義의 기상을 지녔다고 할 수 있는데, 이것이 우리 민족의 특성이자 특별한 장점입니다. 그러므로 교육을 책임진 사람들은 이 문제에 유의해야 합니다.

여기에 나오는 "신의가 의리에 가까우면"(信近於義)에서 '義'는 묵자가 주장하는 '義'와 서로 같은 바가 있습니다. 사람은 왜 신의를 지켜야 할까요? 약속한 말을 반드시 이행하기 위해서입니다. 우리 역사에는 "계포의 한 번 약속은 천금과 같았다."(季布一諾千金)는 유명한 이야기가 있습니다. 『논어』에 나오는 자로도 이런 사람이었습니다. 다음으로 "약속한 말을 실천할 수 있다."(言可復也)를 봅시다. 신의를 지키는 사람은 헛소리를 할 수 없습니다. 왜냐하면 "언가복야"言可復也라, 말을 했으면 반드시 회복恢復해야 하기 때문입니다. 회복은 무엇을 말할까요? 바로 자기가 한 말을 실천에 옮기는 것입니다.

다음으로 "공손함이 예절에 가까우면 치욕을 멀리할 수가 있다."(恭近於禮, 遠恥辱也)고 했습니다. 예절을 지키면서도 공경하는 마음이 있어야 한다는 것입니다. 여기서 '恭'공이란 공손하고 진지한 마음가짐을 말하는 것이지, 결코 사람을 보고 절하는 것을 말하는 것이 아닙니다. 비록 절은 하지 않더라도 친구가 어려울 때 각별한 관심을 보이는 태도에서 그 마음을 알 수 있습니다. 사람이 남을 공경하는 것은 표면상의 태도도 중요하지만, 더 중요한 것은 그 사람의 마음입니다. 이와 같이 남을 공경함이 바로 예입니다. 사람과 사람 사이에는 왜 서로 공경해야 할까요? 바로 무의미한 치욕을 초래하지 않기 위해서입니다(遠恥辱也).

다음으로 "하는 일의 동기에 어느 정도 사사로움이 있더라도 존경할 만하다."(因不失其親, 亦可宗也)라는 구절을 봅시다. '因'(인)은 곧 동기動機입니다. 전통 문화의 기본 정조情操는 "어버이를 가까이 모시고, 백성에게 인자함을 베풀며, 모든 것을 사랑하는 것"(親親 · 仁民 · 愛物)입니다. '인불실기친'因不失其親의 뜻은 사람이 하는 일에 사사로움이 완전히 없을 수는 없다는 것입니다(이 문제는 앞으로 토론할 것입니다. 우리 문화에서 대공무사大公無私와 절대자사絕對自私라는 두 가지 관념은 도가로부터 나왔는데, 이 두 극단적인 사상은 우리들로서는 그대로 실천할 수 없습니다. 그러나 유가에서는 어느 정도의 이기심을 인정합니다). 예를 들어, 모두 다 입을 옷이 없는데 내가 어디서 옷 하나를 얻었다고 합시다. 그러면 나는 먼저 아버지에게 입으라고 드리고, 아버지가 입고 나서는 내게 입으라고 주시고, 거기서 하나 더 생기면 이웃에게 입으라고 주는 것입니다. 남을 돕는 마음씨를 가까운 곳에서부터 먼 곳으로 점점 확대해 나가 남에게 미치게 하는 것입니다. '역가종'亦可宗은 이와 같은 모습이라면 존경할 만하다는 것입니다.

위에서 말한 것들은 모두 학문하는 태도에 관한 것입니다. 그런 다음 다시 공자의 말을 인용합니다.

공자께서 말씀하셨다. "군자는 먹는 데 배부름을 구하지 아니하고, 사는 데 편안함을 구하지 아니(하여, 과분한 물질생활의 향유나 과분한 안일을 추구하지 않고 정신 생명의 승화를 추구)한다. (마땅히 해야 할) 일에는 민첩하고 말에는 신중하며, (학문과 수양의) 도道가 있는 곳(인 옛사람의 책)에 비추어 자신(의 사람됨과 일처리의 도리)를 바로 잡는다. 이렇게 하면 학문을 좋아한다고 말할 수 있을 것이다."

子曰 : 君子食無求飽, 居無求安, 敏於事而愼於言, 就有道而正焉, 可
자 왈   군 자 식 무 구 포   거 무 구 안   민 어 사 이 신 어 언   취 유 도 이 정 언   가

謂好學也已 。
위 호 학 야 이

학문의 도리란, 그저 죽은 공부를 하는 데 있는 것이 아니라 현실 인생 속에서 바른 사람으로 처세하는 것임을 설명합니다. 공자는 말하기를 생활이 너무 사치스러워서는 안 된다고 합니다. "먹는 데 배부름을 구하지 아니한다."(食無求飽)는 말은, 생활이 어렵고 힘들더라도 과분하고 사치스런 만족을 바라서는 안 된다는 것입니다. 이 책의 「향당」편에 나오는 공자 자신의 생활 태도와 올바른 사람의 기준과 상통합니다. "사는 데 편안함을 구하지 아니한다."(居無求安)는 말은, 사는 곳이 적당하고 안빈낙도할 수 있기만 하면, 과분한 안일이나 과분한 향유享有를 추구하지 말라는 것입니다. 이 두 구절의 뜻은 물질 생활의 향유를 추구하지 말고 정신 생명의 승화를 중시하라는 것입니다.

"일에는 민첩하고 말에는 신중하라."(敏於事而愼於言)는 말은, 모든 책임이나 마땅히 해야 할 모든 일을 민첩하게 처리하라는 것입니다. "말에는 신중하라."(愼於言), 곧 말을 함부로 해서는 안 됩니다.

"도가 있는 곳에 비추어 자신을 바로잡는다."(就有道而正焉)에서 '도'道는 학문 · 수양을 말합니다. 어떤 곳을 '도가 있는' 곳이라고 할까요? 옛 사람의 책입니다. 옛 사람의 책에 곧 도가 있으므로, 책을 읽고 거기에 비추어 사람됨과 일처리의 도리를 바로잡으라는 것입니다. 이렇게 해야 학문을 좋아한다고 말할 수 있다는 것입니다. 이로써 알 수 있듯이 「학이」편은 책을 읽는 것이 곧 학문이라고 결코 말하지 않으며, 이런 사실

을 앞뒤 여러 곳에서 증명하고 있습니다.

다재다능한 자공

이어서 자공에 대해 말합니다. 우리는 이 사람에 대해 특히 유의해야 합니다. 앞에서도 말했지만, 자공은 공문 제자 중에서도 손꼽히는 학문가였을 뿐만 아니라 외교가이자 정치가요, 오늘날의 관점으로 보면 상공업계의 거물이기도 했습니다.

사마천이 쓴 『사기』에 「화식열전」貨殖列傳이 있습니다. 『사기』란 책은 우리의 역사 문화에서 대단한 가치를 지닙니다. 「화식열전」은 크게 성공한 상공인들과, 당시 사회의 상공업 발전 상황에 대해 이야기하고 있습니다. 과거 우리 나라에서는 상업을 매우 경시했습니다. '사농공상'士農工商이라는 말을 보더라도, 상인은 마지막 넷째 계급에 놓일 정도로 사회에서 경시되고 있었음을 알 수 있습니다. 그러나 사마천은 특별히 상업의 중요성을 제기하고, 이 「화식열전」을 썼습니다. 그 뒤 비로소 우리 역사에 「화식열전」의 정신이 일어나게 되어, 일반 상공업계에 관한 것도 기록하게 되었습니다. 사마천이 당시에 「화식열전」을 쓴 동기는 상공업 발전이 국가의 정치 명맥에 관계되므로 주목하지 않을 수 없다는 생각에서였습니다. 그러나 당시에는 공공연히 이렇게 제창할 수 없었기 때문에 「화식열전」을 썼던 것입니다. 「화식열전」 속에는 사회 상황의 좋고 나쁨을 에둘러 비판하는 말들도 많이 들어 있습니다.

사마천은 많은 것들을 처음으로 저작하였는데, 「유협열전」遊俠列傳도 그 중의 하나입니다. 과거 사람들은 유협의 무리를 법에 어긋나는 짓을 하는, 즉 주먹 자랑이나 하는 무리로 여겼습니다. 그럼에도 불구하고 사마천은 특별히 「유협열전」을 썼습니다. 사회가 낙후되었을 때나 동란이 있을 때, 또는 도덕이나 도리·인정·법률 등 어떤 것으로도 어찌해 볼 수 없을 때에는, 유협들이 "내 무서운 주먹맛 좀 볼 테냐!" 하고 팔을 한번 뻗어 보이면 곧 조용해지고 문제를 해결할 수 있는 경우가 많았습니다. 그래서 사마천은 그런 정신이 대단히 유용하다고 느끼고 「유협열전」을 썼던 것입니다.

『사기』를 연구해 보면 대단히 재미있는데, 사마천은 전통 문화의 여러 가지 정신을 이 책에서 꼭 집어서 가리켰습니다. 우리는 자공을 이야기하면서 『사기』까지 들먹이게 되었는데, 어쨌든 사마천은 「화식열전」에서 특히 자공을 대단한 사람이라고 언급하면서, 공자의 학술 사상이 뒷날 전해질 수 있었던 것은 전적으로 자공이 힘을 다한 덕분이라고 강조해서 말하고 있습니다. 다음에는 학문 수양을 말하면서 매우 중요한 자공과의 대화를 언급합니다.

　자공이 (의기양양한 모습으로) 말했다. "(선생님! 사람이) 가난(하고 불운)해도 (남에게) 아첨하지 않고, (돈을 벌어) 부유해(지고 뜻을 이루더라)도 교만하지 않다면 어떻겠습니까?"

　공자께서 말씀하셨다. "괜찮다. 그러나 (거기서 한 걸음 더 나아가) 가난하면서도 도道를 즐거워하고, 부유하면서도 예禮를 좋아하(여, 남을 존중하고 사랑하고, 학문을 하며 바른 사람이 되기 위해 여러 가지 면에서 겸허한 마음으로 진보를 추구하)는 것보다는 못하다."

　자공이 말했다. "시詩에 이르기를 '자르고, 갈고, 쪼고, 문지르는 것 같다.'고 했는데, 바로 이를 두고 한 말이군요! (학문은 옥을 자르고, 갈고, 쪼고, 문지르듯이 해야 한다는 것을 제가 이해했습니다)"

　공자께서 말씀하셨다. "사賜야, (네가 이 이치를 이해했으니, 이제는 책을 읽어도 되겠구나. 또, 시를 읽어도 되겠다) 비로소 너와 시를 논할 수 있겠구나! 한 가지 도리를 일러 주었더니 스스로 더 나아가 다른 도리까지 미루어 아는구나."

　子貢曰:貧而無諂, 富而無驕, 何如? 子曰:可也, 未若貧而樂, 富
　자공왈 빈이무첨 부이무교 하여 자왈 가야 미약빈이락 부

而好禮者也。子貢曰:詩云:「如切如磋, 如琢如磨」。其斯之謂與! 子
이호례자야 자공왈 시운 여절여차 여탁여마 기사지위여 자

曰:賜也, 始可與言詩已矣! 告諸往而知來者。
왈 사야 시가여언시이의 고저왕이지래자

이 단락은 특히 유의할 필요가 있습니다. 지금까지는 줄곧 학문에 관해 말해 오다가, 여기에 이르러서는 어느 날 자공이 공자에게 질문을 하고 공자가 대답한 이야기를 설명하고 있습니다. 마치 텔레비전에서 토막극을 보는 것 같습니다.

자공이 말합니다. "선생님! 사람이 궁해지고 불운해져도 남에게 아첨하지 않고 고개 숙이지 않으며, 돈을 벌고 뜻을 이루더라도 남에게 교만하지 않을 수 있다면 어떻습니까?" 이 '어떻습니까?'(何如)를 극으로 연출한다면, 감독은 연기자로 하여금 의기양양한 모습을 짓도록 지도할 것입니다. 자공은 이 때 자기의 학문 수양이 이런 경지에 이르러 이미 훌륭하다고 생각하여 매우 만족하게 여기고 있는 듯합니다. 그래서 마음속으로 선생님이 틀림없이 칭찬하고 100점 아니면 적어도 90점은 주시리라 생각하고 있습니다. 그러므로 자공의 이 "어떻습니까?"는 "선생님, 제가 어떤가 좀 보세요."라는 뜻으로, 스스로 긍정하는 기분이 "어떻습니까?"라는 한마디 말에 완전히 표현되었습니다.

우리는 "득의하여 자신의 처지를 잃어버린다."(得意忘形)는 말을 흔히 듣습니다. 그러나 수십 년 동안의 개인적인 경험으로 말하자면, "실의하여 자신의 처지를 잃어버린다."(失意忘形)라는 말도 같이 덧붙이고 싶습니다. 어떤 사람은 본래 좋은 사람인데다 돈을 벌고 득의했을 때는 일도 잘 처리하고 대인 관계도 원만하며 예절이 밝지만, 한 번 실의하게 되면 사람을 만나는 것조차 싫어하여 피하기만 하고 온갖 고민과 열등감에 빠져 사람이 완전히 변해 버립니다. 즉, 실의하여 자신의 처지를 잃어버리는 것입니다.

그래서 나는 "부귀도 마음을 방탕하게 할 수 없고, 빈천도 절개를 바꾸게 할 수 없으며, 권세와 무력도 지조를 굽히게 할 수 없다."(富貴不能淫, 貧賤不能移, 威武不能屈)는 맹자의 말을 체험했습니다(『맹자』「등문공장구」하 제2절—역주). 사람이 학문을 하여 "빈천도 절개를 바꾸게 할 수 없다."는 한마디의 경지에만 이르려고 해도 대단한 수양이 필요합니다. 쓸쓸함을 견딜 수 있고 평범 담박함을 참을 수 있으며, "오직 대영웅이라야 진실한 그대로의 모습일 수 있다."(唯大英雄能本色)는 말처럼, 득의해도 그 모습 그대로이고 실의해도 그 모습 그대로이며, 입을 옷이 없거나 배가 고파도 그 모습 그대로일 수 있는 것은 최고의 수양 경지여서, 이런 수준에 도달하기란 참으로 어렵습니다.

그러므로 자공이 말한 "가난해도 아첨하지 않고, 부유해도 교만하지 않다."(貧而無諂, 富而無驕)는 것은 확실히 쉽지 않은 일입니다. 그렇지만 공자는 자공에게 90점을 주지 않고, '괜찮다.'(可也)고만 했을 뿐입니다. 그리고 또 그 다음에 '그러나'라고 하면서 말을 더했는데, 왜 '그러나'일까요? "그러나 가난하면서도 도를 즐거워하고, 부유하면서도 예를 좋아하는 것보다는 못하다."(未若貧而樂, 富而好禮者也)라고 했지요? 가난해지고 실의했을 때 남에게 고개 숙이지 않고 아첨하지 않을 정도로 수양이 있더라도, 그런 자신을 대단하게 여기고 남을 깔본다면 실은 수양이 부족하다는 것입니다. 또는 어떤 사람은 훌륭한데 자기는 아직 그만 못하다고 느끼는 것도 자기를 남과 비교하는 심리이며 적대적인 심리로서, 이 역시 수양이 부족한 것입니다. 마찬가지로, 부유하면서도 교만하지 않고 예의로써 남을 대하는 수양에 이르렀다 하더라도, 자기는 돈도 많고 지위도 있으니 이런 태도로 사람을 대하지 않으면 안 된다고 느낀다면, 이 태도도 옳지 않으며 여전히 우월감을 가지고 있는 것이 됩니다.

그러므로 진정한 평담을 이루려면, 어느 위치, 어느 환경에서나 소박하고 담담해야 옳습니다. 그래서 공자는 자공에게, "네가 말한 그 정도는 합격선에 이르렀을 뿐이다. 거기서 한 걸음 더 나아가, 가난하면서도 즐거워하고, 부유하면서도 예를 좋아하는(貧而樂, 富而好禮) 정도에 이르러야 한다."고 말하고 있습니다. 즉, 안빈낙도安貧樂道해야 한다는 것입니다. 그러나 가난을 편히 여기기란 대단히 어렵습니다.

『중용』에 보면, "군자는 부귀에 처해 있으면 부귀한 대로 행하고, 빈천에 처해 있으면 빈천한 대로 행한다."(君子, 素富貴, 行乎富貴, 素貧賤, 行乎貧賤)는 공자의 말이 있습니다. 그래서 훌륭하고 고상한 친구들이 한담을 나눌 때 종종 나에게 "그대가 보기엔 내가 어떠한가?" 라고 물으면, 나는 "자네를 완전히는 동의하지 않네. 자네는 고상하지만 약간 구차하게 고상함을 추구하는 데 불과하네." 라고 대답합니다. 사람은 고상해야 하겠지만, 어떤 사람은 구차하게 고상함을 추구하거나 자기 자신의 고상함을 표방하기 위해 고통을 참고 희생할 수밖에 없습니다. 전혀 그럴 필요가 없습니다. 이렇다면 평담하지 않습니다. 평담하지 않은 것은 진정으로 함양된 정신이 아닙니다. 그래서 공자는 자공에게 안빈낙도해야 하고 소박해야 한다고 말합니다. "겨우 교만하지 않은 정도에 이른 것은 훌륭하다 할 수 없다. 거기서 한 걸음 더 나아가 예를 좋아하며 남을 존중하고 사랑하는 데까지 이르러야 한다."고 공자는 말하고 있습니다.

부유하면서도 예禮를 좋아해야 한다는 것은 우리가 경제계經濟界 인사들과 접촉해 보면 알 수 있는데, 돈이 많은 사람들 중에는 대단히 보기 싫은 사람이 있습니다. 학식도 없고 재간도 없으며 하는 말마다 속되어 들어 줄 수가 없습니다. 부유하다고 반드시 예를 좋아하는 것은 아닙니다. 예를 좋아한다는 것은 꼭 예의를 중시하는 것만이 아니라, 학문을 하며 바른 사람이 되기 위해 여러 가지 면에서 겸허한 마음으로 진보를 추구하는 것입니다. 가령 부유한 사람이 끊임없이 학문을 추구하고 끊임없이 사람의 도리를 중요시한다면 정말 훌륭한 일입니다. 어떤 사람들은 사업에 성공하게 되면 친한 친구들과도 관계를 끊어 버리는 일이 종종 있는데, 이것은 유감스러운 일입니다.

자, 이제 다시 본문을 계속 읽어 보면, 공자의 말에 자공이 승복하였으며 공자가 훌륭했음을 알 수 있습니다. 자공은 시 한 구절을 인용하여 말합니다. "시詩에 이르기를 '자르고, 갈고, 쪼고, 문지르는 것 같다.'고 했는데, 바로 이를 두고 한 말이군요!"(詩云 : 如切如磋, 如琢如磨. 其斯之謂與). 이 시는 앞서 살았던 옛 사람이 지은 것으로, 당시에 널리 퍼져 있었습니다.

"여절여차, 여탁여마"如切如磋, 如琢如磨. 이 여덟 자는 옛날 시에 나오는 원문을 인용한 것입니다. 이 시는 옥석玉石을 가지고 일하는 방법을 말하고 있습니다. 처음에는 대만 화련花蓮 지방의 옥석처럼 책상판 만한 돌덩이를 사 가지고 옵니다. 그 안에는 몇 백 개의 옥가락지를 만들 만큼의 옥이 들어 있을 수도 있고, 겨우 열 개나 여덟 개를 만들 만큼만

들어 있을 수도 있습니다. 옥 제품을 만들기 위해서는 먼저 톱으로 돌을 자르는데, 이것이 '절'切입니다. 다음에는 옥을 찾아내어 돌 부분은 줄로 갈아 없애는데, 이것이 '차'磋입니다. 그 다음에는 무늬 같은 것을 새겨 가락지 모양이나 달걀 모양이나 팔찌 모양 등 일정한 형식이나 기물을 만드는데, 이것이 '탁'琢입니다. 그런 다음에 다시 옥을 반들반들하게 문질러 눈부신 빛이 나도록 하는데, 이것이 '마'磨입니다. 여기에서 유래한 "절차탁마"切磋琢磨라는 말은 '교육'을 비유하는 말로 쓰이고 있습니다. 사람은 태어나면 교육을 받아야 하고, 차츰 인생 경험 속에서 체험해야 하는데, 학문은 한 걸음씩 진보할수록 공부가 정밀해지고, 뒷날로 갈수록 학문이 어렵습니다.

자공이 "시詩에 이르기를 '자르고, 갈고, 쪼고, 문지르는 것 같다.'고 했는데, 바로 이를 두고 한 말이군요!"라고 말한 것은 공자를 떠받드는 뜻이 크게 내포되어 있으며, "학문은 옥을 자르고, 갈고, 쪼고, 문지르듯이 해야 한다는 것을 제가 이해했습니다."라고 말한 것이나 다름없습니다.

그러자 공자는 자공에게 대답했습니다. "사야, 비로소 너와 시를 논할 수 있겠구나! 한 가지 이치를 일러 주었더니 스스로 더 나아가 다른 이치까지 미루어 아는구나."(始可與言詩已矣! 告諸往而知來者). '사'賜는 자공의 이름으로서, 공자가 자공에게 한 말은 다음과 같은 뜻입니다. "네가 이 이치를 이해했으니, 이제는 책을 읽어도 되겠구나. 또, 시를 읽어도 되겠다. 방금 내가 너에게 한 가지 이치를 가르쳐 주었더니, 너는 스스로 더 나아가 다른 이치까지 추단 연역해냈으니 말이다." 이는 자공의 타고난 자질이 높았음을 의미하는데, 요즘 교육으로 말하면, 한 가지 원칙을 가르쳐 주면 그 나머지 것은 스스로 유추할 수 있게 되었다는 것입니다.

시적詩的인 인생

그러나 이 구절을 연구해 보면 문제가 하나 있는데, 바로 시詩에 관한 문제입니다. 우리가 알듯이 우리 문화는 문학 분야에서 대체로 다음과 같은 순서로 변천 발전했습니다. 즉, 한대의 문文, 당대의 시詩, 송대의 사詞, 원대의 희곡(曲), 명대의 소설로 변천해 왔으며, 청대에 이르러서는 나는 대련對聯으로 발전했다고 봅니다. 특히, 청대를 중흥시킨 명장 증국번曾國藩과 좌종당左宗棠 같은 사람은 대련을 최고 수준까지 발전시켰습니다. 중국의 수천 년에 걸친 문학 형태의 변천은 대체로 이와 같습니다.

오늘 낮에 어떤 학자 분이 여러 사람의 저작물에 대해 얘기했습니다. 그분은 말하기를 옛날에는 문학 작품들을 보면 대충 보아 내려갈 수 있어서 그다지 주의를 기울이지 않았답니다. 그런데 요즈음은 작품들을 보는 것이 참 어렵다는 거예요. 그의 말은 사실입니다. 어떤 사람은 타고난 문학적 재능이 있어서, 생각나는 대로 몇 마디 쓴 것인데도 그 필치로 보아 그가 문학 분야에서 틀림없이 성취가 있으리라는 것을 알 수 있습니다. 또, 어떤 사람은 평생토록 애써 배우지만 끝내 문학가가 될 수 없는 이도 있습니다. 이런 사람은 비록 문장을 잘 쓴다고 해도 문학가의 수준에는 도달하지 못하고, 아무리 노력해도 자신의 한계를 돌파할 수 없는, 말하자면 단지 과학자의 문장을 쓸 수 있을 뿐입니다. 과학에 관해 쓴 책은 재미있게 읽을 방법이 없습니다.

나는 전에 한 학생에게 말하기를, "너는 화학을 가르칠 때 문학적인 수법을 섞어서 가르치면 효과적일 것이다. 과학 자체는 딱딱하다. 그래서 재미있게 가르치는 것이 제일 좋은데, 예를 들어 어떤 공식을 가르칠 때 먼저 공식을 이야기하지 말고 다른 흥미 있는 일을 말한 다음, 마지막으로 이 재미있는 일과 그 공식의 원리가 같다고 설명하는 것이다. 이렇게 하면 듣는 사람이 쉽고도 확실하게 알 수 있다."고 했습니다. 몇몇 학생이 이 방법으로 가르쳐 보니, 확실히 성공적이었다고 합니다. 그러나 오늘날 우리 문학은 급변하고 있는 중이고, 아직 하나의 법칙을 찾아내지 못하고 있습니다.

시에 대해 말하자면, 과거에 우리가 공부할 때는 소학小學 과정(지금의 초등학교 과정이 아님)에서부터 누구나 시를 배우기 시작했습니다. 저마다

시를 지을 줄 알았지만, 시인이 되느냐 안 되느냐는 별개의 문제였습니다. 어떤 사람은 시를 왜 이처럼 중시하느냐고 묻는데, 이것이야말로 큰 문제입니다. 다음의 제2편 「위정」爲政에서 그 까닭을 상세하게 설명하고 있습니다. 일반인들은 보통 시를, 병이 없는데도 신음하듯 감상적으로 지어야 시의 대가가 되는 줄로 생각합니다. 옛날에 어떤 사람이 이런 시를 두고 이른바 "관문폐호엄시비"關門閉戶掩柴扉라고 야유를 했는데, 문을 닫는다는 관문關門이 곧 폐호閉戶요, 폐호가 곧 관문이고, 엄시비掩柴扉도 관문입니다. 평측平仄도 옳고 압운韻脚도 옳지만, 그 모두를 한데 모아 놓으면 아무런 의미가 없습니다. 이게 바로 병이 없는데도 신음하는 것입니다. 이런 문학은 정말 문제가 있으며, 모두 다 "관문폐호엄시비"로 변해버렸습니다.

또 우스운 이야기가 하나 생각나는데, 수십 년 전에 소위 '화장실 문학'이란 것이 있었습니다. 대륙 강남 지방 일대의 찻집 같은 공공장소의 벽에 멋대로 지은 글귀들이 많이 쓰여 있었습니다. 이 글귀들을 뭐라고 이름 지을 방법이 없자 어떤 사람이 '화장실 문학'이라고 불렀습니다. 어떤 사람이 그 글들을 보고 정말 보아 줄 수가 없어서 시를 한 수 지었는데, 이 시도 역시 문학의 말류末流를 대표합니다. 그 원시는 다음과 같습니다.

여태까지 시인의 모습을 몰랐는데　　　　　　從來未識詩人面
이제야 시인의 키가 여덟 장(丈)인 줄 알았네　　今識詩人丈八長
시인 키가 여덟 장이 아니라면　　　　　　　不是詩人長八丈
어떻게 높은 담에 나발을 불어 놓았을까?　　如何放屁在高牆

이 시는 당시의 '화장실 문학'을 비평하는 익살스런 작품입니다. 이와 같은 퇴폐적인 모습은 오늘날 우리가 보면 별것 아니지만, 그 당시에는 심각했습니다. 그래서 그 당시 국부 손문孫文은 혁명을 제창하지 않을 수 없었습니다. 당시 문학과 문화의 문제는 대단히 심각했기 때문입니다. 병이 없는데도 신음하는 식의 시들 중에는 퇴폐적인 것들이 너무나 많았습니다! 이런 부류의 뜻이 담긴 우스운 이야기는 정말 많았습니다. 그래서 나중에 오사 운동五四運動이 일어났을 때 낡은 문화를 타도하자고 했던 것입니다. 물론 공격한 것은 잘못이지만, 그 잘못의 책임도 당시 타도에 나선 사람들이 모두 질 수는 없습니다. 왜냐하면 이런 잘못은 그 시대에 역사의 무거운 짐이 그들을 짓눌러서 야기되었기 때문입니다.

이 단락에서 공자가 자공에게 한 말은 시의 도리가 무엇인지를 보여 주었습니다. 시를 짓거나 시를 배우는 사람은 결코 시인 노릇만 하려고 해서는 안 됩니다. 시인 노릇만 하려다가는 곧 "어떻게 높은 담에 나발을 불어 놓았을까?"(如何放屁在高牆)라고 욕을 얻어먹게 됩니다. 시의 목적은 오로지 문학만 하자는 것이 아닙니다. 그 속에 포함된 이치가 대단히 중요합니다. 시의 문화적 중요성에 대해서 공자는 다음 제2편에서 말하고 있습니다. 여기서는 자공에게 시를 읽고 고리타분한 서생이 되어서는 결코 안 되며, "한 가지 이치를 설명해 주면 스스로 더 나아가 다른 이치까지 미루어 알 수 있어야 한다."(告諸往而知來者)고 말해 주고 있습니다.

어찌 시를 짓는 것만 그렇겠습니까? 우리가 역사를 읽는 것도 마찬가지입니다. 왜 역사를 읽습니까? 지금 대학의 역사학과나 역사 연구소에서 하는 역사 연구는 비록 좋은 평가는 받을지언정, 올바른 사람이 되고 일을 하는 데에는 조금도 쓸모가 없습니다. 지난날 우리 선인들은 역사를 읽고 학문의 현실적인 활용을 주장했는데, 그 정신이 바로 "한 가지 이치를 설명해 주면 스스로 더 나아가 다른 이치까지 미루어 알 수 있어야 한다."는 것입니다. 즉, 과거를 이해하여 미래를 아는 것도 곧 시의 정신입니다.

다음의 마지막 단락은 이 「학이」편의 결론이 됩니다. 『논어』제1편인 「학이」는 이렇게 시작했지요. "배우고 때때로 그것을 익히니, 또한 기쁘지 아니한가? 벗이 먼 곳으로부터 찾아오니, 또한 즐겁지 아니한가? 사람들이 알아주지 않더라도 원망하지 않으니, 또한 군자가 아닌가?"(學而時習之, 不亦說乎? 有朋自遠方來, 不亦樂乎? 人不知而不慍, 不亦君子乎?). 그러면 이 시작 부분과 다음의 마지막 구절을 보고, 여러분은 어떻게 결론짓겠습니까? 꼭 알맞게 머리와 꼬리가 서로 호응하고 있습니다. 「학이」편의 마지막 구절은 어떻게 말하고 있는지 다음을 봅시다.

공자께서 말씀하셨다. "남이 자기를 (이해하여) 알아주지 않는 것을 걱정하지 말고, 내가 남을 (이해하여) 알지 못하는 것을 걱정해야 한다."

子曰：不患人之不己知，患不知人也。
자왈　불환인지불기지　환부지인야

이 구절은 「학이」편의 정신과 관련되어 있습니다. 공자는 "남이 자기를 이해하지 못한다고 걱정하지 말고, 자기가 남을 이해하지 못할까 걱정하라."고 말했습니다. 이것은 곧 "사람들이 알아주지 않더라도 원망하지 않으면, 또한 군자가 아닌가?"(人不知而不慍, 不亦君子乎)라는 구절의 귀결입니다.

사람들은 대개 다 공통적인 병폐가 있는데, 그것은 바로 늘 자기가 대단하다고 느끼는 것입니다. 흔히 우리가 말을 한마디 잘못하면 곧 얼굴이 빨개지지만, 3초 정도 지나면 더 이상 얼굴이 빨개지지 않습니다. 즉시 자기 마음속에서 여러 가지 이유를 찾아내어 자기 잘못을 변명하고 자기가 옳았다고 생각하기 때문입니다. 한 시간쯤 지난 뒤에는, 생각하면 할수록 자기 자신이 옳다고 여기게 됩니다. 사람이란 바로 이와 같습니다. 그래서 언제나 남이 자기를 이해하지 못한다고 탓하고, 자기가 남을 이해하지 못하는 것에 대해서는 고려하지 않습니다.

그러므로 제1편 「학이」의 종지宗旨인 마지막 요점은 이 편 첫 단락 가운데 "사람들이 알아주지 않더라도 원망하지 않으니, 또한 군자가 아닌가?"(人不知而不慍, 不亦君子乎)를 핵심으로 삼습니다. 이 결론의 핵심은 "당신은 왜 마음속으로 원망하고 한탄하느냐? 남이 당신을 이해하지 못함을 걱정하지 말라. 가장 중요한 것은 당신이 남을 이해하느냐 이해하지 못하느냐 하는 것이다."입니다. 이리하여 제1편의 학문하는 목적은 여기에서 결론을 얻고 모두 끝납니다.

爲政

정치를 말하지 않았던 공자

제1편 「학이」學而에서는 개인이 추구하는 학문의 내적內的 수양을 말했습니다. 이제 제2편 「위정」爲政에서는 그 학문의 외적外的 활용을 논합니다.

위정爲政을 언급할 때 주의할 점이 하나 있습니다. 우리는 현재의 일부 저작들 속에서 많은 사람들이 「위정」편을 공자의 정치사상이라고 여기거나 또는 현대의 어휘로써 정치 철학으로 부르고 있음을 자주 발견합니다. 그러나 내가 연구한 결과로는 이런 논조는 옳지 않다고 봅니다.

우리는 공자가 자신의 전체적인 정치관을 말한 적은 매우 드물었고, 단지 위정만을 말했다는 점에 특히 유의해야 합니다. 학술적인 입장에서는 대단히 신중하고 엄밀한 태도를 가져야 합니다. 우리는 "법률 앞에서는 만인이 평등하며, 진리에 복종해야 한다."는 말을 자주 합니다. 그렇다면 학문하는 입장에서는 이렇게 말해야 합니다. "학문 앞에서는 태도가 대단히 신중하고 엄밀해야 하며, 진리에 복종해야 한다."

공자는 위정을 말했을 뿐 정치는 말하지 않았습니다. 정치는 손문이 말했듯이 대중의 일을 관리하는 것입니다. 공자가 언급한 위정은 교화敎化입니다. 교화는 전통 문화의 명사이며, '교육'과 같은 뜻으로 보아서는 안 됩니다. '교'敎는 교육이며 '화'化는 감화感化인데, 과거에는 이를 감화라 하지 않고 풍화風化라 했습니다. 위정에는 이 '교화'의 뜻이 포함되어 있습니다. 이것은 매우 중요한 점으로, 우리가 꼭 기억하고 있어야 합니다.

이처럼 『논어』의 제2편 「위정」은 학문의 외적 활용의 이치를 말하고 있습니다.

대정치가의 풍모

공자께서 말씀하셨다. "(자신의 중심 사상과 중심 기풍이 있고 좋은 행위의 성과인) 도덕(德)으로써 (남을 감화시키는) 정치를 하는 것은, 마치 북극성은 제자리에 있고 무수한 별자리들이 이를 에워싸서 돌고 있는 것과 같(이 아랫사람들은 그가 지시하는 방향으로 움직일 것이)다."

子曰 : 爲政以德 , 譬如北辰 , 居其所 , 而衆星共之 。
자 왈 위정이덕   비여북신   거기소 이중성공지

共(공)은 拱(공)과 뜻이 같습니다. 이 말은 겉으로 보면 대단히 이해하기 쉽습니다. 공자는 위정爲政에서 가장 중요한 것은 '덕'德이라고 말합니다. 이 부분을 이야기할 때 우리가 유의해야 할 사실이 있습니다. 춘추전국 시대에는 '도덕'道德이라는 두 글자가 합쳐져 한 단어로 쓰인 경우가 매우 드물었다는 것입니다. 그 때는 '도'는 '도'고 '덕'은 '덕'이었습니다. 위진남북조 이후 당송 시대에 이르는 동안 비로소 두 글자가 합쳐져 '도덕'이라는 한 단어로 변했습니다. 오늘날에 와서는 '도덕'이란 말만 꺼내도 젊은이들이 싫어하는 단어가 되어 버렸습니다. 이것은 문화 사상이 변천되었기 때문입니다. 그러므로 진한秦漢 이전에는 '덕'德은 '덕'德이었고, '도'道와 '천'天은 그 당시 가장 골치 아프고 그 의미를 구분하여 말하기 어려운 단어였으며, 동시에 무궁한 뜻을 가지고 있었다는 것을 우리는 알아야 합니다.

'도'道는 어떤 때는 형이상의 본체를 말하고, 어떤 때는 도로道路를 뜻합니다. 또 어떤 때는 원칙 혹은 법칙을 뜻합니다. 손자병법에서 "용병한다는 것은 적을 속이는 법이다."(兵者詭道也)라고 말했을 때의 '도'는 법칙이라는 뜻입니다. 또 어떤 때는 '도'는 도덕을 말하기도 합니다. '천'天

자도 마찬가지로 여러 뜻을 가지고 있습니다. 같은 책 안에서도, 심지어는 같은 문장 안에서도 앞뒤의 '도'자가 나타내는 뜻이 다른 경우가 있습니다. 이것은 우리 문화의 단점 같지만, 실은 장점이기도 합니다. 특히, 고대에 인쇄술이 발명되기 이전에는 한 글자에 하나의 개념을 담아 칼로 죽간[竹簡]에 새겨 그 뜻을 완전히 표현할 수 있었습니다.8)

---

8) 도(道) · 덕(德) · 천(天) 글자의 내함

무엇보다 먼저 중국 문화에서의 세 개의 중요한 문자의 내함(內涵)을 이해할 필요가 있습니다. 1) '도(道)'자, 2) '덕(德)'자, 3) '천(天)'자가 그것이며. 여기다 '대인(大人)'이라는 명사의 의미까지 더 보태고 난 뒤에 『대학』이나 『중용』을 연구하며 읽으면 훨씬 쉬워집니다.

중국 문자는 먼 옛날부터 다른 민족들의 문자와는 달랐습니다. 중국 글자는 사각형 글자[方塊字]로서 인도의 범문(梵文), 고대 이집트의 상형문자와 더불어 모두 개체의 도형으로써 사유와 언어의 의미를 표현합니다. 그래서 한(漢)나라 시대에 이르러서는 문자학을 전문적으로 연구하는 학문이 있었으며, '육서(六書)'로써 중국 문자의 형성과 그 용법을 설명합니다. 이른바 '육서'의 내용은 상형(象形), 지사(指事), 회의(會意), 형성(形聲), 전주(轉注), 가차(假借)를 포괄합니다. 이것은 한학(漢學) 중에서 가장 빼어난 소학(小學)과 훈고(訓詁)의 범주에 속합니다. 그러나 그것은 전문적인 학문 분야이므로 시간을 낭비하지 않도록 하기 위하여 여기에서 많이 설명할 필요는 없습니다. 하지만 여기에서 말하는 '한학(漢學)'은 한(漢)나라 시대의 문자학(文字學)과 고증학(考證學)을 가리키는 말이지, 현대의 외국인들이 중국의 문학이나 학술에 대해 모두 '한학(漢學)'이라고 지칭하는 의미는 아닙니다.

그렇다면 내가 고서를 읽으려면 먼저 '도 · 덕 · 천' 등의 글자와 '대인'이라는 단어를 먼저 이해해야 한다고 제기한 것은 무슨 뜻일까요? 그것은 한나라 시대의 문자학인 소학과 훈고와도 관계가 있는 곳입니다. 왜냐하면 우리가 춘추전국 시대 이후의 제자백가 서적을 연구하고자 할 때, 특히 유가와 도가의 서적을 읽을 때는, 이상의 몇 글자를 서로 다른 어구와 편장(篇章)에서 사용한 함의에 대하여 동일한 의미로 이해해서는 안 되기 때문입니다. 그렇지 않으면 자신의 사유의식을 갈림길로 끌고 들어가기 쉽고, 그럴 경우 편차가 너무나 큽니다.

도(道)자의 다섯 가지 의미

먼저 '도(道)'에는 다음과 같이 다섯 가지의 의미가 있습니다.
1) '도로(道路)'라고 할 때의 '도(道)'입니다. 다시 말해서 길을 '도(道)'라고 부릅니다. 고서의 많은 주해에서 "도(道)라는 것은 경로(徑路)이다"라고 한 것이 바로 이 뜻입니다.
2) '하나의 원리법칙[理則],' 혹은 하나의 방법상의 원리나 원칙을 농축시킨 명사

입니다. 예컨대『역경』「계사전」에서 '일음일양지위도(一陰一陽之謂道)'라고 말한 경우입니다. 의약(醫藥)에 있어서의 불변의 원리[定理]는 '의도(醫道)', 혹은 "약물(藥物)의 도"라고 부릅니다. 정치에 이용되는 원칙은 '정도(政道)'라고 부릅니다. 군사에 사용되면 '병도(兵道)'라고 부릅니다.『손자(孫子)』제13편에서 사용된 한 마디 말인, '병(兵)이란 속임의 도이다[兵者, 詭道也].'거나, 심지어 자고이래 이미 사람들이 습관적으로 사용하는 구두어인 이른바 '도둑질에도 도(道)가 있다[道亦有道]'거나 혹은 '천도(天道)·지도(地道)·인도(人道)'라고 할 때의 '도(道)'자가 모두 어떤 하나의 특정한 법칙을 가리키는 '도(道)'입니다.

3) 형이상 철학의 대명사입니다. 바로『역경』「계사전」에서 '형이하를 기(器)라 하고[形而下者謂之器], 형이상을 도라 한다[形而上者謂之道].'고 할 때의 '도(道)'입니다. '형이하(形而下)'라는 말은 물리세계와 물질세간의 형상(形相)이 있는 것을 가리키는 말인데, '기(器)'자가 바로 형상이 있는 것을 가리키는 말입니다. 그렇다면 물질이나 물리의 형상이 있는 것을 초월한 그 본래의 체성(體性), '만상(萬象)의 주인'이 될 수 있는 그것은 또 어떤 것일까요? 그것은 실재하는 유물적인 것일까요? 아니면 추상의 유심적인 것일까요? 이것은 우리의 옛날 조상으로부터 전통적인 답안인데, '물질[物]'도 아니고 '마음[心]'도 아닙니다, 마음과 물질 두 가지도 역시 그것의 작용 현상일 뿐입니다. 이 무엇이라고 이름 할 수 없는 그것을 바로 '도(道)'라고 불렀습니다. 가령『노자(老子)』라는 책에서는 무엇보다도 먼저 제시한 '도는 말로 표현될 수 있다면, 변함없는 절대적인 도가 아니다[道可道, 非常道].'에서의 도는 바로 형이상으로부터 말하기 시작한 것입니다. 사실 '대학의 도[大學之道]'라고 할 때의 '도(道)' 역시 형이상으로부터 나온 이념입니다.

4) '말을 하다'는 뜻입니다. 이것은 고대 중원 문화에서는 습관적으로 사용하던 단어입니다. 당신이 중국고전 민간 통속소설들을 좀 들여다보기만 하면 곳곳에서 볼 수 있습니다. '내 천천히 말할 테니 들어보시오[且聽我慢慢道來]'라든지, 혹은 '그가 말하기를[他道]', '할멈이 말하기를[老婆子道]' 등등 정말 손에 잡히는 대로 짚어낼 수 있어서 이루 다 셀 수 없을 만큼 많습니다.

5) 한위(漢魏) 시대 이후로 이 '도(道)'자는 특정 종교나 학술 종파의 '최고의 요지[主旨],' 혹은 '주의(主義)'을 나타내는 대명사와 표식으로 변했습니다. 예를 들어 '협의도(俠義道)'나 '오두미도(五斗米道)' 등등이 그렇습니다. 당대(唐代)에 이르면 불가(불교)에서도 그것을 대명사로 사용했는데, '도는 평소 날마다 사용하는 사이에 있다[道在尋常日用間].' 같은 것입니다. 도가(도교)는 더 말할 필요도 없는데, '도(道)'자를 오직 도가만이 단독으로 가진 도로 보았습니다. 더 발전하여 송대(宋代)에 이르면 아주 재미있게도, 유가학설 학파의 밖에 '도학(道學)'이라는 명사를 따로 하나 세워서 자신들이 '유학'이나 '유림(儒林)' 외에, 따로 공맹(孔孟)심법(心法)의 밖에 전해진 '도학'의 도가 있다고 생각했으니 어찌 기괴한 일이 아니겠습니까!

덕(德)자의 여러 가지 의미

우리 현대인들은 '덕(德)'자를 보자마자 자연스럽게 '도덕(道德)'을 연상할 것입니다. 뿐만 아니라 '도덕'이란 단어가 바로 '좋은 사람'을 나타낸다는 것에 대해 아무런 의문이 없으며, 좋지 않은 사람에 대해서는 '부도덕하다, 되먹지 못하다'는 의미로 '결덕(缺德)'이라고 합니다. 사실 '도'와 '덕' 이 두 글자를 한데 연계한 것은 한위(漢魏) 시대 이후부터였으며, 그것이 점차 구어의 습관으로 변했습니다. 특히 당대(唐代)부터는 『노자(老子)』를 『도덕경(道德經)』이라고 부르기 시작했습니다. 그리하여 '도덕(道德)'은 인격과 행위의 가장 보편적이면서도 가장 높은 표준이 되었습니다. 그러나 전통적인 오경(五經) 문화에 근거하면 '덕이란 얻는다는 것이다[德者, 得也]'라는 또 다른 해석이 있는데, 이미 어떠한 행위의 목적에 도달한 것을 '덕(德)'이라고 한다는 것을 가리킵니다. 『상서(尙書)』「고요모(皐陶謨)」편의 정의에 따르면 모두 9덕(德), 즉 아홉 종류의 행위 표준이 있습니다. '도량이 너그러우면서도 공경 근신하고, 성정이 온화하면서도 우뚝 독립적이며, 성실 무던하면서도 엄숙 장중하며, 일처리 재간이 많으면서도 신중 진지하며, 유순하면서도 굳센 의지로 과단성이 있으며, 대바르면서도 태도가 온화하며, 지향이 높고 멀면서도 사소한 일을 중시하며, 강직하여 아부하지 않으면서도 사람됨이 독실하며, 군세어 굽힐 줄 모르면서도 도의에 부합한다[寬而栗, 柔而立, 愿而恭, 亂而敬, 擾而毅, 直而溫, 簡而廉, 剛而塞, 彊而義].' 『상서(上書)』「홍범(洪範)」편에서는 그와는 별도로 3덕에 대해 말하기를, '첫째는 정직(正直 순한 사람은 정직으로써 대하는 것)이요, 둘째는 강극(剛克 난신적자 亂臣賊子는 강함으로써 지배하는 것)이요, 셋째는 유극(柔克 현귀대신顯貴大臣은 부드러움으로써 지배하는 것)이다[一曰正直, 二曰剛克, 三曰柔克].'라고 했습니다. 『주례(周禮)』「지관(地官)」편에서는 또 '지(知 지혜) · 인(仁 사람을 사랑함으로부터 시작하여 만물에게까지 미침) · 성(聖 박식하고 선견지명과 원대한 식견이 있음) · 의(義 일을 마땅하게 처리함) · 충(中 충성. 내심에서 존중함) · 화(和 강함과 부드러움이 알맞음 ─역주)'의 6덕을 말했습니다.

그밖에 또 '덕(德)'자와 관련된 것이 있습니다. 위진(魏晉) 시대 이후에 불교, 불학의 보급이 '보시(布施)'를 제창하며, 사람들에게 가르치기를 반드시 자신이 소유한 것으로써 마음을 다해 은혜를 베풀어 중생에게 주어야 비로소 수행의 공적(功績) 기초가 있다고 하였기 때문에, 이로부터 『서경(書經)』에 나오는 '공덕(功德)'이라고 하는 동의어(同義語) 하나를 받아들여 사용했습니다. 후세 사람들은 때로는 '덕'자를 말할 경우 습관적으로 '공덕'이라는 단어와 한데 이어놓아 덧붙여 설명함으로써 다들 이해하기 편하게 했습니다.

우리가 상고 시대의 전통문화에서 '덕(德)'자의 내함을 이해하고 난 뒤에, 그것을 귀납시키고 다시 좀 간략화 해서 말해보면 '도(道)'자는 체(體)를 가리키고 '덕(德)'자는 용(用)을 가리킵니다. 이른바 '용'이란 사람들이 생리적, 심리적으로 일으키는 갖가지 행위의 작용을 가리킵니다. 이것은 『대학』이라는 책을 연구함에 있어서 특히 가장 중요한 인식입니다. 그렇지 않았다가는 '명덕(明德)'과 '명명덕(明明德)'의 대목에 이르러서 모호하고 뒤섞여 분명하지 않게 되기 십상입니다. 왜냐하면 고문(古文)은 간략화를 원칙으로 했는데, 오늘날에 이르러서 중국인의 교육은 문자학으로부터 시작하지 않아서, 자기가 자기의 문화를 이해하지 못하고 오히려 옛사람들은 정말 죽어 마땅하고, 자기의 전통문화가 정말 크게 잘못되었다고 생각하도록 만들어버렸기 때문입니다.

천(天)자의 다섯 가지 의미

'천(天)'자는 정말로 '아이고 하느님!'입니다. 고서를 읽어 가다가 이 '천(天)'자를 만나게 되었을 경우, 만약 자세히 연구해보려고 하면 역시 그렇게 쉽지가 않습니다. 똑같은 '천(天)'자이지만 어디에 쓰였느냐에 따라 그 뜻이 다른데, 우리가 이제 그것을 귀납시켜 보면 '도(道)'자와 마찬가지로 다섯 가지 내함이 있습니다.

1) 천문학상 천체의 '천(天)'을 가리킵니다. 무량무변한 우주[太空]를 포괄한다고도 말할 수 있습니다. 정말 그렇지 않습니까? 외국에서는 '우주를 비행하다'를 '항행태공(航行太空)'이라고 말하지만, 우리는 '항천(航天)'이라고 말합니다. 그 둘은 결코 다르지 않은데도 각자 문화가 다르기에 용어가 다를 뿐입니다. 이것은 과학적인 천입니다.

2) 종교적인 '천(天)'입니다. 지구 인류의 위에, 어렴풋한 듯 눈에 보이지 않고 손으로 만질 수 없는 주재자가 하나 따로 있다는 것을 표시하며, 그것을 '천'이라고 부릅니다. 상고 이래의 전통적인 습관상 때로는 '제(帝)'자, '황(皇)'자와 동일한 뜻입니다. 하지만 '제'나 '황'은 영문을 알 수 없는 그것을 인격화한 것일 뿐입니다. '천'자를 사용하게 되면 훨씬 추상적이 됩니다. 의식상에 '천도와 인도의 관계[天人之際]'가 있게 되고, 하나의 주재자가 존재한다는 뜻이 자연히 있게 됩니다.

3) 형이상의 철학적인 '천(天)'입니다. 그것은 자연과학의 범위에 속하는 해·달·별이 벌여져 있는 천체를 대표하지도 않고, 종교적인 유심론의 천도 아닙니다. 그것은 마음[心]도 아니고 물질[物]도 아니면서, 또한 마음과 물질과 그리고 온갖 만상의 근원이기도 합니다. 양(梁)나라 부선혜(傅善慧) 대사가 다음의 시(詩)에서 말한 '천'과 같은 것입니다, '어떤 것이 있는데 천지개벽 이전에 존재했고, 형상이 없는 것으로 본래 텅텅 비었네. 만물을 만들고 만물의 주재자가 되며, 사계절 따라 살거나 죽거나 하지 않네[有物先天地, 無形本寂廖, 能爲萬象主, 不逐四時凋].' 간단히 말하면 철학에서 말하는 '본체(本體)'로서의 '천(天)'입니다.

4) 심리적이고 정서적인 '천(天)'입니다. 사람들이 습관적으로 묵인하는 '운(運)' 또는 '명(命)'과 관련된 천입니다. 이른바 '천리양심(天理良心)'은, 심리 도덕적인 행위상으로 의지하는 정신적인 하늘입니다. 또 '곤궁이 극에 달하면 하늘을 부르짖고, 고통이 극에 달하면 부모를 부르짖는다[窮極則呼天, 痛極則呼父母].'고 말할 때처럼 순수한 유심적인 '천(天)'입니다.

5) 자연과학의 범위에 속하는 것으로, 시간과 공간이 맞물려 이어진 대명사로 삼는 '천(天)'입니다. 예컨대 1년 365일[天]', '오늘[今天]', '내일[明天]', '어제[昨天]' 및 '서쪽[西天]', '동쪽[東天]' 등등입니다.

요컨대 중국 고서 속에서의 '천(天)'자의 이런 몇 가지 차별적인 의미에 대해 먼

'덕'德자의 의미를 보면, 옛날에는 좋은 행위가 가져오는 성과나 작용을 나타냈습니다. 옛 사람은 "덕이란 얻는다는 것이다."(德者得也)라고 해석했습니다. 이로써 우리는 공자가 "덕으로써 정치를 한다."(爲政以德)고 했을 때의 '덕'이란 좋은 행위의 성과이며, 후세에 말한 '도덕'의 뜻과 거의 같은 것임을 이해하게 됩니다. 일반적으로 학교에서는 깊은 연구가 없이, 학생들에게 여기에 나오는 '덕'德이란 곧 '도덕'을 말한다고 가르칩니다. 왜냐하면 학생들의 학문이 아직 상당한 정도에 이르지 못했고, 선생들도 고전 지식을 끌어다 학생들에게 자세히 설명할 수 없기 때문입니다. 공자가 무엇 때문에 이 '덕'德이란 글자를 제시했느냐 하는 것이 여기서의 첫째 문제입니다.

우리는 별을 얼마나 알까

둘째 문제는 '북신'北辰, 즉 북극성입니다. 우리 문화에서 가장 일찍 발달한 분야가 천문학입니다. 과거에 우리는 천체를 28수宿와 3원垣, 즉 자미紫微·소미少微·태미太微로 나누었습니다. 오늘날 우리가 경도·위도로 천문을 구획하는 것과 유사합니다. 경도·위도는 서양의 구획법입니다. 전에 한 천문학자가 주장하기를, "우리는 천문을 다시 구획해서, 서양의 구획법을 따르지 말아야 한다. 그리니치 천문대 기준 시간은 영국인이 정한 것으로 우리와는 상관이 없다."고 한 적이 있었습니다. 우리는 왜 우리 땅을 중심으로 시간을 재거나 우리를 중심으로 하여 경도·위도를 다시 구분하지 않았을까요?

사실은 우리도 구분했습니다. 천체의 분도分度는 3원垣 28수宿로서, 천체의 별자리를 28개 부분으로 나눈 것입니다. 그런데 왜 '수'宿라고 했을까요? 날마다 태양이 서쪽으로 질 때 동쪽 하늘에 떠오르는 어느 한 별자리가 있음을 가리키는 것인데, 이것이 바로 '수'입니다. 별자리는 달마다 다르고, 반달마다 다르고, 7일마다 달랐으므로 28수로 나누고,

저 알아야 합니다. 이것은 『중용』이라는 책을 연구할 때는 더욱 중요합니다. (이상은 『대학 강의』 제1편 '개종명의' 중에서 발췌 번역하였음—역주)

또 12진辰으로 나누어 시간과 천체와의 관계로 삼았던 것입니다.

북극성이 바로, 오늘날 서양인이 말하는 별자리에서 큰곰자리와 작은 곰자리의 가장자리라는 것을 옛사람들은 옛날에 이미 발견했습니다. 여름에 우리는 은하수를 볼 수 있는데, 은하수의 북쪽에서 가장 빛나는 일곱 개의 별이 북두칠성입니다. 이 일곱 개의 별을 선으로 연결해 보면 물 뜨는 표주박 같은 모양이 되는데, 옛날에는 이 별을 '두'斗라고 불렀습니다. 오늘날의 천문학도 우리 조상들이 발견한 원칙에서 벗어나지 않습니다. 하늘의 그 많은 별들이 모두 북극성을 중심으로 삼고, 북극성을 에워싸고 있습니다. 저녁마다 북두칠성의 손잡이 앞쪽에는 틀림없이 '초'招·'요'搖라는 두 개의 가장 밝은 별이 빛나는데, 그 빛이 매우 반짝거려서 쉽게 볼 수 있습니다. 봄에는 북두칠성이 동방의 인궁寅宮을 틀림없이 가리키고 있습니다.

옛날에는 대장大將이 된 사람은 위로는 천문에 통달하고, 아래로는 지리에 통달하고, 중간으로는 인간사에 통달해서 통달하지 않은 바가 없어야 비로소 군대를 거느릴 수 있었습니다. 왜냐하면 천문은 군사 면에서 대단히 중요했기 때문입니다. 예를 들어, 행군을 하다가 밤에 길을 잃었을 경우, 나침반 같은 기구를 보지 않고도 북두칠성을 관찰하면 곧 방향을 분간할 수 있습니다. 우리 나라는 옛날 이런 문화가 퍽 보편적이었는데, 오늘날 우리는 오히려 고유의 천문학에 대해서 조금도 알지 못하고 있으니, 조상이 남겨 준 이런 것들에 주의를 기울여 반드시 회복해야 합니다.

1년 사계절 통해서 천체의 별자리의 이동은 마치 북두칠성이 지휘라도 하는 듯 북두칠성을 따라 돌면서 움직입니다. 1년 사계절을 통해서 달마다 북두칠성이 가리키는 방향은 모두 다르며, 천체는 언제나 운행하고 있습니다. 매일 12진 동안 북두칠성의 방향도 변동變動하고 있습니다. 그리고 이것은 수천만억 년 동안의 고정적인 일종의 변동으로서, 착오로 인한 혼란이 발생할 수 없으며, 실제로 결코 착오로 인한 혼란이 일어날 리도 없습니다.

북극성에 대해 이제 이해했다면, 공자가 여기에서 한 말은 무슨 뜻일까요? '위정이덕'爲政以德이란, 안으로 마음에 도道가 있어 밖으로 드러나는 행위에 비난받을 만한 점이 없는 것을 말합니다. 사람이 자신의 중심 사상과 중심 기풍이 있어 도덕으로 남을 감화시키면, 그 자신은 북극성처럼 움직이지 않고 그 자리에서 명령만 내려도 아랫사람들은 밤하늘의 무수한 별자리들이 그러하듯 모두 그가 지시하는 방향으로 움직일 것이라는 뜻입니다.

조조에게 속은 유비

병가 사상에 나오는, "만인이 한 마음이다."(萬衆一心)와 "운용의 묘는 한 마음에 있다."(運用之妙存乎一心)는 두 마디의 말을 여러분은 다 알고 있습니다. 여러분은 이 말의 해석에 대해서도 각자 다른 견해가 있습니다. 어떤 이는 '만중일심'萬衆一心을 '천만 병사의 정예부대에 천만 가지의 마음'(千萬雄師千萬心)으로 해석하기도 하는데, 이 해석은 그리 좋지 않습니다. 아무리 훌륭한 우두머리 장수라도 이런 상황에서는 별다른 방법이 없습니다. 이것은 바로 생각 문제인데, 수많은 사람들의 생각이 반드시 하나로 집중되어야 한다는 것입니다.

"운용의 묘는 한 마음에 있다."라는 말은 악비岳飛가 한 말인데, 오늘날 이것을 우두머리 장수의 마음속 계책의 변통, 즉 "산사람(山人)은 스스로 묘한 계책이 있다."(山人自有妙計)는 뜻으로 해석한다면 더욱 좋지 않습니다. 우리가 연구해보면 악비가 "한 마음에 있다."(存乎一心)고 했을 때의 '한 마음'(一心)은 바로 '만중일심'萬衆一心의 뜻임이 비교적 타당합니다. 그렇다면 "북극성은 제자리에 있고 여러 별들은 이를 에워싸서 돌고 있는 것과 같다."(居其所而衆星共之)란 바로 그러한 이치입니다.

그리고 우리가 알 듯이 유가와 도가 사상은 진한秦漢 이전에는 서로 다른 학파로 분리되어 있지 않았습니다. 여러분이 알 듯이 노장老莊 도가 사상에서는 '무위이치'無爲而治를 주장합니다. 어떤 사람들은 '무위이치'를 통치자가 아무것도 관여하지 않는 것이라고 해석하는데, 이것은 완전히 잘못 한 것입니다. 도가에 그런 말은 없습니다. '무위'는 곧 '무위무불위'無爲無不爲로서, 함도 없고 하지 않음도 없다는 뜻입니다. 이른바 '무위이치'란 어떤 일의 기선을 제압하는 것으로, 겉으로 보기에는 하는 일이 없는 것처럼 보입니다. 비유하자면, 지도자나 일의 주관자는 어떤 방법을 쓰기 전에 먼저 그 방법에 어떤 폐단이나 문제가 없는지 철저히 분석하고, 사전에 문제의 근원을 찾아 해결한 뒤에야 비로소 함도 없고 하지 않음도 없는 것처럼 자연스럽게 일을 처리할 수 있는 것입니다.

여기서 우스운 이야기를 하나 하겠습니다. 항일전쟁 중에 한 친구가 행정감찰 전문요원 부서에서 보안부사령保安副司令이 되었는데, 그는 거의 매일 밖에 나가 토비土匪를 소탕했습니다. 내가 그에게 물었지요. "자네 지방에는 그 많은 토비가 어디서 그렇게 나오는 건가?" 그러자 그 친구는 내가 하루 종일 오로지 천하대사天下大事에만 골몰하고 하찮은 작은 일 하나도 하지 않으니, 참모가 되기는 틀렸다고 나무랐습니다. 나는 그에게 "무슨 소린가?" 하고 물었습니다. 그 친구는 이렇게 대답했습니다. "만약 우리가 토비를 다 섬멸해버리고 나면 우리는 뭘 하겠나?" 그 소리를 듣고 내가 "자네들, 알고 보니 이 모양이구만." 하고 말하자, 그 친구는 "우리가 이렇게 하고 싶어서 그러는 게 아니라, 이웃 현縣에서 그렇게 하기 때문일세. 토비를 이리저리 쫓고 몰아서 여러 번 소탕하면 공로를 많이 세울 수 있으니, 남들은 다 이런 식으로 하는데 우리가 어쩔 방법이 있겠는가?" 하고 대답했습니다.

어떤 사람은 이렇게도 말합니다. "유비는 조조가 키워 낸 것이다. 만일 조조가 유비를 키워 내지 않았다면 천자를 끼고 제후를 호령할 수 없었을 것이다."

천하의 일은 알고 보면 이런 식입니다. 지금 '무위이치'無爲而治를 설명하기 위해 나쁜 예를 하나 들었는데, 이건 정말 크게 부도덕한 일입니다. 정치학적이나 군사학적 정치사상에서 "대장은 혁혁한 공이 없다."는 말을 보고 알아낼 수 있는데, 이 말의 군사 사상적 의미는 이른바 "싸우지 않고 적병을 굴복시킨다."(不戰而屈人之兵)는 것입니다. 대장이 자기 자리에 가만히 있기만 해도 적이 두려워서 감히 움직이지 못하고 싸움을 일으키지 못합니다. 이것은 당연히 대단한 일입니다. 만약 어떤 보통 사람이 혁혁한 공을 세웠다면, 그것은 또 별개의 일입니다. 이른바 '무위'無爲의 이치의 대체적인 요점도 여기에 있으며, 공자가 말한 도덕 정치도 바로 이러한 이치입니다.

공자는 왜 늘 이런 부류의 것들을 말했을까요? 옛 사람이 역사를 연구하는 방법으로 '경사합참'經史合參이라는 말이 있습니다. 무엇을 '경'經이라고 합니까? 바로 상도常道를 말합니다. 이것은 영원히 변하지 않는 대원칙으로서, 어느 시대, 어느 곳에서도 이 원칙은 변동할 리 없습니다. 하지만 우리가 원칙에 변동이 없도록 규정할 수 있는 것이 아니라, 원칙 그 자체가 필연적으로 그러하므로 '경'經이라 하는 것입니다. 이에 반해, 역사(史)는 그 원칙 아래에서의 시대 변동이나 사회 변천을 기록한 것입니다. 그러므로 우리가 경을 이해하려면 반드시 역사를 이해해야 합니다. 역사상 각 시대와 각 사회를 경經과 연결시켜 보는 방식으로 경과 역사를 연구해야 의미가 있습니다. 예를 들어, 공자가 말한 '위정이덕'爲政以德은 표면적으로 보면 판에 박힌 듯한 하나의 교조敎條 같지만, 사실은 그렇지 않습니다.

공자가 태어난 때는 서주西周와 동주東周 사이의 시대로, 훗날 춘추 시대라 불렸습니다. 공자는 『춘추』라는 역사책을 썼는데, 뒤에 '춘추'라는 말은 '역사'의 대명사가 되었습니다. 공자 전후 시대에는 누구라도 역사를 쓰면 모두 '춘추'라고 불렀습니다. 우리 문화에서 역사를 '춘추'라 부르고, '동하'冬夏라 부르지 않는 까닭은 무엇일까요? 이치대로 말하면 추운 것은 추운 것이고 더운 것은 더운 것이라, '역사'를 '동하'冬夏라 불러도 안 될 것은 없습니다. 어떤 이는 춘추의 첫 구절인 '춘왕정월'春王正月을 후세에 한 구절로서 읽은 것이라고 말하는데, 이것은 잘못 읽은 것입니다. 거듭 말하지만, 고서를 읽을 때는 주의해야 합니다. 그 시대에는 종이와 붓이 없어서 칼로 죽간에다 어렵게 새겼기에, 한 글자가 복잡한 의미를 나타내는 일이 흔히 있었습니다. 이 '춘'春은 춘계春季이며, '왕'王은 중앙 정부, 즉 주 왕조이며, '정월'正月은 주나라가 시행한 월령상의 정월로서, 춘왕정월은 이렇게 하여 생긴 말인데, 그 말에 연유하여 역사를 '춘추'라고 부르게 되었다고 해석하면 옳지 않습니다.

앞에서 말했듯이 우리 나라의 문화에서 가장 일찍 발달한 것은 과학이며, 과학 중에서도 천문학이 가장 먼저 발달했습니다. 세계 과학사를 얘기하고, 더 나아가 과학을 얘기하려면 반드시 천문학을 먼저 연구해야 합니다. 천문학을 얘기해보면, 우리 나라의 천문학은 3천 년 전에 벌써 발달했습니다. 이는 세계적으로도 앞선 것입니다. 천문학을 말하려면 또 수학을 반드시 말해야 되는데, 우리 나라의 수학도 6천 년 전에 벌써 발달했습니다. 이 방면 등에 대해서는 장래에 『역경』을 강의할 기회가 있을 때 다시 토론하기로 하겠습니다.

우리 나라의 문화는 천문학에 바탕을 두고 있습니다. 우리가 잘 알고 있듯이 우리의 사계절은 기후가 고르지 않아, 겨울에는 몹시 춥고 여름에는 몹시 덥습니다. 밤낮의 길이도 고르지 않아, 겨울에는 낮이 아주 짧고 반대로 여름에는 낮이 아주 깁니다. 다만, 봄철 2월과 가을철 8월에 드는 춘분·추분 두 절기만이 경도·위도 상으로 볼 때 태양이 황도黃道 중간에 이르는 때여서, 밤낮의 길이가 거의 같고 기후도 춥지도 덥지도 않아 온화합니다. 바로 춘분과 추분의 이 평형성 때문에 역사를 '춘추'라고 불렀습니다. 옛 역사가들은 한 시대의 사회와 정치가 좋았는지 나빴는지를 이 춘분·추분처럼 균형 잡힌 저울에 놓고 비판했던 것입니다. 오늘날의 관점으로 말하면, 한 역사적 인물을 평가할 때, 몇 년 동안 황제 노릇을 하면서 국가에 떳떳하고 부끄럽지 않았는가, 또 그가 몇 년 동안 관직에 있으면서 백성들에게 떳떳하고 부끄럽지 않았는가 하는 것을 모두 저울질해 보았던 것입니다. 역사를 '춘추'라고 불렀던 것은 바로 이런 까닭이었습니다.

태풍에서 인생을 이해하다

『춘추』를 읽어 보면, 춘추전국 시대의 역사는 공자가 『역경』「계사전」繫辭傳에서, "신하가 그 임금을 시해하고 자식이 그 아비를 시해하는 원인은 하루아침 하룻저녁에 형성된 것이 아니다. 그 유래는 점진적으로 진행되어 온 것이다."(臣弑其君, 子弑其父, 非一朝一夕之故, 其所由來者, 漸矣)라고 말한 대로였음을 알 수 있습니다. 공자가 『역경』「계사전」을 쓸 때는 바로 춘추 시대의 동란기였는데, 물론 지금처럼 심각한 정도는 아니었지만, 오늘날 세계 곳곳에서 벌어지고 있는 어지러운 모습과 다를 바가 없었습니다.9)

그러나 공자는 이런 어지러운 상황이 하루 이틀 사이에 형성된 것이 아니라고 보았습니다. 도가의 장자莊子는 "구풍颶風은 부평초 끝에서 일어난다."(颶風起於萍末)는 말을 했는데, '구풍'은 오늘날의 광동성이나 복건성 말로는 '태풍'이라고 하고, 서양에서는 이 말을 음역하여 '타이푼'(typhoon)이라고 합니다. 우리가 보듯이 태풍의 힘은 아주 맹렬합니다. 그러나 처음 시작될 때는 수면에 부평초 잎 같은 것이 하나 떠서 잠시 좀 움직이는 것만 보이다가, 뒤이어 한 가닥 기류가 위로 솟아올라 점점 커지면서 태풍으로 변합니다. 도가의 이 말은, 개인이나 가정이나 사회나 국가나 천하의 일이 다 마찬가지로서, 작은 일을 대수롭지 않게 여기면 이 작은 일에서 큰 문제가 발생한다는 말입니다. 그러므로 공자가 『역경』「계사전」에서 한 위의 저 한 단락의 말은, 천하사의 형성이 결코 우연이 아니며, 우연이란 거의 없다는 것을 설명하고 있습니다.

사람들은 보통 "이것은 정말 우연이야." 하고 말하는데, 실제로는 우연이란 없습니다. 전통 문화의 정수인 『역경』의 이치에 따르면 천지간의 일은 모두 다 원인이 있으며, 많은 요인이 상호 작용하고 있습니다. 예를 들어, 어떤 사람이 길에서 동전 한 닢을 주웠다고 합시다. 이 얼마나 우연입니까! 그렇지만 자세히 분석해 보면 조금도 우연이 아닙니다. 그 이전의 원인은 무엇일까요? 그가 집에서 나와 걸었기 때문입니다. 만약 집에서 나왔다는 앞선 원인이 없었다면, 동전 한 닢을 줍는 나중의 결과가 없었을 것입니다. 또는, 그가 집에서 떨어져 있던 동전 한 닢을 주웠다고 합시다. 이것은 우연일까요? 이 역시 그 전에 이미 동전 한 닢을 떨어뜨린 일이 있었기에 주울 수 있었던 것입니다! 만일

---

9) 남회근 지음 신원봉 옮김 『주역계사강의』와 『역경잡설』을 참고하기 바란다.

그가 집에 있지 않고 외출했더라면, 떨어진 동전을 주울 수 없었을지도 모르기 때문에, 외출하지 않고 집에 있었던 것도 동전을 얻게 된 원인이 됩니다.

이와 같이 모든 것이 "그 유래는 점진적으로 진행되어 온 것입니다." (其所由來者, 漸矣). 『역경』은 우리에게 천하의 일이란 갑자기 변하는 것이 없다고 말해 줍니다. 다만, 우리의 지혜가 미치지 못해서 어떤 일이 갑자기 변한 것처럼 보일 뿐이지, 사실은 그에 앞선 원인이 그곳에 이미 잠복해 있었던 것입니다.

우리는 『역경』의 이 몇 마디를 통해서, 공자가 『춘추』를 쓴 것은 바로 당시 사회 현상을 만든 원인을 찾아 그 시대를 거슬러 올라간 것이며, 그가 그처럼 교화에 중점을 둔 까닭은 바로 3, 4백 년 동안의 사회 기풍이 너무 어지러웠기 때문이란 것을 알 수 있습니다. 다음 몇 사람의 말을 인용해 보면 춘추 시대가 어느 정도로 혼란스러웠는지를 알 수 있습니다.

사마광은 말했습니다. "이제 진나라의 대부들이 그들의 군주를 능멸해서 진나라를 분할했는데도(진나라가 조·위·한으로 나누어진 것을 가리킴), 천자가 그들을 토벌하지 못하고 관직을 내려 제후의 반열에 들게 하였으니, 이는 사람들이 다 아는 명분도 지키지 못한 것일 뿐만 아니라 그것을 버린 것이다. 선왕의 예禮는 이로써 소멸되었다!"

今晉大夫暴蔑其君, 剖分晉國(指趙·魏·韓三家分晉), 天子旣不能討, 又寵秩之, 使列於諸侯, 是區區之分不得守, 而竝棄之也, 先王之禮, 於斯盡矣!

사마광은 또 말했습니다. "천하가 지혜의 힘으로 서로 자웅을 다투어, 마침내 성현의 후예로서 제후가 되었던 나라들이 사직이 끊어지지 않은 곳이 없고 백성의 무리가 거의 멸진되었으니, 어찌 슬프지 아니한가!"

天下以智力相雄長, 遂使聖賢之後爲諸侯者, 社稷無不泯滅, 生民之類, 糜滅幾盡, 豈不哀哉!

고염무는 말했습니다. "춘추 시대에는 그래도 제사를 엄히 지내고 제후간의 친선 도모와 천자에 대한 공물 헌납을 중시하였으나, 전국 시대에는 이런 일마저도 없었다. 춘추 시대에는 종성 씨족을 논했으나 전국 시대에는 한마디 언급도 없었다! 나라에는 온전한 외교가 없었고 사대부에게는 온전한 주인이 없었다. 이것은 모두 133년 동안의 변화로서 역사에는 그 기록이 빠져 있지만, 후인들이 뜻으로 헤아릴 수 있는 것이다. 진시황이 천하를 병합하기 전에 문왕과 무왕의 도는 사라졌다!"

春秋時猶嚴祭祀, 重聘享, 而七國則無其事矣! 春秋時猶論宗姓氏族, 而七國則無一言及之矣! 邦無完交, 士無完主, 此皆變於一百三十三年之間, 史之闕文, 而後人可以意推者也, 不得始皇之併天下, 而文武之道盡矣!

위와 같은 기록은 춘추전국 당시 사회의 혼란과 변란이 심각했음을 말해 줍니다. 당시에는 모두 다 권력 투쟁을 중시하여 사회 질서가 어지럽고 문화가 쇠퇴했는데, 그 정도가 오늘날 우리의 지역 상황과 비교할 때 거의 같다고 하겠습니다. 공자는 이러한 동란을 목격하고 크게 근심하면서, 위정爲政에는 권력이 소용없고, 오직 '덕'德으로 해야 한다고 외쳤던 것입니다.

성인도 권세와 재물에 빌붙을까

'덕'德에 관해 얘기하면서 세 번째의 관념이 나왔습니다. 우리 나라의 역사를 보면 유가 사상은 왜 그렇게 요堯·순舜·우禹·탕湯·문文·무武·주공周公을 떠받들었을까요?

전에 나보다 나이가 몇십 년 위인 친구 한 사람이 있었는데, 나와는 서로 나이를 따지지 않는 친구였습니다. 사천 사람으로 자칭 '후흑교주' 厚黑教主라고 하던 이종오李宗吾란 사람입니다. 그는 개인적으로는 덕성이 대단히 훌륭했습니다. 다만 일부러 사람을 비판하기를 좋아했는데, 나는 그에게 사람을 너무 비판하지 말고 그 '후흑학'厚黑學이란 것도 제창하지 말라고 충고했습니다. 인성人性이란 본래 그런 것이라 얼굴은 두껍고 흑심이 있지만 남이 알까봐 장막으로 덮어 가리기 마련인데, 왜 꼭 그것을 벗겨내려 하느냐고 물었습니다. 그러자 그는 "벗겨내? 자네가 잘못 알았네. 나는 나쁜 쪽 장막을 젖혀서 사람들로 하여금 그 뒤에 있는 진실을 보게 하려는 것일세." 라고 했습니다.

그는 역사에 대해 몹시 회의적이었으며, "성인이란 믿을 수 없는 존재인데, 왜 오로지 요·순·우·탕·문·무·주공 등 성공한 사람들을 떠받들어야 하는가? 성공하지 못한 사람들 속에는 성인이 없는가?" 라고 말하곤 했습니다. 그래서 그는 「성인에 대한 회의」라는 글을 한 편 지었습니다. 이 친구는 오로지 부정적인 글만 썼는데, 왜 그래야만 하느냐고 내가 물었습니다. 그러자 그는 "동생, 자네는 모를 걸세. 아인슈타인은 나와 동갑인데, 그 동갑내기는 상대성 이론을 발견해서 전 세계에 이름을 날렸네. 그런데 나는 어떤가? 후흑교주厚黑教主 노릇도 아직 못하고 있으니, 한 번 장난질은 해야 하지 않겠나?" 라고 했습니다. 참 묘한 사람이었지요. 내가 그를 알게 되었을 때 그는 이미 예순 살이 넘었는데, 하루 종일 밥은 먹지도 않고 늘 술만 마셨고, 술만 마시면 배가 부른 사람이었습니다. 그럼에도 정신과 도덕은 모두 훌륭했습니다.

다시 본 주제로 돌아갑시다. 공자는 왜 요·순·우·탕·문·무·주공 등을 떠받들었을까요? 첫째, 도덕 사상만 있고 덕업의 성과가 없다면, 그 사람은 덕이 있다고 할 수 없습니다. 도덕 사상도 있고 덕업의 성과도 있어서, 도와 덕이 서로 결합되어야 비로소 도덕道德이라 부를 수 있습니다. 역사적으로 보면, 도가와 유가는 양쪽 모두 요·순·우·탕·문·무·주공을 말하고 있는데, 그 당시에는 위정爲政을 말할 경우 덕德을 중요시했기 때문이었습니다.

그러나 진한秦漢 이후로는 공로만을 말했는데, 이른바 "삼왕의 다스림은 도덕에 있었고, 오패의 뜻은 공로에 있었다."(三王之治在道德, 五霸之志在事功)는 말 그대로였습니다. 왕王과 패霸의 다른 점이 바로 여기에 있었으며, 시대적으로 내려오면 패업霸業은 말할 것도 없고 공로도 없어, 오로지 '닭을 훔치고 개를 잡는'(偸鷄摸狗) 수단으로 나라를 도둑질할 뿐이었습니다.

이 몇 마디 말은 비록 간단하지만 해석해 보니 많은 뜻이 있습니다.

우리는 그 전체를 이해했으니 그 가치를 알게 되었습니다.

은은하고 아름다운 사랑의 노래

공자께서 말씀하셨다. "(사람의 생각에는 문제가 있기 마련이어서, 엄정한嚴正 문화 교육을 거치지 않으면 올바른 길을 가지 못한다. 그래서) 시詩 삼백 편을 정리한 주요 목적은 한마디로 말해, 사람들의 생각에 사악함邪惡이 없도록 하기 위한 것이라 하겠다."

子曰 : 詩三百, 一言以蔽之, 曰 : 思無邪。
자 왈   시 삼 백   일 언 이 폐 지   왈   사 무 사

그러므로 『논어』를 다시 편집해야 한다고 주장하는 사람들은 『논어』를 처음부터 읽다가 여기에 이르면, "위정에 대해 이야기하다가 왜 또 갑자기 문학 쪽으로 나아가 시를 말했을까요? 편집을 잘못했거나 되는 대로 편집해 놓은 것이 아닐까요? 이 부분은 따로 떼어 오늘날 서양의 논리적 방법에 따라 한번 정리해야 됩니다." 라고 말합니다. 나는 "라집(邏輯: '논리'를 뜻하는 logic의 음역—역주)이라고요? 대략 한 바퀴 돌아(邏) 다시 모으자(輯)고요?" 하고 말하여 그들의 주장에 에둘러 답할 수밖에 없습니다. 그들은 『논어』가 이미 대단히 완벽한 체계로 편집되어 있다는 것을 전혀 모르고 있기 때문입니다.

그러면 『논어』는 왜 「위정」편에서 시의 문제를 이야기했을까요?

'시 삼백'詩三百은 중국 문학 중의 『시경』을 가리키는 것으로, 공자가 주나라 이래 수백 년 동안의 각 나라(당시의 지방 단위)의 '노인'勞人과 '사부'思婦의 작품들을 모은 것입니다. '노인'勞人이란 성년이 되어서도 집에 있지 못하고, 사회나 국가를 위해 밖에서 활동하느라 일생 동안 수고하고 바쁜 사람을 말합니다. '사부'思婦는 남녀 사이에 사랑하고 그리워하는 감정을 표현할 길이 없어 마음속에 쌓아 감추고 있는 부녀婦女를 말합니다.

노인勞人이 아내를 생각할 때 감개가 없을 수 없었을 것입니다. 어느

지방, 어느 국가, 어느 시대에도, 사람마다 때로는 마음속의 생각과 감정을 남에게 말할 수 없는 경우가 있는데, 그 때 문자로 기록해 남겨 놓은 것이 후대까지 전해 내려왔던 것입니다. 공자는 그런 자료를 많이 수집했는데, 그 이유는 사람의 생각을 나타낸 이와 같은 자료를 통해 사회의 추세가 어느 정도에 이르렀지, 왜 사람들이 불평을 했는지 알 수 있기 때문이었습니다. 어떤 일의 유래는 점진적으로 진행되어 오는 것이라, 언제나 원인이 있습니다. 그 원인을 찾아내는 것도 간단하지 않습니다.

그러므로 공자는 시를 수집한 후, 그 중에서 후대에 전해도 좋지만, 어떤 것은 전해서는 안 되는 것이라 반드시 삭제해야 했습니다. 그래서 공자가 시서詩書를 정리하고 예악禮樂을 확정했다고 말하는 것입니다. 공자는 전통 문화를 집대성하여 편집 작업을 한 것입니다. 공자는 수백 년 간에 걸쳐 그렇게 넓은 지역에서 발생한 시들을 수집한 뒤, 일부분은 삭제해버리고 대표적인 작품 3백 편만 정선精選 편집했는데, 이것이 바로 오늘날까지 전해 내려오는 『시경』입니다.

이제 『시경』 제1편을 읽어 봅시다.

꾸욱 꾸욱 울고 있는 물수리	關關雎鳩
황하 섬 속에 있는데	在河之洲
얌전하고 아리따운 아가씨는 어디 있는고	窈窕淑女
군자의 좋은 배필인데	君子好逑

이 시는 요즘 말로 하면, 청년이 아가씨 꽁무니를 쫓아다니는 내용입니다. 어떤 사람은 이렇게 말할 것입니다. "공자는 어째서 이렇게 무료하게도 대북시 서문정 거리에서 흔히 볼 수 있는, 청년이 아가씨 꽁무니를 쫓아다니는 모습을 그린 듯한 시를 모두 여기에 넣어 두었는지 모르겠습니다. 마치 요즘 유행하고 있는 '내게 사랑의 커피 한 잔 주세요' 같은 연애가戀愛歌를 말입니다." 그런데 이 연애가는 사실상 위의 시 "관관저구, 재하지주"關關雎鳩, 在河之洲에 담겨 있는 곡절과 함축만 못하니

다. 이로써 우리는 공자의 사상이 우리가 상상하듯이 세상 물정에 어두운 선비가 아니란 것을 알 수 있습니다.

앞에서 "음식과 성性은 사람의 큰 욕구 대상이다."(飮食男女, 人之大欲存焉)라고 말한 바와 같이, 사람이란 누구나 밥을 먹어야 살 수 있고 남녀 사이에 이성을 추구하기 마련이지만, 이성 관계가 어지러워서는 안 되며 엄연히 한계가 있고 에티켓이 있어야 합니다. 그래서 공자는 정상적인 남녀 간의 사랑은 풍속 교화를 결코 방해하지 않는다고 생각했습니다. 그러기에 이것도 위정爲政이 되는 것입니다.

그렇다면 공자가 문왕, 즉 주 왕조가 영도한 제왕국가 제도 중에서 남녀 간의 사랑시를 제1편으로 배열한 것은 무엇 때문이었을까요? 인생이란 바로 식욕과 성욕에 그 기본이 있기 때문입니다. 형이하形而下의 시작은 바로 이런 모습입니다. 사람이란 일생 동안 먹어야 하고, 성장해서는 남성은 여성을 바라고, 여성은 남성을 바라게끔 되어 있어서, 이 두 가지를 빼면 큰 일이 거의 없습니다. 그래서 근대 서양의 심리학자 프로이드는 세계의 진보 내지는 전체 인류 역사의 원동력은 성심리性心理라고 강조했습니다.

『시경』의 작품들은 귀납하면 '풍風·아雅·송頌'과, '부賦·비比·흥興'의 두 그룹으로 분류할 수 있습니다. '풍'風이란 무엇일까요? 이것은 지방색을 말하는 것으로, 예를 들어 프랑스 문학은 프랑스 문풍文風이라고 하며, 프랑스 문풍은 프랑스인의 사상이나 정서를 대표합니다.『시경』에는 정풍鄭風·노풍魯風·제풍齊風 등이 있습니다. '아'雅는 현대 용어로 말하면, 음악이나 문학의 표준에 해당되는 것으로 문학화·예술화한 것입니다. 그러나 어떤 경우에는 꼭 문학화·예술화하지 않은 것도 있습니다. '송'頌은 사회나 정부의 공식적인 행사를 문학화한 것입니다.

또 한 그룹의 형태는, 첫째 부賦로서, 이것은 직접적인 진술입니다. 둘째는 비比로서, 이것은 큰 눈이 내린 것을 보고 북국北國의 고향을 생각한 것이나,

고개 들어 밝은 달을 쳐다보고　　　　　　　　　　　　　　　　擧頭望明月

고개 숙여 고향을 생각하네   低頭思故鄕

라고 읊은 이태백李太白의 시처럼, 하나의 느낌이 다른 것을 연상시키기 때문에 비比라고 합니다. 셋째, 흥興은 정서로서, 기쁜 일이나 슬픈 일을 스스로 자유롭게 표현한 것입니다. 가장 유명한 것으로는 다들 잘 알고 있는 문천상文天祥의 「과영정양칠률시」過零丁洋七律詩 같은 것입니다. 그 시는 다음과 같습니다.

경서 공부 고생 끝에 과거 합격하였더니	辛苦遭逢起一經
전쟁으로 동분서주 4년이나 흘렀지	干戈寥落四周星
산하는 부서져 바람에 날리는 솜이 되고	山河破碎風吹絮
떠다니는 내 신세는 비 맞는 부평초	身世飄零雨打萍
황공탄 지날 때 나라 걱정 깊었건만	皇恐灘頭說皇恐
영정양서 잡혀가니 한탄스럽네	零丁洋裏歎零丁
옛부터 인생에 그 누가 죽음 없으리?	人生自古誰無死
일편단심 남겨 두어 청사에 빛나리라	留取丹心照汗靑

이 시도 일종의 '흥'興입니다. 문천상이 국가와 시대를 구하려 적에게 잡혀가게 되었을 때의 한스러운 감정과 감개를 표현한 것입니다. 이 역시 마음 속의 불만과 번민을 진정으로 토로한 것으로서, 곧 '흥'에 해당됩니다.

시의 위대함

공자는 자신이 시 삼백 편을 정리한 주요 목적이 어디에 있다고 말했을까요? "한마디로 말하면(一言以蔽之), 사람들의 생각에 사악함이 없도록 하기 위해서였다(思無邪)."는 것입니다. 사람은 생각이 없을 수 없습니다. 다만, 생각이 잘못된 길로 가지 않고 올바른 길로 가도록 이끌기만 한다면 된다는 것입니다.

남녀 간의 사랑을 예로 들어 봅시다. 학문하는 사람이라면 남녀 간의 사랑을 해서는 안 될까요? 세상에 이런 사람은 없습니다. 나는 사회 각계각층의 적지 않은 사람을 만납니다. 출가한 비구·비구니·신부·수녀 등 각양각색의 사람들을 만나는데, 나는 그들이 마음속의 고통을 호소하는 것을 듣습니다. 그러면 나는 말합니다. "그대는 사람이지 신도 아니고 부처도 아니다. 사람에게는 사람의 문제가 있기 마련이니, 한사코 생각으로 그 문제를 끊어 버리려고 하지 말라. 끊는다는 것은 불가능하다."

사람이 살아 있는 동안에는 생각이 있으며, 또 무릇 생각에는 문제가 있기 마련입니다. 문제가 없다면 생각하지 않을 것입니다. 공자가 말한 '사무사'思無邪는 바로 이를 두고 말한 것입니다. 사람의 생각에는 문제가 있기 마련이어서, 엄정한 문화 교육을 거치지 않으면 올바른 길을 가지 못합니다. 그래서 공자는 "시 삼백 편을 정리한 주요 목적은 바로 생각에 사악함이 없도록 하기 위해서이다." 라고 말했습니다.

그러면 왜 문학적인 경지에 대한 말을 「위정」편에 넣었을까요? 이것이 순서를 어지럽게 한 것은 아닐까요? 아닙니다. 조금도 어지럽게 하지 않았습니다. 이 구절이 바로 이 편의 요점으로, 제목의 중심을 잡아 먼저 드러내 보인 것입니다. 첫째 요점은, 요즈음 말로 하면 모든 정치 문제, 사회 문제는 단지 생각의 문제란 것입니다. 생각을 순수하고 바르게 하기만 하면 무슨 문제든 해결됩니다. 우리가 알듯이 전 세계에 걸친 동란動亂은 사실 생각의 문제입니다.

그래서 나는 철학을 강의할 때, 오늘날 세계에는 진정한 철학가가 없다고 말합니다. 학교에서 말하는 철학은 기껏해야 다른 사람의 철학 사상을 연구하는 데 불과할 뿐입니다. 특히, 논문을 쓸 때에는 소크라테스가 어떻게 말했다고 한 줄 베끼고, 공자가 어떻게 말했다고 한 줄 베끼는 식입니다. 결과적으로 그들의 철학을 베끼기만 하고 자기 철학은 아무것도 없으니, 이런 철학은 졸업 증서일 뿐입니다!

세계적으로 오늘날은 진정한 사상이 필요하며, 동서고금을 융회融會하여 진정으로 하나의 사상을 낳아야 합니다. 오늘날은 우리 나라뿐만 아니라 세계적으로 사상이 빈곤한 시대이므로, 우리는 자기의 문화를 반드시 발휘해야 합니다.

둘째 요점은 사람에 관계되는 문제입니다. 중국 역사상 대체로 대정치가는 모두 대시인이자 대문학가였습니다. 나는 종종 학생들에게, "옛날 어떤 이가 우리 나라에는 철학이 없다고 말했지만, 이제 와서 보니 우리에겐 철학이 있는데도 이를 연구할 자격을 갖춘 사람이 거의 없다는 것을 알게 되었다."고 말합니다. 옛날에는 문학과 철학이 나누어지지 않아 문학가가 곧 철학가이며 철학가가 곧 문학가였기 때문에, 우리의 철학 사상을 이해하기 위해서는 5천 년 역사의 모든 책을 두루 읽어야만 합니다.

서양 학문은 전문적이어서 심리학은 어디까지나 심리학이요, 생리학은 어디까지 생리학일 뿐입니다. 그러나 과거 선인들은 학문을 할 때 여러 가지를 두루 좀 알아야 했기 때문에, 중국의 옛날 서적에는 그렇게 다양한 내용들이 포함되어 있습니다. 그러니 어느 책엔들 철학이 없겠습니까? 또, 어떤 것이 철학이 아니겠습니까? 특히, 문학은 더욱 알아야 하며, 심지어는 갖가지를 알아야 비로소 철학을 말할 수 있습니다. 중국 철학은 이처럼 배우기가 어렵습니다. 당나라 초기의 「춘강화월가」春江花月歌라는 제목의 시 한 수가 있는데, 그 중에 다음과 같은 구절이 있습니다.

강 위에서 누가 처음 달을 보았을까?　　　　江上何人初見月
강에 뜬 달은 언제 처음 사람을 비췄을까?　　　江月何年初照人

서양에서 말하는 "닭이 먼저냐, 달걀이 먼저냐?" 하는 말과 같은 뜻이지만, 중국인의 손에 들어와서는 더 고명高明해져 문자 상으로 얼마나 아름답습니까! 여러분이 문학 속에서 찾아보지 않아 우리에겐 철학이 없는 것 같지만, 우리의 문학 작품을 한번 들여다보면 철학이 아주 풍부합니다. 예를 들면 소동파蘇東坡의 사詞에,

밝은 달은 언제부터 있었을까?	明月幾時有
술잔 잡고 푸른 하늘에 물어 보노라	把酒問靑天
천상 궁궐은 오늘 저녁 무슨 해일까?	不知天上宮闕, 今夕是何年

라는 구절이 있는데, 이것은 철학 문제 아닙니까? 우주는 어디서 왔을까요? 하느님은 오늘 저녁에 서양 요리를 먹었을까요, 한식 요리를 먹었을까요? "천상 궁궐은 오늘 저녁 무슨 해일까?" 그가 물은 이 문제는 철학 문제가 아닙니까? 그러므로 중국은 문학과 철학이 나누어 있지 않았습니다. 이것이 그 첫째 점입니다.

또한 문학과 역사가 나누어지지 않았습니다. 중국 역사학자들은 모두 대문학가들이자 철학가들이었습니다. 예컨대 사마천이 쓴『사기』史記 속에 있는「팔서」八書 등등은 곳곳이 철학으로서 중국 철리哲理를 집대성해 놓은 것입니다. 이것이 그 둘째 점입니다.

문학과 정치도 나누어지지 않았습니다. 옛날의 대정치가는 모두 대문호였습니다. 당대唐代에 시가 크게 번성한 것은 당태종太宗의 시가 매우 좋았고, 또 그가 시를 제창했기 때문입니다. 명대에 대련對聯이 발전하기 시작한 것은 주원장이 대련을 잘 지었기 때문입니다. 그는 책을 읽은 사람은 아니었지만, 대련 짓기를 좋아했습니다.

이런 이야기가 있습니다. 주원장이 음력 정월 설날에 궁전에서 나와 한 백성의 집 문에 대련이 없는 것을 보고, 사람을 시켜 그 백성은 뭘 하는 사람이며 왜 문에 대련이 없는지 알아보라고 했습니다. 물어 보니, 그는 돼지 불알 까는 사람으로 대련을 지을 줄 모른다고 했습니다. 이에 주원장은 그를 위해 춘련春聯을 한 폭 지어 주었습니다.

| 두 손으로 생사의 길을 쪼개 열어 | 雙手劈開生死路 |
| 한 칼에 시비의 뿌리를 끊어 버리네 | 一刀割斷是非根 |

훌륭합니다! 그 백성의 신분에 딱 들어맞습니다. 당태종은 시가 훌륭했습니다. 당시의 대신들 역시 모두 대문학가들로서 방현령房玄齡 · 우세

남우세남南·위징魏徵 같은 분들도 저마다 시가 훌륭했습니다. 그런데 왜 그들은 문학적인 명성이 없을까요? 역사상 그들의 공훈 업적이 문학적인 성취를 가려 버렸기 때문입니다. 만약 그들이 일생 동안 초라하고 꾀죄죄하게 살았더라면 아마 문인으로 변했을 것입니다. 문인이란 늘 감주 맛을 지니고 있어서, 그런 공훈 업적이 있던 사람들은 술 빚는 사람으로 변했을 것입니다.

그 다음으로 송대의 왕안석王安石 같은 분도 시가 훌륭했지만, 문학적 명성은 역시 그의 공훈 업적에 가려져 버렸습니다. 그러므로 중국은 문학과 역사가 나누어지지 않았고, 문학과 철학이 나누어지지 않았으며, 문학과 정치 또한 나누어지지 않아 대정치가는 모두 다 대문학가였습니다. 교양이 없는 막돼먹은 황제인 한고조漢高祖도,

> 큰 바람 일어나니 구름은 날리도다   大風起兮雲飛揚
> 위력을 천하에 떨치고 고향에 돌아왔네   威加海內兮歸故鄉

라고 한 수 지었는데, 다른 사람은 이렇게 지을 수 없을 것입니다! 황제의 지위에 이르러 본 적이 없는 사람이라면, 다음과 같이 지었을지도 모르지요.

> 태풍이 불어오니 기왓장 날리도다   颱風來了吹掉瓦
> 비는 새어 떨어지고, 아이고머니나!   雨漏下來我的媽

그러므로 대정치가는 반드시 시인의 진지한 정감을 갖추어야 합니다. 바꾸어 말하면 어느 서양인이 말했듯이 진정으로 일을 하는 사람은 세속을 초월한 정신, 즉 종교가의 정신을 가져야 합니다. 이것이 그 셋째 점입니다.

셋째 요점으로, 우리 선인들은 왜 시詩와 예禮를 제창했을까요? 유가는 왜 시의 교육을 이렇게 중요시했을까요? 바로 인생에 고통이 있기 때문입니다. 특히, 정치를 하거나 사회적인 일을 하는 사람은 항상 사람

을 접촉해야 되고, 그러다 보면 고통과 번뇌를 겪게 됩니다. 특히, 중국인은 도덕 수양을 목숨을 내던질 정도로 중시했는데, 수양이 원숙하지 않으면 고통은 더욱 깊어졌습니다.

나는 종종 학우들에게 영웅과 성현의 차이를 다음과 같이 말합니다. "영웅은 천하를 정복하지만 자기를 정복하지 못하고, 성현은 천하를 정복하려하지 않고 자기를 정복한다. 영웅은 자기의 번뇌를 남에게 떠맡겨 짊어지게 하지만, 성인은 천하인의 번뇌를 스스로 짊어진다." 이것이 우리 문화의 전통 정신인데, 사람 저마다가 성현의 책임을 완성할 수 있고서야 비로소 위대한 정치가가 될 수 있기를 바란 것입니다.

정치에 종사하다가 인생의 번민에 부딪칠 때면, 서양인은 종교에 내맡겼습니다. 그러나 과거 선인들은 오로지 종교만을 담론한 것이 아니라, 사람마다 시에 관한 수양을 갖추고 있었습니다. 시의 정감은 바로 종교의 정감으로서, 풀기 어려운 번뇌가 있더라도 스스로 한두 구절 시를 지어 번뇌를 털어내고 정감을 표현했습니다. 위정자는 시인의 정감과 시인의 수양을 반드시 갖추어야 했습니다. 역사적으로 보아도, 옛날 대신은 문관文官이든 무장武將이든 조정에서 물러나 집에 돌아오면 붓을 들어 글씨를 쓰고 책을 읽고 시를 외워, 가슴 속에 있던 번민을 풀었습니다. 오늘날 사람들처럼 탁자에 앉아 마작을 하거나 춤추러 가지는 않았습니다. 이전의 수양과는 달라도 크게 다르지요.

이로써 우리는 공자가 「위정」편에서 "시 삼백 편을 정리한 주요 목적은 한마디로 말하면, 사람들의 생각에 사악함이 없도록 하기 위한 것이라 하겠다." 라고 한 말을 이해했습니다. 이는 곧 위정자들에게 지도자의 생각은 나쁜 방향으로 나아가서는 안 되며, 그들 개인의 수양에 있어서도 시인의 정조情操가 있어야 비로소 온유돈후溫柔敦厚할 수 있고, 가뿐하고 유쾌하게 위정할 수 있다는 것을 말해 주는 것입니다.

딱하기도 해라, 법으로만 다스리니

다음에는 문제를 제기합니다.

공자께서 말씀하셨다. "정치적 법 제도로써 영도領導하고 형벌로써 다스리면, 백성들은 (법률의 틈새를 뚫고) 법을 어기지 않아 (책임이나) 형벌은 면하되 (잘난 체 뽐내고 자기를 어쩌지 못한다고 생각한 나머지) 부끄러움은 모르게 된다. 도덕으로써 영도하고 예禮의 정신으로써 다스리면, (모든 사람들이 자발적이 되어, 잘못했을 경우) 부끄러움을 알게 되고, 또 (이렇게 사람마다 부끄러워하여 감히 부도덕한 일을 하지 않을 정도가 되면 법률적인 제재를 기다릴 필요 없이, 스스로를 돌이쳐보고 괴로워하는 정도에 이르러) 정치의 목적에 도달하게 된다."

子曰: 道之以政, 齊之以刑, 民免而無恥。道之以德, 齊之以禮, 有
자 왈   도 지 이 정   제 지 이 형   민 면 이 무 치   도 지 이 덕   제 지 이 례   유
恥且格。
치 차 격

여기의 道(도)자는 영도한다는 導(도)자입니다. 앞에서 말했듯이 공자가 말하는 위정이란 정치를 말하는 것이 아니라, 오늘날 개념으로 굳이 말한다면 정치 철학이나 정치 원리를 말합니다. 공자는 여기에서, "한 국가나 한 사회를 정치 체제로써 영도하고 또 법 제도로써 관리하며 형벌로써 다스리면, 백성들이 법을 위반하지 못할 것이며, 법을 위반하면 처벌할 수 있다. 그러나 법 제도로써 백성을 관리하면, 백성들은 법률의 틈새를 뚫고 책임이나 처벌을 회피할 것이다. 이렇게 하고는 잘난 체 뽐내고 자기를 어쩌지 못한다고 생각한 나머지 수치심이 조금도 없게 될 것이다."라고 했습니다. 이것은 도가의 노자가 말한 "법령자창, 도적다유"法令滋彰, 盜賊多有의 이치와 마찬가지로서, 법령이 많을수록 범법자는 많아진다는 것입니다. (『노자』 제57장—역주).

이 때문에 공자는 또 말하기를 "도덕으로써 영도하고 예禮의 정신으로써 다스리면, 부끄러움을 알게 되고 또 정치의 목적에 도달하게 된다."(道之以德, 齊之以禮, 有恥且格)고 했습니다. 즉, "도덕으로써 영도하면 사람마다 도덕을 함양하게 되며, 예禮의 정신으로써 교화하면 모든 사람들이 자발적이 되어, 잘못했을 경우 부끄러운 마음을 갖게 된다. 이렇게

사람마다 부끄러워하여 감히 부도덕한 일을 하지 않을 정도가 되면 법률적인 제재를 기다릴 필요 없이, 스스로를 돌이켜보고 괴로워하게 되는 것, 이것이 바로 부끄러움이 있는 것이다. 이런 정도에 이르면, 정치의 목적에 도달하게 된다(且格)."는 것입니다. 그래서 공자는 도덕적인 정치, 도덕적인 감화를 주장했는데, 이것이 바로 유가와 법가 정신의 다른 점입니다. 그렇지만 전통적으로 정치는 줄곧 도가·유가·법가를 혼용해 왔습니다.

공자의 몇 마디 자기 소개

다음은 더욱 재미있습니다.

공자께서 말씀하셨다. "나는 열다섯 살에 학문에 뜻을 두었고, (그 후 십오 년에 걸친 풍부한 경험과 인생의 시련을 바탕으로) 서른 살에는 내 인생의 길을 (확고하게) 세웠으며, 마흔 살에는 (비로소) 그 길을 의심하지 않게 되었고, 쉰 살에는 (우주 만물의 근원인) 천명天命을 알게 되었고, 예순 살에는 무슨 말을 들어도 마음이 평온하였으며, 일흔 살에는 마음이 하고자 하는 대로 따라도 법도를 넘어서지 않게 되었다."

(위정자는 인생을 이해해야 하며, 경험이 있어야 하고, 실제로 체험을 많이 해야 합니다. 이 때문에 공자 자신의 인생 경험을 「위정」편에 넣어 놓음으로써, 정치에 종사하는 사람이라면 모두 자기 수양과 올바른 실천이 어렵고 결코 간단하지 않으니, 공자의 그러한 정신을 본받아 일하는 가운데 체험하고 이해하라는 뜻을 암시한 것입니다)

子曰: 吾十有五而志于學, 三十而立, 四十而不惑, 五十而知天命, 六
자왈 오십유오이지우학 삼십이립 사십이불혹 오십이지천명 육

十而耳順, 七十而從心所欲, 不踰矩 。
십이이순 칠십이종심소욕 불유구

이것은 공자의 자기소개인데, 왜 공자는 위정을 말하면서 자기소개를 하고 싶었을까요? 공자는 일흔두 살에 죽었습니다. 공자는 간단히 몇

마디로 자기 일생의 경력과 간고분투艱苦奮鬪의 정신을 소개하고 있습니다. 그의 신세身世는 가련했습니다. 부친이 세상을 떠났을 때, 그에게는 반장애인인 형과 누나가 있어서 가정적으로 이 짐을 짊어져야 했습니다. 그의 책임은 무거웠습니다.

공자는 열다섯 살에 학문에 뜻을 세우고, 그 후 15년에 걸친 풍부한 경험과 인생의 시련을 바탕으로 서른 살에 이르러서야 '섰다'(立)고 했습니다. '섰다'는 것은 곧 움직이지 않게 되었다는 뜻으로, 사람으로서 어떻게 일할 것인가와 처세의 도리가 변하지 않게 되어서, 자기의 인생이 꼭 걸어가야 할 길을 확정하였다는 것입니다. 그렇지만 서른 살에도 아직은 회의를 지니고 있었으며, 여전히 흔들리는 현상이 있었습니다. 그러다가 마흔 살에야 비로소 의심하지 않게 되었습니다(四十而不惑). 그러나 이것은 형이하形而下의 학문 인생에 대해 한 말이었습니다. 그 위에 또 10년을 더 살아, "쉰 살에는 천명을 알게 되었다."(五十而知天命)고 하는데, 여기서 '천명'이란 철학에서 말하는 우주 만물의 근원으로서 형이상의 사상에서 말하는 본체 범위에 해당합니다.

그리고 "예순에 이르러 '이순'耳順하게 되었다."(六十而耳順)고 했는데, 여기서 문제가 또 나타났습니다. 공자는 60세 이전에 귀에 무슨 문제가 있어서 불순不順했을까요? 귀에 염증이라도 있었던 것일까요? 이 구절은 해석하기 어려운데, 당시 글자를 새기는 과정에서 빠뜨렸을 가능성이 있습니다. '육십이'六十而 다음에 한 구절이 더 있었을지도 모릅니다. 어쨌든 옛날 해석대로라면 '이순'의 뜻은, 열다섯 살부터 올바른 사람으로서 처세하는 학문 수양을 시작하여, 예순 살에 이르렀을 때에는 남이 좋은 말을 하든 나쁜 말을 하든 그것을 듣고 조금도 마음이 동요되지 않아 화도 내지 않고, 누가 욕을 하더라도 들어 줄 수 있을 정도로 마음이 평온不靜해졌다는 것입니다. 다음의 점을 주의해야 합니다! 마음이 평온해졌다는 것은 의기소침해졌다는 것이 아니라, 활발하고 시비선악을 명확히 하며, 좋은 사람도 사랑하지만, 나쁜 사람도 좋은 사람으로 바뀌도록 도와주어야 한다고 생각하는 것입니다. 이렇게 평온해지려는 학문은 어려운 것입니다.

그러고도 또 10년을 지나 일흔 살이 되어서야 "마음이 하고자 하는 대로 따르게"(從心所欲) 되었다고 합니다. 서양 문화는 자유의 문화이지만, 공자의 말 맨 끝에 아주 중요한 한 구절이 있습니다. 즉, "법도를 넘어서지 않게 되었다."(不踰矩)는 것입니다. 우리가 거리를 지나가다가 어떤 빵집에 맛있는 빵이 진열되어 있는 것을 보면 사서 먹는데, 자기의 마음이 하고자 하는 대로 따라야지요(從心所欲). 그러나 그렇게만 하면 될까요? 법도를 넘어서서는 안 됩니다. 사람과 사람 사이에는 일정한 범위가 있어야 합니다. 자유로우면서도 그 범위를 넘지 않아야 합니다. 이것이 "종심소욕, 불유구"從心所欲 不踰矩이며, 동시에 이 말은 형이상形而上의 이치와도 통합니다.

여기서 우리는, 공자가 수십 년 동안 겪어온 삶의 경험과 학문의 경험을 『논어』의 편자가 왜 「위정」편에 넣어 놓았는지 연구해 보아야 합니다. 이 경험은 너무나 중요합니다. 원래 위정에는 인생의 경험이 필수적이니까요. 세상에 실험해 볼 수 없는 것이 두 가지가 있습니다. 바로 정치와 군사입니다. 이 두 가지는 모든 것을 포괄하며, 늘 변동하여 고정되어 있지 않습니다. 역사적으로 보아, 동서고금의 정치는 전제·군주·민주·집단 체제 중 도대체 어느 것이 좋을까요? 어느 누가 이에 대해 결론을 내릴 수 있을까요? 특히, 현대의 중국은 지난 수십 년 동안 서양의 이름난 사상 문화라고 하는 것은 다 가져와 현실이라는 무대에 올려놓고 놀아 보았습니다. 공산주의 사상도 서양에서 온 것인데, 결과는 어떻습니까? 그러므로 위정자는 인생을 이해해야 하며, 경험이 있어야 하고, 실제로 체험을 많이 해야 합니다. 이 때문에 공자 자신의 인생 경험을 「위정」편에 넣어 놓음으로써, 정치에 종사하는 사람이라면 모두 자기 수양과 올바른 실천이 어렵고 결코 간단하지 않으니, 공자의 그러한 정신을 본받아 일하는 가운데 체험하고 이해하라는 뜻을 암시한 것입니다.

위 몇 단락으로부터 우리는 하나의 결론을 얻을 수 있습니다. 즉, 위정을 하든 일을 하든 모두 인생 경험의 축적에 의해야 한다는 것입니다. 인생 경험이 축적되면 어떤 것이 될까요? 간단히 '인정세고'人情世故

라는 넉 자가 됩니다. 인정세고란 말이 나왔으니 말인데, 우리는 오늘날 이 단어를 반대의 뜻으로 흔히 쓰고 있습니다. 이것은 나쁜 일입니다. 만약 우리가 어떤 사람이 세상 물정에 매우 밝은 것을 보고 "그 친구는 너무 세고世故하다" 라고 말하면, 이는 그를 꾸짖는 것이 됩니다. 특히, 외국인이 우리 나라 사람을 비평하길, 몇 년 전 한 신문에서 이런 문장을 보았는데, "중국인은 다 좋은데 인정을 너무 중시한다."고 했습니다. 이를 두고 이곳의 일반 청년들은 그 외국인의 글이 사리가 밝고 확실하다고 생각하겠지만, 나는 이렇게 말하겠습니다. "외국인이 2, 3년 유학와서 우리 문화를 이해할 수 있다고 생각하지 말라. 만일 그렇다면 그대들은 뭘 했는가? 수십 년 동안 밥만 헛먹은 것이다."

우리 문화는 늘 인정을 중시하는데, 소위 인정이란 신년 설을 지낼 때 앞집에 사는 사람이 뒷집에 사는 사람에게 보내고, 왼쪽 집이 오른쪽 집으로 보내고, 밖에서 이리저리 한 달 정도 돌고 돌아서 원주인한테 돌아올지도 모르는, 돼지고기 햄을 주고받는 그런 것이 아닙니다. 이것은 정을 나타내는 예물의 상징일 뿐으로, 우리 문화에서 말하는 인정이란 사람과 사람 사이의 성정性情을 가리킵니다. 인정人情이란 두 글자는 현대적으로 해석하자면, 그 안에 사회학·정치학·심리학·행동 과학 같은 학문이 포괄되며, 또 사람과 사람 사이에 서로 융화하여 잘 지내는 감정을 말하기도 합니다.

'세고世故'란 사물을 투철하게 이해하고, 과거·현재·미래를 아는 것입니다. '고故'란 일을 뜻하며, '세고'란 세상의 일들을 말합니다. 사람과 일을 이해하는 것, 즉 세상물정을 이해하는 것을 인정세고人情世故라고 합니다. 그러나 오늘날 이 말이 반대의 뜻으로 쓰이고부터는 세상일에 밝다고 하는 것이 바로 교활한 사람의 별명이 되어 버렸고, 인정人情이란 말은 아첨한다는 뜻의 대용사代用詞가 되어 버렸습니다. 이런 식으로 우리 문화가 완전히 잘못 이해되고 있으며, 특히 외국인이 쓴 글들은 더욱 맞지 않습니다.

위정은 도덕德을 근본으로 하고, 그 위에 시詩의 온유돈후溫柔敦厚한 정신을 배워 함양하면 위정의 조건을 모두 갖춘 것이 될까요? 그렇지 않습니다! 결코 그렇지 않습니다! 마치 어떤 군인이 동서고금의 군사사상 이론을 모두 섭렵했지만 총을 어떻게 쓰는지도 모르고, 일등병과 상등병이 무엇인지도 모른다면, 이런 사람은 기껏해야 참모 노릇은 할 수는 있겠지만 절대로 군대를 이끌고 전쟁터에 나갈 수 없는 것과 같습니다. 그래서 『논어』의 편자는 이곳에서 글의 기세를 가볍게 돌려, 공자의 간략한 자서전을 끼워 넣었습니다. 이렇게 하여 우리들에게 일러주기를, 위정의 도리는 바로 인정세고를 진정으로 많이 아는 데 있다고 합니다.

내가 이미 말했듯이 세계의 모든 정치사상을 귀납하여 가장 간단히 요약하면, 중국의 네 글자로 '안거낙업'安居樂業에 지나지 않습니다. 모든 정치사상이나 이론은 어느 것이나 이 네 글자의 범위를 뛰어넘을 수 없습니다. 어떻게 하면 사람마다 편안하게 살 수 있고, 즐겁게 일할 수 있게 하느냐에 지나지 않습니다. 또, 우리는 시골 곳곳에서 "風調雨順, 國泰民安"(풍조우순, 국태민안: 때 맞추어 비오고 바람불어 풍년 들고, 나라는 태평하여 백성이 편안하기를 빈다는 뜻—역주)이라고 쓰여 있는 것을 볼 수 있는데, 이 여덟 자는 현대인들의 눈에는 아주 케케묵은 골동품으로 보일 것입니다. 그러나 동서고금의 역사상 진정으로 이 여덟 자의 수준에 도달할 수 있다면, 어느 국가, 어느 민족, 어느 시대라도 그 정치 이상이 무엇이건 간에 그 이상에 모두 도달한 것입니다. 따라서 이러한 골동품은 바로 인정세고를 환히 꿰뚫고 낳은 정치 철학 사상입니다.

수레 위에서의 수업

이어지는 글은 『논어』 전편을 연결시켜 볼 때 문제가 있는 듯합니다. 왜냐하면 다음과 같이 말하고 있기 때문입니다.

(노나라 대부) 맹의자가 효도에 대하여 묻자, 공자께서는 "어기지 말라."고 말씀하셨다.
번지가 수레를 몰고 있었는데, 공자께서 그에게 말씀하셨다. "맹손

이 나에게 효도에 대하여 묻기에 내가 '어기지 말라.'고 대답하였다."

번지가 말했다. "(선생님, 그 말씀은) 무슨 뜻입니까?"

공자께서 말씀하셨다. "(그것은 별게 아니고 간단한 것이다) 부모가 살아 계실 동안에는 (돌보아드리고 사랑으로 감싸드리는 등) 예禮로써 섬기고, 돌아가셨을 때에는 예로써 장사지내고, 예로써 제사를 모셔야 한다는 것이다."

(무엇을 어기지 말라는 것일까요? 천하 사람들의 뜻을 어기지 말고, 천하 사람들에게 대효大孝하라는 것이 바로 이 말의 참뜻입니다)

孟懿子問孝, 子曰 : 無違 。 樊遲御 , 子告之曰 : 孟孫問孝於我 , 我對
맹 의 자 문 효　　자 왈　무 위　　번 지 어　　자 고 지 왈　맹 손 문 효 어 아　아 대

曰 : 無違 。 樊遲曰 : 何謂也 ？ 子曰 : 生 , 事之以禮 ； 死 , 葬之以禮 , 祭之
왈　무 위　번 지 왈　하 위 야　　자 왈　생 ，사 지 이 례　사　장 지 이 례　　제 지

以禮 。
이 례

이런 문장은 송대 유학자들이 표시한 방점 동그라미를 없애야 합니다. 후인들이 그렇게 한 것인데 옳지 않습니다. 여기저기 방점 동그라미를 표시하여 결과적으로 교조敎條로 변해버렸습니다. 사실은 이 문장은 앞 내용과 연관되어 있습니다. 즉, 앞에서 나왔던 "도덕으로써 정치를 한다."(爲政以德)라는 이치를 좀더 자세히 말한 것으로, 중국 문화 속의 효도 정신을 사람에 대한 응대와 처세 면까지 확대하고 있습니다. 옛날부터 중국의 대정치가가 일신의 진퇴에 구차하지 않았던 도량은 바로 이 점에 근거하여 배양된 것입니다.

자, 우선 문자상으로 이해해 봅시다. 맹의자孟懿子는 공자의 학생이라 할 수는 없고, 학생과 친구 중간쯤의 관계로서 노나라 대부였습니다. 그 당시의 대부大夫는 물론 오늘날의 의사(현대 중국어로 大夫는 의사임—역주)가 아니라 상당히 높은 등급의 벼슬이었습니다. 굳이 비교한다면, 오늘날의 정부 각료로서, 통상적으로 대부라고 불렀습니다. 대부는 벼슬의 등급이었지 관직은 아니었습니다. 중국의 이러한 벼슬 등급별 직무는

역대 이래로 변동이 있었습니다.

우리 나라의 역대 정치 형태 변천을 이해하기 위해서는 『십통』十通 또는 『삼통』三通, 즉 「통지」通志・「통헌」通獻・「통고」通考를 반드시 읽어야 합니다. 이 책들 속에는 정치 제도의 변천이나 관직의 변천 등 일체의 변천 내용이 들어 있고, 더 나아가 오늘날 삼민주의三民主義 사상을 연구함에 있어서 국부 손문이 5권분립제五權分立制度를 채택한 이유도 모두 『삼통』・『십통』의 문화와 절대적인 관계가 있습니다. 이상은 맹의자의 직위를 말하는 김에 한번 언급해 보았습니다.

맹의자가 이런 인물이고 보니, 이 단락의 문답이 공자가 노나라 사구司寇가 되기 이전에 한 것인지 혹은 이후에 한 것인지 고증하기가 어렵습니다. 공자는 당시 국제적 지위, 즉 제후 사이에서의 지위도 특수하여 두드러지는 인물이었습니다. 그래서 맹의자가 그에게 와서 무엇이 효孝인지를 묻자, 공자는 그에게 "어기지 말라."고만 대답했습니다.

이 말만을 근거로 하여 보면, 공자의 말은 대단히 교활합니다. 무엇을 어기지 말라는 것입니까? 연관된 아랫글이 없으니 이상한 대답인데, 그 뒤에는 또 단막극식의 대화 한 장면이 이어지고 있습니다. 우리가 『논어』를 읽으면서 깊이 들어가 보면 들어가 볼수록 아주 재미있는데, 마치 소설을 보는 것과 같아 그리 엄숙한 태도로 볼 필요가 없습니다.

"번지가 수레를 몰고 있었다."(樊遲御), 번지는 공자의 학생으로 번수樊須라 불리는데, 자字는 자지子遲이며, 공자보다 36세 아래로서 젊은 세대입니다. '어'御는 수레를 모는 것입니다. 처음에 맹의자가 와서 공자를 뵙고 무엇이 효도인가 하는 문제를 묻고 가르침을 청하자, 공자는 "어기지 말라."는 이 한마디만 했습니다.

잠시 후에 공자가 외출하려는데, 돈이 없어 운전사를 쓸 수 없으니 학생들이 다 나서서 봉사하게 됩니다. 그 때 젊은 번지가 수레를 몰겠다고 나섰는데, 당시 공자가 탄 것은 마차로서, 마차를 모는 데는 전문 기술이 필요하여 쉽지 않았습니다. 공자가 수레 안에 앉고, 번지는 앞에 있는 마부자리에 앉아 수레를 몰기 시작했습니다. 길을 가면서 수레 안에 앉아 있는 공자와 번지가 말을 하기 시작합니다. 이 점을 통해 우리는 공자의 교육이 언제 어디서나 학생에게 가르침을 베푸는 교육 방식이었음을 알 수 있습니다.

"공자께서 그에게 말씀하셨다."(子告之曰)는 것은 공자가 수레를 탄 채 특별히 번지에게 어떤 말을 하고 있는 것을 묘사한 것입니다. 즉, "맹손이 나에게 효도에 관하여 묻기에 내가 '어기지 말라.'고 대답하였다."(孟孫問孝於我, 我對曰 : 無違)고 말했다는 것입니다. 맹손은 맹의자의 호號입니다. 그는 당시 조정에서 상당한 지위를 갖고 있는 사람인데다 당시 정계에서 훌륭하다고 할 만한 사람이었기에, 공자도 상당한 존경을 표시하여 그의 호만 불렀습니다.

공자의 말을 듣고, 번지가 "무슨 뜻입니까?"(何謂也) 하고 물었습니다. 이 대화를 읽으면서 우리는 다음과 같은 장면을 떠올려 볼 수 있습니다. 학생은 앞에서 묵묵히 수레를 몰며 가고 있는데, 선생은 중얼거리듯이 조금 전에 맹의자가 질문한 효에 대해 대답한 내용을 말합니다. 학생은 그것을 듣고 돌아보면서 "선생님, 그 말씀은 무슨 뜻입니까?" 하고 묻습니다. 꼭 지금 우리가 의문을 가지는 것과 마찬가지로 말입니다. '무위'無違란 어기지 말라는 것인데, 이것이 무슨 뜻일까요?

번지의 물음에 대해 공자는 그것은 별게 아니고 간단한 것이라면서, "부모가 살아 계실 동안에는 예로써 섬겨야 한다."(生, 事之以禮)고 말했습니다. 여기서 '사'事자는 아랫사람이 윗사람을 대하는 일을 말합니다. 그런데 어떠한 것이 예로써 섬기는 것일까요? 무엇이라고 단언하기 어려운데, 이 예는 부모님을 뵈면 절하는 것과 같은 것을 말하지 않습니다. 여기서의 예는 부모님을 생활 속에서 돌보아 드리고, 사랑으로 감싸 드리는 것을 포함합니다 (이에 관한 모든 도리는, 앞으로 예에 대해서 전문적으로 말할 기회가 있을 것이므로, 여기서는 자세히 말하지 않겠습니다).

공자는 또 말하기를, "돌아가셨을 때는 예로써 장사지내야 한다."(死, 葬之以禮)고 했습니다. '예'는 우리 문화 속에서 매우 중요한 기본 개념으로서, 이 '예'를 좁은 뜻의 예절로 해석하면 절대 안 됩니다. 부모님이 세상을 떠나신 이후에는 "예로써 제사를 모셔야 한다."고 했습니다. 우리가 이 단락을 연구해 보면 특별히 대단한 것은 없는 것 같은데, 이 일단의 문답을 『논어』 속에 넣어 놓은 것은 도대체 무슨 의미가 있을까요? 위정과는 무슨 관계가 있을까요?

　우선 이 문제들은 한쪽으로 밀어놓고, 다음 단락을 보고 나서 종합적으로 연구하겠습니다. 이어지는 글은 맹무백이 효를 묻는 것입니다.

　(맹의자의 아들로서 정통 세가공자인) 맹무백이 효도에 대하여 묻자, 공자께서 말씀하셨다. "부모는 오로지 그 자식의 병을 걱정한다.

　(효도는 간단한 것이다. 자식이 병이 났을 때 부모가 걱정하듯 네가 부모를 생각한다면, 너는 효도를 이해한 것이다. 개인의 입장에서 보면, 효도란 부모의 사랑에 대한 보답이다. 자식에게 무슨 일이 생겼을 때 부모가 그렇게 애를 태우듯 자식도 그런 마음으로 부모를 대하는 것, 그것이 효다. 바꾸어 말해서, 너 맹무백은 세가공자이니 장래에 틀림없이 정치를 맡게 될 것이다. 우리가 역사를 읽으면서 깨닫는 한 가지는, 바로 세가공자가 정치를 맡으면 백성의 질고를 모를까 걱정이 되는 것이다. 그래서 위정의 도리는 백성의 질고를 알고, 중ㆍ하층 사회 백성들의 고통이 어디에 있는지 깨닫는 데 있는 것이야. 그러기에 천하 사람을 사랑하려면, 천하 사람의 질고를 알아야 한다. 마치 부모가 자녀를 이해하고 있듯이, 너 맹무백도 장래에 정치에 종사할 텐데 이 도리를 꼭 기억해 두어라)"

　孟武伯問孝。子曰：父母唯其疾之憂。
　맹 무 백 문 효　　자 왈　부 모 유 기 질 지 우

맹무백孟武伯은 어떤 사람이었을까요? 바로 앞에서 말했던 맹의자의 아들로서 세가공자世家公子입니다. 또, 세가란 무엇일까요? 세가世家는 고대의 제도로서, 지금과는 달랐습니다. 특히, 춘추 시대는 인도나 유럽의 고대와는 또 달랐습니다. 당시의 세가는 곧 관리로서, 자손 대대로 벼슬을 이어가는 집안이었습니다. 하지만 벼슬자리는 장자長子가 이어가는 것이 봉건시대의 제도였죠.

　그러나 유럽의 봉건제도와는 달리, 당시의 세가는 영구적으로 계속되는 것이 아니라 어느 세가가 잘못하면 없애 버릴 수 있었습니다. 중국에서는 이렇게 벼슬을 이어 내려오는 가정을 세가라 했으며, 장자가 그 계승권을 가졌고, 둘째 이하 자식들은 계승권을 갖지 못했습니다. 맹무백은 맹의자의 아들로서 정통 세가공자였습니다.

부친이 공자에게 효도에 대해 물은 지 얼마 지나지 않아(물론 같은 날은 아니었겠지요. 그렇지만『논어』편자인 공자 학생들은 한사코 이곳에 함께 넣어 놓았습니다), 아들인 맹무백도 공자에게 와서 효에 대해 묻자, 공자는 그의 부친에게 했던 대답과는 다른 대답을 했습니다. 공자는 맹무백에게 "부모는 오로지 그 자식의 병을 걱정한다."(父母唯其疾之憂)라고 대답했습니다. 이 말은 "부모가 자식이 병이 난 것을 보면, 그 근심과 걱정이 얼마나 크겠느냐? 네가 이런 부모의 마음을 헤아려 보아라."는 뜻입니다.

공자의 이 대답은 얼마나 묘합니까! 우리는 이 말을 이렇게 알아들어야 합니다. "이 문제는 오직 자신이 부모가 되어 보아야 참으로 체험할 수 있다."고 말입니다. 이런 상황을 한번 상상해 봅시다. 자신은 출근을 해야 되고, 집에는 돈도 넉넉하지 않은데 어린 자식이 병이 났습니다, 사무실에 앉아 있지만 애가 타고 진땀이 납니다. 그렇다고 회사에서 나갈 수도 없습니다. 마음속에서는 아이의 생각이 잠시도 떠나지 않습니다. 이런 심경이 바로 "부모는 오로지 그 자식의 병을 걱정한다."(父母唯其疾之憂)는 것입니다. 공자가 맹무백에게 한 이 말은, 부모에 대해서도 마치 자기 자식이 병이 났을 때 쏟는 정도의 관심을 쏟을 수 있어야 비로소 효도라고 할 수 있다는 것입니다.

효로써 천하를 다스리다

위 두 단락의 말은 모두 큰 문제입니다. 이제 우리 되돌아가 첫 번째 점을 이야기해 봅시다. 우리 문화는 항상 효도를 중요하게 말하고, 특히 유가는 더욱 효도를 중요하게 말했습니다. 사서오경을 편집하고 여기에다 『효경』·『이아』爾雅 등을 더해 모아 이룬 일련의 총서를 '십삼경'十三經이라고 합니다. 『효경』은 공자의 학생인 증자가 쓴 것으로, 효도를 연구하려면 공자 사상 체계하의 이 『효경』을 반드시 보아야 합니다.

그러면 『효경』에서는 어떠한 것이라야 '효'이다고 말할까요? 부모에게만 효도하는 것이 아니라, 더 나아가 효를 천하에까지 확대하여 천하 사람을 사랑해야 하는 것을 대효大孝라고 했습니다. 위정자가 효자의 마음으로 정치를 해야 한다는 것은, 바로 우리가 말하는 '공무원은 국민의 공복公僕이다'는 도리와 같은 것입니다. 그래서 이런 도리가 훗날 발전해오면서 당송唐宋 이후에는 "충신은 반드시 효자 가문에서 구해야 한다."(求忠臣必於孝子之門)는 논조論調였습니다. 즉, 어떤 사람이 참으로 부모를 사랑하고, 가정을 사랑하며, 사회를 사랑할 수 있다면 역시 틀림없이 충신이라는 것입니다. 왜냐하면 충신이란 일종의 애정의 발휘인데, 만약 기본적인 애정이 없다면 그가 국가 민족에 대해 충성을 다하겠습니까?

여기서 짚고 넘어가야 할 점이 있습니다. '충'忠에 대해서 옛 사람이 말한 것이 하나 있습니다. "강개하여 자신의 몸을 버리는 것은 쉽지만, 침착하게 의로움으로 나아가기는 어렵다."(慷慨捐身易, 從容就義難). 강개하여 순간적으로 죽음에 뛰어드는 것은 비교적 쉽습니다. 깡패들이 싸울 때 서로 죽기 살기로 핏대를 올리면서 죽음을 아무렇지 않게 여기는 듯 용감해 보이지만, 막상 그들에게 한 5분 뒤에 죽어야 할 것인가 말아야 할 것인가를 생각해 보라고 한다면, 아마 싸움을 멈추게 될 것입니다. 즉, 침착하게, 천천히 자신이 죽기를 원하는지 원치 않는지 생각해 보라고 하면, 그들은 쉽게 말하지 못할 것입니다. 그러므로 충신은 반드시 효자 가문에서 나온다고 합니다. 왜냐하면 참된 감정을 지니고 있고, 올바르게 인식하는 사람이라야 충성을 다할 수 있기 때문입니다.

그래서 '효'를 묻는 맹의자에 대한 공자의 대답이 다릅니다. 맹의자는 정치에 종사하는 사람이기에, 공자도 상당히 존경하면서 함축적으로 대답하여, "어기지 말라."고 한 것입니다. 그런데 무엇을 어기지 말라는 것일까요? 천하 사람들의 뜻을 어기지 말고, 천하 사람들에게 대효(大孝)하라는 것이 바로 이 말의 참뜻입니다. 공자도 맹의자가 이 대답을 알아듣지 못할 수도 있다는 것을 알았습니다.

이런 식의 말을 방언으로는 '헐후어'(歇後語: 일종의 끝말 줄이기로, 두 부분으로 짝을 이루고 있는 성구나 격언, 속담의 절반만을 말하고 뒤 절반의 뜻은 자연히 추측할 수 있도록 하는 말―역주) 또는 '은어'隱語라고 합니다. 예를 들어, 요즈음 어떻게 지내느냐고 물으면, 옛날과 변함없다는 대답을 "외조카가 초롱등을 들어 준다."(外甥打燈籠―照舊〈舅〉)라고 한다든가, 속으로는 알면서도 말하지 않는 것을 "봉사가 새알심 국을 먹었다."(瞎子吃湯糰―肚裏有數)라고 말하는 것이 모두 헐후어입니다. 간접적으로 짧게 이야기하고 나서, 그 뒤에 숨은 뜻은 듣는 사람이 알아들으라는 것입니다.

공자는 왜 이런 식으로 대답했을까요? 그 뜻은 이렇습니다. "당신 맹의자는 신분이 달라 정치에 종사하는 사람인 이상, 천하 사람들에 대해 공도公道의 책임을 지고 천하 사람들을 부모처럼 보아야 참으로 효도하는 것이니, 이것이 대신의 풍모다. 그러므로 '무위'無違, 즉 민심을 위반해서는 안 된다."는 것입니다.

공자는 자기의 말을 맹의자가 반드시 알아들었을 것이라고는 생각하지 않았습니다. 공자가 번지에게 다시 그 이야기를 한 것은 "계집종을 때려 아가씨를 욕한다."(打丫頭罵小姐)는 격으로, 번지도 맹의자와 마찬가지로 꼭 알아듣는 것은 아닐 거라고 생각했지만, 못 알아듣더라도 그 말을 전해서 간접 교육을 시키려는 목적이 있었던 것입니다. 그래서 번지가 수레를 몰 때 이런 대화를 나눈 것입니다. 이런 식의 간접 교육은 직접 교육에 비해 더 효과가 있습니다. 공자가 번지에게 말한 정도까지 개인이 효도를 할 수 있다면 대단한 효자이며, 국가 대사大事에서도 '무위'無違의 정도까지 할 수 있다면 훌륭한 대신입니다.

그러나 세가공자 맹무백의 물음에 대한 공자의 대답은 크게 다른데, 공자가 말한 뜻은 다음과 같습니다. "효도는 간단한 것이다. 자식이 병이 났을 때 부모가 걱정하듯 네가 부모를 생각한다면, 너는 효도를 이해한 것이다. 개인의 입장에서 보면, 효도란 부모의 사랑에 대한 보답이다. 자식에게 무슨 일이 생겼을 때 부모가 그렇게 애를 태우듯 자식도 그런 마음으로 부모를 대하는 것, 그것이 효다. 바꾸어 말해서, 너 맹무백은 세가공자이니 장래에 틀림없이 정치를 맡게 될 것이다. 우리가 역사를 읽으면서 깨닫는 한 가지는, 바로 세가공자가 정치를 맡으면 백성의 질고를 모를까 걱정이 되는 것이다. 그래서 위정의 도리는 백성의 질고를 알고, 중·하층 사회 백성들의 고통이 어디에 있는지 깨닫는 데 있는 것이야. 그러기에 천하 사람을 사랑하려면, 천하 사람의 질고를 알아야 한다. 마치 부모가 자녀를 이해하고 있듯이, 너 맹무백도 장래에 정치에 종사할 텐데 이 도리를 꼭 기억해 두어라."

이 두 단락을 「위정」편에 끼워 넣어 절묘하게 사용하고 있습니다. 세 가공자가 인간의 질고를 알지 못해 흔히 실패하는 것은 당연합니다. 진혜제晉惠帝 때 천하에 큰 흉년이 들어, 당시 태감太監이 혜제에게 백성들이 먹을 밥이 없어 굶주린다고 말하자, 혜제는 "그러면 고기를 먹으면 되지 않는가?" 라고 말했다는 이야기를 우리는 알고 있습니다. 혜제는 밥도 없어 먹지 못하는데 밥보다 귀한 고기를 어떻게 구해 먹을 수 있는지를 몰랐던 것입니다. 이게 바로 민간의 질고를 모른 탓입니다.

우리는 역사를 통해서 또 하나의 결론을 얻을 수 있는데, 창업한 제왕은 모두 훌륭했지만, 그 뒤 2, 3대부터의 황제들은 깊은 궁전에서 여인들에게 둘러싸여 자랐기 때문에 쌀이 어느 식물에서 자라나는지조차도 몰랐습니다. 나는 이런 황제들을 위해 '직업 황제'라는 별명을 하나 새로 지었습니다. 그는 태어날 때부터 황제가 되도록 되어 있었습니다. 이 직업 황제들은 공통적으로 심리적 결함이 하나 있었는데, 바로 열등감이었습니다. 그들은 대단히 자기 비하적이었습니다. 그래서 역사상 직업 황제들은 아주 엉망이었습니다. 문신文臣에 대해서는 자기보다 학문이 더 나은 데에 반감을 가졌고, 무장武將에 대해서는 자신의 무공이 그보다 못한 것에 반감을 가졌습니다. 그래서 직업 황제들은 중요한 신하들을 함부로 살육하고 유능한 신하들을 쫓아내는 등 영문을 알 수 없는 일을 흔히 저질러 자신의 실패를 운명적으로 준비했습니다. 마찬가지로, 정치를 하는 제왕뿐만 아니라, 우리도 어떤 일의 책임자라면 크고 작은 일에 대해 모두 알아야 됩니다. 특히, 아래에서 일어나는 사무에 대해 더욱 소홀히 해서는 안 됩니다.

그 다음으로 효도에 대한 큰 문제를 하나 토론해 보겠습니다. 우리 문화는 가정교육 면에서 원래부터 '충효전가'忠孝傳家를 표방해 왔습니다. 이를 보아도 우리 문화에서는 효도를 엄중하게 여겼음을 알 수 있는데,

이에 대해서는 먼저 우리의 역사 문화 전체를 이해해야 합니다. 우리 민족과 국가는 서양 각국과는 다릅니다. 요 며칠 동안 외국 유학에서 돌아온 몇 학생들이 나를 찾아와서 유럽이나 미국의 상황에 대해 많은 이야기를 하고 갔습니다. 독일에서 박사 과정을 공부한 뒤 지금은 정신 분석을 배우고 있는 한 학생은 말하기를, 외국에서 몇 년 간 있어 보니 몇 년 전에 내가 그들에게 했던 말이 결과적으로 틀리지 않았음이 증명 되었다고 했습니다. 나는 그들에게 "서양 문화를 연구하려면, 미국만을 대상으로 하지 말라. 미국은 건국한 지 2백 년도 채 안 되어 이야기할 만한 것이 없다. 전 유럽의 관점에서 보고 유럽 문화를 연구하려면, 그 리스 문화를 반드시 연구해야 한다. 2천 년 전의 아테네와 스파르타로 부터 시작하라."고 말했습니다.

서양 문화는 우리 문화와 기본적으로 다르다는 것을 알아야 합니다. 우리 나라는 지리 환경적인 요인으로 농업을 기반으로 하여 국가를 세 울 수 있었지만, 유럽은 그럴 수 없었습니다. 특히, 그리스는 그럴 수가 없었는데, 그리스인들은 생존하기 위해 상업을 발전시켜야 했습니다. 과 거 유럽 역사에서 '해상에서의 상업'이란, 보는 사람이 있으면 장사를 하고 보는 사람이 없으면 해적들이 되는 것이었습니다. 16세기 이전의 서양은 재화가 부족해 궁핍하기 이를 데 없었습니다. 그들은 16세기 이 후에 인도를 빼앗고 중국을 속여 황금을 거두어 갔는데, 서양의 문화나 경제 발전 등은 알고 보면 이렇게 이루어진 것입니다.

서양 문화를 이해하고 나서 우리 문화를 돌아보면, 우리 나라는 농업 을 국가의 제1산업으로 확정하였기에 그 문화 정신이 서양과는 근본적 으로 다릅니다. 그것은 바로 종법사회宗法社會라는 것입니다. 하夏·은殷 ·주周 삼대 이후 종법사회로부터 주대周代의 봉건제도가 발생하게 되었 습니다. 요즈음 사람들이 일반적으로 말하는 봉건은 서양형의 봉건이지 우리의 봉건이 아닙니다. 우리 나라의 봉건 형태를 서양의 봉건 노예제 도와 함께 놓고 비교해 보면 전혀 별개임을 알 수 있습니다. 이를 동일 한 것으로 이해하는 것은 완전한 잘못입니다.

우리 나라의 봉건은 종법사회로부터 형성된 것입니다. 왜냐하면 종법

사회와 효도 정신은 주나라 이전에 건립되었으며, 진한 이후에는 종법 사회로부터 가족사회로 변천되었는데, 이 역시 종법사회의 한 형태로서 가족 효도의 범위가 축소되었을 뿐 그 정신은 일관되었기 때문입니다. 이 효孝도 우리가 바로 앞에서 말했던 인정세고人情世故의 확충인데, 효 孝를 정치 면에서 제창하고 실행하여 사회적 기풍으로 삼게 된 것은 어느 때 시작하였을까요? 그것은 서한西漢 이후로서, 위진魏晉 시대에 이르러 효도로써 천하를 다스릴 것을 정식으로 제창하였습니다. 『24인의 효자』(二十四孝) 이야기에서 보듯이, 얼음 위에 누웠던 것으로 유명한 왕상 王祥은 바로 진晉나라의 조정 대신이었습니다.

진晉나라 이후 남북조·당·송·원·명·청으로 쭉 내려오면서 모두 효도로써 천하를 다스린다는 기풍이었습니다. 역대 대신들이 국가의 큰 문제나 백성을 사랑하고 보호하는 문제로 올린 주의奏議를 보면, 대부분 이 "폐하의 조정은 효로써 천하를 다스린다."(聖朝以孝治天下)란 말이 있는데, 먼저 이 큰 '모자'帽子를 황제에게 씌워 놓은 다음 어떻게어떻게 해야 한다는 건의를 올리고 있습니다. 이런 방식이야말로 우리 문화가 효도를 제창하는 좋은 점이자 우수한 점입니다.

그러나 천하의 일 가운데 정치 분야의 일은 이야기하기가 가장 두렵습니다. 우리가 역사를 깊이 연구해 보면 효도를 통치 수단으로 이용한 사람도 있었는데, 누가 그랬을까요? 바로 만주족이 세운 청나라의 강희 康熙 황제였습니다.

강 곰보의 충효 교육

역사를 살펴보면, 늘 하나의 인과 법칙이 있음을 알 수 있습니다. 예를 들어, 만주족이 세운 청나라는 고아와 과부가 3백만 명을 이끌고 중국에 들어와 4억을 통치하고 마침내 끝났는데, 역시 고아와 과부가 보따리를 싸들고 산해관山海關 밖으로 돌아갔습니다. 어떤 역사든 어떻게 시작했느냐가 곧 어떻게 끝날 것인가를 말해 주어, 역사는 틀에 박힌 듯 되풀이되고 있습니다. 동서고금의 역사도 거의 완전히 왕복 순환의 인과 법칙에 따라 변천하고 있습니다.

만주족의 고아와 과부가 산해관으로 들어온 후, 3대째인 순치順治 황제는 젊어서 죽었습니다. 이것은 청나라 역사상 큰 의혹 사건으로서, 일설에는 순치 황제가 죽지 않고 출가했다고 하는데, 아직도 풀리지 않은 청대의 몇 가지 큰 의혹 사건 중의 하나입니다. 그 뒤를 이어 강희康熙가 여덟 살의 어린아이로 황제가 되어, 열네 살에 이르러서야 정식으로 친정親政을 시작하였습니다. 솔직히 말해서, 그 당시 평범한 무리가 방대한 4억 인구의 나라를 통치하려고 했으니 별 방법이 없었을 테지만, 이 열네 살 의 어린 황제는 대단한 인물이었습니다. 얼굴에 몇 개의 곰보 자국이 있어 '강 곰보'라 불리었던 강희 황제는 열네 살부터 수십 년간 중국을 통치하여(강희는 8세에 즉위하고 14세에 친정을 시작하여 69세에 죽기까지, 61년 동안 황제 노릇을 했음), 만주족의 천하는 그의 손에서 안정되었습니다.

당시 중국의 지식인 중에는 청淸을 반대하고 명明의 복고를 주장한 사람들이 아주 많았습니다. 고염무, 이이곡李二曲, 왕선산王船山, 부청주傅青主 등과 같은 사람들은 투항하지 않고, 특히 사상이나 학술 분야에서 반청복명反淸復明의 활동을 했는데, 정말 너무나 두려웠습니다. 그 결과는 어떻게 되었을까요? 강 곰보는 중국의 효孝자를 이용해 허울 좋게 유혹함으로써 반청反淸 종자가 2백 년이 지나서야 싹이 트도록 공작했습니다.

만주족이 산해관으로 들어오는 데는 세 권의 필독서가 있었는데, 그 세 권은 무엇이었을까요? 만주족은 병법과 권모술수를 『삼국연의』三國演義에서 배웠습니다. 『삼국지』三國志가 아닙니다. 당시 왕공 대신은 모두 다 『삼국연의』를 읽었습니다. 두 번째 책은 공개적으로 읽지 않고 은밀히 읽었는데, 바로 『노자』老子입니다. 당시 강희는 특이한 판본의 『노자』 책을 하나 가지고 있었는데, 지금은 세상에 공개되었고 주해 면에서도 별로 특별한 점은 없지만, 당시에 청나라 관료들은 누구나 『노자』를 숙독하고 정치 철학을 연구해야 했습니다. 또 다른 책 한 권은 『효경』이었습니다. 그렇지만 그들은 겉으로는 여전히 공자를 떠받들었습니다.

여러분이 역사를 읽어보면, 이것은 한대漢代의 문제文帝와 경제景帝 양대에 걸친 영명한英明 정치를 일컫는 '문경의 치'(文景之治)와 비교해 볼 수 있습니다. 역사학자들은 '문경의 치'의 정치 설계를 '내용황로, 외시유술'(內用黃老, 外示儒術: 안으로는 도가 학술을 이용하고 밖으로는 유가 학술을 표방한다는 뜻—역주)이라는 여덟 글자로 설명합니다.

이렇게 해서 강희는 효도를 제창하고, 『성유』聖諭라는 — 뒤에는 『성유보훈』聖諭寶訓 또는 『성유광훈』聖諭廣訓이라 불렸던 — 어록을 지어 지방 정치의 기층 조직에 보급하여 선전했습니다. 당시 지방 정치에는 어떤 조직이 있었을까요? 바로 종법사회의 사당祠堂이 있고, 사당에는 족장族長·향장鄕長이 있었는데, 모두 나이가 많고 덕행이 있으며 학문이 훌륭해서 그 지방에서 신망 있는 사람들이었습니다. 매월 초하루와 보름에는 반드시 친족들을 사당에 모아 놓고 『성유』聖諭를 선전하고 설명했습니다. 이 어록은 바른 사람됨과 일처리의 도리를 조목조목 적은 것이었는데, 그 속에 유가의 사상이 담겨 있었으며, 무엇보다도 효도를 제창했습니다. 더 깊이 분석해 보면, 강희는 효의 정신을 깊이 이해하고 이를 통치에 역운용逆運用했습니다. 이 점을 알아야 합니다. 즉, 강희 황제는 교묘하게 젊은이마다 부모 말을 잘 듣도록 훈련시켜 놓았는데, 어느 늙은 부모가 자기 자식이 죽음을 무릅쓰고 반역하기를 바라겠습니까? 그러므로 강희가 효의 정신을 역운용한 수법은 대단히 뛰어났습니다. 이것이 그 한 가지였습니다.

또 한 가지로, 당시 섬서陝西 지방에 있던 이이곡李二曲은 고염무와 마찬가지로 청나라 정부에 투항하지 않았던 지식인으로, 관중(關中: 지금의 섬서) 지방에서 학문을 가르쳤습니다. 그래서 뒷날 고염무 같은 사람들이 늘 섬서로 달려가 반청복명反淸復明의 지하 조직을 조직했던 것입니다. 강희는 이이곡을 벼슬자리에 부르더라도 당연히 그가 사양하리란 것을 너무나 잘 알고 있었습니다.

뒷날 강희는 오대산에 가면서 섬서 지방을 순시할 때 섬서의 독무督撫에게 명령하여, 이이곡 선생은 당대의 대선비이며 당대의 성인이니 강희가 꼭 친히 찾아뵙겠다 하더라고 전하도록 했습니다. 이이곡도 당연히 이것은 강희가 마지막 수를 두는 것임을 알았기 때문에, 병을 핑계 대고 어가御駕 행차를 맞을 수 없다고 말했습니다. 그러나 강희가 이이 곡이 학문을 가르치는 곳 근처까지 올 줄이야 어찌 알았겠습니까? 심지 어 강희가 이이곡의 집에 병문안을 오겠다고까지 하자, 이이곡은 진퇴 양난의 궁지에 몰렸습니다. 만약에 강희가 자기 집에 오게 되면 그는 강희에게 머리를 숙여야 하는데, 그렇게 되면 투항하는 셈이 되고, 그것 은 바로 중국 문화 민족의 절개와 관계되는 문제였습니다.

그래서 이이곡은 병으로 침대에 누워 일어날 수 없을 정도라고 핑계 를 댈 수밖에 없었습니다. 그러나 강희는 이이곡의 집 근처에까지 이르 렀고, 섬서의 독무督撫 이하 많은 관리들도 황제의 뒤를 따라 이이곡의 병문안을 갈 준비를 하고 있었습니다. 강희가 먼저 사실을 알아보니, 이 이곡은 정말로 병이 났다면서 대신에 자기 아들을 보내 황제를 뵙고 자 세히 말씀드리게 할 수밖에 없다고 했습니다.

강희는 매우 현명했습니다. 그는 한사코 이이곡의 집에 가려고 하지 는 않았습니다. 그가 만일 이이곡의 집에 굳이 갔더라면 이이곡은 황제 를 한바탕 꾸짖었을 것이고, 그렇게 되면 황제는 이이곡을 죽이지 않으 면 안 되었을 것입니다. 이이곡을 죽이면 민족적 반감을 불러일으킬 것 이고, 죽이지 않으면 황제의 존엄을 잃게 되어 이러지도 저러지도 못하 게 될 터이므로, 강희는 가지 않기로 했던 것입니다. 강희는 아버지 대 신 황제를 뵈러 온 이이곡의 아들을 위로하면서 자기의 뜻을 아버지에 게 잘 전해 주라고 하고는, 지방관들에게도 이이곡을 잘 보살펴 주라고 당부했습니다. 그리고 강희는 관료들에게 말하기를, 자기는 황제의 몸이 라 북경으로 돌아가 조정의 일을 처리해야 하지만 지방관들은 아침저녁 으로 이이곡에게 배울 수 있으니 정말 복이 많다고 했습니다.

강희의 그런 운용은 바로 중국 문화의 좋은 일면을 자신의 권모술수 에 활용한 것입니다. 그러나 정말 개탄할 일은, 후세인들은 그런 죄과를 강희의 권모술수로 돌리지 않고 오히려 공맹의 탓으로 돌려, 결국 공가 점이 타도 대상이 되고 공자가 욕을 먹게 되었는데, 이는 너무나도 억 울한 일이라 하겠습니다. 사실대로 말하면, 효도 정신은 절대로 옳은 것입니다. 그 이유는 너무나 많지만, 지금은 『논어』를 강의하고 있는 중이라 본 주제 이외에는 너무 많이 말할 수 없으므로 여기까지만 언급하겠지만, 효도 정신이 천하를 다스릴 수 있음은 이해할 수 있을 것입니다. 부모에 대한 개인의 효도로부터 천하 사람들을 사랑하는 데까지 확장시켜 나가는 것이 바로 효도 정신입니다. 그 정신의 더욱 깊은 점은 『효경』을 다시 읽어 보면 이해하게 됩니다.

효도는 공경이 첫째

다시 이어집니다.

자유가 효도에 대하여 묻자, 공자께서 말씀하셨다. "오늘날 사람들의 효도는 (효도를 이해하지 못하고 그저) 부모의 의식주를 해결해 드릴 수 있는 것만을 말한다. 그런데 집에서 기르는 개와 말에게도 의식주는 해결해 줄 수 있다. 공경하는 마음이 없다면 이것과 무엇이 다를까!"

子游問孝。子曰 : 今之孝者, 是謂能養。至於犬馬, 皆能有養。不敬,
자유문효　자왈　금지효자　시위능양　지어견마　개능유양　불경

何以別乎!
하이별호

자유子游는 공자의 제자로 성은 언言이며, 이름은 언偃입니다. 자유는 그의 자字로서, 공자보다 45세 어렸습니다. 자유가 효도에 대해서 묻자, 공자는 분명하게 풀이해 주고 있습니다. "요즈음 사람들은 효도를 이해하지 못하고, 부모를 부양하기만 하면, 즉 의식주만 해결해 드리면 그것을 효도라고 생각한다." 마치 오늘날의 젊은이들이 매월 50달러나 100달러를 부모에게 부쳐 드리고는 그것을 효도라고 생각하는 것과 같습니다. 많은 젊은이들은 그나마 이 50달러조차도 부쳐 드리지 않는데, 간혹 부쳐 드리면 늙은 부부는 집에서,

눈물 흘리는 눈이 눈물 흘리는 눈 바라보고　　　　　流淚眼觀流淚眼
애끊는 사람이 애끊는 사람 대하네　　　　　　　　　斷腸人對斷腸人

라는 말처럼 외롭디 외롭게 지내다가도 이 50달러를 보고서는 마냥 기쁩니다. 이처럼 요즘 사람들은 그저 부모의 의식주나 해결해 드리면 그것을 효도인 양 생각합니다. 그러나 "집에서 기르는 개와 말에게도 의식주는 해결해 줄 수 있습니다."(犬馬皆能有養). 개 한 마리나 말 한 필도 집에서 기르며 배불리 먹여 주고, 어떤 사람은 돼지 간까지 사서 개에게 먹이는데, 이런 모양으로 부모를 부양만 하고 정작 사랑하는 심정이 없다면 진정한 효도가 아닌 것입니다. 효도는 형식이 아니며, 개나 말을 기르는 것과는 다릅니다.

여기서 우리는 공자가 학생에게 가르치는 효도와, 정치에 종사하는 사람에게 가르치는 효도의 내용이 전혀 다른 것을 알 수 있습니다. 그래서 우리는 공자의 앞 두 단락의 말이 은어를 사용한 헐후어歇後語임을 알게 됩니다. 다음에도 이어서 효도를 말합니다.

　　자하가 효도에 대하여 묻자,
　　공자께서 말씀하셨다. "(공경하는 바른) 태도가 어렵다. 일이 있을 때 자제들이 그 수고를 맡고, 술이나 음식이 있을 때 어른들에게 먼저 드시도록 한다고 해서, 설마 이런 것만으로 효도라 할 수가 있겠느냐?"

　　子夏問孝。子曰：色難。有事弟子服其勞，有酒食，先生饌。曾是以
　　자하문효　　자왈　색난　유사제자복기로　유주사　선생찬　증시이

爲孝乎？
위효호

자하가 와서 효에 대해 물으니 공자는 '색난'色難이라고 말했습니다. 무엇을 '색난'色難이라고 할까요? 이것은 태도 문제인데, 위에서 "공경하지 않는다면 어찌 효라고 하겠느냐?" 라고 말한 것은 바른 태도가 어렵다는 것입니다.

"유사제자복기로"有事弟子服其勞, 즉 일이 있을 때 그 자제들이 수고를 맡는다는 것은, 가령 부모님이 비로 마당을 쓸고 계신 것을 보면 자녀들이 그 비를 달라고 해서 쓴다는 것입니다. "유주사, 선생찬"有酒食, 先生饌에서 '선생'은 오늘날에는 일반적인 호칭이지만, 고대에는 나이 많은 세대를 존칭하는 말이었습니다. 맛있는 음식이 있으면 부모님이나 어른들이 먼저 드시도록 가져다 드린다는 것입니다. "증시이위효호?"曾是以爲孝乎, 증시曾是는 '가정'假定의 뜻입니다. "이렇게 한다면 너는 효도라고 생각하느냐?" 라고 공자는 물은 것입니다. 어른들을 위해 일을 하고, 어른들에게 좋은 음식을 드시게 하는 것만으로써 효도를 다했다고 할 수 없다는 것입니다. 왜 그럴까요?

'색난'色難, 곧 바른 태도가 중요하기 때문입니다. 가령 우리가 퇴근해서 집에 돌아와 무척 피곤할 때 아버지가 침상에 누워 계시면서 차 한 잔 갖다 달라고 분부했을 때, 자식 된 우리가 차를 들고 가서 못마땅한 얼굴로 찻잔을 탁자 위에 휙 밀어놓고는, 쌀쌀한 어조로 "드세요!" 했다 합시다. 자식의 이런 태도를 보는 부모의 심정은 죽는 것만큼이나 괴로울 것입니다. 절대 이래서는 안 됩니다. 효도는 첫째로 공경함이 있어야 합니다. 이것은 속마음에 속합니다. 그 다음으로는 외형적인 문제, 즉 바른 태도가 중요합니다.

왜 효도에 관한 이 말을 여기에 넣어 놓았을까요? 이 가르침에는 군도君道와 신도臣道가 포함되어 있습니다. 하나는 상급자로서 사람을 거느리는 지도자이고, 하나는 부하로서 남과 어울려 협력해야 하는 사람입니다. 그러므로 우리는 위정에 있어서도 역시 '색난'色難이 중요하며, 공경하는 마음이 있어야 한다고 말할 수 있습니다. 부하를 올바른 태도로 사랑하기는 어렵습니다.

역사상 유명한 제왕인 당태종은 타고난 풍모가 위엄스러웠는데, 어느 날 위징에게 "왜 대신들이 내 앞에서는 말을 하지 않느냐?"고 물었습니다. 위징은, 오직 위징만이 황제에게 이렇게 감히 말할 수 있었습니다, "폐하 자신은 모르시지만, 폐하께서는 위엄이 있으셔서 대신들이 폐하 앞에서는 심리적으로 두려움을 느껴 말을 할 수가 없습니다." 이 말을 들은 당태종은 곧바로 거울 쪽으로 가서 거울을 마주보고 웃는 표정을 연습했습니다. 그리고 사람만 보면 웃음을 지어 보여, 자신의 표정과 태도를 서서히 부드럽게 변화시켰습니다. 이처럼 위정에도 역시 태도가 중요하고 어렵습니다.

많은 사람들이 공공기관, 특히 우체국이나 은행 같은 곳에 갔을 때, 직원들의 딱딱한 얼굴 표정을 보고 불쾌감을 느낍니다. 예를 들어, 우체국에 가서 우표를 살 때 우체국 창구의 여직원이 바쁘고 지친 모습으로, 마치 빚쟁이들한테 빚을 조금씩 갚는 듯한 태도로 우표를 내주는 일이 있는데, 이것은 정말 불쾌한 일입니다. 그렇지만 그 여직원 입장을 생각하면 안됐다는 생각이 듭니다. 하루 종일 앉아 있는데다 어떤 사람들은 귀찮게 자꾸 말을 시키기도 할 것입니다.

이처럼 남을 지도하는 사람이나 부하가 된 사람이나 모두 바른 태도를 가지기가 쉽지 않습니다. 마음으로는 더욱 어려워서, 진정으로 사람을 사랑하고 공경하는 마음을 가지기란 쉽지 않습니다. 그래서 효도에 관한 이 두 마디의 말을 「위정」편 속에 넣은 것은, 바로 정치에 종사하는 사람의 수양과 태도도 진정한 학문이라는 것입니다. 말로는 부하를 제일 소중히 여긴다고 하면서 입만 열면 부하를 꾸짖고 부하에게 화풀이를 한다면, 화풀이한 다음에 아무리 잘해 주어도 소용이 없습니다.

이어서 공자가 안회에 대해서 한 말이 나오는데, 위의 자유와 자하의 효도에 대한 물음과 함께 앞뒤로 「위정」편에 넣은 것은 신도臣道와 군도君道의 도리를 말하고자 함입니다. 다음의 단락은 질문이 없이 공자가 단독으로 말한 것을 기술해 놓은 것입니다.

공자께서 말씀하셨다. "내가 안회와 종일토록 말을 해 봐도 내 뜻에 반대한 적이 없어 어리석은 사람 같다. 그러나 물러가 (혼자 있을 때에도 스스로) 그 자신(의 사람됨과 처신)을 (늘) 살펴보고, 나의 뜻을 (잘 이해하고 있을 뿐만 아니라) 또 발휘하고 있다. (이것으로 보아) 안회는 어리석지 않다."

子曰 : 吾與回言終日, 不違如愚。退而省其私 , 亦足以發。回也不愚。

　자 왈　오여회언종일 불위여우　퇴이성기사　역족이 발　회야불우

　우리가 알듯이 공자가 가장 아꼈던 학생이 바로 안회顏回였는데, 그는 안연顏淵이라고도 불립니다. 안회는 도덕에서나 학문에서나 공문孔門 가운데 첫 손가락 꼽히는 인물로서, 공자는 늘 안회 이야기를 했습니다.

　말이 나왔으니, 우스갯소리를 하나 하겠습니다. 나는 자주 말하기를, "젊은 학생들이야 글을 쓰고 싶어도 쓸 것이 없지만, 세계적으로 가장 고명한 사람은 지금까지 단 한 글자도 글을 쓰지 않았다. 그들의 사상과 학설은 모두 제자들이 쓴 것이다. 석가모니나 예수 같은 분은 자기 스스로 글을 써서 남기지 않았고, 모두 그 제자들이 썼다. 그러나 중국의 두 성인은 참 딱한데, 그 중에서도 특히 딱한 분은 공자로서, 학생들은 글을 별로 쓰지 않고 오히려 선생이 써서 학생들에게 바쳤다. 노자도 참 딱했다. 한 학생도 그의 가르침을 써 놓지 않아서, 노자 자신이 5천 자의 『도덕경』을 써 놓았다. 이것이 우리 성인과 외국 성인의 다른 점이다." 라고 합니다.

　오늘날 우리가 안회를 알 수 있는 까닭은 공자가 그의 저작 속에서 자신이 아끼는 제자를 자주 언급해 놓았기 때문입니다. 이 단락에서도 공자는 안회를 언급하고 있습니다. 공자는 말했습니다. "나는 안회와 하루 종일 이야기를 해도 안회가 내 뜻에 반대한 적이 한 번도 없었으니, 그는 아주 어리석어 보인다. 그러나 그는 나를 떠나 혼자 있을 때에도 스스로 자신의 사람됨이나 처신을 늘 검토할 줄 알아, 결과적으로는 나의 뜻을 잘 이해하고 있을 뿐만 아니라 한 걸음 나아가 나의 뜻을 발휘하고 있으니, 이것으로 보아 안회는 결코 어리석지 않다."

　문제는 이러한 말을 왜 여기다 넣어 놓았느냐 하는 것입니다. 바로 앞 두 단락의 효에 대한 질문에서, 공자는 첫째는 공경하는 마음, 둘째는 태도의 어려움을 말하고 있는데, 이것은 모두 신도臣道·군도君道와 관계가 있습니다. 여기에서는 이제 안회의 태도로 신도를 말하고 있습니다. 일반적으로 아랫사람은 윗사람이 하는 말에 모두 "예, 예." 하고 받아들이고 복종합니다. 그러나 받아들여 복종만 하는 것이 어떤 때는 도리어 문제가 있을 수 있으므로, 반드시 옳은 것은 아닙니다. 그러므로 받아들

이고 복종하는 수양도 있어야 하지만, 또 "물러가 그 자신을 살펴보고(退而省其私), 한 걸음 나아가 그 말대로 뜻을 발휘하여 확충할 수 있어야(亦足以發)" 비로소 사업을 할 수 있는 좋은 간부나 위정을 할 수 있는 인재라 하겠습니다. 그래서 안회의 개인적 수양 내용을 「위정」편의 한 단락으로 넣어 놓은 것입니다.

공자도 관상을 볼 줄 알았다

다음에는 글의 방향이 바뀌어 정식으로 위정의 도리를 말합니다. 공자의 사람 관찰에 관한 이야기입니다.

공자께서 (사람을 관찰하는 도리를) 말씀하셨다. "그의 삶의 목적을 보고, 그의 행위 방식을 관찰하며, 그의 평소 안주하는 바를 살펴보면, 사람이 어찌 자기를 숨길 수 있겠는가? 사람이 어찌 자기를 숨길 수 있겠는가?"

子曰 : 視其所以, 觀其所由, 察其所安, 人焉廋哉? 人焉廋哉?
자왈 시기소이   관기소유   찰기소안   인언수재   인언수재

이것이 바로 공자가 사람을 관찰하는 도리입니다. 사람을 관찰하는 도리라고 하면, 우리가 알듯이 관상을 보고 점을 치는 것입니다. 특히, 요즈음 널리 유행하고 있는 이 두 가지는 우리 나라에서도 수천 년의 역사를 가지고 있고 세계 각국에서도 행해지고 있어서, 이탈리아 관상법이나 일본 관상법 등이 있습니다. 이로 보면 관상법이 국가나 민족에 관계없이 유행한다는 것을 알 수 있습니다.

우리의 관상 역사는 아주 오래 되었습니다. 춘추전국 시대에 아주 많았고, 일반적으로 말해서 우리 나라의 관상법은 나름대로 한 체계가 있으며, 요즘도 거리에서 유행하는 '마의麻衣 관상법'이나 '유장柳莊 관상법', '철관도鐵關刀 관상법'을 모두 포괄하고 있습니다. 뿐만 아니라, 현대 이탈리아의 관상법, 일본인이 연구해 낸 수상학手相學이나 장문학掌紋學

같은 새로운 것들도 모두 우리의 관상법 범위를 벗어나지 않습니다. 그 밖에 우리 문화에는 신상神相 및 심상心相이라고 하는 또 다른 체계의 관상법이 있는데, 이것은 심오하며 이해하기 어렵습니다.

신상神相은 모습을 보는 것이 아니라 태도를 보는 것입니다. 또, 심상心相은 어떤 것일까요? 우리 문화의 기본 입장은 완전한 유심唯心 ─ 서양의 유심 철학이 아닙니다 ─ 으로서, 다음과 같은 명언이 있습니다. "마음은 있되 상이 없으면, 상은 마음으로 말미암아 변한다. 상은 있되 마음이 없으면, 상은 마음에 따라 바뀐다."(有心無相, 相由心變。有相無心, 相隨心轉). 사람은 생각이 바뀌면 겉모습도 변합니다. 가령 우리는 어떤 사람이 화를 내려고 하는 것을 어떻게 알 수 있을까요? 그의 겉모습을 보면, 그가 속으로 화가 나서 신경이 긴장되어 있다는 것을 알 수 있습니다. 그러므로 관상학은 곧 과학입니다.

두 눈썹 사이의 거리인 인당印堂이 좁은 사람은 틀림없이 도량이 작고, 인당이 넓으면 도량이 크다고 흔히들 말하는데, 이것은 무슨 이치일까요? 도량이 작은 사람은 타고난 성격상 조금만 뜻대로 되지 않는 일이 있어도 눈썹을 찌푸려서 인당의 근육이 서서히 수축되므로, 이것은 당연한 이치입니다. 또, 앞니가 드러난 사람은 흔히 단명하다고 하는데, 이것은 이가 드러나면 잠잘 때 입을 다물 수가 없어 호흡할 때 더러운 것이 체내로 들어가게 되니, 당연히 건강에 문제가 발생하기 때문입니다. 이런 부류의 이치는 모두 이와 같은데, 옛날 사람들은 관상을 보면서 이런 사실은 알았지만 그 까닭은 몰랐습니다. 그 원인이 무엇이냐고 물어 보면, 책에 그렇게 쓰여 있다고 답하지만, 실제로는 이런 것들이 모두 경험에서 온 것입니다.

어떤 사람은 말하기를, 청대의 중흥 명신中興名臣인 증국번曾國藩에게는 13가지 학문이 있었지만, 전해 내려오는 것은 『가서』家書 한 가지뿐이라고 합니다. 그러나 사실은 전해 내려오는 것이 한 가지 더 있는데, 관상학인 『빙감』氷鑑이란 책입니다. 『빙감』에 담겨 있는 관상이론은 다른 관상책과는 다릅니다. 이 책에서 증국번이 말하는 관상법으로 "공명간기우"功名看器宇라는 것이 있습니다.

'기우'器宇가 나오니 또 복잡해집니다. 이래서 또 전통 철학을 말하게 되는데, 이것은 문학과 연결된 개념입니다. 이 '기'器자는 무슨 뜻으로 해석될까요? 바로 물건입니다. 그리고 '우'宇는 천체를 나타냅니다. 그러면 '기우'器宇란 무엇일까요? '천체의 구조적 형태'를 말합니다. 굳이 말한다면 이런 뜻으로 해석할 수 있습니다. 전통적인 것들은 이처럼 번거롭습니다. 우리들은 "이 사람은 풍도風度가 좋다."라는 말을 합니다. 불어오는 것이 풍風이고, 얼마나 넓고 긴지를 가늠한 것이 도度입니다. 어떤 사람의 '풍도風度'는 말로 설명할 수 없는 것으로, 추상 명사이지만 과학적이기도 합니다. 예를 들면, 많은 사람들이 모인 가운데서 특별히 여러 사람의 주의를 끄는 사람이 있는데, 인물이 잘생긴 것도 아니고 겉으로 보아 무슨 특별한 점은 없는데도 마음속으로 어딘가 다른 사람과는 다르다고 느껴지게 하는 점이 있습니다. 이것을 풍도라고 합니다.

"공명간기우"功名看器宇는 어떤 사람이 공명功名이 있는가 없는가 하는 것은 그의 풍도를 보고 알 수 있다는 것입니다. 그 밖에도 증국번의 관상법 몇 가지를 들어 보면 다음과 같은 것이 있습니다.

"사업간정신"事業看精神, 어떤 사람의 사업은 그의 정신을 보면 알 수 있다는 것입니다. 이건 당연하지요. 사람이 정신력이 없다면 일을 조금만 해도 피곤해질 텐데, 무슨 사업의 전도가 있겠습니까?

"궁통간지갑"窮通看指甲, 어떤 사람의 앞날이 어떤가를 알고자 하면 손톱을 본다는 것입니다. 손톱이 그 사람의 앞날과 관계가 있을까요? 확실히 관계가 있습니다. 생리학적으로 보면 손톱의 주요 성분은 칼슘으로, 칼슘이 충분하지 않으면 체력이 부족하고, 체력이 부족하면 정신적으로 경쟁이 안 됩니다. 어떤 사람들은 손톱이 기와 모양으로 둥그렇지 않고 납작한데, 이런 사람들은 체질이 약하고 병이 많다는 것을 곧 알 수 있습니다.

"수요간각종"壽夭看脚踵, 수명의 길고 짧음은 그 사람이 걸어갈 때의 발뒤꿈치를 보면 알 수 있다는 것입니다. 나의 학생 중에 길을 걸을 때 발뒤꿈치가 땅에 닿지 않는 학생이 하나 있었는데, 과연 단명했습니다. 이런 사람은 첫째 단명하고, 둘째 총명하지만 경솔합니다. 그래서 그에게 일을 맡기면 일을 빨리 해내기는 하지만 착실하지 않습니다.

"여요간조리, 지재언어중"如要看條理, 只在言語中, 어떤 사람의 생각이 어떠한지는 그의 말에 조리가 있는지 없는지 보면 된다는 것인데, 이렇게 보고 판단하는 방법은 과학적입니다.

옛날에는 이런 부류의 학문을 '형명지학'(形名之學)이라고 했으며, 위진 때 유행했습니다. 또, 『인물지』人物志라는 책이 있는데, 여러분도 한번 읽어 보면 좋을 것입니다. 이 책은 위나라 유소劉邵의 저작으로 북위의 유병劉昞이 주석을 달았는데, 사람에 대해 전문적으로 논하고 있습니다. 바꿔 말하면, 사람의 과학입니다. 최근에 유행하는 인사 관리나 직업 분류학 같은 것들은 외국에서 들어온 것입니다. 하지만 우리의 『인물지』는 그보다 더 나은, 진정한 의미의 인사 관리나 직업 분류로서 어떤 사람이 어떤 분야에 적합한지 자세히 분류하고 있습니다. 어떤 사람은 사업형인가 하면, 어떤 사람은 절대로 사업형이 아니므로 잘못 안배해서는 안 되며, 어떤 사람은 학문은 있지만 반드시 재능도 있는 것은 아니며, 또 어떤 사람은 재능은 있지만 품덕이 부족합니다. 학문이 있고 재능과 품덕도 함께 갖춘 사람이 으뜸 인물이지만, 이러한 인재는 많지 않습니다.

나의 오랜 친구가 하나 있는데, 그는 책은 많이 읽지 않았지만 자신의 인생 경험에서 얻은 몇 마디 말을 했는데, 아주 재미있습니다. 그가 "상등인上等人은 재능이 있으면서 성깔은 없고, 중등인은 재능도 있고 성깔도 있으며, 하등인下等人은 재능도 없으면서 성깔만 사납다." 이것은 명언이자, 그의 학문이라고도 할 수 있습니다. 그러므로 입신 처세에 있어서 알아 두어야 할 것은, 학문이 있지만 성깔도 있는 사람은 포용해서 그의 장점인 학문은 활용하고 단점인 성깔은 따지지 말아야 한다는 것입니다. 그가 화를 내는 것은 여러분에게 악의가 있어서가 아니라, 그 사람의 본래 결점 때문인데 여러분과 무슨 관계가 있겠습니까? 여러분이 효도를 중시하려면 군도君道의 입장에서 사람을 아끼고 존중해야 합니다. 때로는 나에게 크게 화를 내는 학생들이 있는데, 내가 그냥 내버려 두면 뒤에 사과를 하러 옵니다. 그러면 나는 그에게 용건이 무엇이냐고 물어 보면서, 우선 화부터 내지 말고 본론을 이야기한 다음 화를 내도 좋다고 말합니다. 그러면 그는 웃습니다.

마땅히 연구해야 할 두 번째 책은 무엇일까요? 바로 황석공黃石公이 장량張良에게 전해 준 『소서』素書라는 책입니다. 이 책이 위서僞書인지는 단언하기 어렵지만, 중국 문화의 결정인 것은 확실합니다. 위인처세爲人處世와 사람을 알아보는 도리에 대해서 깊은 철학적 견해를 담고 있어서, 관상책이라고도 할 수 있습니다. 눈썹이 길고 코가 길면 어떻다는 식으로는 결코 말하고 있지 않지만 진정한 관상법을 말하고 있는 책입니다. 눈썹·코·눈 따위는 보지 않고, 대체로 어떤 사람의 처세 태도와 말의 조리를 관찰하는 관상법이라고 할 수 있습니다.

맹자도 관상보기를 좋아했습니다만, 간판을 걸어놓고 하지는 않았습니다. 맹자는 사람의 눈빛에 주의했는데, 정정당당한 사람의 눈빛은 틀림없이 단정합니다. 눈을 위로 치뜨기 좋아하는 사람은 틀림없이 오만하며, 반대로 내려뜨기 좋아하는 사람은 마음이 곧잘 동요하며, 곁눈질하기 좋아하는 사람은 적어도 심리적인 문제가 있습니다. 이런 것이 바로 관상에서 말하는 눈빛으로 맹자 관상법의 한 분야인데, 관상법에서의 안과眼科라 할 수 있겠지요!

공자는 여기서 사람을 관찰하는 원칙을 말하고 있습니다. '시기소이'視其所以는 그 사람의 목적이 무엇인지를 보는 것입니다. '관기소유'觀其所由는 그 사람의 동기나 행동 경과를 보는 것입니다. 법리적인 관점에서 말하면 범죄 의도를 보는 것으로, 형법상 어떤 사건은 범죄 의도가 있어야 범죄가 성립됩니다. 과거 중국인은 소송 제기를 별로 하지 않았는데, 소송 제기를 좋아하는 사람을 '송곤'訟棍이라 불렀습니다.

다음과 같은 이야기가 있습니다. 어떤 사람이 칼로 살인을 해서 소송이 제기되었는데, 이것은 큰 죄로서 그 벌로 목숨을 내놓아야 했습니다. 그런데 송곤訟棍이 피고에게 1천 냥의 은을 주면 틀림없이 무죄로 해주겠다고 했습니다. 피고는 사형을 면하려고, 속는 셈치고 그에게 1천 냥의 은을 주었습니다. 송곤은 그 은을 받고서는, 발송할 공문을 빼내어 "칼로써 살인하다."(用刀殺人)라는 부분의 '로써'(用)를 '휙 던져서'(甩)로 고쳤습니다. 즉, 칼을 휙 던진 것이 살인하게 된 것이어서 범죄 의도는 없는 것으로 인정되어 그 사람은 무죄가 된 것입니다.

또, 하나의 이야기가 있습니다. 청나라 때 공자의 제사에 참가하는 사람들은 제사 의식 중에 두리번거리거나 몸을 돌려 말을 해서는 안 되었습니다. 그렇게 하면 대불경죄大不敬罪에 해당되어, 죄가 무거우면 목을 베이고 가벼우면 감옥에 가야 했으며, 죄가 아주 가볍더라도 공직에서 파면되어 다시는 채용되지 못했습니다. 한번은 어떤 독무督撫가 부하들을 거느리고 공자의 제사를 지냈는데, 부하들 중에 평소 한 동료에게 감정을 품고 있던 사람이 그 동료가 제사 중에 고개를 돌려 말했다고 황제에게 고소했습니다. 황제가 이 사건을 조사해서 밝히라고 독무에게 명령하자, 독무는 매우 황공惶恐했습니다. 그는 믿을 만한 부하를 시켜, 평소 가장 싫어했던 송곤에게 가서 한 글자에 천 냥씩 여덟 글자를 써 오라고 부탁하고 8천 냥을 그에게 주었습니다.

송곤은 한 글자를 공짜로 준다고 하면서, 다음과 같은 아홉 글자를 써 주었습니다. "신위열전모, 불감반고"臣位列前茅, 不敢反顧. 곧 "신의 자리가 맨 앞줄이었기에 감히 돌아보지 못했습니다."라는 글이었습니다. 독무는 이 짧은 조사 보고서를 황제에게 올림으로써 아무 일이 없게 되었으며, 뿐만 아니라 그 원고도 더 이상 문제를 삼을 수가 없게 되었습니다. 왜냐하면 계속 추궁해 들어갈 경우, 원고가 규칙을 지켜 머리를 돌리지 않았다면 어떻게 피고가 머리를 돌렸는지 알 수 있었겠느냐는 추궁을 받게 되어, 결국 원고까지도 죄가 있게 되기 때문이었습니다. 대관들의 머리를 베어야 할 큰 사건이 송곤이 쓴 아홉 글자만으로 가볍게 해결되었던 것입니다.

이릉李陵이 소무蘇武에게 답한 글 중에서 "소장訴狀 담당 관리가 그 내용을 멋대로 짓는다."(刀筆之吏, 弄其文墨)는 말이 있는데, 정치에 종사하는 사람은 누구나 이 점을 알아야 합니다. 즉, 공무 처리 경력이 오래 되고 정치에 종사한 지 오래 되면 법에 훤해져서, 오로지 그럴 듯하게 문서를 꾸미는 것만으로도 사람을 해치거나 죽이기가 칼보다 쉽다는 것을 말입니다. 그래서 공자는 먼저 그 사람의 동기動機와 목적을 보아야 하고(視其所以), 그 근원來源과 행동 경과 전체를 보아야 한다(觀其所由)고 말했습니다. 나아가 그의 평소 사람됨이 무엇에 안주하는가, 현실에 편안할 수 있는가 없는가 하는 것을 본다(察其所安)는 것입니다.

어떤 사람들은 자신의 현실에서 편안하기가 어려운데, 예를 들어 70여 세 된 백발의 내 친구 한 사람은 지식인이라 학문도 대단히 훌륭합니다. 이제 막 퇴직했는데, 아내는 죽고 없습니다. 생활 속에서 카드놀이도 흥미가 없고, 붓글씨는 잘 쓰지만 글 쓰는 데 흥미도 없고, 원래 공부한 사람이라 책을 볼 수 있는데도 책만 집어 들면 잠을 자고 싶고, 자려고 누우면 또 잠이 오지 않습니다. 여기서 젊은이들에게 유의하라고 말하고 싶은 것이 있는데, 노인들은 불쌍하게도 어떤 일들에서 늘 자기 뜻대로 되지 않고 정반대로 됩니다. 앉아 있으면 잠을 자고 싶고, 그래서 누워 보면 오히려 잠이 오지 않습니다. 울 때는 눈물이 안 나오더니 웃으니까 눈물이 나오고, 방금 서로 바라보면서 말한 것은 그 자리에서 잊어버리고, 지나간 일은 어린 시절 일까지도 다 기억해 내고, 남이 자기에게 하는 듣기 좋은 말은 못 들으면서도 욕하는 말은 곧바로 듣습니다. 이것이 노인들의 참담한 모습입니다. 노인들은 너무 무료하고 적적한데다 모든 일에 흥미가 없으니 여자 친구나 사귈 수밖에 없는데, 나는 그 친구에게 결혼할 필요는 없다고 했습니다. 그의 이런 현상은 노인으로서 안주할 곳이 없고, 마음이 편안함을 느끼지 못하기 때문입니다. 이것이 노인입니다.

그러나 젊은이도 마찬가지입니다. 이것은 심리상의 문제로서, 어떤 사람이 학문 수양을 하고도 평소에 마음을 편히 붙일 곳이 없다면 큰 문제입니다. 어떤 이들은 일이 있을 때는 정신이 활력에 넘치다가도 일이 없을 때는 마음이 불안해지는데, 그만큼 마음을 편안히 하기가 어렵다는 것을 알 수 있습니다.

공자는 말하기를 "그의 삶의 목적을 보고, 그의 행위 방식을 관찰하며, 그의 평소 안주하는 바를 살펴본다."(視其所以, 觀其所由, 察其所安)는 이 세 가지로 사람을 관찰하면, "인언수재(人焉廋哉)? 인언수재(人焉廋哉)?", 이 '수廋'자는 도피한다는 뜻이 있습니다. 사람이 자기를 숨길 수 없다고 했습니다. 어떤 사람의 사람됨과 처세에서, 그가 이 세상을 살아가는 목적을 어디에 두고 있는가, 그의 행위 방식이 어떠한가 하는 것을 보아야 합니다. 전자는 사상에 속하며, 후자는 행위에 속합니다.

그 밖에도 그의 평소의 함양涵養에서, 그가 무엇에 안주하는가를 보아야 하는데, 어떤 이는 안일과 쾌락에 안주하고, 어떤 이는 가난에 안주하고, 어떤 이는 평담平淡에 안주합니다. 이 중에서 가장 어려운 것이 평담인데, 평담에 안주하는 사람은 무슨 일이든지 할 수 있습니다. 왜냐하면 그 사람은 사업에 얽매이지 않기 때문입니다. 이것은 무슨 말일까요? 평담에 안주하는 사람은 오늘 돈을 많이 벌었다고 해서 잠을 이루지 못하지도 않을 것이며, 궁해져서도 역시 돈이 자신을 위협한다고 느끼지 않기 때문입니다. 그러므로 마음을 편히 갖기가 가장 어렵습니다.

이 단락을 「위정」편에 넣어 놓은 것은, 이 세 가지 점이 사람을 살펴 알고 또 품행을 격려하는 데 중요한 요점이 되기 때문입니다. 다음에 이어지는 한 단락의 말은 우리 모두 잘 알고 있는 말입니다.

공자께서 말씀하셨다. "(개인이든 국가든, 지난날 어떻게 성공했으며 또 어떻게 실패했는지에 대해 많은 것을 역사가 분명하게 말해 주기 때문에) 지난 일을 돌이켜보아 앞날을 알면, 스승이 될 수 있다."

子曰：溫故而知新，可以爲師矣。
자 왈　온고이지신　가이위사의

문자 상으로 해석하면, 다들 알듯이 이 말의 뜻은 과거를 돌이켜보고 현재를 아는 사람은 다른 사람의 선생이 될 수 있다는 것입니다. 표면 문자적인 해석대로는 이런 의미일 뿐이지만, 실제로는 한 걸음 더 깊이 체험해야 합니다.

'온고溫故'란 과거의 것을 알아야 한다는 것입니다. 역사를 예로 들면 지난 5천 년의 『이십오사』二十五史가 있는데, 이것을 다 안다는 것은 정말 쉽지 않은 일입니다. 설령 역사를 읽는다 하더라도 그 목적이 결코 학위나 받는 데 있어서는 안 됩니다. 그럼 무엇이 목적일까요? 바로 '온

고지신'溫故知新입니다. 즉, 과거를 살펴 미래를 알아내고, 그렇게 해야 "스승이 될 수 있습니다."(可以爲師矣). 과거가 바로 여러분의 스승이 됩니다. "지나간 일을 잊지 않으면 뒷일의 스승이 된다."(前事未忘, 後事之師)라는 말도 "온고지신"의 뜻인데, 이것은 무슨 이치일까요? 개인이든 국가든, 지난날 어떻게 성공했으며 또 어떻게 실패했는지에 대해 많은 것을 역사가 분명하게 말해 주기 때문입니다.

얼마 전에 나는 사람들과 환담하면서 요즈음 청년 세대들은 학문하기가 매우 어렵다고 말했습니다. 우리 문화의 전통적인 뿌리인 과거를 알아야 할 뿐만 아니라 현대 사회의 신학문도 알아야 하고, 국내의 일은 물론 국외의 일도 알아야 하며, 동서고금의 일을 알아야 합니다. 그러므로 위정하는 사람은 '위정'爲政에는 반드시 학문이 있어야 한다는 점을 더욱 유념해야 합니다. "지난 일을 돌이켜보아 앞날을 알면, 스승이 될 수 있다."(溫故而知新, 可以爲師矣), 이래야 비로소 진정으로 과거의 역사를 본보기로 삼아 미래의 새로운 사물의 발전을 판단할 수 있습니다.

무슨 물건일까

다음에 이어집니다.

공자께서 말씀하셨다. "군자는 (오직 특정 분야의 재능인이나 전문가인) 그릇과 같은 것이 아니다. (위정爲政은 다재다능한 인재를 필요로 하기 때문에, 다양한 것을 알아야 한다)"

子曰 : 君子不器。
자 왈　군 자 불 기

이 말을 문자대로 구어로 번역해보면 우습습니다. 즉, 공자는 "군자는 물건이 아니다." 라고 말했다는 것입니다. 이 사상을 언급하면서 저는 늘 말하기를 "우리 나라 사람들은 정말 대단해. 모두들 철학을 이해하고 있으니 말이야. 특히, 남을 욕할 때는 더욱 그렇지." 라고 합니다. 예를 들어, "너는 도대체 무슨 물건이냐?"를 철학적 입장에서 말하면, 나는 내가 무슨 물건인지 정말 알지 못합니다. 왜냐하면 사람의 생명이란 게 도대체 어떻게 된 것인지 아직 알지 못하니까요! 그러므로 내가 무슨 물건인지 정말로 모릅니다.

그런데 공자의 이 말은 도대체 무슨 뜻일까요? 위정爲政은 다재다능한 인재를 필요로 하기 때문에, 다재다능한 인재는 다양한 것을 알아야 합니다. '불기'不器는 곧 위정자란 어떤 특정형의 사람이 아닌, 동서고금에 무소불통無所不通하는 사람이어야 한다는 것을 비유로 말한 것입니다. 겉으로 보면, 훌륭한 대정치가는 마치 훌륭한 연기자와 같아서, 역할에 따라 그 연기를 훌륭히 해 냅니다. 종업원 역할을 해야 할 때는 고분고분 청소하고 차를 따르며, 큰 관료 역할을 해야 할 때는 아주 온화하게 관료 노릇을 하는 등, 어떤 역할이든 그에 어울리는 연기를 해 냅니다.

"군자는 그릇과 같이 않다"(君子不器)는 학문은 바로 진정한 다재다능한 인재가 되는 것입니다. 그렇지 않을 경우엔 오직 특정 분야의 재능인이나 전문가가 될 뿐입니다. 그래서 "군자불기"君子不器라는 말을 「위정」편에 넣어서 위정의 도리를 설명하고 있습니다. 바꾸어 말하면, 문무文武를 겸해야 한다는 것도 "군자불기"의 설명입니다.

『논어』는 여기서 군자를 언급하고 있는데, 무엇이 군자일까요? 다음에서 말합니다.

> **자공이 군자에 대하여 묻자,**
> **공자께서 말씀하셨다. "말보다는 행동을 앞세워라, 그러면 사람들은 너를 따른다."**

> 子貢問君子, 子曰 : 先行其言, 而後從之。
> 자 공 문 군 자   자 왈   선 행 기 언   이 후 종 지

유가 공맹孔孟 사상에서는 항상 군자를 말하는데, 무엇이 군자일까요? 이것은 또 하나의 문제로서 앞으로 다시 토론해야 하므로, 여기서는 충분히 설명하지 않겠습니다. 다만, 자공이 공자에게 군자에 대해 묻자 공

자가 어떻게 대답했는지만 얘기하겠습니다.

공자는 이렇게 말합니다. "행동을 말보다 앞세워야지, 큰소리만 치고 실제 행동을 하지 않아서는 안 된다. 먼저 행동을 해라. 말할 필요가 없다. 그렇게 하고 나면, 모두 다 너를 따르고 순종한다." 동서고금을 막론하고 사람의 심리는 모두 같아서, 대부분 큰소리치기는 좋아하지만 실천으로 보여 주는 사람은 아주 적습니다. 이상理想은 대단히 높지만, 행동으로 해 내기란 어렵습니다. 그래서 공자는 "진정한 군자는 빈 말을 적게 하고, 실제의 일을 많이 한다."고 했습니다.

이어서 군자에 대한 함의를 또 말합니다.

공자께서 말씀하셨다. "(사람됨과 처세에 있어) 군자는 누구에게나 평등하게 대하여 차별을 두지 않고, 소인은 차별을 두어 누구에게나 평등하게 대하지 않는다."

子曰 : 君子周而不比 , 小人比而不周。
자 왈　군 자 주 이 불 비　　소 인 비 이 부 주

군자와 소인의 차이점은 무엇일까요? '주'周란 만상萬象을 남김없이 포함하는 하나의 둥근 원圓으로서, 두루 미치지 않는 곳이 없는 것을 말합니다. 공자는 말했습니다. "군자는 사람됨과 처세에 있어 누구에게나 똑같이 대한다."(君子周而不比). 장씨에게는 좋게 대하고 이씨에게는 나쁘게 대한다는 식은 옳지 않은데, 이런 것을 '비이부주'比而不周라고 합니다. 장씨라는 사람은 자기와 비교해보니 좀 마음에 맞다고 하여 좋게 대하고, 이씨라는 사람은 그리 동의하지 않는다고 하여 나쁘게 대하는 것이 '비'比입니다. 큰 정치인은 종교인과 마찬가지로 사람을 사랑하는 데 있어 피차彼此를 구별해서는 안 됩니다. 다른 사람을 대할 때 좋은 사람은 물론 좋아하고 사랑해야 하지만, 좋지 않은 사람은 더욱 사랑해야 합니다. 좋지 않은 사람을 사랑함으로써 그를 좋아지도록 만들어야 하기 때문입니다. 이와 같이 진정으로 큰 정치인은 종교인과도 같으며 또 교육자적인 태도도 지니고 있는데, 이것이 곧 '주이불비'周而不比입니다. 두루 포함하여 온전해야지, 어느 한쪽에 비교하여 붙어서는 안 됩니다.

'比'(비)라는 글자를 봅시다. 옛날 전서체篆書體로는 比를 ᚸᚸ로 썼는데, 두 사람이 함께 같은 방향으로 향하고 있는 형상을 나타내고 있습니다. 이와 반대로 옛날의 '북녘 북'(北)자는 ᚴᚴ 모양인데, 서로 등지고 각각 극단으로 가는 형상을 나타내고 있습니다. '比'자는 남이 자기와 똑같아지기를 바라는 것이라 할 수 있는데, 그럴 경우 한쪽으로 치우치기 쉽습니다. 그래서 "군자주이불비"(君子周而不比)로서, 군자는 누구에게나 평등하게 대해서 차별을 두지 않지만, 소인은 어떨까요? 그와 반대인 "비이부주"比而不周로서, 자기 마음에 드는 사람과만 친구가 되고 무슨 일에서나 자기를 중심으로 삼고 기준으로 삼게 되는데, 그렇게 한다면 보편적이 될 수 없습니다.

여기까지 이야기했지만, 아직도 군자의 도리를 다 말하지 못했으므로 이어서 말합니다.

공자께서 말씀하셨다. "배우기만 하고 (지혜롭게) 생각하지 않으면 현실과 동떨어지고, 생각만 (많이) 하고 배우지 않으면 위험하다."

子曰 : 學而不思則罔, 思而不學則殆。
자 왈   학 이 불 사 즉 망   사 이 불 학 즉 태

앞에서 말했듯이, 과거의 역사는 인재에 대하여 세 가지 기본 원칙이 있었는데, 바로 재才·덕德·학學이었습니다. 어떤 사람은 품덕品德은 타고났지만, 품덕은 대부분 천성에서 비롯되는데, 재능이 없습니다. 우리가 알듯이 품덕이 있는 사람은 남이 이루어 놓은 것을 지킬 수는 있기 때문에, 이런 사람에게 후방에 가서 주재하면서 지키라고 하면 잘하지만, 무슨 방법을 써서 어떤 국면을 타개하고 돌파해나가라고 하면 잘하지 못합니다. 그에게는 그저 남이 해 놓은 것을 지킬 줄 아는 재능만 있지 창조하는 재능은 없습니다. 그러므로 남이 이루어놓은 것을 지키는 재능은 품덕에 편중되어 있습니다. 그리고 '재'才와 '덕'德 두 가지 글

자를 겸비하기란 어렵지만, 이를 보충해 줄 수 있는 것이 하나 있으니 바로 '학'學입니다. 학문을 통해 그 부족한 부분을 배양하는 것입니다. 사람이 타고난 재능과 품덕이 있더라도 학문으로 배양하지 않으면 안 됩니다.

학문學問에는 두 가지가 필수적인데, 하나는 배워야 한다는 것이고, 또 하나는 물어야 한다는 것입니다. 남에게 많은 가르침을 청하여 배우고, 선인先人의 경험을 받아들여 자기 경험을 쌓는 것이 곧 학문입니다. 그러나 공자는 "배우기만 하고 생각하지 않으면 현실과 동떨어진다."(學而不思則罔)고 했습니다. 어떤 사람들은 학문은 있지만 지혜로운 생각이 없는데, 그럴 경우 현실에 어둡고 실제와 동떨어지게 되어 쓸모가 없습니다. 이런 것을 '배움'으로 여기는 학자는 공부를 가르치는 우리 선생들처럼 허풍 치는 것에 불과한데, 학술계만 이와 같은 것이 아니라 다른 분야에서도 마찬가지입니다. 학식은 있지만 진정한 사상이 없으면 현실과 동떨어져 쓸모없게 되고 맙니다.

반대로, 어떤 사람들은 "생각만 하고 배우지 않아서 위험합니다."(思而不學則殆). 이런 사람들은 생각을 많이 하고 타고난 재능은 있지만, 학문을 통해 착실히 단련하지 않으면 대단히 위험합니다. 많은 사람들이 타고난 재능만 믿고 나쁜 짓을 제멋대로 하고는, 이것을 창조라고 스스로 생각하여 결과적으로 자기를 해치고 남을 해치게 됩니다.

특히, 오늘날 우리 청년들은 동서고금 사조思潮의 교류와 충격, 사상적 방황과 모순, 정서적 우울과 번민 초조함을 모두 겪고 있어, 시대적인 혼란과 불안을 몹시 나타내고 있습니다. 이 때문에 청소년들의 병적인 심리가 형성되었습니다. 한편, 구세대를 대표하는 노년 인물들은 궁색한 생활을 비탄하고, 세태가 날마다 나빠지고 인심이 예전 같지 않음을 슬퍼하면서, 날은 저물고 갈 길은 막힌 듯 크게 우려하지 않는 날이 하루도 없습니다.

사실은 어린이는 무지無知하며 갓난애의 순수한 마음을 품고 있는데, 인간 세상에 올 때는, 마치 한 장의 흰 종이 같아서 빨간 물을 들이면 빨갛게 되고, 검정 물을 들이면 검게 됩니다. 결과적으로 부모들이 아들은 용龍이 되고 딸은 봉鳳이 되기를 바라는 주관적인 관념에서 그 백지에 각양각색의 모양을 제멋대로 칠하여 온통 지저분하게 만들어 버립니다. 그리하여 마침내는 자식을 세상 물정 모르는 책벌레로 만들거나 아니면 불량 청소년, 그것도 진짜 불량 청소년도 아닌 중간 뜨기 불량 청소년이 되도록 몰아갑니다. 나는 평소에 진짜 불량 청소년은 역사를 창조하는 인재라고 말하곤 합니다. 부모가 되었든 선생이 되었든 또 지도자가 되었든 간에 구세대들은 모두 그러한 사고방식에서 깨어나 먼저 자신에 대한 교육을 한번 해야 하겠습니다. 특히, 교육에 종사하거나 문화 사상을 이끌어 나가는 사람은 더욱 이 문제를 분명히 알지 않으면 안 됩니다.

그러므로 청소년 교육 문제는 먼저 청소년들의 이상理想에 유의해야 합니다. 왜냐하면 그 이상이 바로 학문의 기초이기 때문입니다. 저의 연구에_의하면 동서고금을 막론하고 사람의 학문이나 사업의 기초는 모두 소년기에 이루어지는데, 소년기의 공부와 개성을 보면 장래 중년과 노년에 어떠한 성과를 이룰지 알 수 있습니다. 한 사람의 일생도 소년기의 이상理想에다 학문을 더해 배양한 것에 지나지 않아서, 중년기까지의 사업은 소년기의 이상을 현실에서 실현하는 것이며, 만년에는 자신의 중년과 소년 시기의 성과를 회상하는 것입니다. 그래서 저는 말하기를 역사 문화는 동서고금을 막론하고 영원히 젊어서, 늘 30세일 뿐 5천세가 되지 않는 것이라고 합니다.

왜 그럴까요? 사람의 총명과 지혜는 모두 40세 이전에 발휘되기 때문입니다. 과학 분야로부터도 볼 수 있듯이 40세 이후에는 새로운 발명을 하기 어렵습니다. 사람마다의 성취는 모두 10세에서 2, 30세 사이에 이루어지기 때문에, 이 기간에 이룩한 인류의 성과가 쌓여서 문화역사가 되는 것입니다. 사람의 두뇌가 완전히 성숙하게 되는 것은 5, 60세 때이지만 그 절반쯤에서 사과처럼 땅에 떨어져 버리는 것입니다. 그래서 인류의 지혜는 영원히 3, 40세 단계에서 릴레이 경기를 하면서 그 30년의 경험을 이어가고 있는 것이므로, 결과적으로는 5천 년에 걸친 역사라 해도 2, 30년의 경험에 지나지 않을 뿐입니다.

그렇기 때문에 아직 인류의 기본 문제가 해결되지 못하고 있습니다. 닭이 먼저일까요? 달걀이 먼저일까요? 우주는 어디에서 왔을까요? 인생은 도대체 어떤 것일까요? 아직도 절대적인 답이 없습니다. 그러므로 생각이 있으면 힘써 배워야 합니다. 좀 전에 말했듯이 학문은 있으나 생각이 없다면 현실과 동떨어지게 되어 쓸모가 없습니다. 그와 반대로 생각이 있으면 그것을 학문으로 배양해야 합니다. 만일 청소년들이 천재처럼 분방하기만 하고 힘써 배우지 않으면, 미국의 일부 청소년들처럼 마약을 먹고 나체로 뛰어다니거나 하게 되어, 앞으로 또 무슨 짓을 하게 될지 모릅니다. 그러므로 생각을 학문으로 배양하지 않으면 위험합니다.

이단과 극단

다음이 이어집니다.

공자께서 말씀하셨다. "(중도中道를 걷지 않고, 극단 편향의 노선을 걸어갈 뿐만 아니라 오히려 신기한 것을 자랑하며, 특히 괴이한 사상에 종사하는) 이단異端을 공부하는 것은 해가 될 따름이다."

子曰 : 攻乎異端, 斯害也己 。
자 왈   공 호 이 단   사 해 야 이

이것은 한 가지 유의할 문제입니다. 우리가 알듯이 '이'異란 특별한 것이며, '단'端 역시 또 다른 한쪽입니다. 그런데 송대 유학자들 이후 '이단'異端이란 두 글자는 불가佛家와 도가道家를 가리키는 데 사용되었습니다. 송대 이전에는 이를 긍정하는 설이 없었습니다.

이야기가 나온 김에 문제 하나를 말해 보겠습니다. 오늘날 세계적으로 '한학'漢學이라는 낱말이 유행하고 있습니다. 서양 각국에서 우리 학문을 말할 때 모두 한학이라고 하는데, 이는 세계적인 통칭으로 굳어져서 이미 바로잡을 길이 없습니다. 그러나 사실 이 개념은 틀린 것입니다.

　전통 문화에서 일컫는 '한학'이란 한대漢代의 유학자들이 했던 훈고訓詁 위주의 학문을 가리킵니다. 소위 '훈고'란 문자에 대한 고증으로서 한 글자가 어떻게 해석되고 왜 그렇게 쓰이는지를 연구하는 것입니다. 그런데 이 한학은 아주 번거롭습니다. 학자들이 한 글자를 고증하기 위해 10만여 자의 글을 쓰는 경우도 있었습니다. 그러므로 이 분야의 책을 연구하는 것도 머리를 어질어질 하게 합니다. 옛 사람들이 말하는 박사는, 오늘날의 박사도 역시 마찬가지입니다만, 서적에 근거한 전문적이고 깊은 연구를 한 사람으로서 백만여 자의 문장도 지을 수 있어야 했는데, 이것이 바로 훈고학입니다. 뒷날 훈고학은 책에서의 어떤 구절이 진짜인가 가짜인가를 연구하는 고증학으로 발전하였습니다. 고증학에서는 하나의 제목이나 어떤 개념을 위해서 백만여 자의 문장을 쓸 수도 있었습니다.

　요컨대, 한나라 유학은 바로 훈고 고고의 학이며, 전통 문화에서 일컫는 한학이란 한대 유학자들이 했던 훈고학을 뜻합니다. 한학은 한무제 때 오경박사五經博士를 둠으로써 시작되었는데, 사서오경 중에서 어떤 한 경전을 통달하면 곧 '박사'라 불리었습니다. 그러므로 우리 나라에 '박사'라는 존칭이 있게 된 것도 한나라 때부터 시작하였습니다. 이른바 박사란 전문가입니다. 예를 들면, 시경 박사는 『시경』 전문가를 말합니다. 당대에 이른 이후로는 문학에 치중했는데, 그 이유는 수백 년 동안 훈고와 고증을 해온 것도 거의 정리가 되었기 때문입니다.

　송대에 이르러 당시에 주희朱熹를 포함한 소위 5대 유학자가 있었습니다. 그들은 새로운 관념을 제창하면서, 공맹 이후 계승자가 없어 유학이 단절되었다가 자신들의 손에 이르러서야 이어지게 된 것이라고 스스로 인정했습니다. 그렇다면 거의 1천 년의 단절 뒤에 그들이 어디서 갑자기 공자와 맹자를 만나 비밀리에 학설을 전수 받아 계승하게 되었는지 모르겠습니다. 이것은 송대 유학자들의 아주 이상한 주장입니다. 그런 다음 그들은 각가各家의 학파들은 모두 옳지 않다고 비판하면서, 이른바 이학理學이란 것을 창설했습니다.

그런데 주의해야 할 점이 하나 있습니다. 오늘날 우리 사상계에는 여전히 이학理學이 대단히 유행하고 있으며, 어떤 학파는 자칭 신유학新儒學이라 하면서 유학의 학문을 강의하고 있다는 사실입니다. 그러나 매우 유감스럽게도 그들은 아직도 학문 체계를 이루지 못하고 이것도 저것도 아닌 상태입니다. 송대의 이학가理學家들은 전문적으로 공맹의 '심성의 학'(心性之學)을 말했는데, 그들이 말하는 '심성의 학'이란 실제로 어디서 온 것일까요? 절반은 불가佛家에서 오고 절반은 도가道家의 것들을 가져와, 그 형식만 바꾸고 내용은 그대로 유가로 바꿔놓은 것입니다. 그래서 나는 송대 유학자들에게 별로 동의하지 않습니다. 나도 이전에 많은 시간을 들여 송대 유학자들의 이학을 연구한 결과 이러한 점을 발견하였기 때문에 그들에게 동의하지 않는 것입니다.

어떤 사람이 장씨 물건을 빌려 쓰는 것은 그리 중요한 일이 아닐 뿐더러, 이씨에게 "이것은 장씨 집에서 빌려온 것이오." 하고 말하면 그만입니다. 이것은 조금도 허물이 되지 않습니다. 그러나 장씨 집에서 빌려온 물건을 자신의 것인 양 내세우면서 자기 체면이나 앞세우고, 도리어 고개를 돌려 장씨를 욕한다면, 이것은 도리에 맞지 않는 일입니다. 송대 유학자들은 불가와 도가의 학문을 빌려서 유가의 '심성의 학'을 해석하면서, 한편으로는 불가와 도가를 비판하고 반박했습니다. 그 결과는 여기에 그치지 않고, 송대 유학자 이후 그들을 이은 역대의 이학파들 때문에 뒤에 공맹의 학설이 타도되고 비판 받게 되었으니, 송대 유학자들은 참으로 이 모든 책임을 져야 합니다.[10]

그 뒤 송·원·명·청 4대에 걸친 왕조는 송대 유학자의 이학理學 테두리 내에서 뒹굴었으니, 공자의 진정한 의의를 드러내어 밝히고 널리 알렸는지 그러지 못했는지, 하나의 정론定論을 내리기가 어렵습니다. 『4조학안』四朝學案이란 책이 있는데, 이것은 송·원·명·청 4대 왕조의 수백 년에 걸쳐 유가의 '심성의 학'을 논한 것입니다. 특히, 명대 말기에 이르러 이학理學은 대단히 성행했습니다. 그래서 청나라 군대가 산해관

---

10) 송명이학 사상을 좀 더 깊고 자세하게 이해하고 그에 대한 남회근 선생 등의 비판을 알려면 남회근 지음 송찬문 번역 『중용강의』 '역자의 말'과 부록 '성리학'의 글을 읽어보기 바란다.

으로 들어왔을 때, 많은 사람들이 명대 유학자들의 이학에 대해 크게 분개하였으며, 명대 유학자들이 유학을 제창한 결과를 다음과 같이 시로 비난하고 있습니다.

> 평소에는 정좌하여 심성을 논하고　　　　　平時靜坐談心性
> 위난에 임해서는 죽음으로써 임금께 보답했다　臨危一死報君王

이학이 국가와 천하에 조금도 쓸모가 없음을 꾸짖는 것입니다. 평소에는 도덕과 학문을 말하면서 자세를 바로 하고 위엄스럽게 앉아 심성을 논하지만, 국가에 큰 어려움이 있을 때에는 한 번 죽음으로써 끝내버릴 뿐 그 이상 아무것도 아니라는 것입니다. 그렇지만 위기를 당해 죽음으로써 임금에게 보답할 수 있기도 쉬운 일은 아닙니다. 그러나 진정한 유가의 '위정의 도리'에 대한 입장에서는 너무나 동떨어졌음을 면치 못합니다.

그 때문에 청대 초기의 학자들은 고상하게 심성이나 말하고 시국의 어려움을 해결하는 데는 아무런 보탬이 되지 못하는 이학에 상당히 반감을 품었습니다. 당시 저명했던 고염무·이이곡·왕선산·부청주 같은 사람들도 청나라에 절대 투항하지 않고 반청복명反淸復明 사업에 힘을 바쳤습니다. 훗날 중국 사회의 특수 조직인 방회幫會 가운데 하나인 홍방洪幫은 오늘날 홍문洪門이라고도 불리는데, 당시 그들이 조직했던 지하 조직으로서, 사대부들이 달리 어찌할 수가 없어 지하 활동을 한 것입니다. 홍문은 처음에 대만에서 정성공鄭成功이 조직하여 섬서에까지 활동 무대를 넓혔는데, 천지회天地會 같은 조직들도 홍문에서 뻗어나간 것들입니다.

청대 초기의 고염무 같은 사람들은 송명 유학자들의 공담空談에 동의하지 않았습니다. 그래서 학문의 방향을 바꿔 다시 고증의 길을 걷게 되었는데, 이것을 '박학樸學'이라 불렀습니다. 이 때문에 다시 이를 '한학' 漢學이라고 부른 이도 있었습니다. 한자 문화권에서 태어난 사람이라면 이 한학이라는 명칭이 이런 유래를 가지고 있음을 알아야 합니다. 오늘날 외국인이 중국 학문을 연구하는 것도 한학이라고 하는데, 이것은 중국학을 가리키는 말입니다. 고서古書에서 말하는 한학은 고증학문에 편중되어 있다는 것을 말이 나온 김에 소개했습니다.

우리가 왜 이 문제를 꺼냈지요? "이단을 공부하는 것은 해가 될 따름이다."(攻乎異端, 斯害也已)라는 공자의 말 때문이었습니다. 송나라로부터 8백 년 동안, 이단이라 하면 보통 불가와 도가를 가리키는 것으로 생각했습니다. 이 말을 잘못 알아들어서는 안 됩니다. 공자 당시에는 불가도 도가도 없었으며, 유가와 도가도 명확히 나뉘어 있지 않았습니다. 유·불·도 삼가의 문화가 전통 문화의 중심이 된 것은 당대 이후의 일입니다. 그러므로 『논어』에서 말하는 '이단'을 오로지 불가와 도가를 말하는 것으로 여기는 것은 잘못입니다.

이제 다시 본문으로 돌아가 연구해 봅시다. '이단'異端이란 무엇일까요? 문자상으로 해석하면 대단히 간단합니다. '단'端이란 양쪽, 뾰족한 곳, 양변의 끝 혹은 다변의 끝을 말합니다. 따라서 '이단'이란 중도를 걷지 않고, 극단 편향의 노선을 걷는 것입니다. 중도를 걷지 않을 뿐만 아니라 오히려 신기한 것을 자랑하며, 특히 괴이한 사상에 종사하는 것입니다. 이런 점을 생각하고 우리가 현대의 갖가지 현상을 사상적·심리적으로 연구해 보면, 일반인들도 대다수가 이단을 좋아하고 저마다 신기한 것을 자랑하기 좋아하는 천성이 있다고 할 수 있을 것입니다.

선비 양성에서 과거제도로

여러분들이 기회가 있을 때, 처세에 큰 도움이 되는 글 한 편을 읽어 보면 좋을 것입니다. 소동파蘇東坡가 지은 「선비 양성을 논함」(論養士)이라는 글입니다. 이 글은 우리 나라의 정치사상, 정치 철학 분야에서 중요한 지위를 차지합니다. 특히, 정치와 사회를 연구하는 사람은 읽지 않으면 안 됩니다. 매우 의의가 있는 이 글은 하나의 원칙을 제기하고 있는데, 대단히 일리가 있습니다.

선비를 양성한다는 '양사'養士란 말은 전국 시대에 나타난 것입니다.

당시에는 서적이 지금처럼 보급되어 있지 않았고 고시제도도 없어서, 일반 평민은 지식이 있더라도 권세가에 의지하여 출세의 길을 찾아야 했으므로 권세가의 집에 빈객賓客이 되었습니다. 과거의 빈객이란 오늘날의 수행원이란 명칭에 해당하는데, 당나라 때부터 청나라 때까지는 막부幕府라고 불렸습니다. 증국번曾國藩 같은 이에게는 재능 있는 사람이 적지 않게 있었는데, 이 사람들이 다 오늘날의 연구실·참모진·비서실에 해당되는 막부에 있었습니다. 오늘날도 막료幕僚라 불리는 것이 있습니다. 육국六國의 선비 양성이란 바로 이런 상황이었습니다.

그 당시 어떤 사람을 선비로 양성하였을까요? 소동파의 분류에 따르면 지혜(智)·말재주(辯)·용기(勇)·힘(力)을 가진 네 종류의 사람이었는데, 실제로는 두뇌를 사용하는 사람과 체력을 사용하는 사람으로 분류한 것이라 할 수 있습니다. 이 네 종류의 사람들을 논하기 위하여 현대의 직책 분류학으로 박사논문을 쓴다면, 적어도 2백만 자 이상은 문제없이 쓸 수 있을 것입니다. 그러나 우리 나라의 고대 문화는 간단한 것을 좋아했기 때문에, 몇 백 자의 글로 해결했습니다.

소동파는 이 글에서 말하기를, 사회에는 태어날 때부터 지혜·말재주·용기·힘을 가진 네 종류의 사람이 있다고 했습니다. 소동파는 이런 부류의 사람은 남을 부리기를 좋아해서, 즉 앉아 있으면서 남의 것을 먹는 사람으로서 남에게 부려질 수 없다고 보았습니다. 우리가 사회학으로 연구해 보면, 사회의 많은 사람들이 그렇습니다. 두뇌를 쓰는 일에 재능이 뛰어난 사람은 육체노동을 시키면 해 내지 못하며, 반대로 어떤 사람들은 두뇌를 쓰는 일을 시키면 죽을 것처럼 힘들어하지만 육체노동을 시키면 잘합니다. 또, 어떤 사람들은 싸움을 할 때는 힘을 잘 쓰면서도, 일을 하라고 하면 세 시간도 채 못합니다. 그러므로 사회나 정치를 연구하려면 사람을 많이 관찰해야 합니다. 그런 다음에 그와 관련된 책을 읽어야 비로소 그 이치를 알게 됩니다.

어떤 사람은 지혜가 있지만, 그 지혜란 것이 총명재지聰明才智일 뿐입니다. 어떤 사람은 말재주가 있지만 주로 수단으로 쓰고, 정도正道가 아닌 이단異端의 길을 걸으며, 흉계를 쓰는 데는 최고 수준급이어서 정당한 방법을 생각해 내지 못합니다. 그렇지만 잊어서는 안 될 점은, 그런 사람 역시 인재이므로 사장이 어떻게 활용하느냐가 중요하다는 것입니다. 이것이 소위 사람을 쓸 줄 아느냐 모르느냐 하는 것입니다. 그러므로 지혜와 말재주는 같아 보이지만 반드시 같은 것은 아닙니다.

총명한 사람은 일을 할 때 반드시 방법을 쓰지만, 그 방법의 정반 양면이 서로 위배되지 않습니다. 용기와 힘도 같은 듯이 보이지만, 용감한 사람이 꼭 힘센 것은 아니어서, 키가 크고 무술을 잘 하는 사람이라도 전방에 나가 싸우고 나라를 위해 희생라고 하면 죽음이 두려워서 나가 싸우지 못합니다. 이것이 힘만 있고 용기가 없는 것입니다. 이 때문에 소동파는 말하기를 지혜·말재주·용기·힘을 가진 네 종류의 사람들은 흔히 자립할 수 없기 때문에 남에게 양성되어야 할 필요가 있다고 합니다. 이런 사람들은 권세 있는 사람에게 의지하여 큰 업적을 이룩할 수 있지만, 만약 그 자신이 독자적으로 무엇을 해야 한다면 해낼 방법이 없습니다.

그래서 진시황이 중국을 통일한 뒤에 분서갱유焚書坑儒를 하고 선비를 양성하지 않기로 하자 선비들은 민간으로 돌아갈 수밖에 없었는데, 그 결과는 어떠했을까요? 조정에 대해 반역했습니다! 그 뒤 한대에 이르러서는 그런 부류의 선비들을 어떻게 했을까요? 한무제漢武帝 시대에 이르러 선거제도選擧制度가 시작되었는데, 그 당시의 선거제도는 물론 서양식 선거인 오늘날의 국민투표제와 같은 것이 아니었습니다. 옛날 선거는 지방관이 여론을 참고하여 그 지방에서 공인된 현賢·량良·방方·정正의 인품을 가진 사람을 선출하여(오늘날로 말하면 인재의 특성을 분류한 것으로서, 현은 현이고 량은 량이며 방은 방이고 정은 정이니, 섞어서 같다고 말할 수 없습니다. 이것은 인재를 분류하는 네 가지 범주입니다.) 효렴孝廉이라고 불렀습니다(옛날에는 효로써 천하를 다스렸으므로 '효렴'이라고 했습니다. 청나라 때는 시험을 통해 거인擧人을 뽑고 역시 효렴공孝廉公이라 칭했는데, 이는 한대의 전통을 따른 것입니다). 한대에 실시한 이러한 선거제도는 전국 시대의 선비 양성 제도를 취한 것이었기 때문에, 한나라 4백 년의 천하가 안정될 수 있었습니다.

수隋나라에 이르러서는 문장으로써 선비를 선택하는 고시 방법을 창시하였습니다. 당태종이 천하를 통일한 후 정식으로 한대의 지방 선거 제도의 정신에 수나라의 고시제도 방법을 채용, 종합하여 당나라의 진사進士 고시제도를 만들었습니다. 소위 진사進士란 민간에서 재능을 갖춘 지식인을 선발해서 나라의 선비로 진출시킨다는 뜻입니다. 그 당시 시험을 치렀던 수재秀才는 청대淸代의 수재가 아니며, 청대의 수재는 고시 등급상의 한 명칭입니다. 수재는 다시 거인擧人 시험을 치르고, 거인은 다시 진사 시험을 치렀는데, 진사에서 1등한 사람이 장원壯元입니다. 당대唐代의 수재도 곧 진사의 통칭으로, 학문이 훌륭한 사람이나 우수한 사람은 모두 수재라 불렸습니다.

천하 영웅들이 내 손아귀에

당태종은 고시제도를 창설하여 천하의 재인 명사才人名士를 뽑은 후, 제일 높은 자리에 앉아 맨 처음 선발된 인재들의 입조 알현을 받고는 득의의 미소를 억제하지 못하며 이렇게 말했습니다. "천하의 영웅들이 모두 내 손아귀에 들어왔구나!" 당태종의 말뜻은 이렇습니다. "자, 다들 내 수단을 보아라. 천하의 영웅은 모두 내 손아귀 속으로 찾아들고 있으니, 다시는 조정에 대해 반역하지 않을 것이다. 공명과 벼슬을 줄 테니, 재능만 있다면 얼마든지 오너라!" 이것이 당태종이 뜻대로 이루고자 한 바였습니다.

소동파도 말하기를 "고시제도를 세운 이후 육국六國 시대의 선비 양성 기능과 다름없다고 하며, 선비를 양성하는 것은 대단히 중요한 일이다고 보았습니다. 오늘날의 관점으로 말하면, 지혜(智)·말재주(辯)·용기(勇)·힘(力)을 가진 사람들에게 좋은 출로를 마련해 주지 않아 그들이 갈 곳이 없게 한다면, 사회적으로 큰 문제이자 정치적으로도 큰 문제가 된다는 것입니다.

그러나 어떻게 그 사람들을 적절히 양성하느냐가 또 하나의 문제입니다. 기용起用하는 것도 양성이고, 물러나게 하는 것도 양성이기 때문입니다. 양성을 말하자니 앞에서 말한 "개와 말도 기르지 않는가!"라는 말이 생각나는데, 먹을 밥만 준다고 양성되는 것이 아니며, 겨우 이런 식으로 양성해서는 안 된다는 것임을 알아야 합니다. 지智·변辯·용勇· 력力의 선비는 먹을 밥만 위해 일하는 사람들이 아니기 때문입니다. 태어날 때부터 말썽부리기를 좋아하는 사람은 만약 그에게 말썽부릴 기회가 주어지지 않는다면 살아갈 수 없을 것입니다. 그 사람이 말썽부리지 않기를 바란다면 그를 바른 길로 끌어들이지 않으면 안 되는데, 이것이 바로 위정교화의 이치입니다.

앞에서 길게 풀이했듯이 이단異端이란 바른 길을 걷지 않고 특수한 사상의 길을 걷는 것이며, 치우친 길 중에서도 유별난 길을 생각해 내는 것입니다. 그렇다고 이단은 쓸모가 없을까요? 아닙니다. 여전히 쓸모가 있습니다. 예를 들면, 한고조 유방은 "한나라가 천하를 평정한 것은 내가 불과 몇 사람을 얻었기 때문이다."라고 말했습니다. 한고조가 말한 사람은 장량張良·소하蘇何·진평陳平 등인데, 그 중에서도 진평이란 사람은 역사상 육출기계六出奇計로 유명합니다. 진평은 한고조에게 6가지의 건의를 했는데, 역시 비밀 건의로서 후세에 역사로부터 그 내용을 아는 것도 다섯 가지뿐이고, 나머지 한 가지는 도대체 무슨 내용이었는지 지금까지 확정할 길이 없습니다.

기계奇計란 괴상하고 특수한 것입니다. 우리가 역사를 읽으면 알 수 있듯이, 이단은 함부로 써서는 안 되고 반드시 덕업을 기초로 삼아야 합니다. 이단은 대부분이 술수인데, 술수란 모략이나 권모술수입니다. 권모술수는 덕업德業을 기초로 하지 않고는 절대로 써서는 안 됩니다. 그래서 우리가 다시 역사를 보면 『사기』에 분명히 쓰여 있듯이 진평은 여섯 번이나 기묘한 계략을 내어 한고조의 천하 통일을 도왔지만, 자신의 후손에게 좋지 않은 일이 있을 것이라는 예언을 했습니다. 어떤 사람이 그 이유를 묻자, 진평은 자신이 음모 쓰는 것을 좋아하기 때문이라며, 음모는 도가에서 금기하는 것으로 천도가 싫어하는 것이라고 말했습니다. 과연 한고조가 진평에게 한 지방을 봉封해 주었으나, 그의 손자에 이르러 망해 버렸습니다. 진평 자신도 이미 멸망의 길에서 벗어나기 어렵다는 것을 알았던 것입니다.

지금까지의 설명으로 알 수 있듯이, 공자가 말한 이단은 결코 송대 유학자들이 말한 것처럼 불가와 도가 양가를 가리키는 것이 아니라, 치우치고 특수한 길을 걸어 외곬으로 나가는 것입니다. 그래서 공자는 "이단을 공부하는 것은 해가 될 따름이다."(攻乎異端, 斯害也已)라고 말했습니다.

이어서 그럼 무엇이 이단인지, 무엇이 사람됨과 처신의 마땅한 도리인지에 대해 말하고 있습니다.

공자께서 (사람됨과 처신의 마땅한 도리를) 말씀하셨다. "유由야! 가르쳐 주겠다, 너는 아느냐? 아는 것은 안다 하고 모르는 것은 모른다 하는 것, 이것이 아는 것이다."

子曰 : 由! 誨, 女知之乎? 知之爲知之 , 不知爲不知 , 是知也。
자왈 유 회 여지지호 지지위지지 부지위부지 시지야

由(유)는 자로子路의 이름인 중유仲由를 가리킵니다. 誨(회)자 다음에는 쉼표가 하나 있어야 합니다. 誨(회)는 가르쳐 주는 것을 말합니다. "여지지호"女知之乎는 "너는 아느냐?"라는 뜻입니다. "아는 것은 안다 하고 모르는 것은 모른다 하는 것, 이것이 아는 것이다."(知之爲知之, 不知爲不知, 是知也). 사람은 누구나 소박해야 합니다. 특히, 주관 책임자 되는 사람은 아는 것은 안다고 하고 모르는 것은 모른다고 하는 것, 이것이 바로 최고의 지혜라는 사실에 유의해야 합니다. 바꾸어 말하면, 모르는 일을 굳이 아는 척해서는 안 됩니다. 아는 척하는 것은 정말 어리석은 일입니다.

이런 일들을 요 몇십 년 동안 많이 보아 왔습니다. 이 시대에는 이런 잘못을 범하기가 쉽습니다. 많은 학문 분야에서 자기가 알지 못하는 것이 확실함에도 애써 아는 척하는데, 아주 심각한 잘못입니다. 특히, 사회에 진출하여 한 부문의 업무 주관자가 된 사람은 이것을 주의해야 합니다. 역사상 위대한 성공을 한 사람들은 어떤 일을 만나면 항상, "내가 몰라서 그러니 가르쳐 주십시오. 당신이 책임지고 일을 처리하고 큰 원칙만 나에게 말해 주면 됩니다." 라고 말했음을 볼 수 있는데, 이런 말을 한 사람들은 성공했습니다. 애써 아는 척해서는 안 됩니다. 그런 사람은 결과적으로 이룩하는 것이 하나도 없습니다.

이 점은 역사상 동서고금을 막론하고 모두 그렇습니다. 정치를 하는 데도 마찬가지로서, 아는 것은 안다고 하고, 모르는 것은 "미안합니다. 내가 모릅니다." 하는 것이 최고의 지혜이자, 최고의 예의입니다. 그래서 나는 외국으로 유학 가는 학생들에게 늘 말합니다. "하나의 최고 원칙이자 온 세계에 통용되는 국제적인 예의가 있는데, 그것은 바로 어떤 나라에 가더라도 '죄송합니다. 저는 중국에서 온 사람이라 이 일에 대해 모릅니다. 어떻게 해야 좋을까요?' 하고 말하는 것이다." 이렇게 말하는 것이 체면을 깎이는 일이라고 생각해서는 안 됩니다. 이것은 가장 큰 예의이며 손해를 보지 않는 일인데, 특히 민간 외교일 때는 더욱 쓸모가 있습니다. 아는 척하여 예의를 잃을까 가장 두렵습니다.

여기까지가 위정의 대원칙이며, 다음은 문장의 기세가 한 번 바뀌어 다른 사람에 대한 이야기로 옮겨갑니다.

천리 길 벼슬 구함은 오직 재물 때문

자장이 (생계 도모의 방법인) 녹祿을 구하는 것을 배우고자 하자, 공자께서 말씀하셨다. "(좋은 간부나 우수한 공무원이 되려면 지식이 넓고 깊어야 하니, 마땅히) 많이 듣(고 보고 경험하)되 의심스럽고 알지 못하는 것은 유보해 놓(았다가 나중에 남에게 물어 보)고, (과분한 말은 하지 말고) 그 나머지를 신중히 말하면 허물이 적을 것이다. 많이 보되 판단이 어려운 것은 유보해 놓고 그 나머지를 신중히 실행하면 뉘우침이 적을 것이다. 말에 허물이 적고 행동에 뉘우침이 적으면 녹은 그 가운데 있게 되는 것이다!"

子張學干祿。子曰: 多聞闕疑, 愼言其餘, 則寡尤; 多見闕殆, 愼行
자장학간록　자왈 다문궐의 신언기여　즉과우 다견궐태　신행

其餘, 則寡悔。言寡尤, 行寡悔, 祿在其中矣!
기여   즉과회   언과우   행과회   녹재기중의

　자장子張은 공자의 학생으로 성은 전손顓孫, 이름은 사師이며, 공자보다 48세 아래인 젊은 학생이었습니다. 그가 공자를 찾아온 목적은 '간록'干祿을 배우기 위해서였습니다. 무엇을 간록干祿이라 할까요? 바로 생계를 어떻게 도모할 것이냐 하는 것입니다. 고대에는 봉俸과 녹祿은 서로 달랐습니다. 봉은 오늘날의 월급에 해당되며, 녹은 음식물 배급이었습니다. 녹위祿位는 영속적인 것이어서, 과거에는 녹이 매우 중요했습니다. '간'干은 곧 '벼슬을 구하다'(干進), '간절히 바라다'(干求), '봉록을 구하다'(干祿)라는 뜻으로 쓰이는데, '간록'은 어떻게 하면 녹위祿位를 받을 수 있느냐 하는 것입니다.

　공자는 제자들이 인仁을 배우고 의義를 배우기를 바랐는데, 자장이란 학생은 아마도 지원서에 다른 사람들과는 달리 단도직입적으로, "밥 먹고 살 자리를 찾고자 하는데, 어떻게 해야 공무원이 될 수 있을까요?"라는 뜻인 '干祿'(간록)의 두 글자만 써 넣었던 모양입니다. 그러나 공부자孔夫子께서는 화를 내며 자장을 쫓아내지 않고, 도리어 그에게 "좋은 간부幹部나 우수한 공무원이 되려면 지식이 넓고 깊어야 하니, 마땅히 많이 듣고 보고 경험하되 의심스럽고 알지 못하는 것은 유보하라."(多聞闕疑, 慎言其餘)고 그 방법을 일러 줍니다. '궐'闕은 유보하는 것으로서, 기다렸다가 나중에 남에게 물어 보고, 말을 신중히 해서 과분한 말은 하지 말라는 것입니다.

　우리는 자기가 원래 모르는 일에 대해서 거짓으로 아는 척하지 말아야 합니다. 무엇이나 다 아는 척하다가는 결국에 가서 알지 못한다는 것이 드러나 창피만 당하고 말 것입니다. 자기 분수에 지나치는 말을 하지 않고 허풍 치지 않으면 잘못이 거의 없게 됩니다. 많이 보고 많이 경험하되, 의심스럽고 판단이 어려운 문제에 대해서는 유보적인 태도를 취해야 합니다. 바꿔 말해서, 이것도 저것도 아닌 애매한 일에 대해서는 언제 어디서나 옛 사람의 다음 두 구절의 말을 활용할 수 있을 것입니다.

일이 막다른 지경에 이르러선 대담해야 하고　　　事到萬難須放膽
이래도 저래도 좋은 경우에는 경솔하지 말라　　　宜於兩可莫粗心

두 번째 구절의 말은 곧 "많이 보되 판단하기 어려운 것은 유보해 둔다."(多見闕殆)는 뜻으로, 그럴 때는 특히 조심해서 처리하고 과분한 행동을 해서는 안 됩니다. 이렇게 처세하면 후회하는 일이 적습니다. 사람이 말에 잘못이 없고 처세에 후회가 없다면, 당연히 행위에 잘못된 곳이 없을 것입니다. 이렇게 생계를 도모한다면 자기 뜻에 따라 어떤 직업을 갖더라도 좋으니, 녹위祿位의 이치가 바로 그 속에 있게 됩니다.

이 단락을 통해서 우리가 보듯이 공자의 교육 태도는 정말 훌륭합니다. 자장이란 학생이 먹고 살아갈 재간을 배우러 와서 곧바로 직업을 구하는 방법을 묻자, 공자는 그에게 사람됨의 정통적인 도리를 가르쳐 주는데, 그것은 또 직업을 구하는 기본 조건이기도 합니다. 사람으로서 어떤 일을 하든 기본 조건이 중요한데, 공자가 말한 이 기본 조건은 이미 충분합니다.

여기까지가 「위정」편 중에서 바른 사람으로서의 처세에 관한 부분이 되며, 이제부터는 높은 산봉우리가 우뚝 솟아오르듯 정식으로 정치 문제를 말합니다.

(노나라) 애공이 물었다. "어떻게 하면 백성이 (마음으로) 복종하겠습니까?"

공자께서 대답하셨다. "(곧은 마음으로 곧게 행동하는) 바른 사람을 발탁하여 (분별없고 오만방자한) 비뚤어진 사람들 위에 (배치 임명하여) 놓으면 백성이 (자연히) 복종하고, 비뚤어진 사람을 발탁하여 바른 사람들 위에 (배치 임명하여) 놓으면 백성이 복종하지 않습니다."

哀公問曰 : 何爲則民服 ? 孔子對曰 : 擧直錯諸枉 , 則民服 。 擧枉錯
애공 문 왈　하 위 즉 민 복　공 자 대 왈　거 직 조 저 왕　즉 민 복　거 왕 조

諸直 , 則民不服 。
저 직　즉 민 불 복

애공은 노나라의 국왕이며, 공자 자신의 조국의 제후君侯였습니다. 공자는 임금에게 충성하고 나라를 사랑하는 마음이 강했는데, 임금인 애공이 "어떻게 해야 백성들이 마음으로 복종할 수 있겠는가?"(何爲則民服)라고 그에게 물었습니다. 이 '복'服자에 주의해야 하는데, 그 함의는 '복종'이라고도 할 수 있고, '완전한 굴복'이라고도 할 수 있는데, '감히 반항하지 않는다는 것'에 핵심이 있습니다. 애공이 노나라 임금으로서 이런 문제를 물은 것은 큰 웃음거리입니다. 우리 나라 정치의 도리에서 이른바 복종하느냐 복종하지 않느냐는 도덕德에 있지 힘力에 있지 않습니다. 권력으로 사람을 복종시키는 것은 바로 패술霸術·패도霸道이며, 도덕으로 사람을 자연스럽게 따르도록 하는 것이야말로 왕도王道였습니다.

노 애공이 이 문제를 공자에게 묻자, 공자는 어떻게 했을까요? 그는 완곡하게 이 도리를 설명하여 말하기를, "바른 사람을 발탁하여 비뚤어진 사람들 위에 놓으면 백성이 복종한다."(擧直錯諸枉, 則民服)고 했는데, 여기서 '거'擧는 '발탁한다'는 뜻으로, 노 애공 당시의 정치적인 잘못을 겨냥해서 말한 것입니다. '거직'擧直은 '곧은 마음으로 곧게 행동하는 사람을 발탁한다'는 것으로, 성현이나 충성스러운 사람, 재능 있는 사람을 포함합니다. '조저왕'錯諸枉에서의 '착'錯(조)는 '措'(조)와 같은 뜻으로, 곧은 사람을 배치 임명하고 분별없고 오만방자한 사람을 내치면 백성들은 자연히 복종하게 된다는 것입니다. 반대로 "비뚤어진 사람을 천거하여 바른 사람들 위에 놓으면"(擧枉錯諸直), 즉 분별없고 오만방자한 사람을 발탁하거나 자기 마음에 드는 사람만 쓰고 좋은 사람을 내치면 백성들은 복종하지 않습니다. 이것은 누구나 다 아는 이치인데, 공자가 이 말을 노 애공에게 한 것은, 누구나 다 알고 있는 것을 제후나 군왕들만 알지 못하고 있으니 그들이 너무 멍청하다고 말한 것이나 다름없습니다.

그러나 우리가 인생 경험을 통하여 알 수 있는 바와 같이, 사람이란 자신이 권력과 지위를 얻게 되면 어떻게 할 것이라고 장담하기 어렵습니다. 예를 들어, 우리는 평소에 "만일 내가 그 자리에서 일을 하게 되면 반드시 공정하게 하겠다."고 말하지만, 막상 그 자리에 앉게 되면 완전히 공정해질 수는 없습니다. 사람이라면 누구나 인정人情의 범위를 벗어나기 어렵습니다.

예를 들면, 남이 자기에게 아첨할 때 아첨이라는 것을 분명히 알면서도 기분 좋게 느껴지는데, 이것이 바로 인간의 치명적인 심리입니다. 그러므로 사람이 공정하고 청렴결백할 수 있다는 것은 정말 하나의 최고의 수양입니다. 당나라 역사에 기록되어 있듯이, 측천무후가 무삼사武三思에게 조정에서 누가 충신인가를 묻자, 무삼사는 자기와 친한 사람은 다 충신이라고 대답했습니다. 측천무후가 그게 무슨 말이냐고 되묻자, 무삼사는 "내가 모르는 사람이라면 그가 좋은 사람인지 나쁜 사람인지 내가 어떻게 알겠습니까?" 하고 답했습니다. 연극을 보기는 쉬워도 연극을 하기는 어렵듯이, 우리가 역사를 비평하기는 쉬워도 당사자가 되었을 때는 정말 어렵습니다. 그러므로 우리가 알듯이 공자가 노 애공에게 대답한 말은 대단히 평범하지만, 가장 평범한 도리가 가장 해내기 어렵습니다.

다음에는 계강자의 질문이 이어지는데, 앞에서 말했듯이 계씨는 노나라의 권신權臣으로 뒤에 노나라의 멸망이 그의 손에서 좌우되었습니다. 계강자는 무엇을 물을까요?

계강자가 물었다. "백성들에게 공경하고 충성하도록 권장 (교육)하면 어떻겠습니까?"

공자께서 말씀하셨다. "백성을 (마음속에서 진정으로 우러나는 정중함과 엄숙함인) 위엄으로써 대하면 (자연히) 공경할 것이며, (진정으로 남을 사랑하여) 효도와 자애로써 대하면 자연히 충성할 것이며, (선행을 장려 제창하되 형식뿐이고 내용이 없는 글로만 하지 말고) 착한 자를 등용하고 무능한 자들은 가르쳐 주면 (자연히) 권장 (교육)됩니다."

季康子問：使民敬忠以勸，如之何？子曰：臨之以莊，則敬。孝慈，
계강자문　사민경충이권　여지하　자왈　임지이장　즉경　효자
則忠。舉善而教不能，則勸。
즉충

즉충   거선이교불능   즉권

 '사민'使民은 백성들로 하여금 무엇을 하도록 시킨다는 뜻으로, 위정의 도덕적 측면에서 보면 그 동기에 문제가 있는데, 남에게 무엇을 시키려고 한 것 자체가 이미 문제입니다. 계강자는 또 당시의 대단한 유행어였던 '공경'(敬)과 '충성'(忠)이라는 구두어를 쓰고 있는데, 이런 말들에 대해서 노자는 거짓 인仁이요 거짓 의義라고 꾸짖었습니다(사실은 노자가 인의를 반대한 것이 아니고, 당시 사회에서 널리 유행하던 '인의'라는 말이 헛되고 실없는 말로 변해 버렸기 때문에 이를 반대한 것입니다). 계강자가 '경충'敬忠이란 두 글자를 꺼내는 게 큰 문제였습니다. '경'敬이란 사람을 존경하는 것이며, '충'忠은 일에 충실한 것이며, '권'勸은 가르쳐 이끈다는 뜻으로 오늘날 말하는 교육에 해당됩니다.
 공자는 계강자가 여기서 제기한 몇 가지 문제에 대해 옳지 않다고 비평하지 않았으며, 모두 옳다고 여겼습니다. 그러나 공자는 계강자에게 말하기를, "맹랑한 선전으로만 그쳐서는 안 됩니다. 입으로 말하는 것은 소용이 없습니다. 사람들의 총명은 다 비슷합니다. 입으로 일시적으로는 속일 수 있지만, 영원히 속일 수는 없습니다."고 했습니다. 공자는 다시 말하기를, "백성들을 대할 때 진정에서 우러나는 정중하고 엄숙한 마음가짐이 있으면, 백성들이 자연히 당신을 공경할 것입니다." 라고 했습니다. 남에 대한 경례가 표면적인 동작에 불과하고 속마음이 정성스럽지 않으면 무슨 의미가 있겠습니까? 마음속에서 진정으로 우러나는 정중함과 엄숙함이 있어야 합니다. 특히, 부하나 군중에 대해서 이런 태도를 지니면, 그들도 윗사람을 자연히 공경하게 됩니다.
 다음으로 공자는 "효도와 자애로 대하면 충성할 것입니다."(孝慈, 則忠)라고 했습니다. 진정으로 남을 사랑하면 남도 당신에게 충성을 다하게 됩니다. 사람이 부하나 군중에게 자녀를 사랑하는 것과 같은 마음을 주고 참다운 정을 주면, 그들의 충성하는 반응을 얻지 못할 리가 없습니다. 이러한 자효慈孝가 없이 남을 권하여 지도하고 교화하려는 것은 소용없습니다.
 또, "착한 자를 등용하고 무능한 자들은 가르쳐 주면 권장됩니다."(擧

善而教不能, 則勸)라고 했습니다. 선행을 장려·제창하되 형식뿐이고 내용이 없는 글로만 하지 말고, 착한 사람을 진실하고 간절하게 등용하라는 것입니다. 부하가 모르는 것이 있으면, 그를 싫어하지 말고 가르쳐야 합니다(教不能). 당신은 윗사람(君)이자 스승(師)이 되어야 하며, 부하의 연장자年長者로서 처신해야 합니다. 연장자가 된 이상 스승이 된 것이니, 힘닿는 데까지 그를 가르치면 그가 자연히 감화를 받게 되는 것입니다.

여기에서 임금이 묻는 말에 대한 답과 권신權臣이 묻는 말에 대한 답에 서로 다른 점이 있음을 알 수 있습니다. 즉, 모두 다 「위정」편에 들어 있으면서, 연관시켜 보면 문장이 또 다른 맛으로 바뀝니다. 그래서 『논어』 전체를 연관시켜 보면 문장의 배열이 대단히 묘합니다. 특히 고대 문장은 서로 다른 장소에서 다른 시기에 말한 몇 마디들을 연관시켜 놓은 것인데도, 변화 속에 재미가 있고 구성을 대단히 중시한 한 편의 문장을 이룰 수 있었으니, 그 문학적 가치도 보통이 아닙니다.

치국治國보다 더 어려운 제가齊家

어떤 사람이 공자에게 말하였다. "(선생은 말로 떠들어 대면서 위정의 큰 도리를 가르치시는데, 말마다 이치에 맞소. 그러면) 선생은 왜 (자신이 나서서) 정치를 하지 않소?" (당신이 한번 해 보시구려!)

공자께서 말씀하셨다. "『서경』書經에 이르기를 '효도할진저! 오로지 부모에게 효경孝敬하고 형제(나 집안사람들이나 친구)와 우애하여 정치에 베풀어지게 하라.'고 하였소. 이것도 (바로) 정치를 하는 것인데, 어찌 따로 (나서서) 정치를 할 것이 있겠소?"

或謂孔子曰 : 子奚不爲政 ? 子曰 : 書云「孝乎! 惟孝友于兄弟」。 施
혹위공자왈　　자해불위정　　자왈　　서운　　효호　　유효우우형제　　　시

於有政 , 是亦爲政 , 奚其爲爲政 ?
어유정　　시역위정　　해기위위정

어떤 사람이 공자에게 말했습니다. "당신은 말로 떠들어 대면서 위정

의 큰 도리를 가르치는데, 말마다 이치에 맞소. 그러면 왜 당신 자신은 나서서 정치를 하지 않소? 당신이 한번 해 보시구려!" 이 이야기가 나왔으니, 내가 특별히 여러분에게 환기시킬 것이 하나 있습니다. 앞에서도 말했지만, 지금까지 사람들은 이 「위정」편을 공자의 정치 철학 사상이라고 해석해 왔는데, 이것은 그리 맞지 않습니다. 왜냐하면 공자는 정치를 말한 것이 아니고, 위정爲政만 말했기 때문입니다. 오늘날의 정치 철학으로 말하면, 대원칙을 말한 것이지 결코 정치의 한 방법을 말한 것이 아닙니다. 그러므로 공자는 이 질문에 대답하면서 『서경』書經의 말을 해석하여 말했습니다. "『서경』에서 효도를 말하지 않았던가요! 어떤 사람이 집에서 부모에게 효경孝敬하고, 형제, 집안사람, 친구와 우애 있게 지내면 이것이 바로 정치라고 말입니다."

내 친구 한 사람이 자기는 뜻을 이루지 못했다고 말하기에, 나는 "자네가 뜻을 이루지 못한 게 뭔가?" 하고 물었습니다. 그러자 그 친구는 "나에게는 어른이라고 할 것이 없네." 하고 대답했습니다. 그래서 나는 "자네는 적어도 가장家長일세! 라고 했습니다. 이 가장의 자격 역시 여간 어려운 것이 아니며, 가장으로서의 일을 잘 해 내는 것도 정말 쉽지 않습니다. 공자가 말한 것도 바로 그런 뜻입니다. 그래서 공자는 "꼭 나서서 정치에 종사해야 정치를 한다고 하겠느냐?"고 한 것입니다.

다음에서는 위정의 원칙을 말합니다.

공자께서 말씀하셨다. "(사람됨이든, 처세든, 위정이든) 사람으로서 신의信義가 없다면, 그 무엇이 옳은지를 알 수가 없다. 소가 끄는 큰 수레에 멍에가 없다든가 말이 끄는 작은 수레에 갈고리걸이가 없다면, 그 수레를 어떻게 가게 할 것인가?"

子曰：人而無信，不知其可也。大車無輗，小車無軏，其何以行之哉？
자 왈　인 이 무 신　부 지 기 가 야　대 거 무 예　소 거 무 월　기 하 이 행 지 재

이 말은 중요합니다. 위정의 도리로서, 말에 신의가 있어야 한다는 것은 대단히 중요합니다. 우리 나라의 역사를 읽어 보면 정치 종사자에

게 늘 주의시키는 하나의 도리가 있는데, 이른바 '백년대계'百年大計입니다. 어떤 일, 어떤 정책을 세울 때는 안목이 원대해야 합니다. 적어도 백 년, 혹은 수십 년 후의 변화 발전을 보아야 합니다. 이것이 옛 사람의 정치의 도리였습니다.

천하에는 완전무결한 법률이나 완전무결한 방법이란 없습니다. 천하의 일은 반드시 변하며, 그것도 시시각각 변합니다. 이 탁자가 오늘은 새것이지만, 10년 후에는 헌것이 됩니다. 새것은 반드시 헌것이 될 텐데, 우리는 어떻게 해야 할까요? 10년 후의 변화 대응에 가장 좋고 가장 적합한 방안을 오늘 미리 마련하는 것입니다.

소설을 보면 제갈량이 남에게 어려움에서 벗어나도록 주었던 방법이 모두 '금낭묘계'錦囊妙計로서, 먼저 거기에 놓아두었습니다. 위정이라는 측면에서 말하면, 이 금낭묘계란 바로 백년대계입니다. 일이란 바로 눈앞만 보아서는 안 됩니다. 눈앞만 보고 말을 하면, 어떤 일이든 시간에 따라 발전 변화하여 그 상황도 달라지는 것이어서, 말에 신의가 없게 되고, 마침내 조령모개朝令暮改식이 되어 버립니다. 아침에 내린 명령을 저녁에 옳지 않다고 생각하여 얼른 바꿔 버리면, 도대체 어느 것이 맞는지 백성들은 잘 알지 못하게 됩니다. 이것이 바로 큰 문제입니다.

그러므로 공자는 "사람됨이나 처세에서나, 그리고 친구와의 관계에서 신의가 매우 중요하며, 신의가 없으면 절대 안 된다."고 말합니다. 특히 책임자 되는 사람은 일을 처리할 때, 많이 생각하지 않고 갑자기 결정을 내리고 수시로 변경하여 부하들로 하여금 어찌할 바를 모르게 하는 일이 많습니다. 그래서 공자는 "사람으로서 신의가 없다면 그 무엇이 옳은지를 알 수가 없다."(人而無信不知其可)고 했습니다.

공자는 이어서 "대거무예, 소거무월"大車無輗, 小車無軏이라고 말했습니다. '예'輗와 '월'軏 두 글자는 고대 수레의 멍에입니다. 큰 수레는 소가 끄는 수레(牛車)인데, 예輗는 이 수레에서 소의 어깨에 덮어씌우는 중간이 불룩한 멍에입니다. 작은 수레는 말이 끄는 수레(馬車)인데, '월'軏은 이 수레에서 갈고리를 거는 걸쇠로서 둘 다 수레의 관건關鍵이 되는 곳입니다. 공자는 "사람됨이든, 처세든, 위정이든, 말에 신의가 있는 것이 관건이 있는 곳이다. 그것도 아주 중요한 관건이다. 마치 큰 수레의 멍에와 작은 수레의 갈고리걸쇠 같은 것이 없다면, 수레는 절대 움직일 수 없는 것과 같다."고 말했습니다.

여기까지 이야기하고 나니, 이 「위정」편의 결말에 가까워지고 있습니다. 자장은 조금 앞에서 말했던, 공자에게 생계유지의 방법을 물은 그 학생으로 여기에서는 큰 문제를 하나 제기하고 있습니다.

자장이 물었다. "십세十世 후(의 장래가 어떻게 변천할지)를 (먼저) 알(고 예언할) 수 있습니까?"

공자께서 말씀하셨다. "은나라 (문화)는 하나라 문화(禮)에서 점점 변천하여 온 것이니, (하나라 문화가 시대의 변천에 따라 어떤 것은) 증가하고 (어떤 것은) 감소하였는지를 알 수가 있다. 주나라 (문화)는 은나라 문화에서 점점 변천하여 온 것이니, (은나라 문화가 시대의 변천에 따라 어떤 것은) 증가하고 (어떤 것은) 감소하였는지를 알 수가 있다. 누군가가 주나라 문화(가 변천해가는 가운데 이)를 계승해 간다면, 비록 백세百世 후(의 장래 역사 변천의 모습이)라도 알 수가 있다."

(공자는 사람들이 지혜에 의지하여 역사를 많이 읽음으로써 과거를 알라고 한 것입니다. 위에서 말한 법칙을 이용하여 역사의 궤적을 따라가면 과거를 알 수 있는 바에야, 같은 법칙을 이용하여 미래도 알 수 있다는 것입니다)

子張問：十世可知也？子曰：殷因於夏禮，所損益可知也。周因於
자장문 십세가지야 자왈 은인어하례 소손익가지야 주인어

殷禮，所損益可知也。其或繼周者，雖百世可知也。
은례 소손익가지야 기혹계주자 수백세가지야

이제 '십세十世'의 문제를 말하고 있습니다. 먼저 '세'世란 무엇일까요? 서양의 관념으로는 100년을 1세기로 삼는데, 서양 문화는 예수 탄생의 해(대략 중국 한나라 때)부터 기원 1년을 시작합니다. 지금은 1974년으로, 20세기라고 합니다.

우리는 지금 이 서기도 사용하고 있는데, 우리 문화의 입장에서 보면

상당히 마음 아픈 일입니다. 할아버지뻘 되는 사람은 손자와 동등해서
는 안 되고, 사람은 자기의 역사를 말살해서는 안 되는데, 정말 마음이
아픕니다._이 이야기는 잠시 접어 두기로 하고, 우리가 알다시피 오늘날
의 서양 문화는 1백 년을 1세기로 삼지만, 과거 우리 문화에서 작은 단
위로는 30년을 1세世로 하였습니다. 이것은 시간의 대표 단위로서 뒤에
는 추상적인 대표 단위로 사용되었습니다. 즉, 1대代를 1세로 불렀습니
다. 이때부터 세世의 개념이 바뀌어, 통상 십세十世라고 하여 긴 세월을
나타냈습니다. 당대唐代 이후로 이 땅에 불학佛學이 들어와 또 '삼세'三世
의 설이 있게 되었는데, 삼세란 무엇일까요? 과거·현재·미래를 삼세
라고 합니다. 수천만 년 전도 과거이고, 1초 전도 과거입니다. 현재는
바로 현재이며, 미래란 1초 후도 미래며, 수천만 년 이후도 미래가 됩
니다. 이를 삼세라 하는데 불학에서 나온 명칭이고, 유학에서는 이를
'십세'라고 합니다. 그러므로 여기 『논어』상의 '십세'는 천추 이후의 장
래 세대를 말하는 것이나 같습니다.

　자장은 공자에게 장래 어떻게 변천할지를 먼저 알고 예언할 수 있으
시냐고 물었습니다. 공자가 여기에서 하夏·은殷·주周 삼세三世를 말하
는 것은, 장래를 나타내려고 단지 과거를 인용하는 것입니다. 자장은 공
자에 장래 시대의 변천을 아시느냐고 묻자 공자는 안다고 말했습니다.
어떻게 알 수 있다는 것일까요? 공자는 말하기를 "은나라의 문화는 어
디서 왔느냐 하면, 하나라 문화가 변천하여 온 것이다. 그러나 시대의
변천에 따라 하나라의 원래 문화는 어떤 것은 감소하고 어떤 것은 증가
하였다. 그러나 감소하였든 증가하였든, 결국은 그 전 역사의 발자취에
서 온 것이며 변천되어야 하는 것은 변천하기 마련이다. 은나라 이후는
주나라이므로, 주나라의 문화는 또 은나라로부터 점점 변천되어 온 것
이다." 라고 했습니다. 우리가 오늘날 전통 문화를 말하는데, 이른바 전
통이란 바로 이러한 하나의 계통 속에서 점점 변천하여 온 것이지, 단
단히 굳어진 채로 원래의 모습이 보존되어 온 것은 아닙니다. 그러므로
주나라는 은나라의 예禮, 즉 은나라의 문화가 변천하여 이루어진 것입니
다. 그렇다면 주나라의 문화를 통해서도, 그 전 왕조인 은나라 문화의

옳고 그름과 변천한 바가 있었음을 볼 수 있습니다.

"누군가가 주나라를 계승해 간다면"(其或繼周者)의 뜻을 봅시다. 공자는 동주東周시대의 사람으로, 이 말의 뜻은 주나라의 문화가 변천하는 가운데 계승되어 간다면, 주대의 문화도 변하기 마련이며 장래의 역사 변천은 다음 대가 어떤 모습으로 변할 것인가는 물론이고, 수천만 년 후일지라도 어떤 모습으로 변할지 알 수 있다는 것입니다. 공자는 결코 종교적인 신통력을 가진 사람도 아니었으며, 예언자도 아니었습니다. 바꿔 말해, 공자는 사람들이 지혜에 의지하여 역사를 많이 읽음으로써 과거를 알라고 한 것입니다. 위에서 말한 법칙을 이용하여 역사의 궤적을 따라가면 과거를 알 수 있는 바에야, 같은 법칙을 이용하여 미래도 알 수 있다는 것입니다. 앞에서 말한 '온고이지신'溫故而知新도 이러한 이치입니다. 역사의 변천은 돌발적인 것이 아니며, 모두 다 점차 변해 온 것입니다. 그러므로 과거 역사의 변천사를 보면, 앞으로의 역사, 미래 시대가 어떠할 것인지를 거의 분명히 이해할 수 있습니다.

다음의 한 단락은 위정의 도리를 결론으로 말하고 있는데, 각 편마다 하나의 결론이 있지만 이 편의 결론은 대단히 재미있습니다.

귀신보다는 사람을 숭상하라

공자께서 말씀하셨다. "자기 조상의 (영혼인) 귀신도 아닌데 그를 제사 지내는 것은 아첨이다. (마땅히 해야 할) 의로운 것을 보고도 행하지 않는 것은 용기가 없는 것이다."

(의로운 일을 보면 할 수 있는 큰 용기가 있어서 남이 물에 빠지면 그를 구하기 위해 자기도 빠질 수 있어야 하고, 남이 배고프면 함께 배고파할 줄 아는 흉금이 있어야 하는 것이 위정의 기본 정신입니다)

子曰 : 非其鬼而祭之 , 諂也 。 見義不爲 , 無勇也 。
자 왈   비 기 귀 이 제 지   첨 야   견 의 불 위   무 용 야

왜 이 두 마디의 말로 「위정」편의 결론을 삼았을까요? 게다가 왜 귀

신을 언급하고 있을까요? 우리 문화는 효도를 중시하고 조상을 공경하므로, 귀신에게 절을 해야 합니다. 그러므로 여기에서의 귀신은 일반인들이 말하는 마귀가 아니라 조상의 영혼을 말합니다. 귀신에게 절을 해야 하는데, 자기 조상의 귀신에게 절해야 할까요, 다른 조상의 귀신에게 절해야 할까요? 이 말에 숨은 뜻은 아주 묘하고 유머가 담겨 있으며, 또 심원합니다. 남의 조상에게 절하는 것은 아첨하는 것으로, 어디서부터 말해야 옳을지 모르겠습니다.

왜냐하면 하나라의 문화는 충忠을 숭상했고, 은나라의 문화는 질質을 숭상했기 때문입니다. 그러나 은나라는 귀신도 숭상했는데, 그 당시의 사회 기풍은 사람마다 정성스럽고 진실했으며 미신의 요소도 많았습니다. 주나라는 문文을 숭상하여 비로소 인문 문화人文文化를 성립시켰습니다. 공자가 숭배한 것은 인문 문화로서, 이것은 상고 역사 문화의 변천에서 유명한 전환점이 됩니다. 그러므로 공자는 여기에서 귀신을 언급하고 난 후, 그 다음에 "의로운 것을 보고도 행하지 않는 것은 용기가 없는 것이다."(見義不爲, 無勇也)라고 말했습니다. 즉, 마땅히 해야 할 일을 보고서도 감히 하지 못하는 것은 용기가 없기 때문이라고 했습니다. 지智・인仁・용勇이 없으면 정치에 종사할 수가 없다는 것입니다. 다시 말해, 그런 사람은 정치에 종사하면 안 된다는 것입니다.

역사상 수많은 사람들이 의로움을 보고서도 행하지 않았는데, 마땅히 해야 할 일임을 분명히 알면서도 대부분은 미루어 말하기를 할 방법이 없다면서 감히 하려들지 않았습니다. 우리는 사람됨도 이와 같아서, 마땅한 도리를 알기는 하지만 인내할 수는 없고, 생각할 수는 있지만 실천할 수는 없습니다. 비유하자면, 담배를 피우면서도 이 기호품의 나쁜 점과 피워서는 안 된다는 것을 분명히 아는데, 이것이 '마땅한 도리를 아는 것'입니다. 그러나 주머니 속에는 늘 담배 한 갑을 넣고 다니는데, 이것이 '인내할 수 없는 것'입니다.

많은 일에 대하여 이론상으로는 맞다고 생각하지만, 실천하려면 체력이 따르지 못한다고 여기는 것, 이것이 바로 '생각할 수는 있지만 실천할 수 없는 것'입니다. 개인의 앞길도 이러하고 천하의 일도 이러합니다. 이것은 중요한 문제입니다. 그러므로 위정은 곧 하나의 희생이며, 지智·인仁·용勇을 함께 구비해야 합니다. 그리하여 마땅히 해야 할 일을 보면 해내고, 자신의 목숨까지도 바치려고 해야 합니다. 충忠과 의義를 다해, 의로운 일을 보면 용감히 실천해야 합니다. 그래서 이 단락을 「위정」편의 마지막에 더해 놓은 것입니다. 의로운 일을 보면 할 수 있는 큰 용기가 있어서 남이 물에 빠지면 그를 구하기 위해 자기도 빠질 수 있어야 하고, 남이 배고프면 함께 배고파할 줄 아는 흉금胸襟이 있어야 한다는 것이 위정의 기본 정신입니다.

八佾

예악의관禮樂衣冠

우선 제3편의 제목인 '팔일'八佾에 대해 간단히 설명해 보겠습니다. 오늘날 공자 묘당에서 제사 지내는 의식 중에 깃털부채를 가지고 추는 춤을 '팔일무'라고 합니다. 현대적 명칭으로는 문화 춤이라고 할 수 있는데, 고대 문화를 대표하는 춤의 하나입니다. 이 춤은 당시 중앙 정부였던 주나라 천자가 국가적인 큰 의식儀式을 거행할 때 국가의 정신을 대표하며, 사용한 예악禮樂인데, 의식을 시작할 때나 연회에서 여흥을 돋우기 위해 이 춤을 추었습니다. 한 줄에 여덟 명씩 모두 여덟 줄을 이루어 춤을 추었으므로 팔일이라 했고, 제후 나라에서는 한 줄이 여섯 명이었으므로 육일六佾이라 했습니다. 제후 이하 대부大夫, 즉 대신大臣의 집안에서는 한 줄에 네 명씩 네 줄로 하였으므로 사일四佾이라 했습니다. 이것은 고정된 형식으로서, 주 왕조의 예악·의관衣冠·문물文物 등은 모두 이와 같이 자세한 규정이 있었습니다.

그러면 공자는 여기에서 춤추는 법을 가르치고 있는 것일까요? 그런 것이 아닙니다. 이 편의 전체 핵심은 현대적 용어로 하면 '문화 정신'을 나타냈습니다. 그 내용은 예禮에 대한 것입니다. 예의 근본, 이것은 공자가 일생 동안 추구한 학문의 소재처이기도 합니다. '팔일'이라는 명칭을 쓴 것은 단지 당시의 문장 관습 때문이었습니다.

예禮는 우리 문화를 구성하는 가장 중요한 한 부분이기 때문에, 우리가 전통 문화를 이해하기 위해서는 오경五經의 하나인 『예기』禮記를 연구하지 않으면 안 됩니다. 특히 이 책은 중국 철학사상의 근본에 편중되어 있으며, 동시에 형이상학적인 종교 철학의 문제도 포괄하고 있기 때문입니다.

그러나 이 편에서는 예禮를 과거의 개념으로 말하고 있습니다. 물론 오늘날 우리가 말하는 '문화'라는 말은 과거의 개념과는 다른데, 과거에는 문화라고 하면 인문, 인륜의 도덕에 편중되었습니다. 즉, 윤리적인 도덕 · 정치적인 윤리 · 사회적인 윤리입니다. 오늘날 문화라는 말은, 정치 · 경제 · 군사 · 사회 · 교육 · 철학 · 종교 등을 모두 포괄하고 귀납하여 '문화의 총체'라는 함의를 가지고 있습니다. 이와 같이 문화라는 말에 대해서는 고금의 정의가 서로 다르므로, 강의의 편의를 위해 먼저 이에 대한 인식이 있어야겠습니다. 내가 「팔일」편 전체의 기본 정신은 문화에 있다고 말했는데, 이것은 고대의 문화의 정의와 잘 들어맞습니다.

제1편 「학이」는 개인이 학문을 추구하는 근본적인 의미를 논한 것이며, 제2편 「위정」은 학문의 외적 활용을 논한 것입니다. 이제 제3편은 개인의 내적 인격 수양에서부터 외적 활용인 위정까지를 종합한 문화 정신에 관한 것인데, 이 문화 정신을 논하기 위해 먼저 한 가지 이야기로 시작하고 있습니다.

공자께서 (노나라 권문세가인) 계씨(가 어느 날 흥에 겨워 자기 집 뜰에서 무도회를 열었는데, 마침내 천자인 양 놀이를 벌였다. 그)에 대하여 (전해 듣고) 말씀하셨다. "(이 일은 주의해야 한다. 계씨는 결코 야심이 만만치 않다. 천자인 양) 팔일무를 뜰에서 추게 하다니, 이런 일까지 할 수 있다면, (앞으로) 무슨 일인들 못하겠는가! (배신이나 반란도 그는 다 할 수 있을 것이다)"

孔子謂季氏 : 八佾舞於庭 , 是可忍也 , 孰不可忍也!
공 자 위 계 씨　　팔 일 무 어 정　　시 가 인 야　　숙 불 가 인 야

계씨季氏는 곧 계가季家입니다. 공자 당시 노나라에 3가家 권신權臣이 있었는데, 즉 이른바 권문權門이었습니다. 당시의 권문은 보통의 권문이 아니라, 정권을 동요시킬 수 있을 만한 세력을 가진 권문이었습니다. 그

3대 권문은 맹손孟孫·중손仲孫·계손季孫으로, 군주도 그들을 어찌할 수 없었으며, 모든 정권이 그들 손 안에 있었습니다. 당시 노나라의 군주는 그렇게 불쌍한 처지였습니다.

그 권문 계씨가 어느 날 흥에 겨워 자기 집 뜰에서 무도회를 열었는데, 마침내 천자인 양 놀이를 벌였습니다. 규정대로라면 대신은 사일무四佾舞만을 감상할 수 있었는데, 그는 의외로 팔일무를 추게 하여 완전히 천자인 양 함으로써 중앙 정부에 맞서고자 하며 이미 조정을 안중에 두지 않고 있었습니다.

어떤 사람이 이 사실을 공자에게 알려 주자, 공자는 "이런 일까지 할 수 있다면, 무슨 일인들 못하겠는가!"(是可忍也, 孰不可忍也) 하고 대답했습니다. 후세 학자들의 해석으로는, 공자가 이 말을 듣고 크게 화를 내어 주먹으로 책상을 꽝 치면서, "만약 이런 일을 우리 모두가 참고 용납한다면, 계모季某가 또 무슨 일을 한들 용납할 수 없겠는가?" 하고 엄한 목소리로 꾸짖은 것이라고 합니다. 사실상 후세 유학자들의 이런 해석은 결코 맞지 않습니다. 만일 이런 해석이 정말 맞는 것이라면, 「학이」편에서 공자를 묘사한 다섯 글자 "온溫·량良·공恭·검儉·양讓" 중에서 온溫자에는 빨간 펜으로 ×표를 해야 할 것이니, 그렇다면 공자는 수양이 된 사람이라고 할 수 없지 않겠습니까?

사정은 간단합니다. 바로 앞 「위정」편에서 공자는 미래의 일을 미리 알 수 있는지 없는지에 대해 말하지 않았습니까? 사실 공자는 계씨의 동향을 이미 간파하고 있었습니다. 그래서 어떤 사람이 공자에게, 계씨가 자기 집 뜰에서 팔일무를 추게 하고 천자인 양 화려한 잔치를 즐긴다고 알려 주었을 때, 공자는 이렇게 말했습니다. "이 일은 주의해야 한다. 계씨는 결코 야심이 만만치 않다. 계씨가 이런 일까지 하는데, 앞으로 또 무슨 일인들 하지 못하겠느냐? 배신이나 반란도 그는 다 할 수 있을 것이다." 공자는 이 일로 미루어 보아 계씨가 장래에 무슨 일이든 저지를 수 있을 것이라 단정하고, 이렇게 말한 것입니다. 결코 공자가 그 자리에서 화를 내고 사람을 욕한 것이 아닙니다. 명확한 글을 일부러 빙빙 돌려 함부로 해석할 필요는 없습니다.

나라의 정치를 맡은 대신만 이러했던 것이 아니라, 당시 사회 전체가 아주 문란했습니다. 바로 오늘날 우리가 얘기하는 문화 타락과 같았습니다. 이제 다음을 읽어 보겠습니다.

계씨 삼가에서 (천자를 위해서만 사용하는 음악인) 옹雍을 연주함으로써 연회를 끝냈다.
공자께서 말씀하셨다. "『시경』에 '제후의 옹호 속에 걸어가는 천자의 모습 장엄하여라.' 하였거늘, 어찌 삼가의 묘당에서 이를 쓰는가?"

　三家者, 以雍徹 。子曰 :「相維辟公, 天子穆穆」奚取於三家之堂 ?
　삼 가 자　이 옹 철　　자 왈　　상 유 벽 공　천 자 목 목　　해 취 어 삼 가 지 당

어느 삼가三家를 말하는 것일까요? 바로 계씨 권신들입니다. 그들은 머리 윗사람인 노나라 임금은 물론, 중앙 정부인 주나라 천자까지도 안중에 두지 않았습니다. 그들은 자기 집에서 연회를 열어 팔일무를 추게 했을 뿐만 아니라, 연회가 끝날 때에는 천자를 위해서만 사용하는 음악인 '옹'雍을 연주했습니다. '철'徹이란 연회를 끝내는 것이고, '옹'雍이란 천자가 있는 자리에서만 연주하던 음악입니다. 이 음악을 계씨 권신들이 자기 집 연회에서 연주한 것입니다.

공자는 여기에서 "제후의 옹호 속에 걸어가는 천자의 모습 장엄하여라."(相維辟公, 天子穆穆)라는 고대의 시를 인용하고 있습니다. 중앙 정부의 천자가 옹雍이 장엄하게 연주되는 가운데 양쪽으로 벽공(辟公: 당시의 제후)의 옹호를 받으며 걸어가는 위엄 있는 모습을 형용한 말입니다. 천자는 국가 정신을 대표하는 사람으로, 태도에 위엄이 있었고 좌우를 함부로 보지 않았습니다. 그런데 지금 이 삼가 권신들이 천자를 위해서만 사용하는 장엄한 국악을 자기 집에서 연주하며 위엄을 부리고 있으니, 그들의 숨은 뜻이 어디에 있는지 알 수 있지 않겠습니까? 어느 시대나 사회 기풍이 나빠지는 것은 권세 있는 사람들에게서부터 비롯됩니다. 그래서 공자는 이것을 크게 슬퍼하면서, 이어 다음과 같이 탄식합니다.

공자께서 말씀하셨다. "사람이 인仁(을 중심 사상으로 세우고 자기 성찰과 자각을) 하지 않는다면, (그에게 문화인) 예禮가 무슨 소용이 있겠는가? (사람이) 인(을 중심 사상으로 세우고 자기 성찰과 자각을) 하지 않는다면, (그에게 예술인) 악樂이 무슨 소용이 있겠는가?"

子曰：人而不仁，如禮何？人而不仁，如樂何？
자왈 인이불인 여례하 인이불인 여악하

인仁은 공자 학문의 중심 사상인데, 이에 대해서는 다음 제4편에서 별도로 강의할 것이므로 여기서는 논하지 않겠습니다. 위의 말뜻은 어떤 사람이 중심 사상이 없다면 문화(禮)가 그에게 무슨 소용이 있겠느냐는 것입니다. 문화는 개인이 자각하고 자발적으로 스스로 성찰하고 깨달아 앎으로써 이루어지는 것으로, 이는 법률이 아니기 때문에 다른 사람이 관여할 수 없습니다. 그래서 공자는 여기서 "사람이 자기 성찰과 깨달음이 없다면 문화와 예술(樂)이 그에게 무슨 소용이 있겠는가?"라고 탄식한 것입니다.

공자는 이처럼 탄식하고 나서, 다시 예禮와 악樂에 대한 논의로 돌아갑니다.

임방이 예禮의 근본을 물으니,
공자께서 말씀하셨다. "네가 한 질문이 너무도 크구나! 예는 사치스럽기보다는 오히려 검소해야 하며, 상사喪事는 쉽게 치르려하기보다는 오히려 슬퍼해야 한다."

林放問「禮之本」。子曰：大哉問！禮，與其奢也，寧儉。喪，與其
임방문 예지본 자왈 대재문 예 여기사야 녕검 상 여기

易也，寧戚。
이야 녕척

임방林放이란 사람이 공자에게 "예의 근본은 무엇입니까?" 하고 물었는데, 이 문제는 너무나 큽니다. 우리가 말했듯이, 우리 문화에서 예禮의 근본을 논한다면 철학의 최고의 문제이자 종교 철학의 최고의 문제이기도 합니다. 우주 만유宇宙萬有는 어디에서 왔을까요? 어느 날 시작되었을까요? 이 본체론本體論도 바로 예禮의 근본에 관한 논의입니다.

그러므로 임방이 "예의 근본이 무엇입니까?" 라고 묻자, 공자는 "네가한 질문이 너무도 크구나!" 라고 대답했습니다. 공자는 그에게 철학을 말하지 않았으며, 문화 정신도 말하지 않았습니다. 다만, 예의禮儀 문제에 관해서만 말했습니다. 공자는 "예의란 지나치게 겉치장에 신경 쓰면불합리하니, 오히려 간소하면서 정중한 것이 좋다. 상례喪禮는 너무 가볍게 치르는 것보다 오히려 슬퍼하는 태도를 취하는 것이 좋다."고 했습니다. 오늘날 우리들의 모습을 생각할 때, 만일 공자가 지금 살아 있어서 오늘의 사회를 본다면 탄식이 어느 정도에 이르게 될지 모르겠습니다. 오늘날 우리의 예禮는 공자가 말한 것과 정반대여서, 예禮가 간단하지 않고 갈수록 사치스러워지고 있습니다. 장례는 진심으로 슬퍼하기보다 쉽게만 치르려고 하여, 가족이 세상을 떠나면 장의사로 보내 화장火葬한 후 불과 3일이면 집에서 댄스파티를 엽니다.

공자는 당시의 문화적 쇠퇴를 대단히 탄식했습니다. 그래서 공자의결론은 다음과 같습니다.

공자께서 말씀하셨다. "문화가 없는 (동이東夷・서융西戎・남만南蠻・북적北狄같은) 변방 민족들에게는 임금이 있(어 정권은 있)다 해도 (문화 정신이 없다면 그게 무슨 소용이 있겠는가?) 문화가 있는 중국 땅에 임금이 없는 것만도 못하다. (하나라나 은나라는 비록 멸망했지만, 그 문화가 있었기에 역사상의 정신은 영원히 후세에 전해지고 있다)"

子曰：夷狄之有君，不如諸夏之亡也。
자 왈　이 적 지 유 군　불 여 제 하 지 무 야

'이적'夷狄은 옛날에 문화가 낙후한 변방 지역을 가리키는 말이었습니다. 공자의 사상은 문화를 중심으로 삼았으며, 문화가 없는 곳을 이적이라 불렀습니다. 당시 동이東夷・서융西戎・남만南蠻・북적北狄, 이 네 종족은 문화가 없었기에 대단히 미개野蠻하였습니다. 이에 대해, 중국은 중하中夏 또는 중원中原이라 불렸으며, 발달된 문화가 있었습니다. 공자는 "그런 낙후한 지역의 야만족들도 우두머리가 있고 군주나 추장이 있다. 그러나 겉모양만 갖추었을 뿐 문화가 없으니 무슨 소용이 있겠는가? 하나라나 은나라는 비록 멸망했지만, 그 문화가 있었기에 역사상의 정신은 영원히 후세에 전해지고 있다."고 말했습니다.

그러므로 우리가 알아야 할 한 가지 엄중한 문제는, 국가는 망해도 다시 회복할 길이 있으므로 두렵지 않지만, 문화가 망하면 영원히 돌이킬 수 없다는 것입니다. 동서고금의 역사를 보더라도, 문화가 망한 민족으로서 그 문화를 다시 회복한 전례가 없습니다. 그러므로 문화재건 사업에 대한 우리 세대의 책임은 더없이 크고 무거우며, 문화가 우리 대에서 끊어져 버리게 내버려 두어서는 절대로 안 됩니다. 이것은 중요한 문제입니다.

공자가 여기서 "문화가 없는 변방 민족들에게는 임금이 있다 해도 문화가 있는 중국 땅에 임금이 없는 것만도 못하다."고 말한 것처럼, 하왕조는 비록 망해 역사에나 나오는 명사가 되어 버렸지만, 하 왕조의 문화는 계속 전해 내려와 오늘날까지 우리가 이어받고 있습니다. 예를 들면, 설을 쇨 때 우리는 양력설 쇠기를 좋아합니까? 음력설 쇠기를 좋아합니까? 냉정하게 말해 보면, 음력설 쇠기를 좋아합니다. 그러나 우리는 현재 부득이 양력설을 쇠고 있습니다. 음력설은 곧 하력夏曆으로, 하 왕조가 남겨 준 문화입니다. 그 밖에도 오늘날 우리들의 수많은 문화가 역시 하 왕조의 문화입니다.

그러므로 공자의 이 말은, 다시 말하면, 정권은 있지만 문화 정신이 없다면 그게 무슨 소용이 있겠느냐 하는 것입니다. 우리는 문화 정신을 반드시 일으켜 세워야 합니다.

태산 여행泰山旅行

이어서 다음을 봅시다. 계씨의 야심은 갈수록 분명해집니다.

계씨가 (반란을 일으키려 생각하고, 신神의 도움을 빌기 위해 제사 지내러) 태산으로 여행을 가려 하자,

공자께서는 (자신이 관찰한 결과 이미 그 내막을 알고 있어서 당시 계씨 권문의 재상인) 염유에게 말씀하셨다. "네가 저들을 말릴 수 없겠느냐? (그들이 획책하는 일은 반드시 실패할 텐데, 한 번 실패하면 온 집안사람이 목숨을 잃게 된다. 그런데도 그가 어떻게 그런 오만방자하기 이를 데 없는 일을 할 수 있단 말이냐?)"

염유가 "못하겠습니다." 하고 대답하자,

공자께서 말씀하셨다. "아아! (만약) 태산(에 신神)이 (있다면 예禮의 근본을 물은 저) 임방만도 못하다는 말인가?"

季氏旅於泰山, 子謂冉有曰: 女弗能救與? 對曰 : 不能。子曰 : 嗚呼!
계 씨 려 어 태 산   자 위 염 유 왈   여 불 능 구 여   대 왈   불 능   자 왈   오 호

曾謂泰山不如林放乎?
증 위 태 산 불 여 임 방 호

이 일은 이렇게 간단히 쓰여 있지만, 그 의미의 묘함은 말로 다 표현할 수 없습니다.

염유는 공자의 학생인데, 뒤에 문인으로서 군대를 거느린 통수가 되었습니다. 공자는 자신은 궁했지만, 그가 가르친 학생들 중에 많은 사람들이 뒷날 자신들의 뜻을 이루었는데, 공자가 이런 젊은이들을 양성한 것은 교육 면에서 큰 성취였습니다. 염유는 당시 계씨 권문의 재상이었는데, 오늘날로 보면 관리인에 해당합니다.

그런데 계씨가 태산으로 여행(旅)을 하려고 했습니다. 오늘날로 보면, 여행은 관광 사업을 발전시키는 좋은 일이어서 뭐 안 좋을 게 없는데, 공자는 무엇 때문에 이를 반대했을까요? 책을 읽을 때는 시간과 공간 관계에 유의해야 합니다. 사건이 발생한 시대와 지역에 주의를 기울여야 진상을 잘 이해할 수 있습니다. 태산은 당시 문화 정신의 중심점이었습니다. 고대 중국에서는 천도天道를 신앙했기 때문에, 국가 정치가 태평하면 태산에 올라 천지에 제사를 지내고 빌었는데, 이것을 봉선封禪이라 했습니다. 뒷날 진시황의 경우는 태산에 가서 봉선을 행하고 비석

을 세운 뒤 돌아오던 길에 병으로 죽었습니다. 고대에는 봉선에 대한 미신이 대단했는데, 황제가 봉선 뒤에는 거의 모두가 불길한 일이 생겼다는 것이었습니다. 그래서 황제는 감히 함부로 봉선을 행하지 않았습니다. 고대 중국인들은 태산에 신神이 있다고 믿었기 때문에, 국가의 영수領袖만이 태산에 가서 천지에 제사 지내고 빌 수 있었습니다.

계씨가 태산으로 여행을 가는 것은 표면상으로는 군부대를 이끌고 사냥을 하겠다는 것이었지만, 이것은 거짓이었습니다. 실제로는 반란을 일으키려는 속셈에서 신의 도움을 빌기 위한 것이 목적이었습니다. 그런 정치적 내막을 공자는 자신이 관찰한 결과로 당연히 알고 있었습니다. 그래서 자신의 제자인 염유를 불러서, "네가 저들 계가를 말릴 수 없겠느냐? 그들이 획책하는 일은 반드시 실패할 텐데, 한 번 실패하면 온 집안사람이 목숨을 잃게 된다. 그런데도 그가 어떻게 그런 오만방자하기 이를 데 없는 일을 할 수 있단 말이냐?" 하고 말한 것입니다.

염유의 대답은 자기로서는 말릴 수 없다는 것이었습니다. 계씨가 염유의 말을 듣지 않을 것이 분명했기 때문입니다. 그러자 공자는 탄식하며, "아아, 태산이 임방만도 못하다는 말인가?"(嗚呼! 曾謂泰山不如林放乎) 하고 말했습니다. 이 말은 무슨 뜻일까요? 임방林放은 앞에서 공자에게 예禮의 근본을 물었던 사람입니다. 그래서 공자는 임방이란 사람도 예의 근본을 알고 중요시하는데, 태산은 그 임방만도 못하다는 말인가 하고 탄식한 것입니다. 공자는 왜 이렇게 탄식했을까요?

고대에는 태산에 소위 '동악東嶽의 신'이 있다고 알려져 있었으므로, 계씨는 가서 이 신에게 제사를 지내려고 한 것입니다. 오늘날 우리가 사원 같은 데 가서 기도하는 것과 같습니다. 나는 어느 종교든 감정적으로 똑같이 대합니다만, 사람들이 기도하는 모습을 보면, 향 세 개를 피우고 5원어치 바나나와 10원어치 떡을 차려 놓고는 머리 몇 번 꾸벅인 후 "돈 많이 벌게 해 주십시오. 내 남편 오래 살게 해 주십시오. 내 아들 대학에 합격하고 공명부귀를 누려 앞날이 무궁하도록 해 주십시오." 하고 이것저것 다 빌고 나서 5원어치의 바나나는 도로 가져가려고 합니다. 이렇게 작은 대가代價에 그렇게 많은 보답을 구하다니, 신神이 만일 영靈이 있어 나더러 이런 신 노릇을 하라고 하면 나는 절대 하지 않을 것입니다. 두 집 사람들이 서로 원한을 품고 있어, 보살이나 하느님께 상대를 망해 버리게 해 달라고 빈다고 합시다. 양쪽 다 이렇게 요구할 텐데, 도대체 어느 쪽 청을 들어 주어야 할까요? 그러니 신 노릇도 하기 어려울 것입니다.

계씨 집안도 보통 사람들과 마찬가지로 반란을 일으키려 생각하고, 신에게 제사 지내러 태산에 갔습니다. 그래서 공자는 "만약 태산에 신이 있다면, 임방만도 못하다는 말인가!" 하고 탄식한 것입니다. 즉, 임방은 보통사람인데도 예禮를 물을 줄 아는데, 하물며 신이야 어떠하겠느냐는 뜻입니다. 중국인은 신을 어떤 모습으로 알고 있을까요? "총명하고 정직한 사람은 죽어서 신이 된다."(聰明正直, 死而爲神)는 옛말이 있습니다. 이것이 신의 자격이라고 하겠는데, 누구든지 총명하고 정직한 사람은 죽어서 신이 될 정도까지 수행을 할 수 있다는 것이겠지요. 따라서 '동악의 신'이 총명하고 정직하다면, 계씨가 가서 그에게 절하고 아부하더라도 계씨를 도와주겠습니까? 설마 그 태산의 신이 임방이란 사람만도 못하겠습니까? 위의 원문은 바로 이런 의미입니다.

많은 사람들이 권력이나 앞날의 운을 미신이나 좁은 의미의 종교에 의지하여 빌고 있습니다. 우리는 인문 문화를 기초로 삼기 때문에 하느님이든, 보살이든, 신이든 상관없습니다. 만일 우리가 절하고 빌면 도와주고 그러지 않으면 상관하지 않는, 정말 이런 식의 신이라면 제일 먼저 내가 감히 믿지 않겠습니다. 그런 신이라면 한쪽 사정만 보아 주고 또 감정적으로 일을 처리하여, 오히려 보통 사람만도 못한 존재이기 때문입니다. 만일 신이 선악善惡을 가리지도 않고, 빌기만 하면 반드시 감응해 준다고 하면, 우리가 사람 노릇하기 쉽겠지요. 나쁜 일을 얼마든지 하고 나서는 날마다 신에게 절하고 빌거나, 나쁜 일을 하고 나서 참회를 하기만 하면 될 테니 말입니다. 이것이 어찌 신의 의도겠습니까?

뜻이 춘추에 있다

계씨가 태산으로 여행했다는 기록은 춘추 시대의 사회 기풍이 어지러 웠다는 것을 말해 줍니다. 어떻게 어지러웠을까요? 그 시대가 어지러웠 던 것은 춘추 시대 전체가 '권'權과 '술'術을 중시한 탓이었는데, 뒤에는 이 두 글자를 합쳐서 '권술'權術이라 하였습니다. '권'權은 바로 정치에서 말하는 통치로서, 다시 말하면 패도覇道입니다. 춘추 말기에 왕도王道가 쇠미해지자 패도가 일어났습니다. '술'術은 일반인이 말하는 '수단을 쓴 다'는 말입니다. 전통 문화의 도덕과 이성을 중시하지 않는 것이 바로 수단을 쓰는 것입니다. 수단으로써 천하를 취하는 것이 곧 '권술'權術입 니다. 그러므로 우리가 당시의 정치 변란을 이해하기 위해서는 반드시 『춘추』春秋라는 책을 이해해야 합니다.

『춘추』는 공자가 쓴 책으로, 오늘날 신문지상에 보도되는 국내외 큰 사건의 핵심만을 기록한 것과 같은 책입니다. 그 속의 큰 제목은 공자 가 어떤 사건에 대해 내린 정의定義가 되는데, 그는 정의를 어떻게 내렸 을까요? 핵심은 미언대의微言大義에 있습니다. 미언微言은 겉으로 보아서 는 큰 상관이 없거나 그리 중요하지 않은 말로서, 문학적으로는 글을 늘이거나 줄일 수 있습니다. 그러나 『춘추』의 정신에서 보면 한 글자도 쉽게 움직일 수 없습니다. 왜냐하면 한 글자마다 그 속에 큰 뜻이 담겨 있어, 아주 심오한 의미를 지니기 때문입니다. 그래서 후대 사람들은 "공자가 『춘추』를 쓰자 난신적자亂臣賊子가 두려워했다."고 했는데, 왜 두려워했을까요? 역사에 난신적자라는 오명이 남게 될 것이기 때문이었 습니다. '미언' 가운데 큰 뜻이 있는 점이 『춘추』를 읽기 어려운 원인이 기도 합니다.

공자가 지은 『춘추』는 '제목'과 '요강'要綱들로 되어 있습니다. 그러면 '요강' 속에는 어떤 내용들이 들어 있을까요? 춘추삼전인 『좌전』左傳, 『 공양전』公羊傳, 『곡량전』穀梁傳을 보아야 합니다. 이것은 세 사람이 각각 『춘추』를 연역演繹한 것인데, 그 중에 『좌전』은 공자의 제자이자 친구 관계였던 좌구명左丘明이 쓴 것입니다. 좌구명은 『춘추』에 나오는 역사 상의 사실을 더욱 상세하게 서술하고 『좌전』이라 이름 지었습니다. 당 시에 좌구명은 이미 양 눈을 실명한 상태였기 때문에 그가 구술口述한 것을 학생이 기록한 것입니다.

『공양전』·『곡량전』도 일가를 이루고 있습니다. 우리가 『춘추』의 정신을 연구하는 데는 삼세설三世說이 있습니다. 특히 청말淸末 이후 중국에는 혁명 사상이 일어났는데, 『춘추』에 대한 공양학이 상당히 유행했습니다. 강유위康有爲·양계초梁啓超 같은 학자들은 『공양전』 사상을 크게 받들었는데, 그 중에서 춘추 삼세설을 제기했습니다. 소위 '춘추 삼세'란 바로 세계 정치 문화에 대한 세 가지 분류입니다. 그 하나는 '쇠세'衰世입니다. 이는 다시 말하면 난세亂世인데, 인류 역사에는 쇠세가 많았습니다. 역사를 연구해 보면, 이삼십 년 동안 변란과 전쟁이 없었던 시기를 거의 찾아볼 수 없으며, 단지 큰 전쟁이냐 작은 전쟁이냐의 차이만 있을 뿐 크고 작은 전쟁이 곳곳에서 수시로 일어났습니다. 그래서 인류 역사를 정치학적으로 보면, 미래의 세계가 결국 어떻게 될 것인가 하는 것이 큰 문제입니다. 정치 철학을 배우는 사람은 이런 문제를 연구해야 합니다.

서양의 철학자 플라톤의 정치 이상인 소위 이상 국가理想國家를 예로 들어 봅시다. 우리가 알다시피 서양의 많은 정치사상은 다 플라톤의 이상 국가에서 온 것입니다. 그러면 우리에겐 이와 유사한 이상이 없을까요? 당연히 있습니다. 첫째, 『예기』禮記 속의 「예운대동편」禮運大同篇에서 볼 수 있는 대동사상大同思想이 바로 그것입니다. 우리가 평소에 보는 대동사상은 「예운편」 중의 한 단락에 지나지 않으므로, 대동사상을 이해하기 위해서는 「예운편」 전체를 연구해야 합니다. 그 다음으로는 도가의 사상인 화서국華胥國이 있는데, 이것은 소위 황제黃帝의 화서몽華胥夢으로서 역시 하나의 이상 국가입니다. 플라톤의 사상과 비교하면 우리 문화가 그보다 나았으면 나았지 못하다고 할 수 없습니다. 그러나 인류 전체가 진정으로 그러한 이상 시대에 도달할 것인지 못할 것인지는 정치 철학적인 큰 문제로서, 절대적으로 완전한 답안을 내기란 매우 어렵습니다.

자, 이제 춘추 삼세설로 돌아와 살펴봅시다. 삼세설에 의하면, 인류 역사에는 '쇠세'衰世가 매우 많으며, 쇠세가 변란이 일어나지 않는 수준까지 진보하면 '승평세상'昇平之世이라 부릅니다. 마지막 가장 좋은 것은 '태평'太平으로서, 곧 우리들이 말하는 '태평성세'太平盛世입니다. 우리 문화를 역사적으로 관찰해 보면, 진정한 태평성세는 하나의 이상 국가와 같은 것으로 실현되기가 거의 어렵습니다.

우리에게는 「예운편」의 대동사상이 곧 태평성세 사상으로, 진정한 인문 정치의 최고 목적인 이상 국가 사상입니다. 역사에서 일반적으로 말하는 태평성세란 춘추 삼세의 관점에서 보면 일종의 '승평세상'입니다. 역사상으로는 한대漢代와 당대唐代 양 시대가 가장 훌륭한 시기로서, 굳이 말하자면 승평세상이었다고 할 수 있습니다. 역사상 표방되었던 태평성세는 어디까지나 표방에 지나지 않았다고 할 수 있는데, 표방인 이상 표방해도 좋습니다. 그러나 춘추대의로 논한다면, '승평'이 될 수 있을 뿐 '태평'이라고 할 수는 없습니다. 여기에서 다시 아래 등급으로 내려가면 '쇠세'가 됩니다. 국부國父 손문孫文이 제창한 '삼민주의'의 최종 목표는 세계대동世界大同인데, 이 역시 춘추대의가 도달하고자 하는 이상理想입니다.

춘추필법 ─ 죄는 죄, 악은 악

우리는 어떻게 하면 『춘추좌전』에서 그 미언대의微言大義를 알아낼 수 있을까요? 만일 『좌전』의 제1편인 「정백鄭伯이 단段을 언鄢에서 이겼다」(鄭伯克段於鄢)를 읽고 이해할 수 있다면 대체로 춘추필법을 알 수 있습니다.

정백은 제후였습니다. 춘추 시대에는 왕도가 쇠미하고 오패五覇가 일어났는데, 오패 중에서 정鄭나라 장공莊公, 즉 정백이 제일 먼저 패자로 불렸으며, 이어서 제나라 환공桓公, 진晉나라 문공文公, 진秦나라 목공穆公, 송나라 양공襄公 등이 패자가 되었습니다. 그런데 『좌전』 제1편 속에서 공자의 미언은 어느 글자에 있을까요? 바로 '克'(이길 극)자에 있습니다. 단段은 정백의 친동생인 공숙단共叔段을 가리키며, 이 제1편의 뜻은 형제를 적으로 여겨서는 안 된다는 것입니다.

'극'克자에는 '적대'敵對라는 뜻이 들어 있으며, 적을 공격하여 무너뜨리는 것을 '극적'克敵이라고 합니다. 여기서 '정백극단'鄭伯克段은 결과적으로 정백이 동생을 적으로 대하는 방법을 썼다는 뜻입니다. 즉, 먼저 동생을 가르쳐 사전에 악을 예방한 것이 아니라, 오히려 범죄 행위를 일부러 조장해 놓고 끝에 가서 인의仁義를 가장했습니다. 그러므로 여기에서의 춘추필법은 '이길 극'(克) 한 글자의 미언에 있으며, 정백의 죄상이 천추에 남도록 확정지은 것입니다.

좌구명은 그 역사를 어떻게 말하고 있을까요? 아마 여러분도 읽어 보았겠지만, 다시 한 번 복습해도 좋을 것 같습니다.

정백鄭伯, 즉 정나라 장공莊公은 맏이였는데, 어머니 강씨姜氏는 그를 혼수상태에서 낳았기 때문에 몹시 놀라고 두려워했습니다. 여기서 심리학 문제가 대두되는데, 강씨는 그 때 놀란 나머지 장공에 대해 호감을 가지지 못하고 늘 마음이 꺼림칙했습니다. 이 이야기로도 알 수 있듯이, 오늘날 청소년의 심리를 연구하는 사람들은 청소년들의 정서가 주로 어린 시절 환경의 영향을 받아 형성되기 때문에 환경적인 요소가 그들의 심리에 큰 영향을 미친다는 것에 유의해야 합니다.

예를 들어, 어려서부터 빈궁한 사람, 특히 고아들은 대부분 극단적인 심리를 갖기 쉽습니다. 나도 전에 외롭고 가난한 소년들 여러 명을 길러 본 적이 있습니다. 당시 나는 그 아이들에게 늘 이렇게 말해 주었습니다. "빈곤한 가정이나 고아 출신은 결국 두 갈래 길을 가게 된다. 세 번째 길이란 없다. 하나는 그가 나중에 성공하면 사회에 대해 몹시 동정적이어서, 할 수 있는 한 남을 돕는다. 자신이 고난 속에서 자라왔기 때문에, 고난을 겪는 사람들에게 대단히 동정심을 가지게 되는 것이다. 다른 하나는 그가 성공한 후에도 사회에 대해 대단히 반감을 가지고, 사회의 어떤 일, 어떤 사람에 대해서도 의심을 품고 증오하게 된다. 그는 '내가 어려울 때 누가 나를 동정해 주었던가? 사회? 사회가 어떻게 공평해?' 하면서 심리적으로 줄곧 반감反感을 품게 된다."

이 두 가지 서로 상반되는 심리는 똑같은 환경의 영향을 받고 형성되는 것입니다. 왜 같은 원인에서 상반된 결과가 나타나는가 하는 것은 유전적인 본질과 교육 등의 문제에까지 관계가 되는데, 「위정」편에 나왔던 "배우기만 하고 생각하지 않으면…"(學而不思…)의 단락을 참조하면 능히 짐작할 수 있습니다. 그래서 사회사업에 종사하는 많은 사람들이 고아원을 세우고 아무리 잘 돌봐 주어도 아이는 계속 반감을 품게 되는 것입니다. 친부모 아래에서 자라는 아이들은 부모의 꾸지람을 들으면 화를 내지만 그 때가 지나고 나면 잊어버립니다. 그렇지만 고아나 심리적으로 문제가 있는 아이들은 꾸지람을 들으면, 그 자리에서 화를 내지는 않더라도 오래도록 잊지 않고 마음에 담아 둡니다. 그런 아이는 태어날 때부터 또는 어릴 때부터 다른 사람에 대한 반감을 갖고 있기 때문입니다. 그러므로 사회나 정치를 연구하는 사람들은 이런 여러 방면에 대한 지식을 반드시 가지고 있어야 합니다.

이상의 이야기를 통해, 우리는 정백의 어머니 강씨가 아들에 대해 심리적인 편견을 가지고 있었으므로, 그런 환경에서 자란 아들도 비정상적인 심리를 가지게 되었으리라는 것을 알 수 있습니다. 강씨는 뒤에 또 아들을 하나 낳았는데, 그가 바로 단段입니다. 고대 중국에서는 장자長子가 아버지의 관직을 계승하였으므로, 장래에 제후를 계승할 자는 당연히 정백이었습니다. 중국의 옛말에 "황제는 장자를 사랑하고, 백성은 막내아들을 사랑한다."는 말이 있습니다. 황제는 자신의 신분을 계승할 장자를 사랑하고, 일반 백성은 보통 나이 들어 낳은 막내자식을 좋아하는 것은 당연한 일이었습니다.

그러나 강씨는 둘째 아이를 낳은 후, 남편에게 장래에 이 둘째 아들에게 제후 자리를 계승해 주었으면 좋겠다고 말하였습니다. 그렇지만 전통 관습상 그래서는 안 되는 일이었기에, 뒷날 결국 정백이 아버지를 이어 제후가 되었습니다. 그러자 어머니 강씨는 장자인 정백에게 둘째 아들 단을 '제'制라는 제일 좋은 지방에 보내어 그곳 책임자가 되게 해 달라고 청하였습니다.

그러나 정백은 어머니의 청에 대하여, "제制 지방은 결코 좋은 곳이 아닙니다. 살기 어려운 땅이며 발전시킬 가치도 없는데다 경제적 가치도 없고 또 정치적 중심지도 아니니, 동생을 그런 지방으로 보내는 것은 좋지 않습니다. 다른 지방으로 바꾸는 게 좋겠으니, 어머니께서 다른 곳을 선택해 보십시오." 라고 대답하였습니다. 그래서 결국 동생을 '경' 京이라는 지방으로 보내게 되었습니다. 그렇지만 사실은 '제'制는 당시 정나라의 땅으로서 군사·정치 면에서 중요한 요충지였기 때문에, 정백은 화근을 길러 뒷날 화를 입게 될 일을 사전에 피하고 싶었던 것입니다. 그래서 정백은 권모술수를 써서 자기가 어질고 의리가 있는 양 그럴 듯한 말을 꾸며 대어 어머니를 속인 것이었습니다. 공자가 이 이야기를 『춘추』에 써 놓은 것은 정백이 도덕을 따르지 않고 권모술수를 썼다는 것을 말하기 위함이었습니다.

뒤에 어머니 강씨와 동생 단이 병사를 모집하고 말을 사들이며 건초와 식량을 쌓는 등 반란의 징후가 뚜렷해지자, 좌우 대신들은 이 사실을 낱낱이 정 장공에게 보고했습니다. 정 장공은 자신도 뻔히 알고 있으면서, 아무 문제가 없다며 우선 두고 보자고 말했습니다. 그의 속셈은, 여우 꼬리가 아직은 드러나지 않았으니 여우 꼬리가 드러날 때까지 기다렸다가 처치하자는 것이었습니다. 이것이 바로 고대 간웅奸雄들의 정치적인 권모술수였는데, 도덕 정치라면 절대 이와 같이 해서는 안 됩니다.

도덕 정치와 권모술수의 차이점도 바로 여기에 있습니다. 더구나 상대가 친동생이었으니만큼, 동생을 감화시키고 그 일을 사실대로 어머니에게 알려 사전에 예방해야 했습니다. 그럼에도 불구하고 정백은 마치 적의 범죄 행위를 조장하듯 동생을 내버려 두었다가 마침내 어머니와 동생이 결탁해서 반란을 일으키자 군대를 동원해서 동생을 제거해 버렸는데, 이와 같은 일은 절대로 해서 안 됩니다. 이에 대해 어떤 사람은, "조조가 천자를 끼고 제후를 호령하기 위하여 유비와 손권을 길렀는데, 조조의 이런 수법은 정 장공을 본받은 것이다." 라고 말했습니다. 그래서 역사상 첫째가는 간웅은 정 장공이라 말하고 있습니다.

공자는 『춘추』를 쓰면서 왜 이 사건을 시작으로 삼았을까요? 이는 바로 사회의 변란이란 결코 보통 사람이 초래할 수 있는 것이 아니라, 권신이나 지위 있는 사람들이 풍기를 나쁘게 만든 탓이며, 난亂이란 것은 위로부터 발생한다는 것을 설명하기 위해서였습니다. 앞에서 말한 계씨의 태산 여행 이야기에서, "태산이 임방만도 못하다는 말인가?" 하고 공자가 말한 것도 바로 이런 뜻이었습니다.

이겨서 미안합니다

다음은 공자가 말한 원칙입니다.

공자께서 말씀하셨다. "군자는 다툴 것이 없으나, 꼭 있다면 활쏘기(풍습)일 것이다. (시합을 시작할 때는 서로) 마주 대하고 읍揖하여 사양하며 사당射堂에 오르고, (시합이 끝나) 내려와서는 (누가 이기고 누가 졌든 간에) 서로 마주 대하고 술 한 잔을 마시(면서 이긴 사람은 '사양해주셔서 감사합니다' 하고, 진 사람은 '잘 배웠습니다.' 하고 말해 모두 인문의 예의를 갖추)니, 그 다툼도 군자답다."

子曰：君子無所爭，必也射乎。揖讓而升，下而飮，其爭也君子。
자 왈　군자무소쟁　필야사호　　읍양이승　　하이음　기쟁야군자

이것은 인류 문화의 기본 문제를 말한 것으로, 공자는 하나를 들어 보여 나머지 셋을 깨닫게 하는 교육 방식으로 말하고 있습니다.

우리 문화에서 말하는 군자君子는 소인小人과 대립되는 명칭으로 하나의 부호符號와도 같은 말인데, 왜 군자라고 했을까요? 그리고 왜 소인이라고 했을까요? 정의를 내리기 어렵습니다. 좋은 사람, 나쁜 사람의 정의를 내리기 어려운 것과 마찬가지입니다. 특히, 철학적인 관점에서 보면 더욱 그렇습니다. 좋은 사람도 어떤 일에 있어서는 좋지만, 때로는 좋은 속에서 나쁘게 변하기도 합니다. 또, 나쁜 사람은 대체로 모든 일에 나쁘지만, 때로는 어떤 점에서는 좋게 변하기도 합니다. 그래서 좋은 사람과 나쁜 사람에 대한 정의를 내리기란 대단히 어렵습니다. 그러나 사회적 또는 정치적인 입장에서는 철학적인 관점으로 토론할 수 없습니다. 다만, 좋고 나쁨을 사업과 공로를 기준으로 해서 말해야 합니다. 지

금 공자가 말하는 군자는 철학적 입장에서 말하는 것으로, 하나의 추상적인 대명사입니다.

우리 문화에서 말하는 군자는 남과 다투는 바가 없는데, 비단 사람들과 다투는 바가 없을 뿐 아니라 일에 있어서도 다투는 바가 없어, 모든 것을 예를 갖추어 사양하며 얻습니다. 이것을 예양禮讓이라고 합니다. 다투는 바가 없다는 것은 곧 기를 펴지 못한다는 것을 의미할까요? 그렇지 않습니다.

여기서 공자는 당시의 활쏘기 풍습을 들어, 군자의 입신 처세의 훌륭한 태도를 설명하고 있습니다. 활쏘기는 예禮·악樂·사射·어御·서書·수數의 육예六藝 중의 하나로서, 군사 훈련을 말합니다. 공자는 이에 대해서 다음과 같이 말합니다. "활쏘기 시합을 시작할 때에는 서로 마주 보고 경례로써 미안함, 즉 예양禮讓을 표시한다. 그런 다음 시합을 시작한다. 시합이 끝나면 누가 이기고 누가 졌든 간에 서로 마주 대하고 술한 잔을 마시면서, 이긴 사람은 '사양해 주셔서 감사합니다.' 하고, 진 사람은 '잘 배웠습니다.' 하고 말해 모두 예의를 갖춘다. 이는 비록 경쟁하는 입장이라 하더라도 항상 인문人文의 예의를 지키는 것이다." 사람이 생물세계의 다른 동물들과 다른 까닭은 바로 이런 문화 정신 때문입니다.

사실 동물로서의 인류가 뭐 대단한 것이 있겠습니까만, 그래도 사람답다 할 수 있는 까닭은 사상이 있고 문화 정신이 있기 때문입니다. 공자가 이런 작은 일을 논한 까닭은, 바꿔 말하면 사람이 꼭 다투면서 살아야 하느냐는 것을 말하기 위함이었습니다. 물론 인간관계나 일에 있어서 경쟁은 있기 마련이지만, 합리적으로 경쟁해야 한다는 것입니다. 그래서 공자는 본문에서 "서로 읍하고 예양하여 사당射堂에 오르고, 시합이 끝나면 내려와서 벌주를 마시니, 그 다툼도 군자답다."(揖讓而升, 下而飮, 其爭也君子)고 말했습니다. 비록 경쟁해야 하는 상황에서라도 늘 군자의 훌륭한 태도를 유지하라는 것입니다. 오늘날로 보면, 그리스의 민주 사상과 유사합니다. 우리 나라도 과거에 민주를 말했는데, 이 문제는 『논어』 속에 장래 따로 전문적인 주제가 있으므로 그때 다시 토론하겠습니다.

우리 문화에서는 사람으로서의 입신이나 처세뿐만 아니라, 모든 일에서 다 민주 정신을 요구합니다. 우리의 민주 정신은 예양禮讓에 바탕을 두고 있지만, 서양의 민주 정신은 법치法治에 바탕을 두고 있습니다. 예양과 법치는 기본적으로 다릅니다. 법치는 관리한다는 의미가 있지만, 예양은 개인의 내재적·자발적 도덕정신인 것입니다.

담박한 생활, 높은 지조

다시 다음을 보면서, 한 걸음 나아가 우리의 문화 정신을 이야기해 보겠습니다.

자하가 물었다. " '보조개 지은 예쁜 미소, 반짝이는 아름다운 눈동자, 흰 바탕에 고운 무늬 이루었네.' 라는 시詩는 무슨 의미입니까?"
공자가 말씀하셨다. "그림 그리는 일은 흰 바탕이 있은 뒤에 (채색을 하여 아름답게) 된다는 뜻이다."
자하가 말했다. "예禮는 그 내용 정신이 먼저이고 겉으로 나타난 형식인 예의禮儀는 그 다음이라는 말씀입니까?"
공자가 말씀하셨다. "나를 일깨워 주는 이는 바로 상商이로구나. 비로소 너와 더불어 시를 논할 수 있겠구나."

子夏問曰:「巧笑倩兮, 美目盼兮, 素以爲絢兮」。何謂也? 子曰:繪
자하문왈   교소천혜   미목반혜   소이위현혜   하위야   자왈 회
事後素。曰:禮後乎? 子曰:起予者商也, 始可與言詩已矣。
사후소 왈 예후호   자왈 기여자상야   시가여언시이의

자하가 옛 사람의 시를 인용하여 토론하고 있는데, 이들은 결코 문학 연구를 하고 있는 것이 아닙니다. 원래 옛 선인들이 시詩나 사詞를 짓는 것은 병이 없는데도 신음을 하듯 까닭 없이 감정을 토로하는 것이 아니었습니다. 시는 사람의 생각과 감정이 담겨 있는 것이므로, 공자와 자하

는 여기서 한 수의 시에 들어 있는 의미를 토론하고 있는 것입니다.

시 중의 '兮'(혜)자는 옛날 발음이 오늘날 '兮'자의 발음과 같은지는 확실하지 않습니다. 왜냐하면 음운과 언어는 수십 년 지나면 변동할 수 있기 때문입니다. 이 글자는 오늘날 노래 속에서의 '啊'(아)자와 같은 것으로, 실질적인 뜻은 없습니다. 교소巧笑의 '笑'(소)는 곧 웃는 것인데, 어떻게 웃는 것을 말할까요? 우리가 알다시피 쓴웃음(苦笑), 큰웃음(大笑) 등 웃는 모습에도 여러 가지가 있습니다. 교소巧笑는 광고 속에서 볼 수 있는 여인의 웃음처럼 웃는 것 같기도 하고 웃지 않는 것 같기도 한, 사람을 매혹시키는 그런 미소를 말합니다. 교소도 묘사하기 어려운데, 또 천혜倩兮가 나옵니다. '倩'(천)은 어떤 것일까요? 영화 속에서 연기하는 여배우의 표정처럼 경망스러우면서도 약간의 유혹성을 띤 웃음, 이것이 곧 '교소천혜'巧笑倩兮입니다.

그러면 '미목반혜'美目盼兮는 무엇일까요? 예쁜 눈동자(美目)만 해도 이미 대단한데, 또 바라보니(盼兮) 눈빛은 무정한 듯하면서도 정을 가득 담고 있다는 뜻입니다. '소이위현혜'素以爲絢兮의 '素'(소)는 흰 종이 같은 것을 말하며, '위현혜'爲絢兮는 그 흰 바탕에 예쁜 그림을 그려놓은 것을 말하는데, 오늘날의 문학 수법으로 이 시를 다루어 본다면 몇 권의 훌륭한 소설을 쓸 수 있을 것입니다.

자하는 공자에게 "이 세 구절의 시는 도대체 무엇을 말하는 것입니까?" 하고 물었습니다. 물론 자하는 시의 문자적인 뜻을 몰라서 물은 것이 아니라, 자하의 뜻은 이 세 구절의 묘사가 지나치다는 것이었습니다. 그래서 그것이 진정으로 무엇을 의미하는지를 공자에게 물은 것입니다. 그러자 공자는 "그림 그리는 데는 흰 바탕이 있어야 채색을 하여 아름답게 된다는 뜻이다."(繪事後素)라고 대답했는데, 이 말은 그림이 완성된 후에야 흰색의 중요함이 드러난다는 것입니다. 이 말의 의미를 오늘날의 인생철학으로 말하면, 사람이 화려함에서 평담함으로 돌아가야 한다는 것입니다. 예술적 관점에서 말하면, 그림이 화면 전체를 가득 채우고 있으면 대부분 예술적 가치가 없다는 의미로 볼 수 있습니다. 또, 집을 지을 때 적당한 공간을 꼭 남겨 두어야 한다는 것도 이런 이치입니다.

이것은 공자의 계발식 교육이었는데, 총명한 자하는 듣자마자 곧 이해하고 자신이 마음으로 깨달은 바를 보고합니다. "예는 그 정신이 먼저이고, 예의禮儀는 그 다음이라는 말씀입니까?" 다시 말하면, 자하는 "예는 겉으로 나타난 형식인 예의보다 그 내용이 더 중요하다는 것입니까?" 하고 물은 것입니다. 이 이야기를 하자니, 맹자가 "천하의 영재를 얻어 가르치는 것은 하나의 즐거움이다."(得天下英才而教育之, 一樂也)라고 한 말이 생각나서 감회가 느껴지는군요(『맹자』 「진심」 상—역주). 남을 가르치는 선생이 된 사람은 공자가 학생을 격려하는 방식을 배워야 합니다. 즉, 공자는 "나를 일깨워 주는 이는 바로 상商이로구나." 하고 말하여, 자하가 대답을 아주 잘했을 뿐만 아니라 공자 자신을 일깨워 주었다고 했습니다. 어떤 일의 책임자가 된 사람은 공자의 이런 정신을 더욱 본받아서, 부하가 좋은 의견을 내면 곧 "맞아! 자네가 좋은 의견을 내었어!" 하고 말해야 합니다. 이런 사람이야말로 성공하는 지도자입니다.

공자는 자하를 계속 칭찬하여 "비로소 너와 더불어 시를 말할 수 있겠구나." 하였는데, 이는 자하가 진정으로 시를 이해했다는 말입니다.

시를 가르치는 것은 결코 시인이 되라고 하는 뜻은 아닙니다. 고리타분하게 「관문폐호엄시비」關門閉戶掩柴扉 같은 시가 우리에게 무슨 의미가 있겠습니까? 시에 담긴 정감을 통해서 입신처세의 도량을 기르고, 시에 함축되어 있는 인생과 우주의 경지를 이해하는 것이 곧 시를 배우는 목적입니다. 거듭 말하지만, 사람은 '素'(소)자에 유의해야 합니다. 이것은 곧 '평담'平淡을 의미합니다. 그래서 공자는 『중용』에서 "부귀에 처해 있으면 부귀한 대로 행하고, 빈천에 처해 있으면 빈천한 대로 행한다."(素富貴行乎富貴, 素貧賤行乎貧賤)고 말했습니다. 여기에서 다시 훗날에 이르러 인생의 도리를 말한 다음의 두 구절이 생각납니다.

오직 대영웅만이 자기 본래 모습을 유지할 수 있고 　　唯大英雄能本色
참으로 명사라야 스스로 풍류롭다 　　是眞名士自風流

대영웅이란 본래 모습이 평범하니, 세상에서 가장 훌륭한 인물은 곧 가장 평범한 사람이요, 가장 평범한 사람이 또 가장 훌륭한 사람이란 뜻입니다. 다시 말하면, 매우 총명한 사람은 어리석은 듯이 보이는 법인데, 사실은 또 매우 어리석은 사람이 더없이 어리석어지면 정말 더없이 총명하게 됩니다. 이것은 철학상의 한 기본 문제입니다. 사람은 본디 총명한 사람도 없고, 또 어리석은 사람도 없습니다. 어리석음과 총명함은 시간상의 차이일 뿐입니다. 총명한 사람이 1초 만에 이해하고 반응한다면, 어리석은 사람도 50년쯤 지나면 알게 될 것이므로, 이 50년과 1초라는 시간의 차이일 뿐 훌륭한 것과 평범한 것이 서로 다르지 않습니다. 이와 같이 대영웅의 본래 모습은 평범하고 담담합니다. 권좌에 올라서도 그렇고 권좌에서 떠나서도 그렇습니다.

그래서 증국번曾國藩은 사람을 선택해 쓸 때는 약간의 시골티 나는, 즉 촌티 나는 사람을 쓰라고 주장했습니다. 무엇이 시골티일까요? 나는 시골 민간인 출신으로, 시골 출신이 대개 그렇듯 일생토록 시골 사람 모습이고 무슨 별달라 보이는 것이 없는데, 이런 것이 시골티입니다. 그래서 팽옥린彭玉麟이나 좌종당左宗棠 같은 사람들처럼 항상 시골 출신 그대로의 모습을 지니고 있어서, 자신이 권세를 얼마나 가졌건 정치적 업적과 공이 얼마나 대단하건 변함없이 평범한 모습을 지닌 사람을 대영웅이라 할 수 있습니다. "참으로 명사라야 스스로 풍류롭다."라는 말도 같은 뜻이므로 더 이상 중복하지 않겠습니다.

이 단락에서는 "그림 그리는 일은 흰 바탕이 있은 뒤에 된다는 뜻이다."라는 말이 누구든지 현란함에 미혹되지 말고 과분하지 말라는 의미임을 설명했습니다. 다시 말하면, 흔히 말하는 금상첨화錦上添花를 하지 말고 평담하라는 것입니다. 이제 다음에는 또 공자의 말을 인용하면서 우리 문화의 전통적 입장을 설명합니다.

근원을 찾아서

공자께서 (문화 보존의 중요성을) 말씀하셨다. "(세월이 얼마나 되었

건 간에 문화란 역사전통에서 오는 것이므로) 하나라의 문화(禮)를 내가 말할 수 있으나, 그 후예인 기杞나라의 문화는 증명하기에 부족하다. 은나라 문화는 내가 말할 수 있으나, 그 후예인 송나라의 문화는 증명하기에 부족하다. 문헌이 부족하기 때문이다. 문헌이 충분하다면 내가 증명할 수 있을 것이다."

(어떤 민족도 자기 선조들의 문화 역사를 중시하지 않는 것은 바로 스스로를 훼멸시키는 것이며, 후대에 고증할 방법이 없게 됩니다)

子曰：夏禮，吾能言之，杞不足徵也。殷禮，吾能言之，宋不足徵
자 왈　하 례　오능언지　기부족징야　　은 례　오능언지　송부족징

也。文獻不足故也。足，則吾能徵之矣。
야　문 헌 부족고야　　족　즉오능징지의

공자는 말하기를 우리의 전통 문화는 역사에 뿌리를 두고 발전해 온 것으로, 역사와 문화는 서로 뗄 수 없는 관계라고 합니다.

우리의 전통 문화는 기원이 아주 오래 되었습니다. 어제 미국에서 돌아온 한 학생이 자기가 읽은 『문명의 역정』이라는 새로 나온 책 이야기를 했습니다. 그 학생이 말하기를, 그 책에는 인류 문화의 역사가 빙하기 이전부터 비롯된 것으로 생각된다고 논술되어 있는데, 이 관점은 내가 이전에 말했던 것과 같다는 것이었습니다. 종교 사상이나 철학 사상 같은 것은 빙하기 이전에 인류가 멸망될 때 살아남은 극소수의 사람들에 의해 전해 오는 것이지, 결코 지난 빙하기에 새로 생겨난 것은 아니라는 것입니다. 그것은 사실입니다. 선인들은 옛날부터 그렇게 말해 왔습니다.

그러므로 우리가 우리 전통 문화의 역사를 말하려면 옛 기록에 120만 년, 적게 말해도 12만 년이라 쓰여 있음을 알아야 하는데, 오늘날 우리는 흔히 5천 년 문화라고 말하니 이는 겸손한 말입니다. 더욱 딱하게도 요즘은 5천 년이라고도 감히 말하지 못하고, 단지 천 년 문화라고 말합니다. 왜냐하면 서양 문화에서 역사를 말할 때 걸핏하면 2천 년이라고 말하니, 우리가 너무 많이 잡아서 말하면 잘못돼 보이는 것 같아서입니다. 고대 역사서에서는 1백만여 년이라고 말했습니다.

　공자는 지금 여기서, 세월이 얼마나 되었건 간에 문화란 역사전통에서 오는 것이므로, 하 왕조의 문화는 자신이 연구할 수 있지만 기杞나라의 문화는 증명할 수 없다(杞不足徵也)고 말합니다. 기나라는 주 왕조가 봉한 국가로, 하 왕조의 후손이 기나라에 봉해졌습니다. 우리가 알고 있는 '기인우천'(杞人憂天: 기나라 사람이 하늘이 무너질까 걱정했다)이란 고사성어는 바로 이 기나라에서 유래한 고사성어입니다.

　여기서 우리는 고대 봉건제도를 이해해야 합니다. 주나라 무왕武王이 중원을 통일했을 때, 그는 자기 집안사람들만 제후로 봉한 것이 아니라 요堯·순舜·우禹·탕湯 같은 분들의 후손들도 다 제후로 봉했습니다. 그러므로 주왕조의 봉건은 서양의 봉건과는 다릅니다. 더욱이 우리의 봉건제도를 서양의 봉건제도와 뒤섞어 말해서는 안 됩니다. 그것은 틀린 것이며, 자기 집 재부財富를 잘 알지 못한다고 말하는 것이나 다름없습니다.

　여기에서 공자가 말하는 뜻은, "기나라의 문화를 가지고 하나라의 문화를 살펴본다는 것은 결코 정확하거나 완전하지 않다. 은나라 이후 송나라에서 보관한 문헌 자료도 충분하지 않다. 이 두 제후국이 보유한 조상의 문화는 다 없어져 버렸다."는 것입니다. 이 점을 특별히 유의해야 합니다. 어떤 민족도 자기 선조들의 문화 역사를 중시하지 않는 것은 바로 스스로를 훼멸시키는 것이며, 후대에 고증할 방법이 없게 됩니다. 공자는 기나라 사람들이 조상의 문화 자료를 잘 보존했더라면 그것을 정리할 방법이 있었을 것이라고 이야기하고 있습니다.

　이곳에다 공자의 말을 삽입한 것은 문화 보존의 중요성을 말하기 위함이었습니다. 이어서 다음에는 문화와 예禮의 관계를 말합니다.

**　공자께서 (문화와 예禮의 관계를) 말씀하셨다. "(천지조상에게) 체禘 제사를 지냄에 있어 (온 백성을 대표하는 임금은 정신을 쏟고 성심성의를 다해서, 마치 큰 종교가가 큰 기도를 올리듯이 매우 정중하게 제를 지내야 하며 절대 소홀히 할 수 없는 것이다. 그런데) 술을 땅에 부으며 강신降神을 빈 다음부터의 절차는 (모두 형식적일 뿐 제사의 참된 정**

신을 잃고 있기 때문에) 나는 보고 싶지 않다."

子曰 : 禘自既灌而往者, 吾不欲觀之矣。
자 왈   체 자 기 관 이 왕 자   오 불 욕 관 지 의

여기는 또 하나의 문제인데, 우리 문화의 '예'禮로부터 나온 것입니다. '체'禘는 고대 예禮의 하나입니다. 우리 문화에도 서양과 마찬가지로 좁은 의미의 종교가 있었습니다. 이 '체'禘는 우리의 종교 정신을 상징하며, 천지조상에게 제사를 지내는 예입니다.

이 이야기를 하자면 '禘'자의 기원을 알아야 하는데, 적어도 『강희자전』康熙字典을 가지고 연구해야 합니다. 옛날에는 5, 6세가 되면 먼저 『소학』小學을 공부했습니다. 이것은 올바른 사람이 되기 위한 도덕 행위, 즉 오늘날 학교의 도덕 과정에 해당하는 '쇄소응대'灑掃應待와 같은 것을 공부하는 것입니다. '쇄소'灑掃는 문자상으로 보면 간단해서 물을 뿌리고 비로 땅을 쓰는 것일 뿐이지만, '응대'應待는 아주 번거로운 것입니다. 어른들에게는 어떻게 절하고, 응접실에서는 어디에 앉고, 큰아버지나 삼촌에게 편지는 어떻게 쓰고, 말하는 태도는 마땅히 어떠해야 한다는 등등 사람됨과 처세가 다 이 속에 들어 있었습니다. 그 밖에 『소학』의 학문도 연구했는데, 이는 후대에 말한 설문說文, 훈고訓詁 등의 문자학으로서, 문자의 기원과 유래를 탐구하는 것입니다. 한자는 서방의 표음문자와는 그 구조가 다른데, 한자에는 소위 육서六書, 즉 상형象形·지사指事·회의會意·형성形聲·전주轉注·가차假借의 법칙들이 있습니다.

물 한 그릇 올려도 지성이면 감천

우리가 잘 알다시피 한자의 부수部首는 '한 일'(一)자로 시작됩니다. 一 자는 위와 아래를 구분 짓는데, 이 一 자 획으로 하늘과 땅을 나눈다는 것입니다. 다시 그 위에 한 획을 더하면 二 모양이 되어 위(上)를 뜻하며, 반대로 아래에 한 획을 더하면 二 모양이 되어 아래(下)를 뜻합

니다. 우주는 본래 둥근 것이어서 나눌 방법이 없지만, 이렇게 나누고 나니 사람(人)이 二 의 아래에 있어 天 모양이 되는데, 이 글자로 하늘(天)을 나타냈습니다.

또, 示(시)라는 글자는 하늘이 위에서 많은 상징들을 아래로 드리워 보인다는 뜻입니다. 우리가 볼 수 있는 태양·달·구름·소나기 등은 다 위에 있는 하늘이 드리워 보이는 것입니다. 그러므로 이 示자는 위에 있는 하늘과의 관계를 나타냅니다. 동그라미 가운데 十자를 넣으면 田 (토지 전)자가 되며, 그 토지 위쪽으로 작은 싹이 하나 돋아난 것이 由 (말미암을 유)입니다. 거기서 다시 아래로 뻗쳐 위아래가 통한 것이 申 (펼 신)이며, 申자 옆에 示를 더하면 하늘로부터 유래하여 상하좌우로 다 막힘없이 통할 수 있다 하여 神 (신)이라고 합니다. 단지 아래로만 다니고 옆으로만 통하면서 위에 상징적인 털이 하나 나 있는 것을 형용한 鬼 이 곧 鬼 (귀신 귀)자입니다.

帝 (임금 제)자의 전서체 모양인 帝 도 위에 있는 하늘에서 아래로 드리워진 것을 상징하는데, 알 수도 없고 말할 수도 없어 그것을 묘사할 방법이 없지만 큰 힘을 가지고 있는 형이상적인 어떤 존재를 가리킵니다. 여기에다 다시 示를 더하면 종교적 철학 관념을 나타내는 禘 (체)자가 됩니다. 고례古禮에서는 천지天地에 제사 지내는 의례를 禘 (체)라고 불렀습니다. 그런데 형이상적인 것이 도대체 있을까요, 없을까요? 어떻게 생긴 것일까요? 이 이야기는 그만하고 여기서 그치기로 합니다. 더 토론해 가면 철학과 과학의 문제까지 관계됩니다.

禘 (체)는 고대 국가에서 거행했던 체례禘禮를 말합니다. 황제가 온 백성을 대표해서 지내는 큰 제사로서 그 의식儀式이 대단히 성대했습니다. 황제는 이 기간 내에 내궁內宮으로 돌아가지 않고, 반드시 마음을 깨끗이 하고 욕망을 적게 하는 한편 자신을 반성해야 했습니다. 고문古文 속에서 말하는 목욕재계는 바로 이와 같은 것이었습니다. 재齋는 내심의 반성입니다 (훗날에 와서 불교의 채식도 흘재吃齋라 했는데, 그것은 다른 뜻이 있으며 불교 계율 중의 하나인 팔관재계八關齋戒에서 온 것입니다). 전통 문화 속의 재齋는 심리정화心理淨化로서, 오늘날 말로 하면 생각을 깨끗이 하고

욕심을 물리쳐서 엄숙한 마음가짐을 갖는 것을 재계齋戒라고 했습니다. 목욕도 몸을 씻는다는 것에 그치는 것이 아니라, 공자가 『역경』易經 「계사」繫辭에서 말한 것처럼 "마음을 깨끗이 하여 아무것도 없는 상태로 비워 둔다."(洗心退藏於密)는 의미가 있습니다.

고대 체례禘禮는 국가의 큰 제전이자 온 백성의 제전이었으므로, 지도자인 황제는 7일 또는 3일 동안 재계한 다음에야 온 백성을 대표해서 제전祭典을 주관했습니다. 황제는 온 정신을 쏟고 성심성의를 다해서, 마치 큰 종교가가 큰 기도를 올리듯이 매우 정중하게 제를 지내야 하며 절대 소홀히 할 수 없었습니다. 여기서 공자는 당시의 문화적 쇠퇴를 지적하고, 모두 체례禘禮에 참가하기는 하지만 형식적일 뿐이라고 말하고 있습니다. 이런 모습은 오늘날 많은 사람들이 친척이나 친구 등의 상사喪事에 서둘러 달려가서 부의록에 이름을 쓰고 빈소에 절 세 번 한 후, 마치 세금이라도 내려 간 듯 부의금만 내고 얼른 돌아 나오면 그만일 뿐 숙연하고 슬픈 감이 조금도 없는 것과 같습니다. 현대 사회의 이런 풍조도 문화 정신의 중대한 문제입니다.

공자는 춘추 시대의 상황에 대해 어떻게 말했을까요?

공자는 "체자기관이왕자"禘自既灌而往者라 했습니다. 다시 말해, 체례가 시작된 후 제례주관자는 신에게 올리는 한 잔의 술을 받쳐 들었지만 마음 속 생각은 다른 곳에 가 있어, 이어지는 기도 등의 엄숙한 제례를 그저 적당히 해 버린다는 것입니다. 공자는 이런 모습을 보고 탄식하면서, "나는 정말 보고 싶지 않다."(吾不欲觀之矣)고 했는데, 왜 보고 싶지 않았을까요? 그 이유는 사람들이 제사를 형식적으로 지내는 척하면서 제사의 참된 정신을 잃고 있었기 때문입니다.

공자의 이 말 속에는 많은 뜻이 담겨 있습니다. 오늘날 사회에서 많은 의식들을 치르는데, 모두 성의가 없습니다. 종교 의식이든 사회적인 선서이든 손을 한 번 들어 표시할 뿐, 마음속에는 엄숙하고 공경하는 성의가 전혀 없습니다. 그 모습을 옆에서 냉정한 눈으로 보면, "체禘 제사를 지냄에 있어 술을 땅에 부으며 강신降神을 빈 다음부터의 절차는 나는 보고 싶지 않다."는 탄식이 저절로 나오지 않을 수 없습니다. 공자의 이 말은, 무슨 일이든 마음에서 우러나오는 정성으로 해야지 형식만 지키려 해서는 안 된다는 것입니다. 모든 형식은 다 마음에서 우러나는 정성과 결합되어야 의미가 있다는 것이 전통 문화의 본질임을 우리에게 말해 줍니다.

여기서 한 단계 더 올라가, 다음과 같이 말합니다.

어떤 사람이 체禘 제사의 학술 사상적 이론과 기본 정신에 관하여 질문하자,

공자께서 말씀하셨다. "(그것은 하나의 기본 문화 정신이므로 모두 마땅히 알아야 하는데 다들 모르는 바에야 나도) 알지 못하겠소. 체 제사의 학술 사상적 이론과 문화 정신을 진정으로 아는 사람은 천하(의 어떠한 일이나 사물의 이치)에 대해서도 마치 이것을 보듯이 그렇게 분명하게 알 수 있을 것이오!" 라고 하면서 자기 손바닥을 가리키셨다.

或問禘之說。子曰 : 不知也。知其說者之於天下也 , 其如示諸斯乎?
혹 문 체 지 설　 자 왈　 부 지 야　 지 기 설 자 지 어 천 하 야　 기 여 시 저 사 호

指其掌 。
지 기 장

어떤 사람이 공자에게 '체'禘라는 의례에 대한 견해와 그 일련의 학술 사상적 이론과 그 기본 정신이 또 어디에 있는지를 물었습니다. 공자는 어떻게 대답했을까요? "알지 못하겠소." 라고 했습니다. 공자가 정말로 몰랐을까요? 물론 그의 유머러스한 말입니다. 일종의 반교육反敎育적인 화법인데, 현대적 용어로 말하면 반격식反擊式 교육입니다.

그의 말 뜻은 '체'禘는 하나의 기본적인 문화 정신이므로 모두 다 마땅히 알아야 하는데, 다들 모르는 바에야 나도 모르겠다는 것입니다. 공자는 "알지 못하겠소." 라고 말했지만, 공자가 그 다음에 또 어떻게 말했는지를 보면 그가 정말로 알았는지 몰랐는지 알 수 있습니다. "그 뜻을 아는 사람은 천하를 다스리는 일이 마치 이것을 들여다보는 것같이 쉬울 것이오!" 이 말은, "체禘의 문화 정신을 진정으로 이해하는 사람이라면, 천하의 어떠한 일이나 사물의 도리도 마치 자기 손바닥을 보듯이

그렇게 분명하게 알 수 있다."는 뜻입니다. 이로써 볼 때 공자가 체禘의 예를 알고 있었을까요, 모르고 있었을까요? 당연히 알고 있었습니다.

왜 천지에 절을 해야 할까요? 이는 곧 전통 문화의 기본 정신이 있는 곳을 상징했습니다. 옛날에 우리는 정월 초하루 설을 지낼 때, 집집마다 아침 일찍 일어나 가장家長이 온 집안 식구를 데리고 먼저 천지에 제사를 지내고 조상에게 절을 했는데, 그 의식은 간단했지만 엄숙하고 신중했습니다. 뿐만 아니라, 봄·가을 두 계절에 조상에게 제사를 지냄으로써 "조상은 비록 멀리 계시지만, 제사는 정성을 다하지 않으면 안 된다."는 전통 존중 정신을 실천한 것입니다. 오늘날은 일반 가정에서 조상에게 제사를 지내지 않고, 무릎 꿇고 절하는 예조차도 할 줄 모릅니다. 이는 교육의 문제로서 다시 연구하고 새롭게 고쳐서 완전하게 해야 할 것입니다. 이 전통과 관습을 유지하여 후손에게 유구한 역사를 가진 민족 전통을 알게 하는 것도 우리의 책임입니다.

체례禘禮와 전통 문화 정신의 관계를 말한 다음에 이어서 공자의 유명한 말을 언급하고 있는데, 뒷날 일반인들이 유행시켜 성어成語가 된 그 말은 다음과 같습니다.

공자께서는 조상에게 제사 지낼 때에는 생존해 계신 것처럼 (성심誠心을 다) 하셨고, 신神에게 제사 지낼 때에는 신이 앞에 있는 듯이 (성심을 다) 하셨다.

공자께서 말씀하셨다. "내가 제사에 참여하지 못하면 제사를 지내지 않는 것이나 마찬가지다.

(사람 노릇하는 도리는, 살아 있는 사람에 대해서든 죽은 사람에 대해서든, 보이는 곳에서든 보이지 않는 곳에서든 한결같이 성심을 다하는 것임도 간접적으로 말해주고 있습니다)

祭如在 , 祭神如神在 。 子曰 : 吾不與祭 , 如不祭 。
제 여 재　제 신 여 신 재　　자 왈 : 오 불 여 제　여 부 제

이것은 조상에게 제사 지내고 기도할 때의 마음가짐의 원칙을 말한 것으로, 우리가 조상에게 제사 지낼 때는 조상을 눈앞에 대하고 있는

듯 정성과 공경으로 해야 한다는 말입니다. 신에게 제사 지내는 경우에
도 신이 바로 앞에 있는 듯이 하라는 것입니다. 겉과 속이 같아야 비로
소 엄숙하고 공경스러운 제사가 됩니다. 그래서 공자는 말하기를 자신
이 시간이 없어 직접 제사에 참여하지 못하고 그저 상징적으로 다른 사
람이 가서 한번 대신한다면, 이것은 제사를 지내지 않은 것과 마찬가지
인데 일부러 겉치레할 필요가 어디에 있겠느냐 라고 한 것입니다. 이런
정신은 우리에게 어떤 제사에든 이와 같이 해야 한다는 것을 말해줌과
동시에, 사람 노릇하는 도리, 즉 살아 있는 사람이든 죽은 사람이든, 보
이는 곳에서든 보이지 않는 곳에서든 한결같이 성심誠心을 다하여야 한
다는 것을 간접적으로 말해주고 있습니다.

이제 우리의 민족정신을 말해 보겠습니다. 국가 민족을 열렬히 사랑
하는 사람이 외국에 가서 자기 나라의 국기를 보면 왜 저절로 경건한
마음이 들면서 옷깃이 여며질까요? 우리가 외국에서 국기를 볼 때의 심
정과 국내에서 국기를 볼 때의 심정은 절대로 같지 않습니다. 심지어
어떤 때는 국기를 보면서 눈물을 흘리기도 합니다. 그 속의 도리는 바
로 그런 정신이 무의식중에 나타난 것입니다. 그러므로 사람의 수양은
다른 사람에 대해서나 일에 대해서나 모두 마치 눈앞에 있는 신에게 제
사를 지내듯 하는 심리를 가져야 합니다. 그렇지 않고 겉으로는 몹시
공경스러운 태도를 지으면서 내심은 이와 다르다면 아무 소용이 없습니
다. 그러므로 공자의 이 말을 통해 제례祭禮를 이해하고, 이에 의거해
사람으로서의 도리도 유추해 본다면 모든 것을 알아낼 수 있을 것입니
다.

조왕신께 아첨하다

**(위나라 대부) 왕손가가 물었다. " '방 아랫목 신神에게 아첨하느니
보다는 차라리 부엌 신에게 아첨하는 것이 좋다.'고 한 것은 무슨 뜻
입니까?** (왕손가의 말은 이런 뜻입니다. 당신이 비록 제후들과 왕래하지만, 우리 같
은 사대부들이 군왕 앞에서 당신을 위해 좋은 말을 해 주지 않으면 소용없는 일입니다

! 당신은 먼저 우리에게 와서 향을 사르고 절해야 합니다)"

공자께서 (그 뜻을 알면서도 정면으로 대답하여) 말씀하셨다. "그렇지 않소. 하늘에 죄를 지으면 빌 곳도 없게 되오."

(공자의 말은, 한 인간이 참으로 나쁜 사람이 되거나 나쁜 일을 하면 그 사람은 아무리 기도를 해도 소용이 없으며 어떤 보살님도 도와줄 수 없다는 것입니다. 사람에게는 인격이 있는데 자기 인격을 마음에 세워야지, 외부의 어떤 비호에 의지해서는 안 된다는 것입니다)

王孫賈問曰:「與其媚於奧,寧媚於竈」。何謂也? 子曰:不然。獲
왕손가문왈 여기미어오 녕미어조 하위야 자왈 불연 획

罪於天,無所禱也。
죄어천 무소도야

왕손가王孫賈는 위나라 대부大夫입니다. 공자는 위나라에 오래 머물렀는데, 위령공은 공자를 아주 잘 대해 주었습니다. 당시 위령공은 유명한 미인이었던 남자南子를 편애하고 있었습니다.

위령공은 사실 공자를 몹시 기용하고 싶어 했습니다. 어느 날 위나라 권신 왕손가가 공자에게 "방 아랫목 신에게 아첨하느니보다는 차라리 부엌 신에게 아첨하는 것이 좋다.'고 한 것은 무슨 뜻입니까?"(與其媚於奧, 寧媚於竈) 하고 물었습니다. 이 역시 고대 종교 사상에서 매우 흥미 있는 역사적 문제입니다. 대체로 중년 이상의 사람은 대륙의 가정에서 모시는 조왕신竈王神을 본 적이 있을 것입니다. 매년 음력 12월 23일 저녁이면 집집마다 조왕신을 제사 지내 하늘로 올려 보냈는데, 아이들은 이 날 호주머니에 사탕을 넣을 수 있기 때문에 몹시 좋아했습니다. 오늘날에는 전기스토브나 가스레인지를 쓰고 부엌이 없어졌으니, 당연히 조왕신도 없습니다. 옛날에는 왜 조왕신에게 제사를 지냈을까요? 종교 사상으로 말하면, 중국인이 신앙하는 것은 다신교로서 무슨 신이든 다 믿습니다.

10년 전에 외국인 신부神父 한 분이 나를 찾아와서 함께 종교 사상 문제를 연구했는데, 그는 중국인에게는 종교적 신앙이 없다고 말했습니다. 나는 중국에 종교적 신앙이 절대로 있다고 말했습니다. 그 첫째는 예禮이고, 둘째는 시詩입니다. 서양인이 종교를 잘못 이해한 데서 비롯된, "나를 믿으면 구원을 얻고, 나를 믿지 않으면 구원을 얻지 못한다."는 좁은 의미의 종교 관념과는 다릅니다.

나는 그 신부에게, "그런 종교 관념의 오해는 나로 하여금 절대로 그를 믿고 따를 수 없게 만듭니다." 라고 말했습니다. 왜냐하면 그는 대단히 이기주의자이니까요! 자신에게 잘해야 구원해 주고, 자신에게 잘하지 못하면 구원해 주지 않아서야 되겠습니까? 교주는 자기를 믿는 자는 마땅히 구원해 주어야 되지만, 믿지 않는 자는 더욱 구원해 주어야 합니다. 이것이야말로 종교 정신이며, 또 중국 문화의 정신이기도 합니다.

다음으로 우리의 시詩 정신을 말해 보겠습니다. 이른바 시의 문학적 경지는 바로 종교의 경지입니다. 그러므로 시를 이해하는 사람은 비록 마음속에 번민이 가득하더라도 흥얼흥얼 시를 한 수 읊거나 짓고 나면, 스스로 위안을 느껴 마음이 편안해집니다. 그것은 정말 신에 대한 하나의 간증干證과 같습니다.

셋째로 중국은 다신교를 믿는데, 이는 문화적인 큰 도량과 관용을 말해 줍니다. 노자老子가 출현했지만, 그는 동한東漢·북위北魏로부터 당대唐代에 이르러서야 후세 사람들에 의해 교주로 받들어졌으며, 노자 자신은 교주가 되고 싶은 생각이 절대로 없었습니다. 공자의 학學이 뒷날 공교孔敎로 불리며 떠받들어진 것도 명나라 이후의 일이며, 공자 역시 교주가 되고 싶은 생각은 없었습니다. 요컨대 세계 모든 종교의 창시자는 처음 시작할 때는 자신이 교주가 되려고 생각하지 않았습니다. 만약 교주가 되고 싶어 종교를 시작했다면, 그런 교주는 문제가 있어서 사실상 사람들이 그의 가르침에 진심으로 감복하기가 어렵습니다. 종교적인 열의를 가진 사람은 무엇을 구하는 바가 없기 때문에 위대하며, 그러기에 교주가 된 것입니다.

이 땅에서는 노자가 교주가 되었으나, 그밖에 공자의 유학을 종교라고 불러야 할지 부르지 말아야 할지는 또 다른 문제입니다. 그러나 중국인의 종교는 대부분 외래의 것으로, 불교는 인도에서 온 것이며, 천주교·기독교도 외래의 것입니다. 우리 민족은 옛날부터 지금까지 어떠한 종교에도 반대하지 않았는데, 이것 역시 우리 민족만이 가질 수 있는 점잖고 온화하면서 아량이 넓은 태도입니다. 왜 그럴까요? 손님을 접대할 때, 찾아온 손님이 좋은 사람이기만 하면 누구에게나 "앉으십시오. 차茶 준비하겠습니다." 하면서 똑같이 예의로 대접하고 정성으로 환영하듯이, 종교에 대해서도 그러하기 때문입니다.

그러므로 우리의 종교 신앙은 오교합일五敎合一의 구호를 외칠 수 있으며, 또 이러한 기풍은 이미 미국으로 전해져 갔습니다. 현재 뉴욕에는 이미 여기를 모방해서 예수·공자·석가모니·노자·마호메트를 함께 모신 예배당이 있는데, 이는 마치 좋은 손님이라면 누구나 "앉으시지요. 차 준비하겠습니다." 하면서 맞이하는 것과 같습니다. 그래서 나는 끝으로 그 외국인 신부에게, 내가 중국인이라서 우리 종교를 변호하는 것이 아니라 외국인이 이를 깊이 연구하지 않은 것뿐이라고 말했습니다.

이제 우리는 본문에 나오는 '奧(오)와 '竈(조)를 다시 보겠습니다. 왜 우리가 조왕신에게 절을 할까요? 정치 철학적 사상에서 말하면, "백성은 음식을 하늘로 여긴다."(民以食爲天)는 것인데, 이는 관자管子가 말한 명언입니다. 음식은 사람이 가장 중시해야 할 가치가 있는 것이기에 조왕신에게 절을 하는 것입니다. 특히, 옛날처럼 교육이 널리 보급되어 있지 않고 예치禮治를 중시한 시대에는 집안에 조왕신·재신財神과 함께 조상신 등의 위패를 모셨습니다. 고대의 전통적인 건축은 대부분 이런 설계로 되어 있어서 문 안에 들어서면 대청이 있고 대청 위에는 조상의 위패를 모셔 놓았는데, 어떤 위패에는 "天地君親師之位"(천지군친사지위)라고 쓰여 있었습니다.

중화민국 초년(1911년)에 위패 위의 임금 군君자를 나라 국國자로 고쳤는데, 이 다섯 자를 보면 중국인은 도대체 어느 교를 믿는 것일까요? 어느 교도 믿지 않으며, 동시에 어느 교나 다 믿습니다. 재신財神은 침실에 모시고, 조왕신은 주방에 모셨습니다. '奧'(오)는 고대의 가신家神이었는데, 중국 고대의 신, 즉 종교는 참 묘하게도 중국 정치 조직의 이상을 나타냈습니다. 집에는 가장이 있듯이 가신家神이 있고, 또 조왕신이 있어 밥 먹는 것조차도 관할했습니다.

　조왕신은 매년 초부터 집안사람들의 행위에 대해서만 관여한 게 아니라, 마음속에 좋은 생각을 일으키는지 혹은 나쁜 머리를 쓰는지 까지 기록해 놓았다가 1년이 다 가면 하늘에다 잘잘못을 보고한다고 합니다. 그래서 시골 사람들은 조왕신을 하늘로 보낼 때는, 하늘에 올라가서 자기 집을 위해 좋은 말을 많이 해 주고, 돌아올 때는 많은 복을 내려 달라는 뜻으로 사탕을 만들어서 주고, 붉은 종이에 돈을 싸서 주었습니다. 12월 23일부터 다음해 정월 초나흘 사이에는 조왕신이 하늘에 올라가서 집에 없는 때라, 그 틈을 타서 사람들은 가끔 조왕신을 야유도 하고 우스갯소리로 몇 마디씩 짓궂은 이야기도 했습니다.

　중국 민간의 이런 신화 이야기들은 오늘날 민속학에 속한다고 할 수 있습니다. 이런 것을 이해하려면, 적어도 『형초세시기』荊楚歲時記란 책을 읽어 보아야 하는데, 특히 남방 장강長江 남북의 명절 풍속은 이 책 속에 대체로 들어 있습니다. 인간이 사는 사회에는 이장里長·촌장村長·구장區長이 있습니다. 그런데 보이지 않는 세계에는 토지신·성황당신 등이 있습니다. 성황당은 누구의 관할일까요? 염라대왕이 관할합니다. 염라대왕은 또 옥황상제가 관할하는데, 그럼 옥황상제는 누가 관할할까요? 옥황상제의 모친인 요지성모瑤池聖母입니다.

　이것으로 보면, 세계의 모든 종교가 최고 자리에 여신을 모십니다. 천주교에는 성모마리아, 불교는 관세음보살, 중국에는 요지성모가 있습니다. 여성이 역시 가장 위대합니다. 우리가 한참 동안 종교 이야기를 했는데, 교리와 교조教條가 어떻다어떻다 해도 최후에는 역시 여성을 숭배합니다. 왜냐하면 모성의 자애는 필경 가장 위대한 것이기 때문입니다. 이러한 종교 조직은 포괄하지 않는 것이 없어서, 중국인의 정치사상도 나타냅니다. 그러므로 천天과 인人이 하나로 통하는 것입니다.

　여기서 왕손가가 공자에게 그 '奧'(오)와 '竈'(조)의 문제를 묻는 것이 대단히 익살스러우면서 재미가 있는데, 왕손가의 말은 이런 뜻입니다. "당신이 비록 제후들과 왕래하지만, 우리 같은 사대부들이 군왕 앞에서 당신을 위해 좋은 말을 해 주지 않으면 소용없는 일입니다! 당신은 먼저 우리에게 와서 향을 사르고 절해야 합니다." 공자는 그 뜻을 알면서도 정면으로 이렇게 대답합니다. "그렇지 않습니다. 하늘에 죄를 얻으면 빌 곳이 없습니다." 이것이 중국인의 종교 정신입니다.

공자의 말은, 한 인간이 참으로 나쁜 사람이 되거나 나쁜 일을 하면 그 사람은 아무리 기도를 해도 소용이 없으며 어떤 보살님도 도와 줄 수 없다는 것입니다. 곧 "하늘은 스스로 돕는 자를 돕는다."는 것으로, 신은 자기 자신의 마음속에 세워진다는 것입니다. 바꾸어 말하면, 사람에게는 인격이 있는데 자기 인격을 마음에 세워야지, 외부의 어떤 비호에 의지해서는 안 된다는 것입니다. 만일 교회당 안으로 들어가야 하느님의 보우를 받을 수 있다면, 상제가 먼저 뇌물 받은 죄를 범한 셈이 됩니다. 공자는 왕손가에게, "이러한 수법을 나도 다 알고 있지만, 그런 것을 하찮게 여길 뿐입니다." 하고 말한 것이나 다름없습니다.

위의 말에서도 알 수 있듯이 주나라의 문화와 공자의 교화는 한결같이 인문 문화의 길을 걸었습니다. 공자는 또 말합니다.

공자께서 말씀하셨다. "주나라는 (충성을 숭상했던) 하나라와 (질박을 숭상했던) 은나라 두 시대의 문화를 거울로 삼아 집대성하였으니, 위대하고 빛나도다, 그 인문 문화여! 나는 주나라의 인문 문화 정신을 따르겠다."

子曰 : 周監於二代 , 郁郁乎文哉 ! 吾從周。
자 왈   주 감 어 이 대   욱 욱 호 문 재   오 종 주

이것은 앞에서 이야기했듯이 중국의 하·은·주 3대 왕조의 문화 변천으로, '하상충夏尙忠, 은상질殷尙質, 주상문周尙文'을 말합니다. 상尙은 곧 '숭상하다'로서 편중된다는 의미인데, 하의 문화는 충성·소박에 편중되어 있습니다. 은의 문화도 여전히 질박을 중시했지만, 종교 관념이 강했습니다. 그러면 주나라의 문화는 어떠했을까요? 우리가 오늘 말하려는 공맹 사상 속의 중국 문화는 바로 주나라의 문화로서, 그 중심이 인문 문화에 있습니다.

"주감어이대"周監於二代는 주왕조가 건설한 문화는 상고 문화를 집대성

한 것이라는 뜻입니다. 주나라 문화는 오늘날 중국 문화를 대표합니다. "욱욱호문재"郁郁乎文哉의 '욱욱'郁郁은 형용사로서, 이 말은 대단히 번성하고 위대하고 빛나는 문화라는 뜻입니다. 공자는 여기서 자신의 문화 사상은 선대를 계승 발전시키는 것이며, 특히 주대의 문화 정신을 발양시키는 것이라고 스스로 말하고 있습니다. 이것은 위에서 말한 종교 문화에 뒤이어 연결됩니다. 다시 말하면, 공자는 오직 인문 문화의 길만이 완전히 올바른 것이라고 여겼습니다.

힘 따라 하고 겸허히 배우기를 좋아하라

이제 이야기가 다른 데로 나갑니다.

공자께서는 태묘大廟에 들어가시면 매사를 물어 보셨다.
어떤 사람이 (비웃어) 말하였다. "(일반 사람들이 모두 멋대로 떠받들면서 공자는 대단하고 어디서나 예禮를 안다고 하더니) 누가 저런 추인鄹人의 아들이 예를 안다고 했느냐? 태묘에 들어가서는 (아무것도 몰라 남에게) 매사를 물어 보던데."
공자께서 이 말을 듣고 말씀하셨다. "그것이 바로 예이다."

子入大廟, 每事問。 或曰:孰謂鄹人之子, 知禮乎? 入大廟, 每事問。
자 입 태 묘   매 사 문   혹 왈   숙 위 추 인 지 자   지 례 호   입 태 묘   매 사 문

子聞之曰 : 是禮也 。
자 문 지 왈   시 례 야

鄹(추)는 공자의 출생지로, 鄒(추)와 같은 글자입니다. "추인지자"鄹人之子는 바로 공자를 가리킵니다. 이 단락은 공자가 노나라 사구司寇, 즉 오늘날의 법무부장관 겸 부총리가 되어 국가를 대표하고 왕실을 대표하는 종묘대제에 참가했을 때의 이야기입니다(고대 관직 제도는 현대 관직 제도와 대응시킬 방법이 없으므로 이해의 편의를 위해서 대략 가까운 것으로 대비시켜 봅니다).

공자는 종묘에 들어가서 무슨 일이든 다른 사람에게 분명히 물어 보고 가르침을 청했습니다. 어디로 갈까요? 어디에 앉을까요? 이렇게 매사를 다른 사람에게 물었습니다. 이에 어떤 이가 공자를 비웃으면서, "일반 사람들이 모두 멋대로 떠받들면서 공자는 대단하고 어디서나 예禮를 안다고 하더니, 그 추鄹 태생의 사내가 태묘에 들어가서는 아무것도 몰라 매사를 남에게 가르쳐 달라고 하더군." 하고 말했습니다. 이 말이 공자에게 알려지자 공자는, "그것이 바로 예禮이다!" 라고 말했습니다.

앞에서도 말했듯이, 출국해서 다른 나라에 가면 풍속·습관이 같지 않으니 남의 일에 대해서 모르는 것은 마땅히 물어야 합니다. 남의 집에 가서도 마찬가지고, 학문을 추구하는 것도 마찬가지고, 일을 하는 데도 마찬가지입니다. 남에게 겸손하게 가르쳐 달라고 하는 것, 이것이 바로 예의 정신이자 사람으로서의 도리입니다.

공자께서 말씀하셨다. "(무공의 높고 낮음의 기준은) 활쏘기에서 (과녁을 맞히는 것을 위주로 하고) 과녁을 뚫는 것을 위주로 하지 않는 것은 개인의 힘이 각각 다르기 때문이다. 이것이 옛날의 도道이다."

(사람으로서 행하는 바가 도덕의 기준에 도달하는지의 여부는 단지 정도正道에 맞는지만 묻고, 그 일의 공로 성취 정도는 심하게 요구하지 않는다는 것입니다)

子曰 : 射不主皮 , 爲力不同科 , 古之道也 。
자 왈   사 부 주 피   위 력 부 동 과   고 지 도 야

활쏘기射는 고대의 전통적인 무공武功인데, 그 당시 무공은 아직 소림권少林拳·무당파武當派 정도까지 발전해 있지 않았습니다. 이런 것들은 당·송 이후의 일입니다, 주나라의 군사 무공은 차전車戰이었습니다. 가장 중요한 무기는 역시 활을 당겨 쏘는 것으로, 무공의 높고 낮음의 기준은 활쏘기가 어느 정도까지 뛰어난가에 달려 있었습니다. 오늘날의 사격과 비슷한데, 활쏘기의 기준은 과녁의 중심을 쏘아 맞히는 것이었고 화살이 쇠가죽 과녁을 뚫었는지는 따지지 않았습니다. 화살마다 과녁을 맞추었다면 그것으로 기준에 충분하고, 화살이 쇠가죽을 뚫을 수

있는지 없는지는 고려하지 않았습니다. 왜냐하면 사람마다 태어날 때부터의 팔 힘이 같지 않기 때문에, 어떤 사람은 팔 힘이 아주 강해 그가 쏜 화살이 쇠가죽을 뚫을 수 있을 뿐만 아니라 심지어는 담장도 뚫을 수가 있었습니다. 그러나 어떤 사람들의 화살은 과녁의 중심을 맞히기는 해도 쇠가죽은 뚫을 수 없었는데, 이런 사람도 기준에 들 수 있었습니다.

이 단락에서 말하는 것은, 사람으로서 행하는 바가 도덕의 기준에 도달하는지의 여부는 단지 정도正道에 맞는 지만을 묻고, 그 일의 공로 성취 정도는 심하게 요구하지 않는다는 것입니다. 왜냐하면 사람이란 자신의 능력을 발휘할 수 있는 기회가 주어지지 않거나 환경이 맞지 않거나 시대가 맞지 않으면, 충분히 능력을 발휘할 방법이 없는 것이니 어찌 하겠습니까? 이로부터 유추해보면 사람이나 일에 대해 심한 요구를 덜어버릴 수 있습니다.

자공이 (정무 주관자가 매월 초하루에 국가를 대표하여 국가가 할 일을 천지조상에게 아뢰는) 곡삭제告朔祭에 (증기로 찐) 양羊을 희생양으로 바치던 관습을 없애(고 절만 하)려 하자,

공자께서 말씀하셨다. "(너의 주장도 맞다. 경제적으로 절약하기 위해서 양을 쓰지 않아도 좋고, 정성을 표시하는 데 꼭 양이 필요한 것도 아니다. 그러나 나는 희생양을 없애는 데 찬성하지 않는다. 양을 바치는 자체가 중요한 것이 아니라, 그것이 일종의 정신을 표현하는 것이기 때문이다. 물론 상징적인 물건을 쓰지 않고 속마음이 정성스럽기만 해도 되지만, 지금 사람들은 진정으로 정성스러운 마음을 내지 않으니, 상징적인 물건이라도 있어야 그나마 유지될 수 있다) 사賜야! 너는 그 양을 사랑하지만, 나는 그 예의와 간직된 정신을 사랑한다."

子貢欲去告朔之餼羊。子曰:賜也! 爾愛其羊, 我愛其禮。
자 공 욕 거 곡 삭 지 희 양   자 왈   사 야   이 애 기 양   아 애 기 례

아주 신중한 제사의 하나가 '곡삭'告朔입니다. 매월 초하루가 '삭'朔이

고, 보름이 '망'望'이며, 달이 완전히 사라져 어두워지는 그믐이 '회'晦'입니다. 오늘날과 같은 방식으로 휴일을 정하지 않았던 옛날에는 초하루와 보름이 휴일이었지만, 휴일을 그렇게 중시하지는 않았습니다. 매월 초하루에는 정무 주관자가 국가를 대표하여 국가가 할 일을 천지조상에게 아뢰었는데, 이것이 바로 '곡삭'입니다. 오늘날로 말하면, 그 때에 정견을 발표하는 것입니다. 누구에게 발표했을까요? 천지귀신에게 했습니다. 오늘날은 대중에게 정견을 발표하고 말한 것을 이행하지 않는 경우도 있습니다. 그러나 당시에는 천지귀신에게 한 말을 이행하지 않으면 스스로 두려워했는데, 보이지 않는 하나의 힘이 자기를 감시하며 통제하고 있다고 믿었기 때문입니다. 그래서 곡삭도 아주 정중하게 지냈습니다.

옛날에 곡삭을 지낼 때는 반드시 양羊을 잡았습니다. 춘추전국 시대에 이르러 이미 사회 기풍이 쇠퇴하기 시작하자, 그에 따라 이런 예절 의식들의 정신도 천천히 쇠락하고 변화했습니다. 그래서 당시 자공은 곡삭을 지낼 때 희생양 바치는 관습을 없애고자 했습니다. 희생양은 양을 증기로 찐 것으로, 오늘날 명절 제사의 경우 돼지나 양을 잡아 푹 삶지 않고 제사상에 놓듯이, 썩은 냄새가 나지 않을 정도로 잠깐 동안 증기로 쪘습니다.

자공은 당시 곡삭에 절을 하면 됐지 양을 바칠 필요가 없다고 생각하여, 양을 생략하려고 했던 것입니다. 이때 공자가 자공에게 이렇게 말한 것입니다. "너의 주장도 맞다. 경제적으로 절약하기 위해서 양을 쓰지 않아도 좋고, 정성을 표시하는 데 꼭 양이 필요한 것도 아니다. 그러나 나는 희생양을 없애는 데 찬성하지 않는다. 양을 바치는 자체가 중요한 것이 아니라, 그것이 일종의 정신을 표현하는 것이기 때문이다. 물론 상징적인 물건을 쓰지 않고 속마음이 정성스럽기만 해도 되지만, 지금 사람들은 진정으로 정성스러운 마음을 내지 않으니, 상징적인 물건이라도 있어야 그나마 유지될 수 있다. 자공아, 너는 양을 사랑하지만, 나는 그 예의와 그 간직된 정신을 더욱 중시한다."

우리는 이 이야기를 통해, 사회나 정치에 있어서 실질적인 내용이 없이 공동空洞 상태가 된 정신은 한 가지 사물조차도 유지할 수 없으며, 반드시 어떤 실질적인 것과 결합되어야 비로소 효과가 있다는 것을 알게 됩니다. 말로만 은혜를 베풀고 실질이 없으면 때로는 실패하게 됩니다. 다음에는 공자의 또 다른 한 단락의 말을 인용하고 있는데, 퍽 감개무량한 말입니다.

공자께서 말씀하셨다. "임금을 섬김에 예禮를 다하는 것을 사람들은 아첨하는 것이라 여긴다."

(인격은 역시 자기 몸에 세워지는 것입니다. 다른 사람이 이해해 주지 않더라도, 자기 내심의 진정한 성의인지 아닌지만 봅니다)

子曰 : 事君盡禮, 人以爲諂也。
자 왈   사 군 진 례   인 이 위 첨 야

이 단락은 바로 앞 단락과 연결시켜 보면 올바른 사람으로 처세하는 것의 어려움을 말하고 있습니다. 여러분도 때로는 여기에 동감하리라 생각합니다. 윗사람에게 충성하는 사람이 되고 싶어도 하기 어려울 때가 있습니다. 책임자나 지도자에게 예를 다하여 충성스러운 말이나 행동을 하면, 옆에 있는 사람들은 그것을 아첨으로 여깁니다. 공자는 이러한 인정세태에 훤히 통하고 있었습니다. 상급자가 되어 보거나 부하가 되어 본 사람은 대체로 다 이런 경험이 있습니다. 만일 자신의 의지가 확고부동하지 못하고 견해가 세밀하지 못하다면, 환경의 영향을 받아 변할 수밖에 없습니다. 그러면 어떻게 해야 할까요? 역시 예禮를 기준으로 해야 합니다.

앞에서 공자가 자공에게, "너는 그 양羊을 사랑하지만, 나는 그 예의와 간직된 정신을 사랑한다." 라고 말한 그대로입니다. 인격은 역시 자신의 몸에 세워지는 것입니다. 다른 사람이 이해해 주지 않더라도, 자기 내심의 진정한 성의誠意인지 아닌지만 봅니다. 그 성의의 진정함은 오래 지난 뒤에 스스로 알게 됩니다. 자신의 견해와 인격의 정신은 세월이 지나면서 시험 받기를 기다리고, 세월을 기다려 그것이 다른 사람이 말한 그런 것이 아니었다는 것이 증명되면서 도리에 거스르지 않았기에 마음도 편해집니다.

팔괘도포로 잘못 입혀진 제갈량

평소에 일반인들이 수양修養의 문제를 말할 때면 "영정치원, 담박명지"寧靜致遠, 澹泊明志라는 구절을 흔히 인용하는데, 이것은 제갈량이 그의 아들에게 학문은 어떻게 해야 하는지를 훈계하는 편지 속에서 한 말입니다. 여기에 먼저 그 원문을 소개하겠습니다.

제갈량 계자서 諸葛亮 誡子書

군자의 조행操行이란 고요한 마음으로 몸을 닦고 검소함으로써 덕을 기르는 것이다. 마음에 욕심이 없어 담박하지 않으면 뜻을 밝힐 수 없고, 마음이 안정되어 있지 않으면 원대한 이상을 이룰 수 없다. 배울 때는 반드시 마음이 안정되어 있어야 하며, 재능은 반드시 배움을 필요로 한다. 배우지 않으면 재능을 발전시킬 수 없고, 마음이 고요하지 않으면 학문을 성취할 수 없다. 마음이 방자하고 오만하면 정밀하고 미묘한 이치를 깊이 연구할 수 없고, 조급하고 경망하면 자신의 본성을 제대로 다스릴 수 없다. 이치를 제대로 밝히지 못하고 본성을 제대로 다스리지 못하는 사이에 나이는 시간과 함께 달려가고, 의지는 세월과 함께 사라지면서 마침내 가을날 초목처럼 시들어 갈 것이다. 그때 가서 곤궁한 오두막집에서 슬퍼하고 탄식해 본들 어찌 할 것인가?

君子之行 : 靜以修身, 儉以養德. 非澹泊無以明志, 非寧靜無以致遠. 夫學須靜也, 才須學也. 非學無以廣才, 非靜無以成學. 慆慢則不能研精, 險躁則不能理性. 年與時馳, 志與歲去, 遂成枯落, 悲嘆窮廬, 將復何及也?

어떤 사람은 말하기를 문인文人은 모두 이름 남기기를 좋아한다고 합니다. 그런데 어찌 문인만이 자신의 저작을 후세 사람들에게 남겨주기를 좋아 하겠습니까? 명예를 좋아하고 이익을 좋아하는 것은 사람 마음의 근본적인 병의 뿌리로서, 현자賢者도 이를 피하기 어렵습니다. 우선 옛 사람은 그만두고, 오늘날만 해도 수십 년 동안 얼마나 많은 저작들이 출판되었는지 모릅니다. 그 많은 저작들 중에서 우리가 책꽂이에 이삼십 년 동안 꽂아 둘 만한 것이 몇 권이나 될까요? 더욱이 오늘날 유행하고 있는 구어체(白話) 글은 읽고 나면 곧 버려져 수명이 단지 3분에 지나지 않습니다. 그것은 후세에 전해질만한 가치가 없는 책이기 때문입니다.

한 권의 저작이 사람들이 아까워 버리지 못하고 서가에 꽂아 둘 정도가 되어야 후세에 전해질 가능성이 있습니다. 그러므로 후세에 이름을 남긴다는 것은 대단히 어렵습니다. 청나라의 시인 오매촌吳梅村이 "배불리 먹기만 해서 끝내 어디다 쓰리요. 불후의 이름을 보전키 어렵네."(飽食終何用, 難全不朽名)라고 읊은 말은 조금도 틀리지 않습니다.

그래서 옛 사람은 또 "저작이란 널리 전해지는 데 효용이 있지 그 많음에 있지 않다."(但在流傳不在多)는 유명한 말을 남겼습니다. 예를 들면, 제갈량의 일생이 결코 문장으로 세상에 이름이 나지 않았던 것은, 물론 그의 공훈 업적이 그의 문장을 가려 버렸기 때문입니다. 그의 문장은 단지 두 편의 「출사표」出師表밖에 없지만, 이 두 편의 글은 문학을 위한 문학 작품이 아닌데도 천고의 명저名著가 되어, 역사상 전무후무한 일로서 영원히 전해져 갈 것이라 하겠습니다.

그는 문학적 수양이 이렇게 높은데도 결코 문학가가 되고 싶어 하지 않았습니다. 이 점을 통해서도 알 수 있듯이, 사업에 성공했던 사람은 왕왕 높은 재능을 갖추고 있어, 그 재능을 문학에 발휘했더라면 틀림없이 성공한 문학가가 될 수도 있었을 것입니다. 이와 같이 문장·도덕·사업적 공로는 본래 한 사람이 다 성취하기 어려운 것이기에 사람을 너무 가혹하게 꾸짖어서는 안 됩니다.

「출사표」 이외에 제갈량이 남긴 글은 모두 짧은 글이지만 문체나 내용이 대단히 간단하고 세련되어 있는데, 이는 그가 일을 처리하는 데 있어 몇 마디 말이면 족할 만큼 간단하고 신중했던 것과 똑같습니다. 그의 전기傳記를 보면 손권孫權이 그에게 물건을 보냈을 때, 그가 불과

대여섯 마디로 자신의 뜻을 아주 분명하게 표현하여 회신함으로써 해결한 것을 알 수 있습니다.

위에 소개한 「계자서」誡子書 한 편의 편지글도 제갈량의 유가 사상 수양을 충분히 나타내고 있습니다. 후세의 많은 사람들이 심신 수양의 도리를 말했지만, 솔직히 말하면 모두 다 제갈량의 손바닥을 벗어나지 못했습니다. 후세인들은 제갈량의 이 편지에 담긴 사상을 한 벌의 옷으로 바꿔 입혀 유가儒家로 변모시켰습니다. 그래서 이 편지는 대단히 유명한 저작이 되었습니다. 제갈량은 이처럼 문자로 수양의 도리를 말하고 있는데, 그 문학적 경지가 아주 높고, 구성도 아름답고 뛰어나며, 문장은 모두 대구對句가 잘 짜여 있습니다.

시를 지을 때, 봄꽃(春花)은 가을달(秋月)과, 대륙大陸은 가없는 하늘(長空)과 각각 대구對句를 잘 이루지만, 학술성이나 사상성을 지닌 내용을 대구를 써서 지어 보려면 아주 어렵습니다. 그러나 제갈량은 자신의 사상을 훌륭하게 문학화 했습니다. 후대의 팔고문八股文도 이러했습니다. 먼저 제목을 표시하는데, 이것을 파제破題라 하여 주제의 사상 내용을 먼저 한두 구절로 밝히는 것입니다. 제갈량은 자기 아들에게 고요한 마음으로 학문을 하고, 검소한 생활로 수신修身을 하라고 가르치고 있는데, 검소함은 단지 돈을 절약하라는 것이 아니라, 자기의 신체와 정신을 잘 보양하라는 것입니다. 간단명료하고 모든 것이 깔끔한 것이 바로 검소함입니다.

"비담박무이명지"非澹泊無以明志는 덕을 기르는 이치이며, "비녕정무이치원"非寧靜無以致遠은 수신치학修身治學의 이치입니다. "부학수정야, 재수학야"夫學須靜也, 才須學也는 학문을 탐구하는 이치인데, 마음이 차분해야 비로소 학문을 탐구할 수 있고, 학문에 의거해야 재능을 양성할 수 있다는 것입니다. 우리가 공자 사상 속에서 이야기했던 "배우기만 하고 생각하지 않으며, 생각하기만 하고 배우지 않는다."(學而不思, 思而不學)는 논점과 "재능은 반드시 배움을 필요로 한다."(才須學也)는 이치는 같은 것입니다.

"비학무이광재"非學無以廣才는 비록 천재라 할지라도 학문이 없으면 위대한 천재가 아니라는 뜻입니다. 그래서 타고난 재능이 있더라도 해박한 학문이 있어야 합니다. 학문은 어디서 올까요? 탐구에서 오는데 "비정무이성학"非靜無以成學, 즉 마음이 고요하지 않으면 학문을 성취할 수 없습니다. 의미가 층층이 연관되어 있으며, 연속적인 대우 구절입니다.

"도만즉불능연정"慆慢則不能硏精의 '도만'慆慢은 '교오'驕傲의 '교'驕자와 같은 뜻입니다. 이 '교'驕자를 말하자면 퍽 의미가 있습니다. 우리 선인들은 수양을 함에 있어 교오를 힘써 경계하여 조금이라도 교오하지 말라고 가르칩니다. 교오驕傲는 원래 두 글자로 나뉘어 사용되던 것으로, 내용이 없으면서도 스스로를 대단하게 여기는 것이 '교'驕이며, 내용이 있으면서 남을 대수롭지 않게 여기는 것이 '오'傲인데, 뒤에 와서 한 단어가 되었습니다. 우리 문화에서는 아무리 큰 학문이나 권위를 가졌다 하더라도, 사람이 교오하면 인격 수양 면에서 실패한 것으로 여깁니다. 그래서 공자는 『논어』 속에서도 이렇게 말한 바가 있습니다. "사람이 주공周公같이 성취한 바가 있더라도, 교만하고 인색하여 사람을 사랑할 줄 모른다면 그 사람은 더 볼 것이 없다."(如有周公之才之美, 使驕且吝, 其餘不足觀也已).

이처럼 선인들은 교만을 삼가는 데 힘썼건만, 오늘날 외국 문화가 들어와서는 "내게 누군가 있는 것이 정말 자랑스럽다."와 같은 말이 대단히 유행하고, 또 '자랑스럽다'는 뜻으로 '교오'驕傲라는 단어를 쓰고 있는데, 이것은 외국어 번역이 잘못되어 교만을 좋은 뜻으로 여기게 된 때문입니다. 우리 문화의 의미대로 단정하고 예의바르게 번역한다면, '기쁘고 위안된다'는 뜻인 '흔위'欣慰라는 단어를 써야 마땅합니다. 그런데 이것은 수십 년 동안 번역이 잘못된 것인 줄 알면서도 계속 그대로 사용해 온 결과, 잘못된 것이 오히려 맞는 것처럼 되어 버려 단번에 고칠 방법이 없습니다. 장차 우리 문화의 전통 정신을 지켜 나가기 위해서는 방법을 연구하여 많은 잘못된 것들을 고쳐나가 이 사회의 풍조를 바꾸어야 옳습니다. 이 이야기는 '도만'慆慢을 말하다 보니 하게 된 것입니다.

다시 본문으로 돌아가 "도만즉불능연정"慆慢則不能硏精의 '慆(도)는 바로

'자만'自滿을 말하며, '慢'(만)은 자기가 옳다고 생각하는 것입니다. 주관主觀이 너무 강하면, 학문을 정밀하게 연구할 수 없습니다. "험조즉불능리성"險躁則不能理性, 여기서 왜 '험조'險躁를 썼을까요? 사람이란 다 남의 덕을 입어 지름길로 가기를 좋아하는데, 지름길로 가는 일은 위험하고 요행을 바라는 일입니다. 이것은 범하기 쉬운 나쁜 버릇입니다. 특히, 젊은이들이 조급하고 성격이 급하면 이성적이 될 수 없습니다.

"연여시치, 지여세거"年與時馳, 志與歲去. 이 부분은 어떤 책들에는 '뜻지'(志)자가 아니라 '뜻 의'(意)자로 되어 있는데, '뜻 의'(意)라야 맞을 것 같아서 바꿔 보겠습니다. 이 말의 뜻은, 세월이 가서 나이를 먹다 보면, 서른한 살 때는 서른 살 때와 다르고, 서른두 살 때는 서른한 살 때와 또 달라진다는 것입니다. 사람의 생각은 나이에 따라 변해 갑니다. "수성고락, 비탄궁려, 장부하급야"遂成枯落, 悲嘆窮廬, 將復何及也, 이 말은 소년 시절에 노력하지 않으면 중년에 이르러서는 후회하게 되어 이미 어쩔 방법이 없게 돼버린다는 뜻입니다.

자식을 훈계하여 쓴 이 한 편의 편지글을 보면, 제갈량의 풍격과 같아 무엇이든지 다 간단명료합니다. 이 도리를 위정에 응용하면, 바로 공자가 말한 '簡'(간)이 되고, 몸가짐에 응용하면 본문에서 말한 '儉'(검)이 됩니다. 그렇지만 문학적 수양은 단지 학문의 한 부속물에 지나지 않으니, 학문하는 데 특히 이 점을 유의해야 합니다. 역사 문화의 입장에서 살펴본 제갈량의 학문과 수양 이야기는 여기서 일단락을 짓고 이제 본문을 다시 계속하겠습니다.

공자의 환심술換心術

(노나라) 정공이 물었다. "임금이 신하를 부리고 신하가 임금을 섬기는 일은 어떻게 해야 됩니까?"

공자께서 대답하셨다. "(당신은 지도자술을 말하지 마십시오. 부하가 충성을 다하기를 바란다면, 지도자가 먼저 자신의 속마음으로 부하를 그의 입장에서 알아주는 예경禮敬으로부터 시작하십시오) 임금은 신하를 예禮로써 부리고, 신하는 임금을 충성으로 섬기면 됩니다."

定公問: 君使臣, 臣事君, 如之何? 孔子對曰 : 君使臣以禮, 臣事君
정공문　군사신　신사군　여지하　공자대왈　군사신이례　신사군

以忠。
이충

　이 문제는 오늘날 관념으로 말하면 정치사상과 관계되는데, 정치하는
법이라 해도 좋고, 좀 간단명료하게 정치 지도술이라 해도 좋습니다. 노
나라 정공定公이 물은 것은 지도술 또는 지도 방법이고, 공자가 그에게
대답한 것은 지도자의 도덕입니다. 공자는 노나라 정공이 물은 방법적
인 문제는 제쳐놓고 있습니다. 다시 말해서, 노나라 정공을 반박하고 있
는 것입니다. 정치 지도자가 정도에서 벗어난 방법이나 수단을 쓰는 것
은 잘못이며, 덕德으로써 지도해야 한다는 것이 공자의 생각이었습니다.
공자의 이러한 생각을 어디에서 볼 수 있을까요? "군사신, 신사군"君使
臣, 臣事君, 이 두 구절 속의 '사'使자에서 볼 수 있습니다.

　우리가 알듯이 노정공은 제후이며, 왕 ― 여기에서 우두머리를 형용하
기 위하여 편의로 사용합니다 ― 이라는 존귀한 신분으로 공자에게 물었
으며, 공자도 당연히 그를 존중하였습니다. 노정공은 이렇게 물었습니
다. "제왕은 지도자로서 아래 간부들을 어떻게 지휘해야 합니까? 반대
로 충성스럽고 지조가 굳은 간부는 지도자를 어떻게 받들고 처신해야
합니까?" 노정공은 물론 공손하고 완곡하게 물었을 것입니다. 그런데
공자는 서로 대립되는 이 두 가지 문제에 대해, "임금은 신하를 예로써
부리고, 신하는 임금을 충성으로 섬기면 됩니다."(君使臣以禮, 臣事君以忠)라
고 두 마디로 해답했습니다.

　우리 문화는 효도를 강조하는데, 효도도 상대적이어서 부모는 자애롭
고 자식은 효도하며, 형은 우애를 가져야 하며 동생은 형을 공경해야
합니다(父慈子孝, 兄友弟恭). 부모가 사랑의 마음을 쏟아 가르치고 길렀으므
로 자녀도 효도로써 보답하는 것이니, 이 두 가지는 상대적인 것입니다.
충忠도 마찬가지여서, 공자의 말대로 윗사람이 아랫사람을 예로 대하는
예경禮敬도 일종의 사랑의 형태로, 부모가 자녀를 사랑하는 것과 같습니

다. 이런 예의 덕업禮儀德業이 널리 퍼져 도덕이 유행되면 아랫사람들도 자연히 윗사람을 공경하고 충성하게 됩니다. 그러므로 공자는 군신의 관계는 도덕 위에 세워지는 것이지, 수단 위에 세워지는 것이 아니라는 단 두 마디로 노정공의 문제에 대답한 것입니다.

어떤 사람들은 노자의 "육친불화유효자, 국가혼란유충신"六親不和有孝慈, 國家昏亂有忠臣이라는 말을 보고(『노자』 제18장—역주), 충효의 관념에 대해 노자와 공자가 상반된 의견을 지녔다고 생각하지만 사실은 그렇지 않습니다. 단지 그 표현 방법이 달랐을 뿐입니다. 노자의 이 말이 겉으로 볼 때 효와 충을 반대하고 있는 것 같아 오해를 한 것입니다. 사실은 그렇지 않습니다.

"육친불화유효자"六親不和有孝慈는 "육친이 불화할 때 자식의 효도와 부모의 자애가 있다."는 뜻으로, 화목하지 못한 문제 가정에 아이들이 몇 있는데 그 중에서 한 아이가 얌전하므로 사람들은 그 아이만 내세워 효자라고 칭찬할 줄 알았지, 기본적으로 가정불화라는 문제가 있음을 잊고 있다는 것입니다. 한 가정에 문제가 없다면 모두 다 효자일 것이니, 특별히 효자 하나를 내세워 칭찬할 필요가 어디에 있겠느냐는 것입니다. 또 "국가혼란유충신"國家昏亂有忠臣은 "국가가 혼란할 때에 충신이 있다."는 뜻으로, 역시 마찬가지 이치입니다. 문천상文天祥은 송나라가 망하고 나서야, 그의 충성과 지조를 보였습니다. 만일 송나라가 망하지 않았다면, 문천상이 국가에 대하여 그처럼 충성한 것을 볼 수 없었을 것입니다. 비록 문천상의 충성심은 한결같은 것이었다 하더라도, 그런 살신성인殺身成仁을 실천할 기회가 없었을 테니 말입니다. 그러므로 우리는 역사에 대해, 국가에 대해, 문천상이 처했던 그런 상황이 출현하기를 결코 바라지 않고 오랫동안 잘 다스려지고 평안하기를 바라는 것입니다.

그래서 노자의 이 두 마디 말을 백화白話로 말해 본다면, '才'(비로소 재)자를 넣어서, "육친이 불화해서야 비로소 효자가 있고, 국가가 혼란해서야 비로소 충신이 있다."(六親不和才有孝子, 國家昏亂才有忠臣)로 할 수 있습니다. 이렇게 하고 보면, 노자가 결코 충효를 반대한 것이 아님을 알 수 있게 됩니다. 가령 우리가 한 단체 중에서 "누구누구는 좋은 사람이다.” 라고 말하면, 나머지는 다 나쁜 사람이 되는 것입니까? 전체가 다 좋은 사람이기를 바라고, 누가 좋고 누가 나쁘고를 생각하지 않는 것이 제일 좋은 것입니다.

공자가 노정공에게 답한 말의 뜻은, “당신은 지도자술을 말하지 마십시오. 부하가 충성을 다하기를 바란다면, 지도자가 먼저 자신의 속마음으로 부하를 그의 입장에서 알아주는 예경禮敬으로부터 시작하십시오.” 라는 것입니다. 예禮는 인자함·보살핌 등과 같은 많은 것을 포함하고 있습니다. 이것은 다시 말해 윗사람이 아랫사람에 대해 마음을 다한다면, 아랫사람도 윗사람에 대해 자연히 충성심을 갖게 된다는 것입니다. 속담에 이른 대로 사람의 마음이란 모두 정으로 된 것이라, 서로 주고받게 되면 곧 충성심으로 바꾸어진다는 것입니다.

우리는 지금 『논어』를 연구하고 있는데, 왜 이 단락의 말을 이곳에 놓았을까요? 이것은 바로 우리가 앞에서 말했던 춘추필법의 미언대의微言大義입니다. 춘추전국 시대에는 사회 전체가 위아래 할 것 없이 온통 혼란해서, 그 결과 덕을 지닌 자는 적고 술수를 쓰는 자가 많았습니다. 그래서 공자는 인仁과 효孝를 제창하고 도덕을 제창했습니다. 당시의 사람들이 너도나도 수단을 부렸기 때문입니다.

예를 들어, 요즈음 유행하는 말로 “당신 수단 좀 부리지 마시오.” 라고 자주 말합니다. 특히, 요 6, 70년을 지내 오는 동안 단체나 개인의 경험에 비추어 볼 때 수단을 부리는 사람들이 갈수록 늘어나 어느 누구도 다른 사람을 얕볼 수 없는데, 끝내는 자신이 바보가 될 때까지 수단을 부립니다. 이런 수단은 고지식하고 정성스런 것만 못합니다. 누가 만일 진정한 정성을 수단으로 삼는다면, 이런 수단은 부릴 만하면서도 최고로 뛰어난 것입니다.

지난 6, 70년에 걸친 변란 기간 동안, 모든 사람들이 수단 부리는 것을 배우게 되어, 누군가가 몇 가지 수단을 부려 보려고 해도 다른 사람이 이미 다 알고 있는 지경입니다. 오직 성실하고 도덕을 중시하는 사람이야말로 가장 존경스럽습니다. 최후의 성공은 역시 진정으로 정성스런 사람의 것이 된다는 것은 천고에 변하지 않는 진리입니다. 우리는 현실 생활 속에서도 이것을 체험할 수 있습니다.

공자가 노정공에게 대답한 몇 마디 말은 이와 같은 당시의 풍조를 겨냥한 것이었습니다. 어떤 풍조가 하나 일어나면 태풍과 마찬가지여서, 하류층과 중류층만 영향을 받는 것이 아니라 상류층도 역시 영향을 받게 됩니다. 노정공은 지도 계급인 상류층으로서 결과적으로 역시 그런 잘못을 범했기 때문에, 공자는 그의 잘못을 겨냥하여 이런 처방을 내린 것이었습니다.

남男과 여女의 철학

정치 면을 이야기하고 나서, 다시 순수 문학의 관점을 말합니다.

공자께서 말씀하셨다. "『시경』에 나오는 관저의 시는 즐거우면서도 지나치지 않고, 슬프면서도 마음을 상하게 하지 않는다."

(이는 곧 자신의 수양에는 시적인 감정을 갖추어야 하며, 정치에 종사함에는 더욱 시적인 정조를 지녀야 한다는 것을 나타내고 있습니다)

子曰：關雎，樂而不淫，哀而不傷。
자 왈 관 저 낙 이 불 음 애 이 불 상

공자는 또 시문학을 토론하고 있습니다. 조금 전에 정치를 말하더니, 이제는 또 시를 말하고 있습니다. 바로 앞에서 노정공과 나눈 문답은 사회 기풍을 포함한 정치 기풍이었는데, 이 정치 기풍과 사회 기풍은 어디서 오는 것일까요? 예禮, 즉 문화의 입장에서 말한다면, 그것은 문화에서 오는 것입니다. 그리고 문화를 논하자면, 공자가 중시한 『시경』을 이야기하지 않을 수 없습니다.

우리가 알듯이 『시경』은 각지 사회 기풍의 자연스런 변천을 나타내고 있는데, 그 제1편은 바로 남녀 간의 사랑입니다. 『시경』에 나오는 남녀 간의 사랑을 이야기함에 있어서 우리가 주의해야 할 것이 있습니다. 공자는 『예기』禮記에서, "음식과 성性은 사람의 큰 욕구 대상이다."(飮食男

女, 人之大欲存焉)라고 인생에 대한 연구를 언급했습니다. 공자는 인생의 최고 경지를 알았지만, 그에 대해 왕왕 언급을 회피하고, 인생에서의 가장 초보적인 것이자 아주 평범한 것인 이 두 가지 큰 일에 대해서만 말했습니다.

앞에서 말했듯이, 일반인들이 흔히 인용하는 "식욕과 성욕은 본성이다."(食色性也)라는 말은 공자의 말이 아니라, 맹자와 동시대인이었던 고자告子의 말입니다. 두 사람의 말은 서로 비슷하지만 관점은 완전히 다릅니다. 성욕과 식욕은 본성이 아닙니다. 다시 말하면, 사람의 선천적인 형이상적인 본성이 아니라 후천적인 기본 욕구입니다. 사람은 음식을 먹어야 합니다. 갓난아이는 태어날 때부터 젖을 먹어야 하며, 성장을 하고 나면 이성 관계가 필요합니다. 사람만 이런 것이 아니라 생물계의 모든 동물·식물이 다 이러합니다. 그 때문에 인류 문화는 바로 여기에서 출발합니다.

여기서 이 시대의 두 가지 사상이 생각납니다. 하나는 이 시대에 큰 영향을 미친 마르크스의 '자본론'입니다. 또 하나도 근대 서양 문화의 핵심인 프로이트의 성심리설性心理說입니다. 프로이트에 따르면 일체의 심리 활동은 모두 성적 충동에 근거한다고 하는데, 이 사상이 현대 문화에 끼친 영향도 큽니다. 프로이트는 원래 의사였다가 나중에 대심리학자로 변했습니다. 서양의 실존주의도 몇 사람의 의사가 떠들어댄 것입니다. 어떤 이는 프로이트의 성심리설의 관점에서 역사 문화를 보고 (여기서 말하는 성은 우리가 말하는 사람의 본성적 성이 아니라, 남녀간 성행위의 성입니다), 역사상의 영웅적 창업이 일종의 성적 충동에서 나왔다고 말하며, 심지어 히틀러는 성변태자라고까지 말합니다.

현대 사상계는 이런 학설의 영향도 많이 받았으며, 또 지난 역사를 소재로 쓴 소설은 대부분 이러한 관점이 가미되어 있습니다. 심지어 수많은 연극이나 영화도 아무래도 의학상의 성性을 약간 끼워 넣는데, 이를 듣기 좋게 문학적으로 말하면 곧 사랑으로서, 마치 사람이 겉옷을 입고 넥타이를 매고 나면 좀 점잖아 보이고, 예절 바르게 보일 뿐인 것과 다름없습니다. 우리의 오랜 문화 속에서 우리는 이 이치를 이해하고 있었을까요, 이해하지 못하고 있었을까요?

공자도 일찍이 이를 제시하였습니다. 그래서 『시경』 제1편에 관저關雎의 시를 골라 넣음으로써, 인생의 윤리는 성욕과 식욕이라는 기본 욕구에 근거하여 남녀가 서로 사랑하고 부부가 되는 데서 시작하는 것으로, 이른바 군신君臣·부자父子·형제兄弟·붕우朋友 등 모든 사회 일체一切의 발전이 성의 문제로부터 시작된 것임을 지적했습니다.

전에 어떤 학자가 나에게 말하기를 그에게 한 가지 새로운 발견이 있는데, 성性은 죄가 아니다는 '성비죄론'性非罪論이라며 나와 토론하고자 한 적이 있습니다. 그가 말하는 성은 좁은 의미의 성으로 남녀 성행위의 성을 가리키는 것이었습니다. 내가 이 문제에 대해 즉시 대답을 하지 않자, 그는 글을 남겨 놓고 간 후 편지와 전보로 자꾸 물어 왔습니다. 나는 시종 직접 답하기가 난처하다고 느껴 뒤에 글을 한 편 써서 대략 내 생각을 한번 밝혔지만, 역시 그 학자의 관점에 대해서는 직접적인 언급을 피했습니다.

나는 이것이 인생철학상의 최고 문제라고 생각합니다. 결국 이것은 본능의 충동일까요? 이 본능은 또 무엇일까요? 나는 그 학자에게 세계의 종교가들은 모두 다 성性을 죄악시한다고 말했습니다. 과거 전통 문화의 관점에서는 "온갖 악 중에서 음란함이 첫째"(萬惡淫爲首)였습니다. 서양의 기독교 사상에 의하면, 아담과 이브가 에덴동산의 사과를 먹지 않았을 때는 아무 일도 없었다가, 마귀에게 속아 사과를 먹고 나서부터는 그들도 성을 죄악시하게 되었습니다.

이전에 들은 우스갯소리인데, 서양 문화는 사과 두 개 반에서 나왔다는 것입니다. 하나는 아담과 이브가 에덴동산에서 따먹어 일을 저질렀기 때문에 우리 인류가 오늘까지 이렇게 고통스럽게 사는 원인이 된 사과이고, 또 하나는 뉴턴으로 하여금 만유인력을 발견하도록 깨우쳐 준 사과라는 것입니다. 우리들은 그 많은 사과를 먹었지만 만유인력을 발견하지 못했습니다. 그리고 나머지 반 쪽 사과는 그리스 신화에서 트로이 전쟁의 빌미가 되었다는 '황금의 사과'로서 영웅사상을 말하는 것입니다. 이상이 서양 문화가 사과 두 개 반에서 나왔다고 하는 이야기인데, 물론 우연히 말해본 것은 아닙니다.

서양과 동양의 종교가들은 모두 성을 죄악시했고, 철학가들은 이 문제를 회피했습니다. 우리가 지금 공자를 보면, 그는 철학가이자 종교가이며 또 교육가라고 할 수 있습니다. 나는 현대적 관념의 '가家'라는 '가'는 다 공자에게 붙여도 된다고 생각합니다. 그러나 공자는 전통 문화를 집대성한 분으로, 후세 사람들이 공자에게 봉한 호칭인 '대성지성선사'大成至聖先師가 가장 좋습니다. 우리는 외국인을 따라서 그에게 '가'자를 하나 붙여서는 안 됩니다. 그렇게 하면 대성大成이 아니라 소성小成이 되어 버리므로 서양 문화의 속임수에 넘어가서는 안 됩니다.

공자는 관저의 시를 남녀 간의 사랑이라고 생각했는데, 사실은 그 속에는 성은 죄악이 아니라는 뜻도 들어 있습니다. 성 그 자체는 죄악이 아니며, 성 충동 자체는 자연적인 것입니다. 우리의 이성理性이 성으로 하여금 충동하지 말라고 가르치지만, 끝내 생명의 이 동력은 충동을 합니다. 그렇지만 성의 행위를 이성적理性的으로 처리하지 않으면 그 행위가 죄악을 형성하게 됩니다. 이 이치가 맞는지 틀리는지 여러분이 한번 생각해 보십시오. 성의 본질은 결코 죄악이 아닙니다. "음식과 성性은 사람의 큰 욕구의 대상이다."라는 말대로 생명이 존재하는 한 반드시 큰 욕구가 있습니다. 그러나 그것을 처리하는 행위가 옳지 않으면 곧 죄악이 됩니다. 공자는 바로 이런 관점에서 "관저의 시는 즐거우면서도 지나치지 않다."(樂而不淫)고 말하고 있습니다.

여기에서 여러분은 '淫'(음)자에 유의해야 합니다. 오늘날에는 그 좁은 뜻으로만 보아 단지 성행위만을 '淫'(음)이라고 하지만, 고문古文에서의 '淫'(음)자는 때로는 지나침, 즉 과도過度하다는 의미로 해석됩니다. 비유하면 우리가 원래 두 시간 동안 강의하도록 되어 있지만 결과적으로 두 시간 반을 강의하여 듣는 사람들을 피곤해 죽을 지경으로 만들었다면, 고문에서는 '淫'(음)했다고 쓸 수 있을 것입니다. 또, 비가 너무 많이 내렸다면 그 비는 음우淫雨가 됩니다. 그러므로 관저의 "낙이불음"樂而不淫은 곧 지나치지 않다는 것입니다. 우리 민족은 본래 성性, 정情, 그리고 애愛의 처리에 대해 하나의 원칙을 갖고 있습니다. 그것은 소위 "발호정, 지호례"發乎情, 止乎禮로서 현대적 의미로 말하면, 심리적·생리적 충동은 행위 면에서 예禮에서 그쳐야 한다는 것입니다. 단지 합리적이기만 하면 죄악이 되지 않는 것이므로, 공자는 "관저의 시는 즐거우면서도 지나치지 않다."고 말했습니다.

그러나 관저편의 시 속에는 슬픔과 원망도 들어 있어, 이 편의 시를 읽어보면 재미가 있습니다. 비록 몇 자에 불과하지만, 현대 문학으로 묘사하면 충분히 노골적입니다. 시의 끝 구절은 "구지부득, 전전반측"求之不得, 輾轉反側인데, 여기에서 '구'求자는 '구한다'는 뜻으로, 오늘날 말로는 쫓아다닌다는 뜻입니다. "쫓아다녀라! 쫓아다녀도 별 수 없으니 잠을 이룰 수 없네. 잠을 못 이루니 침상에서 이리 뒤척 저리 뒤척하네."로 풀어 쓸 수 있지만, 고문에서는 '전전반측'輾轉反側이라는 네 글자로 모두 다 그려내고 있습니다. 이 시 속에는 또 애원哀怨이 들어 있는데, 비록 슬프고 원망스럽지만 결코 비애와 비관의 정도에까지는 이르지 않고 있습니다. 이 도리는 바로 사람의 정감을 꼭 알맞게 처리하여 중도中道에 들어맞는 것을 말합니다.

예컨대 나는 음악에 문외한이지만 여러 곳에서 삽입곡으로 틀어놓는 어떤 나라의 음악을 들어보면, 그 나라 가수는 입만 열면 듣는 사람으로 하여금 슬픈 감정을 이길 수 없게 합니다. 노래의 애절함은 그 민족의 운명을 상징하고, 그 나라 민족성의 표현이라고 할 수도 있습니다. 그 나라 음악은 어떻게 변천을 하든, 듣자마자 그 나라 음악이란 것을 알 수 있는데, 애원哀怨 속에 비창悲愴함이 있고 비창함 속에 애원이 있습니다.

오늘날 우리의 음악을 비롯한 일체의 문화가 "낙이불음, 애이불상"樂而不淫, 哀而不傷의 정도에까지 도달했을까요? 아직 이르지 못한 것 같습니다. 우리는 공자의 이 단락 글을 읽고, 오늘날 사회의 문화 사상에 대해 깊이 반성해야 합니다. 이런 까닭으로 공자는 노정공의 정치적 질문에 답하고 나서 곧이어 시의 문제를 말하고 있는데, 이는 곧 수신修身에는 시적인 감정을 갖추어야 하며, 정치에 종사함에는 더욱 시적인 정조情操를 지녀야 한다는 것을 나타내고 있습니다.

전통 역사에서의 정신적 보루

이번에는 또 하나의 문화 문제로 옮겨갑니다.

(노나라) 애공이 재아에게 사직단(이 역사 문화의 변천과 무슨 관계가 있는지)에 관하여 묻자,

재아가 대답하였다. "(국가 정신과 민족 문화의 상징으로) 하나라 임금은 소나무를 심었고, 은나라 사람들은 잣나무를 심었고, 주나라 사람들은 밤나무를 심었는데, 백성들로 하여금 두려워 떨게 하려는 것이었다 합니다."

(그 뒤 돌아온 재아로부터) 이를 듣고 공자께서 말씀하셨다. "다 된 일은 논의하지 말며, 끝난 일은 충고(諫)하지 말며, 지난 일은 탓하지 말아야 한다."

哀公問社於宰我。宰我對曰:夏后氏以松, 殷人以柏, 周人以栗。曰:
애공문사어재아   재아대왈 하후씨이송 은인이백 주인이률   왈

使民戰栗。子聞之曰:成事不說, 遂事不諫, 旣往不咎。
사민전율   자문지왈 성사불설   수사불간   기왕불구

재아宰我는 공자의 학생으로, 낮잠을 자다가 공자에게 꾸지람을 당한 적이 있는데, 이 문제는 다음에 이야기할 때 다시 토론하겠습니다.

노애공魯哀公이 '사社'를 물었다고 하는데, 이 社는 무엇일까요? 여기서의 社는 곧 사직社稷의 약칭으로 유형有形의 사직단社稷壇을 말합니다. 옛날 국가의 수도에는 사직단을 세워놓아 국가와 천인天人 사이의 상징을 나타냈습니다. 대만의 중국인들은 오늘날 사직 정신의 상징으로, 대북시臺北市 원산圓山에 있는 충렬사忠烈祠에 가서 헌화하고 있습니다. 지난날에는 남경 중산릉中山陵에 가서 참배 헌화하였습니다. 수십 년 동안 우리는 사직 정신의 대표를 아직 정식으로 확정하지 못하여, 최근에는 외

국 손님이 오면 국부기념관國父紀念館에 가서 경의를 표하고 있는 것 같습니다.

상대적으로 우리가 외국에 가서 민간 외교를 하거나, 국가 외교 책임을 맡고 외국에 나갔을 경우, 이 점에 특별히 유의해야 합니다. 다른 나라에 가서는 그 나라의 예의 풍속을 따라 그들이 참배하는 곳에 가서 예를 드려야 합니다. 이것은 동서고금의 변함없는 예의이자, 현대 국제 외교상의 예의입니다. 서양의 영웅 나폴레옹도 회교 신봉 국가에 갔을 때는 회교 회당에 가서 경례하였습니다. 이 점에서는 그가 총명했습니다. 또 한 가지를 보면, 17세기 말엽부터 영국의 동인도회사가 인도를 통치했는데, 영국은 인도에 총독을 파견했습니다. 영국인도 그 수법을 깊이 이해하고 있었습니다.

그래서 어떤 사람은 영국인이 『노자』를 전문적으로 연구했다고 말합니다. 『노자』의 정치 수법은 대단히 뛰어난 것이었기 때문입니다. 당시 영국 총독은 외출했다가 인도의 바라문교(인도에서는 중국의 송나라 이후 불교가 사라지고, 그때부터 불교는 이미 완전히 중국으로 넘어왔으며, 인도에는 흰 옷을 입는 바라문교만 남았음) 승려를 보면, 즉시 차를 멈추게 하고 내려와 길가에 서서 합장한 채 바라문교 승려가 먼저 지나가도록 했습니다. 이는 그 지방의 민간 신앙을 존경하는 것이 자신들에게도 많은 도움이 된다는 것을 알았기 때문입니다. 이상은 사社로부터 사직의 정신을 말하면서 관계된 부수 문제였습니다.

이제 본문으로 돌아갑시다. 노나라 애공이 재아에게 "사직단이 역사 문화의 변천과 무슨 관계가 있습니까?" 하고 물으니, 재아는 "하 왕조의 사직단에는 소나무를 심었고, 은 왕조 때는 잣나무, 주 왕조 때는 밤나무를 심었습니다." 하고 대답했습니다(이것은 오늘날의 국화國花가 국가의 상징인 것과 같습니다). 재아는 이어서, "그러나 밤나무를 심은 것은 좋지 않아서, 사람들이 밤나무를 보고 두려워 벌벌 떨었습니다." 라고 말했습니다.

재아는 그 뒤 공자가 있는 곳으로 돌아와 애공과 주고받았던 문답을 보고했습니다. 공자는 듣고 나서, 이미 지나간 일은 탓해 봐야 소용이 없다고 탄식했습니다. 공자는 주 왕조의 문왕·무왕이 다른 면들에서는 잘못이 없었지만, 밤나무를 심었던 일만은 그리 타당하지 못했다고 생각했습니다. 그러나 선배 성인들을 많이 비판하는 것도 부끄러운 일이므로, 이미 지난 일을 다시 말하더라도 소용이 없다고 말했습니다. 사람과 사람사이에 함께 지내는 입장에서 보면, 이미 기정사실이 된 것은 아무리 충고해도 되돌아 올 수 없게 되었으며, 지나가 버렸는데 구태여 추궁할 필요가 어디 있겠느냐는 것입니다.

공자의 이 말은 역사에 대한 하나의 관대한 용서로 보이지만, 사실은 이 관대한 용서를 통해서 공자는 주 왕조가 밤나무를 심은 것은 문제가 있었다는 것을 분명하게 보이고 있습니다. 이 말은 무슨 뜻일까요? 사직단에 심는 나무는 민족 문화와 국가 정신의 상징물입니다. 일본인은 벚꽃을 국화國花로 삼는데, 꽃은 화사하지만 오래가지는 못합니다. 다른 국가들도 다 상징물이 있습니다. 종교도 예외는 아닙니다. 기독교의 십자가, 불교의 연꽃이 각각 그 상징물입니다. 그리고 유럽인은 호랑이·사자 등 맹수를 흔히 상징물로 쓰고, 인도인은 날짐승, 미국인은 독수리를 사용하는데, 모두 별로 좋지 않습니다. 중국 문화에서는 용을 사용하는데 용은 물·육지·허공 세 곳에 다 삽니다. 우리는 문화 상징물을 선택 결정하는 데 특별히 유의해야 합니다만, 어떤 사람들은 전혀 마음에 두지 않고 결정할 때도 있습니다.

지난날 한 친구가 대북시臺北市 이름을 두견성杜鵑城으로 바꾸려고 한 적이 있습니다. 뒤에 나는 어떤 연회에서 그를 만나 그 일에 대해 물었더니, 다행히 그의 '두견성'은 뜻을 이루지 못했더군요. 만일 그대로 추진되었더라면 내가 제일 먼저 반대했을 것입니다. 왜냐하면 두견(진달래 꽃—역주)은 두우杜宇라고도 하는데, 망국의 꽃이기 때문입니다. 두견은 또 새 이름이기도 한데, 자규子規라고도 하고 망제望帝라고도 합니다.

당나라 시인의 시에 "봄이 다 감을 망제가 슬퍼하는 듯 두견새 울음 소리"(望帝春心託杜鵑)라는 구절이 있는데, 여기에는 신화 이야기가 하나 있습니다. 상고 시대에 촉蜀나라가 망한 후, 촉나라 태자가 상심한 나머지 죽었는데, 그의 영혼이 흩어지지 않고 두견새로 변했습니다. 두견새는 밤낮으로 울어서 눈물이 마르고 피눈물이 나서 방울방울 꽃 위에 떨어져 두견화로 변했다고 합니다.

이런 일들은 『역경』易經의 참위학讖緯學과도 관계가 있습니다. 아무런 상관이 없어 보이는 많은 일들이 때로는 아주 큰 관계가 있습니다. 특히, 국가의 역사 문화를 연구할 때는 유의하지 않으면 안 되는데, 공자는 이 일에도 유의하고 있습니다. 하지만 공자도 "다 된 일은 논의하지 말며, 끝난 일은 간하지 말며, 지난 일은 탓하지 말아야 한다."고 말할 수밖에 없었습니다. 그러므로 우리가 앞으로 일을 처리할 때에는 이런 일들에도 유의해야 합니다. 이 역시 학문입니다.

현자를 꾸짖다

공자께서 "관중은 그릇이 작았다!"고 말씀하시자, 어떤 사람이 물었다. "관중은 검소했습니까?"

"관중에게는 (아름답게 꾸민 재상 관저로) 삼귀당三歸堂이 있었고, 부하 관리들을 겸직시키지 않고 위인설관爲人設官하였으니, 어찌 검소하다 하겠소?"

"그러면 관중은 예禮는 알았습니까?"

"임금이라야 대문 밖에다 (가림막인) 색문塞門을 세우는 법인데 관중도 색문을 세웠고, 임금이라야 다른 나라 임금과의 외교적인 우호를 위하여 (술잔을 놓을 수 있는) 반점反坫을 두는 법인데 관중도 역시 반점을 두었으니, 관중이 예를 안다고 하면 누가 예를 모른다고 하겠소?"

子曰: 管仲之器小哉! 或曰: 管仲儉乎? 曰 : 管氏有三歸, 官事不攝,
자왈   관중지기소재   혹왈   관중검호   왈   관씨유삼귀   관사불섭

焉得儉! 然則管仲知禮乎? 曰 : 邦君樹塞門, 管氏亦樹塞門。邦君爲兩
언득검   연즉관중지례호   왈   방군수색문   관씨역수색문   방군위양

君之好有反坫, 管氏亦有反坫。管氏而知禮, 孰不知禮?
군지호유반점   관씨역유반점   관씨이지례   숙부지례

관중管仲은 공자보다 조금 앞 시대 사람입니다. 다음에 우리가 볼 수 있겠지만, 공자는 관중에 대해 몹시 감복했습니다. 만약 관중이 제나라 환공齊桓公을 도와 패자霸者가 되도록 한 역사가 없었더라면, 중국인은 거의 야만인으로 변했을 것이라고 공자는 찬탄한 적이 있습니다. 그러나 여기에서 공자는 관중의 도량이 너무 작았다고 말하고 있는데, 이 말도 맞는 이야기입니다. 관중은 제환공이 패업霸業을 완성하도록 도운 데 불과했을 뿐 왕도王道로 나아가도록 할 수는 없었는데, 이것은 관중의 도량이 작았기 때문이 아닌가 싶습니다. 이것은 공자가 역사를 평론하는 탄식입니다.

어떤 사람이 공자에게, "관중은 검소함을 중히 여긴 사람이었지요?" 하고 물었습니다. 관중의 정치사상, 경제사상은 모두 검소했다고 할 만합니다. 여기에서의 '검'儉자는 제갈량이 「계자서」誡子書에서 "검소함으로써 덕을 길러야 한다."(儉以養德)고 말한 그 '검'儉자와 같은 것으로, 많은 뜻을 내포하고 있습니다.

검儉자 이야기가 나왔으니, 노자의 사상을 다시 한번 봅시다. 노자는 자신에게 세 가지 보배가 있는데, 그것은 "자애로움慈, 검박함儉, 그리고 감히 천하인보다 앞서 가지 않음이다."(慈, 儉, 不敢爲天下先)라고 말했습니다(『노자』 제67장—역주). 노자도 거듭 '儉'자를 말했고, 공자도 거듭 '儉'자를 말했는데, 앞으로 '儉'자와 관련해 많은 이야기를 하게 될 것이며, 앞에서 제갈량을 이야기할 때도 이미 말한 적이 있습니다. 역사상 무엇인가를 성취했다고 일컬어지는 사람은 침묵 과언沈黙寡言했는데, 이는 바로 그 사람의 검덕儉德을 말하는 것입니다. 큰 일을 이룬 사람은 말을 아주 적게 하고, 한두 마디로 요점만 간단히 하여 모든 문제를 해결했습니다. 침착하지 못한데다 말까지 많은 사람이라면 무슨 큰 일을 이룰 것이라 기대하지 마십시오.

공자는 "관중의 도량이 작았다."고 말했는데, 어떤 사람이 공자와 이 문제에 대해서는 논쟁하지 않고, 관중이 검덕儉德에 이르렀다 할 만한지를 물었습니다. 그러나 공자는, "관중은 개인적으로 보면, 삼귀당三歸堂을 가지고 있어 경제생활 면에서 대단히 낭비했다."고 말했습니다. 삼귀당은 건물의 이름으로, 관중의 재상 관저인데, 건물 시설의 아름다움에 상당히 신경을 썼기에 검박하다 할 수 없다는 것입니다.

우리가 역사에서 볼 수 있듯이 한문제漢文帝는 검박·절약하기로 역대 황제 가운데서 유명했습니다. 그는 두루마기 한 벌을 1, 2십년 동안 깁고 또 기워 입었습니다. 뒷날 경제景帝·무제武帝 시대의 경제 번영은 바로 문제文帝가 다져놓은 기초 덕분이었으며, 문제 자신이 대단히 검박했기 때문이었습니다. 관중의 생활은 확실히 공자의 말대로 결코 검박하지 않았습니다.

그 밖에 또 공무 면에서 관중은 '관사불섭'官事不攝했다고 공자는 말하고 있습니다. 즉, 국가의 정치제도 면에서도 요령 있게 총괄할 수 없었다는 것입니다. '위인설관'爲人設官만 알아 너무 많은 부서를 겹겹이 설치해 놓아 실제 축소가 가능한데도 축소하지 않았으니, 이는 행정 면에서 검박하지 않은 것인데, 관중을 어떻게 검박하다 할 수 있겠느냐는 것입니다. 우리는 여기에서 공무를 진정으로 잘 처리하기 위해서는 제도와 편제編制의 긴축이 중요하며, 법령도 번쇄해서는 안 된다는 것을 알 수 있습니다. 이상은 관중의 두 가지 면에 대한 공자의 비평이자, 우리 후인들이 경계해야 할 점이기도 합니다.

관중의 검덕에 대해 공자가 비평 반박을 하자, 그 사람은 또 관중이 예禮를 알고 있는가 하는 문제를 제기했습니다. 우리 문화는 예禮와 의義를 중심에 두고 있기에, 예를 안다는 것은 대단히 중요했습니다. 공자는 이 방면에서도 관중의 수양이 아직 부족하다고 여겼습니다. 관중은 비록 대정치가였지만, 역사 문화를 영도할 중임重任을 짊어질 능력이 없었습니다. 공자는 무슨 이유로 그렇게 생각했을까요?

당시 나라의 임금인 제환공이 대문 밖에다 병풍 색문塞門을 세웠습니다. 이 이야기가 나왔으니, 우리가 오늘날 아주 보기 어려운 것 하나를 이야기해 봅시다. 고대의 관청 문 앞에 세웠던 큰 병풍에는 모두 다음과 같은 글이 쓰여 있었습니다.

그대의 봉록은 　　　　　　　　　　　　　　　　爾俸爾祿

백성의 피와 땀이다   民脂民膏

아래 백성에게 포학하기는 쉬워도   下民易虐

위 하늘을 속이기는 어렵다   上天難欺

이 말은 이미 천 년 이상 전해 오고 있습니다. 뒤에 청대淸代 말년에 정치가 부패하게 되었을 때, 아마도 중국 신해혁명辛亥革命의 선배 당원이 청나라 정부를 비난하는 뜻으로 쓴 걸작인 것 같은데, 이렇게 우스 갯말로 고쳐 썼습니다.

너희 봉록을 받는 백성들아   爾俸爾祿民

아래 백성들의 기름을 쥐어짜거라   脂民膏下民

포학하기는 쉬워도 하늘에 오르기는 어려우니   易虐上天難

속이고 속이고 속이고 속이고 또 속여라   欺欺欺欺欺

옛날 고례古禮에서는 국가 지도자나 제후만이 색문塞門을 둘 수 있었는데, 관중의 재상 관저에도 이런 것을 늘어놓았으니 예의를 모른 것입니다. 다음으로 나라의 임금이 외교 관계를 위해서 반점이라는 단(反坫之壇: 나라의 임금이 외국의 군주를 접대하여 주연을 베풀 때에 당에 술잔을 놓을 수 있는 설비—역주)을 두었는데, 이것은 양국의 원수元首가 만날 때 사용하는 것이었습니다. 그런데 관중의 집에도 그 반점이 있었으니, 이 두 가지 점에 근거해서 볼 때, 관중도 예를 안다고 말하면 또 어느 누가 예를 모른다고 하겠느냐는 것입니다. 관중을 예를 아는 기준으로 삼는다면, 사람마다 모두 예를 아는 것이 된다는 게 공자가 관중을 비평하는 말입니다.

다음에는 전통 문화에서 예와 함께 일컬어지는 악樂에 대해서 이야기합니다.

살아 있는 예악을 두드려 울리다

공자께서 노나라 (음악 교육을 관장하던) 태사악에게 말씀하셨다. "음악에 대하여는 대체로 (이해하여) 알고 있습니다. 음향이 시작될 때에는 마치 막 피어나는 꽃망울처럼 가볍게 천천히 펼쳐지면서 소리가 납니다. 이어 작은 소리에서 큰 소리로 바뀌어 가면서 순수해지고, 뒤에 절정에 달해 격정적이거나 대단히 장엄하게 울린 다음 악곡의 연주가 끝나고, 마지막에는 다하지 못한 깊고 깊은 뜻이 있는 듯 끊어질 듯 이어져 여전히 여운이 감돌면서 완성됩니다."

子語魯大師樂曰：樂其可知也。始作，翕如也。從之，純如也，皦如
자어로태사악왈　악기가지야　　시작　흡여야　　종지　순여야　　교여

也，繹如也。以成。
야　역여야　　이성

이것은 공자가 음악의 원리와 작용을 말한 것입니다. 태사악大師樂은 고대에 음악 교육을 전문적으로 관장하던 관직명으로, 주요 관장 업무는 음악을 정치적 교화와 결합시키는 데 있었습니다. 물론 당시의 일반 음악도 포함되었지요. 이 이야기가 나오니 생각나는 것은 전통 문화에서 아주 안타까운 일로서, 중국에 원래 있던 옛 음악이 이미 없어져 버렸다는 사실입니다. 오늘날 우리가 들을 수 있는 것은 단지 명청明淸 이래로 남아 있는 음악입니다.

친구들의 말에 의하면, 현재 이웃 한국에서는 어렴풋이나마 당태종이 천하를 통일하고 난 후의 대악장大樂章인 「진왕파진무」秦王破陣舞와 「예상우의곡」霓裳羽衣曲의 고금곡조古琴曲調를 엿볼 수 있고, 중국의 옛 음악과 옛 악기의 유풍유운流風遺韻을 아직도 감상할 수 있다고 합니다. 아울러 시詩·사보詞譜를 중국의 옛 악기로 연주해 낸다고 합니다. 한국 외에 일본에서도 약간의 그 그림자를 찾을 수 있다고 합니다. 물론 중국 문화의 쇠락을 온통 우리 당대만의 책임이라고 할 수만은 없습니다. 그렇다고 하여 우리가 남의 조소에 대해 스스로 변명하면서, "이것 역시 우리 민족의 위대한 점이야. 우리들이 우리 문화를 소중히 여기지 않는다

고 말하지만, 우리에게는 아직 좋은 것이 너무 많으니 잃어버려도 조금도 개의하지 않거든." 하고 말한다면, 외국인은 정말 한심하여 듣고서도 할 말이 없을 것입니다.

본문에서 공자와 노나라 태사악이 음악의 원리를 토론하고 있습니다. 공자는 아주 겸손하게 "음악의 원리를 대개는 이해할 수 있습니다." 라고 말했는데, 사실 공자는 음악에 대해서 정통했습니다. 이어서 그는 국가민족의 정신을 대표하는 한 악곡에 대해 담론하기를, "음향이 시작될 때에는 마치 막 피어나는 꽃망울처럼 가볍게 펼쳐지면서 천천히 소리가 납니다. 이어서 작은 소리에서 큰 소리로 바뀌어 가지만 순수합니다. 뒤에 절정에 도달해 격정적이거나 혹은 대단히 장엄하게 울린 다음 이 악곡의 연주가 끝납니다. 그러나 그 뒤에도 다하지 못한 깊고 깊은 뜻이 있는 듯 여전히 여음이 감돕니다. 이런 것이 바로 성공한 음악입니다." 라고 했습니다. 공자는 비록 가르침을 청하는 태도로 겸손하게 말했지만, 그의 말은 그가 이미 음악의 수양에 깊이 통했다는 것을 증명해 줍니다.

오늘날 우리가 듣는 국내의 대중 음악을 보면 확실히 문제가 큽니다. 전통적인 것도 아니고 서양적인 것도 아니고, 경박함은 넘치지만 온유 돈후함은 부족하니 정말 한심스럽습니다. 하지만 일체의 문화가 오늘날 모두 동서고금의 것이 뒤섞여 한꺼번에 변하는 거대한 흐름 속에 처해 있어 줄곧 불안정한 상태에 있습니다. 옛것은 이미 타도하였지만, 새것을 어떻게 세울 것인가 하는 것은 여전히 우리 세대의 계속적인 노력에 달려 있습니다.

의儀 지방의 국경 관리인이 공자를 뵙고 싶다고 청하면서 말하였다. "군자가 이곳에 오시면 저는 만나 뵙지 못한 분이 없었습니다."
(공자를) 따르던 제자들이 (그가) 공자를 뵙도록 안내해 주자,
그는 공자를 뵙고 나와서 말하였다. "여러분은 문화가 상실될까 어찌 걱정하십니까? (우리 문화는 이제 살아나게 되었습니다) 천하가 (어지러워) 무도無道한 지 오래 되(어 문화가 이미 시들)었습니다. (그래서

하늘은 선생님을 내려 보냈고, 그의 학문과 도덕은 여러분과 세상 사람들에게 영향을 줄 것입니다) 하늘은 선생님으로써 (세상을 경각시키는) 목탁을 삼고자 하시는 것입니다. (여러분은 걱정하지 마십시오)"

儀封人請見。曰：君子之至於斯也，吾未嘗不得見也。從者見之。
의 봉 인 청 현   왈 군 자 지 지 어 사 야   오 미 상 부 득 현 야   종 자 현 지

出曰：二三子，何患於喪乎？天下之無道也久矣，天將以夫子爲木鐸。
출 왈   이 삼 자   하 환 어 상 호   천 하 지 무 도 야 구 의   천 장 이 부 자 위 목 탁

'儀'(의)는 지명입니다. 옛날의 '封'(봉)자는 국경을 가리켰습니다. 소위 봉인封人은 제후국의 국경을 관리하던 사람입니다. 굳이 오늘날의 직무로 말하면, 토지를 관리하고 지방 행정을 관리하는 사람입니다. 그가 와서 공자를 만나고자 했을 때, 행간에 숨은 뜻으로 보아 방문 사절을 당했던 모양입니다. 그렇지만 봉인은 나름대로의 할 말이 있어 말하기를, "도덕이 있고 학문이 있는 사람이 내가 있는 곳에 오면 누구든지 내가 만나 보았다."고 했습니다. 그의 뜻은 "당신네들 선생님인 공자가 아무리 위대하더라도 나 같은 사람을 한번 접견해 봐야 한다."는 말인 듯합니다.

봉인이 이렇게 말하자, 공자를 따르던 그 사람들은 할 말이 없는지라 그에게 공자를 만나게 해 주었습니다. 공자와 그가 무슨 이야기를 나누었는지는 모릅니다. 봉인은 공자를 만나고 나와서는 공자의 제자들에게 이렇게 말했습니다. "여러분들은 문화의 쇠퇴를 걱정할 필요가 없습니다. 우리 문화는 이제 살아나게 되었습니다. 천하가 이토록 오랫동안 어지러워 문화가 이미 시들어 떨어지니, 하늘이 공자를 내려 보냈습니다. 공자의 학문과 도덕은 여러분과 세상 사람들에게 영향을 줄 것입니다. 하늘은 공자를 세상을 경각시키는 목탁으로 삼고자 하니, 여러분은 걱정하지 마십시오." 고대에 나무로 만든 목탁은 두드려 울려 경각시키는 데 사용하던 것으로, 마치 묘당에서 종과 경쇠磬를 치는 것과 같았습니다.

이는 공자가 인문 문화 교육에 종사한 것을 찬탄한 것이기에 역시 문화 정신을 말하는 「팔일」편 속에 넣은 것입니다. '화룡점정'畵龍點睛과 마

찬가지로, 이렇게 한 데에는 그 의도가 있습니다. 다시 다음과 같이 이어집니다.

공자께서 (순舜 임금 시대의 음악인) 소韶에 대하여는 "(그 시대의 국가 민족과 역사 문화의 정신이 잘 나타나 있는데) 지극히 아름답고 또 지극히 선하다." 하시고, (무왕武王 시대의 음악인) 무武에 대하여는 "(그 시대의 역사 정신을 나타내고 있으며) 지극히 아름답기는 하나 지극히 선하지는 않다." 고 하셨다.

子謂韶 : 盡美矣 , 又盡善也 。 謂武 : 盡美矣 , 未盡善也 。
자 위 소　진 미 의　우 진 선 야　　위 무　진 미 의　미 진 선 야

이는 예악 문화禮樂文化에 대한 공자의 비평입니다. '韶'(소)는 순 임금 시대의 음악으로, 이 음악에는 그 시대의 국가 민족과 역사 문화의 정신이 잘 나타나 있는데, 공자는 그 음악이 아주 좋고 아름다우며 또 선하다고 말했습니다. 오늘날 서양의 개념으로 말하면, 진선미眞善美의 가치를 다 갖추었다는 것입니다. 그러나 무왕 시대의 음악은 그 시대의 역사 정신을 나타내고 있으며, 좋기는 좋고 정말 아름답기는 하나 지극히 선善하다고 말할 수는 없다 했습니다. 사직단의 상징물에 대한 비평과 마찬가지로 유감스러운 맛이 좀 있다는 것입니다.

글러가는 세상, 각박한 인심

다음은 이 「팔일」편의 결론입니다. 그래서 나는 『논어』 전편이 서로 연관되어 완전한 체계를 이루고 있다고 생각합니다. 「팔일」편은 역사시대 문화의 정신을 말하고 있습니다. 그런 까닭에 이 편의 마지막에서는 다음과 같은, 당시 시대에 대한 공자의 비평을 인용하여 결어로 삼고 있는데, 특히 우아한 맛이 있습니다.

공자께서 (당시 사회 기풍에 대해 탄식하여) 말씀하셨다. "윗자리에

있으면서 너그럽지 못하고, 예禮를 행함에 공경스럽지 못하고, 상喪을 당하여 슬퍼하지 않는다면, 내 이런 모양을 어떻게 보아 낼 수 있겠느냐?"

子曰 : 居上不寬, 爲禮不敬, 臨喪不哀, 吾何以觀之哉 ?
자 왈 거 상 불 관   위 례 불 경   임 상 불 애   오 하 이 관 지 재

공자는 여기에서 하나의 원칙을 제기하고 있습니다. 즉, 한 시대가 쇠락하는 때에 가장 걱정스러운 것은 상부의 지도자와 각 계층의 책임자들이 부하나 사람들을 너그럽고 후하게 대하지 않는 것인데, 이는 중대한 잘못이라는 것입니다. 이 이야기가 나왔으니 말인데, 우리는 역사책에 사람 됨됨이나 관료로서 지나치게 못되고 각박하거나 차갑고 박정한 사람들의 이야기가 많이 기록되어 있는 것을 봅니다. 무엇을 각박하다고 할 수 있을까요? 너무 깐깐하여 하찮은 것을 꼬치꼬치 캐고 들며, 사람됨이 너무 지나치게 예리하여 부하된 사람으로 하여금 자신의 재능을 발휘하기 어렵게 만드는 것을 말합니다. 그래서 옛 사람들은 정치 지도 면에서 다들 도가인 노자의 사상 도리를 채용했습니다.

예를 들어, 곽자의郭子儀의 이야기를 해 보겠습니다. 당현종이 안록산의 난으로 수도京城에서 도망가 사천의 성도成都까지 갔습니다. 마침내 곽자의가 안록산의 난을 평정하고 장안長安과 낙양洛陽을 수복하고 당현종의 환도還都를 맞이했습니다. 곽자의는 이 공功으로 왕으로 봉해졌습니다.

그 후 당대종唐代宗은 공주를 곽자의의 아들에게 시집보냈습니다. 한번은 이 신혼부부가 말다툼을 심하게 했는데, 곽자의의 아들이 공주에게, "공주가 뭐 대단하다고 그러느냐? 만약 우리 아버지가 너의 아버지를 위해 싸워 이기지 못했더라면 네가 어찌 공주가 될 수 있었겠느냐?"라고 했습니다. 이 말은 분명 너무 심한 것이었습니다. 공주는 화가 나서 즉시 궁으로 돌아가 당대종에게 보고했습니다. 곽자의는 아들의 보고를 듣고 크게 놀라며, 이 일이 보통 큰 일이 아니란 것을 알고 즉시 아들을 묶어 궁중으로 압송했습니다.

당대종은 곽자의 무리들이 반역을 꾀하고 있다고 말하는 공주의 보고를 당연히 들었습니다. 당대종은 딸을 위로하고 우선 궁내에서 쉬라고 했습니다. 그런데 사돈 곽자의가 사위를 묶어서 궁으로 오자, 당대종은 화를 내며 추궁하지 않고 도리어 사돈이 아들을 꽁꽁 묶어 궁으로 오다니 웬일이냐고 물었습니다. 곽자의는 자초지종을 보고하고 벌을 내리라고 청했습니다.

그러나 당대종은 참으로 좋은 황제였습니다! 그는 곽자의에게, "신혼부부 싸움은 젊은이들의 다반사인데, 그대는 뭘 상관합니까? 때로는 모르는 척, 못 들은 척하지 않고는 시어머니 시아버지 노릇을 못합니다."라고 말했던 것입니다. 이 이야기는 뒷날 경극京劇과 다른 지방들의 연극으로도 엮어졌는데, 이야기 자체는 책임자 되는 사람이 아랫사람의 하찮은 일까지 꼬치꼬치 따지면 아랫사람은 일하기 어렵다는 것도 말해 줍니다.

며칠 전에 한 학우가 법원의 재판장이 되어 나를 만나러 왔기에, 나는 그에게 옛날부터 법조계 사람이 되면 심문각법深文刻法할까 제일 두렵다는 한마디를 일러 주었습니다. 이 말은 공무원이 된 사람도 유의해야 합니다. 어떤 것이 심문각법일까요? 바로 법조문에 근거하여 달걀 속에서 뼈를 골라내듯 한 자 한 자를 따지고 드는 것으로, 이것은 정말 사람 잡는 일입니다. 법조문은 비록 논리에는 완전히 맞더라도, 도리에 맞지 않고 정리情理에 맞지 않는 때도 있습니다. 완전히 논리만을 따진다면 통하지 않습니다. 예를 들면, 법률 규정에는 좀도둑을 잡았다면 마땅히 법원으로 보내 처리하도록 되어 있고, 만약 좀도둑을 주먹으로 두어 대 때려 상처를 입혔다면, 좀도둑은 때린 자를 상해죄傷害罪로 고소할 수 있습니다. 이는 법리法理의 논리상으로는 완전히 옳지만, 인지상정人之常情으로 말하면 옳지 않습니다.

그러므로 나는 그 학우에게, "법을 다루는 사람이 심문각법한 나머지 논리만을 중시하면 천하의 시비를 가릴 수 없게 될까 두렵다."는 뜻의 말을 해 주었던 것입니다. 여기 공무원들께 일러 드리고 싶은 명언 하나가 있습니다. 그것은 "관청에 있을 때 좋은 일을 많이 하라."(公門裏面

好修行)는 것입니다. 그렇지 않으면 사람들은 공무원의 잘못과 그에 대한 불만을 온통 정부에다 쏟아놓게 됩니다. 자기가 머리를 많이 쓰면 다른 사람들이 힘이 덜 들고 불만도 사라지게 되니, 이것이 바로 도덕입니다.

그러므로 윗자리에 있을 때는 너그러워야 합니다(居上要寬). 다른 사람들에게 너무 엄격하게 요구하면 그들에게는 그럴 재간이 없습니다. 천하에 완전한 인재는 없으니, 사람들에게 너무 엄격하게 요구할 필요가 없습니다. 지나치게 엄격하게 요구하면 남들이 모두 성인이나 완전한 인재이기를 바라는 것이 됩니다. 도덕적으로 사람마다 모두 공자 같기를 바라면서도, 마치 도적을 방어하듯 그를 경계하고, 그를 부려먹을 때는 그가 기계인 양 멋대로 부려먹는 짓은 해서는 안 되는 일입니다. 윗사람은 너그러워야 한다는 것을 꼭 기억하십시오.

"예를 행함에 공경스러워야 한다."(爲禮要敬)는 말은 결코 하급자가 상급자에 대해서 예를 행함이 공경하라는 것만은 아닙니다. 윗사람이 아랫사람을 보살피는 것도 예禮의 범위에 포함됩니다. 모두가 모두를 공경해야 합니다. 모두가 정성스럽고 진지해야 합니다. 진정으로 정성스럽지 않으면 소용이 없습니다. 날마다 인사를 편리한 대로 하면 습관이 되어 기계적으로 되기 쉬우며, 그 가운데 성의가 없다면 소용이 없습니다. 마찬가지로 상급자가 부하를 보살피고 관심을 가지면서도 정성스런 공경심이 있어야 하지, 거짓 관심이라면 소용이 없습니다.

"상을 당하여 슬퍼하지 않는다."(臨喪不哀)를 봅시다. 전에도 말했지만, 우리가 상가에 가서 조문을 하는데 슬퍼하는 뜻이 조금도 없다면 갈 필요가 어디 있겠습니까? 그러나 이 상喪은 좁은 의미의 것이며, 그 넓은 의미의 것은 무거운 큰 일에 대한 것으로, 침통한 심정이 없다면 그 역시 '임상불애'臨喪不哀의 한 모습이 됩니다.

공자가 이 세 가지 점을 제기한 것은 당시 춘추 시대의 사회 기풍이 몹시 나빴던 데 대해 느끼는 바가 있었기 때문으로, 공자가 이런 말들을 한 것은 그 치료 처방전을 제시한 것입니다. 공자는 이런 모습의 사회는 더 볼 것이 없다고 말했는데, 이는 당시 문화 사상의 쇠락을 탄식한 것입니다. 실제로 우리가 역사를 보면, 쇠락하면서 혼란한 시대가 될 때마다 모두 이러한 상황이 있었으니, 어찌 춘추전국 시대에만 그러했겠습니까? 이 「팔일」편을 앞뒤로 대조해 보면, 공자가 전적으로 중국 문화의 사상 정신을 천양하고 있음을 뚜렷이 볼 수 있습니다.

里仁

싸늘하고 적막한 곳에도 인仁이 있다

이제 우리는 『논어』제4편을 강의할 차례입니다. 제4편은 『논어』에서 가장 중요한 한 편으로, 여기에는 중대한 문제가 있습니다.

먼저 제4편의 제목인 '이인'里仁에 대해 말해 보겠습니다. 여기에서 '里'(리)는 과거의 일반적인 해석으로는 향리鄕里, 즉 사는 곳을 말합니다. 과거 전통에 비추어 보면, 몇 가구 살지 않는 시골의 서당 훈장들은 '이인'의 의미에 대해서, "공자의 뜻은 집을 사거나 세貰로 얻을 경우 '어진 마을'仁里을 선택해야 한다는 것이다." 라고 풀이했습니다. 다시 말해, 사람은 좋은 사람들의 무리 속에서 살아야 한다는 것입니다. 정말 이런 뜻이라고 하면, 나쁜 사람들의 무리 속에 사는 사람은 없을까요? 또 그렇다면 어느 곳이 좋은 사람들의 무리가 사는 곳이며, 어느 곳이 나쁜 사람들의 무리가 사는 곳일까요? 대북시에는 인애로仁愛路 거리가 있지요! 그렇다면 인애로 이외에는 사람이 살 곳이 없겠네요? 이렇듯이 시골 서당 훈장들의 해석에는 큰 문제가 있습니다.

이 '里'(리)자는 당연히 거주하는 곳을 가리킵니다만, 여기서는 동사動詞로 보아야 합니다. 거주하는 곳으로는 처處의 의미가 있습니다. '거居·주住·처處'는 고문古文 속에서 때로는 어떤 곳에 서 있거나 앉아 있다는 것을 표시하는 동사가 됩니다. 우리가 춘추전국 시대의 저서를 읽을 경우 '居'(거)자가 한 글자 단독으로 쓰인 것을 자주 봅니다.

고대에는 네모로 된 탁자가 없었으며, 또 의자도 없었습니다. 일본인들의 다다미는 중국에서 건너간 것으로, 진한秦漢에서 위魏에 이르기까지 사람들은 모두 바닥에 앉았습니다. 위진魏晉 이후에야 서역西域에서 의자가 전해 들어왔으며, 당나라 이전의 글에서 "호상에 앉았다."(據胡床而坐)라는 구절을 볼 수 있습니다. 호상胡床은 곧 의자의 초기 형태로 서역에서 건너온 것입니다. 우리가 쓰는 말 속에는 많은 명사에 胡(호)자가 들어 있는데, 호초(胡椒: 후추—역주)를 예로 들어 보면 이것은 보자마자 단번에 외래어임을 알 수 있습니다. '胡'나 '蕃'(번)자가 들어간 것은 모두 외래어로서, 번가(蕃茄: 토마토—역주)도 외래어입니다. 뒤에 와서는 외국에서 전래된 것에 '洋'(양)자를 붙였는데, 예를 들어 외국에서 들어온 자전거를 사천四川 사람들은 양마아洋馬兒라 불렀습니다. 심지어 양매창(洋梅瘡: 매독—역주) 같은 것도 외국에서 들어온 말입니다. 명나라 이전의 중국 의학 서적에는 이런 병이 보이지 않는 것으로 보아 외국에서 들어온 것임을 알 수 있는데, 광동廣東 지방을 통해 들어오기 시작했기에 광창廣瘡이라고도 불리었습니다.

우리가 이런 이치를 알고 나면 '居'(거)나 '里'(리)의 의미가 바로 자처自處이며, 이인里仁의 뜻은 다시 말해 사람이 어떻게 하면 인仁의 경지에 처할 수 있는가 하는 문제임을 이해하게 됩니다. 처세나 처인處人, 특히 스스로의 처신에는 모두 자처의 도리가 있어야 합니다. 좀더 분명하게 말해서 어떤 것을 이인이라 할 수 있을까요? 이것은 바로 우리가 수양과 정신을 언제나 인의 경지에 두어야 한다는 것입니다.

이제 인仁을 토론하겠습니다. 인이란 글자를 말해보면, 공자 학문의 중심이 나타나며 골치 아픈 문제가 나타납니다. 앞의 제1편에서 "배우고 때때로 익힌다."(學而時習之)고 했는데, 무엇을 배운다는 것일까요? 바로 인을 배운다는 것입니다. 인이란 무엇일까요? 이것은 지난 2천 년 동안 일치된 결론을 내릴 수 없었던 것으로, 정말 하나의 큰 문제입니다.

최근 입법원立法院에서 어느 입법원立法員이 질의 한 편을 제기하여 '인'仁자를 토론했습니다. 지난 주 그 분은 나에게 그 질의를 주면서 나의 의견을 물었지만 나는 드릴 말씀이 없다고 했습니다. 왜냐하면 그 분이 이미 제기했는데 우리가 또 다시 토론할 필요가 어디에 있겠습니까? 하지만 '인'仁자는 무엇이다고 담론하기가 확실히 어렵다고 나는 생각합니다. 내가 이렇게 말하는 것도 바로 미언대의微言大義의 정신이겠지요!

우리가 지금까지 공부해 보니 전체 『논어』의 중심은 인을 말하고 있는데, 인은 무엇일까요? 과거에 몇 가지 해석이 있었습니다. 가장 유명한 해석은 "널리 사랑하는 것을 인이라 한다."(博愛之謂仁)입니다. 많은 사람들이 인의 뜻을 말할 경우 이렇게 대답하고, 또 틀림없다는 말투로 이것이 공자의 뜻이라고 말하곤 합니다. 그러나 사실은 틀렸습니다. 이 말은 공자가 한 것도 아니요, 맹자가 한 것도 아닙니다. 공가점孔家店의 양대 주주인 공자·맹자가 모두 말한 적이 없고, 공가점의 점원이었던 당나라 때의 한유韓愈가 말한 것입니다.

당대唐代에도 모두들 인이 무엇인가 하는 문제를 토론했는데, 한유는 "널리 사랑하는 것을 인이라 한다."는 정의를 내린 것이었습니다. 이것이 후세에 와전되어 유가의 사상으로 알려지게 되었습니다. 여기에 또 문제가 있습니다. 한유는 왜 이런 정의를 내렸을까요? 비록 그의 문장이 팔대(八代: 東漢·魏·晋·宋·齊·梁·陳·隋를 말함—역주)의 쇠미함을 일으켜 세웠다고 찬양하지만, 그가 내린 정의도 확실히 팔대의 쇠미함을 일으켜 세웠던 것은 아닙니다. 명성으로 사람을 억압할 수 없는 것은 진리이므로, 한유의 사상이 모두 공맹 사상인 것은 결코 아닙니다.

한유는 묵자墨子를 연구한 전문가이고, 묵자의 사상에는 겸애兼愛가 있습니다. 오늘날 다들 잊어버리고 있습니다만, 한유는 묵자 사상을 연구한 전문가였기 때문에 묵자의 사상을 유가 사상 속에 융회하여 겸애의 '겸'자를 고쳐 박애博愛로 만들었습니다. 이것은 마치 긴 두루마기를 벗어 버리고 양복을 입은 것과도 같습니다. 후세 사람들은 그 진상을 알지 못하고, "널리 사랑하는 것을 인이라 한다."를 유가 사상에서 나온 해석인 것으로 잘못 생각하고 있습니다. 우리는 결코 한유가 내린 이런 정의가 잘못되었다고 말하지는 않습니다.

우리의 태도는 객관적이어야 하며, 진리는 단지 하나만 있을 뿐입니다. 철학적인 관점에서 말하면, 우주 만유의 최초 근원이 되는 것을 철학자들은 '본체'本體라고 하고, 서양의 종교가들은 '하느님'이라고 부르며, 인도 사람들은 '부처·여래'라고 하고, 중국인들은 도道라고 부릅니다. 명칭은 다르지만 가리키는 것은 모두 같은 것입니다. 마치 만두와 빵이 명칭은 다르지만 똑같이 곡물 가루로 만든 것으로, 먹으면 배가 부르는 음식인 것과 같습니다. 그러므로 우리는 명칭에 사로잡힐 필요가 없습니다. 각각 표현 방식이 다를 뿐입니다.

다음으로 한대 이후 당대까지도 인仁에 대한 해석이 끝없이 계속되었습니다. 고대 서적은 무슨 이야기를 하든 간에 '인! 인!' 하면서 인의仁義의 도리를 크게 담론했습니다. 공자는 인을 역설하고 맹자는 의義를 역설했는데, 마지막에는 서로 합쳐져 인의仁義로 되어, 인의가 곧 공맹이요, 공맹이 곧 인의가 되었습니다. 만약 이것을 팔고문으로 써 보면, "인의란 공맹이 말한 것이요, 공맹이 말한 것은 인의의 도다……"(仁義者, 孔孟之說也, 孔孟之說者, 仁義之道也……) 같이 길게 써 나갈 수 있을 것입니다.

그 문장이야 통하지만 논리적으로 비평하면 "진언전도, 부지소운"(陳言顚倒, 不知所云: 케케묵은 말을 앞뒤로 바꿔 놓았을 뿐 무엇을 말하는지 알 수 없다는 뜻—역주)이라는 여덟 자에 지나지 않습니다. 이는 청대 건륭 연간의 재자才子 기효람紀曉嵐이 비평했던 이야기와 같습니다. 한 학생이 글을 들고 와서 기효람에게 보아 달라고 청하자, 기효람은 옛 시 두 구절을 가지고 평해 말했습니다.

두 마리 꾀꼬리가 푸른 버드나무에서 울고　　　兩個黃鸝鳴翠柳
한 줄의 백로가 푸른 하늘로 오른다　　　一行白鷺上靑天

이것은 그 학생의 글이 무엇을 말하고 있는지 갈수록 알 수 없다는 뜻입니다. 한당漢唐 이래로 일반 학자들이 공자의 인에 대해 말한 것은 모두, 기효람의 비평을 빌리자면, 무엇을 뜻하는지 알 수 없다고 할 수 있습니다. 당시 학자들이 인仁자를 토론한 글이 백만 여 자에 달하고 있는데, 글자 하나를 가지고 그렇게 떠들어 대다니, 이것이 어찌 공자가 본래 바란 뜻이었겠습니까!

그래서 나는 종종 말하기를, 노자는 5천 자로 『노자』란 책을 썼지만, 후세에 『노자』를 해석한 글이 동서고금의 것을 다 모아 쌓으면 수천만 자가 되고 현재까지 외국어 번역본도 수십여 종이나 되니, 아마 노자가 알면 우스워 포복절도할 것이라고 합니다. 대가들이 너도나도 노자를 말했지만, 어느 것이 노자의 본뜻일까요? 장張선생이 말한 것은 '장 선생 노자'요, 유劉선생이 말한 것은 '유 선생 노자'일 뿐입니다. 누구의 노자가 그야말로 본디의 노자일까요?

송대의 이학가들에 이르러서는 공맹의 심전心傳을 자신들이 계승했다고 스스로 인정認定했습니다. 공자는 심법心法을 증자曾子에게 전했고, 증자는 『대학』을 지어 심법을 자사子思에게 전했는데, 자사는 『중용』을 지었습니다. 자사는 다시 맹자에게 심법을 전했는데, 맹자 이후에는 실전되었습니다. 송대 이학가들은 그렇게 전해 온 심법의 비결을 자신들이 다시 얻었다고 스스로 인정했지만, 시대적으로 그 사이가 천 년쯤 벌어져 있는데 어디서 그 비결을 얻었다는 것인지 모를 일입니다. 사실 그들은 불가·도가의 것들을 퍼서 옮겨 온 후에 오히려 불가와 도가를 꾸짖었으니, 그들의 학문 태도는 정말 옳지 않았으며, 그런 식으로 하는 것은 정말 그리 고명하지 않았습니다.

다음으로 그들은 심성心性, 즉 철학적인 도리를 가지고 인仁을 해석하여, "인이란 과실 씨의 속살이다."(仁者核之心也)라고 했습니다. 다시 말해, 호두의 속살이나 살구 씨의 속살과 같다는 것입니다. 그리고 그들은 불가의 사상을 더해, 만물이라는 과실果實은 모두 음陰과 양陽의 두 쪽으로 되어 있고 그 중간의 속은 비어 있으므로, 인仁은 곧 도체道體의 속이 비어 있는(心空) 경지라고 보았습니다.

송대 유학자들의 또 다른 해석으로는, 의학에서 몸의 일부가 마비되거나 저린 것을 불인不仁하다고 하는 것으로 보아, 인仁은 마음의 지각성知覺性임을 알 수 있다고 했는데, 그들이 이렇게 하고 나자 자신들의 신분이 드러나 버렸습니다. 즉, 이것은 순전히 불가의 말로서 까까머리 스님을 억지로 끌어다 공자의 모자를 씌운 것에 불과한 것입니다.

당대 이후로 공맹의 심법을 말하고 공맹의 심법을 전승傳承한 사람들은 바로 이런 송대의 유학자들, 즉 이학가들입니다.

한당漢唐의 학문에서도 인仁을 말했는데, 뭐라고 말했을까요? 군이 말하자면, 그들은 용用을 말했다고 할 수 있습니다. 송대 유학자들은 인을 철학 속으로 끌어와 체體를 말했습니다. 앞에서 그들의 결점을 말했으니, 또 그들의 좋은 점도 말해야겠습니다. 송대와 한당대漢唐代의 유가들은 각각 장점이 있는데, 한당대의 유가들은 공자의 심법인 인仁의 용用을 이해했고, 송대 유가들은 불가·도가 양가의 학문을 차용하여 공자의 심법인 인仁의 체體를 이해했습니다. 그들은 모두 시대의 획을 긋는 독창적인 견해를 가지고 있었지만, 매가家마다 모두 공자에 대한 이해가 서로 다릅니다.

체體·용用을 말한 김에 한번 이야기해 봅시다. 당대唐代 이후의 불학 원리로 말하면, 만물에는 체體·상相·용用이라는 세 가지 논리만 있습니다. 이 찻잔을 예로 들면, 유리는 체요, 그 모양은 상이며, 그 기능은 용으로, 액체를 담을 수 있는 물건입니다. 추상적인 사상도 마찬가지입니다. 우리가 지금 말하고 있는 것을 예로 들어 보면, 『논어』의 사상은 그 체요, 『논어』의 내용 20편은 그 상으로, 우리가 지금 연구 해석하고 있습니다. 그리고 『논어』의 용은 공자를 이해하고 나서 비로소 공자를 반대하는 잘못이 어디에 있는지 알고 또 어떻게 우리 문화를 더욱 확대 발전시킬 것인가에 있습니다.

한당의 유학자들은 모두 인仁의 용에 대해 말했지만, 공자가 당시에 인을 말할 때도 대부분 그 시대를 겨냥하여 용을 말했습니다. 송대 유학자들은 철학까지 끌어가 인仁의 체를 말했는데, 현상으로부터 본체를 탐구하는 것이 견해의 면에서 조금의 진보가 없었다고 말할 수는 없지만, 안타깝게도 각각 한쪽만 고집하여 자기들이 제일인 양했습니다.

이런 자료들을 이해하고 나서 다시 인으로 돌아가 봅시다. 인이란 무엇일까요? 고대 한자로 쓰인 '仁'자의 모양을 봅시다. 사람이 두 발로 걸어가는 모양(亻) 옆에 둘(二)을 더한 것인데, 왜 그 옆에 하나(一)를 더하지 않았을까요? 두 사람은 바로 사람과 사람 사이로서, 내가 있으면 네가 있고, 너와 내가 있으면 또 그 사람이 있는 것입니다. '나'와 '너'

그리고 '그 사람'이 있으면 바로 사회가 있게 됩니다. 한 사람일 경우에는 문제가 없지만 두 사람이 있게 되면 서로 어떻게 지낼 것이냐, 서로 어떻게 사랑할 것이냐, 서로 어떻게 도울 것이냐 하는 문제가 발생하게 되는데, 이게 바로 인입니다. 다시 말하면 인은 사람과 사람 사이의 일입니다. 이것이 문자상의 해석입니다.

이제 정리해 봅시다. 첫째, 이인里仁이란 제목은 '인에 스스로 처한다' 自處는 것으로, 어떻게 스스로 처하느냐 하는 데 학문의 중심이 있음을 상징하고 있습니다. 자기의 마음이 체體요, 사람 사이에 처하는 것이 상相과 용用이 됩니다. 상은 사람의 행위이며, 용은 나타난 작용입니다. 자처自處란 바로 자립自立이며, 처인處人이란 바로 입인立人입니다. 불가에서 말하는 보살의 도리는 '나도 서고 남도 세워 주는 것'(自立立人)입니다. 보살은 범어인 보디사트바(菩提薩埵)의 음역으로, 한자어로 간단히 보살이라 번역했는데, 당시에 쓰이던 단어인 성현聖賢에 해당하며 명칭만 다를 뿐입니다. 자처처인自處處人이 바로 인의 체와 용입니다.

둘째, 이 「이인」편에서 공자는 "나의 도는 하나로써 꿰뚫었다."(吾道一以貫之)고 말하고 있습니다. 다시 말하면, 체와 용이 하나로 꿰어져 체도 있고 용도 있다는 것입니다. 그러므로 인을 말하면서 단지 용인 행위만 말하고, 체인 내심의 수양을 말하지 않는 것은 틀린 것입니다. 만약 또 다른 한 파의 송대 유학자들이 말한 대로, 조용히 앉아 있는 것靜坐을 인이라 하고, 성을 기르고 마음을 논하는 것(養性談心)을 인으로 여겨 용을 중시하지 않는다면 세상을 구하거나 사람을 구할 수 없고, 자기를 세우고 남을 세울 수도 없으니 이것도 틀린 것으로, 마땅히 체와 용이 하나로 꿰어져야 하는 것입니다.

셋째, 제7편 「술이」述而에서 공자는, "사상은 도에 뜻을 두고, 행위는 덕에 의거하며, 도와 덕의 발휘는 인에 의지하고, 지식과 학문은 육예에 노닐어야 한다."(志於道, 據於德, 依於仁, 游於藝)고 말하고 있는데, 이 네 가지는 공자가 학문을 가르치는 중심 요강要綱입니다. 이것 역시 공자의 "하나로써 꿰뚫는"(一貫) 이치입니다. 그런데 「안연」편 속에서 공자는 "어느 날이라도 자기를 극복하고 예의 경지를 회복하면, 천하가 인의 경지로 돌아간다."(一日克己復禮, 天下歸仁)라고 말함으로써, 그 이치를 남김 없이 보여 주고 있습니다. 이런 자료들을 먼저 이해한 다음 이 「이인」 편의 본문을 연구하고, 마지막에 결론으로 이어지게 하면 막힘없이 꿰 뚫어 통할 수 있게 됩니다.

달은 고향 달이 밝아라

이제 「이인」편 첫 단락이 나옵니다.

공자께서 말씀하셨다. "(진정한 학문이) 인仁의 경지에 터를 잡고 안 주하는 것(을 기준으로 삼고 그에 도달함)은 (진실하고 선하고) 아름다 운 (진선미眞善美의 경지에 도달한) 것이다. (진정한 학문과 수양이) 인 의 경지를 안주처로 선택해 그 경지에 처하는 데 이르지 않는다면 어찌 지혜의 성취라고 하겠는가?"

子曰 : 里仁爲美 , 擇不處仁 , 焉得知 ?
자 왈　이 인 위 미　　택 불 처 인　　언 득 지

이 단락은 고리타분한 훈장들의 해석대로 하면, "공자께서 말씀하시 기를, 어진 사람들이 사는 마을을 선택해 살아야 하니, 주변 이웃이 다 어진 군자들이면 아름답다 할 만하다 하셨다."가 되는데, 그렇게 많은 어진 군자들이 세상 어디에서 올지 모르겠습니다. 또, "택불처인, 언득 지?"擇不處仁, 焉得知에 대해서는, "살 곳을 선택할 때 어진 마을을 선택해 살지 않으면, 그 사람은 지혜가 있는 총명한 사람이라 할 수 없다."고 했습니다. 정말 이와 같다면, 우리는 모두 다 멍청이들이네요! 이런 해 석은 조금 전에 비평했듯이 고리타분한 훈장들의 해석입니다.

이제 나 같은 고리타분한 새 훈장의 해석을 봅시다. '이인위미'里仁爲 美의 뜻은, 우리들의 진정한 학문의 안주처는 인으로써 표준을 삼아야 한다는 것입니다. 인의 경지에 도달한다는 것은 바로 학문이 진선미眞善

美의 경지에 도달한다는 것입니다. '택불처인'擇不處仁의 뜻은, 우리의 학문과 수양이 인의 경지에 처하는 데 이르지 못한다면, 이는 지혜의 성취라 할 수 없다는 것입니다. 이것이 제1의 원칙입니다.

두 번째 단락은 다음과 같습니다.

공자께서 말씀하셨다. "인仁의 경지에 도달하지 못한 사람은 검소하고 소박한 환경에도 오래 거처할 수 없고, 즐거운 환경에도 오래 거처할 수 없다. 인의 경지에 도달한 사람은 인의 체體에 안주하고, 지혜로운 사람은 인의 용用을 이롭게 여긴다."

子曰: 不仁者, 不可以久處約, 不可以長處樂 ; 仁者安仁, 知者利仁。
자왈 불인자 불가이구처약 불가이장처락 인자안인 지자리인

여기에서 공자는 인의 경지에 도달하지 못한 불인不仁한 사람은 '約'(약)에 오래 처할 수 없다고 했습니다. 이 '約'은 계약을 맺는다는 뜻이 아니라, '儉'(검)과 뜻이 같습니다. 다시 말해, 인의 경지에 이르지 못한 사람은 검소하고 소박한 환경에 오래 거처할 수 없다는 것입니다. 사람은 학문 수양이 인의 경지에 이르러야 비로소 공자가 가장 사랑한 학생 안회顏回처럼 한 그릇 밥과 한 쪽박의 물로만 살아도 즐거움을 바꾸지 않고 절개를 잃지 않을 수 있습니다. 바꾸어 말해서, 곤경에 편히 거처할 수 없으면 즐거운 환경에도 오래 거처할 수 없습니다.

진정한 수양이 없는 사람은 뜻을 이루지 못했을 경우에 채신없이 행동할 뿐만 아니라, 뜻을 이루었을 경우에도 채신없이 행동합니다. 부귀공명으로 즐거울 때에 이르러서 채신없이 행동하는 것은 인이 없고 중심 사상이 없기 때문이요, 가난하고 어려운 환경에 이르러서 채신없이 행동하는 것 역시 진정으로 인의 경지에 도달하지 못했기 때문입니다. 가난을 편히 여기고 도를 즐기는 것(安貧樂道)과 부귀하더라도 방탕하지 않는 것(富貴不淫)은 다 쉽지 않은 일입니다. 그래서 공자는 "지혜로운 사람은 인을 이롭게 여긴다."(知者利仁)고 말했습니다. 참으로 지혜가 있고 수양이 인의 경지에 도달했다면, 부귀에 처하든 빈궁에 처하든, 실의하

든 득의하든 간에 천지자연의 섭리에 순응하여 자기의 처지를 만족하게 여길 줄 알고, 곤궁한 환경 속에서도 평소처럼 태연자약할 수 있습니다.

만물을 비추는 인仁의 도리

이 단락의 "인자안인"仁者安仁은 인의 체體에 해당하며, "지자리인"知者利仁은 인의 용用에 해당합니다. 공자의 학설을 연구해 보면, 공자의 주요 정신은 인이라는 것을 알 수 있습니다. 인의 도리에 대해서는 자신의 견해로 주해註解하지 말고 체와 용의 도리로 파악하는 것이 제일 좋습니다. 앞서 말했듯이 당나라의 한유는 자신의 의견으로 주해하여, "널리 사랑하는 것을 인仁이라 한다."고 했습니다. 그러나 우리는 이제 우리 의견으로 주해하지 말고 공자의 의견에 가깝거나 공자 자신의 의견으로 주해해 봅시다. 인에 대한 공자의 주해는 모두 다 이 「이인」편에 들어 있으며, 이 편은 모두 인을 말하고 있고, 인의 체보다는 용을 더 많이 논하고 있습니다. 이는 마치 공자가 『역경』「계사전」상 제5장에서 말한, "인으로 드러나고, 작용 속에 숨어 있다. 만물을 고취시키되 성인처럼 근심하지 않으니, 그 성덕과 대업이 지극하도다!"(顯諸仁, 藏諸用. 鼓萬物而不與聖人同愛, 盛德大業至矣哉)라는 말과 같습니다.

그 다음으로 우리는 『맹자』의 자료 속에서 인과 관련된 몇 가지 정의를 찾을 수 있는데, 『맹자』의 마지막 편인 「진심」盡心편 상장上章 속에서 다음과 같이 말하고 있습니다.

"군자가 품수稟受한 천성은 비록 덕정德政이 천하에 크게 행해진다 하더라도 더하여지지 아니하며, 비록 곤궁하게 산다 하더라도 덜어지지 아니하니, 분수가 정하여졌기 때문이다. 군자가 품수한 천성은 인의예지仁義禮智가 마음에 뿌리내려서, 그 생기가 얼굴에 윤택하게 나타나고, 등에 넘쳐흐르며, 사지에 베풀어져서, 사지가 말하지 아니하는데도 우리는 천성의 내함內涵을 깨닫는다."

君子所性, 雖大行不加焉 ; 雖窮居不損焉, 分定故也. 君子所性, 仁·義·禮

· 智根於心. 其生色也, 晬然見於面, 盎於背, 施於四體, 四體不言而喩.

여기에서 "마음에 뿌리내려서"(根於心)는 체를 말하고, 그 이하는 용을 말한다는 것이 분명히 드러납니다. 그러므로 학문하는 방법으로 제일 좋은 것은 '경으로써 경을 해석하는 것'(以經解經)으로, 그 사람 자신의 학설이나 본인의 사상으로 경전을 주해하는 것이 비교적 신뢰할 만합니다. 그런 다음 고인의 학설을 완전히 소화한 다음 다시 토해 내어야 바로 자기의 학문이 됩니다. 어떤 사람들은 학문을 함에 있어, 옛 사람의 것을 먹지도 못하고, 먹었다 하더라도 소화를 시키지 못한 채 조리 없이 함부로 떠들어대며 한데 그러모아 놓는데, 이런 방법을 써서는 안 됩니다. 정말로 자기 안에서 충분히 소화시킨 다음에 다시 토해 내어야 비로소 참된 학문이 됩니다. 설봉선사雪峰禪師가 "말마다 흉금 속에서 흘러나와 천지에 쌓인다."(語語從胸襟中流出, 蓄天蓄地)고 말한 것처럼 되어야 합니다.

이제 이어서 본문을 보겠습니다.

공자께서 말씀하셨다. "오직 인仁의 수양이 있는 사람만이 진정으로 남을 좋아할 수도 있고, 남을 미워할 수도 있다."

子曰 : 唯仁者, 能好人, 能惡人。
자왈 유인자 능호인 능오인

이것은 인仁의 체와 용을 함께 말하고 있습니다. 공자는 "진정으로 인의 수양이 있는 사람은 참으로 남을 좋아하고 또 남을 싫어할 수 있다."고 했습니다. '好'(호)자는 바로 애호愛好한다는 뜻이며, '惡'(오)자는 싫어한다는 뜻입니다. 역사를 읽어 보면 선선오악善善惡惡이란 말이 있는데, 앞의 '惡'(오)자는 싫어한다는 뜻이며, 뒤의 '惡'(악)자는 본자로서 대단히 나쁘다는 뜻입니다. 지난날의 고문이나 많은 주의문奏議文에 "선선이불능용, 오악이불능거"善善而不能用, 惡惡而不能去란 말이 나오는데, "재간 있는 부하를 좋아하지만 발탁해서 쓸 수 없고, 나쁜 부하를 싫어하지만 또 쫓아낼 수 없다."란 뜻입니다.

이 단락에서 공자는, "인의 수양이 있는 사람은 진정으로 사람을 사랑할 수도 있으며, 또 사람을 싫어할 수도 있다."고 말하고 있습니다. 그러나 공자가 마치 송대 유학자들이 동그라미를 쳐 끊었듯이 여기서 말을 멈추었더라면, 우리가 연구해보더라도 공자 사상의 인에 대해 뚜렷하게 인식할 방법이 없었을 것입니다.

이제 다음의 구절을 윗말과 연결시켜 보면 이해하게 됩니다.

공자께서 말씀하셨다. "사람이 진실로 인仁의 수양에 뜻을 두면, 특별히 누군가를 미워함이 없다. (좋은 사람은 물론 애호해야 하고, 나쁜 사람도 불쌍히 여겨 그에게 자비를 베풀고 그를 감화시켜야 한다)"

子曰 : 苟志於仁矣 , 無惡也 。
자 왈   구 지 어 인 의   무 오 야

공자의 이 말은, 사람이 참으로 인仁의 수양이 있으면 특별히 누군가를 미워하지 않는다는 뜻입니다. 마치 큰 종교의 교주처럼, 좋은 사람도 물론 사랑해야 하지만, 나쁜 사람에 대해서도 여러 방법으로 그를 변화시키고 감화시켜, 끝내는 그를 천당에까지 갈 수 있도록 해야 한다는 것입니다. 그래서 공자는, "진정으로 인에 뜻을 둔 사람이 보면 천하에 미운 사람이란 하나도 없으니, 좋은 사람은 물론 애호愛護해야 하고, 나쁜 사람도 불쌍히 여겨 그에게 자비를 베풀고 그를 감화시켜야 한다." 고 말했습니다.

다음에는 인의 중요함을 말하고 있습니다.

공자께서 말씀하셨다. "부귀는 사람들이 (좋아하여 누구나 얻기를) 바라는 것이지만, 올바른 방법으로써 얻은 것이 아니라면 처하지 말아야 한다. 빈천은 사람들이 싫어하(여 인仁의 수양이 있는 사람이라도 좋아하지 않)는 것이지만, 올바른 방법으로써 (노력하고 향상하면서 천천히 빈천을 벗어나야 그렇게) 벗어나는 것이 아니라면 면하려 들지

말아야 한다.

군자가 인仁을 버린다면 (중심 사상이 없는 것이니), 어찌 이름을 이루겠는가? 군자는 밥 먹는 동안에도 인의 경지를 어기지 말아야 하며, 어떤 일을 이루는 데도 반드시 인의 수양에 의지하고, 실패하여 넘어질지라도 반드시 인의 수양에 의지해야 한다."

子曰: 富與貴, 是人之所欲也, 不以其道得之, 不處也。貧與賤, 是
자 왈 부 여 귀 시 인 지 소 욕 야 불 이 기 도 득 지 불 처 야 빈 여 천 시

人之所惡也, 不以其道得之, 不去也。君子去仁, 惡乎成名? 君子無終
인 지 소 오 야 불 이 기 도 득 지 불 거 야 군 자 거 인 오 호 성 명 군 자 무 종

食之間違仁, 造次必於是, 顚沛必於是。
식 지 간 위 인 조 차 필 어 시 전 패 필 어 시

이것은 유가의 인仁의 수양을 말한 것으로, 사람의 공부는 마음에서 이루어져야 한다는 것입니다. 바로 앞에서 나는 『맹자』「진심」편이 바로 공자의 인을 연구한 것이라고 말했는데, 이 「진심」편을 모두 읽어 보아야 인의 함의에 대해 더욱 절실하게 깨닫게 될 것입니다.

공자는 "부귀는 사람마다 좋아하여, 누구나 부귀공명을 얻고 앞날이 유망하며 하는 일이 성취되고 좋은 직위를 얻게 되기를 바라지만, 올바른 방법으로 얻는 것이 아니라면 그것을 바라지 말아야 한다. 반대로 빈천은 사람마다 싫어해서, 인의 수양이 있는 사람이라도 빈천을 좋아하지 않는다. 그러나 올바른 방법으로 노력하고 향상하면서 천천히 빈천을 벗어나야지, 비뚤어진 길을 걸어가서는 안 된다."고 가르칩니다.

공자는 이어서 말합니다. "군자가 인을 버린다면, 어찌 이름을 이루겠는가?"(君子去仁, 惡乎成名). 군자가 인을 버리면 중심 사상이 없다는 것입니다. 다른 방면에서 성취가 있더라도 그러합니다. 예를 들어, 문학이 뛰어난 것은 재능 있는 자의 풍류에 지나지 않으며, 지식이 깊고 해박한 사람도 일개의 재능 있는 자에 불과합니다. 그러므로 군자에게 인의 경지가 없다면 중심 사상이 없는 것이며, 중심 사상이 없다면 무엇에 의지하여 이름을 이루겠느냐 하는 것입니다. 학문하는 사람은 "무종식지간위인"(無終食之間違仁), 즉 한 끼 밥 먹는 정도의 짧은 시간 동안에도

인의 경지를 위배함이 없어야 한다는 것입니다.

"조차필어시, 전패필어시"(造次必於是, 顚沛必於是)에서 '造'(조)는 창조·작위作爲이며, '次'(차)는 이런 상황입니다. 이 말은 어떤 사업의 성공이든 다 인에 의지해야 한다는 것으로, 운이 없을 때에도 인의 수양에 의지해 의기소침하지 않으며 환경의 압박을 느끼지 않고 편안히 받아들여 지낸다는 것입니다. 바꿔 말해, 일이 마음먹은 대로 되어 갈 때에도 인에 의지해 성공하고, 실패했을 때도 인에 의지해 안온하다는 것입니다.

모든 것을 받아들여 인의 마음을 보여 주다

그러므로 공자는 다음에서 인仁에 도달하는 수양을 설명합니다.

공자께서 말씀하셨다. "나는 진정으로 인仁의 도덕을 좋아하는 사람과 불인不仁의 부도덕을 미워하는 사람을 아직 보지 못하였다. 인의 도덕을 좋아하는 사람은 더할 나위가 없거니와, 불인의 부도덕을 미워하는 사람은 자신이 인의 도덕을 행하여 그 불인의 부도덕자로 하여금 불인의 부도덕이 더 심해지도록 하지 않는다. (왜냐하면 내 자신이 인하다고 남이 불인한 것을 보고 싫어한다면, 나 역시 불인한 것이 되기 때문이다) 하루라도 그의 힘을 인의 도덕을 위해 쓸 수 있는 사람이 있던가? 나는 힘이 모자라는 사람은 보지 못하였다. (아마) 그런 사람이 있기는 할 텐데, 나는 아직 보지 못하였다!"

子曰: 我未見好仁者, 惡不仁者。好仁者, 無以尙之, 惡不仁者, 其
자왈   아미견호인자   오불인자   호인자   무이상지   오불인자   기

爲仁矣, 不使不仁者加乎其身, 有能一日用其力於仁矣乎 ? 我未見力不
위인의   불사불인자가호기신   유능일일용기력어인의호   아미견력부

足者, 蓋有之矣, 我未見也 !
족자   개유지의   아미지견야

공자는 여기에서 "나는 인仁을 진정으로 좋아하는 사람, 불인不仁을

싫어하는 사람, 불인을 경멸하는 사람을 본 적이 없다."고 말합니다. 오늘날 말로 하면, 진정으로 도덕을 애호하고 부도덕을 싫어하는 사람을 공자는 보지 못했다고 했습니다. 왜일까요? 인의 도리를 애호하여 도덕을 지닌 사람은 당연히 자신의 수양에 비길 만한 사람을 거의 만나기 어렵기 때문입니다. 그러나 그가 만약 불인不仁한 사람을 싫어하고 불인不仁한 사람을 경멸한다면, 그는 아직 인자仁者라고 말할 수 없습니다.

그러나 이에 대해 일부 사람들의 견해는 다릅니다. 송대 유학자들의 해석에 따르면, 도덕을 애호하는 사람이 부도덕한 사람을 싫어하고 경멸하는 것이 곧 인仁의 경지라고 했습니다. 이렇게 되자, 송대 이후의 유가들은 의견 분쟁이 갈수록 많아졌습니다. 『논어』의 원문을 보면 결코 그런 뜻이 아닙니다. 왜냐하면 공자는 다음에 바로 이어서, "불인자로 하여금 더 불인해지도록 하지 않는다."(不使不仁者加乎其身)고 했는데, 그 뜻은 인자仁者가 불인不仁한 자를 보았을 때 마땅히 그를 동정하고 가련히 여기며, 어떻게 그를 바로잡아 줄 것인가를 생각해야만 진정한 인자의 마음 씀이라는 것입니다.

나는 도덕을 말하는데 다른 사람은 도덕을 말하지 않을 경우, 내가 그를 몹시 싫어한다면 나도 똑같이 불인한 심리로 남을 대하는 것이며, 나의 인은 아직 완성에 이르지 못한 것입니다. 그래서 공자는 "불인자로 하여금 더 불인해지도록 하지 않는다."고 했는데, 이는 공자가 말한 충서忠恕의 도리로서, 입장을 바꾸어 남을 생각하는 모습입니다. 내가 춥게 느껴지면 남도 추울 것이라고 생각하여 남에게 옷을 더 입으라고 권하듯이, 나를 생각하면서 곧 남을 연상하는 것입니다. 내 자신이 인하다고 남이 불인한 것을 보고 싫어한다면, 나 역시 불인한 것이 됩니다.

이어서 공자는 인仁의 용用을 말합니다. "하루라도 그의 힘을 인을 위해 쓸 수 있는 이가 있던가?"(有能一日用其力於仁矣乎). 이것은 공자가 가정해서 한 말입니다. 이 말의 뜻은, 인은 어려운 수양이며 사람은 본래 사람을 사랑하는 마음이 있다는 것입니다. 우리가 어린이를 관찰해 보면 남을 동정하는 일이 매우 많은데, 점점 자라면서 남을 싫어하는 마음도 커져 인심仁心을 발휘하지 못합니다. 그래서 공자는, 인은 사람마다 행할 수 있지만, 단 하루라도 마음 씀이나 처세가 완전히 인의 도리에 맞는 사람은 거의 없다고 했습니다. 인의 도리에 맞는 사람이 있다면, 그는 인의 수양에 아주 뛰어났음에 틀림없습니다.

공자는 뜻을 세우라고만 했지, 힘이 부족해서 인의 경지에 도달할 수 없다고는 말하지 않았습니다. 그러나 공자는 또 한마디 더 보충합니다. "아마 힘이 부족하여 도달할 수 없는 사람도 있겠지만, 나는 여태까지 이런 사람을 본 적은 없다."(蓋有之矣, 我未之見也).

이 편의 첫 단락부터 여기까지는 모두 인의 체體와 용用을 말한 것입니다. 인의 체란 내심의 수양으로서 어떻게 인을 행할 것인가, 어떻게 사람을 사랑할 것인가 하는 것입니다. 인의 용은 입장을 바꾸어 남을 생각하는 정신이 있는 것으로, 도량이 커서 모든 것을 포용하여 남을 감화시킬 수 있는 것입니다.

인의 체와 용을 말한 다음, 이제 인의 수양 방법으로 나아갑니다.

공자께서 말씀하셨다. "사람의 잘못은 왕왕 그 자신의 인간관계 속에서 비롯된다. 남의 잘못을 보고서 자신도 반성하여 인仁을 수양할 줄 알아야 한다."

子曰 : 人之過也, 各於其黨, 觀過, 斯知仁矣。
자 왈   인 지 과 야   각 어 기 당   관 과   사 지 인 의

공자는 사람의 잘못이 "그 자신의 인간관계 속에서 비롯된다."(各於其黨)고 말합니다. 여기서의 당黨을 현대적 개념으로 정당政黨의 당으로 해석하면 안 됩니다. 옛 사람이 말한 당黨은 향당鄕黨으로, 그 안에는 친구도 들어갑니다. 유가 사상에서는 이 향당의 개념을 자주 사용합니다. 고대 종법사회宗法社會의 향당은 바로 현대 사회의 인간관계를 뜻합니다.

친구를 사귀거나 하는 인간관계는 사람에게 큰 영향을 미칩니다. 공자는 어떤 사람에게 잘못이 있을 수 있는 것은 흔히 사회관계의 원인에서 오는 결과라고 말합니다. 우리는 사회관계 속에서 다른 사람의 잘못을 보는 일이 많습니다. 예를 들어, 어떤 사람의 사람됨의 태도가 몹시

나쁘다면 우리는 그것을 분명히 보고 자신도 똑같은 잘못이 있는지 없는지 반성하여, 만약에 자신에게도 잘못이 있다면 고치고 없다면 더욱 힘써야 합니다. 그러므로 남의 잘못을 보고 인의 수양을 일으킬 수 있습니다.

삶과 죽음에 상관없음을 알다

공자께서 말씀하셨다. "(사람이 진정으로) 아침에 도道를 들어 얻으면, 저녁에 죽어도 좋다! (살면서 도를 듣지 못할까 걱정하라)"

子曰: 朝聞道, 夕死可矣!
자 왈 조 문 도   석 사 가 의

여기서 말하는 '도道에 대해서는 두 가지 연구가 있습니다. 앞에서 말했듯이 「술이」편을 보면 공자의 진정한 학문 정신은 '인'仁이라고 할 수 있으며 그 바탕은 도에 있습니다. "사상은 도에 뜻을 두고, 행위는 덕에 의거하며, 도와 덕의 발휘는 인에 의지하고, 지식과 학문은 육예에 노닐어야 한다."(志於道, 據於德, 依於仁, 游於藝)는 것이 공자 학문의 4대 원칙입니다.

그렇다면 여기에서의 도道는 무슨 도일까요? 이것은 분명하게 말하기 어려운 문제입니다. 이제 이 문제가 나타났는데, 앞에서 조금 언급했듯이 상고 시대의 '도道자와 '천'天자는 모두 몇 가지 뜻을 갖고 있었습니다. 같은 道자이지만 쓰이는 곳이 달라서 어떤 때는 형이상形而上의 본체를 의미합니다. 즉, '닭이 먼저냐, 달걀이 먼저냐'와 같은 문제이자, 동시에 인생과 우주 만유의 최초의 본체를 가리키는 것입니다.

노자는 "도가도, 비상도"道可道, 非常道라고 말했는데, 여기서 첫 번째 '도道는 본체를 가리킵니다. '가도'可道는 하나의 방법이나 원칙으로 도道를 가설적으로 설명할 수 있음을 말합니다. '비상도'非常道란 그렇지만 끝내는 보통의 가설로는 표현해 낼 수 없다는 것입니다. 이 두 구절 속에만 해도 같은 도道자가 세 개이지만, 그 뜻은 모두 다릅니다. 중국 문자에는 가차假借하여 쓴 것이 있어서, 이런 문제에 부딪치게 되면 번거롭습니다. (『노자』 제1장—역주).

예를 들면, 도道자가 어떤 때는 형이상의 본체를 의미하고, 어떤 때는 '치도'治道에서처럼 형이하形而下의 법칙이나 원칙·수칙守則을 의미합니다. 또 『손자병법』 같은 데서는 "병자, 궤도야"兵者, 詭道也라 말하고 있는데, 군사 사상은 융통성이 있기 때문에 용병用兵에서는 속임수를 마다하지 않으며, 모든 것이 싸워 이기기 위한 것으로, 이 도道는 『노자』의 "도가도, 비상도"道可道, 非常道의 '도'와는 완전히 별개의 것입니다. 또 어떤 때는 도로道路의 뜻으로, 길을 도道라고 부릅니다. 어떤 때는 또 심성心性을 가리키는 말로서 심성의 본체입니다. 다시 말해 이성理性·이념理念의 최고 경지를 도道라고 부릅니다.

그럼 공자가 여기서 말하고 있는, "아침에 도를 들어 얻으면, 저녁에 죽어도 좋다!"(朝聞道, 夕死可矣)의 도道는 도대체 형이상의 도일까요, 아니면 형이하의 심성 법칙일까요? 결론을 내릴 방법이 없습니다. 이 문제는 대단히 중대합니다. 이 편의 뒤쪽에 가면 공자가 증자에게 도道를 전하는 말이 나오는데, 그때 가서 다시 연구하면 연관시켜 해석할 수 있을 것입니다. 만약 이 편에서만 말한다면, 여기서의 도道는 인仁의 체體이며, 인은 도의 용用이 됩니다. 그래서 공자는, "사람이 진정으로 도道를 얻으면, 즉 아침에 도를 얻으면 저녁에 죽어도 수지가 맞으니 사람은 살면서 도를 듣지 못할까 걱정하라."고 말하는 것입니다.

부귀와 빈천에 초연하다

공자께서 말씀하셨다. "선비가 (진정으로 홍진紅塵 속세를 벗어난 정신으로 속세에 들어가 사람들을 구하는 사업을 하는) 수도(道)에 뜻을 세웠다 해도 (물질적 환경의 어려움을 싫어하고 누리고 사는 것을 탐해서) 나쁜 옷과 나쁜 음식을 부끄럽게 여긴다면, 그의 심지心志는 (이미 물질적 욕망이 나누어 차지하고 있으므로) 함께 논의할 상대가 되지 못한다."

子曰 : 士志於道, 而恥惡衣惡食者, 未足與議也。
자 왈   사 지 어 도   이 치 악 의 악 식 자   미 족 여 의 야

사람이 진정으로 수도修道에 뜻을 두고서도 — 여기에서의 수도는 출가하여 승려가 되거나 신선이 되는 것이 아니라, 유가의 도, 즉 홍진 속세를 벗어난 정신으로 속세에 들어가 사람들을 구하는 사업을 말합니다 — 자기가 나쁜 옷을 입고 좋은 것을 먹지 못할까 걱정한다면, 다시 말해 수도에 뜻을 세운 사람으로서 물질적 환경의 어려움을 싫어하고 누리고 사는 것을 탐낸다면, 무슨 얘기할 만한 것이 없다는 것입니다. 왜냐하면 그 사람의 심지心志는 이미 물질적 욕망이 나누어 차지하고 있기 때문입니다.

공자의 사상을 가지고 유물주의唯物主義 사상을 비판하는 데에 있어서, 이는 더할 수 없이 적절한 문장입니다. 이렇게 보면 유가·불가·도가 어느 것이든 모두 서양 문화의 유물 사상보다 훌륭합니다. 여기에서는 자세히 토론하지 않겠습니다. 공자의 이 말은, 사람의 의지가 물질적 환경에 끌려 변한다면, 그 사람하고는 학문을 말하고 도를 논할 수 없다는 것입니다.

공자께서 말씀하셨다. "군자는 천하의 일을 처리함에 있어 (자기의 선입견을 고집하여) 꼭 그렇게 해야 한다는 것도 없고, 꼭 그렇게 해서는 안 된다는 것도 없으며, 해야 할지 말아야 할지를 오직 도덕적으로 의義에만 견주어 할 따름이다."

子曰 : 君子之於天下也, 無適也, 無莫也, 義之與比。
자 왈   군 자 지 어 천 하 야   무 적 야   무 막 야   의 지 여 비

여기서는 인仁을 세상사에 적용하는 일을 말하고 있는데, 큰 정치가가 국가의 일을 처리함에 있어서, 스스로 고집하는 선입견이 없어야 한다는 것입니다. "무적야"無適也는 결코 자신이 꼭 큰 돈을 벌거나 큰 관

리가 되기를 바라지 않는다는 말입니다. 비록 이렇게 선입견이 없다 할지라도, 무엇이나 다 괜찮다는 것도 아닙니다. "무막야"無莫也는 곧 할바가 있고 하지 않을 바가 있다는 것입니다. 그렇다면 어느 쪽 길을 걸어야 할까요? "의지여비"義之與比의 '의'義는 바로 인仁의 용用인데, 해야할지 말아야 할지만 물어서, 즉 도덕을 위해서 해야 될 것은 하고, 해서는 안 될 것은 하지 않되 의義로써 비교대비를 삼는다는 것입니다. 개인의 입신 처세에 대해서도 마찬가지의 도리가 됩니다. 이는 인의 수양 조건을 말한 것입니다.

공자께서 말씀하셨다. "군자는 도덕을 위반하는 일을 하지 않겠다는 마음을 품고 있으나, 소인은 토지 같은 재부만 가질 마음을 품고 있다. 군자는 형법을 두려워하는 마음을 품고 있지만 소인은 복이나 혜택만을 얻을 마음을 품고 있다."

子曰：君子懷德，小人懷土。君子懷刑，小人懷惠。
자 왈　군자회덕　소인회토　　군자회형　　소인회혜

공자는 여기에서 군자와 소인의 인仁에 구분이 있음을 말하고 있습니다. 공자는 "군자는 사상 중심이 도덕에 있기에 도덕을 위반하는 일을 하지 않지만, 소인은 도덕이고 뭐고 상관하지 않고 토지만 갖게 되기를 바란다."고 말했습니다. 옛날의 토지는 오늘날의 재부財富에 해당합니다. 돈이 있는 것은 좋은 것이므로, 소인은 재부나 이익만을 생각한다는 것입니다.

"군자회형"君子懷刑, 군자가 제일 두려워하는 것은 스스로의 덕성德性을 위반하는 것이며, 그 다음으로 두려워하는 것이 법을 위반하는 일입니다. 법률은 문을 잠그는 자물쇠와 같아서 군자를 막을 수 있지만 소인을 막을 수는 없어서, 좀도둑이 진짜 훔치려고만 하면 자물쇠로도 어찌할 수 없습니다. 법률도 마찬가지입니다. 어떻게 해서든 법을 어기려는 사람은 대부분 법률에 정통하며, 법률에 정통하지 않은 사람은 감히 법을 어기지 못합니다. 그래서 도덕을 기초로 삼아야 법률의 부족을 보완

할 수 있습니다. 이 때문에 군자는 형법을 두려워하는 마음을 품고 있지만, 소인은 복이나 혜택만 생각한다는 것입니다. 즉, 어디서나 이해만 따져서 좋은 점만 있다면 하는 것이 소인입니다.

옛날 중국의 상인들 사이에, "목숨 날아갈 장사는 하는 사람이 있어도, 밑지는 장사를 하는 사람은 없다."(殺頭的生意有人作, 蝕本的生意沒有人作)는 말이 있었는데, 바로 이런 이치입니다. 공자는 여기에서 인의仁義의 도리를 설명하고 있습니다. 그러나 말하기는 쉬워도 진정한 수양은 해내기 어렵습니다. 그래서 공자는 이어서 한마디 보충합니다.

공자께서 말씀하셨다. "이해利害에 근거하여 행동하고 처신하면, 최후에는 대부분 원한을 불러온다."

子曰 : 放於利而行, 多怨。
자왈   방어리이행   다 원

여기서의 放(방)은 '전개하다·방임하다'의 뜻입니다. 사람이 이해利害에 근거하여 행동하고 처신하면 최후에 초래하는 것은 원한입니다. 친구도 이해관계로 사귀면, 이런 이해의 결합은 좋은 결과가 없을 것이며, 마지막에는 역시 원한으로 끝난다는 것을 주의하십시오.

공명功名은 헌신짝, 도의道義는 내 생명

다음에는 인인仁人이 사회에 대해 큰 사업을 하는 원칙을 말하고 있습니다.

공자께서 말씀하셨다. "예의와 겸양으로 나라를 다스릴 수 있는 사람이 어디에 있을까? 예의와 겸양으로 나라를 다스릴 수 없(고 쟁탈로 얻거나 속임수를 써서 얻는)다면, 예禮의 문화 정신은 무엇하겠는가?"

子曰 : 能以禮讓爲國乎, 何有 ? 不能以禮讓爲國, 如禮何 ?

子曰 能以禮讓爲國乎 何有 不能以禮讓爲國 如禮何

고대의 제후가 나라를 세우는 대원칙은 겸양으로 그 자리에 나아가야 하고, 마지막에는 공을 이루고도 차지하지 않는다는 것이었습니다. 그래서 노자는 "공이 이루어지고 이름이 나게 되면 몸이 물러나는 것은 하늘의 도道이다."(功成, 名遂, 身退, 天之道也)라고 했는데(노자 제9장을 참고하기 바란다―역주), 이는 상고 문화의 전통 사상이었으며, 뒤에는 유가·도가 모두가 표준으로 삼았습니다. 그런데 수천 년 동안의 중국 역사의 사실을 보면, 세상이 어지러울 때마다 도가 인물이 나와, 도가 사상으로써 세상을 바로잡는 대업大業을 완성했습니다. 천하가 태평해져서야 유가 인물이 나와서 치국평천하治國平天下의 도리를 크게 말했습니다. .

도가에서는 "공이 이루어지면 몸이 물러난다."(功成身退)고 했는데, 그리 좋게 물러나지 못한 사람이 둘 있었습니다. 하나는 장량張良이요, 또 하나는 제갈량이었습니다. 잘 물러난 정도에서 80점을 얻은 강태공姜太公과 비교해 보면, 제갈량은 대개 65점에서 70점을 받을 수 있을 것입니다. 왜냐하면 그는 자신이 그만두고 싶어도 그럴 수 없어서 허리를 굽히고 있는 힘을 다했기 때문입니다.

도가 사람들은 이름도 구하지 않고 이익도 구하지 않았으며, 나타나고 숨는 것이 일정하지 않았기에 더욱 친근하고 사랑스럽게 느껴집니다. 이는 서양 문화의 관념과는 크게 다른 맛이 있습니다. 역사상 도가 인물에 관해 읽고 그들을 고증해 보려고 하면 정말 난처해지는데, 그들은 학문이 아무리 높고 공로가 아무리 커도 마지막에는 모두 숨어 버리고 도를 닦으러 가 버렸기 때문입니다. 도를 닦은 후에는 자기 이름조차도 바라지 않았으며, 이름 대신에 기껏해야 무슨 '자'子나 무슨 '로'老로 부르면 그만이었습니다. 어떤 때는 또 미친 척하며 번개같이 나타났다 구름같이 사라져 버렸습니다. 근세 서양 문화는 그렇지 않아서, 사람이 공을 이루면 무슨 상금을 받으려 하고, 이름이 크게 나고 이익이 많아지기를 바라서 그 공이 크면 클수록, 이익이 많으면 많을수록 좋아합니다. 이를 보면 우리 전통 문화와 서양 문화는 확실히 기본적으로 다른 면이 있습니다.

우리 문화의 진실 겸허한 정신은 공자가 매우 찬성했던 것으로, 공자는 '몸이 물러나는'(身退)의 도리를 크게 찬양했습니다. 특히, 공자는 오태백吳泰伯·백이伯夷·숙제叔齊 등과 같이 제왕이 되려 하지 않고 끝내 도망가 버린 사람들을 대단히 찬양했습니다. 이는 그가 사람들에게 황제가 되지 말고 정치를 하지 말라고 권고하는 것이 아니라, 재능이 있으면 한번 잘해 보고, 공을 이루고서는 곧 물러나 공을 차지하지 말라는 것입니다. 그래서 공자는 여기에서 이렇게 탄식하고 있는 것입니다. "예의와 겸양으로써 나라를 다스릴 수 있는 사람이 어디에 있을까? 예의와 겸양으로써 나라를 다스릴 수 없고 쟁탈로 얻거나 속임수를 써서 얻는다면, 문화의 정신은 더 이야기하지 말라." 사마천은 이런 도리에 근거해 『사기』를 써서 자신의 역사 철학의 관점을 역설했습니다.

이 이야기가 나오니 나의 옛날 선생님 한 분이 생각이 나는데, 그분은 청나라의 마지막 과거시험에서 탐화(探花: 명청시대에 과거의 최고 시험이었던 전시殿試에 제3위의 성적으로 합격하여 진사進士가 된 사람—역주)로 합격했던 분이었습니다. 내가 고문(舊體文)을 배우고 글 한 편을 지어 그분에게 봐 달라고 했더니, 그분은 내가 청나라 때였다면 거인(擧人: 명청 시대에 향시鄕試에 합격한 사람—역주)이나 진사로 합격하는 데는 문제없었을 정도라고 칭찬했습니다.

나는 당시 매우 오만하여 마음속으로 '청나라 때 진사의 문장도 이정도에 불과했구나' 하고 생각했습니다. 그런데 뒤에 선생님 한 분을 만나게 되어 내가 쓴 시문詩文을 보여 드렸더니, 선생님은 아주 위엄 있는 모습으로 한 번 훑어보시더니 옆으로 밀쳐놓으시고는 일언반구도 하지 않았습니다. 나는 마음속으로 이게 무슨 까닭일까 생각했습니다.

뒤에 다시 글 한 편을 지어 그 선생님에게 보여 드렸더니 또 옆으로 밀쳐놓으시고, "너는 어떻게 글을 지을 줄 알게 되었느냐?" 하고 물으시기에, 나는 "남들은 잘 썼다고 하던데요." 라고 말했습니다. 나는 그 때 아주 오만방자했습니다. 그래서 "선생님, 어느 점이 잘못되었는지 말해 주십시오. 잘못된 것은 제가 고치도록 도와주십시오." 하고 말했더니, 선생님은 "너는 「백이숙제열전」을 읽었겠지?" 하고 물으셨습니다. 나는

"당연히 읽었지요! 『고문관지』古文觀止에 다 있습니다. 나는 그것을 외울 수도 있어요!" 하고 대답했지요.

"너는 「백이숙제열전」을 외웠으니 그 내용도 이해하느냐?" 선생님의 물음에 나는 또 대답했습니다. "그러면 선생님이 다시 지적해 주시기를 청해야겠습니다." 그러나 선생님은 한사코 이렇게 말씀하시는 것이었습니다. "집으로 돌아가거라. 가서 끝에서부터 거꾸로 백 번을 외워라. 다 외우고 난 다음에 나를 만나러 오너라. 꼭 그렇게 해야 된다!" 이 선생님은 정말 보통 분이 아니었습니다. 나는 속으로 못마땅해 하며 화가 몹시 났습니다.

사실 그분의 이런 교육법은 당시에 나를 자극하기 위한 것이었습니다. 나는 돌아가 다시 글을 보고 나서 그 이치를 알아냈습니다. 나는 다시 가서 선생님을 뵙고 말씀드렸습니다. "선생님! 제가 이치를 알아 냈습니다. 선생님께 들려 드리겠습니다." 그랬더니 선생님께서 웃으시면서, "잘했다. 네가 정말 이해했구나. 다시 말할 것 없다. 너는 이제 글을 지어도 좋다. 이러고 나서야 역사 문화를 이해할 수 있고, 글 속에 비로소 또 하나의 눈이 있게 되느니라!" 하셨습니다. 이 선생님의 교육방법은 이렇게 훌륭했습니다. 정말 평생토록 한없이 감사를 드립니다.

「백이숙제열전」은 정말 이해하기 어렵습니다. 사마천의 모든 사상의 요강要綱이 그 속에 모두 열거되어 있습니다. 『사기』 속에서 제왕의 전기를 「본기」本紀라 하고, 제후·재상 등 공로와 업적을 이룬 사람들의 전기를 「세가」世家라 부릅니다. 그 다음이 「열전」列傳으로 어떤 사람들의 전기傳記입니다. 「열전」이란 대체로 오늘날의 전기와 같이, 누가, 어느 지방 사람으로, 가세家世는 어떠했고, 출신은 무엇이고 하는 등등이 기록되어 있습니다.

그러나 「백이숙제열전」 속에는 백이와 숙제의 이야기는 몇 마디 없고, 처음 보면 정말 "두 마리 꾀꼬리 푸른 버들에서 울고, 한 줄 백로는 푸른 하늘에 오르네."(兩個黃鸝鳴翠柳, 一行白鷺上靑天)와 같아서, 사마천이 뭘 말하고 있는지 알 수 없고, 말할수록 뜻에서 멀어지는 듯합니다. 글의 첫 시작이, "무릇 학자들이 읽는 서적은 지극히 광범하지만, 믿을 만한 근거는 육예六藝에서 찾아야 한다……"(夫學者載籍極博, 猶考信於六藝,……)
로 되어 있는데, 읽어 내려가 보면 어지럽고 두서가 없으며, 백이와 숙
제에 관한 일은 몇 마디 없습니다. 그러나 사마천은 자신의 역사 철학
의 모든 관점을 이 한 편 속에 넣어 놓았습니다.

사마천은 동시에 상고의 우리 문화는 "예의와 겸양으로 나라를 다스
렸다."(以禮讓爲國)고 말했지만, 요堯 임금이 순舜 임금에게 자리를 넘겨주
고, 순 임금은 우禹 임금에게 자리를 넘겨주었던 것이 모두 그렇게 간
단하지는 않았다고 말합니다. 즉, 그대가 그런대로 괜찮으니 그대가 한
번 해보라는 식으로 그렇게 간단히 하지는 않았습니다.

요 임금이 순 임금에게 자리를 넘겨주고, 순 임금이 우 임금에게 자
리를 넘겨주기까지는 각각 수십 년 동안의 직무 능력 시험을 거쳤습니
다. 수십 년 동안, 그 사람을 자기 밑에서 장관도 시켜 보고, 국무총리
도 시켜 보았던 것입니다. 그가 하는 것을 살펴보고 되겠다 싶으면 그
제야 자리를 그에게 넘겨주었습니다. "천하를 물려준다는 것이 이처럼
어려웠다."(傳天下若斯之難也)는 것입니다. 고대 문화에서 백성의 것인 천하
를 다스리는 자리를 넘겨주는 과정마다 이렇듯 쉽지 않았으니, 덕업德業
을 세우는 데는 이렇게 긴 세월 동안의 고찰을 거쳐야 했습니다.

사마천은, 그 후부터는 그러한 방식이 없어져 버리고 나라를 서로 차
지하려고 끌어당기기 아니면 빼앗아가기였다면서, 이 때문에 문제가 생
겨난 것이라고 분명히 말하고 있습니다. 무왕이 천하를 통일하자, 백이
와 숙제는 무왕의 말고삐를 잡아당기며, "당신은 이래서는 안 됩니다.
안 되는 이유는 이러이러합니다." 하고 무왕에게 간諫했습니다. 무왕 이
후 예양위국禮讓爲國의 정신은 더욱 없어져 버렸습니다. 하지만 사마천은
그렇게 분명히 말하지 않았을 뿐이니, 여러분 스스로 『사기』를 읽고 이
치를 깨달아 보시기 바랍니다.

어떤 사람은 『사기』가 한대漢代를 비방하는 서적이라고 말합니다. 사
실은 한대를 비방하는 서적에 그치지 않고 중국 역사를 호되게 비판,
비방하는 책입니다. 그러나 사마천은 자신이 있었기 때문에, "이 책을
명산에 감추었다가 전할 만한 사람에게 전하라."(藏之名山, 傳之其人)고 했

습니다. 그가 이렇게 말한 것은 아주 큰소리를 친 것입니다. 바꾸어 말하면, 그는 당시의 모든 학자를 꾸짖은 것입니다. 그는 이렇게 말한 것이나 다름없습니다. "너희들이 내 책을 보고 이해할 수 있겠느냐? 훗날 내 책을 보고 이해할 사람이 있을 테니 책을 감춰 놓을 수밖에 없다."

이제 다시 본문으로 돌아가 보면, 공자가 말한 예의와 겸양으로 나라를 다스리는 정신은 춘추 시대에 이미 사라졌기에, 공자는 왜 예의와 겸양으로 나라를 다스려야 하는가 하는 정치 철학을 이어서 말하고 있습니다.

공자께서 말씀하셨다. "지위가 없음을 걱정하지 말고 (자기에게 일어설 수 있는) 재능이 있는지를 걱정하라. 자기를 알아주지 않음을 걱정하지 말고 (자신을 충실히 하여 자연히) 알아주게 되도록 힘쓰라."

子曰 : 不患無位 , 患所以立。不患莫己知 , 求爲可知也。
자 왈　불 환 무 위　환 소 이 립　불 환 막 기 지　구 위 가 지 야

사람이 지위가 없는 것을 걱정하지 말고, 자기에게 일어설 수 있는 재능이 없는 것을 가장 걱정하라는 것입니다. 즉, 근본을 세워야 한다는 것입니다. 어떻게 세워야 할까요? 도가의 말로 하면, 입덕立德·입공立功·입언立言으로, 옛 사람은 이 세 가지를 불후不朽의 사업이라 여겼는데 아주 어려운 성취입니다. 상고의 사람들은 덕을 세우는 것을 첫째로 여겼는데, 후세에는 공을 세우는 것을 중히 여겼습니다. 주나라·진나라 때부터는 공훈 업적만을 중히 여겼습니다. 또한 입언을 중히 여겼습니다. 은퇴한 노자나, 후세에 유가에서 소왕素王으로 떠받드는 공자 같은 사람이 이에 해당합니다.

여기서의 立(립)은 자기에게 진실한 재능이 있어서 설 수 있다는 뜻입니다. 벼슬자리가 없는 것을 걱정하지 않는다는 것은 바꿔 말해 인작人爵의 자리를 구하지 않고 천작天爵의 수양에만 힘쓰는 것이라 할 수 있습니다. 또한, 자기를 알아주고 이해해 주는 사람이 없는 것을 걱정하지 않고 자신을 충실하게 할 수만 있다면, 남이 자연히 그 사람을 알아주

게 된다는 것입니다. 「학이」편의 마지막 결론과 같은 이치입니다.

공자의 사자선四字禪

이 이야기를 하려니, 앞에서 말한 문제가 또 나타납니다. 앞에서 공자는 "아침에 도를 들어 얻으면, 저녁에 죽어도 좋다."(朝聞道, 夕死可矣)라는 큰 문제를 말했습니다. 여기서는 어떨까요?

공자께서 말씀하셨다. "삼參아! (내가 너에게 한 가지를 전해 주마) 나의 도道는 하나로써 꿰뚫었다." (그리고는 아무 말씀을 하시지 않고 묵묵히 계셨다)
증자는 (읍揖하고는) "예, 저는 알았습니다." 하고 대답하였다.
공자께서 나가시자, 다른 제자들이 (둘러싸고) 물었다. "무슨 뜻인가? (선생님과 무슨 문답을 했으며, 선생님께서는 무슨 도道를 전해 주셨는가?)"
증자는 (수준 미달인 이 학우들에게 알려 줄 방법이 없어서 이렇게) 말하였다. "선생님의 도는 충忠과 서恕일 따름이네. (매사에 마음을 다하고 힘을 다하며, 사람에 대해서는 될 수 있는 한 너그럽게 용서하고 포용하면, 도에 들어갈 수 있다는 뜻이라네)"

子曰：參乎! 吾道一以貫之。曾子曰：唯。子出，門人問曰：何謂也?
자왈 삼호 오도일이관지 증자왈 유 자출 문인문왈 하위야

曾子曰：夫子之道，忠恕而已矣。
증자왈 부자지도 충서이이의

이것은 공문 사상에서 천고 이래로 하나의 큰 문제이며, 아직도 해결하지 못한 큰 과제입니다. 공자가 "일이관지"一以貫之를 말한 이후 지금은 무슨 일관도一貫道 등 억지로 말을 갖다 붙인 종교 단체들이 출현해서 갖가지 문제를 일으키고 있는데, 정말 보통 사람은 생각해 낼 수도

없다는 느낌이 듭니다.

삼參은 증삼曾參입니다. 공자는 왜 증삼에게 말하고 다른 사람에게는 말하지 않았을까요? 이것은 곧 사람의 문제인데, 어째서 사람의 문제일까요? 이 문제는 풀이하면 번거로워집니다. 지금 우선 극본화해서 검토해 봅시다. 어느 날 공자가 교실에 앉아 있는데, 증삼이 그 앞을 지나가기에 공자가 불러 세웠습니다. "삼아!" 증삼은 선생님이 부르는 소리에 얼굴을 돌려서 공손히 섰습니다. 공자는 증삼에게, "오도일이관지"吾道一以貫之 ― 즉, 내가 너에게 한 가지를 전해 주마. 나의 도는 일이관지一以貫之다 ― 라고 말했습니다. 이 일이관지一以貫之한 것이 무엇일까요? 만약 돈이라면 끈 하나로 꿸 수가 있겠지만, 도道는 돈도 아니니 어떻게 하나로써 꿰뚫을까요?

그렇지만 증자는 이 말을 듣고는 읍揖하고, "예, 저는 알았습니다." 라고 했습니다. 공자는 이 말을 하고 난 후 자신도 묵묵히 말을 하지 않았습니다. 다른 학생들은 이상하게 여겨 공자가 떠나가고 나자, 증삼을 둘러쌉니다. 그리고 증삼이 선생님과 무슨 문답을 했으며, 선생님께서는 무슨 도道를 증삼에게 전해 주었냐고 물었습니다. 증삼은 수준 미달인 이 학우들에게 알려 줄 방법이 없는지라, 선생님의 도는 '충서'忠恕일 뿐이라고만 답했습니다. 이 '충서'는 매사에 마음을 다하고 힘을 다하며, 사람에 대해서는 될 수 있는 한 너그럽게 용서하고 포용하라는 것입니다. 그러면 도에 들어갈 수 있다는 것입니다.

여기서 증삼이 말한 것은 맞을까요, 틀릴까요? 문제가 있습니다. 증삼의 말대로라면 '일이관지'一以貫之가 아니라 마땅히 '이이관지'二以貫之가 되어야 합니다. 왜냐하면 '충'忠과 '서'恕는 둘이니, 이관二貫이 아닙니까? 분명히 공자는 '일이관지'一以貫之라고 했는데, 왜 증자는 '충서'忠恕 둘로 바꾸었을까요? 이것은 큰 문제입니다. 그래서 공자의 심법心法을 연구하는 것은 곤란한 문제라고들 합니다. 여기서 나는 다른 학파의 설을 빌려 여러분에게 몇 가지 이야기를 함으로써, 이 주제의 참고로 삼을 수밖에 없습니다.

우리가 알듯이 유구한 역사를 가진 불교의 선종禪宗이 지금 크게 유행하고 있는데, 오늘날 선학禪學이라고 부릅니다. 선종에는 문학적으로도 유명한 이야기가 하나 있습니다. 바로 '염화미소'拈花微笑로서, 불교의 창시자 석가모니釋迦牟尼와 관련된 이야기입니다. 석가모니는 범어의 음역인데, '석가'는 성씨姓氏로서 중국어로는 '능인'能仁이라는 뜻이며, '모니'는 이름으로서 중국어로는 '적묵'寂黙이란 뜻입니다. 석가모니는 만년에 영취산靈鷲山이라고도 하는 영산靈山에서 지냈습니다. 석가는 19세에 왕위를 버리고 출가해 32세에 도道를 이루고 가르침을 널리 전하기 시작하여 81세에 돌아가셨으니, 49년 동안 교육에 종사했습니다. 여기서 우리는 잠시 종교의 관점은 논하지 맙시다.

석가모니가 어느 날 수업 ─ 선학에서는 상당上堂이라고 하는데, 뒷날 송대 이학理學에서도 이 용어를 썼습니다 ─ 을 했습니다. 강단 아래에서는 많은 학생들이 석가모니가 그날 무슨 강의를 할까 하고 기다리고 있었습니다. 마침내 석가모니가 강단에 올라갔습니다. 그는 한참 동안 말을 하지 않고 있다가 앞에 있는 화분에서 꽃 한 송이를 꺾어가지고 모두를 향해서 한 번 흔들었습니다. 마치 모두에게 그 꽃을 한 번 보라고 암시하듯 아무 말도 하지 않았습니다. 이를 '염화'拈花 또는 '석가염화'(釋迦拈花: '석가가 꽃을 쥐다'라는 뜻)라고 합니다.

강단 아래 있던 학생들은 아무도 선생님의 그 동작이 무슨 뜻인지 알지 못했습니다. 다만, 가섭존자迦葉尊者만이 그 뜻을 이해하고 미소를 지었습니다. 석가는 꽃을 쥐어 보인 후에야 가섭존자라는 큰 제자를 얻었습니다('葉'은 옛 범어에 근거한 음역으로 음은 '섭'입니다. 그리고 '존자'란 나이가 많고 덕망이 높다는 뜻입니다).

공자의 제자들이 다 젊은 층이었던 것과는 달리, 석가모니의 제자들은 대부분 스승보다 나이가 많았습니다. 불경의 기록에 의하면, 가섭존자는 석가모니가 꽃을 쥐어 제자들에게 보이는 것을 보고 파안미소破顔微笑하였다고 합니다. 무엇을 파안破顔이라고 할까요? 종교 집단의 사람들이란 위로 올라갈수록 고분고분하고 점잖으며 조용하고, 표정들이 엄숙합니다. 그러나 그 엄숙한 분위기 속에서도 가섭존자는 참을 수 없어 얼굴 가득히 웃음을 띠었습니다. 이것을 '파안'이라고 하는데, 그는 엄숙한 얼굴 표정은 깨뜨렸지만, 감히 크게 웃지는 못했습니다. 종교 단체의 계율은 관리 제도와 같아 대단히 엄숙하기 때문입니다.

가섭존자는 파안하면서 크게 웃지는 않고 미소만 지었습니다. 그때의 석가모니와 가섭존자 두 사람의 동작을 합해서 '염화미소'拈花微笑라고 합니다. 가섭존자가 미소를 지었을 때 석가모니가 몇 마디 말을 했는데, 이 말은 선학禪學에서 전문인 용어가 되었습니다. 이는 공자가 증삼에게 말한 "하나로써 꿰뚫었다."一以貫之가 하나의 도리가 된 것이나 다름없습니다.

그때 석가모니가 한 말을 해석하려면 번거로운 일입니다. 이 몇 마디 말의 중문 번역은 다음과 같습니다. "내게 있는 정법안장, 열반묘심, 실상무상, 미묘법문불립문자, 교외별전을 마하가섭(마하는 크다, 크게 성취하다는 의미임)에게 부촉한다."(吾有正法眼藏, 涅槃妙心, 實相無相, 微妙法門不立文字, 敎外別傳, 付囑摩訶迦葉). 다시 말하면, "나에게 곧바로 도를 깨달을 수 있는 아주 좋은 방법이 있는데, 이제 그 방법을 이 큰 제자 가섭에게 이미 넘겨주었다."는 뜻입니다. 이것이 바로 선종의 시작입니다. 그래서 선종을 "교외별전, 불립문자"敎外別傳, 不立文字의 법문이라고 합니다. 문자 언어를 통하지 않고 도를 전할 수 있다는 뜻입니다.

그러나 지금 우리는 선학을 토론하고 있는 것이 아니니, 이 이야기는 여기서 끝내겠습니다(나는 사람들에게 이것을 연구해 보라고 그리 권하지 않습니다. 일반인들이 들어가면 뚫고나올 수 없을까 걱정스럽기 때문입니다. 친구들에게도 연구하지 말라고 하곤 합니다). 다만, 이 이야기가 "삼아, 나의 도는 하나로써 꿰뚫었다."(參乎! 吾道一以貫之)라고 한 공자의 말과 비교해 보면 서로 비슷하거나 같다는 것을 증명하고 싶을 뿐입니다.

공자가 말한 "하나로써 꿰뚫었다."는 것은 무엇일까요? 또, 불가에서는 왜 하나의 염화拈花이며 또 하나의 미소일까요? 마치 두 사람이 있는데, 그 중 한 사람이 분필을 쥐자 다른 한 사람이 "알았다."고 하는 것이나 마찬가지로, 이 두 사람만이 통하는 은밀한 술어나 암호가 있어 말이 없이도 서로의 뜻을 알 수 있었던 것 같습니다. 그렇지요? (웃음)

이제 또 하나의 이야기를 인용하여 설명해 보겠습니다. 선종이 중국에 들어온 것은 위진남북조 시대의 양무제梁武帝 때인데 ― 이 '교외별전'

敎外別傳의 법문은 불교 경전을 벗어나, 문자를 사용하는 데 한정되지 않고 또 다른 방법으로 마음을 전한다는 것입니다. 뒷날 송대 이학가理學家들의 '공문심법'孔門心法이란 말도 이 명사의 뜻을 본떠서 만들어진 것입니다 — 인도 국적을 가진 달마조사(조사는 교주와는 다릅니다)는 석가모니와 마찬가지로 왕자 출신으로 선종의 이심전심以心傳心 법문이 그에게 전해졌을 때는 이미 28대째였습니다.

우리가 알듯이 송 왕조 초기에 이르렀을 무렵, 인도에서는 불교가 전반적으로 없어졌습니다. 아랍 문화의 침입으로 이슬람교 권력이 인도를 통치했기 때문인데, 송 왕조 이후 인도에서는 불교 문헌들조차도 없어졌습니다. 오늘날 불교 사상을 연구하려면, 솔직히 말해서 중국이 보유하고 있는 문헌이 가장 완전합니다. 17세기 이후 영국·프랑스 등이 인도에 남은 조각이나 남아 있던 불교문화 자료를 발견하고 외국어로 번역하면서 서양 불교학 체계가 이루어졌습니다. 그러나 지금에 이르기까지도 서양 불교학자들이 중국 불교학 체계를 인정하지 않고 있는 까닭은 서양인들의 숨은 의도가 있기 때문입니다. 특히, 어떤 사람들은 고의적으로 그렇게 하고 있습니다.

사실상 송대 이후 인도의 불교학 체계는 이미 모두 중국으로 전해져 가장 완전하면서도 규모를 갖추게 되었습니다. 인도 본토의 불교학은 소리 없이 자취를 감추어 버렸습니다. 17세기 이후의 범어(산스크리트) 불교학 체계는 또 다른 체계로서, 나중에 서양이 세운 불교학 체계라고 봐야 합니다. 이것은 세계 학술사에 있어 한 가지 큰 문제인데, 여기서는 더 이상 논하지 않겠습니다.

달마조사는 수당隋唐 이전 양무제 시대에 인도로부터 선종을 가지고 중국에 왔습니다. 뒤에 계속 전해 내려와 당대唐代에 선종의 육조六祖인 광동廣東의 혜능惠能에게까지 전해졌는데, 혜능은 중국의 제6대 선종조사로서 글을 배우지는 않았지만 대단한 인물이 되었습니다. 중국 문화사에서 이 단계는 불교 혁명에 해당하는데, 문자에 의지해 뜻을 이해하던 경전 연구를 뒤엎고 하나의 불교의 새로운 정신을 낳았습니다.11)

---

11) 육조 혜능에 대하여는 『육조법보단경』六祖法寶壇經을 읽어보라. 자신이 육조

육조 이후 훗날 구지선사俱胝禪師라는 화상이 나왔는데, 중국 선종에서의 일지선一指禪은 바로 이 사람에게서 생겨난 것입니다. 여기서 주의할 것은 『삼지선』三指禪이라는 책인데, 이것은 인체의 맥을 짚는 것을 연구하는 의학 서적이므로 선종 서적으로 오인하지 말라는 것입니다. 무엇이 일지선일까요? 선종은 언어 문자를 빌려 도를 전하는 것에 한정되지 않습니다. 육조 이후의 대선사인 구지선사는 누가 그에게 "무엇이 도입니까?" 하고 물으면 아주 간단히 대답했습니다. 그는 그때마다 자신의 집게손가락을 들어 보이면서 "바로 이것이다!" 라고 했습니다. 이것이 무엇일까요? 아무도 모릅니다. 그렇지만 그에게 물었던 사람은 알아차리고, 도를 깨달았습니다.12)

어느 날 구지선사가 외출하고 집에 안 계셨습니다. 여러 해 동안 그를 따라다닌 어린 사미만 절을 지키고 있었습니다. 그 날 어떤 사람이

의 위치에 이르기까지의 도정道程, 그리고 문인들을 위한 갖가지 설법을 담고 있다. 엄밀한 의미로 말하면 경經일 수 없고, 조사어록祖師語錄으로 분류되어야 한다. 그럼에도 불구하고 그 해박한 사상성과 간결한 문체 때문에 우리나라·중국·일본 등의 여러 나라에서 경과 같은 존숭을 받아 오고 있다.

12) 도를 깨달음이란 무엇인지에 대하여 남회근 선생의 다른 저작에서 뽑아 일부 내용을 전재한다. 「깨달음을 판단 검증하는 열 가지 기준」 등 관련 내용에 대해서도 역자가 편역한 『나무아미타불이 팔만대장경이다』를 참고해 볼 수 있다.

모든 종교나 철학은 최초의 조물주가 무엇인지, 그 누가 주재主宰하고 있는지, 최초의 현상은 어느 때 시작되었는지를 추적하여 찾아보고 있습니다. 불교에서의 결론은 '시작 없는 시작'이라는 겁니다. 마치 하나의 둥근 원圓과 같아서 점마다 시작점이자 종점이 될 수 있습니다. 소위 시작점과 종점은 하나의 가정假定에 불과합니다. 우주의 법칙은 원주적圓周的이며 원만한圓滿 것입니다. 생성되지도 않고 소멸하지도 않음이요, 오지도 않고 가지도 않습니다. 능히 생겨나게 하고 소멸하게 하며 가게 하고 오게 하는 그것은 생멸거래生滅去來가 없습니다.

확철대오란 우주만유 생명의 궁극을 철저하게 아는 것입니다. 석가모니 부처님은 도道를 깨닫고 성불하셨는데, 무슨 도道를 깨달았을까요? 온갖 생명의 본체本體는 태어나지도 않고 죽지도 않는다는 것을 아셨습니다. 이것을 깨달아 성불하신 겁니다.

공자, 노자, 석가모니불, 예수, 마호메트. 이 다섯 분의 교주敎主는 온갖 생명의 본체는 불생불멸不生不滅한다는 이치를 알았지만, 도를 전하고 전파하는 방법이 달라 지역 상황에 맞추었을 뿐입니다. 그 중에서도 가장 철저하게 말씀하신 분은 석가모니 부처님입니다.

도를 묻고자 구지선사를 찾아왔습니다. 어린 사미는, 스승이 안 계시니 그대가 도를 묻고 싶으면 내게 묻는 게 좋겠다고 했습니다. 도를 물으러 온 사람이 어린 사미에게 무엇이 도인지 말해 달라고 하자, 어린 사미는 스승이 하던 모양을 흉내 내어 집게손가락을 들어 보이며 "이것!" 하고 말했습니다. 도를 물었던 그 사람은 아주 기뻐하며 무릎을 꿇었습니다. 왜냐하면 그 사람은 정말로 이해하고 도를 깨달았기 때문이었습니다. 그러나 사실 그 사미 자신은 이해를 하지 못하고 있었습니다.

스승이 돌아오자 사미는 그 일을 사실 그대로 스승에게 말씀드렸습니다. 스승은 그 보고를 듣고 안으로 들어가더니 잠시 후에 뒷짐을 지고 나와, 어린 사미더러 다른 사람에게 어떻게 도를 전할 것인지 말해 보라고 했습니다. 그러자 어린 사미는 다시 흉내를 내어 집게손가락을 펴고는 "이것!"이라고 말했습니다. 스승은 뒷짐 지고 있던 손을 한 번 휘두르더니 손에 든 예리한 칼로 어린 사미의 그 집게손가락을 잘라 버렸습니다. 손가락이 잘린 어린 사미는 "아이고!" 하고 크게 한 소리를 지르고는 이 때문에 도를 깨달았습니다.

선종에는 이런 종류의 이야기가 많은데, 여기서 선종의 일은 상관하지 맙시다. 다만 여기서 예로 든 몇 가지 이야기는, 공자가 말한 "삼아, 나의 도는 하나로써 꿰뚫었다."와 같지 않습니까? 이는 선학의 관점에서 『논어』를 본 것으로, 공자가 보인 도리도 일지선一指禪과 마찬가지임을 이해하게 됩니다. 그렇다면 공자가 말한 "일이관지"一以貫之에서의 그 '하나 일'一자는 어떤 것이었을까요? 증자는 공자의 말을 듣고 나서, 마치 가섭이 미소를 지었듯이 "예! 저는 이해했습니다." 라고 말했습니다. 증자가 이렇게 말한 후 공자가 나가자, 문인門人들이 증자를 둘러싸고 선생님께서 뭐라고 하셨느냐고 물었습니다. 학우들은 공자가 증삼에게 이 말을 한 것이 보통 일이 아님을 알았기에 그렇게 물은 것입니다. 증자는 이에 대답하여, "선생님의 도는 충과 서일 뿐이다."(夫子之道, 忠恕而已矣)라고 했습니다. 증자의 말뜻은 사실은, "자네들은 묻지 말게. 자네들은 아직 그 경지에 도달하지 못했네!"였습니다.

인생은 시간과 공간의 포착이다

여기에서 『논어』의 또 하나의 문제를 만나게 됩니다. 바로 앞에서 우리가 논했던 문제와 같은 것인데, 뒤에 다시 논하기로 하고 지금은 우선 그와 연결시켜 연구해 보겠습니다. 『논어』 제10편 「향당」鄕黨의 마지막 부분에 다음과 같은 단락이 나옵니다.

"꿩이 산뜻하고 아름다운 깃털을 펼치면서 날아올랐다가 내려앉았다. 공자께서 말씀하셨다. '산언덕의 암꿩이 때를 만났구나! 때를 만났구나!' 그러자 자로가 읍하였는데, 그 뜻을 깨닫고 감탄의 숨을 세 번이나 쉬었다."
色斯擧矣, 翔而後集. 曰 : 山梁雌雉, 時哉! 時哉! 子路共之, 三嗅而作.

송대의 대이학자인 주희朱熹나 역대의 학자들은 이 단락 앞뒤의 글 가운데 빠진 글자가 있다고 생각했습니다. 고대에는 오늘날 우리처럼 인쇄가 발달하지 않아서, 서적은 죽간(竹簡: 대나무 조각)에 칼로 글자를 새겨 만들었는데, 한 조각 한 조각씩 다루다 보면 빠뜨리기 쉬웠다는 것입니다. 그렇지만 이러한 관점도 완전히 믿을 수 없는 점이 있습니다.

원문을 한번 봅시다. "색사거"色斯擧는 새가 땅에서 날개를 파닥거리며 하늘로 날아오른 후 훨훨 날아가는 것을 말합니다. 이것은 한 폭의 자연스럽고 아름다운 생동하는 화면畵面으로서, 그 정취의 아름다움이 최근에 유행하는 "나는 천지간에 한 마리 갈매기여라"(天地一沙鷗)라는 노래와 비슷합니다.

자, 다시 원문을 봅시다. 공자가 "산량자치, 시재! 시재!"山梁雌雉, 時哉! 時哉!, 곧 "산언덕의 암꿩이 때를 만났구나! 때를 만났구나!" 하자, 자로가 옆에서 듣고 "공지"共之, 즉 몸을 공손히 하여 읍하고 "아!" 하고 감탄하는 모습입니다. 그런데 자로는 왜 "삼후이작"三嗅而作, 즉 감탄의 숨을 세 번 쉬었을까요?

'후'嗅는 코로 숨을 들이쉰다는 뜻입니다. 우리가 젊었을 때는 우스갯소리로, "자로가 몸을 공손히 하여 읍하고, 감탄의 숨을 세 번 쉬었다는

데, 왜 그랬을까? 자로가 꿩고기를 먹고 싶어서 먼저 코로 향긋한 냄새를 맡아본 것이다." 라고도 했고, "자로는 기공을 연습하는 사람이라 먼저 호흡을 세 번 하고 꿩을 잡으러 갔기에 꿩이 자로에게 맞아 쓰러졌다." 라고도 했습니다. 이런 것은 다 우스갯소리입니다.

그렇다면 위에 인용된 「향당」편의 이야기는 도대체 무슨 뜻일까요? 나의 관점으로는 바로 공자가 말한 "나의 도는 하나로써 꿰뚫었다."(吾道一以貫之)나, 선종의 "꽃을 쥐어들자 미소지었다."(拈花微笑)고 하는 이치가 마찬가지로 보입니다. 내 생각으로는 결코 이 문장에 글자가 빠진 것은 아니며, 첫 부분은 당시의 광경을 기록하고 꿩이 날아오르는 모습을 묘사한 것입니다.

"색사거"色斯擧 ― 여러분은 공작새도 본 적이 있고, 꿩도 본 적이 있을 것입니다. 나는 전에 산 속에서 아주 오랜 시간을 지낸 적이 있는데, 꿩이 큰 무리를 지어 산에 나타나면 정말 장관입니다. 꿩이 날아오르기 전에 날개와 꼬리를 펼치는 모습은 마치 공작새처럼 아름답습니다(色斯擧矣). 그런 다음에 꿩은 하늘로 한 번 날아올랐다가 다시 내려오는데(翔而後集), 내려와서는 어디에서 멈출까요? 바로 산언덕(山梁) 위입니다. 공자는 그 자리에서 이런 광경을 보았는데, 그 꿩의 깃털이 매우 산뜻하고 아름다웠습니다. 자세히 보니 암꿩으로, 여유롭고 편안하게 산언덕에 서 있었습니다. 그것을 본 공자는 옆에 있던 자로에게 "때를 만났구나! 때를 만났구나!"(時哉! 時哉!) 하고 말했습니다.

이 "시재! 시재!"時哉! 時哉!는 공자의 일생 사상 중에서 중요한 위치를 차지합니다. 특히, 『역경』과 중국 문화를 연구할 경우에는 이 '시'時의 문제에 더욱 유의해야 합니다. 인생의 일체는, 개인의 작은 일이든, 국가의 큰 일이든, 다 시기를 잘 잡아야 합니다. 여기에 '위'位, 즉 환경이 있습니다. 『역경』의 중점은 바로 여기에 있습니다. 천하의 만사 만물은 다 변하고 있습니다. 모든 것이 수시로 변해서 변하지 않는 것이 없으며, 시간도 1분 1초마다 변하고 있고, 공간도 시간과 장소에 따라 끊임없이 변하고 있습니다. 그래서 공자는 『역경』 속에서 시공時空의 변화를 말했습니다.

　　나는 젊은 학생들에게 늘, "원망하지 말고 불평하지도 말아라. 젊은이가 앞날에 대해 걱정하지 말고, 자신이 일어설 수 있는지 없는지만 물어라. 그렇지만 시간과 공간을 포착할 줄 알아야 한다."고 합니다. 버스 시간에 대는 것과 같은 것이 인생입니다. 오래 기다린 사람은 원망을 하지 말아야 합니다. 자기가 정거장에 너무 일찍 이른 것입니다. 어떤 사람은 정거장에 막 도착했을 때 차가 떠나버려, 몹시 투덜거리며 안타까워하는데, 안타까워한들 무슨 소용이 있겠습니까? 깨끗이 잊고, 다음 차를 기다렸다 타면 됩니다. 이런 작은 일을 통해서도 인생을 이해하고, 어떻게 자기를 꾸려나가고 시간을 포착해야 할지 이해할 수 있습니다. 공자가 자로에게 "때를 만났구나! 때를 만났구나!"(時哉! 時哉!)라고 한 말 속에도 이런 이치가 들어있습니다.

　　그 꿩이 산언덕 위에 서 있는 모습은 매우 생기 있어 보였습니다. 그러나 만약 중앙시장(대북시 중심가에 있는 시장—역주) 안 식품 상가의 닭장 옆에 서 있었다면, 그 꿩의 운명은 어떠했을까요? 그 꿩은 산언덕에 서 있을 때에만 봉황의 기상을 보일 수 있었던 것입니다. 이것은 마치 진晉나라의 좌사左思가 읊은 다음 시와도 같습니다.

　　천 길 언덕 위에서 옷을 털고　　　　　　　　　　　振衣千仞崗
　　만 리 흐름에서 발을 씻는다　　　　　　　　　　　濯足萬里流

　　즉, 위로 천 길이나 되는 언덕이 솟아 있고 아래로 만 리 장강의 물결이 출렁이고 있는데, 한 사람이 그 언덕 위에 서서 스스로 만족하여 즐거워하고 있으니, 마치 신선神仙인 양 대단합니다. 바로 때(時)와 환경(位)을 잘 얻은 것입니다.

　　공자가 산언덕 위의 아름다운 암꿩을 가리키면서 자로에게, "때를 만났구나! 때를 만났구나!" 라고 말한 것은, 다시 말하면 이런 뜻입니다. "자로야 보아라, 저 암꿩이 마침 이 때에 날아올랐다가 좋은 곳에 내려 앉았는데, 이 살아 움직이는 화면이 인생 처세의 이치를 넌지시 말해 주는구나."

공자는 여러 나라를 주유하면서 시대와 세상을 구하고 역사 문화를 구하고 싶었지만, 형세를 돌이킬 방법이 없음을 깊이 느끼고 있었습니다. 공자는 이러한 자신의 처지를 그 한 장면의 경치를 빌려 넌지시 자로에게 표현한 것입니다. 석가모니의 염화미소 수법과 같습니다. 말로 하지 않고 눈앞의 사실만을 자로에게 가리켜 보여 주면서, "이것을 이해하여, 네가 발붙일 만하고 확고하게 잘 설 수 있기를 바란다면 일찍이 좋은 자리를 찾아가서 서라."고 한 것입니다. "시재! 시재!"時哉! 時哉!는 곧 시기를 잘 포착하라는 의미입니다. 자로는 그 때에 읍하면서 "예!" 하고 대답했습니다. 그가 세 번 숨을 쉰 것은 공자의 말에 문득 깨달음을 얻고 낸 감탄의 반응이었습니다.

중국 문자로 쓴 고문古文은 대단히 간단하여 이 정도로도 한 편의 이야기가 되지만, 오늘날의 문자를 써서 극본으로 바꾸어 보면 적어도 두 쪽 분량의 대화에다 연기자의 출연 장면 등으로 아마 20분은 걸릴 이야기가 될 것입니다.

이 단락은 뒤에 「향당」편을 연구할 때 주의해서 보아야 하는데, 여기서는 앞당겨 미리 간단하게 말해 보았습니다. 이제 다시 우리가 연구하던 「이인」편으로 돌아가겠습니다.

"삼아, 나의 도는 하나로써 꿰뚫었다."(參乎! 吾道一以貫之)란 말이 내포하고 있는 이치는 바로 「향당」편의 그 "산언덕의 암꿩이 때를 만났구나! 때를 만났구나!"의 이치에 해당됩니다. 앞에서도 말했듯이, 증자는 공부를 열심히 했고 내심의 평온함을 기르는 데도 유의하여 덕행의 수양이 상당한 정도에 이르러 있었습니다. 공자는 증자가 들어오는 것을 보았습니다. 사람의 도덕 수양이 평온 침착의 경지에 이르면 걷는 모양도 보통 때와는 다르며, 마음이 우울할 때는 걷는 모양도 기쁠 때와는 다릅니다. 학문과 도덕 수양이 그런 경지에 이른 증자가 걸어오는 모습을 보고, 지성선사至聖先師께서는 증자의 학문 수양이 무르익었음을 바로 알아보았습니다. 그래서 증자를 불러, "삼아, 나의 도는 하나로써 꿰뚫었다." 라고 말한 것입니다. 즉, 다른 학문들도 한참 이야기했지만 다별 볼일 없다는 것이었습니다.

공자의 이 말은 석가모니가 말한 불립문자不立文字에 해당하는데, 진리는 자기 마음속에 있으니, 마음이 언제 어디서나 평온寧靜하고 침착安詳하며 담담平淡할 수 있다면, 수양이 거의 경지에 이른 것입니다. 사람이 수양상의 이런 경지를 영원히 보호 유지해가되, 오래오래 해가다보면 마음 내키는 대로 해도 법도를 넘지 않을 수 있습니다. 그러나 일반 학생들은 수양이 그런 정도까지 도달하지 못해 그 이치를 말해도 바로 알 수 없었으며, 반드시 내적으로 진정한 수양이 있어야 했습니다. 증자도 일반 학생들은 그런 정도에 이르지 못했다는 것을 알았기 때문에 가볍게 한번 헤아려 보고, 행위 면으로 헤아려가서 그들에게 먼저 사람됨과 일처리에 있어 '충과 서'忠恕의 도리에 유의하라고 훈계한 것입니다.

공자의 학문에는 확실히 내적 수양과 진실한 공부가 있었으며, 내용이 전혀 없는 이론만을 말한 것은 결코 아니었습니다. 이 단락은 우선 여기까지만 말하겠습니다. 내가 재능과 학식이 부족하여 말로 뜻을 다 나타낼 수가 없습니다. 이런 문제는 뒤에 또 나오게 되니, 그때 다시 말하게 될 것입니다.

인의仁義야말로 천금 같다

다시 이어집니다.

공자께서 말씀하셨다. "(일을 논할 때) 군자는 (그 일이 도덕상 옳은지 옳지 않은지) 의리에 밝고, 소인은 (얻을) 이익에만 밝다."

子曰：君子喩於義，小人喩於利。
자왈　군자유어의　소인유어리

이 단락은 공문孔門의 인학仁學, 즉 심학心學에 관계됩니다. 이 '심'心의 개념에는 오늘날 말하는 생각 등 심리에 관한 학문이 모두 포함되지만, 지금의 심리학에서 다루는 '심'心에 한정되지 않고, "나의 도는 하나로써 꿰뚫었다."에서 보인 심성心性의 '심'心을 가리킵니다.

그런데 여기서 말하는 '유'喩는 무엇일까요? 이 글자에 유의해야 합니다. 현대인은 논리학을 말하기 좋아하는데, 논리학은 서양의 학문으로 16세기 이후에 논리학적 방법이 크게 유행했습니다. 이는 그리스의 원시 논리학에서 발전되어 온 것입니다. 논리는 일종의 사고思考 방법입니다.

우리가 철학을 소개한 적이 있듯이 철학은 이렇게 묻고자합니다. 천지는 어떻게 시작된 것일까? 닭이 먼저 있는 것일까? 아니면 달걀이 먼저 있는 것일까? 남자가 먼저 있는 것일까? 아니면 여자가 먼저 있는 것일까?

이에 대해 철학자들의 견해는 두 파로 나뉩니다. 그 한 파는 유물 사상唯物思想입니다. 그들에 의하면, 우주의 근원은 물에서 비롯되어, 그 물이 불로 변하고 그것이 식으면서 점점 오늘날의 대천세계大千世界가 형성되었다는 것입니다. 인도에도 지地·수水·화火·풍風이라는 4대四大가 우주 시작의 근원이라고 말하는 학파가 있었습니다. 이것은 중국의 금金·목木·수水·화火·토土라는 5행五行 이론에 해당합니다. 이런 이론들은 뒷날 유물 사상으로 발전하였습니다.

또 다른 한 파는 유심唯心을 말하는데, 우주에는 물질을 초월하는 하나의 정신 주재자가 있고, 물질은 그 정신 주재자가 창조해서 생겨난 것이라고 봅니다. 이는 철학 문제에 관계되어, 그 해설이 많습니다. 후세에 이르러 이에 대해 문제를 제기하여 캐묻기를, 철학자는 우주가 어디에서 왔는지 어떻게 알 수 있느냐는 것입니다. 철학자들은 그것을 학문과 생각을 통해서 알게 되었다고 말했습니다. 그렇다면 철학자의 생각(도구)의 판단이 정확한지의 여부를 먼저 연구해 보아야 한다는 것입니다. 이렇게 해서 생각의 법칙에 대해 연구하는 논리학이 발달하게 된 것입니다. 그런데 이와 같은 논리학은 그리스보다 먼저 인도 불교학에 있었습니다.

이 문제에 대해서 세계의 학자들 간에는 두 파의 견해가 있습니다. 그 한 파는 서양인의 입장으로, 인도의 사유 방법은 그리스에서 온 것이라고 봅니다. 다른 한 파는 우리의 전통 문화 견해를 포함한 동양인의 입장으로, 그리스의 논리는 인도의 방법에서 전해진 것이라고 봅니다.

인도의 논리학 체계를 중국에서는 인명학因明學이라고 번역했는데, 서양의 논리학보다도 완전하고 엄밀합니다. 서양의 유명한 헤겔 변증법인 정正·반反·합合은 세상에 널리 알려져 있습니다. 그래서 많은 사람들이 "『역경』은 굉장하다. 헤겔의 변증법인 정·반·합과 꼭 같다."고 말합니다. 이것은 우리들의 비애입니다! 나는 말합니다. "형씨, 『역경』은 5천 년 이전에 나온 것인데, 헤겔은 언제 변증법을 발견했는가? 왜 우리 조상의 것을 가지고 서양인들과 비교해서 그와 같다고 말하는가? 이는 거리에서 할아버지가 손자를 데리고 걷고 있는 것을 보고, 할아버지가 손자를 닮았다고 말하고, 손자가 할아버지를 닮았다고 말하지 않는 것과 같네."

왜 인명학因明學의 방법이 논리학보다 뛰어나다고 말할 수 있을까요? 인명因明에는 몇 개의 단계가 있는데, 간단히 말하자면 종宗·인因·유喩·합合의 단계입니다. '종'宗은 바로 전제前提로서, 말을 할 때는 반드시 종宗이 있어야 합니다. 그 종宗의 이유, 즉 전제가 성립되는 이유가 '인'因입니다. 그런데 때로는 종宗이 있고 인因이 있는지를 분명하게 말할 수 없는 일도 있어, 오직 비유로만 설명할 수 있는데 이것이 '유'喩입니다. 『장자』莊子에서는 이것을 '우언'寓言이라고 했습니다. 각 종교마다 우언이 많습니다. 기독교의 성경에도 우언이 많은데, 그 밖에도 각 종교의 교주敎主들은 모두 비유를 잘했으며, 그 비유 속에는 은어隱語와 유머가 들어 있습니다. 종宗과 인因을 다 말하여 통하고 나면, 바로 결론인 '합'合이 됩니다. (宗은 주장, 因은 이유, 喩는 실례, 合은 적용, 結은 결론임. 예컨대, 산에 불이 났다〈宗〉, 왜냐하면 연기가 나기 때문이다〈因〉, 마치 아궁이에 불을 땔 때면 연기가 나듯이〈喩〉, 이처럼 산에 연기가 난다〈合〉. 그러므로 산에 불이 난 것이다〈結〉.—역주)

『논어』속의 '喩'(유)자를 말하려다 보니, 이런 여담을 하게 되었습니다. 본문의 "군자유어의, 소인유어리."(君子喩於義, 小人喩於利)라는 말은, 군자는 일을 논할 때 그 일이 도덕상 옳은지 옳지 않은지만 묻지만, 소인은 얻을 이익이 있는지 없는지 만을 생각한다는 것입니다. 공자의 이런 관점에서 오늘의 세계를 보면 참담합니다. 오늘날 전 세계가 모두 이익만을 생각하고 있어, 곳곳마다 이익이 되는 것만을 앞에 늘어놓아야 비로소 통할 수 있습니다. 그런데 온 세상이 소인들뿐이라면 차라리 간단할 텐데, 골치 아픈 것은 언제나 소인과 군자가 뒤섞여 있어 가리기가 아주 어렵다는 것입니다.

그렇다면 어떻게 해야 인仁에 도달할 수 있을까요?

공자께서 말씀하셨다. "(학문과 도덕의 수양이 있는 사람인) 어진 사람을 보면 그와 같아질 것을 생각하고, 어질지 못한 사람(이나 나쁜 사람)을 보면 거울삼아 안으로 자신을 반성하라."

子曰 : 見賢思齊焉, 見不賢而內自省也。
자 왈   견 현 사 제 언   견 불 현 이 내 자 성 야

위에서 이미 말했듯이, 진정으로 인의 도리를 행하는 사람은 틀림없이 사람을 사랑할 수 있고 사람을 미워하지 않을 것입니다. 설령 미워하더라도 그 사람을 변화시켜 그 사람도 인의 경지에 도달할 수 있도록 해주려 합니다. 공자는 여기에서 다시 이 도리를 보충하여 말합니다. "만일 도덕과 학문의 수양이 있는 어진 사람을 보았다면, 그 어진 사람의 경지에 도달하여 조예造詣 면에서 그와 동등한 성취를 이룰 수 있기를 바라라. 만일 어질지 못한 사람이나 나쁜 사람을 보았다면, 그를 거울삼아 스스로 반성해 보는 것이 제일 좋다." 이 단락의 앞 구절은 앞에서 나온 "인자仁者는 사람을 사랑하고 미워해서는 안 된다."는 도리를 설명하고 있으며, 뒷 구절은 앞에서 나온 "사람의 잘못은 흔히 그 자신의 인간관계에서 비롯된다."(人之過也, 各於其黨)는 도리를 해석하고 있습니다.

효자와 인인仁人은 둘이 아니다

공자께서 말씀하셨다. "부모를 섬김에 있어서 부모에게 옳지 않은 점이 있다면 몇 번은 고치시도록 온화하게 권유해야 한다. 설사 권유를 따르지 않는 뜻이 보이더라도, 여전히 공경하며 거스르지 말 것이며, 근심이 되더라도 원망하지 말아야 한다."

子曰 : 事父母幾諫 , 見志不從 , 又敬不違 , 勞而不怨 。
자 왈   사 부 모 기 간   견 지 부 종   우 경 불 위   노 이 불 원

이제는 효도에 있어서의 인仁의 범위를 말하고 있는데, 공자는 부모의 잘못에 대해 몇 번은 간을 해야 한다(幾諫)고 말합니다. 몇 번을 간한다는 것은 무슨 의미일까요? 나는 공가점이 타도를 당한 것은 모두 공가점 점원이 공자를 잘못 이해한 관념에서 발생한 폐단 때문이었다고 여러 차례 언급했습니다.

송대의 유학자들이 도학道學을 논하면서부터 "천하에 옳지 않은 부모란 없다."(天下無不是之父母)는 유명한 가르침이 출현했습니다. 그래서 오사운동五四運動이 일어나 공가점을 타도하자고 했을 때, 이 점도 주요 죄상이 되었습니다. 그러나 공자의 사상은 결코 그런 것이 아닙니다. 천하에는 옳지 못한 부모도 있어서 부모가 반드시 전적으로 옳은 것은 아니므로, 진정한 효자는 부모의 옳지 못한 점에 대해서 고치도록 힘써 권유해야 합니다.

공자는 부모가 권유를 따르지 않으면(見志不從), "여전히 공경하며 거스르지 말 것이며, 근심이 되더라도 원망하지 말아야 한다."(又敬不違, 勞而不怨)고 했는데, 이것은 다음과 같이 해야 한다는 뜻입니다. 부모 뒤를 따라가며 크게 소리치고 울면서, "당신은 저의 부모이니 당신이 법을 위반해도 저로서는 어쩔 수 없습니다. 그러나 그것이 옳지 않다는 것은 말씀드려야겠습니다. 당신은 제 부모입니다. 저는 뒤따라가면 제 목숨을 바쳐야 할지도 모른다는 것을 잘 압니다. 저는 당신의 자식이기 때문에 당신을 위해 목숨을 바칠 수밖에 없습니다. 그렇지만 이렇게 하시는 것

은 옳지 않다고 다시 말씀드립니다."

이러한 효도 정신은, 부모가 반드시 옳지 않을 것이라고만 말하는 것이 아니라, 옳지 않은 점이 있으면 온화하게 권유하여야 하고, 부모에게 대항하더라도 어느 한도가 있어야 한다는 것을 말할 뿐입니다. 결론적으로, 부모가 옳지 못한 점이 있으면 도리를 분명하게 말씀드려야 하지만, 부모는 자기를 낳아 주고 길러 주었으니 필요할 때는 부모를 위해서 희생할 수밖에 없다는 것입니다. 그래서 다음과 같이 말합니다.

공자께서 말씀하셨다. "부모가 살아 계시면 먼 곳으로 가지 말 것이며, 먼 곳으로 갈 때에는 반드시 편히 지내게 해드릴 방법이 있어야 한다."

子曰 : 父母在, 不遠遊, 遊必有方。
자왈 부모재 불원유 유필유방

옛 사람은 이 단락에 대해 "부모가 늙었으면 돌보아 줄 사람이 없음을 걱정하여 멀리 놀러 가지 말고, 멀리 놀러 가려면 반드시 방향이 있어야 한다."라고 해석했습니다. 이런 해석에 나는 그리 동의하지 않습니다. 어떤 사람이 외출해서 일정한 방향 없이 멋대로 다닐까요? 달나라로 가도 역시 방향이 있습니다. 나의 생각으로는 "유필유방"遊必有方의 '방'方은 방법法을 뜻합니다. 곧, 부모가 늙어서 돌볼 사람이 없을 때 자녀는 멀리 나가더라도 반드시 부모가 편히 지낼 '방법'을 마련해 두어야 하는 것, 이것이 효자의 도리라는 것입니다. 여기에서의 '方'(방)자는 방법이지 방향이 아닙니다.

공자께서 말씀하셨다. "부모 곁을 떠난 뒤에도 삼 년 동안 부모에 대한 도리를 바꾸지 않는다면 효자라고 할 수 있다."

子曰 : 三年無改於父之道, 可謂孝矣。
자왈 삼년무개어부지도 가위효의

이 문제는 앞에서 이미 토론했는데, 이 편에서 또 왜 단독으로 제시했을까요? 이는 바로 앞 단락에서 말한, "반드시 편히 지내게 해드릴 방법이 있어야 한다."(遊必有方)라는 구절에 이어놓음으로써, 우리가 유의하도록 한 것입니다. 부모 곁을 떠난 뒤에도 삼년 동안은 부모에 대한 사랑의 마음과 효심을 가슴 속 깊이 품고 있는 것이 바로 효자입니다. 또한, 옛 사람들이 앞에 나왔던 이 구절을 잘못 해석했다는 것도 분명히 증명되었으므로 바로잡을 수 있습니다.

공자께서 말씀하셨다. "부모의 나이는 몰라서는 안 되는 것이니, 한편으로는 오래 사시니 기쁘고, 한편으로는 죽음에 가까워져 가시니 두렵기 때문이다."

子曰 : 父母之年, 不可不知也, 一則以喜, 一則以懼。
자 왈   부모지년   불가부지야   일즉이희   일즉이구

공자는 "자녀가 된 사람은 부모의 나이를 알지 않으면 안 된다."고 했습니다. 왜 그렇다는 것일까요? 두 가지 심리에서 그러한데, 하나는 부모의 나이가 한 살 많아지면 수명도 한 살 늘어서 기쁘다는 것입니다. 그렇지만 동시에 또 두렵다는 것입니다. 왜냐하면 부모의 나이가 많아질수록 인생의 종점에 그만큼 가까워져, 아들딸들이 부모와 함께 지내며 효도를 할 수 있는 시간도 갈수록 짧아지기 때문입니다. 이 두 가지의 모순된 심리가 있게 됩니다.

이상은 인仁의 입장에서 효孝를 말했고, 이제는 효에서 인의 도리로 다시 돌아옵니다.

인자仁者의 말

공자께서 말씀하셨다. "옛 사람들이 말을 함부로 하지 않은 것은 자신의 실천 행동이 따르지 못할까 부끄러워했기 때문이다."

子曰 : 古者言之不出, 恥躬之不逮也。

자왈 고자언지불출 치궁지불체야

이것은 용인用仁의 중요함을 말하고 있습니다. 공자는 "옛 사람들은 말을 함부로 하려고 하지 않았으며, 빈말은 더욱 하지 않았다."고 했습니다. 왜 말을 함부로 하려고 하지 않았을까요? 그것은 자기가 행동으로 실천하지 못할까 두려워했기 때문입니다. 그래서 인을 행하는 사람이나 신의가 있는 사람은 무엇이나 쉽사리 승낙하지 않으며, 함부로 말을 하지 않습니다. 역사의 경험에서 나온 이런 말이 있습니다. "승낙을 중히 여긴다."(重然諾), 다시 말해 쉽사리 승낙을 하지 않으며, 일단 승낙한 것은 반드시 지켜야 합니다. 우리는 또 역사에서 "쉽게 승낙하면 신용이 적다."(輕諾則寡信)라는 반대 어법을 보게 되는데, 이는 곧 함부로 쉽게 승낙하는 사람은 흔히 이행을 잘 하지 않아 신용을 지키지 못한다는 말입니다. 그래서 공자는 이 도리를 지적했습니다.

공자께서 말씀하셨다. "자기를 단속(하고 관리)함으로써 실수(하거나 실패)하는 자는 드물다."

子曰 : 以約失之者, 鮮矣。
자왈 이약실지자 선의

개인의 수양이든, 크고 작은 일을 처리하든 간에 공자의 이 말에 유의하는 것이 제일입니다. '약'約은 단속·조심·주의·신중의 뜻인데, 항상 자기를 단속해야 한다는 말입니다. 신중한 사람은 과실이 비교적 적지만, 방탕한 사람은 잘못을 범하기 쉽습니다. 말을 함부로 하는 사람은 신용을 잃기 쉽습니다. 그러므로 개인의 도덕 수양에서 자기를 단속하고 자기를 관리할 수 있으면 실패하는 일이 적습니다.

공자께서 말씀하셨다. "군자는 말에는 어눌하지만 실천 행동에는 민첩하려 한다."

子曰 : 君子欲訥於言 , 而敏於行。

子曰 君子欲訥於言 而敏於行
자 왈 군 자 욕 눌 어 언 이 민 어 행

마지막으로 인仁의 언행의 중요함을 말하고 있습니다. '눌訥'은 말주변이 없는 것입니다. 말주변이 좋은 것은 글을 가르치고, 허풍치고, 노래 부르는 데 외에는 별 소용이 없습니다. 진정한 인자仁者는 빈말을 잘 하지 않지만, 일을 하게 되면 행위가 매우 민첩합니다. 바꾸어 말하면, 먼저 행동을 하고 나중에 말을 해야 하는 것으로, 큰소리만 치고 행동을 하지 않아서는 안 됩니다.

공자께서 말씀하셨다. "(참으로) 도덕德(을 위해서 사는 사람)은 (절대로) 외롭(고 쓸쓸하)지 않을 것이니 (가까운 사람들에게 영향을 주어), 반드시 (함께 가는 사람이나 친구인) 이웃이 있게 된다."

子曰 : 德不孤 , 必有隣。
자 왈 덕 불 고 필 유 린

내가 『논어』를 연구하면서 내린 결론은, 각 편마다 장구章句가 연관되어 있어서 서로 분리할 수 없다는 것입니다. 20편의 전후 순서도 연관되어 있어 분리할 수 없는데, 그것은 지금 이 부분에서 또 증명할 수 있습니다.

이 「이인」里仁편은 여러분에게 인애로(仁愛路: 대북시에 있는 거리 이름으로, '이인'이 공간적인 개념이 아님을 유머로 표현하고 있음—역주)에 가서 살라고 가르치는 것이 아닙니다. 옛 사람은 '이인'에 대해 흔히, "살 곳을 선택할 때 어진 마을을 찾아야 한다."고 해석하였는데, 세계 어느 곳에 그렇게 어진 마을이 많이 있겠습니까? 또, 그런 곳을 어디 가서 찾을 수 있겠습니까? 공자 자신의 고향도 당시에 반드시 어진 마을은 아니었을 것입니다. 어디가 어진 마을일까요? 만일 우리의 고향이 불인不仁한 모진 통치의 세계에 있다면, 그 고향을 그냥 내버려 두어야 할까요?

우리는 바로 인이 사라진 그 모진 세계를 살려 내기 위해 죄악을 쳐부수어야 합니다. 이것이야말로 인의 도리입니다! 사실 저 인仁자는 바로 '자기가 그 가운데 처한다.'(自處其中)는 뜻으로, 발뒤꿈치를 확고하게 세운 곳이 바로 '이'里입니다. 이인里仁은 우리가 올바른 사람이 되기 위한 입각점이 인의 도리에 있다는 것입니다.

그러므로 "도덕은 외롭지 않을 것이니, 반드시 이웃이 있게 된다."(德不孤, 必有隣)라는 말은, 자기가 도덕 수양이 되어 있고 체體와 용用을 겸비할 수 있으면 자연히 가까운 사람들에게 영향을 준다는 것입니다. 『대학』大學 속에서 말하는 "수신 제가 치국 평천하"修身齊家治國平天下도 그런 이치입니다. 일반인들은 흔히 목전의 이익을 구하는 관점에서 도덕이란 쓸모 없는 수양이라고 비판합니다.

이 이야기가 나왔으니 말인데, 나는 최근에 청나라 사람의 수필 한 편을 읽었습니다. 한 청렴한 관리가 나이가 많아 퇴직하여 고향에 돌아왔더랍니다. 어느 날 집 앞에서 시골 사람이 생선 한 마리를 파는 것을 보고 값을 물어본 다음, 주머니를 뒤져 보니 돈이 없는지라 살 수가 없었습니다. 그가 집에 들어와 아내에게 사실 이야기를 하니, 아내는 이렇게 말했습니다. "당신이 쪽지에 글을 하나 써서 그 사람에게 주세요." "무슨 글을 써야 물고기를 살 수 있겠소?" 하고 남편이 묻자, 아내는 대답했습니다. "청관(清官: 청렴한 관리—역주) 두 자를 쓰세요. 그러면 그 사람이 생선을 당신한테 줄 거예요." 이 아내는 상황을 유머러스하게 풍자하여 남편을 놀려준 것입니다.

이것은 무슨 이야기일까요? 사람이 도덕을 지키고 살면 때로는 외롭고 쓸쓸함을 느끼게 된다는 것이지요. 나는 사람이 만일 외로움을 하나의 즐거움으로 삼을 수 있다면, 도덕을 행할 수 있다고 생각합니다. 만일 외로움은 고통이지 즐거움이 아니라고 생각한다면, 그 사람은 진정한 학문과 도덕을 말하기 어렵습니다. 그러나 공자는 여기에서 우리에게 말하고 있습니다. "사람이 참으로 도덕을 위해서 살면 절대로 외롭고 쓸쓸하지 않을 것이니, 반드시 함께 가는 사람이 있고 친구가 있게 된다."

여기까지 말한 것은 하나의 결론이 됩니다. 지금까지는 거의 다 공자의 말이었지만, 마지막 다음 두 구절은 자유子遊의 말입니다.

자유가 말하였다. "임금을 섬김에 있어 충고를 자주 하면 자신을 욕되게 하(여 곤경에 빠지거나 심지어는 목숨을 잃게 되)고, 친구에게 충고를 자주 하면 사이가 멀어(지고 심지어는 원수가 되어) 진다. (인애仁愛를 행하려면 방법을 알아야 하지 함부로 할 수 없다)"

子游曰 : 事君數 , 斯辱矣。朋友數 , 斯疏矣 。
자유왈　사군삭　사욕의　　봉우삭　사소의

『논어』를 보면 『장자』에서처럼 끝에 가서는 흔히 두 구절을 달아놓는데, 본문과 조금도 상관없는 말 같습니다. 여기서는 특히 묘하게도 공자의 말을 인용하지 않고, 공자의 학생인 자유의 말을 인용하고 있습니다. 자유의 이 말 뜻은 인애仁愛를 행하려면 방법을 알아야 하지 함부로 할 수 없다는 것입니다. 임금에 대해서 충성을 다하는 것도 쉽지 않다는 것입니다. 임금에게 틀린 것이 있다고 해서 볼 때마다 충고를 하면서 한사코 충신의 도리를 지키려고 하면, 자기 자신을 곤경에 빠뜨리게 되며 때로는 목숨을 잃을 수도 있다는 것입니다. 친구에 대해서도 마찬가지여서, 친구가 옳지 않다고 하여 번번이 충고를 하면, 친구는 그 충고를 듣지 않을 뿐 아니라, 원수로 변할 수도 있다는 것입니다.

자유子遊의 말을 왜 여기다 놓았을까요? 이것은 인성人性의 또 다른 면이기 때문입니다. 비록 인을 행하는 도리가 도의상 당연히 그래야 하겠지만, 그 방법을 염두에 두어야 합니다. 예를 들면, 우리는 모두 『정관정요』貞觀政要란 책을 읽기 좋아합니다.

당태종은 위징魏徵의 충절과 도덕·학문을 매우 경외하여 그를 매우 신임했습니다. 당태종은 작은 새매 한 마리를 좋아했는데, 어느 날 새매를 가지고 놀고 있을 때 위징이 왔습니다. 당태종은 위징이 또 새매에 대해 싫은 말을 할까봐, 새매를 얼른 품속에 감췄습니다. 위징은 못 본 척하고, 일부러 시간을 끌어 머물면서 당태종과 국가 대사를 논했습니다. 당태종은 속으로는 새 때문에 애가 탔지만, 어찌할 도리가 없었습니다.

위징이 가고 난 다음에 당태종은 얼른 품속에서 새매를 꺼냈습니다.

그러나 그렇게 좋아하던 새매는 이미 하늘나라로 가버린 뒤였습니다. 당태종은 상심한 나머지 후궁으로 들어가 천둥 같은 소리로, "내 이 시골 영감탱이를 죽여 버리겠다."고 말했습니다. 그러자 장손황후長孫皇后는 자초지종을 물어 그 연유를 알고 나서는, 즉시 대례복을 입고 당태종에게 절하고 축하를 드렸습니다. 당태종이 축하할 일이 무엇이냐고 묻자, 황후는 "당 왕조에 위징 같은 훌륭한 신하가 있고, 또 당신 같은 훌륭한 황제가 있으니, 이는 유사 이래로 없었던 일로서, 국가의 흥성을 기약할 수 있게 되었는데 어찌 축하할 만하지 않겠습니까?" 라고 했습니다. 이에 당태종은 분노를 가라앉히고 더 이상 이야기하지 않기로 했습니다.

당태종은 도량이 그처럼 큰 사람으로서 위징의 의견이라면 다 받아들였건만, 마지막에 이르러서는 화가 나서 위징을 죽이려고 했던 것입니다. 만일 당태종의 황후가 위징을 구해 주지 않았더라면 그 영감님의 머리도 보전할 수 없었을 것입니다! 뒤에 위징이 죽고 나자, 당태종은 마침내 참언讒言을 믿고 위징의 묘비를 쓰러뜨려 버렸습니다. 당태종은 고구려 정벌에 실패하고 나서야, 만약에 위징이 있었더라면 이런 실수는 없었을 것이라 후회하면서 다시 그의 비를 일으켜 세웠습니다.

자유의 말을 이 「이인」편의 마지막에다 놓은 것은 깊은 뜻을 머금고 있는 탄식입니다. 그렇다고 해서 우리가 언제 어디서나 이 두 마디를 단단히 기억하여, 남의 부하가 되어서든 친구가 되어서든 약삭빠른 사람으로 변해서 책임을 지지 않으려고 한다면, 이 또한 인의 도리가 아닙니다. 그러기에 공맹孔孟의 학설을 연구해서 인생을 이해하고 나면, 비로소 사람 노릇 하기가 참으로 쉽지 않으며, 확실히 역사를 많이 체험하고 인생을 많이 체험해야 한다는 것을 알게 됩니다. 그런 다음에야 "어떤 일을 이루는 데도 반드시 인의 수양에 의지하고 실패하여 넘어졌더라도 반드시 인의 수양에 의지해야 한다."(造次必於是, 顚沛必於是)는 정도가 될 수 있어서, 언제 어디서나 인의 경지에 머물러 살아갈 수 있게 됩니다.

公冶長

앞의 네 편은 공문孔門의 학문의 도리에 관한 요강要綱이었습니다. 이제 이 제5편에서는 사례事例를 가지고 공문의 학문을 설명하고 있어, 대화록과 토론집의 맛이 더욱 짙습니다.

공문의 학문의 도리는 대부분 용用, 즉 어떻게 사람이 되고 일할 것 인가 하는 응용 면을 말하고 있습니다. 다음에 기록된 것은 모두 공자 의 학생들에 관한 이야기인데, 그 이면은 공자의 교육 방법과 실제적 인 계발식 교육의 작용에 대해서 말한 것입니다.

공자가 사위를 고르다

이 제5편의 제목은 「공야장」公冶長입니다. 공야장은 공자의 학생으로 『사기』의 「공문제자전」孔門弟子傳이나 『공자가어』孔子家語 속에 나오는 인 물인데, 그에 대한 자료는 얼마 되지 않습니다. 그런데 다른 잡학 서적 의 기록들을 보면, 공야장은 새소리를 알아듣는 사람이었다고 합니다. 우리가 수십 년 전에 이런 이야기를 들었다면 "하하!" 하고 웃었을지 모르지만, 지금은 결코 진기한 일이 아닙니다. 왜냐하면 오늘날 생물 과 학을 연구하는 사람들은 동물의 말과 동작이 나타내는 의사를 이해할 수 있게 되었기 때문입니다.

과학이 발달한 오늘날 오히려 우리는 고대인이 새소리를 알아들었다 는 이런 이야기를 결코 우스갯소리가 아니라고 생각하게 된 것입니다.

옛 속담에, "물 가까운 곳에서 오래 살면 고기의 습성을 이해하고, 산 가까운 곳에서 오래 살면 새소리를 들어 구별할 수 있다."(近水知魚性, 在山識鳥音)고 했는데, 이는 흔히 있는 일로서 생활상의 체험에서 오는 것입니다. 옛 사람들은 오늘날의 관점에서 말하는 과학 연구 정신이 그리 없었기 때문에, 공야장이 새소리를 듣고 구별할 줄 안다는 것을 전혀 믿지 않았습니다. 그래서 과거의 유가儒家는 이 이야기를 감히 하지 않았으며, 이것을 우스운 이야기로 생각했습니다. 그러나 오늘날 우리가 볼 때는 우스운 이야기라고 할 수 없습니다.

공자께서는 공야장에 대하여 (평론하기를) "사위 삼을 만하다. 비록 감옥에 갇힌 일은 있었으나, 그의 죄는 아니었다." 고 말씀하시고는, 자기의 딸을 그에게 시집보냈다.

　　子謂公冶長 , 可妻也。雖在縲絏之中 , 非其罪也。以其子妻之。
　　자 위 공 야 장　　가 처 야　　수 재 누 설 지 중　　비 기 죄 야　　이 기 자 처 지

"이기자처지"以其子妻之의 '子'(자)는 곧 딸입니다. 옛날에 '子'(자)는 남성·여성에 모두 통용되었던 것으로, 예컨대 여자女子·남자男子에서 모두 '子'자를 썼습니다. 그래서 고대 문화에서는 자기 딸에 대해서 '子'를 붙여 불렀습니다. 그리고 형제자매 사이에서 누이는 '여제'女弟라 불리기도 했는데, 후세에 이르러 오히려 이렇게 부르지 않았습니다. 이런 면으로 보면 옛날에 남녀가 평등했다고 말할 수 있습니다.

여기서 공자가 공야장에 관해 말한 자료를 보면 공야장이 감옥살이를 했다는 것만 알 수 있는데, 왜 그가 감옥살이를 했는지는 알 수 없고 역사상 그 자료를 찾아낼 수 없습니다. 그런데 다른 잡서雜書에 그에 관한 이야기가 한 가지 있습니다. 새소리를 이해할 수 있었던 공야장이 한번은 새에게 신용을 잃어서 새가 그를 해치려 했으므로, 그가 감옥을 살았다는 것입니다. 무슨 소리일까요? 다음과 같은 이야기가 전설로 전해지고 있습니다.

한번은 새가 공야장에게 말했습니다. "공야장! 공야장! 남산南山에 양

한 마리가 있는데, 그대가 그 고기를 먹고 나는 그 창자를 먹자." 그런데 공야장은 새와의 약속을 잊어버리고 그 양의 창자까지 다 먹어 버렸습니다. 그 때문에 먹을 것이 없어진 새는 공야장을 해치려고 마음먹었습니다. 뒤에 새가 또 공야장에게 말하기를, 남산에 양 한 마리가 있다고 했습니다. 공야장이 뛰어가 보았더니, 양은 보이지 않고 피살된 사람 시체만 하나 있었습니다. 그 자리에서 살인범의 누명을 쓰게 된 공야장은 입이 있어도 변명할 수가 없게 되어, 결국 감옥살이를 하게 되었다는 것입니다.

이 이야기는 우리가 어렸을 때 들은 이야기입니다. 어린 시절에 많이 들었던 이런 신화와 전설은 아마 수천 년 동안 전해 내려왔을 것이며, 역시 잡가雜家의 학문에 근거하여 내려오는 것으로 당연히 전설에 불과할 뿐입니다. 그러면 도대체 공야장은 왜 감옥살이를 했을까요? 알 수 없습니다. 그러나 공자는 공야장의 감옥살이는 죄가 있어 한 것이 아니라고 생각했기 때문에, 딸을 그에게 시집보냈습니다.

이 일을 통해서 우리는 공자의 사람됨이 재산이나 세력이나 학위가 있는 사람을 골라 딸을 시집보내려 했던 것이 절대 아니었음을 알 수 있습니다. 그리고 더욱 묘한 것은 공자가 감옥살이한 적이 있는 공야장에게는 딸을 시집보내고, 또 조카딸은 남용南容, 즉 남궁괄南宮适에게 시집보냈다는 것입니다. 왜 그랬을까요? 우리는 다음에서 그 이유를 볼 수 있습니다.

공자께서는 남용에 대하여 (평론하시기를) "(안정된 시대로서) 나라(와 사회)가 정상 궤도에 있다면 (그의 재능은) 버림받지 아니하고, (혼란한 시대로서) 나라(와 사회)가 정상 궤도에 있지 않더라도 (자기 처신을 잘하고 자기를 지키는 길을 따라 맑게 살기 때문에, 그는 절대 자신의 죽음을 가져오는 화를 만나지 않을 것이며) 형벌處刑은 면하겠다." 고 말씀하시고는, 자기 형의 딸을 그에게 시집 보내셨다.

子謂南容 , 邦有道不廢 , 邦無道免於刑戮。以其兄之子妻之。
자 위 남 용　방 유 도 불 폐　방 무 도 면 어 형 륙　이 기 형 지 자 처 지 우리는 먼저 한 가지 중요한 점을 이해해야 하는데, 공자가 몹시 어려운 가정에서 태어났다는 점입니다. 공자는 후처後妻인 어머니에게서 태어났는데, 배다른 장애인 형이 하나 있는데다 집안 살림이 아주 가난했습니다. 그래서 그는 열한두 살쯤부터 이미 집안 생계를 떠맡아 온갖 어려움을 맛보았으며, 그 고난을 딛고 일어섰습니다. 공자는 도덕·학문·문장으로 후세에 성인으로 받들어졌는데, 이 성인은 우연히 태어난 것이 아닙니다. 그는 자기 형이 남겨준 조카딸도 마음을 다해 돌보아 주고 마침내 그 조카딸을 남용에게 시집보냈습니다.

공자는 『논어』의 여러 곳에서 남용을 언급했는데, 하론下論에도 남용이 「백규」白圭라는 시를 세 번 외웠다(三復白圭)고 말하고, 조카딸을 그에게 시집보냈다는 이야기가 나옵니다. '백규'白圭는 무엇일까요? 흰 옥玉을 말합니다. '圭'(규)는 관리가 조정에 들어갈 때 손에 들었던 수판手版을 말하는데, 진한秦漢 시대 이후에는 그 형식을 죽간竹簡으로 바꿔서 조홀朝笏이라 한 것이 바로 이것입니다. 이것은 무엇에 쓰는 것이었을까요? 첫째는 예의禮儀의 규정 때문이었으며, 둘째는 중요한 일을 기록하기 위함이었습니다. 오늘날은 메모 수첩이 있어서 메모할 수 있지만 고대에는 메모 수첩이 없었는데, 황제에게 보고를 할 때와 같은, 조정의 중요한 일이 있을 때 만일 그 내용을 잊어버린다면 어떻게 하겠습니까? 그래서 중요한 일을 조홀에 기록했던 것입니다. 우리는 상고 시대의 그림에서 제왕들이 모두 손에 긴 수판手版을 들고 있는 것을 볼 수 있습니다.

옛 사람들이 옥玉을 소중히 여긴 것은 그 뜻이 있었기 때문이지, 지금 사람들이 보석을 좋아하는 심리처럼 진기한 보배이기 때문에 좋아한 것은 결코 아니었습니다. 옛 사람이 옥을 소중히 한 것은 '옥결빙청'玉潔氷淸에서 연유하는 것으로, 즉 인품을 옥처럼 결백히 하려는 뜻으로 자기의 인격 학문의 수양을 옥에 비교했기 때문입니다. 이 옥이 후대에 전해 내려오면서 비로소 옥가락지나 옥팔찌를 만들어 끼게 되었습니다. 허리에 옥패玉珮를 찬 것은 또 무슨 뜻이었을까요? 전해 오는 이야기에 의하면, 사람이 넘어지면 부상을 입을 수 있는데, 차고 있는 옥이 사람

대신 먼저 부서진다고 합니다. 옥이 부서지면 사람이 부상을 면할 수 있다고 합니다. 이러한 미신적인 전설은 정말일까요? 역학적力學的으로 이런 작용이 있을 수는 있겠지만, 옥에 무슨 신령함이 있는 것은 결코 아닙니다.

방금 말했듯이 백규白圭는 곧 옥玉 덩어리입니다. 상고上古에 「백규」란 한 편의 시가 있었는데, 오로지 옥을 찬탄하는 내용입니다. 보석의 가치가 높아 환금 가치가 있기 때문이 아니라, 옥의 옥결빙청玉潔氷淸을 찬탄하는 것입니다. 옥이 결백함에는 한 점의 하자瑕疵나 오점이 있을 수 없습니다. 남용은 이 시를 읽고 대단히 마음에 들어 재삼 낭송했습니다. 공자는 그가 이 시를 재삼 낭송하는 것을 듣고, 조카딸을 그에게 시집보냈습니다. 만일 이 기록대로 이렇게 간단한 이야기일 뿐이라면, 어떤 젊은이가 어느 예쁜 아가씨의 집 앞에서 노래 몇 곡을 시험 삼아 불렀을 경우 쫓아내지 않더라도 이상할 것이 없겠지요. 공자가 그렇게 노래 듣기를 좋아했을까요? 그러면 공자는 왜 남용이 이 시를 세 번 읊는 것을 듣고 조카딸을 그에게 시집보냈을까요? 이는 마치 오늘날 학교에서 학생 평가 자료를 비치하고 학생을 관찰하는 것처럼 공자가 평소에 학생을 세밀히 관찰했기 때문으로, 남용은 인품 덕성의 수양을 대단히 중시했던 것입니다. 그래서 그가 이 시를 읽었을 때 공자는 특별히 느끼는 바가 있어, 조카딸을 그에게 시집보내기로 결정한 것입니다.

도대체 공자가 남용의 학문과 인품 수양을 세밀히 관찰하고 난 소감은 무엇이었을까요? 사회가 궤도에 올라 있는 태평시대일 때에는 남용과 같은 인재人才가 필요합니다. 그는 매몰되지 않을 것이며, 틀림없이 두각을 나타낼 것입니다. 남용은 이러한 재능이 있었습니다. 대체로 재능 있는 사람은 자신을 너무 드러내고, 유리한 환경을 얻지 못할 때에는 참지 못해 가슴 속이 온통 불평으로 가득합니다. 마치 "지금 세상에 나를 빼놓고 누가 있느냐? 내가 나서면 최소한 제갈량만큼은 할 수 있다."는 식입니다. 재능 있는 사람은 흔히 이런 결점이 있으며, 그것도 대단히 심각합니다! 남용의 지혜·재주와 기량은 결코 매몰되지 않을 것이며, 태평성세에는 물론 그가 기용될 것입니다. 혼란의 시대에는 일반적으로 재능이 많은 사람일수록 어려움과 위험이 많아서 생명도 그만큼 위험해집니다. 그렇지만 공자는 남용은 그렇게 되지 않을 것이라고 했습니다. 왜냐하면 남용은 사회가 혼란할 때에도 자기 처신을 잘하고 자기를 지키는 길을 따라 맑게 살기 때문에, 그는 절대 자신의 죽음을 가져오는 화를 만나지 않을 것이며, 형벌을 면할 수 있을 것이기 때문입니다. 바꾸어 말해, 그는 세상을 위해 잘 봉사할 것입니다. 세상을 위해 봉사할 수 있는 재능이 있을 뿐만 아니라, 자기 처신의 길에서도 잘 할 것입니다. 그래서 공자는 자기의 친 조카딸을 그에게 시집보냈습니다.

앞의 두 단락을 합해서 연구해 보면, 공자가 일을 처리하는 데는 일정한 원칙이 있었다는 것을 알 수 있습니다. 남용은 비록 자기 처신을 잘했지만, 공야장은 학문 수양에서 더욱 깊은 공부가 있었습니다. 그래서 곤란과 역경에도 하늘을 원망하거나 남을 탓하지 않았으며, 인격 함양이 매우 평담한 경지에 이르렀습니다. 사실상 두 사람을 비교해 보았을 때, 공자는 공야장이 남용보다 더 낫다고 생각했습니다. 그러나 공자가 조카딸을 공야장에게 시집보낸다면, 공자가 나쁜 마음을 품고 조카딸을 감옥살이했던 공야장에게 시집보내고, 자기 딸은 세가공자世家公子인 남용에게 시집보냈다고 비난 받을 가능성이 많았습니다. 그러나 공자의 방법은 꼭 그 반대였습니다. 이런 점들에 있어서 우리는 비록 남의 결점을 꼬치꼬치 찾아낼 궁리를 한다고 의심 받겠지만, 그것은 어디까지나 사실이었습니다. 요점은 "나라가 정상 궤도에 있다면 버림받지 아니하고, 나라가 정상 궤도에 있지 않았다 해도 처형은 면하겠다."(邦有道不廢, 邦無道免於戮)는 이 두 마디 말이 공자의 처세 원칙이란 데에 있습니다. 사람이 치평지세治平之世에 재능이 매몰되지 않고, 혼란할 때에 생명의 위험을 모면할 줄 아는 정도에까지 이를 수 있다는 것은 정말 쉬운 일이 아닙니다.

세 번째로 논평할 학생은 자천子賤입니다. 자천은 성이 복宓이고 이름은 부재不齋로서, 자천은 그의 호입니다. 이 사람은 젊은이로서 『사기』에는 그가 공자보다 30세 적었다고 기록되어 있고, 『공자가어』孔子家語

에는 그가 공자보다 40여 세 적었다고 기록되어 있는데, 도대체 몇 살이나 적었을까요? 여기서는 이것이 주제가 아닙니다만, 아무튼 그는 공자가 만년에 얻은 학생으로 공자가 온 정신을 쏟아 기른 젊은 학생 중하나였습니다. 그에 대한 공자의 평론은 다음과 같습니다.

공자께서 자천에 대하여 (평론하여) 말씀하셨다. "(안으로의 인품 덕성 수양에서나 밖으로 발휘하는 재능 면에서나) 군자로다, 이런 사람은! (만일 어떤 사람이) 노나라에 군자가 (하나도) 없다(고 생각한다)면 (나는 자천 이 사람을 군자라고 말하겠다. 만일 이 사람이 군자가 아니라면) 어디에서 이런 품덕과 재능이 있는 군자를 취하겠는가?"

子謂子賤：君子哉若人！魯無君子者, 斯焉取斯？
자 위 자 천　군 자 재 약 인　노 무 군 자 자　사 언 취 사

공자는 아마 여기에서 학생들에 대해 감탄한 바가 있었던 모양입니다. 공자는 "자천은 정말 대단하다. 한 사람의 군자이다." 라고 말했습니다. 그리고 "노나라에 군자가 없다면 어디에서 이런 품덕과 재능이 있는 군자를 취하겠는가?"(魯無君子者, 斯焉取斯) 하고 말했습니다. 주공周公이 노魯에 봉해졌기 때문에, 노나라에 보존된 문화의 기풍과 규범은 주대 문화의 대표라고 할 수 있습니다. 춘추전국 시대부터 진한秦漢 시대까지 줄곧 이와 같았으며, 또한 중국 문화의 중심이 여기에 있다고 할수 있습니다.

그러나 이 단락에서 우리는 당시 사람들이 노나라 문화에 대해 탄식하고, 문화가 몰락해 가고 있는데 적어도 일부 인물들은 이미 사라져 버렸다고 지적한 것을 볼 수 있습니다. 공자는 특히 자천에 대해 학생들에게 말하기를, "너희들 보아라. 안으로의 인품 덕성 수양에서나 밖으로 발휘하는 재능 면에서나 자천은 군자라고 일컬을 만하다. 만일 어떤 사람이 노나라에 한 사람의 군자도 없다고 생각한다면, 나는 자천 이 사람을 군자라고 말하겠다. 만일 이 사람이 군자가 아니라면, 어떤 사람을 군자라고 할 수 있겠느냐?"고 했습니다. 공자는 여기서 어렴풋이 다

음과 같은 사실을 드러내고 있습니다. 첫째, 문화 교육의 목적은 전통 문화를 계승 발전시킬 수 있는 후진 인재를 양성하는 데 있으며, 둘째, 새로 자라나는 우수한 인재를 장려하는 일에 유의하여 그가 더욱 발전 하도록 이끌어야 한다는 것입니다.

이상은 학생들의 학문·덕행에 대한 공자의 평론이었습니다. 세 사람 에 대한 평론에 이어지는 다음 단락은 문장에서의 한 삽입곡이자 하나 의 전환점이나 다름없습니다. 이제부터 『논어』의 문장은 더 활발해 보 입니다.

높고 높은 산꼭대기에 서고

(선생님이 세 사람의 학생을 평론하시는 것을 보고) 자공이 (참을 수 없어 갑자기 일어나) 물었다. "(선생님! 선생님이 보시기에) 저는 어 떻습니까?"

공자께서 대답하셨다. "너는 (이미 하나의 전형을 이룬) 그릇이다"

"어떤 그릇입니까?"

"종묘의 윗자리에 모셔진 호련이지. (너는 그 옥그릇의 상징처럼 높 고, 귀하고, 맑은 풍격을 이루었다)"

子貢問曰：賜也何如？子曰：女器也。曰：何器也？曰：瑚璉也。
자공문왈　사야하여　자왈　여기야　　왈　하기야　　왈　호련야

자공은 선생님이 세 사람의 학생을 평론하는 것을 보고 자신도 참을 수 없어 갑자기 일어나 질문을 했습니다. "선생님! 선생님이 보시기에 저는 어떻습니까?" 그러자 공자는 "너는 물건이다." 라고 답했습니다. 앞에서 말한 적이 있듯이, 사람을 꾸짖을 경우 습관적으로 흔히, "너는 도대체 무슨 물건이냐?"고 말합니다. 사람이 한 물건을 이루려면 정말 쉽지 않기에 이 말은, "너는 해 놓은 게 뭐 있느냐?"라는 말과 같습니 다. 내 자신을 생각해 보니 확실히 해 놓은 것이 아무것도 없고 허풍

치는 것밖에는 모르는 것 같습니다.

공자는 여기서 자공에게, "너는 이미 하나의 전형典型을 이루었다."고 말한 것입니다. 자공은 다시 묻습니다. "그럼 저는 도대체 무엇과 같습니까?" 이에 대해 공자는 "너는 호련瑚璉이다." 라고 했습니다. 호련은 고대의 옥기玉器로서, 이 옥기는 당시 민간의 보통 백성들이 쓸 수 있는 것이 아니었습니다. 고대에 묘당廟堂 위에 모시던 것으로, 중앙 정부나 황궁의 위치에 해당하는 윗자리에 놓였으며 아주 정결 장엄했습니다. 왜 그랬을까요? 그것은 높음高·귀함貴·맑음淸의 상징이었기 때문입니다. 자공은 이러한 정신의 전형을 이루었으나, 좀 너무 높고, 너무 귀하고, 너무 맑음을 아직 면하지 못했습니다. 고대에는 국가에 큰 의식이 있을 때에야 비로소 호련을 꺼내 얼굴을 내밀게 했습니다. 평소에는 궤 속에 감추어 놓고 자물쇠를 채워 보관할 수밖에 없었습니다.

하루는 나의 학우 한 사람이 지폐 한 장을 들고, "몹시 더럽네. 세균을 조심해야지." 하기에 나는 "이것이 바로 인생철학의 본보기라네." 라고 했습니다. 사람이 새 지폐를 한 장 갖게 되면 좋아서 아무래도 좀더 오랫동안 간직하고 싶기 때문에, 낡은 지폐를 먼저 써버립니다. 그래서 지폐는 낡으면 낡을수록 유통되기 쉽습니다. 이와 마찬가지로, 좋은 물건은 깊이 감추어 놓고 드러내지 않습니다. 자공은 바로 이렇게 보존되어 보호된 인물이었습니다.

우리가 역사를 읽으면 알 수 있지만, 뒷날 공자의 모국인 노나라에 어려움이 있었습니다. 공자는 자기가 나서서 해결하고 싶었지만, 학생들이 공자에게, "선생님께서 가시지 마십시오. 우리가 가서 국가를 위해 외교를 처리하겠습니다." 하고 권했습니다. 그러나 공자는 "내 나라의 일인데 상관하지 않을 수 없다. 역시 가야겠다."고 했습니다. 그 뒤 자공이 와서, "선생님! 제가 가겠습니다." 하자 공자는 "자공이 가거라."고 즉시 허락했습니다. 자공은 정치·경제·외교·상업 등에 두루 통한 다재다능한 큰 인재였습니다. 그가 국제적으로 다니면서 제후에게 유세함으로써 노나라를 안정시켰습니다.

우리가 알다시피, 오吳나라와 월越나라 사이의 전쟁을 비롯한 여러 큰 전쟁에서 최후의 결전은 자공이 부추긴 것이었습니다. 자공은 왜 전쟁을 부추겼을까요? 제齊나라가 노나라를 공격하려고 하자, 자공은 곧 오나라와 월나라 간에 전쟁을 벌이도록 부추기고, 월나라와 진晉나라도 선동했습니다. 이렇게 되자 노나라는 태평 무사하게 되었습니다. 자공의 재능이 높았고 재주가 뛰어났음을 이를 통해 알 수 있습니다.

그러나 『논어』의 뒷부분에서 우리는 또, "자공은 가르침을 받아들이지 않고 물건을 사재어 투기를 했는데, 그의 예측은 여러 번 적중했다."(賜不受命, 而貨殖焉, 億則屢中)고 하는 공자의 말을 읽게 되는데, 자공은 뒷날 관료가 되고 싶어 하지 않았습니다. 다른 것은 아무것도 하고 싶어 하지 않고 오직 장사만 했으며, 또 장사만 하면 늘 돈을 벌었는데, 공자의 만년 생활은 자공이 돌봐드린 것 같습니다. 자공이란 사람은 호매 강개豪邁慷慨해서 어떤 것도 그를 구속하지 못했지만, 그는 결코 교만하지 않았습니다. 그래서 공자는 그가 높고, 귀하고, 맑은 풍격을 이루었다고 말했습니다. 격이 낮은 일은 할 만 한 가치가 없다고 여긴 자공이었기에 호련의 전형을 이루었다고 할 만합니다.

깊고 깊은 바다 밑을 가다

다음에 공자는 또 다른 학생인 염옹冉雍을 말하고 있습니다. 염옹은 호가 중궁仲弓으로 공자보다 29세 적었습니다. 그는 평민 출신이었지만, 공자는 그에게 제왕의 자질이 있다고 생각했습니다. 안회顔回는 물론 도덕·학문이 다 훌륭해서 도를 전할 수는 있었지만, 제왕이 되거나 사람들을 놀라게 할 만한 큰 사업을 할 수 있는 인물은 결코 아니었습니다. 공자는 여기서 염옹의 이야기를 꺼냅니다.

어떤 사람이 "옹雍은 (인자하고 사람을 사랑하며, 너그럽고, 친절한 등) 인仁하지만 말재주는 없(어서 말을 남이 듣기 좋게 그리 잘하지 않으며 태도도 그리 부드럽지 않)습니다." 하고 말하자,
공자께서 말씀하셨다. "말재주를 어디에 쓰겠는가? 구변으로써 사람

들에게 대항하면 (남을 불쾌하게 하거나 마음을 상하게 하는 것이다. 야박한 말을 하는 사람은) 자주 사람들에게 미움을 당한다. 그가 인한지는 잘 모르겠으나, (사람이 인의 수양을 하지 않았다면) 말재주만 좋은 것을 어디에 쓰겠는가?"

或曰：雍也，仁而不佞。子曰：焉用佞？禦人以口給，屢憎於人。不
혹 왈   옹 야   인 이 불 녕   자 왈   언 용 녕   어 인 이 구 급   누 증 어 인   부
知其仁，焉用佞？
지 기 인   언 용 녕

'或(혹)은 정해지지 않은 어떤 것을 가리키는 말입니다. 공자는 늘 염옹이 훌륭하다고 칭찬했는데, 어떤 사람이 그 칭찬을 듣고 받아들일 수 없는 점이 있어서 공자에게 말했습니다. "당신은 늘 염옹이 대단히 훌륭하다고 하는데, 과연 염옹은 좋은 사람입니다. 인자하고 사람을 사랑하며, 너그럽고, 친절한 등 장점이 적지 않습니다. 그러나 한 가지, 말을 남이 듣기 좋게 그리 잘하지 않으며 태도도 그리 부드럽지 않습니다." 즉, 불녕不佞하다는 것인데, 여기에서 '佞'(녕)자의 의미는 오늘날의 말로 해석하면, '허풍을 치고 알랑거린다'는 것입니다. 불녕不佞은 말재주가 없고 태도도 부드럽지 않은 모양을 가리킵니다.

공자는 그 사람의 말을 듣고 나서, "말재주를 어디에 쓰겠는가? 구변口辯으로써 사람들에게 대항하면 자주 사람들에게 미움을 당한다. 그가 인한지는 잘 모르겠으나, 말재주야 어디에 쓰겠는가?"(焉用佞？禦人以口給，屢憎於人。不知其仁，焉用佞)라고 반문합니다. 공자의 이 말뜻은 다음과 같습니다. "말재주를 부리는 것은 가장 두려워할 만한 것이다. 말을 잘할 줄 아는 사람은 늘 한 가지 잘못을 범하는데, 그것은 입으로 남을 불쾌하게 하거나 마음을 상하게 하는 것이다. 야박한 말을 하는 사람은 남의 미움을 받으며, 말로써 남에게 주는 상해傷害는 칼로 살인을 하는 것보다도 더 남을 고통스럽게 한다." 여기에서 "어인이구급"禦人以口給은 입으로 남과 대항하는 사람은 늘 남의 미움을 받는다는 뜻입니다. 공자는 한 걸음 더 나아가, "그가 인한지는 잘 모르겠으나 말재주야 어디에 쓰

겠는가?"(不知其仁, 焉用佞)라고 말합니다. 사람이 인仁의 수양을 하지 않았다면 말재주만 좋은 것이 무슨 소용이 있겠는가 하는 뜻입니다. 이 단락에서는 먼저 인격 수양의 기준을 명백히 말했고, 그 다음으로 공자가 염옹이 모범이 되는 까닭을 재삼 강조하고 있음을 설명했습니다.

남을 세워 주기는 더 어렵다

공자께서 (어느 날) 칠조개에게 ('너의 학문 수양이 사회를 위해 봉사할 수 있을 정도가 되었으니 나가서 벼슬을 해 보아라' 며) 벼슬을 시키려 하시자

그가 대답하였다. "(선생님께서 저더러 나가서 일을 해도 좋다고 하시는데, 제가 정말 국가를 위하고 사회를 위해서 무슨 일을 할 수 있을까요? 저의 학문은 넉넉할까요? 선생님이 분부하시면 무엇이든지 할 수 있습니다. 그렇지만) 저는 나서서 벼슬하(여 남을 위해 큰 일을 담당하)는 데 아직 자신이 없습니다. (저는 벼슬하고 싶지 않습니다)"

이에 공자께서 (대단히) 기뻐하셨다.

> 子使漆雕開仕。對曰：吾斯之未能信。子說。
> 자 사 칠 조 개 사　　대 왈　오 사 지 미 능 신　　자 열

칠조개漆雕開는 공자의 학생 중 역사를 전문적으로 연구한 사람이었는데, 『사기』를 보면 그는 공자를 따라서 『상서』尙書를 배웠음을 알 수 있습니다. 『상서』는 바로 오늘날 말하는 『서경』書經으로, 공자가 정리한 상고의 역사 자료입니다. 칠조개는 학생들 중 나이가 비교적 많아서, 공자보다 11세 적었습니다. 칠조漆雕는 성이고, 이름은 개開, 자는 자약子若이었습니다.

여기에서 보면, 공자가 어느 날 칠조개에게 "너의 학문 수양이 사회를 위해 봉사할 수 있을 정도가 되었으니 나가서 벼슬을 해 보아라."고

했습니다. 그렇지만 칠조개는, "선생님, 감사합니다. 벼슬하는 일에 대해서는 저는 자신이 없습니다." 라고 대답했습니다. 이 말이 내포하고 있는 수양의 정신은 높습니다. 칠조개의 말뜻은 이렇습니다. "선생님께서 저더러 나가서 일을 해도 좋다고 하시는데, 제가 정말 국가를 위하고 사회를 위해서 무슨 일을 할 수 있을까요? 저의 학문은 넉넉할까요? 선생님이 분부하시면 무엇이든지 할 수 있습니다. 그렇지만 나서서 남을 위해 큰 일을 담당한다는 것은 저로서는 자신이 없습니다. 저는 벼슬하고 싶지 않습니다." 공자는 그의 이런 말을 듣고 더없이 기뻐했습니다. 왜냐하면, 공자의 학생들 중에는 학문 수양에 힘쓰기보다는 어서 빨리 공을 세우고 이익을 얻고 싶어 하는 사람들이 많았기 때문입니다.

공자가 뜻을 펴고자 여러 나라를 돌아다닐 때 자신은 비록 궁색하고 운이 없었지만, 공자가 누구를 추천하면 제후들은 공자의 체면을 세워주어야 했습니다. 게다가 공자의 학생들은 사회에 진출하여 크게 된 사람들도 많았습니다. 군사 통수자가 된 사람도 있고, 행정의 수장首長이 된 사람도 있고, 높은 권력의 자리에 앉은 사람도 있었습니다. 다만 제후들은 공자만은 중용하려 하지 않았습니다. 왜냐하면 공자의 학생들이 너무 많았기 때문입니다. 당시 인구는 대략 수백만을 헤아리는 적은 수였는데, 공자에게는 3천 명의 제자가 있었으니 말입니다. 지금의 인구 비례로 보면 공자에게 얼마나 많은 학생들이 있었던 셈일까요? 뿐만 아니라, 학생들은 모두 선생에게 충직했기 때문에 공자가 한 번 움직이기만 하면 어떤 제후국이든지 모두 동요될 가능성이 있었으니, 어떤 제후가 감히 공자를 중용하려 했겠습니까? 공자의 학생들은 사회에 진출한 사람마다 인기가 있었습니다. 그래서 공문의 어떤 제자들은 자기 선생님의 노선을 매우 걷고 싶어 했을지도 모릅니다. 소정묘少正卯가 무리를 모아 강학講學하면서 공자의 많은 학생들을 끌어간 예를 미루어 생각해 보면 알 수 있습니다. 그러나 칠조개는 공자가 자기더러 벼슬길에 나서라고 하자, 자신은 도리어 벼슬하는 일에 대해서는 자신이 없다고 말했습니다. 이로 보면 그가 진실로 학문을 위하고 도를 독실하게 행했음을 알 수 있습니다. 그래서 공자는 그의 말을 듣고 대단히 기뻐했습니다.

해외로 떠나 버리고 싶었던 공자

선생님이 학생들을 논평한 기록은 여기까지이고, 다시 방향을 바꾸어 가뿐한 제재題材가 나옵니다.

공자께서 (만년에 탄식하여) 말씀하셨다. "(오늘날은 문화 교육과 도덕 교육의 길을 갈 수가 없다. 세상이 변해서 모두들 눈앞의 현실만 추구하고 문화를 중시하는 사람이 없어졌다. 만일 내가 이 땅에서) 도를 전할 길이 없고 할 바가 없다면, (차라리) 통나무배를 타고 해외(의 야만인들 땅으)로 떠나가서 숨어 살며 이름을 세상에 알리지 않고 삶을 마칠까 보다. 그 때에는 나를 따를 사람은 아마 유由이겠지?"
자로가 이를 듣고 (선생님이 곧 출발 준비라도 하는 듯 대단히) 기뻐하자,
공자께서 말씀하셨다. "유는 (무공과) 용기를 좋아하는 점은 나를 뛰어넘지만 (거칠고 급한 성격도 나를 뛰어넘어) 어떤 일에 대해 중재仲裁할 줄 모르고 분명하게 판단하지 않으며 극단적이다."

子曰 : 道不行, 乘桴浮于海。從我者, 其由與? 子路聞之喜。子曰 :
자왈   도불행 승부부우해   종아자   기유여   자로문지희   자왈
由也, 好勇過我, 無所取材。
유야   호용과아   무소취재

이는 공자가 만년에 느낀 것으로, 쇠퇴한 문화를 진흥시키고 사회 기풍을 만회하는 일은 마치 바다 가운데 떠 있는 신선산神仙山과 같아서 바라볼 수는 있어도 갈 수는 없다는 것입니다. 그래서 그는 탄식해 말했습니다. "오늘날은 문화 교육과 도덕 교육의 길을 갈 수가 없다. 세상이 변해서 모두들 눈앞의 현실만 추구하고 문화를 중시하는 사람이 없어졌으니, 차라리 출국出國이나 해 버리자!" 이 출국은 오늘날과는 달리 좋은 일이 아니었습니다. 그 당시의 출국은 아주 고통스러운 것이었습니다. 해외는 아직 개발되어 있지 않았고 완전히 원시 상태였기 때문에,

출국은 고난을 당하러 가는 것이었습니다. 오늘날의 출국이야 그래도 좋습니다. 만약에 공자가 부귀공명을 위해 출국하려 했다면 그는 성인聖人이 아니라 보통 사람들과 마찬가지였을 것입니다. 당시 공자는 그래도 출국할 때는 배를 타려는 것이 아니라 '부'桴를 타려고 했습니다.

고대에는 교통수단이 발달하지 않아 큰 나무토막의 중간을 파내서 만든 '부'桴를 해상 교통에 사용하였습니다. 당시 강남江南 일대에서는 나무뗏목이나 대나무뗏목을 사용하였지만, 북방에서는 대부분 이 '桴'를 사용하였습니다. 공자는 탄식하면서 말하기를, "만일 내가 이 땅에서 도를 전할 길이 없고 할 바가 없다면, 독목주獨木舟를 만들어 타고 해외 야만인들의 땅으로 가 숨어서 이름을 세상에 알리지 않고 삶을 마칠 수밖에 없다. 그 때에는 아마 자로가 나와 함께 가려고 하겠지?"라고 했습니다 (자로는 무공이 뛰어나서 공자의 제자 중 군사적인 면에서 성취가 가장 큰 사람이었으며, 지휘자의 자질이 있었습니다).

자로는 선생님의 말을 듣고 선생님이 곧 출발 준비라도 하는 듯 대단히 기뻐했습니다. 그러자 공자는 이렇게 말했습니다. "자로의 무공과 용기는 모두 나를 뛰어넘지만, 거칠고 급한 성격도 나를 뛰어넘어 어떤 일에 대해 중재(仲裁, 원문의 '무소취재'無所取材에서 '取材'는 딱 들어맞는 판단을 뜻함)할 줄 모르고, 명확히 판단하지 않으며 지나치게 극단적이다."

공문 제자들의 초상화

여기까지 말하고 나서, 다음에는 일단의 총평이 나옵니다. 이 역시 공자의 예술적인 화술을 보여 주는 것입니다.

(노나라 대부) 맹무백이 물었다. "자로는 (학문 수양이) 인仁의 경지에 이르렀습니까?"
공자께서 말씀하셨다. "모르겠소."
그가 또 묻자 공자께서 말씀하셨다. "유由는 천승千乘의 나라에서 군사를 다스리게 할만은 하나, 그가 인의 경지에 이르렀는지 어떤지는 모

르겠소."

"구求는 어떻습니까?"

공자께서 말씀하셨다. "구는 천 호戶의 고을이나 경대부卿大夫의 집안에서 행정 수장 노릇은 하게 할 만하나, 그가 인의 경지에 이르렀는지 어떤지는 모르겠소."

"적赤은 어떻습니까?"

공자께서 말씀하셨다. "적은 예복을 입고 조정에 서서 빈객들과 응대를 하게 할 만은 하나, 그가 인의 경지에 이르렀는지 어떤지는 모르겠소."

孟武伯問: 子路仁乎? 子曰: 不知也。又問。子曰: 由也, 千乘之國,
맹 무 백 문 자 로 인 호 자 왈 부 지 야 우 문 자 왈 유 야 천 승 지 국

可使治其賦也; 不知其仁也。求也何如? 子曰: 求也, 千室之邑, 百乘
가 사 치 기 부 야 부 지 기 인 야 구 야 하 여 자 왈 구 야 천 실 지 읍 백 승

之家, 可使爲之宰也; 不知其仁也。赤也何如? 子曰: 赤也, 束帶立於
지 가 가 사 위 지 재 야 부 지 기 인 야 적 야 하 여 자 왈 적 야 속 대 립 어

朝, 可使與賓客言也; 不知其仁也。
조 가 사 여 빈 객 언 야 부 지 기 인 야

맹무백이란 사람은 앞에서 소개한 바 있듯이 노나라의 대부인데, 당시의 실권자로서 공자에게 인재에 대한 의견을 물었습니다. 즉, 공자에게 학생을 소개해 달라고 했습니다. 공자 학문의 최고 경지는 인仁이었기 때문에 맹무백은 먼저 공자의 학생 중 가장 이름이 난 몇 사람부터 묻기 시작해, 그들의 학문 수양이 인이라는 최고 경지에 이르렀는지의 여부를 묻고 있습니다.

맹무백은 먼저 자로의 학문이 인의 경지에 이르렀는지, 즉 인의 도리로 세상에 들어갈 정도에 도달했는지를 물었습니다. 이에 대해 공자는 "부지야"不知也라고 답했습니다. 여기서 '부지야'不知也란 말의 뜻에 대해 나는 또 옛 사람의 해석과는 다르게 생각합니다. 옛 사람은 일반적으로 이 말에 대해, 공자가 자로는 인을 모른다고 대답했다고 해석합니다. 그러나 나는 그렇게 생각하지 않습니다. 공자가 말한 것은 유머러스한 답

변으로, 긍정하지 않는 말입니다. 이것은 마치 어떤 사람이 나에게, "당신의 학생 중 누가 성省의 주석主席이 될 만한 능력이 있다고 생각합니까?" 하고 물었을 때, 내가 "그건 잘 모르겠는데요." 라고 대답하는 것이나 다름없습니다. 내가 마음속으로는 어떤 학생의 재능이 그 지위를 충분히 맡을 수 있다고 생각하면서도 입으로는 과장되게 말할 수 없기 때문입니다. 또, 나는 어떤 학생이 서무계원이 될 재능이 부족하다고 생각하지만, 그가 몹시 난처해 할 정도로 말할 수도 없고, 그의 앞날에 해가 되어 밥 먹고 살기 어렵게 될까 걱정하여 그저 "모른다."고만 답변하는 것과도 같습니다.

그래서 공자는 맹무백의 질문에 대해 "모르겠소."(不知也) 하고 웃음을 띠며 말해 긍정적인 대답을 하지 않았는데, 그의 말 속에는 자로가 아직 인의 경지에 도달하지 못했다는 뜻을 당연히 은연중 내포하고 있었습니다. 이것이 공자의 "모르겠소."라는 대답의 함의에 대한 나의 견해입니다.

왜 나는 이러한 견해를 가지게 되었을까요? 맹무백의 이 질문은 결과를 얻지 못했기 때문입니다. 즉, 진지한 대답을 들을 수 없었기 때문에 "또 물었다."(又問)라는 바뀌는 말이 있는데, 이로써 그 사실은 자연히 증명이 될 수 있습니다. 그래서 맹무백은 또 공자에게 캐물었습니다. "자로의 성취는 도대체 어느 정도에 이르렀습니까?" 공자는 자기 학생을 구체적으로 소개해서 말하기를, "자로는 천승千乘의 나라 ― 춘추전국 시대의 규모가 컸던 나라 ― 에서 군사를 다스리게 할 만하다."(可使治其賦也)고 했습니다.

'부'賦는 고대에 군사軍事와 부세賦稅의 동원 제도로서, 재財·정政·경經이 하나로 결합된 것이었습니다. 그러므로 '賦'는 때로는 삼군통수三軍統帥 중에 후방 보급의 연락 총무를 나타낼 수도 있습니다. '천승지국'千乘之國에 대해 말하자면, 상고 시대는 차전車戰 시대라 네 필의 말이 끄는 수레 하나를 1승乘이라 하고, 수레 위에 병사·무기를 갖추었는데, 이런 수레 1천 대를 보유한 국가가 곧 천승의 나라로서 당시 규모가 가장 큰 국가였습니다. 공자는 자로가 통솔 장수가 될 만한 인물로서

'천승의 나라'에서 전후방을 다 통솔할 수 있다고 대답했습니다. 그렇지만 학문 수양이 인의 경지에 이미 도달했는지 못했는지 하는 점은 공자의 기준에서 보아 통과되기 어려운 것이었습니다.

맹무백은 또 "염구冉求란 사람은 어떻습니까?" 하고 물었습니다. 염구는 앞의 「팔일」편에서도 언급된 인물입니다. 그는 노나라의 권문인 계손가에서 가신家臣 노릇을 하던 사람으로 행정 수장이 될 만한 재능을 가지고 있었기 때문에, 공자는 맹무백에게 염구는 가장 좋은 행정 수장 감이라고 대답했습니다. 지금의 관료 제도로 말하면, 성 주석省主席에 해당되는 행정 수장을 맡기는 것은 문제가 없을 것이며, 또 맡은 과업을 수행遂行하고도 남음이 있다는 것입니다. '천실지읍'千室之邑은 천 호의 인구가 사는 고을로서, 백만여 인구가 사는 지금의 대북시臺北市와는 비교할 수 없지만 고대에는 대단히 큰 지방이었습니다. '백승지가'百乘之家는 고대 종법사회宗法社會 제도상의 대가족으로 하나의 큰 지방 정치 단위와 같습니다. 염구는 이런 지방관을 맡을 수는 있지만 학문에 있어서는 인의 경지에 아직 도달하지 못했다고 공자는 말하고 있습니다.

맹무백은 또 한 학생에 대해, "적은 어떻습니까?"(赤也何如) 하고 묻습니다. 적赤은 공자의 학생으로 성은 공서公西이며 자는 자화子華이며, 공자보다 42세 적었습니다. 이에 대해 공자는 다음과 같은 내용의 대답을 했습니다. "당신이 공서화에 대해 물었는데, 그는 예복을 입으면 몸차림이 대단히 훌륭하고, 학문도 쓸 만해서 외국의 수장이나 대사가 오면 가장 좋은 외교관이 될 수 있습니다." 여기서 '속대립어조'束帶立於朝는 '예복을 입고 조정에 서다'는 뜻인데, 고대 의복은 모두 허리띠를 매었습니다. 이른바 금포옥대錦袍玉帶란 의관衣冠이 단정하고, 풍도風度가 시원스러운 것을 말합니다. 오늘날 외국의 예복도 허리띠를 맵니다. 적赤은 외교 면으로는 우수하지만, 학문과 수양을 논한다면 그 역시 인의 경지에 도달하지 못했다는 것이 공자의 대답이었습니다.

우리는 이 이야기에서 공자의 인仁에 대한 요구가 이 정도까지 엄격해서, 이 기준에 도달한 학생이 거의 하나도 없다는 것을 보았습니다. 학문이 진정으로 인의 기준에 도달할 수 있었던 사람은 오직 안회 한 사람뿐이었지만, 그는 불행히도 단명하여 죽었습니다. 공자는 뒷날에야 비로소 증삼曾參에게 도를 전했는데, 앞서 말했듯이 "삼아! 나의 도는 하나로써 꿰뚫었다."(參乎! 吾道一以貫之)라고 한 것은 공자 만년의 일이었습니다.

역사 기록에 의하면, 공자의 3천 제자 중에서 우수한 자(賢人)가 72인이 있었다고 하지만, 『논어』와 『사기』 등 남아 있는 자료를 보면, 이름이 나거나 대단한 성취가 있었던 사람은 1, 20명뿐입니다. 그 1, 20명도 공자에 의해 널리 알려졌는데, 학생을 소개한 사람도 공자였으며 학생에 대한 일가견을 내놓은 사람도 역시 공자였습니다. 우리가 어떻게 안회를 압니까? 안회는 글 한 편도 쓰지 않았고 시 한 수도 짓지 않았으며 또 한 글자도 남기지 않았는데, 우리가 그의 학문이 어느 정도에 이르렀는지 어떻게 압니까? 모두 다 그의 선생님이 그는 무엇이 좋고 무엇이 대단하다고 말했기 때문입니다. 군사적인 재능 면에서 자로는 원수元帥가 될 만했지만, 그는 뒷날 손자孫子가 병법책을 한 권 썼던 것처럼 그렇게 하지는 않았습니다. 자공도 이와 같은데, 이 학생들은 대부분 공자에 의해 선양宣揚되었습니다.

이를 통해, 인재를 얻기 어려움은 고금 역사상 큰 문제임을 알 수 있으며, 언제나 인재가 부족했다는 감이 있습니다! 진정한 인재는 정말 얻기 어렵습니다. 여기서 또 한 가지 재미있는 일을 알 수 있습니다. 즉, 제1등인은 흔히 문장을 쓰지 않아도 되고, 강학講學을 하지 않아도 되어 학문이 훌륭할수록 소리를 내지 않았습니다. 역사상 진정으로 훌륭했던 사람들은 다 이와 같았습니다. 예수는 대학에서 공부했던 사람이 전혀 아니었지만, 오늘날 예수의 말을 연구하여 몇백 개의 박사학위가 나오는 데 그치지 않고 있습니다. 그러나 예수 자신은 단 한마디도 쓰지 않았으며, 모두 다 그의 제자들이 쓴 것입니다. 석가모니도 한 글자도 쓰지 않았으며, 모든 경전은 다 제자들이 기록한 것입니다. 노자는 자신이 5천 자를 썼습니다.

그런데 공자는 매우 가련하게도 모두 자신이 써서 오히려 학생들을 받들어 주었기 때문에, 학생들은 공자를 받들 길이 없었습니다. 그러므로 우리 학생 된 사람들은 공자 같은 선생님을 찾는 것이 제일 좋을 것입니다. 그러면 학문을 들을 수 있을 뿐만 아니라, 선생님이 학생들을 두 손으로 받들어 주니 얼마나 좋습니까! 보세요, 공자의 이 학생들은 모두 선생이 추켜올려 준 사람들입니다. 이것은 우스갯소리지만, 사실 공자가 말했기 때문에 우리가 비로소 알 수 있는 것입니다. 이처럼 다른 각도에서 역사를 보면, 진정한 인재를 얻기는 확실히 쉽지 않습니다.

다음으로 우리는 공자의 제자 중에는 여러 방면의 인재가 다 있었음을 볼 수 있습니다. 군사의 자로, 외교의 공서화, 행정의 염구, 자공 같은 사람들은 모두 훌륭한 그릇이었습니다! 묘당 위의 호련瑚璉처럼 정치고아精緻高雅한 사람이 있었는가 하면, 세상 각지를 떠돌면서 한마디 약속을 천금과 같이 소중히 여긴 사람, 얼굴이 볼썽사나운 사람 등 각양각색의 별의별 사람이 다 포함되어 있었기 때문에, 공자는 진정으로 "나는 사람들을 가르침에 있어서 신분상의 차별을 두지 않는다."(有教無類)고 말할 수 있었던 것입니다.

나는 스승을 사랑한다

공자께서 자공에게 이르셨다. "너와 회回는 누가 더 나은 것 같으냐?"

자공이 대답하였다. "제가 어찌 감히 회를 넘볼 수 있겠습니까? 회는 하나를 들으면 열을 알지만, 저는 하나를 들으면 둘을 알 뿐입니다."

공자께서 말씀하셨다. "그만 못하니라. 나와 너는 그만 못하니라."

子謂子貢曰：女與回也孰愈？ 對曰：賜也何敢望回，回也聞一以知十，
자 위 자 공 왈　여 여 회 야 숙 유　　대 왈　사 야 하 감 망 회　회 야 문 일 이 지 십

賜也聞一以知二。子曰：弗如也。吾與女弗如也。
사 야 문 일 이 지 이　자 왈　불 여 야　　오 여 여 불 여 야

자공과 자로는 공자가 사랑하는 두 학생이었습니다. 우리는 자로가

때로는 주먹을 휘두르기도 하는 매우 저돌적인 사람이며, 자공은 무슨 말이든지 하는 사람이었음을 볼 수 있습니다. 그 두 사람은 선생님을 특별히 섬겼고, 선생님도 그 두 사람에게는 각별했습니다. 어느 날 공자가 자공에게 "너와 안회 중 누가 더 나으냐?"(女與回也孰愈) 하고 물었습니다. 공자가 가장 마음에 들어 하는 제자는 안회였습니다. 그런데 자공에게 이렇게 물은 것입니다. "솔직히 말해 보아라. 너 자신과 안회를 비교해 보면, 어느 쪽이 낫지? 어느 쪽이 뛰어나지?" 그러자 자공은, "선생님 감사합니다. 저는 안회와 견줄 수 없습니다. 안회는 선생님이 하나를 말하면 열을 이해합니다."(賜也何敢望回, 回也聞一以知十)라고 대답했습니다.

자공의 대답으로부터 학문의 어려움을 알 수 있는데, 이른바 계발식啓發式 교육은 정말 쉬운 것이 아닙니다. 사각형의 한 각角을 일러 주면 다른 세 각도 다 이해하고, 저쪽에 연기가 난다고 말해 주면 곧 불이 난 줄 알고, 이래야 비로소 영재英才입니다. 어떤 사람은 반응이 느려서 오히려 어느 쪽에 연기가 나느냐고 되묻고는, 다 타 버리고 난 뒤에도 역시 그 까닭을 모릅니다! 이게 바로 총명함과 어리석음의 차이입니다. 자공은 "선생님이 안회에게 10분의 1을 일러 주면, 그는 나머지 10분의 9를 스스로 알아버려서 더 가르칠 필요가 없습니다. 그러나 저는 선생님이 한 걸음을 말해 주면 기껏해야 두 걸음은 알지만, 세 번째 걸음은 알지 못합니다."(賜也聞一以知二)라고 대답했습니다. 이것은 정직한 말로서, 자공이 매우 솔직하고 성실했음을 알 수 있습니다. 다시 공자의 태도를 봅시다.

"자왈불여야, 오여여불여야."子曰 : 弗如也, 吾與女弗如也. 이 얼마나 겸허합니까! 공자는 "그렇다, 너는 그만 못하다. 너만 그보다 못한 것이 아니라, 나도 너와 마찬가지로 그만 못하다."고 말한 것입니다. 공자가 안회를 그렇게 마음에 들어한 것도 지나친 일이 아니었습니다. 어떤 사람들은 두뇌가 유달리 총명하고, 품덕品德도 훌륭하고, 재능도 뛰어납니다. 뒷날 맹자는 천하에는 세 가지 즐거운 일이 있다고 했습니다. 첫째는 부모가 다 살아 계시고 형제에게 무슨 사고가 없어서 효도와 우애를 다

할 수 있는 것이요, 둘째는 마음이 광명정대하여 남에게 미안하거나 천지신명에 대해 꺼림칙한 일이 없는 것이요, 셋째는 천하의 영재를 얻어서 가르치는 것이라 했는데, 바로 이 셋째 점을 공자는 얻었습니다. 그런데 천하의 둔재를 얻어서 교육시켜야 하는 것이 정말 괴로운 일일 때도 있습니다. 공자는 안회에 대해서, 영재를 얻어 교육시키는 것으로 생각하고 즐거워했습니다. 공자가 자공에게 한 이 말을 통해 알 수 있는 것은 공자의 교육과 사람됨이 이처럼 겸손하고, 기회를 포착하여 사람을 계발시켰으며, 조금도 틀에 박히지 않았다는 사실입니다.

책을 읽다 지쳐 낮잠에 들었네

이어서 큰 문제가 하나 나옵니다.

재여가 낮잠을 자자,
공자께서 말씀하셨다. "(처음부터 속이 이미) 썩은 나무에는 (보기 좋게 꾸미는) 조각을 할 수가 없고, (개미나 땅강아지가 기어 다녀) 푸실푸실해진 흙담에는 (그 자체가 단단하지 않아 언제 쓰러질지도 모르므로 겉에 석회를 멋지게 바르는) 흙손질을 할 수 없다. (재여는 몸이 허약하다. 재여로 하여금 더 쉬도록 할 수밖에 없다) 너희들이 재여에게 너무 지나치게 바랄 필요가 어디 있겠느냐! (잠자도록 내버려 두려무나!)"

宰予晝寢。子曰:朽木不可雕也,糞土之墻不可杇也。於予與何誅!
재여주침　자왈　후목불가조야　분토지장불가오야　어여여하주

재여宰予는 공자의 학생으로 4과 고제四科高弟 중의 한 사람입니다. 공자는 언어·문학·덕성·정치라는 네 가지로 재학才學을 분류했는데, 재여는 공문孔門이라는 학부學府에서 오늘날의 어문과語文科 주임에 해당했겠지요. 언어 면에서 재여의 장점은 바로 달변이었습니다. 그런 재여가 낮에 잠을 자다가, 아마 낮잠을 잤거나 늦잠을 잤을 것입니다, 공자의 눈에 띄어 다음과 같이 꾸지람을 당했다는 것입니다. "썩은 나무는 새기고 끌질을 할 방법이 없고(朽木不可雕也), 푸실푸실해진 흙담에는 흙손질을 하려 해도 잘 바를 수 없다(糞土之墻不可杇也). 그러니 죽어야 마땅하다. 죽어야 마땅하다(於予與何誅)!"

그러므로 옛 규범을 고수하는 중국의 옛 지식인들이 감히 낮잠을 자지 않았던 것은 공자의 이 말의 영향을 받은 탓이었습니다. 우리가 알듯이 역사상 유명한 청나라의 중흥 명신인 증국번曾國蕃도 유명한 이학가理學家였는데, 그는 감히 낮잠을 자지 않았습니다. 아무리 바쁘고 피곤해도 감히 낮잠을 자지 않았는데, 공자가 "썩은 흙담에는 흙손질을 할 수 없다."라고 불평할까 두려웠기 때문입니다. 그래서 그는 저녁잠으로 바꾸어 잤습니다. 아침에 일찍 일어나도 공무公務가 많고 바빠서 정말 감당할 수가 없었습니다. 그래서 어쩔 수 없이 저녁밥을 먹기 전에 한숨 잤는데, 그러고 나면 밤에 정신이 다시 맑아졌습니다. 낮잠에 대한 공자의 이 교훈은 옛 사람에게 있어서 이렇게 엄중한 일이었습니다.

뒤에 중화민국 초엽에 양학당洋學堂에서 배운 서양 문화의 새로운 규칙은 꼭 낮잠을 자도록 했습니다. 특히, 당시 독일식의 훈련 기풍이 들어와, 아침에 일찍 일어나야 생기가 있고 수면은 휴식 시간에 낮잠으로 보충해야지, 그렇지 않으면 위생에 좋지 않다는 것이었습니다. 그럼 '재여주침'宰予晝寢의 문제는 어떻게 해야 할까요? 어떤 사람들은 강유위康有爲나 양계초梁啓超 같은 사람들의 의견을 따라 말하기를, 이것은 주침晝寢이 아니라 화침畫寢의 착오라고 합니다. 왜냐하면 재여는 일이 없으면 늘 침실에서 벽화를 그렸기 때문이란 것입니다. 유치원생이나 남몰래 벽에다 함부로 그림을 그릴 터인데, 재여는 어린애도 아닌데 무엇 때문에 벽에다 멋대로 그림을 그렸을까요? 이것은 책을 많이 읽지 않으면 정말 이해하기 어려운데, 뒷날에야 강유위 등이 옳지 않다는 것을 알게 되었습니다. 이 화침畫寢의 문제를 맨 처음 제기한 사람은 양무제梁武帝였으며, 뒤에 송대宋代에도 어떤 사람이, "재여는 대낮에 낮잠을 자다 꾸지람을 당한 것이 아니라, 침실 벽에다 멋대로 그림을 그리고 있었기에 공자가 그를 꾸짖었다."고 했습니다. 강유위 등의 견해는 결코 독창적인 견해가 아닙니다.

그렇지만 우리가 이해한 바로는, 옛 사람들은 공자의 이 말을 모두 곡해한 듯합니다. 내가 연구한 바에 의하면, 이 말의 진정한 뜻은 다음과 같습니다. 즉, 처음부터 속이 이미 썩은 나무는 겉면에 조각을 하여 보기 좋게 꾸미더라도 소용이 없으며, 개미나 땅강아지들이 기어 다녀 푸실푸실해진 흙담은 그 자체가 단단하지 않은 것이라 쓰러질지도 모르므로, 속이 단단하지 않은 이런 담은 겉에 석회를 멋지게 발라 놓아도 소용이 없다는 것입니다. 이것은 마치 낡아 허물어지려는 집을 정리한 다음 오늘날의 베니어판이나 스티로폼 판을 대고 벽지를 바르고 나서 들어가 보면 겉으로야 멋지게 보이지만, 집 골격은 느슨한 상태인 것과 같은 것으로, 이는 옳지 않으며 믿을 수 없는 것입니다.

이 두 가지 문제가 해결되고 나니, 우리는 곧 공자의 말이 다음과 같은 뜻이었음을 이해하게 됩니다. 즉, "재여는 몸이 허약하다. 재여로 하여금 더 쉬도록 할 수밖에 없다. 너희들은 그에게 너무 지나치게 바라서는 안 된다."라는 것입니다. 이것은 내가 한 학생을 통해서 체험한 사실입니다. 내게는 몇 명의 학생이 있는데, 그 중 한 학생은 능력과 지혜가 뛰어나서, 솔직히 말해 나는 그의 재능과 견해에 감탄했습니다. 그런데 사람을 애태우게 하는 것은, 그에게 무슨 일을 하나 맡겨 놓으면 한 달이 다 가도 소식이 없습니다. 꾸짖어야 할까요? 차마 그럴 수 없었습니다. 사실 그는 2, 3일이 멀다 하고 감기에 걸려 하루 종일 침대와 짝이 되어야 했으며, 정신이 허약하니 잠만 잘 수밖에 없었습니다. 나는 비로소 "썩은 나무에는 조각을 할 수가 없고, 푸실푸실해진 흙담에는 흙손질을 할 수 없다."(朽木不可雕也, 糞土之墻不可杇也)는 말은, 재여가 나쁘다는 것이 아니라 재여의 몸이 너무 약하다는 뜻임 알게 되었습니다.

사람이란 참 이상합니다. 몸이 약한 사람은 머리가 좋습니다. 『맹자』의 「진심장」盡心章을 보면 "덕행·지혜·도술·지식이 있는 사람은 흔히 우환 속에서 성장한다."(人之有德慧術知者, 恒存乎疢疾)는 말이 나오는데, 병이 있는 사람은 병의 고통 때문에 신체적으로 다른 활동을 하지 않게 되므로, 생각을 많이 하거나 학문을 하게 되는지 모릅니다. 체력이 좋은 사람은 운동을 하면 우승컵을 받을 정도이면서도, 글을 한두 편 쓰라 하면 아주 힘들어합니다. 이 두 가지 일은 겸할 수 없습니다. 체능이 좋고 지혜도 뛰어나 문무文武를 겸한 사람은 아주 드뭅니다. 학문이나 덕업이 좋은 사람은 대부분 몸이 약하고 병이 많다는 것은 사실입니다. 그래서 공자는 "어여여하주"(於予與何誅)고 했습니다. '誅'(주) '바란다'(求)는 뜻으로, 여기에서는 '죽일 살'(殺)자로 풀이해서는 옳지 않습니다. '誅'(주)는 요구할 '求'(구)자이며, '於予'(어여)의 '予'(여)는 바로 재여입니다. 바꾸어 말해서, "너희들이 재여에게 너무 지나치게 바랄 필요가 어디 있겠느냐? 잠자도록 내버려 두려무나!"라는 말입니다. 다시 이어집니다.

공자께서 말씀하셨다. "지난날에는 나는, 어떤 사람이 생각이 있고 재능이 있는 것을 보고 이 사람은 장래에 틀림없이 성취가 있을 것이라고 믿었다. 그러나 이제 나이가 들어서 나는, 어떤 사람이 재능이 있고 학문이 있다고 하더라도 좋은 체능과 넘치는 정력이 없다면 그의 사업을 말할 필요도 없다는 것을 발견하였다. 나는 재여를 보고 인생에 대한 견해가 바뀌었다. (천하의 일은 사실 그렇게 간단하지 않다)"

子曰 : 始吾於人也, 聽其言而信其行。今吾於人也, 聽其言而觀其
자 왈   시 오 어 인 야   청 기 언 이 신 기 행   금 오 어 인 야   청 기 언 이 관 기

行。於予與改是。
행   어 여 여 개 시

공자는 이렇게 말했습니다. "지난날에는 어떤 사람의 말을 들으면, 곧 그 사람의 행위를 믿었다. 이제는 내 나이도 많아졌고 인생 경험도 많아져서, 어떤 사람의 말을 듣고 그의 행위도 관찰해 본다. 이렇게 바뀐 것은 재여가 나를 계발시킨 덕택이다."

옛 사람은 이런 말들에 근거하여 공자가 재여를 몹시 미워한 것으로 해석했습니다. 사실은 그렇지 않습니다. 우리가 생활 속에서나 가르치는

경험 속에서 체험해 알 수 있듯이, 공자의 이 말은 지난날에는 어떤 사람이 생각이 있고 재능이 있는 것을 보고 이 사람은 장래에 틀림없이 성취가 있을 것이라고 믿었다는 것입니다. 즉, '청기언이신기행'聽其言而信其行이었다는 것입니다. 그러나 나이가 들어서 공자는 이와 같지 않다는 것을 발견하였습니다. 어떤 사람이 재능이 있고 학문이 있다고 하더라도, 좋은 체능과 넘치는 정력이 없다면 사업을 말할 필요도 없다는 것입니다. 사람이 사업을 하려면 강건한 체력과 왕성한 정신이 반드시 필요합니다.

그래서 공자는 "나는 재여를 보고 인생에 대한 견해가 바뀌었다. 천하의 일은 사실 그렇게 간단하지 않다."고 했습니다. 어떤 사람은 생각도 있고 능력도 있고 재능도 있지만, 일생 동안 사업을 하지 못하는 경우가 있습니다. 왜냐하면 정력이 부족하고 정신이 왕성하지 않기 때문입니다. 그래서 증국번의 관상법에, "공명功名은 풍채를 보고, 사업은 정신을 보라."(功名看器宇, 事業看精神)고 했는데, 일리가 있습니다!

그래서 나는 이 단락을 이런 뜻이라고 생각하는데, 맞고 틀리고는 여러분이 다시 연구해 보시기 바랍니다. 그렇지만 나 개인은 적어도 지금까지 이런 뜻으로 생각하고 있습니다. 다만, 옛 사람들은 공자를 너무 고루하고 케케묵은 사람으로 묘사하고 있는데, 사실 공자는 인정人情에 아주 훤했습니다.

구함이 없으면 품격이 스스로 높다

여기에서 공자는 또 한 사람에 대해 말합니다.

공자께서 (어느 날 탄식하며) 말씀하셨다. "나는 아직 강직한 사람을 못 보았다."
어떤 사람이 "신장申棖이 있습니다." 고 하자,
공자께서 말씀하셨다. "신장은 욕심이 많으니 어찌 강직하다 하겠느냐?"

(일체 무욕에 이르러야 비로소 참으로 강하고 곧을 수 있으며, 또 비로소 영웅적 기개를 지닌 사람이 될 수 있습니다)

子曰 : 吾未見剛者。或對曰 : 申棖。子曰 : 棖也慾 , 焉得剛 ?
자왈　오미견강자　혹대왈　신장　자왈　장야욕　언득강

공자가 어느 날 탄식하면서 말하기를, "나는 지금까지 강직剛直하다고 할 만한 사람을 보지 못했다."고 했습니다. 이 '강剛'자에 유의해야 합니다. 성깔이 대단한 것은 '강剛'이 아니며, 그것은 단지 성깔이 대단한 것일 뿐입니다. 강직한 사람은 방정方正하지, 성깔이 대단한 것은 결코 아닙니다. 보통 말하는 이런 사람은 몹시 괴팍해서 추켜세워 주어도 소용없고, 욕을 해도 끄떡하지 않는다는 점에서 거의 강직에 가깝지만, 한편으로 그의 품덕品德과 지혜·수양을 보아야 합니다. 앞에서 말한 적이 있지만, 어떤 사람이 이렇게 말했습니다. "상등인上等人은 재능이 있지만 성깔은 없고, 중등인中等人은 재능은 없고 성깔만 있으며, 하등인下等人은 재능도 없고 성깔도 없다." 공자가 여기서 말하는 '강剛'은 재능은 있지만 성깔은 없는 상등인을 가리킵니다.

공자가 "지금까지 나는 강직한 사람을 본 적이 없다."고 말하자, 어떤 사람이 대답합니다. "있습니다! 신장申棖, 그 사람은 매우 강직하지 않습니까?" 그러자 공자는, "신장은 욕심이 많으니 어찌 강직하다 하겠느냐?"(子曰棖也慾, 焉得剛)고 했습니다. 사람이 욕심이 있으면 강직할 수 없는데, 그것은 자신이 좋아하는 것을 만나면 항복할 수밖에 없기 때문입니다.

사람이 무욕無慾에 이르러야 강직할 수 있습니다. 예를 들면, "이 사람은 진짜 좋습니다! 정말 대단합니다! 다만, 한 가지 결점이 있으니, 그것은 돈을 좋아하는 것입니다."라는 말을 들을 때가 있습니다. 그러나 그가 돈을 좋아하는 이상, 누가 그에게 돈을 갖다 주면 그의 대단함도 대단하지 않게 되어 버립니다. 어떤 사람은 인품과 덕성이 다 좋은데, 다만 독서를 너무 좋아하는 한 가지 결점이 있습니다. 가령 이 사람이 잔머리 쓰는 사람을 만나게 되었다고 합시다. 잔머리 쓰는 사람은 그를 이용하기로 마음먹고, 그에게 오직 책 이야기만 해서 그를 계략에 빠뜨릴 수 있습니다.

역사상 어떤 사람들은, 천자도 그들을 신하로 삼을 수 없었고, 제후도 그들을 벗으로 삼을 수 없었으며, 그들에게 벼슬을 하라고 청해도 마다했고, 어떠한 권세로 끌어들이려고 해도 그들은 거들떠보지 않았습니다. 그러나 역사상 정치에는 한 가지 전통적인 수법이 있었는데, 윗사람이 어진 사람을 예의와 겸손으로 대하면 상대가 어떤 사람이든 모두 투항을 했습니다.

예컨대 어떤 사람이 당신을 천하에 제일가는 사람이라 생각하고, "당신이 나오지 않으면 천하 창생은 어떻게 되겠소?" 하면, 당신은 좀 생각해 보고 나서 괜찮은 일이라고 느껴 한번 나서 보는 것도 무방하다고 여기게 될 것입니다. 이와 같이 그들도 부귀공명은 바라지 않았지만, 남이 자신을 예의와 겸손으로 대하는 것은 두려워했습니다. 윗사람이 오직 예의로 아랫사람을 대하기만 하면, 어떤 영웅도 모두 그 올가미에 걸려들었습니다. 그렇지만 도덕으로 배경을 삼아야지, 만약 도덕적 기초가 없이 함부로 이렇게 활용하면, 예禮도 한 자루 칼이기에 때로는 자기를 죽일 수 있으므로, 특히 주의해야 합니다!

그래서 진정으로 강직한 사람은 욕심이 없는 사람입니다. 무욕無慾해야만 강직할 수 있습니다. 어떤 학생이 나더러 대련對聯 한 폭을 써 달라고 해서, 나는 그에게 다음과 같은 여덟 자를 써 보냈습니다. "유구개고, 무욕즉강"(有求皆苦, 無慾則剛), 구함이 있으면 모두 괴로움이고, 욕심이 없으면 강직하다는 뜻으로, 상련上聯은 불가佛家의 사상이고, 하련下聯은 유가의 사상입니다. 사람이 아무것도 구하지 않고, 오직 성인聖人이 되고 부처가 되고 신선이 되고 싶다고 하더라도, 그것은 괴로움입니다! 성인이나 신선이나 부처가 되고 싶은 것, 그것 역시 하나의 구함이며, 구함이 있으면 곧 괴로움이 있기 때문입니다. 사람이 구하는 것이 없으면 품격이 스스로 높습니다(人到無求品自高). 일체 무욕에 이르러야 비로소 참으로 강하고 곧을 수 있으며, 또 비로소 영웅적 기개를 지닌 사람이 될 수 있습니다.

그래서 공자는 신장이 아직도 욕심이 있는데 어떻게 강직할 수 있겠느냐고 말했습니다. 다음에 또 다른 사람의 이야기를 끌어냅니다.

나를 미루어 남을 알기가 어렵다

자공이 (자기의 학문 수양에서 터득한 바를 아주 자랑스럽게) 말하였다. "저는 남이 저에게 하기를 바라지 않는 일은, 저도 남에게 하지 않으려 합니다."

공자께서 말씀하셨다. "사賜야, 네가 해낼 수 있는 일이 아니다."

子貢曰：我不欲人之加諸我也，吾亦欲無加諸人。子曰：賜也，非爾
자공왈　아불욕인지가저아야　오역욕미가저인　자왈　사야　비이

所及也。
소급야

이는 자공이 자기의 학문 수양에서 터득한 바를 아주 자랑스럽게 말하고 있는 것입니다. 그는 "남이 내게 하는 것이 내가 싫은 일은 나도 남에게 하지 않겠다."고 말했습니다. 예를 들면, 어떤 사람이 나를 욕하면 내가 불쾌할 것이므로, 나도 다른 사람에게 욕을 하지 않겠다는 것입니다. 다른 사람이 내게 고통·번뇌를 주는 것을 내가 좋아하지 않으므로, 나 역시 다른 사람에게 고통·번뇌를 주지 않겠다는 것입니다. 사람이 이런 수양을 해낼 수 있다면 얼마나 훌륭하겠습니까! 자공은 자기가 학문을 해서 얻은 귀중한 체험을 이렇게 보고한 것입니다.

그런데 공자는 그 말을 듣고 나서, "자공아, 이것은 네가 해낼 수 있는 일이 아니다!"(子曰賜也, 非爾所及也)라고 말했습니다. 그 다음의 말은 비록 기록되지는 않았지만, 어렴풋한 가운데 공자의 자기 겸손의 의미가 들어 있어, 마치 "명색이 선생인 나도 그 일은 완전히 잘할 수 없으며, 어떤 사람도 할 수 없다."고 말하고 있는 것 같습니다. 왜일까요? 세상의 어떤 사람도 살아 있는 한 남을 괴롭게 하지 않을 수 없다는 것은 필연적인 이치입니다.

예를 들어, 우리 모두 여기에서 『논어』를 연구하고 있는 동안에는 마음이 아주 홀가분하지만, 조금 있다가 집에 돌아가서는 어떻게 합니까? "여보, 당신 어찌 된 거야? 밥도 아직 안 해 놓다니!" 할 겁니다. 지금 여기서는 즐겁지만, 잠시 후 겪게 되는 괴로운 일은 자기 집사람에게 떠넘깁니다. 사람은 세상에 살면서 다들 자기의 고통을 남에게 넘겨주고, 자기는 약간의 즐거움, 행복이라는 것을 얻습니다. 그래서 자공이 이 말을 했을 때, 공자는 "그것은 나도 할 수 없으며, 다른 어떤 사람도 할 수 없다."고 했습니다.

사람이 세상을 살아간다는 것은 서로 돕는 것이어서, 우리가 행복을 누린다는 것은 반드시 남에게 의지한다는 것이며, 심지어는 남을 억압하는 것이기도 합니다. 그렇지만 늘 경각심을 가지고, 남을 억압하고 싶을 때에도 최소한 조금만 억압한다면, 이것은 이미 상당히 훌륭한 도덕이 된 것입니다. 그래서 절대무사絕對無私, 절대무욕絕對無欲은 사람에게 불가능한 것이라고 하는 것입니다.

노자老子도 절대무사는 불가능한 것으로, 청심과욕淸心寡欲하고 소사무욕少私無欲하다면 이미 훌륭한 것이라고 생각했습니다. 사심私心을 적게 가지면 곧 공평해지며, 절대무사는 통할 수 없고 절대무욕은 있을 수 없기에 욕심이 적은 것만도 곧 훌륭한 것입니다. 그러므로 자신을 생각할 때 남의 생각도 할 수 있다는 것은 매우 훌륭한 공중도덕입니다. 내가 부채를 가질 필요가 있을 때, 다른 사람에게도 "부채가 필요합니까, 필요하지 않습니까?" 하고 묻는다면, 이는 곧 훌륭한 것입니다. 가령 내가 부채를 가질 때에, 내가 부채를 많이 사서 부채가 필요한 모든 사람들에게 나누어 준다는 것은 할 수 없는 일로, 그런 재력이 없을 뿐 아니라 그럴 능력도 부족합니다. 또, 세상의 어떤 사람은 당신이 부채를 주더라도 가지고 있다가 잃어버립니다. 왜일까요? 그는 병이 들어 부채질을 할 수 없기 때문입니다. 이 이야기에서 우리는 사람다운 사람 되기가 어렵고 도덕 수양이 어렵다는 것을 알 수 있습니다.

어떤 사람은, "우리 후세인들이 공자를 앙모하고 공자가 훌륭하다는 것을 알게 된 것은 모두 자공의 공로다." 라고 말합니다. 왜 그럴까요?

공자 만년의 생활은 아마 자공에게 의지했을 것이기 때문입니다. 또, 공자의 이름이 천하에 떨치게 된 데에도 자공의 공이 큽니다. 당시 국제간의 외교 책략이든, 실업계에서의 명성이든, 전략과 정략의 고문이든 어느 것이나 다 자공은 뛰어났습니다.

또한, 공자에 대한 자공의 인식도 몹시 깊어서, 공자 사후에 공자의 3천 제자와 72현인들은 대부분 다 3년 동안 심상心喪 — 제자로서 상복을 입지 않고 선생님에 대해 부모처럼 마음속으로 근신하는 것 — 을 하였지만, 오직 자공만은 초막을 짓고 공자의 묘를 3년 동안 지켰습니다. 중국인이 중시하는 풍수지리학인 감여학堪輿學에서 전해 오는 바에 의하면, 곡부曲阜에 있는 공자의 묘도 자공이 자리를 보고 정한 것이라고 합니다. 당초에 공자가 죽었을 때 제자들이 묘 자리를 하나 보아 놓았지만, 그 자리에는 나중에 한고조漢高祖 유방劉邦을 묻었습니다. 자공은 그 묘 자리가 자신들의 부자夫子를 묻기에는 충분하지 않다고 생각했습니다. 왜냐하면 그곳은 제왕을 묻을 곳이 될 수 있을 뿐, 천고의 성인인 자신들의 부자夫子를 묻기에는 걸맞지 않았기 때문입니다. 그래서 자공은 선생을 곡부에 안장시켰다는 설이 풍수가들 사이에 전해 오는데, 이것은 이야기일 뿐 실제로 그랬다는 증거는 없습니다.

자공은 문文, 자로는 무武

자공이 어떻게 공자를 찬양했는지 다음이 바로 그 명확한 증거입니다.

자공이 (공자의 위대함을) 말하였다. "(우리들이 선생님을 이렇게 여러 해 동안 따라다녔지만) 선생님의 (학문과 밖으로 드러난 아름다운 언어·사상·행위·거동·대인待人·처세 등인) 문장文章은 (늘) 들을 수 있었지만, 선생님이 (인성의 본원과 우주의 생성이나 생명의 기원 같은) 천도天道에 관하여는 (제자들의 수준이 아직 충분하지 못하기에) 말씀하시는 것을 들을 수 없었다."

子貢曰：夫子之文章，可得而聞也。夫子之言性與天道，不可得而
자공왈 부자지문장   가득이문야   부자지언성여천도   불가득이

聞也。
문야

자공은 자신의 학문과 성취의 관점에서 공자의 위대함을 말하고 있습니다. 그는 이렇게 말했습니다. "우리들이 부자夫子를 이렇게 여러 해 동안 따라다녔지만, 아는 것은 그분의 문장에 지나지 않는다." 문장文章이란 말에 우리는 유의해야 합니다. 여기의 문장은 원고를 쓰는 그런 문장이 결코 아닙니다. 옛 사람들이 말한 문장이란, 아름다운 언어·사상·행위·거동·대인待人·처세 등 밖으로 드러난 것을 통틀어 모두 말합니다. 사리事理가 하나의 조리를 이루어 예술적 분위기를 내포하고 있는 것을 문장이라고 불렀습니다. 뒷날 좁은 의미로 바뀌어, 문자로 써서 이룩된 어떤 형식의 글을 문장이라고 부르게 되었습니다.

자공이 여기에서 말한 내용은 다음과 같습니다. "선생님의 학문과 문장에 대해서는 우리가 모두 늘 들었지만, 인성人性의 본원과 형이상의 생명 기원의 본체론, 그리고 우주는 최초에 어떻게 시작되었을까, 도대체 누가 창조했을까, 유물唯物일까 아니면 유심唯心일까 등의 천도天道, 즉 철학적인 문제는 우리들의 수준이 아직 충분하지 못하기에 선생님께서도 우리에게 언급하지 않으셨다."

그래서 후세의 우리들은 오직 『역경』을 연구해야만 비로소 공자가 형이상의 도道에 관한 철학과 과학 문제를 논하는 것을 볼 수 있고, 사서四書 속에는 형이상의 도에 관한 명백한 논술이 아주 적습니다. 후세에 공자의 학설을 연구한 어떤 사람이 공자의 형이상에 관한 관념은 이러이러하다고 주장했다면, 대부분은 연구자 자신의 관점에서 그렇게 본 것이기 때문에 엄격한 논의로 삼기는 어렵습니다. 예를 들어, 우리가 공자는 이러이러하다고 생각하면서 여러 방면으로 그 증거를 인용하여 한 편의 글을 썼다고 합시다. 그것은 어디까지나 우리가 본 공자의 모습일 뿐 결코 공자 본래의 모습은 아닙니다. 왜 이렇게 말할 수 있을까요? 자공의 말에 의하면, 인성과 천도에 관한 선생님의 말씀은 들을 수 없

었다는 것으로, 공자는 제자들이 아직 수준 미달이었기에 제자들에게 그의 생각을 언급하지 않았음을 알 수 있습니다.

본 편은 이곳에 이르러 화제가 바뀌어, 다음에서 자로子路의 장점을 말합니다.

자로는 가르침을 듣고 그것을 아직 실천하지 못했다면, 또 다른 가르침을 듣는 것을 가장 두려워하였다.

(이론과 실천이 통일된 경지에까지 이를 수 없다는 것은 자기를 속이는 것이나 마찬가지여서 자로는 이를 두려워했기 때문입니다)

子路有聞, 未之能行, 唯恐有聞。
자 로 유 문　　미 지 능 행　　유 공 유 문

자로는 비록 성격이 거칠고 충동적이었지만, 그의 인품과 덕성이 특히 훌륭했고 무공도 뛰어났기 때문에 공자는 확실히 그를 좋아했습니다. 자로는 뒤에 위魏나라에 대변란이 났을 때 전사했습니다. 위나라에 변란이 발생했을 때 그는 밖에서 돌아왔습니다. 원래 그는 이 변란을 피할 수도 있었지만, 도피하지 않았습니다. 그는 소식을 듣고는, "위태로움을 보고 목숨까지 내던진다."(見危授命)는 말과 같이 더욱더 앞으로 나서야지 도피해서는 안 된다고 생각했습니다.

그가 위나라로 들어갔을 때는 한참 전란 중이어서 그도 작전에 참가했다가 결국 죽었습니다. 그는 죽기 전에 온몸이 상처투성이였지만, 유자儒者는 죽을 때에도 그 의관衣冠을 단정히 해야 한다고 생각하여, 중상을 입고서도 모자를 쓰고 의복을 여며 단정히 한 후에 비로소 숨을 거두었습니다. 사람이 이렇게 중상을 입은 채 이처럼 침착하면서, 죽음이 이미 이르렀음을 알고 의관을 정돈하고 단추를 잘 끼우고 단정히 죽는, 이런 정신 수양은 참으로 쉽지 않은데, 그가 이와 같이 할 수 있었음은 결코 우연이 아니었습니다.

그러므로 여기에서 말하기를, 자로는 공자의 가르침을 듣는 것을 제일 두려워했다고 하고 있는데, 왜 그랬을까요? 그는 가르침을 듣고도 실행하지 못하여 배운 것이 부끄럽게 될까 두려워했던 것입니다. 도리를 알았으면 행위와 결합시키고자 하는 것이 이른바 실천적인 수양입니다. 이론과 실천이 통일된 경지에까지 이를 수 없다는 것은 자기를 속이는 것이나 마찬가지여서 자로는 이를 두려워했기 때문에, 선생님의 가르침을 듣는 것을 가장 두려워했다고 말한 것입니다.

인물 평가는 관뚜껑을 덮은 후에

이 편에서 지금까지는 모두 공자의 학생 이야기를 했습니다.

　　자공이 물었다. "(위나라 대부) 공문자는 왜 문文이라고 시호를 붙였습니까?"
　　공자께서 (논평하여) 말씀하셨다. "(일생 동안의 사람됨과 처신이) 총명하면서도 배우기를 좋아하고, (게다가) 아랫사람에게 묻기를 부끄러워하지 않았(던 겸손의 미덕이 있었)으므로 문文이라고 시호를 붙인 것이다."

　　子貢問曰：孔文子何以謂之文也？子曰：敏而好學，不恥下問，是以
　　자공문왈　공문자하이위지문야　　자왈　민이호학　불치하문　시이

謂之文也。
위지문야

지금부터는 공자가 당시와 그 전후 시대 인물에 대해 논평한 것입니다. 이 인물 논평에는 어떻게 학문할 것인가 하는 것과 전체적인 문화 정신이 포함되어 있습니다.
　　여기서 먼저 한 사람을 소개합니다. 그 사람은 공문자孔文子인데, 성은 공孔이고 이름은 어圉로서, 위나라의 대부였습니다. 文子(문자)의 '文'(문)은 고대의 시호법諡號法에서 온 것입니다. 이것은 전통 문화의 하나로서, 주나라 때 시작되어 줄곧 전해 내려오다가, 근대 이후 나라가 수십 년 동안 전란 속에 처해 있고 사고가 많았기 때문에 아직 회복되지 못했습

니다.

시호법이란 무엇일까요? 간단히 말해, 어떤 사람에 대한 사후 평가입니다. 이는 아주 신중한 일로서 오직 우리의 역사 문화에만 있는 것이며, 황제조차도 시호법의 포폄褒貶을 벗어날 수 없었습니다. 우리는 중국 문화 춘추대의春秋大義의 정신이 바로 여기에 있음을 알아야 하며, 더 나아가 깊은 의미를 가지고 있는 이 시호법의 정신을 다음 세대에 기억시켜 주어야 합니다.

중국 고대에 황제나 관료가 된 사람들은 이 시호법을 가장 두려워했습니다. 자기가 죽은 후 만세萬世까지 오명汚名을 남기고, 심지어는 자손들까지 고개를 들 수 없도록 누를 끼칠까 두려워했습니다. 그래서 그들은 국가를 위해서 일하면 만세에 남을 이름을 쟁취하고 싶어 했으며, 죽은 후에 자손에게 오명 남기기를 원치 않았고, 역사에 오명 남기는 것은 더욱 원하지 않았습니다. 이 시호법은 다시 말해 사후 한 글자의 평판입니다. 황제가 죽고 나면 대신들이 모여 의논하거나 사관史官들이 평어評語를 지었습니다. 예를 들어 한나라의 문제文帝・무제武帝를 칭하는 '문文', '무武'는 모두 시호법에 따라 그들에게 주어진 시호였습니다. '애제'哀帝란 시호는 비참하며, 한나라 최후의 황제인 '헌제'獻帝도 남에게 바쳐 보낸다는 뜻의 비애를 머금고 있습니다.

이 시호법은 매우 무서웠다는 것을 알 수 있습니다. 왕양명王陽明은 본인의 호號인데, 뒷날 시호를 '문성'文成이라 더했습니다. 증국번曾國藩은 후인들이 '증문정공'曾文正公이라 불렀는데, '문정'文正이라는 두 글자는 청나라 조정이 그에게 준 시호입니다. 사후의 평어評語가 문성文成, 문정文正이라 불려질 만한 사람은, 중국은 예로부터 5천 년의 역사와 가로세로 10만 리의 국토에서 수 억의 인구가 있었지만 그 중에서 헤아려 보면 몇 사람 되지 않습니다. 많아야 1, 20명에 불과할 뿐입니다. 이것은 중국 문화 속에서 시호법이 신중하고 엄격했기 때문입니다. 그래서 중국인은 벼슬을 하든 어떤 일을 하든 그의 정신 목표는 후대에 대해서 책임을 지려는 것이었습니다. 자신의 일생에 대해서 책임을 지려고 했을 뿐만 아니라, 후세에 대해서도 책임을 지려고 했던 것입니다.

　예컨대 송대의 명신名臣이자 이학가였던 조변趙抃 같은 사람은 한번은 사천 지방으로 쫓겨나, 오늘날 관직에 비유해 말하면 성 주석省主席을 맡게 됐습니다. 조변은 절뚝거리는 나귀 한 마리를 타고 거문고 하나에 늙은 종 하나와 학 한 마리를 데리고 부임 차 성省의 중심인 성城 안에 도착했습니다. 온 성城 안의 문무 관원들이 신임 주석을 맞으러 성城 밖에 나와서 보니 사람이 보이지 않았습니다. 누가 알았겠습니까? 찻집 안에 앉아 있는, 거문고 하나 들고 학 한 마리가 따라다니는 그 늙은이가 바로 새로 부임한 주석이라는 것을! 당연히 그는 주석을 지낸 데 그치지 않고, 간의대부諫議大夫도 지낸 아주 유명한 명신이 되었습니다.

　그런데 역사상 명신이 되기는 쉽지 않았습니다. 신하에는 대신大臣·명신名臣·구신具臣·충신忠臣·공신功臣·간신奸臣·영신佞臣 등이 있었습니다. 이른바 충신·간신은 소설을 보면 다 알 수 있으므로 자세히 말하지 않겠습니다. 명신의 자격에 이를 수 있기는 쉽지 않았으며, 대신의 자격에 이르기는 더욱 어려웠습니다. 대신이 역사상 꼭 이름난 것은 아니었지만, 천하 후세를 안정시킨 공훈 업적이 반드시 있었습니다. 우리는 간신 보기를 바라지 않습니다. 또, 충신 보기도 바라지 않습니다. 이 말은 무슨 말일까요? 우리가 알다시피 문천상文天祥은 충신이었으며, 악비岳飛도 충신이었습니다. 그러나 우리는 국가가 그들이 살았던 때와 같은 그런 시대를 만나기를 바라지 않는다는 것입니다. 우리가 보기를 희망하는 것은 명신·대신으로, 조변 같은 사람이 곧 명신이며 대신입니다. 조변은 마지막에 물러나 집에 돌아와서 다음과 같은 시 한 수를 지었습니다.

허리에 찬 황금 관인 이미 반환했으니	腰佩黃金已退藏
이 가운데 소식도 별다른 것 없네	個中消息也尋常
세상 사람들 이 고재의 늙은이 알고 싶은가	世人欲議高齋老
옛날 가촌 조씨 집 넷째 그대로일세	只是柯村趙四郎

　그의 허리춤에 온통 황금과 미국 달러가 가득 찼기 때문에 퇴직했다

고 잘못 생각하지 마십시오. 여기서의 황금은 황금과 미국 달러가 아닙니다. 평극(平劇: 경극의 다른 이름임—역주)을 보면 알 수 있는데, 이른바 "높은 벼슬이라 황금 관인은 큼직하고, 나이 많도록 관저에서 산다네." (斗大黃金印, 年高白玉堂)라는 시에 나오는 황금 관인입니다. 고대 고관高官의 관인官印은 실제로는 구리로 된 큼직한 도장으로, 이것을 황금인黃金印이라고 했습니다. 오늘날의 중앙 정부 각 부서의 직인 같은 것으로, 관인 주조소官印鑄造所가 구리로 주조한 것을 황금인이라고 할 수 있습니다.

"허리에 찬 황금 이미 반환했으니"(腰佩黃金已退藏)는 그 황금인을 반환했다는 말입니다. "이 가운데 소식도 별다른 것 없네"(個中消息也尋常), 일생을 풍운처럼 살아왔던 인물이 사실은 아주 평범하다는 것입니다. "세상 사람들 이 고재의 늙은이 알고 싶은가?"(世人欲議高齋老), 그가 물러난 후에 사는 곳이 고재高齋인데, 이 구절은, "그대들이 고재에 살고 있는 이 늙은이가 무슨 대단한 게 있다 생각하여 내가 어떤 사람인지 알고 싶은가?"라는 뜻입니다. "옛날 가촌 조씨 집 넷째 그대로일세."(只是柯村趙四郞), 사실은 옛날 가촌에 살았던 조씨네 넷째일 뿐이라는 것입니다. 그는 그렇게 소박하고 평범했습니다. 그래서 가장 훌륭한 사람은 가장 평범한 사람입니다. 참으로 평범할 수 있어야 비로소 참으로 훌륭한 것입니다. 조변趙抃이 사후에 받은 시호는 '청헌'淸獻이라는 두 글자였는데, 역사상의 조청헌공趙淸獻公은 바로 조변을 가리킵니다. 그는 일생 동안 국가에 봉헌하고 일생 동안 청렴 공정했는데, 이 정도에 도달하기란 대단히 어렵습니다. 다른 명신들도 많았지만, 여기서 한꺼번에 다 말할 수 없습니다.

요컨대, 우리의 과거 역사 문화는 이 시호법을 대단히 중시하였지만, 지금 우리는 어떻습니까? 육방옹陸方翁의 다음 시와 같은 분위기가 많습니다.

버드나무 있는 조씨들 마을에 해가 기우는데　　　　斜陽古柳趙家莊
북을 멘 늙은 맹인 한참 마당굿을 하네　　　　　　負鼓盲翁正作場

죽은 뒤의 시비를 누가 상관하랴 　　　　　　死後是非誰管得
온 마을 사람들 채중랑 노래 듣고 있네 　　　滿村聽唱蔡中郞

　"내가 알 게 뭐야! 죽으면 잊어버릴 텐데. 늙은이 죽고 나서 욕하려
면 욕하라지! 지금 내가 편안히 살면 되었지." 우리는 잊지 말아야 합
니다. 시호법은 바로 전통 문화의 정신이며, 나라가 정상 괘도에 올라
제대로 되었을 때 이런 것들을 이전대로 회복해야 옳다는 것을…….
　서양 문화를 한번 봅시다. 서양의 정신은, 문인이든 영웅이든 죽으면
그것으로 끝입니다. 프랑스 사람들은 이야기를 꺼냈다 하면 나폴레옹뿐
입니다. 나폴레옹이 뭐가 대단한 것이 있습니까? 우뚝 솟았던 기간이라
야 불과 20년쯤이었고 50여 세에 죽었습니다. 게다가 실패한 영웅으로
초패왕(楚霸王: 항우를 말함—역주)보다 못한데, 무슨 나폴레옹입니까! 우리
역사에는 이런 류의 영웅들이 아주 많았는데, 역사에서는 실패한 영웅
을 많이 동정하여 풋내기들이 이름이나 남기도록 해 주었을 뿐입니다.
오늘날의 서양 문화는 더욱 알 수 없어서,

죽은 다음 시비를 누가 상관하겠나 　　　　　死後是非誰管得
살았을 때 죽어라 스스로 선전해야지 　　　　生前拚命自宣傳

라는 식입니다. 그렇지만 우리는 전통 문화의 시호법의 도리와 정신을
이해해야 합니다.
　그리고, 일본의 명치유신明治維新의 몇 명의 중요 인물의 하나였던 이
등박문伊藤博文의 명언인, "이익을 계산하려면 천하의 큰 이익을 계산하
고 명성을 구하려면 만대의 큰 명성을 구해야 한다."(計利應計天下利, 求名
當求萬世名)는 중국 문화의 물건을 흡수한 것임을 우리도 알아야 합니다.
일본인은 자칭 동방 문화라고 하지만 사실은 모두가 진짜 중국 문화입
니다. 우리 세대 청년들에게서 볼 수 있는 그런 천박한 견해와, 의義와
이利를 구분하지 못함은 이전 사람은 생각할 수도 없는 것이었습니다.
방금 우리 몇 사람이 오늘날 청년들은 현대 지식이 많이 부족하다는 것

을 이야기했지만, 정말 그들에게는 아무것도 없어서, 이야기를 꺼냈다 하면 무슨 대학에 시험을 보았는데, 졸업하면 대우가 얼마이기 때문이며, 생활해 나가기 위해서라는 등, 이런 것들은 이전에는 우리가 고려하지 않았던 것입니다. 지금 이런 모양이 된 것은 문화 정신이 쇠퇴한 탓으로, 정말 우리가 많이 유의할 필요가 있습니다. 이 이야기는 시호법을 이야기한 김에 곁들이게 된 주제 밖의 느낌 생각이었습니다.

다시 본문으로 돌아갑시다. 위나라 대부 공어孔圉는 사후에 문文이라는 시호가 주어졌습니다. 자공은 공자에게 "공문자는 왜 문文이라고 시호를 붙였습니까?"(何以謂之文也)라고 물었습니다. 이것은 즉, 사람이 일생 동안의 사람됨과 일처리에서 어떻게 해야 문文이라고 불릴 자격이 있는가를 물은 것입니다. 이에 대하여 공자는, "총명하면서도 배우기를 좋아하고, 아랫사람에게 묻기를 부끄러워하지 않았으므로, 문文이라고 시호를 붙인 것이다."(敏而好學, 不恥下問, 是以謂之文也)라고 대답했습니다.

사람이 총명하면 배우기를 그리 좋아하지 않습니다. 또, 총명한 사람은 자기의 학문이 충분히 넉넉하다고 생각하기 쉽습니다. 특히, 우리 현대인들은 이런 잘못을 범하기 쉬운데, 마치 자신이 뭐든지 다 아는 듯이 합니다. 현대인들이 범하는 더 큰 잘못은, 지위가 높을수록 자기의 학문도 따라서 높아지고 깊어지는 것처럼 여기는데, 이는 큰 문제입니다. 사람은 총명하면서도 배우기를 좋아해야 합니다. 총명할수록 배우기를 좋아하는 것은 자신을 위해서나 사업을 위해서 다 좋습니다. 이렇게 해야 비로소 훌륭한 인물입니다.

두 번째 점은 더 어려운데, "아랫사람에게 묻기를 부끄러워하지 않는다."(不恥下問)는 것입니다. 여기서 하문下問이란 무엇을 말할까요? 나보다 못한 사람에게도 겸허한 마음으로 가르침을 청해서 자기가 알고 있는 것을 확인한다는 것입니다. 사람이 자기가 잘 알고 있다면 알고 있는 대로 하면 되겠지만, 설령 그렇다 하더라도 그것을 모르는 사람한테도 물어보고 참고할 수 있어야 비로소 여러 사람의 의견을 모아 좀더 큰 효과를 얻을 수 있습니다.

여기서 공자가 한 말의 뜻은 이렇습니다. "사람이 총명하면서도 배우

기를 좋아하고, 거기다가 자기보다 못한 사람에게 묻는 것을 부끄러워
하지 않는 겸손의 미덕을 더하면 비로소 문文이라는 글자의 내함內涵에
부합한다." 증국번이 훌륭하게 된 까닭은 바로 막부幕府에 인재가 많아
그의 참모단 조직이 크고, 일류 인재들이 모두 참가하여 그들의 지혜가
모두 그의 지혜로 쓰였기 때문이었습니다. 제갈량이 훌륭하게 되었던
것도 바로 막부의 인재가 대단히 많았기 때문입니다. 그러므로 "총명하
면서도 배우기를 좋아하고, 아랫사람에게 묻기를 부끄러워하지 않아야"
(敏而好學, 不恥下問) 비로소 문文이라 불릴 수 있습니다.

명신의 모범

공자는 또 한 사람을 비평하고 있습니다. 그는 당시 춘추전국 시대에
공자보다 시기가 조금 빠른 정나라의 유명한 수상首相으로, 정나라에 대
단한 공헌을 했던 자산子産이란 사람입니다.

**공자께서 (정나라 재상) 자산에 대해 (찬양하여) 말씀하셨다. "군자
의 도 네 가지를 (특별히) 지니고 있었으니, 자신의 처신에는 공손하였
고, 윗사람을 섬김에는 공경스러웠고, 백성을 살게 함에는 은혜로웠고,
백성을 부림에는 의로웠다."**

子謂子産, 有君子之道四焉: 其行己也恭, 其事上也敬, 其養民也惠,
자 위 자 산 유 군 자 지 도 사 언   기 행 기 야 공   기 사 상 야 경   기 양 민 야 혜

其使民也義。
기 사 민 야 의

자산은 역사상 이름난 훌륭한 재상이며 정치가로서, 공자는 그를 매
우 찬양하여 말하기를, "자산에게는 보통의 인정人情·덕업德業·수양 등
과 비교할 바가 아닌 네 가지 군자의 도가 특별히 있다."고 했습니다.
그래서 공자는 그의 네 가지 장점에 대해 역사적인 가치 면에서 평론을
했습니다. 자산은 자신에게 대단히 엄격하고, 자신을 매우 공손하도록

관리하고 데면데면하지 않았는데, 이는 매우 어려운 일이라고 공자는 말했습니다. 사람은 자기에 대해서는 가장 관대해서, 잘못은 언제나 남의 탓으로 돌리고 자기의 잘못에 대해 반성하는 일이 적은 것이 사실입니다. 그런데, 자산은 자신의 처신이 공손할 수 있었으니(行己也恭) 실로 드문 일입니다.

다음으로, 자산은 수상首相이 되어서는 주상主上에 대해서 대단히 공경스러웠습니다. '공'恭은 자기 내심의 엄숙함이고, '경'敬은 사람이나 일에 대한 태도가 아주 신중한 것입니다. 다시 말해, 위로부터 명령을 받을 때 복종할 뿐 아니라 좋은 의견이 있을 때는 힘써 말해야 합니다. 명령을 집행함에는 마음을 다해야 하고, 일을 대강대강 해치워서는 안 됩니다. 가장 두려워해야 할 것은 명령을 할 수도 없고 받지도 않는 것입니다. 명령을 내리면서 아랫사람에게 의견이나 방법을 제시해 보라고 하면 이의가 없다고 해놓고는, 막상 명령을 집행하라고 시키면 또 어리둥절해합니다. 그런데 자산은 윗사람에 대해서나 아랫사람에 대해서나 아주 신중할 수 있었습니다.

또 자산은 "백성을 살게 함에는 은혜로웠다."(其養民也惠)고 했습니다. 자산은 경제를 번영시켜 백성 모두가 먹고 살 수 있고 생활이 안정될 수 있도록 했으며, 사회에 공헌하고 인민에게 은혜를 베풀었기 때문에, 백성들은 그가 명령을 내릴 때는 다들 복종했습니다. 그리고 자산은 "백성을 부림에는 의로웠습니다."(其使民也義). 그는 대단히 합리적이며 때를 잘 맞추고 합법적이었기 때문에 사람들은 그의 명령을 잘 들었는데, 이는 확실히 대정치가의 풍모와 재능이었습니다.

이처럼 자산에게는 네 가지 군자의 도가 있었기 때문에, 정나라는 자산이 있음으로써 비로소 흥성할 수 있었습니다. 그런데 이 네 가지 군자의 도는 정치가만이 갖추어야 할 필요가 있고, 정치가가 아닌 우리에게는 필요가 없는 것일까요? 결코 그렇지 않습니다. 우리에게도 필요합니다. 만일 우리가 이 네 가지 점을 가지고 처세한다면, 절반은 성공한 것이 됩니다. 군자의 도에는 많은 희망이 있습니다.

공자는 또 다른 한 사람을 이야기하는데, 바로 안평중입니다. 그는 제齊나라 사람으로 재상을 지냈으며, 나이는 공자보다 좀 많았지만 공자와 동시대 사람이었습니다. 공자가 제나라에 가서도 뜻을 이루지 못한 까닭은 바로 이 키 작은 안자晏子가 공자를 떠나지 못하게 했기 때문입니다. 제나라에서는 원래 공자를 떠나게 하려고 했습니다. 그러나 키 작은 안자가 제나라 왕에게 말하기를, "왕께서는 공자를 오도록 청할 만한 도량이 있습니까?" 라고 하자, 이 말을 들은 황제는 속셈이 있어 감히 공자가 떠나기를 요청하지 않았습니다. 그렇지만 공자는 안자에게 매우 감동했습니다.

공자께서 (특히 안자의 친구 사귀는 태도에 감탄해서) 말씀하셨다. "안평중은 남과 사귀기를 잘하였으니, (친구에 대해서 시종 변함이 없어서 우정이) 오래 될수록 상대를 (공경하였고 상대도 그를) 공경하였다."

子曰 : 晏平仲, 善與人交, 久而敬之。
자 왈   안 평 중   선 여 인 교   구 이 경 지

공자가 "이 사람은 친구로서 훌륭하다."고 말하였는데, 역사상 안자의 전문 저작으로는 『안씨춘추』가 있습니다. 안자는 대정치가로서 이 점에서는 공자보다 선배였으며, 나이는 공자와 거의 같았지만 사회에서 두각을 나타낸 것은 공자보다 빨랐습니다. 『고문관지』古文觀止란 책에는 『사기』史記 「관안열전」管晏列傳에서 뽑은 다음과 같은 이야기 한 편이 있습니다.

안자의 차부車夫가 어느 날 집에 돌아왔을 때, 그의 아내가 이혼을 요구했습니다. 차부가 무슨 이유냐고 묻자, 그의 아내가 대답했습니다. "내가 오늘 문틈으로 당신이 안자를 실은 수레를 몰고 지나가는 것을 보았소. 안자는 키가 그렇게 작은데도 재상이 되어서 그 이름이 제후에게 떨치고 있소. 그런데도 그는 소박하고 꾸밈이 없으며 남 아래 서기를 자처하는 모습이었소. 하지만 당신은 키가 8척이나 되면서도 그의 하인에 지나지 않을 뿐인데, 오히려 의기양양해 보이고 스스로 만족 자

만하는 모습이었소. 당신은 늘 이 모양이니, 앞날이 뻔하고 발전하지 못할 사람이기 때문에 나는 이혼하고 싶소."

안자의 차부는 이 말을 듣고 즉시 자기 잘못을 고치고 힘써 겸손을 배워, 그 다음날부터 수레를 모는 태도가 달라졌습니다. 안자는 차부의 수레 모는 태도가 갑자기 이전과는 딴판으로 달라진 것을 보고 이상하다고 느꼈습니다. 안자는 차부에게 물어 그 까닭을 알고 나서는 그를 잘 지도해 주었습니다. 차부는 그때부터 뜻을 세워 공부하여 뒤에 대부 벼슬에 임명되었습니다. 이 이야기를 통해서 안자에게는 훌륭한 점이 있었음을 알 수 있는데, 공자는 특히 안자의 친구 사귀는 태도에 감탄했습니다. 안자는 새 친구를 쉽게 사귀지 못하는 성격이었지만, 대신 친구를 하나 사귀었다 하면 시종일관 변함이 없었습니다.

우리는 누구나 친구가 있지만, 친구에 대해 시종일관 변함없는 우정을 보이는 사람은 아주 적습니다. 그래서 옛 사람이 말하기를, "세상에 알고 지내는 사람은 많지만, 마음을 알아주는 사람은 몇 사람이나 될까?"(相識滿天下, 知心能幾人)라고 했습니다. 곳곳에서 머리를 끄덕이면서 친구라고 인사를 하지만 서로 상관이 없습니다. 안자는 친구에 대해 시종 변함이 없어서, 우정이 오래 될수록 상대에게 공손하고 예절이 밝았으며(久而敬之), 그럴수록 상대도 그를 존경하였습니다. 친구를 사귀는 일에서 가장 중요한 것은 '구이경지'久而敬之라는 네 글자입니다. 우리가 알다시피 많은 친구들이 서로 사이가 나빠지게 되는 것은 바로 오래 사귀게 되면 서로 공경하지 않기 때문인데, 처음에는 서로 사양하다가 술석 잔만 마시고 나면 무엇이든지 거리낌이 없어져 마지막에는 원수가 되어 버리는 것입니다.

이 이야기가 나오니, "서로 손님처럼 공경하라."(相敬如賓)는 우리의 전통적인 '부부의 도'道가 생각납니다. 우리가 손님에 대해서는 어떤 경우에라도 어느 정도 예절을 지켜야 합니다. 예를 들어, 집에서 가족끼리 한참 말다툼을 하고 있던 참인데 갑자기 손님이 찾아온다면, 반드시 잠시 휴전하고 먼저 손님을 모셔야 합니다. 물론, 얼굴에는 아직 노기가 완전히 가시지 않았겠지만, 손님에게는 내색하지 않고 반드시 겸양과 예절로써 대해야 합니다.

부부 사이를 보면, 처음 연애할 때는 영화관 입구에서 두 시간이나 기다리는 동안 가슴속에서 화가 치밀어 오르다가도 상대가 나타나기만 하면 반가워서 웃는 얼굴로 맞이합니다. 그러면서 또 다시 두 시간을 기다려도 상관없다고 말합니다. 그러나 결혼을 하고 나서는 이렇게 두 시간이나 기다리게 되면 한바탕 욕을 하지 않는 것이 오히려 이상합니다! 왜냐하면 이미 부부가 되어 버렸기 때문입니다. 그러므로 부부가 된 뒤에도 처음 연애하던 때와 같은 태도를 영원히 유지해 나가면즉, 서로 손님을 대하듯 공경하면(相敬如賓) 틀림없이 사이좋게 지낼 수 있습니다. 부부 사이만 이러할 뿐 아니라 친구 사이도 마찬가지입니다. 더 나아가 윗사람이 부하를 대하거나 부하가 윗사람을 대할 때에도 역시 마찬가지입니다.

이 '경'敬의 작용은 무엇일까요? 마치 버스 뒷면에 붙어 있는 "차간 거리 유지로 안전 도모"란 표지와 같아서 적게 부딪치는 것이 비결입니다. 보통 사람들이 친구를 사귀는 것은 안평중과는 정반대여서 시간이 오래 지날수록 좋은 친구가 원수로 변해 버리는데, 이는 오륜五倫 중의 '붕우의 도'道에 어긋난 것입니다. 특히, 오늘날 우리 청년세대는 어떤 사람도 그리 신뢰하지 않아서 붕우의 도는 이미 근본적으로 문제가 되어버렸습니다. 반드시 이를 빨리 바로잡아서 '구이경지'久而敬之라는 교우의 원칙을 지키도록 해야 합니다.

쓸데없는 놀음에 빠져 지조를 잃다

이어서 장문중臧文仲을 말합니다.

공자께서 (노나라 대부 장문중에 대하여) 말씀하셨다. "장문중은 매부리바다거북이 한 마리를 (소장하여) 모셔놓고, 그 거북이 집의 들보 기둥에다는 산수화를 조각하고 난간을 잇는 곳에는 바다풀 모양의 무늬를 새겨 (넣었다. 한 마리 거북이를 모시려고 특별히 집 안에다 건물을

한 동 짓고 또 그렇게 아름답고 화려하고 사치스럽게 꾸며)놓았는데도, 일반인들은 왜 이런 사람을 매우 지혜가 있다고 말할까? (이런 일을 하는 것은 너무 사리를 모르는 것이며, 거의 무지無知에 가까운 것이다)"

　　子曰 : 臧文仲居蔡 , 山節藻梲 , 何如其知也 ?
　　자 왈　 장 문 중 거 채　　산 절 조 절　　하 여 기 지 야

　우리는 먼저 장문중은 공자의 모국인 노魯나라의 대부大夫로서 장손씨 臧孫氏이며, 이름은 진辰이란 것을 이해해야겠습니다. '居'(거)자는 여기에 서는 '둔적거기'(屯積居奇: 물건을 사서 쌓아두었다가 값이 오를 때 팔다—역주) 라는 성어成語 중의 '居'(거)자의 뜻과 같습니다. '채'(蔡)는 큰 거북으로, 바로 거리의 특산품 가게에서 살 수 있는 매부리바다거북이인 대모玳瑁 입니다. 거북이와 개는 둘 다 상고문화에서 중시된 동물들입니다. 평소 에 광동廣東 친구를 만나면 개고기 먹는 이야기들을 흔히 하게 될 것입 니다. 왜 광동 친구는 개고기 먹는 것을 좋아할까요? 광동·복건福建 일 대에는 지금까지도 당대唐代 이전의 문화가 적지 않게 보존되어 있기 때문입니다.

　중국어 발음을 보아도 광동·복건어 계통은 아직도 많은 지방에서 당 대의 중주음中州音을 보존하고 있습니다. 우리가 시사詩詞를 연구하거나 고문古文을 읽을 때는 음운평측音韻平仄을 중시합니다. 만일 현대 중국 표준어의 발음으로 하면 때로는 크게 곤혹스러울 수가 있습니다. 우리 가 표준어로 옛 시詩나 사詞를 낭송하면 발음을 잘못할 수 있습니다. 예 를 들어, 한 글자의 평平·상上·거居·입入 4성四聲이 현대에는 제1·2 ·3·4성으로 바뀌었습니다. 그러나 제4성인 입성入聲은 흔히 평성平聲 과 어떤 구별이 없어서, 원래의 4성은 3개의 성조聲調만 있는 거나 마 찬가지입니다. 원래의 상上·거居·입入 등 3개의 성조는 측성仄聲이었지 만, 지금 어떤 사람이 표준어로 시사詩詞를 낭송할 때 입성의 자字를 평 성으로 읽어버리는 것을 듣는데, 이는 오늘의 표준어에서는 제1성과 제 4성 두 가지를 분간하기 쉽지 않아서 발생한 잘못입니다.

중국 글자를 읽는 법은 평·상·거·입이라는 4성이 있었을 뿐만 아니라, 사실상 중원음中原音을 기준으로 하는 궁宮·상商·각角·치徵·우羽·변궁變宮·변치變徵 등 7개 음이 있었습니다(피리 악보상에는 合·四·一·上·尺·工·凡 등 7개 음계가 있습니다). 이른바 중원中原은 옛날의 남양南陽으로, 현재의 하남河南, 악북鄂北 일대가 중원의 중심 지대였습니다. 경극 속의 피황皮黄의 '黃'(황)은 바로 호북湖北의 황파黃陂·황강黃岡 일대를 말합니다. 예를 들면, '大王'(대왕)이란 명사는 표준어에서는 '따왕'이라 읽지만, 경극에서는 '따이왕'으로 읽으며, 광동어의 '大佬'(대로)도 '따이라오'라고 읽는데, 이것이 바로 고음古音입니다. 그래서 오늘날 전통 문학과 문화를 연구하려면 광동어나 복건어(대만어를 포함함)를 이해해야 합니다. 왜냐하면 광동어·복건어는 7개 음이 있고, 특히 민남어閩南語는 8음八音이 있어 비음鼻音이 아주 많고 어떤 음들은 표준어 발음에는 없기 때문입니다.

왜 우리는 광동인들이 개고기 먹는 것도 상고 문화에서 왔다고 말할까요? 우리 나라는 자고로 개를 제물로 삼았습니다. 하·은·주 3대 이래로 거의 은·주 시대에 이르러서야, 제물 중 개를 빼고 소·돼지·양 등을 제사용 희생물로 삼았습니다. 노자의 『도덕경』道德經 제5장에 "천지불인, 이만물위추구"(天地不仁, 以萬物爲芻狗)란 말이 있는데, 일반인들은 노자의 이 말이 음험하고 각박하며 모든 일을 너무나 투철하게 보았다고 비평합니다. 왜냐하면 그들은 이 말의 의미를, 천지는 인仁하다 인하지 않다 할 것이 없이 만물을 낳았고, 그 만물을 '추구'芻狗로 여겨서 가지고 논다는 뜻으로 해석했기 때문입니다. 이는 노자 사상에 대한 오해이거나 고의적으로 곡해한 유머입니다.

노자가 말한 '추구'芻狗의 본뜻은 곧 '풀(草)로 만든 개'입니다. 개는 원래 고대에 제사 희생물로 삼아 조상에게 제사 지내거나 천지에 제사 지내는 의례에 사용했던 것으로, 오늘날의 싸늘한 돼지머리나 소·양 등과 같습니다. 뒷날 사회 기풍의 변천으로 진짜 개를 사용하지 않고 풀을 개 모양으로 엮어서 대신했습니다. 후세에 신에게 제사 지낼 때 밀가루로 만든 돼지머리로 진짜 돼지머리를 대신한 것과 마찬가지입니다.

추구를 만든 후 제사에 사용하기 전까지는, 사람들은 그것을 대단히 중시하고 함부로 손대지도 못했습니다. 그러나 제사를 지내고 나면 쓰레기더미 속에 던져 버렸습니다.

유가儒家에서는 천지에 인仁의 마음이 있어 만물을 자라나게 한다고 말했지만, 노자는 천지에는 인하다고 할 것도 없고, 인하지 않다고 할 것도 없다고 말했습니다. 천지는 만물을 낳았지만 결코 무슨 보답을 취할 생각이 없습니다. 사람은 다른 사람을 도울 때 흔히 조건을 붙이고 보답이 있기를 바랍니다. 이에 노자는 말하기를, 사람은 천지를 본받아야 한다고 했습니다. 천지는 만물을 낳았지만 자신이 공로가 있다고 자처하지 않습니다. 천지는 만물에게 생명을 주었지만, 자신이 영광스럽다고 스스로 인정하지 않습니다. 천지는 좋은 일을 해서 만물이 끊임없이 살아가도록 합니다. 다만 할 수 있는 것을 했다는 것으로 그칠 뿐 조건이 없습니다. 그러므로 진정한 성인이 되려면, 천지의 정신을 본받아 이러한 마음을 길러야 합니다. 그러기에 노자의 "천지불인, 이만물위추구"(天地不仁, 以萬物爲芻狗)의 진정한 뜻은, 천지는 만물을 그 던져버린 추구와 같은 것으로 여기며, 결코 사람에 대해서는 특별히 잘하고 다른 만물에 대해서는 차별하는 그런 일을 하지 않는다는 것입니다. 사람이 만물에 대해 차별하는 까닭은 사람의 주관, 즉 사람의 이기적인 관념 때문이란 것이 노자의 본뜻입니다.

요컨대, 이는 상고에 개고기를 대단히 중요하게 보았으며 아울러 거북이도 중요시했음을 말해 줍니다. 방금 말했듯이, 고대 문화를 연구하려면 고대 문화에 비교적 가까운 광동·복건 두 성省의 문자·언어·풍속·습관으로부터 착수해야 합니다. 대만 동포의 조상들은 모두 복건·광동에서 온 사람들로서, 그들은 제사 지낼 때 쌀로 만든 거북이를 많이 사용합니다. 그런데 대륙의 다른 성省들에서는 거북이를 아주 기피합니다. 사실 거북이는 당나라 이전까지는 좋은 상징이었습니다. 거북이가 수명이 길고, 또 너그러움과 부귀를 나타낸다고 여겨서 대만성에는 아직 이런 기풍이 남아 있습니다.

이제 '채'蔡를 말해 보겠습니다. 이것은 큰 거북이, 즉 대모玳瑁로서 거북이 중에서 특별히 귀하게 여겨지는 종류입니다. 전국 시대에는 큰 거북이를 아주 진귀하게 여겼습니다. 오늘날 이것을 주제로 삼아 박사논문을 쓰면 틀림없이 학위 하나는 받을 수 있을 것입니다.

사마천은 『사기』史記 중에 「일자열전」日者列傳, 「귀책열전」龜策列傳을 써서, 거북이를 이야기하고 있습니다. 이른바 고대의 일자日者란, 천문학자·기상학자·점복가占卜家·산명가算命家 등이 모두 그 속에 포함되었습니다. 과거에 이러한 상과학像科學·상철학像哲學·상현학像玄學적인 것들은 모두 태사공太史公이 관장했습니다. 당시 태사太史라는 벼슬은 곧 역사와 이런 일들을 전문으로 관리했습니다. 사마천의 『사기』 중에는 늘 "태사공은 말한다."(太史公曰)가 나오는데, 이는 그가 역대로 세습된 태사이기 때문에 자신의 부친을 받들어서 "나의 부친께서 한 것이다."고 말한 것입니다. 뒷날 사마천은 아버지의 직위를 물려받아 자신도 태사공이 되었습니다. 사마천 자신이 남을 욕하고 싶을 때는 직접 욕하기 거북했기 때문에 "태사공은 말한다." 즉, "나의 아버지가 그때 말한 것이다."고 했는데, 이는 사마천이 문장을 장난스럽게 쓴 것입니다.

사마천은 「일자열전」과 「귀책열전」에서 점치는 데 거북이를 썼던 일을 기록해 놓았습니다. 고대에는 거북이를 신령스러운 동물로 여겨, 점칠 때 거북껍데기를 사용했습니다. 점치는 사람이 어떻게 그렇게 좋은 거북껍데기를 찾았을까요? 옛날 상황이야 모르겠지만, 내가 본 바로는 몹시 잔인했습니다. 거북이를 위아래에서 꽉 끼우고 난 다음, 거북이 꽁무니에 불을 붙입니다. 거북이는 불에 타면서 고통스러워 몸부림을 치며 도망가려고 하지만, 껍데기는 꽉 끼워져 있습니다. 마침내 거북이가 앞으로 세차게 도망쳐 속의 살덩이만 빠져나가고 껍데기가 남습니다. 이른바 '껍데기 벗은 거북이'(脫殼烏龜)가 바로 이런 모습입니다. 이렇게 만든 거북껍데기는 신령스럽게 여겨져 점치는 데 사용되었습니다.

조상 대대로 이런 것들을 연구해 왔기에 사마천은 천문·기상·점복 등을 다 할 줄 알았습니다. 이 때문에 그는 「귀책열전」에 이런 일을 아주 훌륭하게 기록해 놓았습니다. 사마천은 거북이가 어떻게 신령한가 하는 것을 기록해 놓았습니다. 춘추전국 시대 이전에는 국가의 큰 일을 당해 대신들조차도 그 의문을 풀 수 없을 때는 점을 쳐서 결정했습니다. 사마천은 많은 예를 들어서 거북이가 어떻게 영험한지를 증명했지만, 마지막에 써 놓은 것은 묘합니다. 그는 "강회인가, 상축구음식지, 이위능도인치기"江淮人家, 常畜龜飮食之, 以爲能導引致氣라고 써 놓았는데, 이 마지막 한 구절의 말뜻은 다음과 같습니다. "내가 명산대천을 돌아다녀 보기 위해 만 권의 책을 읽고 만 리를 여행하여 남부 지방에 이르러 보니, 강회 사람들, 즉 장강 이남인 호남·광동 일대의 사람들은 여전히 거북이 고기를 먹고 있더라!"(강회 사람들은 거북이를 길러 그 피를 마시고 고기를 먹는데, 이렇게 하는 것이 혈액 순환을 좋게 하고 원기를 보충할 수 있다고 생각했음—역주). 「일자열전」편의 문장은 이와 같이 끝맺고 있습니다.

여러분, 사마천이 미신迷信을 믿었을까요, 믿지 않았을까요? 이는 알 수 없습니다. 아마도 이는 그의 역사 철학일지도 모릅니다. 거북이가 아주 영험하다고 말했지만, 영험한데도 자신을 지켜낼 수 없어 강회 사람들이 거북이 고기를 먹었다니, 영험하지 않음을 알 수 있습니다. 영험하지 않다면, 미신을 믿어야 할 필요가 어디 있겠습니까? 그렇지만 꼭 미신이라고 말하자니, 또 위에서 많은 영험한 사실을 들어놓은 바가 있습니다. 이를 통해 우리가 알 수 있는 것은, 옛 사람들이 글을 쓸 때는 지금 사람들처럼 근거가 없지 않았다는 것입니다. 옛 사람들이 문장을 쓸 때는 근거가 있었을 뿐만 아니라, 경솔하게 결론을 내리지 않고 대단히 객관적인 입장을 지켰습니다.

이제 본문으로 돌아갑시다. 위에서 말한 대로 옛 사람들은 거북이를 몹시 중시했기에, 노나라의 대부 장문중이 거채居蔡, 즉 대모 한 마리를 소장하고 있었습니다. 당시에는 박물관이 없었지만, 장문중은 대부이기에 자기 집 안에 거북이 집을 하나 지어 대모를 모셔 놓았습니다. 대모를 모셔 놓은 집은 더 없이 아름다웠습니다. '산절조절'山節藻梲은 고대의 목재 건축물로서 들보기둥에다 산수화를 조각한 것이었습니다. '藻'(조)는 해조海藻 무늬의 부조입니다. '梲'(절)은 난간을 잇는 곳입니다. 한 마리 거북이를 모시려고 특별히 집 안에다 건물을 한 동 짓고 또 그렇게 아름답고 화려하고 사치스럽게 꾸며놓은 것입니다.

일반인들은 모두 장문중이 아주 지혜가 있으며 학문이 많다고 여겼습니다. 공자는 "하여기지야?"何如其知也라고 말했는데, 여기서의 '知'는 '智'와 뜻이 같습니다. 다시 말하면, "이런 일을 하는 사람을 일반인들은 왜 매우 지혜가 있다고 말할까?" 라고 물은 것입니다. 공자는 장문중이 이런 일을 하는 것은 너무 사리를 모르는 것이며, 거의 무지無知에 가깝다고 생각했습니다. 공자는 어떤 사람이 어떤 지위에 이르렀을 때, 그의 언행상의 일거일동, 말 한마디가 모두 사회 기풍에 영향을 미친다고 믿었습니다. 현대 사회에서 어떤 권력의 지위에 있는 사람이 개를 한 마리 키우면서 개를 위해 작은 양옥집을 짓는다면, 너무 지나치다는 비난을 면치 못할 것입니다. 한 사회가 어렵고 힘들 때 이렇게 해서는 안되며, 이는 지혜롭다 할 수 없습니다.

벼슬길에 나아갈 때와 물러날 때

여기에서는 당시 역사상의 또 한 인물인 영윤 자문슈尹子文을 비평합니다.

자장이 물었다. "(초나라) 영윤 자문은 세 번이나 벼슬하여 (재상인) 영윤이 되었는데 (스스로는 결코 대단하다 느끼지 않으며 조금도) 기뻐하는 기색이 없었고, 세 번 그만둘 때에도 괴로워하는 기색이 없었으며, 자신이 영윤으로 있었던 동안의 정사政事를 (자기가 어떻게 했으며 후임자는 어떻게 해야 할지) 반드시 신임 영윤에게 (상세하게 전부) 일러주었는데, 그는 어떻습니까?"
공자께서 말씀하셨다. "(국가를 위해) 충성스럽다."
"(영윤 자문의 그런 방법이나, 그의 학문 수양이) 인仁의 경지에 도달한 것입니까?"
"인이 무엇인지도 아직 모르는데, 어떻게 인을 얻은 것이라고 할 수 있겠느냐? (그는 충신일 뿐 인은 아직 부족하다)"

子張問曰：令尹子文三仕爲令尹，無喜色。三已之，無慍色。舊令尹
자장문왈 영윤자문삼사위영윤 무희색 삼이지 무온색 구영윤

之政，必以告新令尹。何如？子曰：忠矣。曰：仁矣乎？曰：未知，焉得
지정 필이고신영윤 하여 자왈 충의 왈 인의호 왈 미지 언득

仁？
인

영윤 자문은 춘추전국 시대 초나라의 명재상이었습니다. 성은 투鬪이
며, 이름은 구오도穀於菟입니다. 초나라는 당시 남방의 신흥 국가였습니
다. 춘추전국의 역사 문화를 연구하면 알게 되는데, 북방은 대체로 전통
수구守舊에 치우쳐 있었고, 남방의 초나라는 뒤에 일어난 국가이기에 기
상이 같지 않았으며 문화 사상에도 모두 신흥 발전의 모습이 있었습니
다. 또한 초나라에는 아주 훌륭한 정치가가 있었습니다.

영윤 자문의 '영윤'은 관직명으로, 뒷날의 재상이나 수상에 해당합니
다. '자문' 역시 봉호封號입니다. 그는 도덕과 학문의 수양이 있었습니다.
그리고 당시 그의 국제적 명성은 대체로 근대 일본 명치유신의 명재상
인 이등박문에 버금갔습니다. 영윤 자문은 세 차례나 정권을 잡아 수상
이 되었으나, 스스로는 결코 대단하다고 느끼지 않고 조금도 기뻐하지
않았습니다(三仕爲令尹，無喜色). 그리고 세 번이나 자리에서 물러나 벼슬을
그만두었지만, 그것을 괴로워하지 않았습니다(三已之，無慍色).

관직이라는 무대에 오르고 내리는 일에는 수양이 아무리 훌륭하다 하
더라도 정말로 담담할 수 있는 사람이 결코 많지 않습니다. 일단 좋은
관직에 임명되었을 경우, 그 표정을 보면 금방 달라집니다. 물론, 사람
이 기쁜 일을 만나면 정신이 상쾌해지는 것도 인지상정人之常情이기에
그럴 수도 있습니다. 무대에 오르더라도 여전히 평소 그 모습이어서, 특
별히 기뻐하는 모습을 보이지 않는다는 것은 확실히 드문 수양입니다.

무대에서 내려올 때 친구가 위로하면서, "잘 되었네. 쉴 수 있으니 말
일세." 하면, 대부분의 사람이 입으로는, "그래, 좋은 기회지." 라고 답
하지만, 그것이 꼭 진심에서 나온 말은 아닐 것입니다. 사실 보통의 사
람이 관직에서 물러나는 것을 편히 여길 정도에 이른다는 것은 결코 쉽

지 않습니다. 그래서 당나라 사람의 시에,

만난 사람마다 벼슬 쉬는 게 좋다 하더니	逢人都說休官好
그만두고 고향 오니, 찾는 이 하나 없네	林下何曾見一人

라고 했는데, 이는 당시 조정 관리의 모습일 뿐만 아니라, 동서고금이 모두 그러해서 이상하게 여길 것이 못 됩니다. 국내뿐만 아니라, 외국도 마찬가지입니다. 불희불온不喜不慍은 중요한 수양입니다. 이것이 그 하나입니다.

다음으로, 인생은 무대에 오르면 마침내 내려올 때가 있습니다. 등산해 본 분들은 아시겠지만, 올라갈 때도 물론 어렵지만 내려올 때가 더 위험합니다. 왜냐하면 위로 올라갈 때는 힘들고 고통스러우므로 반드시 조심할 것입니다. 그러나 비탈을 내려올 때는 두려워하지 않습니다. 그렇지만 흔히 이 때에 문제가 발생합니다.

우리는 등산에서 인생을 체험할 수 있습니다. 사람은 무대에 오르면 마침내 내려올 때가 있으며, 늙도록 무대에 서서 영원히 연기해 나가는 것도 재미없어집니다. 영화계나 연예계 사람들과 접촉해 보면 곧 알 수 있는데, 아무리 좋은 스타라도 10년 동안 연기하고 나면 더 이상 환영받지 못합니다. 다들 항상 보던 얼굴이라 싫증나게 될 테니 새 사람으로 바꿔야 합니다. 그래서 무대에서 내려와 얼굴을 바꿔 주면 아주 좋습니다! 같은 사람으로서 다른 곳에 서서 바라보면 아주 좋습니다. 이 가운데도 자못 인생의 철리哲理가 있습니다. 이것이 그 두 번째입니다.

권력의 자리에 있거나 명리名利를 얻고 있는 동안에는 모두들 부귀공명에 대해서는 염두에 두지 않는다고 말합니다. 그러나 어떤 사람이 내게 무엇을 좋아하느냐고 물으면, 나는 틀림없이 돈을 좋아한다고 말하겠습니다. 돈이 있는지 없는지 물으면 나는 솔직히 돈이 없다고 대답합니다. 물론 바라서는 안 될 돈은 받지 않을 것이며, 위험한 돈도 감히 받지 않을 것입니다. 그래서 일생 동안 돈이 없습니다.

그러나 돈은 사람마다 좋아하는 것이기에 솔직한 말을 해야 합니다.

내가 절대 돈을 바라지 않는다고 말한다면, 이 말이 진실일까요? 단언하기 어렵습니다. 마찬가지로 내가 벼슬하기를 바라지 않는다고 말하면, 이 말이 진실인지 아닌지도 단언하기 어렵습니다. 부귀공명을 나는 퍽 좋아합니다. 그러나 절대로 닥치는 대로 얻으려 하지 않으며, 요행도 절대 바라지 않습니다. 솔직하고 양심적으로 말해서, 나는 부귀공명을 좋아합니다. 그렇지만 구차하게는 취하지 않으며, 함부로 얻으려 하지 않습니다. 이것만 해도 이미 대단한 것이며, 매우 좋은 소양입니다. 만일 내가 부귀공명을 절대 좋아하지 않는다고 말한다면, 그것은 거짓말입니다. 사람은 정직해야 합니다. 그러므로 관료가 되면, 영윤 자문이 세 번이나 무대에 올랐어도 기뻐하지 않았고, 세 번이나 무대에서 내려왔지만 불만스럽게 여기지 않았던 것을 반드시 배워야 합니다. 우리가 책을 읽을 때 흔히 이 부분을 아주 가볍게 지나쳐 버리는데, 만약 자신이 절실하게 한번 체험해 보면 비로소 영윤 자문이 정말 훌륭하다는 것을 알게 됩니다.

무대에 올라가는 것이 마땅한 것이어서, 내가 넘겨받아 할 수 있는 것이기만 하면 나의 힘을 다해서 하고, 또 무대에서 내려오면 나는 쉬게 될 테니 더 없이 좋으므로, 남에게 하도록 넘겨주어도 마음에 전혀 동요가 일어나지 않습니다. 이렇게 하는 것은 그리 어렵지 않은데, 가장 어려운 것은 "구영윤지정, 필이고신영윤"舊令尹之政, 必以告新令尹입니다. 즉, 자기가 했던 일을 후임자가 어떻게 해야 하는지를 아주 상세하게 후임자에게 알려주는 것입니다. 보통 인수인계하면서 "이 일은 내가 절반은 했으니, 내일부터 당신이 이어받아 하십시오."라는 말만 하고 끝내 버리지만, 영윤 자문은 일의 어려움이나 기밀 사항을 관인官印을 넘겨받는 신임자에게 전부 알려 주었다는 것입니다.

여러분들도 경험했겠지만, 신임·구임이 인수인계를 하는 경우 직인을 넘겨줄 때는 아무래도 그럴 기분이 아니어서 대체로 곤란한 점들은 신임자에게 알려 주고 싶어 하지 않습니다. 설령 양쪽이 친한 친구 사이더라도 마찬가지입니다. 심지어는 사이좋은 두 친구라 하더라도 현직에 있는 친구가 병으로 위독하면 다른 한 친구는 병원에 가서 병문안을 하면서도, 관심은 그 친구의 관인을 언제쯤 넘겨받을까 하는 데 있지, 친구의 병이 언제 호전될까 하는 데 있지 않습니다. 수십 년 동안 세상 인정을 보아 오면서, 내 눈이 퍽 좋아 아직 원시가 되지 않았으며 귀도 퍽 잘 들을 수 있는 것이 자못 원망스러운데, 이는 정말 유쾌한 일이 아닙니다!

여기에서는 영윤 자문이 국가에 대해 충성과 책임을 다한 것을 말하고 있습니다. 인수하러 온 사람을 업무의 후계자로 본 것입니다. 그의 이런 태도는 겉으로 보기에는 쉽지만 실제로 당해 보면 어렵습니다. 밖에서 일을 하는 사람은 이런 것들에 대해 단단히 기억해야 합니다. 이는 국가에 대해서 충성을 다하는 것이고, 자기에 대해서 직분을 다하는 것입니다. 어느 단체에 소속되어 있을 때는 단체를 위해서 충성을 다해야지 사적인 일을 위해서는 안 됩니다.

그래서 자장子張이 영윤 자문에 대해 물었을 때, 공자는 "충의"忠矣라고 말해서 영윤 자문이 국가의 충신이라고 지적했습니다. 왜냐하면 영윤 자문은 개인의 이해득실을 돌보지 않고, 완전히 국가를 위해 충성했기 때문입니다. 자장이 또 묻기를, "영윤 자문의 그런 방법이나, 그의 학문 수양이 인의 경지에 도달한 것입니까, 아닙니까?"(仁矣乎) 하니, 공자는 "인이 무엇인지 영윤 자문은 아직 모르는데, 그가 어떻게 인을 얻은 것이라 할 수 있겠느냐? 그는 충신일 뿐 인은 아직 부족하다."(未知, 焉得仁)고 했습니다. 공자가 인을 말한 데 대해서는 우리가 「이인」里仁 편에서 말했으므로, 여기서 다시 중복하지 않겠습니다.

창랑에 발 씻는다고 고결해질까

"최자가 제나라 임금을 시해弑害하자, (그의 동료로서 제나라 대부인) 진문자는 (최자의 반란을 보아 줄 수가 없어서) 마차 열 대에 사십 필의 말 (등 그 많은 재산)이 있었으나 모두 버리고 나라를 떠나 (다른 나라로 유랑을) 갔습니다. 다른 나라에 도착하여 그는 곧 '이 나라의 대신들도 (다 망할 놈들로서) 제나라의 최자와 같(이 틀려먹은 물건들이)다.' 고 하며 그곳에서 도망을 갔고, 다시 다른 나라로 가서도 또 (탄식하여) 말하기를 '(온 세상이 다 혼란 속에 빠져 있구나) 어느 나라든 대신들이 모두 최자 같(아 좋은 물건들이 없)구나!' 고 하며 그곳을 떠났는데, (선생님! 보세요, 진문자 같은 사람은 얼마나 대단합니까!) 그는 어떻습니까?"

공자께서 말씀하셨다. "(좋다! 아주) 고결하다(清高)."

"인仁의 경지에 도달한 것입니까?"

"인이 무엇인지도 아직 모르는데, 어떻게 인을 얻은 것이라고 할 수 있겠느냐??"

崔子弒齊君, 陳文子有馬十乘, 棄而違之。至於他邦, 則曰: 猶吾大
최자 시 제군   진 문자 유 마 십 승   기 이 위 지   지 어 타 방   즉 왈   유 오 대
夫崔子也。違之。之一邦, 則又曰: 猶吾大夫崔子也。違之。何如? 子
부 최 자 야   위 지   지 일 방   즉 우 왈   유 오 대 부 최 자 야   위 지   하 여   자
曰: 清矣。曰: 仁矣乎? 曰: 未知, 焉得仁?
왈   청 의   왈   인 의 호   왈   미 지   언 득 인

이것은 역사상 유명한 일입니다. 제나라는 노나라의 이웃나라로서, 당시 대신인 최자崔杼가 반란을 일으켜 제나라 군왕인 장공莊公을 죽였습니다. 공자가 『춘추』春秋를 쓴 미언대의微言大義는 앞에서 이미 말했지만, 공자는 항상 두 글자로 명시하여 시비를 헤아려 논단했습니다. 여기의 '弒'(시)자는 춘추대의春秋大義의 미언입니다. 반란을 일으킨 사람이 윗사람을 죽이면 모두 '弒'(시)라고 하였습니다.

역사에서 '弒'(시)를 보면, 반란을 일으켜 윗사람을 죽임으로써 역사에 영원히 반란의 죄명을 남겼음을 알게 됩니다. 이것은 중국 역사 철학의 정신이자 역사의 도덕관입니다. 아무리 성공했다고 하더라도 옳지 못한 일을 했다면, 천추만세에 그 죄명을 짊어져야 했으니, 시해는 어디까지나 시해고 살해는 어디까지나 살해였습니다. 적과 싸워 이긴 것은 '克'(극)이고, 적이 아니면 '克'자를 쓸 수 없었습니다. 이것은 규정으로서 판에 새겨진 것이기 때문에, 최자가 반란을 일으켜 제나라 군왕을 죽인

것은 시해가 됩니다.

진문자陳文子도 제나라의 대부인데, 반란을 일으킨 최자의 동료로 지위가 상당했고, '유마십승'有馬十乘의 재산을 가지고 있었습니다. 고대의 교통수단은 수레 한 대가 일승一乘이며, 네 마리의 말을 써서 몰았습니다. '유마십승'은 곧 마차 열 대로, 말을 모두 합하면 40마리입니다. 오늘날로 말하면, 작은 승용차가 열 대 이상 있는 것으로, 헬리콥터 몇 대로도 그에 미치지는 못합니다. 진문자는 최자의 반란을 보아 줄 수가 없어서 자기의 그 많은 재산을 모두 버리고 제나라를 떠났습니다(棄而違之). 그리고 다른 나라로 유랑을 갔습니다(至於他邦).

춘추전국 시대에는 나라마다 어지러웠으므로, 진문자는 다른 나라에 가서도 즉시, "이 나라의 대신들도 다 망할 놈들로서, 제나라의 최자와 같이 틀려먹은 물건들이다."(則曰, 猶吾大夫崔子也)라고 말했습니다. 이 때문에 그는 그 나라에서 또 도망갔습니다(違之). 그리고 또 다른 나라에 가서(之一邦) 다시 탄식하기를, "온 세상이 다 혼란 속에 빠져 있구나. 어느 나라든 대신들이 모두 최자 같아 좋은 물건들이 없구나." 하면서 떠났다는 것입니다. 진문자는 그 뒤 스위스나 아프리카의 어느 나라로 갔는지 모르겠습니다(웃음).

자장이 공자에게 말합니다. "선생님! 보세요, 진문자 같은 사람은 얼마나 대단합니까!" 공자는 "좋다! 아주 고결하다."(淸矣)고 말했습니다. 고결한 사람은 흔히 이기적이어서 자신만 돌보기 때문에 충신이라고 할 수 없습니다. 그렇지 않다면, 왜 자기 나라에 난이 있는데도 구하려 하지 않고 도망가 도처를 쏘다녔겠습니까? 이곳도 눈에 거슬리고 저곳도 눈에 거슬린다면, 설마 국가가 태평해졌을 때 "당신 오십시오." 할까요?

대다수 청렴한 선비들이 이룬 성취는 이 정도에 그쳤습니다. 그들은 성품이 아주 맑습니다. 무슨 일을 비평하는 데 모두 심각하고 말이 많고 또 일리가 있습니다. 그렇지만 그들에게 무슨 일을 해 보라고 맡기면 이건 말이 아닙니다. 고상한 선비들이 천하사天下事를 논할 때면 말마다 이치가 합당합니다. 그렇지만 천하사를 그에게 해 보라고 넘겨주면, 아마 몇 달 이내에 스스로 끝장나 버릴 것입니다.

국가 천하사는 인생 경험 속에서 얻어야 됩니다. 아무런 경험도 없고, 심지어 많은 부하를 거느려 본 권세의 경험도 없다면 더 말할 필요가 없습니다. 경험이 없으면, 당신이 위에서 "차茶 가져와요!" 하고 한 번 소리치면, 아래에서는 용정龍井·오룡烏龍·향편香片·철관음鐵觀音 등 차라는 차는 모두 내오는데, 당신의 머리가 띵해지지 않고는 버틸 수가 없을 것입니다. 당신은 바닥에 놓여 있는 차들을 힐끗 보고는 눈썹을 찡그리면서, 이게 아니라고 느껴 잠시 후에 싹 쓸어버립니다. 이런 경험을 한 적이 있습니까? 없습니까? 경험한 적이 없다면, 그런 경우에 아마 까무러칠 것입니다. 머리는 어지럽고, 혈압은 올라가고, 거기다가 심장병이 겹치는데 그래도 일을 할 수 있을까요?

그러므로 부귀공명을 다 겪어 보고서도 반드시 평담한 모습을 유지할 수 있어야 합니다. 지위가 가장 높을 때도 이와 같이 하고 별 볼일 없을 때에도 이와 같아서, 나는 어디까지나 나로서 있어야 비로소 국가 천하사를 논할 자격이 있습니다. 그렇지 않다면 가서 책이나 읽는 것이 낫습니다. 어떤 일에 대해서 비평도 마음껏 합니다. 왜냐하면 지식인들은 비평을 해도 뼈에 사무칠 정도로 하기 때문입니다. 그러나 그 자신이 할 수 있는 일도 아무리 대단해 보았자 고결할 수 있을 뿐입니다. 엄격히 말해서 일반적인 고결함도 이기심의 발로에 지나지 않을 뿐, 위태로움을 보고 목숨까지 내던질 수(見危授命) 없으며, 의로움을 보고 용감히 나설 수(見義勇爲) 없습니다. 그래서 옛 사람의 시에,

의리를 지킴은 매번 도구배였고   仗義每從屠狗輩
양심을 저버림은 흔히들 지식인이었네   負心多是讀書人

라고 했는데, 이 역시 인생 경험 속에서 체험으로 얻은 것으로 확실히 십중팔구는 이와 같습니다. 도구배屠狗輩란 바로 옛날 개나 돼지 도살에 종사하던 비천한 출신인 개백정들로, 그들은 때로는 의협 정신이 많았습니다. 역사상의 형가荊軻, 고점리高漸離 같은 사람들은 다 도구배였습니다. 비록 지식이 없는 사람들이었지만, 그러나 때로는 이런 사람들이

의기義氣를 중시해서 한마디 약속을 했으면 반드시 실행에 옮겼습니다. 그런데 지식이 높은 사람일수록 비평은 비평일 뿐이라서 빈말은 매우 잘하지만, 실제로 어려움이 있을 때 그를 찾으면 그게 아닙니다.

이 이야기가 나오니 생각나는데, 호남성 출신의 한 친구가 몇 해 전에 어떤 일에 연루되어 감옥살이를 했습니다. 3개월 후 출옥했을 때 내가 만나 소감을 물었더니, 그는 3개월 감옥살이 경험을 시 한 수로 지었다고 했습니다. 7자 1구에 그 아래 3자의 주해를 더한 특이한 체제의 시입니다. 이것을 '조각시'吊脚詩라고 하지요. 그 시는 이렇습니다.

인정 세태 얇기가 깁 같으니 — 정말 차이 없어라
스스로 넘어져 스스로 기어간다 — 끌어 주리라 기대 말라
좋은 친구들 많이 사귀었지만 — 담배·술·차 친구일 뿐
일단 일이 있어 그를 찾아가면 — 집에 없어라

世態人情薄似紗 — 眞不差, 自己跌倒自己爬 — 莫靠拉.
交了許多好朋友 — 煙酒茶, 一旦有事去找他 — 不在家.

나는 이 시를 듣고 나서 연거푸 좋다고 칭찬했습니다. 이는 "양심을 저버림은 흔히들 지식인이었네."(負心多是讀書人)와 마찬가지로서, 그 친구도 이 '淸'(청)자의 부정적인 작용을 확대하여 말한 것입니다. 사회에 대한 작용을 말하더라도 역시 같은 이치입니다.

그래서 공자는 진문자 같은 사람에 대한 논평으로 한 글자를 내놓았습니다. 요컨대, "물이 너무 맑으면 고기가 없고, 사람이 너무 맑으면 복이 없다."(水太淸則無魚, 人太淸則無福)는 이 말은 아주 이치가 있습니다. 자장은 또 진문자란 사람이 인의 정도에 도달했는지 못했는지를 물었습니다. 이에 대해 공자는 그가 인의 관념조차 없는데 어떻게 인의 수양에 도달할 수 있겠느냐고 대답했습니다.

생각이 너무 지나치다

위에서는 '충'忠의 본보기와 '청'淸의 본보기를 열거했는데, 이어서 또 한 가지 이치를 말합니다.

(노나라 대부) 계문자는 (지나치게 조심스럽고 세밀해서) 무슨 일을 하게 될 때는 세 번 생각한 후에야 실행하였다.
공자께서 그 말을 들으시고 "(세 번 생각하고 나서 실행할 필요가 어디 있겠는가?) 두 번 생각하면 된다!"고 하셨다.

季文子三思而後行。子聞之曰:再,斯可矣!
계문자삼사이후행 자문지왈 재 사가의

계문자는 성이 계손季孫이며, 이름은 행보行父, 시호는 문文으로서, 노나라 대부입니다. 그는 일을 지나치게 조심스럽고 지나치게 세밀하게 했습니다. "삼사이후행"三思而後行, 한 가지 일을 생각하고 또 생각하고, 생각하고 나서 다시 생각했는데, 이것을 '삼사'三思라고 합니다. 공자는 그의 이런 일 처리 태도에 대하여 듣고 말하기를, "재, 사가의"再, 斯可矣라고 했습니다. 이 말은 두 가지로 해석되고 있습니다. 지난날 고리타분한 서생들의 해석은 이렇습니다. "일은 특히 조심스럽게 해야 한다. 아이들은 세 번 생각해도 부족하다. 공자는 '재, 사가의'再, 斯可矣라고 했으니 거듭 생각해야 한다." 이런 해석은 옳지 않습니다.

공자는 사실은 계문자가 지나치게 많이 생각한다고 여겼습니다. 매사에는 물론 조심스러워야 합니다. 그러나 세 번 생각한 후에 실행한다면 고려를 너무 많이 하는 것입니다. 논리를 배운 적이 있는 사람은 알 수 있으며, 『역경』易經의 이치를 배운 적이 있으면 더욱 이해할 수 있는데, 세상의 어떤 일도, 시비是非·이해利害·선악善惡도 모두 상대적이며 절대적이 아닙니다. 그래서 세 번 생각하면 싫어지게 되는데, 상대적인 것은 언제나 모순적이어서 세 번 생각함은 곧 모순의 통일이요, 통일되고 나면 또 모순이고, 이와 같이 영원히 다함이 없으며 또 결론을 내릴 수 없습니다.

그래서 어떤 일이 손에 들어왔을 때는 한 번 고려하고 다시 한 번만 더 고려하면 됩니다. 만약 세 번째 다시 고려하면, 망설이게 되어 결정하지 못할 가능이 많으며, 아무리 다시 고려해도 하게 되지 못할지 모릅니다. 그러므로 신중하기는 신중해야 하되, 지나치게 신중하면 옹졸하게 되어 버립니다. 여러분은 모두 수십 년의 인생 경험에서 알고 있겠지만, 지나치게 조심스러운 친구는 흔히 이런 옹졸한 잘못을 범합니다. 옹졸한 결과, 문제는 많아집니다. 그러므로 공자는 "세 번 생각하고 나서 실행할 필요가 어디 있겠는가? 두 번 생각하면 된다."고 했습니다.

지혜로움을 감춘 어리석음

공자께서 말씀하셨다. "(위나라 대부) 영무자는 나라가 (안정되어) 정상 궤도에 있으면 (지혜 · 능력 · 재능을 발휘하며) 지혜로웠고, 나라가 (혼란하여) 정상 궤도에 있지 않으면 (아둔한 듯 행동해서 마치 아무것도 모르는 것처럼) 어리석었다.

(그렇지만 그는 결코 어리석지 않아서, 남의 눈에 드러나지 않는 가운데 당시의 정권과 사회를 구하기 위해 노력했다. 겉으로는 평범하고 무능한 것 같아서 무슨 표현이 없었지만, 국가와 사회에 대해서 진정으로 일했다. 영무자의 총명하고 재주가 있는 행동은 어떤 사람도 할 수 있으니) 그의 지혜로움은 누구나 따를 수 있으나, (난세에 처해서 보인 그런 어리석은 연기는 배우기 어려워서) 그의 어리석음은 따를 수가 없다."

子曰 : 甯武子, 邦有道則知, 邦無道則愚 。 其知可及也 , 其愚不可
자왈   영무자   방유도즉지   방무도즉우   기지가급야   기우불가

及也 。
급야

영무자甯武子는 춘추 시대 위나라의 유명한 대부로서, 성은 영甯, 이름

은 유兪이며, 무武는 그의 시호입니다. 그는 위나라의 2대에 걸친 변동을 겪었습니다. 위문공衛文公에서 위성공衛成公에 걸친 두 왕의 시대는 서로 완전히 달랐지만, 영무자는 아무 탈 없이 이 2대의 원로를 지냈습니다.

"방유도즉지"(邦有道則知)에서 '방'邦은 고대 국가의 별칭입니다. 영무자는 국가 정치가 정상 궤도에 있을 때, 그의 지혜·능력·재능을 발휘했으니 훌륭했습니다! 그러나 뒷날 위성공 때에 이르러서는 정치·사회 일체가 몹시 혼란하고 상황이 험악해졌습니다. 이때에도 그는 조정에서 정치에 참여했는데, "방무도즉우"(邦無道則愚), 국가 정치가 정상 궤도에 있지 않으면 어리석었다고 했습니다. 한때는 어리석고 아둔한 듯 행동해서 마치 아무것도 모르는 것처럼 했다는 것입니다. 그렇지만 역사를 보면 그는 결코 어리석지 않아서, 남의 눈에 드러나지 않는 가운데 당시의 정권과 사회를 구하기 위해 노력했습니다. 겉으로는 평범하고 무능한 것 같아서 무슨 표현이 없었지만, 국가와 사회에 대해서 진정으로 일했습니다. 그러므로 공자는 그에 대해 단정적으로 말하기를, "그의 지혜로움은 누구나 따를 수 있으나, 그의 어리석음은 따를 수가 없다."(其知可及也, 其愚不可及也)고 했습니다. 이 말의 뜻은, 영무자의 총명하고 재주가 있는 행동은 어떤 사람도 할 수 있겠지만, 난세에 처해서 보인 그런 어리석은 연기는 배우기 어렵다는 것입니다.

사회 역사에 변동이 일어날 때, 특히 고대 제왕의 정권 변란 시에는 이전 군왕 아래서 정치적 재능을 충분히 발휘한 사람은 흔히 기피당하기 쉬웠습니다. 이는 정치에 있어 천고 이래로 변하지 않는 정례定例입니다. 왜 그럴까요? 그 영문을 잘은 모르겠지만, 아마도 인간 심리의 일반적인 폐단으로서, 사람은 누구나 능력이 뛰어난 사람을 시기하기 마련인가 봅니다. 왜 시기할까요? 인간의 타고난 나쁜 근성이라고 말할 수밖에 없는데, 우리는 학문과 도덕으로 이것을 반드시 없애야 합니다. 이런 시기 심리는 사업상이나 이해가 대립되는 상황에서는 더욱 심해지게 됩니다.

그러므로 학문의 길이란 자기의 심리를 이해하고 이런 죄악의 심리들을 점차 없애고 변화시키는 것입니다. 이것이야말로 진정한 인도仁道의 인仁입니다. 그래서 공자는 말하길, "영무자는 당초에 그의 재능을 너무 훌륭하게 나타냈기 때문에 남의 시기猜忌를 받아야만 했다. 그렇지만 변란의 시기가 되자 그는 평범하고 무능한 듯 보여서 그를 공격하는 사람이 없었으며, 그를 증오하는 사람도 없었다. 이러한 수양은 다른 사람은 할 수 없다."고 한 것입니다. 사람이 득의했을 때는 총명재지가 드러나기 쉬우며, 이것은 누구에게나 가능한 일입니다(其知可及也). 그렇지만 소박하고 꾸밈이 없으며, 솔직 담박하고 미련 무능한 모양은 아무나 해내기가 아주 어렵습니다(其愚不可及也).

여기서 우리는 청나라의 명사 정판교鄭板橋의 몇 마디 멋진 말이 생각납니다.

"총명하기는 어렵다. 어리석기도 어렵다. 총명에서 어리석음으로 들어가기는 더 어렵다. 한 수를 놓아 버리고 한 걸음 물러나면, 즉시 마음이 편안하니, 뒷날 복으로 보답받기 위해서가 아니다."

聰明難, 糊塗亦難, 由聰明而轉入糊塗更難. 方一着, 退一步, 當下心安, 非圖後來福報也.

총명이 절정에 이른 사람은 일부러 어리석은 듯 한 것이 아니라, 자신의 총명이라는 날카로움을 거두어들여 어리석음으로 들어가는 것인데, 이는 더 어렵다는 것입니다. 그 아래 한 구절은 사람이나 사물을 대하는 태도를 말하고 있는데, 일을 만났을 때 한 걸음 물러나 이익이나 권력·지위를 모두 다 남에게 양보하면 마음이 아주 편안한데, 이것은 결코 남에게 사후 보답을 바라서가 아니라 그 당시 마음이 편안하면 그만이기 때문이란 것입니다. 이 역시 공자가 말한, "그의 지혜로움은 누구나 따를 수 있으나, 그의 어리석음은 따를 수 없다."의 또 하나의 의미 확장입니다.

돌아감만 못하다

다음이 이어집니다.

공자께서 진陳나라에 계실 때 (국가 천하가 안정되기 위해서는 반드시 교육과 문화를 기초로 삼아야 한다고 생각하여 자기 나라로 돌아가 학문을 강하기로 결심하고) 말씀하셨다.

"돌아가자! 돌아가자! 나를 따르는 젊은이들은 호기스럽고 세상일을 너무 쉽게 보며, 겉모양은 그럴싸해서 의론이야 분분하지만, (무엇을 해야 될 것인가, 하지 말아야 될 것인가? 어떤 방법으로 해야 할 것인가? 이런 것을 모두 고려해야 하는데, 그렇게) 일을 재량할 줄 알지 못한다."

子在陳曰 : 歸與! 歸與! 吾黨之小子狂簡, 斐然成章, 不知所以裁之。
자재진왈 귀여 귀여 오당지소자광간 비연성장 부지소이재지

'귀여'歸與의 '여'與자는 경탄어驚歎語입니다. 이 단락은 공자의 전기傳記의 한 단락이나 다름없습니다. 이는 공자가 뜻을 펴고자 여러 나라를 돌아다니고 만년에는 돌아가 학문을 강講하고 싶다는 자백입니다. 여기서는 학문의 도리를 말하고 있습니다. 우리가 특히 이해해야 할 것은 공자가 여러 나라를 돌아다니고 있는 동안에도 국가 천하대사에 대해 마음속으로 분명히 알고 있었다는 것입니다. 정권을 잡을 기회가 많고 많았지만 그는 바라지 않았고, 국가 천하가 안정되기 위해서는 반드시 교육과 문화를 기초로 삼아야 한다고 생각하여 자기 나라로 돌아가 학문을 강하기로 결심했습니다. 이 때 공자는 매우 탄식하면서, "돌아가자! 돌아가자!"라고 했습니다.

"오당지소자광간"吾黨之小子狂簡에서 '소자'小子는 젊은이입니다. '당'黨은 고대의 향당鄕黨을 가리키는 것이며, 노나라에서 공자를 따르는 학생들을 가리키기도 합니다. '광간'狂簡은 두 가지의 전형典型입니다. 즉, 호매豪邁함과 강개慷慨함인데, 대부분의 젊은이들이 좋아하는 개성과 기풍은

바로 '광'狂입니다. 함부로 하고 경솔해서 국가 천하대사에 대해 대수롭지 않게 생각하는 것이 바로 '간'簡입니다.

우리가 아는 송대宋代의 명시인인 육방옹陸放翁의 다음 유명한 시 한 수가 있는데, 청말 민국초에 더 많은 문학가들은 그를 칭찬하고 애국시인으로 기렸습니다.

젊은 시절 세상일 어려운 줄 어디 알았으랴	早歲那知世事艱
북쪽으로 중원 바라볼 제 의분이 산처럼 솟았네	中原北望氣如山
눈 오는 밤 전함 타고 과주 나루터를 순항했고	樓船夜雪瓜州渡
가을 바람 속에 말 타고 대산관을 달렸지	鐵馬秋風大散關
국경선 만리장성 되리란 자부 헛되었고	塞上長城空自許
거울 보니 귀밑머리 세어져 이미 희끗희끗	鏡中衰鬢已先斑
참으로 세상에 이름난 제갈량 출사표	出師一表眞名世
천 년 동안 그 누가 이에 견줄 만했을까?	千載誰與伯仲間

이는 당시 육방옹의 자기 진술입니다. 그는 소년 시절에 군대를 이끌고 전쟁터에 나가 금金나라 사람들을 몰아내기를 희망했는데, 그런 환상 속의 기백은 몹시 사랑스럽고 칭찬할 만합니다. 뒤의 네 구절은 나이가 많아지고, 머리털은 하얗게 되었음에도 단 한 가지도 이루어 놓은 것이 없는 감개를 말하고 있습니다.

여기서 그의 시를 소개하는 것은, 시의 첫 구절인 "젊은 시절 세상일 어려운 줄 어디 알았으랴."를 인용하여, 젊은이들이 분발 향상하는 정신은 풍부하지만 극히 경망스러운 잘못을 범하기 쉽고 지나치게 충동적인 것이 바로 '광간'狂簡의 '광'狂임을 설명하기 위함입니다.

둘째 종류의 전형은 '간'簡으로, 이것은 세상일을 너무 쉽게 보아 무엇이나 자기 생각대로 할 수 있는 것처럼 여기는 것인데, 젊은이들은 또 이 잘못도 범하기 쉽습니다. "오당지소자광간"吾黨之小子狂簡은 공자 자신을 따라다니는 젊은 학생들이 아주 호기스럽고 세상일을 너무 쉽게 본다는 말입니다. 비록 문채文彩는 좋아서 겉모양이야 그럴싸하고(斐然成

章) 의론은 분분하지만, 필경에는 인재가 되지 못한다는 것입니다. 이는 마치 오늘날 많은 젊은이들이 내는 출판 저작물이 국가와 세상일을 크게 논하며 말마다 조리가 있지만, 문장은 문장이고 세상일은 세상일이어서 서로 완전히 다른 것과 비슷합니다. 이론과 실천이 하나가 될 수 있기까지는 수십 년 간에 걸친 고생스러운 체험이 없어서는 안 된다는 것을 이해할 리가 없습니다. 그래서 공자는 반드시 자기 나라로 돌아가 후진을 교육해야겠다고 생각하고, 기본 정신을 교육에 두고 국가의 근본을 배양하기로 결심했습니다.

"일을 재량하는 방법은 알지 못한다."(不知所以裁之)란 말은, "젊은이들은 일을 함부로 하는 호기가 있어 모든 일을 너무 쉽고 간단하게 본다. 문장의 견해야 물론 있지만 중재仲裁할 줄 모르고, 일을 재량할 줄 모른다. 무엇을 해야 될 것인가, 하지 말아야 될 것인가? 어떤 방법으로 해야 할 것인가? 이런 것을 모두 고려하지 않는다."는 뜻입니다. 학문의 길에서 가장 어려운 것은 어떻게 꼭 알맞게 중재하느냐는 것입니다. 이는 옷 재단사가 옷감 한 폭을 몸에 꼭 맞게 재단하여 고상한 한 벌의 옷을 지어내는 것과 같은데, 결코 간단하지 않은 한 분야의 학문입니다. 그래서 공자는 오로지 노나라에 돌아와 문화 교육이라는 천추의 사업에 헌신하겠다는 마음뿐이었습니다.

이 단락은 시기적으로 아마 공자가 만년에 노나라에 돌아와 학문을 강하던 상황일 것입니다. 『논어』의 전체적인 문맥을 위해서 특히 이 「공야장」편에 배열했습니다. 또, 공자가 진陳나라와 채蔡나라 사이에서 곤란을 당한 이후 노나라로 돌아와 학문을 강하겠다고 결심했기 때문에, 이 선언을 발표함으로써 일부 사람들이나 일에 대해 취할 태도를 설명했는지도 모릅니다.

공자께서 말씀하셨다. "백이와 숙제는 옛 원한을 생각하지 않았기에, 다른 사람들이 이들에 대해 원망하는 것도 드물었다."

子曰 : 伯夷 , 叔齊 , 不念舊惡 , 怨是用希 。
자 왈　백 이　숙 제　불 념 구 악　원 시 용 희

공자는 백이伯夷·숙제叔齊·오태백吳泰伯 세 사람에 대해 몹시 감복했습니다. 오태백에 관해서는 뒤에 따로 한 편이 있습니다. 중국 역사에서 이 세 사람은 모두 제왕을 하찮게 여겨 제왕이 되지 않았던 사람들입니다. 그들은 본래 군주가 되어야 할 사람들이었지만, 스스로 원하지 않고 사양했습니다. 백이는 맏이였고, 숙제는 셋째였습니다. 맏이가 왕위를 셋째에게 양보했는데, 셋째도 이를 물려받지 않고 끝내는 두 사람 다 도망가 버려서, 할 수 없이 둘째가 정권을 맡았습니다. 백이·숙제는 이렇게 나라를 사양했고, 오태백도 그런 사람이었습니다. 공자는 가는 곳마다 그들 이야기를 꺼냈고, 그들을 몹시 존경하고 숭배했습니다.

이 단락에서 공자는 또 백이·숙제가 구악舊惡을 생각하지 않는 미덕이 있었다고 말하고 있습니다. 그들은 지난날에 어떤 사람이 자신에게 잘못한 일이 있었더라도 지나간 뒤에는 마음에 원한 같은 것을 품지 않았습니다. 이렇게 하면 무슨 좋은 점이 있을까요? 있습니다! 다른 사람에게 원한을 품지 않고 용서한다면, 다른 사람에 대한 원한이 없어지고 나쁜 사람도 점점 그들의 감화를 받게 될 것입니다(怨是用希).

왜 『논어』는 편집이 여기에 이르러 이 구절을 삽입해 놓았을까요? 그 이유는 공자가 노나라에서 사구司寇 벼슬을 한 번 지내면서, 오늘날 텔레비전에 나오는 「포청천」包青天 속의 포공包公 같은 정치 기풍을 보였기 때문입니다. 정권을 잡은 후 소정묘少正卯를 죽여 버린 것은 우뢰와 같이 맹렬 엄격하고 바람처럼 신속한 방법이었지만, 정치적인 면에서 일부 사람들의 원한을 면하지는 못했습니다. 그렇지만 공자가 걸은 길이 바른 길이었기 때문에 모두 다 그를 어찌할 수 없었습니다. 돌아가서 학문을 강하겠다고 한 이상, 정치적인 원한은 내버려 둘 수 있었습니다. "지난날 남이 내게 잘못한 일은 마음속에 두지 말고 내버려 두자. 우리 돌아가서 가르치고 배우자!"고 했던 것입니다. 비록 이러했지만, 공자는 다음과 같이 또 한 가지를 말했습니다.

공자께서 말씀하셨다. "누가 미생고를 정직한 사람이라 했는가? 어떤 사람이 식초를 얻으러 오자, 그는 (자기한테 식초가 없었으므로) 이

웃집에 가서 얻어다 주었다 한다.

(이런 행위가 물론 좋고 의기義氣를 중시한 것이지만, 정직한 것은
아니다. 정직한 사람은 자기에게 있는 것은 있다 하고 없는 것은 없다
고 해야지, 에두를 필요가 없다)"

子曰：孰謂微生高直？或乞醯焉，乞諸其隣而與之。
자 왈　숙 위 미 생 고 직　　혹 걸 혜 언　　걸 저 기 린 이 여 지

미생고微生高는 성이 미생이고, 이름이 고로서, 노나라 사람이었는데,
남들은 미생고란 사람이 정직하고 솔직하다고 했습니다. 그러나 공자는
사람들의 말이 과분하며 미생고는 결코 그런 수양에 부합하지 않는다고
생각했습니다. 어떤 사람이 그에게 식초 한 컵을 얻으러 왔을 때(或乞醯
焉), 미생고는 자기한테 식초가 없었으므로 다른 집에 가서 식초를 얻어
다가 그에게 주었습니다. 공자는 이런 행위가 물론 좋고 의기義氣를 중
시한 것이지만, 정직한 것은 아니라고 했습니다. 정직한 사람은 자기에
게 있는 것은 있다 하고 없는 것은 없다고 해야지 에두를 필요가 없습
니다. 미생고는 에둘렀으니 정직하다고 할 수 없습니다.

이 점은 우리가 연구할 가치가 있습니다. 우리는 공자의 사상이, 뒤
에서 말하겠지만, "곧음으로써 원한을 갚는다."(以直報怨)는 것이며, 이 역
시 후세 유가 사상의 논쟁점이 되었음을 유의해야 합니다. 무엇이 곧음
으로써 원한을 갚는 것일까요? 당신이 나의 따귀를 한 대 때렸는데, 나
는 당신을 주먹으로 한 대 때리지 않고 당신에게 침을 한 번 뱉었습니
다. 지나친 일이 아니겠지요! 어쨌든 그럴 수 있겠지요? 왜냐하면 당신
이 나를 때려서 나는 사실 화가 났기 때문입니다. 적어도 당신이 나를
욕할 때, 나는 당신을 미워하지 않을 수 있습니다. 그렇지만 그로 인해
내가 당신을 거들떠보지도 않는다면, 이 정도는 괜찮겠지요? 이게 바로
곧음으로써 원한을 갚는다는 이치입니다. 공자는 시종일관 그렇게 주장
했습니다.

"덕으로써 원한을 갚는다."(以德報怨)는 것은 노자의 사상으로 후세에
이것이 도가 사상을 대표했습니다. 다시 말해, 당신이 내게 잘못했더라

도 나는 당신을 원망하지 않고 보복하지 않으며 도리어 당신에게 잘하여 당신을 감화시킨다는 것입니다.

"곧음으로써 원한을 갚는다."는 공자의 사상은 중국 문화 속에서 곧음을 주장한 점에 있어 묵자사상이나 의협사상과 견해가 같습니다. 그래서 의협사상과 묵자사상은 민간에 널리 퍼져 전해 왔는데, 이른바 "한 번 흘겨본 것도 반드시 갚는다."(睚眥必報)는 것이나, "길 가다 억울함을 당하는 사람을 보면 칼을 뽑아 도와 준다."(路見不平, 拔刀相助)는 등의 말은 바로 이런 정신이 변화 발전되어서 나온 것입니다. 그럼 공자의 이 사상은 옳을까요, 옳지 않을까요? 우리는 그가 성인이든 아니든 상관하지 맙시다. 나는 나의 스승을 사랑하지만 진리를 더 사랑한다는 입장에서, 먼저 성인이라는 이 명칭을 공자에게 바치고, 문제를 토론해 보겠습니다.

예를 들어, 어떤 친구가 어려운 일로 급히 쓸 돈이 필요하여 한 친구에게 돈을 빌리러 왔습니다. 그런데 이 친구는 마침 자신에게 돈이 없었기 때문에 다른 사람한테 빌려다 주었습니다. 이렇게 한 것은 우리의 전통적인 사상이나 도가 사상에서 말하면 의리상 마땅히 해야 할 일이었습니다. 그러나 공자는 여기에서 그렇게 생각하지 않고, 이는 정직한 행위가 아니라고 했습니다.

우리가 지금 연구하고 있는 방법으로 보면, 『논어』는 전편이 연관되어 있어서 한 단락씩만 떼어 내어 볼 수는 없습니다. 또한, 20편의 『논어』는 모두 연관된 한 편의 큰 문장이라고 할 수 있습니다. 그렇다면 이 기본적인 관점에서 이 한 단락의 함의를 보겠습니다. 내가 조금 전에 말했듯이 공자는 만년에 여러 나라를 돌아다닌 후, 노나라에 돌아가 학문을 강하겠다고 했습니다.

공자는 이 선언을 한 다음, '불념구악'不念舊惡을 제기했습니다. 즉, 지난 일은 다 지나간 뒤이므로 모든 원한은 더 이상 말할 필요가 없고, 이제는 마땅히 돌아가 자기 나라를 위해서, 또 세상 사람들을 위해서 얼마간의 문화적 기초를 다지며 후진을 교육시키겠다는 것입니다. 그 다음으로 그는 비록 지난 일은 묻지 않겠지만, 그러나 좋은 것은 어디까지나 좋은 것이며, 나쁜 것은 어디까지나 나쁜 것이라고 설명했습니다. 지난 일을 탓하지 않는다고 해서, 나쁜 것이 갑자기 좋아져 버린 것은 결코 아니라는 것입니다. 이런 뜻을 여기에서는 이 '直'(직)자를 빌려서 설명하고 있을 뿐입니다.

그런데, 있으면 있다 하고 없으면 없다고 하는 것이 반드시 공자가 해석한 정직한 행위의 요점이라고 말한다면, 후세의 유가들에게 문제가 발생합니다. 즉, 한·당·송·원·명·청 이래로 책을 읽어 유가라고 불렸던 모든 사람들이 다 도량이 좁은 사람이 되어 버려 마침내는 앞서 예로 들었던, "의리를 지킴은 매번 도구배들이었고, 양심을 저버림은 흔히들 지식인이었네."(仗義每從屠狗輩, 負心多是讀書人)라는 옛 사람의 시처럼 되어 버립니다. 아무러면 지식인의 대부분이 남을 상관하지 않았고, 이런 의협 정신을 갖고 있지 않았을까요? 이것은 공자의 말뜻을 오해한 것입니다. 나의 관점으로는, 『논어』 전편의 사상을 연관시켜서 보면, 공자는 당시 노나라에서 정치적인 원한 때문에 그의 귀국을 두려워했던 일부 사람들에게 일부러 다음과 같은 소식 하나를 흘린 것입니다. "당신들에 대해서 나는 마음속으로 동의하지 않는다. 그러나 서로 각자의 길을 가자. 당신들은 두려워하지 말라. 나는 돌아가겠다."

어떻게 이런 것임을 알 수 있을까요? 다음에서 공자는 또 이렇게 말하고 있습니다.

공자께서 말씀하셨다. "듣기 좋게 말이나 잘하고 보기 좋게 태도나 꾸미고 지나치게 공손한 것을, (그 진심에서 우러나오지 않은 것이므로) 좌구명이 부끄럽게 여겼는데, 나도 역시 부끄럽게 여긴다. 원한을 숨기고 그 사람과 벗하는 것을, (그 행실이 너무 옳지 않으며 마음 씀도 너무 간사 음험하므로) 좌구명이 부끄럽게 여겼는데, 나도 역시 부끄럽게 여긴다."

子曰: 巧言, 令色, 足恭, 左丘明恥之, 丘亦恥之。匿怨而友其人,
　　 자왈　교언　영색　주공　좌구명치지　　구역치지　　익원이우기인

左丘明恥之, 丘亦恥之。

좌구명치지　구역치지

　　여기서의 '구'丘는 공자의 이름입니다. 과거에 우리는 옛날식으로 책을 읽다 여기에 이르면, '구'丘라는 이름을 말하지 못해 감히 읽지 못했습니다. 그렇게 읽어 금기를 범하면 매를 맞아야 했습니다. 그래서 다른 글자 하나로 바꿔서 '모역치지'某亦恥之라고 읽었습니다. 이제는 시대의 금기가 달라졌기에 상관이 없습니다.

　　여기에서 공자는 또 말하기를, "어떤 사람이 허망하고 듣기 좋은 말들을 하면서 얼굴에는 보기 좋은 표정을 지어 남의 환심을 사려는 모습은, 남에게 존경스럽게 보일지 모르지만 진심에서 우러나온 것이 아니다. 좌구명이 이것을 부끄러워했는데, 구도 역시 이것을 부끄러워한다."고 했습니다. (좌구명은 『춘추좌전』을 쓴 그 좌구명으로, 옛 사람들은 좌구명이 문인聞人이라고 생각했습니다. 고대의 문인은 평판이 아주 좋았지만 결코 관료가 아니며, 특정형의 인물이 아니었기에 문인이라고 불렀습니다. 뒷날 방회〈幇會: 민간 비밀결사의 총칭─역주〉의 우두머리를 문인이라고 불렀는데, 그 관념은 옛날과 지금이 차이가 있습니다). 공자의 이 말뜻은, 이런 거짓말을 하고 거짓 일을 하는 사람을 좌구명이 미워했는데, 자기도 좌구명처럼 이런 사람을 미워한다는 것입니다.

　　공자는 좌구명이 "원한을 숨기고 그 사람과 벗하는 것을 부끄럽게 여겼다."(匿怨而友其人)고 했습니다. 분명히 남에게 원한을 가지고 있으면서도 원한을 드러내지 않고 몰래 마음속에 간직한 채, 여전히 그 사람과 교제하는 사람은 그 행실이 너무 옳지 않으며 마음 씀도 너무 간사 음험합니다. 좌구명의 사람됨의 태도는 그런 행실을 경시하였는데, 공자 역시 그런 행실을 경시한다는 것입니다.

　　공자의 이 두 마디 말을 미생고에 관한 말과 이어놓고, 다시 그 위의 "돌아가자! 돌아가자! (歸與! 歸與!)"는 말과 연관시켜 보면, 내가 방금 말했듯이 공자가 귀국하여 교육에 종사하기 전의 선언이 됩니다. 이는 노나라 정치계에서 공자를 원망하고 그가 돌아오는 것을 두려워하는 사람들에게 공자가, "나는 여러분들에게 동의하지 않는다. 그러나 원한은 없으니 나는 돌아가겠다."고 말한 것이나 다름없습니다. 한 줄로 이어서 철저히 이해해 보면, 바로 그런 의미가 됩니다. 그러나 이것이 정설定說은 아니며, 내가 단지 이와 같이 말할 뿐입니다. 맞고 안 맞고는 고명한 사람이 밝혀 주기를 기다립니다.

다음은 공자가 노나라에 도착한 내용이 이어지는데, 우리가 이것을 연결시켜 보면 공자에 관한 한 토막의 전기가 됩니다. 또, 한 권의 소설로 생각할 수도 있고, 한 편의 영화로 생각해 볼 수도 있습니다.

제자와 스승의 포부

(어느 날) 안연과 계로가 공자를 모시고 있었는데,

공자께서 말씀하셨다. "음, 너희 (젊은 세대)들의 (포부나) 지망志望을 (내가 듣고 싶으니) 각기 말해 보아라."

자로가 말했다. "(저는 돈을 많이 벌어 집에 많은) 수레와 말과 옷과 가벼운 갖옷을 (두고, 많은 부귀영화를 누리고 싶습니다. 그러나 저 한 사람을 위해서가 아니라 저와 알고 지내는 사람들이나) 친구들과 함께 쓰다가 그것들이 낡아져도 유감이 없고자 합니다."

안연이 말했다. "(저는 가장 좋은 도덕적 행위와 가장 좋은 도덕적 성취가 있고, 사회에) 선행(과 공헌)을 (했더라도) 남에게 자랑하지 않고, 수고로운 일을 남에게 맡기지 않고자 합니다."

(공자가 듣고 나서도 아무 말씀을 하시지 않자) 자로가 (참지 못하고) 말했다. "(선생님! 선생님께서 우리에게 먼저 물으셨으니, 이제는 선생님 차례입니다) 선생님의 지망을 듣고 싶습니다."

공자께서 말씀하셨다. "(사회의 모든) 노인들은 (정신적이나 물질적인 면에서 다) 편안하게 해 주고,

(사회의) 친구들은 (서로) 신의를 지키(고, 사람과 사람 사이에는 원한이 없으며 의심을 품지 않도록 하)게 하고,

젊은이들은 (영원히 위대한 포부를 지니고, 그들의 정신은 영원히 아름다운 이상과 아름다운 희망을 갖도록) 보살펴 주고자 한다."

顏淵·季路侍。子曰：盍各言爾志。子路曰：願車馬，衣輕裘，與朋
안연   계로시   자왈   합각언이지   자로왈   원거마   의경구   여붕

友共，敝之而無憾。顏淵曰：願無伐善，無施勞。子路曰：願聞子之志！
우공   폐지이무감   안연왈   원무벌선   무시로   자로왈   원문자지지

子曰：老者安之，朋友信之，少者懷之。
자왈   노자안지   붕우신지   소자회지

　　어느 날 안연과 자로가 공자 옆에서 환담하고 있을 때, 공자가 "합각
언이지"(盍各言爾志)라고 말했습니다. 盍(합)자는 허자虛字입니다. 중국 고문
에는 보통 盍(합)·夫(부) 같은 허자가 있는데, 이는 오늘날 우리가 쓰는
"음……" 또는 "그럼……"에 해당합니다. 공자는 "너희 젊은 세대들의
지망志望이나 포부를 내가 들어보고 싶으니, 내게 한 번 말해 보아라."
고 말했습니다. 우리는 여기에서 연극을 보는 것이나 마찬가지여서, 대
사臺詞 중에 학생들의 개성이 드러나 있고, 또 공자의 교육 수법이 돋보
입니다.

　　자로는 "수레와 말과 옷과 가벼운 갖옷을 친구들과 함께 쓰다가 그것
들이 낡아져도 유감이 없고자 합니다."(願車馬, 衣輕裘, 與朋友共, 敝之而無憾)
고 말했습니다. 이 말은 자로의 개성을 잘 보여 주고 있습니다. 자로는
협기俠氣가 많고 마음이 탁 트인 사람이었습니다. 자로의 말은 다음과
같습니다. "나는 돈을 많이 벌어 집에 몇 백 대의 승용차를 두고, 겨울
에는 좋은 가죽으로 안을 댄 긴 옷과 외투를 입고, 또 그 외에도 많은
부귀영화를 누리고 싶습니다. 그러나 나 한 사람을 위해서가 아니라, 나
와 알고 지내는 모든 사람들이 돈이 없으면 내가 돈을 주고, 먹을 밥이
없으면 밥을 주고, 집이 없으면 살 집을 주려고 합니다." 기백이 얼마나
큽니까! 당나라의 시인 두보杜甫도 다음 두 구절의 명시를 남겼습니다.

　　어쩌하면 천만 칸의 큰 집을 얻어　　　　　　　安得廣厦千萬間
　　천하의 가난한 선비 살게 하여 기쁘게 해 줄까?　大庇天下寒士盡歡顏

　　이 시는 바로 자로의 포부를 본딴 것입니다. 두보는 "천만 채의 널찍

한 국민주택을 지어 놓을 테니, 천하의 가난한 지식인들이여 모두 다 나를 찾아오시오." 라고 말한 셈인데, 이는 문인文人의 탄식이었습니다. 그런데 자로의 의협 정신은 그 기백이 아주 커서, 자신의 친구 모두에게 의·식·주·여행 등 여러 면에서 상급의 대접을 해 주겠다고 했습니다. '여붕우공'與朋友共은 자기 혼자만 누리겠다는 것이 절대 아니라는 도의道義 사상이라고 할 수 있습니다. '폐지이무감'敝之而無憾은 다 써 버리고 나도 섭섭하지 않다는 뜻입니다.

안연은 또 다른 일면을 지닌 사람으로, 그의 도덕 수양은 대단히 높았지만 자로와는 완전히 다른 유형이었습니다. 안연은 말하기를, "나는 가장 좋은 도덕적 행위와 가장 좋은 도덕적 성취가 있고, 사회에 선행과 공헌을 했다 하더라도 교만하지 않겠습니다." 라고 했습니다. '벌선'伐善의 '벌'伐은 자랑한다는 것입니다. '무벌선'無伐善은 훌륭한 행동을 했더라도 결코 선전하지 않는다는 것입니다. '무시로'無施勞는 수고로운 일은 남에게 맡기지 않겠다는 것입니다.

'시로'施勞에 대해서 나는 다음과 같은 생각을 합니다. 앞에서 말했듯이 성현과 영웅의 다른 점은, 영웅은 천하를 정복할 수 있지만 자기 자신을 정복할 수 없고, 성현은 천하를 정복하려 하지 않고 자기 자신을 정복하고자 한다는 것입니다. 그러므로 성현이 되기는 영웅이 되기보다 더 어렵습니다. 바꾸어 말하면, 영웅은 타인에게 수고를 끼쳐(施勞), 타인의 번뇌와 고통이라는 희생 위에 자기의 이상을 건설합니다. 이와 달리 성현은 자기의 번뇌와 고통을 타인의 어깨 위에 올려놓으려 하지 않고 오히려 세상 사람들의 번뇌와 고통을 자신이 짊어지고자 합니다. 그러므로 안연이 말한 '무시로'無施勞는 바로 자신의 번뇌와 고통을 남에게 안겨 주지 않겠다는 것으로, 이는 안연의 이른바 '인자의 말'(仁者之言)입니다.

각각 문文과 무武를 지향하는 두 학생은 전혀 다른 이상과 희망을 선생님에게 보고한 것입니다. 그런데 공자가 듣고 나서도 아무 말을 하지 않자, 우리들의 자로 학생은 참지 못하고 물었습니다. "선생님! 선생님께서 우리에게 먼저 물으셨으니, 이제는 선생님 차례입니다. 말씀해 보

십시오." 그러자 공자는 "노인들은 편안하게 해 주고, 친구들은 신의를
지키게 하고, 젊은이들은 보살펴 주고자 한다."(老者安之, 朋友信之, 少者懷
之)고 대답합니다. 이 말은 『예기』禮記의 「예운대동」편禮運大同篇 사상을
실현하고 싶다는 것으로, 가장 이루기 어려운 것입니다.

공자가 말한 이 세 가지 점은 학생들과는 다르다는 것을 한눈에 알
수 있습니다. 공자가 성인인 까닭은 훌륭한 교육가·철학가여서, 요컨대
무슨 '가'家자란 '가'자는 다 그에게 붙여졌기 때문인데 대단하기는 대단
했습니다. "노자안지"老者安之, 사회의 모든 노인들을 정신적이나 물질적
인 면에서 다 편안하게 해 드린다는 것입니다.

"붕우신지"朋友信之, 사회의 친구 사이에는 서로 신뢰할 수 있고, 사람
과 사람 사이에는 원한이 없고 의심을 품지 않도록 하겠다는 것입니다.
"소자회지"少者懷之, 젊은이들은 영원히 위대한 포부를 지니고 그들의 정
신은 영원히 아름다운 이상과 아름다운 희망을 갖도록 하겠다는 것입니
다. 다시 말해서 영원히 그들을 보살펴 주고, 영원히 젊은 세대에 관심
을 갖고 사랑해 주고 싶다는 것입니다.

우리가 자세히 연구해 보면, 이 세 가지 점을 다 해낼 수 있는 사람
은 정말 훌륭한 사람입니다. 이런 사람에게 한 명칭을 바친다면 바로
성인聖人이나 신선神仙, 혹은 여래如來가 됩니다. 왜냐하면 이 세 가지 점
은 자기 윗세대와 자기 세대, 그리고 다음 세대 모두에 대해 당부하고
있기 때문입니다. 이것이 바로 성인의 경지이자 대단히 하기 어려운 일
입니다.

여기까지 말하고 나서 이 편의 학문의 도리에 대한 실제적인 토론은
공자의 말을 인용하여 결론을 삼고 있습니다.

**공자께서 말씀하셨다. "그만두자! 나는 (때때로) 자기의 잘못을 살
펴보고 (마음속으로) 자기를 꾸짖고 심판할 수 있는 사람을 (지금까지)
본 적이 없다."**

子曰：已矣乎！吾未見能見其過，而內自訟者也。
자 왈   이 의 호   오 미 견 능 견 기 과   이 내 자 송 자 야

이는 곧 학문의 도리에 있어서의 요점입니다. 요점은 제 1 편 「학이」와 연결시켜야 합니다. 공자의 이 말은 다시 말하면, "그만두자! 내 여태까지 때때로 자기의 잘못을 검토할 수 있고, 검토한 이후에 마음속으로 스스로 심판할 수 있는 사람을 본 적이 없다."가 됩니다. 마음속으로 어떻게 심판을 할까요?

바로 자신 안에서 천리天理와 인욕人欲이 서로 다투는 소송을 하는 것이며, 또 어떻게 이지理智를 선용善用하여 충동적인 감정을 조절하여 평온하게 하느냐는 것입니다. 이것은 학문의 기본이며 또 전통 문화에서 유가의 정조情操의 중심이기도 합니다. 또, 우리들 각자가 때때로 부딪치면서 피할 수 없는 일이기도 합니다. 예를 들면, 담배를 피우는 사람은 담배를 끊기가 몹시 어렵습니다. 담배를 보면 이지理智가 자신에게 끊으라고 일러 줍니다. 그러나 손은 담배를 집기 위해 무의식적으로 뻗쳐집니다. 사실 인생은 언제 어디서나 다 이와 같아서 사람마다 모두 이지가 있고, 다 깨어 있기에 어떤 일은 하기를 원하지 않습니다. 그러나 욕망이 일단 일어나면 억제할 수 없어, 이지는 늘 감정의 욕망을 지배할 수 없습니다.

그러므로 공문유가孔門儒家의 학문의 중점은 내심의 심판과 자성自省, 즉 자기가 마음속으로 자신을 살펴보는 것입니다. 공자는 여기에서, "나는 지금까지 어떤 사람이 때때로 자기반성을 할 수 있고, 때때로 자기를 검토하며, 자기를 꾸짖을 수 있는 것을 본 적이 없다."고 말했습니다. 이는 공자가 말한 학문의 중점이 있는 곳을 특별히 제기한 것입니다. 다음에서 또 한마디를 보충합니다.

공자께서 말씀하셨다. "열 집 남짓한 마을에도 나처럼 (일에) 충실하고 (남에게) 신의가 있는 사람이 꼭 있겠지만, 나만큼 (다방면으로 노력해서) 배우기를 좋아하지는 못할 것이다."

子曰：十室之邑，必有忠信如丘者焉，不如丘之好學也。
자 왈 십 실 지 읍 필 유 충 신 여 구 자 언 불 여 구 지 호 학 야 공자가 위에서 말한 바에 의하면, 그가 6, 70세까지 살아오면서 열국을 주유했지만, 끝내 수시로 반성하는 사람을 한 사람도 보지 못했고, 많아 봐야 오직 한 사람뿐으로 그의 학생인 안회였습니다. 이 말은 세상 사람들을 모두 무시해 버리는 것 같지만, 공자는 결코 그런 극단적인 생각은 없었습니다. "십실지읍"十室之邑은 우리가 말하는, 서너 집 사는 작은 동네입니다(고대의 읍은 오늘날의 이웃이나 리里에 해당합니다. 한당漢唐 이후 읍의 개념은 또 달라서, 오늘날의 현縣에 상당합니다. 만약 한당 이후의 읍을 춘추전국의 읍으로 본다면 잘못입니다. 이는 연구에 필요한 기초 지식으로 유의해야 할 점입니다).

그래서 공자는 이어서 보충해 말합니다. "열 집 정도가 사는 조그만 마을에도 학문 도덕을 강하는 사람이 있다. 일에 대해서 마음을 다하고, 사람에게 신의가 있는 것은 모두 나와 같겠지만, 다만 나처럼 다방면으로 기꺼이 배우기 위해 노력하지 않을 뿐이다." 공자는 많은 사람들이 타고난 재주가 있지만 학식의 배양에 노력하지 않았기 때문에 성취할 수 없다고 생각했습니다. 도덕 심리에 대해서도 문제는 마찬가지입니다. 어떤 사람이든지 도덕적 기본 요소는 다 가지고 있지만, 단지 학식과 수양이 없기 때문에 이러한 기본 요소를 배양할 줄 모릅니다. 이와 같은 선량한 심리적 본질이 행위에 나타나도록 하려면, 반드시 학문의 도야가 있어야 합니다.

雍也

제5편 「공야장」은 제4편까지의 전체 학문 체계에 대해 대화식으로 토론한 전반부에 해당합니다. 이제부터 강의하는 제6편 「옹야」는 내용의 성격상 제5편과 맞물려 이어지는 것으로 학문 체계를 토론하고 사례를 들어 증명하는 후반부가 됩니다.

제왕이 될 만한 인재를 놀려 두다

여기에서 다시 한 사람에 대해 논합니다.

공자께서 말씀하셨다. "옹雍은 (천하를 다스리는) 임금을 시켜도 될 만한 큰 인재이다."

중궁(염옹)이 (어느 날 공자에게 대단히 활달한 인물이었던) 자상백자에 대하여 묻자,

공자께서 (간단명료하게 비평하여) 말씀하셨다. "간소함을 따랐기 때문에 일체를 간소화하여 활달에 가까웠다."

(그러자) 중궁이 (자상백자의 사상을 제시하여) 물었다. "한 지도자가 어떤 일, 어떤 사람에 대해서나 모두 존중하는 마음으로 대하면, 일은 자연히 간소화될 수 있습니다. 이렇게 백성의 일과 사회 일반의 사무를 처리하면 옳지 않겠습니까?

사람이 만일 내심의 정신이 일을 존중하지 않고, 행정 조직을 중시하지 않으며, 자기가 맡은 일에 대해 진지하게 책임을 지려는 생각도 없

이, 아무것도 염두에 두지 않는 것만을 간소화라고 생각하여 간소화를 위한 간소화를 실행한다면, 이것은 일종의 권모술수나 수단이 되어버려 정치적인 도덕이 아니며, 이렇게 하는 것은 아무래도 지나친 간소화가 되어 버린 것 아니겠습니까?"

공자께서 말씀하셨다. "옹의 말이 맞다. (내가 잠시 말을 잘못했다)"

子曰：雍也, 可使南面。仲弓問子桑伯子。子曰：可也, 簡。仲弓曰：
자왈 옹야 가사남면 중궁문자상백자 자왈 가야 간 중궁왈

居敬而行簡, 以臨其民, 不亦可乎? 居簡而行簡, 無乃大簡乎? 子曰：雍
거경이행간 이임기민 불역가호 거간이행간 무내태간호 자왈 옹

之言然。
지언연

제5편이 공야장의 이름을 제목으로 삼았듯이, 이 편도 옹雍이라는 학생의 이름을 제목으로 삼았습니다. 「공야장」편은 덕성 수양의 체體를 상징하고, 이 「옹야」편은 그 덕성 수양을 바탕으로 사회적 실천 사업으로 나아가는 용用을 상징합니다. 옹은 공자의 학생 중 유명한 사람으로, 성은 염冉이고, 이름은 옹雍, 자는 중궁仲弓인데, 공자보다 나이가 29세 어렸습니다.

공자가 아꼈던 제자들 중에서, 공자로부터 도덕과 학문을 모두 갖추었다고 인정받은 사람은 안회였고, 강개하고 의義를 좋아하며 군사 방면에 제일이었던 제자는 자로였으며, 정치·외교·경제 방면에 제일이었던 제자는 자공이었는데, 공자가 가장 아꼈던 또 하나의 학생이 바로 염옹冉雍이었습니다. 공자는 "옹은 임금을 시킬 만하다."(雍也, 可使南面)라고 했는데, 여기서 '남면'南面이란 곧 왕이 되어 천하를 다스릴 큰 인재란 뜻입니다.

공자가 열국을 주유하던 시절 그의 제자 무리 규모가 너무 컸기 때문에, 각 나라마다 공자를 두려워했습니다. 왔다 하면 공자는 항상 많은 제자들을 거느렸을 뿐만 아니라, 또한 그의 제자 중에는 각 나라 출신

들이 모두 있었고, 그의 이상理想 국가에 필요한 각 분야의 인재들도 모두 있었습니다. 염옹은 군왕이 될 만했고, 재상으로는 자공이 나서서 맡을 수 있었으며, 삼군통수三軍統帥로는 자로가 앞으로 나와 설 만했습니다. 이런 상황인데 어느 제후국에서 감히 공자를 수용하겠습니까? 공자가 머물렀다 하면 그 나라에서는 누구든지 긴장했습니다. 전체적인 역사적 관점에서 공자를 연구해 보면, 그가 위대한 까닭과 그가 성인이 된 까닭은 그 유래가 있는 것이지 우연이 아니었음을 알게 됩니다.

공자는 나라를 차지할 방법이 없었던 것이 아닙니다. 오히려 그 방법이 매우 많았습니다. 그가 만일 제자들에게, "너희들이 해 보아라." 하고 머리만 끄덕였더라도 문제는 심각해졌을 것입니다. 춘추전국 시대의 어느 나라도 공자의 3천 제자를 쉽사리 감당해 낼 수 없었으며, 공자는 어떤 나라든 차지해 버릴 수도 있었습니다. 그러나 공자는 그렇게 하지 않았는데, 왜 그랬을까요? 공자의 그러한 도덕적 수양을 우리가 연구할 필요가 있습니다. 만약 당시의 사료史料에 대해 잘 알지 못하면, 공자가 지식인으로서 어찌할 수 없는 상황에 몰려 결국 성인이 된 것처럼 볼 수 있는데, 이는 완전히 틀린 것입니다. 이 점을 우리가 특별히 유의해야 할 필요가 있습니다.

공자는 "옹야, 가사남면."雍也, 可使南面이라고 했습니다. 이 말은, 염옹이라는 학생은 제왕이 될 만한 인재라는 뜻입니다. 전통 문화 관념에 따라 고대의 제왕은 반드시 북쪽을 등지고 남쪽을 향해 앉아야 했으며, 이것은 청나라가 전복되기 전까지 수천 년 간 계속되었습니다. 고대에는 백성들이 정남향의 집을 짓지 못하도록 되어 있었습니다. 특히, 청나라 때에는 백성들이 만일 정남향의 집을 지으면, 지방관이 상부에 보고하여 죄를 묻게 하고 9족九族을 멸했습니다. 그렇다면 백성들의 집 중에 정남향의 집은 없었을까요? 있었습니다. 그러나 대문은 반드시 한쪽으로 치우쳐야 했으며, 정남향으로 내는 것이 금지되었습니다. 오직 주州, 현縣 등의 관청 대문이나 혹은 신을 모신 사당은 정남향으로 앉힐 수 있었습니다. 그 나머지는 그렇게 할 수 없었습니다. 이것은 봉건 전제정치 시대 건축 방향의 규정이었습니다. 그리고 북경의 집들은 옛 궁전보다 높아서는 안 되었습니다. 만일 그렇게 하는 경우에는 범죄가 되었습니다. 이러한 연유로 '남면'南面이란 두 글자는 고문 중에서 흔히 제帝나 왕王을 일컫는 대명사로 쓰였습니다.

우리는 『논어』 제5편과 제6편에서 또 하나의 사실을 발견할 수 있습니다. 제5편에서 공야장은 죄를 범해 감옥살이를 한 사람인데도 공자는 자기 딸을 그에게 시집보냈고, 제6편에서는 염옹이 제왕이 될 만한 사람이라는 것을 말하고 있습니다. 그런데 염옹은 본래 더없이 불쌍한 사람이었습니다. 그의 아버지는 좋지 않았습니다. 빈천한 가정 출신으로, 사회 계급 관념으로 말하면 하층민이었지만 그의 아들 옹은 자질이 비범했습니다. 이 두 가지 사례로부터, 계급을 그렇게 중시한 중국 상고 시대 사회에서도 공자는 결코 이런 것들을 고려하지 않았다는 것을 알 수 있습니다.

공자는 젊은이가 인재인가 아닌가 하는 것만 살펴서, 그가 인재이면 그 수준에 맞추어 지도했습니다. 그래서 뒷날 공자는 염옹을 여러 차례 격려했습니다. 당연히 염옹의 잠재의식 속에는 일종의 심리, 즉 자기의 출신이나 가정이 빈천한 데 대한 심리상의 콤플렉스가 있었을 것입니다. 공자는 염옹에게, "그런 심리를 갖지 말라. 사람은 자기의 힘으로 일어서야 한다."고 말했습니다. 이와 같이 제5·6 두 편의 글에서 제일 먼저 언급된 사람들은 모두 고난과 어려움을 겪은 사람들로서, 이들은 공자의 가르침에 힘입어 학문, 덕업, 재능에 성취한 바가 있었습니다.

염옹은 어느 날 공자에게 한 가지 문제를 제기하여 자상백자子桑伯子라는 사람에 대하여 묻고 토론했습니다. 자상백자는 『장자』莊子란 책에도 나오는데, 대단히 활달한 인물이었습니다. 진한秦漢 이후의 문화에서 사용된 '활달'豁達이라는 단어는 여러 가지 뜻을 가지고 있습니다. 『사기』史記의 한고조漢高祖에 대한 글에도 이 자구字句가 나옵니다. '달'達은 도량이 관대한 것을 말하는데 좀 듣기 좋게 말하면 활달한 것이고, 좀 듣기 싫게 말하면 건들건들한다는 의미로 남이야 어떻게 보든 전혀 아랑곳하지 않는 태도를 가리킵니다. 옷을 삐딱하게 입고 넥타이를 아무렇게나 매며, 단추도 제대로 잠그지 않고 넥타이가 늘 뒤집혀 있을 수도 있습니다. 이런 모습도 절반은 활달한 것이요, 개의치 않는 것입니다. 자상백자는 바로 이런 사람이었습니다.

활달한 사람은 일반적으로 너무 간소簡素합니다. 이 '간'簡자에 대해서는 생각해 볼 필요가 있습니다. 특히, 우리가 반드시 알아야 할 것은 공자가 늘 말하는 '간'簡은 노자가 말한 '검'儉과 그 개념이 같다는 것입니다. 이 두 글자의 정의定義는 고문古文에서는 거의 완전히 같습니다. 단지, 두 글자의 표현이 다를 뿐입니다.

공자는 "자상백자는 간소함을 따랐기 때문에 일체를 간소화하여 활달에 가까웠다."고 간단명료하게 비평했습니다. 그러자 염옹은 자상백자의 사상을 제시했습니다. 즉, 한 지도자가 어떤 일, 어떤 사람에 대해서나 모두 존중하는 마음으로 대하면, 일은 자연히 간소화될 수 있다는 것입니다. 이렇게 백성의 일과 사회 일반의 사무를 처리하면 옳습니다. 사람이 만일 내심內心의 정신이 일을 존중하지 않고, 행정 조직을 중시하지 않으며, 자기가 맡은 일에 대해 진지하게 책임을 지려는 생각도 없이, 아무것도 염두에 두지 않는 것만을 간소화라고 생각하여 간소화를 위한 간소화를 실행한다면, 이것은 일종의 권모술수나 수단이 되어 버려 정치적인 도덕이 아니며, 이렇게 하는 것은 아무래도 지나친 간소화가 되어 버립니다.

우리의 역사 문화의 입장에서 보면, 지도자가 된 사람들은 소위 "윗사람이 어떤 것을 좋아하면, 아랫사람은 그것을 더 좋아한다."(上有好者, 下必甚焉)라는 말을 유의해야 합니다. 즉, 윗사람이 어떤 일이나 동작을 좋아하거나, 어떤 일을 표방하거나, 어떤 점을 제창하면, 아랫사람은 너도나도 이를 모방하고, 더 열렬히 하게 되어 너무 지나치게 됩니다. 공자는 염옹의 말을 듣고 나서 즉시, "너의 말이 옳다. 내가 잠시 말을 잘못했다."고 말했습니다. 이를 통해 공자의 태도가 민주적이며, 가르치고 배우는 정신이 정성스럽고 공경스러움이 있음을 알 수 있습니다.

다음에는 또 가장 유명한 제자에 관한 중요한 문제가 제기됩니다.

(노나라) 애공이 "(그대의 학생 중에 그대의 학문을 진정으로 계승할

만한 사람은 누구입니까?) 제자 중에 누가 배우기를 좋아합니까?" 하고 묻자,

공자께서 대답하셨다. "안회라는 사람이 배우기를 좋아했습니다. (짜증을 함부로 내거나 분풀이를 하지 않아서) 노여움을 남에게 옮기지 않고, 같은 잘못을 거듭 저지르지 않았는데, 불행히도 단명하여 죽었습니다. 지금은 그런 사람이 없으니, 배움을 좋아한다는 사람을 못 들어 보았습니다."

哀公問: 弟子孰爲好學? 孔子對曰: 有顏回者好學, 不遷怒, 不貳過,
애 공 문   제 자 숙 위 호 학   공 자 대 왈   유 안 회 자 호 학   불 천 노   불 이 과

不幸短命死矣。今也則亡, 未聞好學者也。
불 행 단 명 사 의   금 야 즉 무   미 문 호 학 자 야

노애공魯哀公이 "그대의 학생 중에 그대의 학문을 진정으로 계승할 만한 사람은 누구입니까? 배우기를 가장 좋아하는 사람이 누구입니까?" 하고 물으니, 공자는 "오직 안회가 있습니다." 라고 대답했습니다. 공자는 평소 "안회는 학문 도통學問道統을 계승했지만, 제왕이 될 재능이 있다고는 할 수 없다. 안회에게는 사도師道의 풍모와 재능이 있다. 그렇지만 염옹은 군왕의 재능이 있다."고 생각했습니다. 안회가 사람들의 스승이 될 만했던 것은 어떤 학문 덕업 때문이었을까요? 공자는 안회에 대해 이렇게 말했습니다. "노여움을 남에게 옮기지 않고(不遷怒), 같은 잘못을 거듭 저지르지 않았는데(不貳過), 불행히도 단명하여 죽었습니다(不幸短命死矣). 지금은 그런 사람이 없으니(今也則亡), 배움을 좋아한다는 사람을 못 들어 보았습니다(未聞好學者也)." 이 대화로써 학문은 결코 문학 지식만을 가리키지 않는다는 사실이 또 증명되었습니다.

이제 "노여움을 남에게 옮기지 않고, 같은 잘못을 거듭 저지르지 않았다."(不遷怒, 不貳過)는 여섯 글자에 대해 토론하고자 합니다. 이 여섯 글자의 말은 우리가 평생토록 해도 완전히 실천할 수 없습니다. 공자도 이같이 할 수 있는 사람은 3천 제자 중에서 안회밖에 없다고 했습니다. 사람은 모두 이 여섯 글자의 잘못을 범하기 쉽습니다.

'천노'遷怒는 짜증을 함부로 내는 것인데, 우리는 모두 이런 경험이 있습니다. 우리가 가장 쉽게 짜증을 내는 대상은 집안 식구들입니다. 예를 들어, 밖에서 분한 일을 당하고 돌아왔는데 아내가 좋은 마음으로 다가와, "오늘 왜 이리 늦었어요?" 하고 물을 때, 아내에게 "귀찮게 하지 말아!" 하고 짜증을 내는 것이 바로 '천노'遷怒입니다. 사실은 자기 아내에게 욕을 하는 것이 아니라, 밖에서 당한 분을 풀 데가 없어서 아내에게 분풀이를 하는 것입니다.

그러므로 우리는 어떤 때에 윗사람이나 친구에 대해서도 용서를 해야 합니다. 내가 윗사람으로부터 부당한 욕을 먹고 곰곰이 생각해 보니, 윗사람이 무언가를 잘못하여 한참 고민하고 있을 때 내가 찾아갔기 때문에 그는 자연히 나에게 분풀이를 한 것이었습니다. 일의 처리도 이와 같습니다. 역사에서 볼 수 있듯이, 어떤 사람들이 역사의 대죄인이 된 것도 분풀이를 한 것에 그 원인이 있는 경우가 있습니다. 어떤 위정자는 다른 사람에게 불만을 느껴, 온 나라를 가지고 울컥 도박을 해 버린 경우도 있습니다. 분풀이를 하지 않는 것, 곧 '불천노'不遷怒는 참으로 어려운 일입니다.

욕을 먹을 수 있어야 황제

여기에서 두 가지 이야기를 해 보겠습니다.

제1차 세계대전 이전에 독일의 명재상 비스마르크와 국왕 빌헬름 1세는 단짝이었습니다. 독일이 당시에 강성해질 수 있었던 것은 비스마르크라는 훌륭한 재상이 있었을 뿐만 아니라, 또한 도량이 크고 넓은 빌헬름 1세라는 훌륭한 황제가 있었기 때문입니다. 빌헬름 1세는 후궁에 돌아오면 종종 화를 내며 물건을 닥치는 대로 깨뜨리고 찻잔을 내던졌는데, 한번은 아주 진귀한 그릇을 내던져 깨버렸습니다. 황후가 "당신 또 비스마르크 늙은이로부터 욕먹었군요?" 하자, 빌헬름 1세는 퉁명스레 "그렇소." 하고 대답했습니다. 황후가 "당신은 왜 늘 그에게 욕을 먹는 거예요?" 하고 묻자, 빌헬름 1세는 이렇게 대답했습니다. "당신은 이해하지 못해요. 그 사람은 수상으로 일인지하 만인지상一人之下, 萬人之上에 있으니, 자기 아래 있는 그 많은 사람들의 욕을 다 먹어야 해요. 그가 그렇게 많은 욕을 먹고 나서 어디다 풀겠소? 나한테 풀 수밖에 없지 않겠소! 황제인 나는 또 어디다 풀겠소? 접시를 내던질 수밖에 더 있겠소?" 그래서 그 황제는 성공할 수 있었습니다. 이 황제와 재상 때문에 독일은 그 당시 그렇게 강성할 수 있었습니다.

또 하나의 이야기입니다. 주원장朱元璋의 마황후馬皇后도 역시 훌륭한 인물이었습니다. 주원장이 황제가 된 후, 어느 날 후궁에서 황후와 즐겁게 담소를 하고 있었습니다. 그런데 갑자기 주원장이 무릎을 탁 치고는 기쁜 듯이 뛰면서, "나 주원장이 황제가 될 줄이야 상상도 못했지!" 하고 말했습니다. 그리고 춤을 추면서 자신이 구차하고 변변치 못했던 옛 시절의 모습을 드러냈는데, 이는 대단히 추태를 부린 것입니다. 그 때 두 명의 태감太監이 옆에 있었는데, 황제는 이들에 신경을 쓰지 않았습니다. 잠시 후 주원장이 나가자 마황후는 즉시 그 두 태감에게, "황제는 곧 돌아오신다. 너희들 중 하나는 벙어리 행세를 하고, 하나는 귀머거리 행세를 하라. 그렇지 않으면 너희 둘은 목숨이 붙어 있지 못할 것이다. 잘 기억하고 내 말대로 하라!"고 했습니다. 과연 황제는 밖에 나가 자기가 한 짓을 생각해 보니 추태인지라, 그 추태를 두 태감들이 밖으로 소문을 내면 큰일이라는 생각이 들었습니다. 이에 황제가 급히 후궁으로 돌아와 보니, 두 태감 중 하나는 벙어리라서 말을 못하고, 하나는 귀머거리라서 듣지 못했다고 하자 안심을 하여 아무 일이 없게 되었습니다. 그렇지 않았더라면 두 태감의 머리가 어떻게 떨어지지 않았겠습니까? 이 마황후는 역사상 좋은 황후로 유명합니다.

이로써 인생의 수양과 분풀이에 대해 말했는데, 일이 좀 못마땅하다고 다른 사람에게 짜증을 내고도 이를 반성하여 자기를 꾸짖을 줄 모르는 사람이 많다는 것입니다. 특히, 남을 이끄는 지도자는 이 점을 각별히 주의해야 합니다.

다음으로 어려운 점은 '불이과'不貳過입니다. '이과'貳過란 한 번 잘못을 범한 후에 다시 같은 잘못을 범하는 것입니다. 마치 우리가 담배를 피우는 것과 같아서, 이번에만 피우고 다음에는 다시 피우지 않겠다고 하지만 그 때 가면 또 피웁니다. 이와 같이 같은 잘못을 거듭하는 것이 바로 '이과'貳過입니다. 공자는 안회만이 "불천노, 불이과"不遷怒, 不貳過의 여섯 글자를 실천할 수 있다고 말했는데, 사람이 참으로 이렇게 할 수 있다면, 성인이나 현인이라 할 수 있을 것입니다.

'천노'遷怒의 의미를 상세히 풀어 보면 말할 것이 아주 많겠지만 결론적으로 말하면, 우리가 사람됨과 일처리에 있어 가능한 "불천노, 불이과"하도록 주의하면 그것만으로 완전하지는 않을지라도 그리 멀리 벗어나지는 않게 될 것입니다.

사실 "불천노, 불이과"에 대해 우리가 말해 본 것은 아주 작은 일부일 뿐입니다. 진지하게 연구해 보면, 이 두 마디 말은 모든 역사 철학을 개괄하고, 인류의 행위 철학도 개괄합니다. 사람이 참으로 "불천노, 불이과"할 수 있을 정도까지 수양이 된다는 것은 결코 쉽지 않습니다. 공자가 재삼 안회를 찬탄한 데는 그만한 까닭이 있습니다.

예를 들면, 우리가 흔히 말하는 "하늘을 원망하고, 남을 탓한다."(怨天尤人)는 것도 '천노'遷怒의 일례입니다. 사람이 곤경에 처했을 때 하늘을 원망하는 것은 보통 있는 일입니다. 하늘을 원망한다는 말은 한유가. "곤궁이 극에 달하면 하늘을 부르고, 고통이 극에 달하면 부모를 부른다."(窮極則呼天, 痛極則呼父母)고 했듯이 자연적인 현상입니다. 또, 사마천은 『사기』에서 「이소」離騷에 대해 다음과 같이 말하고 있습니다.

"하늘은 사람의 시초이며, 부모는 사람의 근본이다. 사람이 궁지에 이르면 근본을 돌이켜보는 까닭에 힘들고 피곤할 때에 하늘을 찾지 않을 수 없는 것이며, 질병으로 고통스럽고 참담해지면 부모를 찾지 않을 수 없는 것이다."

夫天者, 人之始也. 父母者人之本也. 人窮則反本, 故勞苦倦極, 未嘗不呼天也. 疾痛慘澹, 未嘗不呼父母也.

여기서 말하는 궁지(窮)는 단지 돈이 없는 것을 말하는 것은 결코 아닙니다. 어떤 일이 막다른 골목에 이른 것을 궁지라고 합니다. 이럴 때에는 흔히 자기도 모르게 "아, 하늘이여!" 하고 절로 탄식하게 됩니다. 몸이 참기 어려울 정도로 아파서 고통스러울 때에는 저절로, "아이구 어머니!" 하고 외치게 되는데, 이는 사람의 자연적인 심리입니다. 사람이 어찌해 볼 수 없는 지경에 이르렀을 때에는 심리적으로 현실을 도피하고, 이것은 하늘이 준 불행이라고 생각하고 싶어집니다.

우인尤人은 남을 원망하는 것으로, 잘못의 원인을 남에게 떠넘기고 자신은 잘못이 없다고 생각하는 것입니다. 옛날 평민 문학 가운데 다음과 같은 시 한 수가 있습니다.

하늘 노릇도 사월 하늘 노릇이 어려워라　　　　作天難作四月天
누에는 따뜻하기를 바라는데 보리는 춥기를 바라네　蠶要溫和麥要寒
나그네는 맑기를 바라는데 농부는 비오기를 바라며　行人望晴農望雨
뽕잎 따는 아낙네는 흐린 하늘을 바라네　　　　採桑娘子望陰天

사정이 이러하니 하늘은 어찌해야 좋은 하늘이 될 수 있을까요? 하늘 노릇하기도 어려운데 하물며 사람 노릇이야 어떠하겠습니까? 그러므로 어떤 사람이 친구를 위해 힘을 다해도 원망 듣는 것을 면하기 어렵습니다. 특히, 지도자가 대중의 비평을 받는 것은 더욱 필연적입니다.

그러므로 노자는 말하기를, "사람은 땅을 본받고, 땅은 하늘을 본받으며, 하늘은 도를 본받고, 도는 스스로 그러함을 본받는다."(人法地, 地法天, 天法道, 道法自然)고 했는데, 이 말속에는 우리로 하여금 천지와 같은 광대한 포용의 기개를 배우라는 뜻이 들어 있습니다. (『노자』 제25장—역주).

"불이과"不貳過의 수양은 "불천노"不遷怒의 지조보다 한층 더 깊은 공부입니다.

다음에는 문장의 기세가 다시 바뀌는데, 『논어』의 편성이 이리저리 왔다 갔다 하면서도 조리를 감추고 있는 묘를 더욱 볼 수 있습니다.

부富는 고루고루

자화가 제나라에 사신으로 떠나자, (그의 학우인) 염구가 (집에 남아 계실) 그의 모친(의 생활안정)을 위해 곡식을 보내 주기를 요청하였다.

공자께서 "(좋다) 여섯 말 넉 되만 주어라." 고 하시자, 염구가 좀 더 주기를 요청하니 "(좋다) 그러면 열여섯 말을 주어라." 고 하셨다.

그러나 염구가 그에게 곡식 여든 섬을 보내 주자,

(나중에 이를 알게 된) 공자께서 말씀하셨다. "공서적이 (이번에) 사신으로 제나라에 갔는데, (그 모습이 의기양양했다. 일류의) 살찐 말을 탔고 가벼운 갖옷을 입(어서 일류의 여행 차림이)었다. (그가 출장비로 받은 그 많은 의복 구입비와 별도 수당 중 일부분을 자기 모친이 쓰도록 드릴 수 있었다) 내가 들은 바로는 군자는 남이 다급한 것은 도와주지만 부자에 더 보태 주지는 않는다 하였다. (공서적은 이미 그 정도로도 충분한데, 또 그에게 그렇게 많이 주다니 금상첨화 격이 아니냐? 이는 필요 없는 일이다)"

子華使於齊, 冉子爲其母請粟。子曰 : 與之釜。請益。曰 : 與之庾。
자 화 사 어 제　염 자 위 기 모 청 속　자 왈　여 지 부　청 익　왈　여 지 유

冉子與之粟五秉。子曰 : 赤之適齊也 , 乘肥馬 , 衣輕裘。吾聞之也 : 君子
염 자 여 지 속 오 병　자 왈　적 지 적 제 야　승 비 마　의 경 구　오 문 지 야　군 자

周急不繼富。
주 급 불 계 부

자화子華는 이름이 공서적公西赤으로, 공자의 제자이며, 나이는 공자보다 42세 아래였습니다. 한번은 공서적이 대사大使로 파견되었는데, 아마 공자는 이 때 정권을 맡고 있었던 것 같습니다. 염구冉求는 공서적의 학우로, 집에 남아 있을 공서적의 모친을 위해서 현물 배급을 청구했습니다. 즉, 생활 안정비 지급을 청구한 것입니다. 공자는 "좋다. 그에게 1부釜를 주어라."고 했습니다. '부'釜는 고대 도량형의 단위로, 여섯 말 넉 되가 1부였습니다. 이것은 미곡米穀의 계량 단위로서, 많은 양은 아니었습니다.

그래서 염구는 급우의 모친을 위해 좀더 주자고 공자에게 청했습니

다. "선생님 1부는 좀 모자랍니다. 더 주십시오!" 하니 공자는, "좋다!
1유庾를 더 주지." 했습니다. 1유는 고대 용량 단위로 열여섯 말이었습
니다. 이는 공자가 원래 5만 원(元: 대만 화폐단위—역주)을 주었는데, 이제
8만 원을 더 주겠다는 말이나 다름없습니다. 아마 당시에 염구는 공자
밑에서 총무직을 맡고 있었던 것 같습니다. 그래서 "권력을 손에 쥐자
마자 호령한다."(一朝權在手, 便把令來行)는 말처럼, 급우를 위해서 공자의
의견도 듣지 않고 따로 자기가 5병秉을 더 주었습니다. 당시에 16곡斛
이 1병秉이었는데, 오늘날 기준으로 보면 상당히 많은 수량입니다. 마치
한 번에 30만 원이나 50만 원을 준 것과 같습니다.

나중에 이 사실을 공자가 알게 되었습니다. 그러나 공자는 결코 염구
를 나무라지는 않았는데, 이 역시 일종의 교육이었습니다. 물론 오늘날
도 관리 노릇 하는 것이 쉽지 않지만, 옛날에는 관리 노릇을 할 때에는
정情·리理·법法을 모두 중시해야 했습니다. 법률 이외에도 이치에 맞
아야 하고, 인정에 맞아야 했습니다. 오늘날의 시대정신이 법치를 위주
로 하여 인사 법규와 인사 관리만 중시하고 흔히 정리情理를 고려할 방
법이 없는 것과는 달랐습니다. 염구의 이번 일 처리에 대해 공자가 오
로지 법령만 중시했다면, 염구는 잘못하여 진상 조사를 거쳐 면직됐어
야 했을 것입니다.

그러나 공자는 추궁하지 않고, 시종 교육적인 입장에서 이렇게 말했
습니다. "적이 제나라로 갈 때 살찐 말을 탔고 가벼운 갖옷을 입었다.
내가 들은 바로 군자는 남이 다급한 것은 도와주지만 부자에게 더 보태
주지는 않는다고 하였다."(赤之適齊也, 乘肥馬, 衣輕裘. 吾聞之也 : 君子周急不繼
富). 즉, "너희들은 알아야 한다. 공서적이 이번에 사신으로 제나라에 갔
는데, 그 모습이 매우 의기양양했다. 타고 있는 것은 일류 교통수단이었
고, 입고 있는 것은 일류 여장旅裝이었다(이것은 오늘날 양복 몇 십 벌에 여
행용 가죽 가방을 가지고 간 것이나 다름없었다는 것입니다). 그가 출장비로 받
은 이 많은 의복 구입비와 별도 수당 중 일부분을 자기 모친이 쓰도록
드릴 수 있었다. 우리는 남이 급한 어려움에 처했을 때 그를 도와주어
야 한다. 공서적은 이미 그 정도로도 충분한데, 또 그에게 그렇게 많이

주다니 금상첨화 격이 아니냐? 이는 필요 없는 일이다." 라고 한 것입니다. 다시 말하면, "나를 도와 줄 사람을 구하려면 기꺼이 도와 줄 사람을 구하고, 남을 도와주려면 도움이 가장 필요할 때 도와주라."(求人須求大丈夫, 濟人須濟急時無)는 도리입니다.

그러나 우리는 남을 돕는 것이 매우 어려운 일임을 항상 느끼는데, 이는 사회적인 심리 문제에 관련됩니다. 예를 들어, 어떤 가난한 친구가 병이 나서 어려운 처지에 있을 때, 한 친구가 그의 치료비를 마련하기 위해 몇몇 친구들을 찾아다니며 돈을 거두었습니다. 같은 일로 한 친구를 세 번까지 찾아가고, 네 번째 이후로는 다른 친구를 찾기로 했습니다. 그러나 때로는 같은 친구에게 한 번만 더 도와 달라고 할 수 있습니다. 그러면 그 친구는 오늘은 정말 안 되겠다고 대답해 버립니다. 이때 우리는 한사코, "이번에는 나를 도와 준 셈으로 하게!" 하고 조르기 쉬운데, 이는 억지를 부리는 것일 뿐입니다.

그런데 그 가난한 친구가 죽으면 그 때에는 친구들이 아주 적극적으로 돈을 모아 죽은 친구의 널(棺)을 살 수 있도록 도와줍니다. 때때로 이런 경우를 보면, 정말 크게 개탄스럽기도 하고 아주 이상한 느낌도 듭니다. 어떤 사람이 생전에 급한 어려움에 처했을 때는 그를 도와줄 사람을 찾느라 뛰어다녀도 그리 순조롭지 않더니, 그가 죽고 나자 모두들 도와주겠다고 뛰어다니면서, 그가 가난하여 병을 치료받지도 못하고 죽었다고 불쌍해합니다. 이런 동정심을 그가 죽기 전에 발휘했더라면 얼마나 좋았겠습니까? 죽은 뒤에 널 사는 데 보태 줄 돈을 죽기 전에 약값으로 좀더 내주었더라면 좋지 않았을까요? 이 점을 자세히 생각해 보아야 합니다. 그러므로 도덕적 행위라는 것을 뭐라고 해야 하겠습니까? 연구해 보면, 역시 "남을 도와주려거든 도움이 가장 필요할 때 도와주어야 한다."는 것이 중요합니다. 공자는 "군자는 남이 다급한 것은 도와주지만 부자에게 더 보태 주지는 않는다 하였다."(君子周急不繼富)고 했습니다. 즉, 이미 가지고 있는 사람에는 더 줄 필요가 없다는 것입니다.

공서적의 사건으로 보면, 공자는 관리 책임자로 있을 때 재정 관리에 비교적 긴축했던 것 같습니다. 그러나 이어지는 다음 한 단락은 또 다른 비슷한 일 한 가지를 말하고 있는데, 공자가 재무에 대해서 결코 인색하지 않았음을 증명하고 있습니다.

원사가 공자의 가재家宰(오늘날의 총무)가 되었을 때 그에게 곡식 구백九百을 주었는데 (많은 곡식을) 사양하(고, 조금 적게 주기를 바라)자,

공자께서 말씀하셨다. "그러지 마라! (사양하지 말고 받아라. 네가 다 못 쓰면) 너의 마을이나 고을 (가난한) 사람들에게 나누어 주려무나!"

原思爲之宰, 與之粟九百。辭。子曰：毋！以與爾鄰里鄉黨乎！
원 사 위 지 재   여 지 속 구 백   사   자 왈   무   이 여 이 린 리 향 당 호

원헌原憲도 공자의 학생으로, 자는 자사子思이며, 공자가 세상을 떠난 후에는 벼슬을 버리고 초야에 은퇴했습니다. 자공이 뒷날 위衛나라의 재상으로 있을 때, 원헌에게 몹시 감복했기 때문에 특별히 그를 찾아가 만났지만 결과적으로 거절당했습니다.

자공은 원헌을 만나러 갈 때 요란하게 겉치레를 하고 갔습니다. 원헌은 일부러 시골 늙은이처럼 해진 옷을 입고 자공을 만났습니다. 서로 인사하고 나서, 자공이 원헌에게 "병이 나셨나 봅니다." 하고 말했습니다. 그러자 원헌은 이렇게 대답했습니다. "나는 병이 나지 않았네. 그저 돈이 없어 가난할 뿐이지. 도를 배우고도 이루지 못한 것이야말로 병이라네. 나 같은 사람은 가난할 뿐, 병은 아닐세. 그렇지만 그대는 부자夫子의 도를 배웠는데도, 오늘 그대의 태도와 기세를 보니⋯⋯." 비록 자공을 난처하게 했지만 이를 통해서도 원헌의 기개를 알 수 있습니다.

공자가 정권을 맡았을 때, 원헌이 그의 재宰가 되었는데(原憲爲之宰), 여기의 '재宰는 가재家宰로서 오늘날로 말하면 총무에 해당됩니다. 공자는 그에게 곡식 9백을 주었습니다(與之粟九百). 여기의 9백이란 수량은 얼마를 말하는지 고증할 길이 없지만, 여하튼 많았습니다. 그러나 원헌

은 많은 곡식을 사양하고, 조금 적게 주기를 바랐습니다. 그러자 공자는, "사양하지 말고 받아라. 네가 다 못 쓰면, 가난한 친척이나 친구에게 나누어 주어도 좋다."고 했습니다.

위의 이야기는 공자가 관직에 나아가 정권을 담당했을 때의 두 가지 서로 다른 태도를 기록한 것입니다. 공서적이 먼 곳으로 대사가 되어 가게 되자 급우가 그 모친을 도와주기 위해 생활안정 비용을 좀더 지급할 것을 요구했으나, 공자는 그럴 필요가 없다고 했습니다. 그런데 원헌의 경제사정은 그보다 비교적 못했으므로, 공자는 총무로 일하는 원헌의 대우를 특별히 잘해 주고자 했습니다. 원헌이 사양했으나, 공자는 그래도 받으라고 권했습니다. 이 이야기로부터 우리는 한 몸으로 군君 · 친親 · 사師의 역할을 했던 공자의 풍모와 도량을 보았습니다. 윗사람의 신분 이외에도, 부모 · 스승 · 어른으로서의 책임을 겸하여 수시로 생활 속의 사례로 학생을 가르쳤는데, 이는 후세 유가가 본받아야 했던 그 교화 정신의 요점이기도 합니다.

재능과 덕행이 있으면 반드시 쓸모가 있는 법

이 단락부터는 또 중궁仲弓에 대하여 직접 가르치는 이야기입니다. 중궁은 곧 염옹으로 이 「옹야」 편의 주인공이며, 공자가 가장 아끼는 학생 중의 하나였습니다. 이 첫 단락에서 공자는 "염옹은 제왕이 될 만한 재능을 가지고 있다."(可使南面)고 했습니다. 앞에서 말했듯이 중궁은 가난한 집안 출신이며, 그의 부친도 명성이 없는 사람이라 여러 가지로 여의치 못했을 것입니다. 그러나 그의 자식은 재능과 덕행(才德)이 출중했습니다. 그래서 공자는 이 학생을 발탁하여 특별히 배양해주었습니다.

공자가 중궁에 대하여 말씀하셨다. "얼룩소 새끼라도 털이 붉고 뿔이 반듯하다면, 비록 제물로 쓰지 않으려 한다 해도 산천의 신神이 내버려 두겠느냐?" ("너는 심리적으로 콤플렉스를 갖지 마라. 자기의 가정 출신이 어떠한지 염두에 두지 마라. 자기가 진정으로 학문이 있고 진정으**

로 재능이 있어 참으로 일어설 수만 있으면, 다른 사람이 너를 쓰지 않을 생각을 할 경우 천지신명도 응답하지 않을 것이다")

子謂仲弓曰：犁牛之子, 騂且角, 雖欲勿用, 山川其舍諸？
자 위 중 궁 왈 이 우 지 자 성 차 각 수 욕 물 용 산 천 기 사 저

공자는 염옹에게 심리적으로 콤플렉스를 가질 필요가 없다고 충고했습니다. '이우'犁牛는 일종의 얼룩소입니다. 오늘날 목축 동물 중에 네덜란드에서 온 얼룩소는 좋은 품종이라 할 수 있습니다. 그러나 고대에는 이런 잡색의 얼룩소는 농업용으로 쓰이는 것 이외에는 무슨 다른 용도가 없었습니다. 특히, 조상 제사나 천지 제사 등 장엄 성대한 의식에는 반드시 윤기 나는 순색의 소를 골라 희생물로 썼습니다.

그런데 잡색의 얼룩소가 윤기 나는 적황색 털빛에 뿔이 두드러진 잘생긴 송아지를 한 마리 낳았습니다. 비록 얼룩소의 품종은 좋지 않더라도, 그 새끼가 가지고 태어난 조건이 좋다면, 제사 의식에는 이를 사용하고 싶지 않더라도(雖欲勿用), 산천 신령도 이 새끼를 버리지는 않을 것이라는 이야기입니다(山川其舍諸). 산천山川은 먼 옛날과 춘추 시대에는 때로는 천지신명을 나타냈습니다.

여기서 공자는 말하기를, "천지의 신도 반드시 유용한 인재를 까닭 없이 하찮은 자리에 있게 하지는 않을 것임을 사람들에게 암시할 것이다."고 했습니다. 공자는 중궁에게, "너는 심리적으로 콤플렉스를 갖지 마라. 자기의 가정 출신이 어떠한지 염두에 두지 마라. 자기가 진정으로 학문이 있고 진정으로 재능이 있어 참으로 일어설 수만 있으면, 다른 사람이 너를 쓰지 않을 생각을 할 경우 천지신명도 응답하지 않을 것이다."고 한 말한 것이기도 합니다.

위에서는 염옹의 재능을 말했고, 다음에는 안회의 덕을 말합니다.

공자께서 말씀하셨다. "회回는 그의 마음이 석 달 동안 인仁의 경지를 어기지 않고 계속 유지할 수 있다. 나머지 학생들은 하루나 며칠 혹은 한 달에 한 번 인仁의 경지에 이르를 따름이다."

子曰 : 回也, 其心三月不違仁。其餘, 則日月至焉而已矣。
자 왈   회 야   기 심 삼 월 불 위 인   기 여   즉 일 월 지 언 이 이 의

여기서의 '인仁'은 내면 수양의 경지를 말하며, 앞의 「이인」편에서 얘기한 인의 체體입니다. 즉, 공자가 증삼에게 일러준, "나의 도는 하나로 꿰뚫었느니라."(吾道一以貫之)라고 한 인仁의 경지입니다. 여기에 대해서는 현재까지 설명하지 않았는데, 이후에 다시 상세하게 인의 수양에 대해 설명할 기회가 있습니다. 지금은 '인'의 문제를 잠시 밀쳐놓기로 합시다.

공자는 여기서, "안회는 인의 경지를 계속해서 3개월간은 유지할 수 있다. 나머지 학생들은 하루에 한 번 인의 경지에 이르거나, 며칠, 혹은 한 달에 한 번 정도나 그럴 수 있다(日月至焉)."고 했습니다. 지금 우리는 잠시 이 인의 수양을 논하지 말고, 우선 자기의 정서적 체험에 대해 돌이켜 생각해 봅시다. 누구나 이런 경험이 있으리라 생각합니다만, 기분이 좋을 때는 어떤 곤란한 문제에 부딪치더라도 외부 환경의 간섭을 받지 않을 수 있습니다. 그러나 좋은 시절은 오래가지 못하고, 기분이 나쁠 때는 깨알이나 녹두만큼 작은 하찮은 일에도 뱃속이 부글거릴 정도의 울분을 일으킬 수 있습니다. 연속 3개월 동안 화를 전혀 내지 않을 정도의 수양도 드문 일인데, 하물며 3개월 동안 인의 경지를 어기지 않을 수 있는 것은 어떠하겠습니까? 이를 통해 우리는 공자가 자기 마음에 꼭 드는 안회라는 문하생을 왜 거듭 찬탄했는지 이해하기 어렵지 않습니다.

내면 수양을 말하고 나서, 다음에는 그 외적 활용을 말합니다.

저마다 장점이 있다

계강자가 (어느 날 공자 제자들의 재능에 대해) 물었다. "중유는 정치에 종사하게 할 만합니까?"

공자께서 말씀하셨다. "유由는 개성이 과감합니다. (그래서 일에 대한 결단이 빠를 뿐만 아니라 결심한 이후에는 절대 동요하는 일이 없습

니다. 결단성 있고, 과감하면 삼군의 통수자가 되어 천리 밖에서 승부를 결정할 수 있습니다) 그러나 (그에게) 정치에 종사하게 하는 것은 그리 적합하지 않을 것 같은데요? (왜냐하면 그는 너무 강직하여 꺾어지기 쉽기 때문입니다)"

"사賜는 정치에 종사하게 할 만합니까?"

"(안 됩니다) 사賜는 사리에 통달하였습니다. (그래서 일을 너무 분명하게 보기 때문에 부귀공명을 모두 안중에 두지 않습니다. 요컨대, 이런 사람은 사리를 훤히 꿰뚫어보기 때문에 흔히 대철학자나 대문학가가 되기 쉽습니다. 그는 초연한 가슴을 지니고 있고, 또 어떤 것에 개의치 않는 기개가 있습니다) 그러나 (그에게) 정치에 종사하게 하는 것은 그리 적합하지 않을 것 같은데요? (사리에 너무 밝아서 일부러 멍청한 척할지도 모르기 때문입니다)"

"구求는 정치에 종사하게 할 만합니까?"

"구求는 (재자才子이며 문학가로서) 재능이 많습니다. (예컨대 시詩·사詞·가歌·부賦·거문고·바둑·글씨·그림 등 갖가지에 정통함은 물론 스포츠나 음악 무용 등도 다 할 줄 아는 정도입니다. 그래서 명사名士 냄새가 퍽 짙습니다) 그러나 (역시 그에게) 정치에 종사하게 하는 것은 그리 적합하지 않을 것 같은데요?"

季康子問 : 仲由可使從政也與? 子曰 : 由也果, 於從政乎何有? 曰 :
계 강 자 문　중 유 가 사 종 정 야 여　자 왈　유 야 과　어 종 정 호 하 유　　 왈

賜也, 可使從政也與? 曰 : 賜也達, 於從政乎何有? 曰 : 求也, 可使從政
사 야　가 사 종 정 야 여?　왈　사 야 달　어 종 정 호 하 유　 왈　구 야　가 사 종 정

也與? 曰 : 求也藝, 於從政乎何有?
야 여　왈　구 야 예　어 종 정 호 하 유?

계강자季康子는 노나라의 대부이자 권신權臣이었습니다. 어느 날 공자에게 학생들의 재능에 대해 물었습니다. 공자는 일일이 답변했습니다. 이를 통해 우리는 이 학생들의 성격을 알 수 있으며, 또한 공자가 생각한 정치 종사자가 갖추어야 할 학문 수양도 알 수 있습니다.

계강자는 먼저 군사 통수의 재능이 있는 자로에게 정권을 맡길 수 있는지 물었습니다. 공자는 대답했습니다. "자로의 개성은 너무 과감해서, 일에 대한 결단이 빠를 뿐만 아니라 결심한 이후에는 절대 동요하는 일이 없습니다. 결단성 있고, 과감하면 삼군의 통수자가 되어 천리 밖에서 승부를 결정할 수 있습니다. 그러나 그에게 정치에 종사하라고 하는 것은 그리 적합하지 않을 것 같습니다. 왜냐하면 그는 너무 강직하여 꺾어지기 쉽기 때문입니다."

계강자는 이어서 물었습니다. "자공에게 정치를 하라고 하면 어떨까요?" 공자는 대답했습니다. "안 됩니다. 자공은 사리에 통달하여 일을 너무 분명하게 보기 때문에 부귀공명을 모두 안중에 두지 않습니다." 총명하고 사리에 통달한 사람이라고 해서 꼭 매사를 치밀하게 살피지는 않습니다. 예를 들어, 탁자가 더러워졌으면 좀 닦는 게 좋지 않을까요? 그러나 통달한 사람은 닦으나 닦지 않으나 둘 다 마찬가지라고 생각합니다. 왜냐하면 닦아 놓아도 어차피 더러워질 것이기 때문입니다. 다른 사람이 꼭 닦아야 한다고 말하면 통달한 사람은, "닦아도 좋다. 닦으면 아무래도 비교적 깨끗할 테니 닦고 싶으면 닦으라."고 합니다. 요컨대, 이런 사람은 사리를 훤히 꿰뚫어보기 때문에 흔히 대철학자나 대문학가가 되기 쉽습니다. 그는 초연한 가슴을 지니고 있고, 또 어떤 것에 개의치 않는 기개가 있습니다. 그러나 이런 사람이 정치에 종사하는 것은 적합하지 않습니다. 사리에 너무 밝아서 일부러 멍청한 척할지도 모르기 때문입니다.

여기서 재미난 이야기 하나가 생각납니다. 물론 정사正史에는 기록되어 있지 않은 것으로, 재미난 이야기일 뿐입니다. 전하는 바에 의하면, 공자가 여러 나라를 돌아다니던 중 진陳나라와 채蔡나라 사이에서 곤경에 처해 먹을 것도 없게 되었습니다. 어느 날 학생이 아이디어를 내어 말하기를, 모두 다 배가 고픈데, 앞에 큰 인가가 하나 있으니 가서 쌀을 꾸어 오자고 했습니다.

맨 먼저 자로가 자진하여 가서 그 집 문을 두드렸습니다. 한 영감님이 나오더니 쌀을 꾸러 온 공자의 학생이냐고 물으면서, 자기가 글자를 하나 쓸 테니 학생이 알아보면 쌀을 꾸어 줄 필요 없이 공짜로 선생과 학생 전체의 숙식을 제공하고, 못 알아보면 쌀을 한 톨도 못 꾸어 주겠다고 했습니다. 자로가 생각해 보니, 자기가 부자夫子를 따라다니면서 문학을 전문적으로 배웠는데 무슨 문제가 있겠는가?! 싶었습니다. 그래서 두말없이 이 조건을 승낙했습니다. 그러자 영감님은 위는 '直'이고 아래는 '八'인 '眞'자를 써 보였습니다. 자로가 글자를 보고 나서 말했습니다. "이 글자는 '참 진'(眞)자입니다." 그 말을 듣고, 영감님은 문을 닫으면서 말했습니다. "너는 돌아가서 선생님에게 내가 쌀을 꾸어 주지 않더라고 해라." 자로가 답답해하면서 돌아와 공자에게 보고했습니다. 공자는 자로의 보고를 듣고 나서 말하기를, "내가 너더러 가지 말라고 했는데 한사코 가더라니. 금년 농사는 밥조차도 먹을 것이 없다. 그런데도 너는 진지해서 뭐 하자냐는 것이냐?" 라고 했습니다.

자하가 그것을 듣고 이번에는 자진해 나서서 쌀을 꾸러 갔습니다. 그 집에 이르러, 자로의 급우이자 공자의 학생이라고 자기소개를 했습니다. 그 영감님이 역시 아까 그 글자를 써서 자하더러 맞혀 보라고 했습니다. 자하는 방금 자로가 선생에게 코가 납작해진 것을 생각하고는 반대의 뜻을 가진 글자로 대답해서 말하기를, "이것은 '거짓 가'(假)자입니다!" 라고 했습니다. 영감님은 이번에도 문을 닫으면서 말하기를, "너는 더 안 된다."고 했습니다. 자하가 돌아와서 경과를 보고하자, 공자는 탄식해 말하기를, "너란 사람은 정말 큰일이구나. 사람됨은 때로는 또 진지해야 하는 것이야!" 라고 했다는 것입니다.

이상은 다시 말해 이쪽저쪽 어느 쪽으로도 통할 수 있는 경우, 겉으로 보아 달인達人이라고 부른다는 것을 얘기해 보았습니다. 또, 도연명陶淵明의 「귀거래사」歸去來辭와 그가 쌀 다섯 말 때문에 허리를 굽히지 않겠다고 한 이야기가 생각나는데, 이 역시 '달'達이라는 글자의 범위에 들어갑니다. 당시 쌀 다섯 말은 매우 많은 양이어서, 오늘날로 보아도 상당한 월급이었습니다. 그러나 도연명은 그런 봉록에도 허리를 굽히지 않고 벼슬을 그만두고 집으로 돌아갔습니다. 도연명이었기에 그렇게 할 수 있었습니다. 옛날 중국인에게는, "그만두자, 그만둬. 집에 돌아가 묵은 쌀밥이나 먹자!"(不幹, 不幹, 回家去吃老米飯)라는 말이 있었습니다. 지금은 고향을 떠나와 갈 곳이 없으니, 우리는 어디로 돌아가 묵은 쌀밥을 먹을 수 있을까요? 다섯 말 쌀은 고사하고 한 말 쌀에도 우리는 허리를 꺾고 말 것입니다. 허리를 꺾는다(折腰)는 것은 허리를 굽혀 절한다는 것입니다! 진짜로 허리가 끊어지는 것이 아니라면, 우리는 반 말 쌀에도 모두 굽힐 것입니다.

도연명의 「귀거래사」를 읽어 보면, 그의 집 앞에는 다섯 그루의 버드나무를 심을 수 있었는데, 아마 적어도 50여 평쯤의 땅은 되었을 것입니다. 요즘 같으면 4층짜리 건물을 한 채 지어 돈을 벌 수 있었을 것입니다. 우리는 오늘날 공업 사회의 소시민이 되어 집도 세를 들어 살기 때문에 집 앞에 파초 한 그루도 심을 수 없으니, 다섯 그루의 버드나무는 말할 것도 없습니다. 도연명은 "어린애들 손을 잡고 방 안에 들어서니, 술독에는 술이 가득하네."(携幼入室, 有酒盈樽)라고 읊었습니다. 옛날 대륙에서 술을 자기 집에서 빚을 수 있는 것은 적어도 중산층 가정이었으니, 그는 당연히 집에서 묵은 쌀밥을 먹을 수 있었습니다. "뜰의 세 갈래 길은 잡초가 무성하건만, 소나무와 국화는 오히려 남아 있네."(三徑就荒, 松菊猶存). 그의 집을 보세요. 빈터가 얼마나 큰지. 마치 대북시의 신공원新公園 만한데, 그 세 갈래 큰 길에 잡초만 무성해졌다는 것입니다. 대나무를 심어 죽순만 팔아도 한 달에 몇 십만 원은 벌 수 있었으니, 도연명은 당연히 쌀 다섯 말을 받으려고 허리 꺾지 않았겠지요. 이를 통해서 도연명은 통달한 달인達人이 될 자격이 있음을 알 수 있습니다.

그래서 공자는 자공이 달인이기는 하지만 달인이 반드시 정치에 종사하려는 것은 아니라고 말했습니다.

이번에는 계강자가 염구는 정치에 종사해도 되는지 물었습니다. 공자는 염구가 재자才子이며 문학가라고 말했습니다. 예컨대 시詩・사詞・가歌・부賦・거문고・바둑・글씨・그림 등 갖가지에 정통함은 물론 골프・현대 무용 등도 다 할 줄 아는 정도였습니다. 명사名士 냄새가 퍽 짙지만 역시 정치에 종사시켜서는 안 된다는 것입니다.

바꾸어 말해서, 위의 세 사람을 한데 합해 놓으면 대정치가감으로 부끄럽지 않습니다. 왜일까요? 강직 과감한 정신은 자로의 장점이지만 관대한 도량이 필요합니다. 다시 말해서, 이른바 노고를 마다하지 않고 원망을 두려워하지 않는 기개로서, 바로 자공과 같은 통달이 필요합니다. 원망을 두려워하지 않는 것은 특히 어렵습니다. 어떤 계획이나 어떤 정책이 실시되기 이전에 그 누가 당신을 멍청한 놈이라고 할 때는 고개를 숙이고 욕하라고 하고, 성과가 있을 때까지 기다릴 수밖에 없습니다. 물론, 정말 멍청이가 되어 버리면 큰일 나지요. 아울러 견문이 깊고 넓으며, 지식이 풍부하고 다재다능해야 합니다. 과果ㆍ달達ㆍ예藝라는 간단한 세 글자는 그처럼 많은 것을 포괄하고 있어, 정치가는 예술가ㆍ시인의 수양도 겸비해야 합니다.

다른 면에서 보면, 계강자가 이 세 학생들에 대해 묻자 공자가 모두 안 된다고 한 까닭은, 계씨가 당시 노나라의 권신權臣으로 그 기세가 판을 치고 방자하게 굴었기 때문에, 공자는 자기 학생들이 그 권문에 발을 들여놓는 것을 원치 않았기 때문이기도 합니다. 물론, 학생들도 가기를 원치 않았을 것입니다. 그래서 공자는 일부러 사절했으며, 비록 말한 것은 모두 사실이었지만, 그 학생들이 정치에 종사할 수 없다고 말한 대로는 아니었습니다. 자공은 뒷날 위衛나라의 재상이 되어 정무政務를 주관할 때마다 국제 정세의 분쟁을 가라앉혔습니다. 당시 시대의 혼란은 오늘날보다 더했으면 더했지 덜하지는 않았습니다. 자공은 이러한 재능이 있었는데도, 공자는 왜 한사코 자공이 안 된다고 말했을까요? 사실 공자는 당시 이 학생들이 각각 한 몫을 할 수 있다고 보았지만, 계강자라는 사장의 잘못된 길을 돌이킬 도리가 없었기 때문에, 한 사람이라도 그의 밑에 들어가는 것을 허락하지 않았던 것입니다.

솔직히 말해서 학문의 입장에서 보면, 정치에 종사하는 사람은 이 세 사람의 재능이 다 필요합니다. 첫째, 달인에 이르도록 성정性情을 수양해서 도량이 넓어야 하며, 떨쳐 버리지 못하는 일이 조금이라도 있거나 마음에 걸리는 말이 한 마디도 있어서는 안 됩니다. 그렇지 않으면 성취에 큰 한계가 있습니다. 그 다음으로, 일 처리는 과감 결단성이 있고 강직해서, 한 번 결심하면 확고부동해야 비로소 환경의 영향을 받지 않습니다. 셋째로, 재능이 많아 여러 가지를 두루 알아야 합니다. 정치가의 생애는 아주 고통스럽습니다. 생활은 무미건조하여 과학자보다 고통스럽습니다. 매일 접촉하는 것이 모두 고통과 번뇌거리이고, 온통 시비是非 속에서 하루하루 살아갑니다. 이것은 옳고 저것은 틀리며, 장張씨는 양楊씨 말을 하고, 양씨는 또 이李씨 말을 해서, 유쾌한 일이라고는 거의 하나도 없습니다. 그러므로 스스로 재능이 있고, 초연한 도량을 가질 수 있을 만큼 수양이 있어야 합니다.

내게 의사인 친구가 하나 있는데, 날마다 대하는 사람들이 모두 고통 속에 있는 병자들이기 때문에 그가 보는 것은 찡그린 얼굴이고, 듣는 것은 고통의 신음 내지는 극도의 비통으로 대성통곡하며 아빠 엄마를 부르는 소리입니다. 그래서 그는 퇴근해서 집에 돌아오면 그림 그리기를 몇십 년이나 했는데, 반半동양화이면서도 서양화도 아닌 그의 그림은 경지가 높아서 유명한 화가들도 대단히 감탄합니다. 사고 싶어 하는 사람에게도 그는 팔려고 하지 않고, 그냥 한 폭 달라고 하면 줄 수는 있다며 즉시 낙관을 하여 보내 줍니다. 이는 예술의 가치를 말하는 것인데, 정치에 종사하려면 문학 수양이나 예술적 정서도 필요합니다.

벼슬이 안중에 없는 민자건

위에서는 학문과 정치에 종사하는 것과의 관계를 설명했고, 다음에는 민자건閔子騫이 비재費宰가 되지 않은 데 대해서 말합니다.

계씨가 (공자의 일류 제자들 중에서 정치에 종사할 만한 사람을 찾았지만, 학생들이 응하지 않을 것은 당연했다. 그래서 계씨는 몰래 공자의 제자인) 민자건을 비費지방의 (행정 수장인) 읍재邑宰로 삼으려 하자,

민자건이 (이 요청을 듣고 나서 심부름 온 사람에게) 말했다. "당신은 나를 대신해서 사양한다고 잘 말해 주시오. (나는 하지 않을 것입니다) 또 다시 (사람을 내게 보내 이 일을 얘기하려고) 나를 찾는다면,

나는 (만나지 않을 것이며) 그 때는 반드시 (노나라를 떠나 이미 제나라와 노나라 국경선인) 문수汶水를 지나가버렸을 것이오."

季氏使閔子騫爲費宰。 閔子騫曰：善爲我辭焉, 如有復我者, 則吾必
계 씨 사 민 자 건 위 비 재   민 자 건 왈   선 위 아 사 언   여 유 부 아 자   즉 오 필

再汶上矣。
재 문 상 의

　계씨가 공자의 일류 학생들 중에서 정치에 종사할 만한 사람을 찾았지만, 학생들이 응하지 않을 것은 당연했습니다. 그래서 계씨는 몰래 공자의 학생으로 이름이 손損인 민자건閔子騫을 끌어들이려고 했습니다. 민자건은 유명한 효자로 '24효'二十四孝에 들어갑니다. 그는 공자보다 15세 아래로, 다른 학생들보다 나이가 좀 많았습니다.

　계씨가 민자건에게 '비'費라는 지방의 행정 수장이 되어 달라고 요청하였습니다. 당시 '재'宰라는 관직은 오늘날로 보면, 좀 작게 말하면 대략 현장縣長이나 행정 감찰 위원에 해당하고, 좀 크게 말하면 성 주석省主席 정도의 직위였습니다. 민자건은 이 요청을 듣고 나서 심부름 온 사람에게 말하기를, "당신이 나를 대신해서 사양한다고 잘 말해 주시오. 나는 하지 않을 것입니다. 또 다시 사람을 내게 보내 이 일을 얘기하면 나는 만나지 않을 것이며, 그 때는 노나라를 떠나 이미 제齊나라와 노魯나라 국경선인 문수汶水를 지나가버렸을 것이오." 라고 했습니다. 다시 말해, 나더러 꼭 관직을 맡아 달라고 강요하면, 나는 즉시 노나라를 떠나 버리겠다는 것이었습니다.

　이 단락의 기록에서 우리가 알 수 있는 것은, 첫째, 민자건은 유명한 효자이며 인품 덕행이 대단히 훌륭하다는 것입니다. 둘째, 당시 그는 관직이나 부귀공명을 뜬구름처럼 보았기 때문에, 그에게 벼슬하라고 하는 것은 자기를 나라 밖으로 내쫓는 것이 될 것이라고 말했다는 것입니다. 셋째, 당시 노나라의 위아래 지식인들은 노나라의 권신인 계씨를 달가워하는 사람이 하나도 없어 그의 밑에서 관리가 되기를 원하지 않았는 것, 특히 공자의 학생들은 그러했다는 것입니다. 그러나 그곳에서 일하

는 사람이 하나 있었는데, 바로 염유冉有였습니다. 계씨와 관련된 일로 공자는 때때로 염유를 찾았습니다.

위 몇 단락을 말했는데, 계속하여 같은 내용의 이야기를 하면 너무 단조롭습니다. 그래서 여기에 이르러서는 문장에 기복을 두어 화려함으로부터 평담으로 돌아가 다른 몇 사람의 이야기를 넣어놓았는데, 비록 평범하지만 의미는 심원합니다.

(제자인) 백우가 병이 나자

공자께서 (몸소) 문병 가시어, (남쪽) 창 밖에서 손을 뻗혀 그의 손을 잡고 (슬퍼 탄식하여) 말씀하셨다. "(이렇게 좋은 사람이 어찌 이렇게 단명할 수 있을까?) 운명은 정말 믿을 수 없을까? 정말 운명은 없을까? 이 사람이 왜 이런 병이 났단 말인가! 이 사람이 왜 이런 병이 났단 말인가!"

伯牛有疾 , 子問之。自牖執其手曰 : 亡之 , 命矣夫 ! 斯人也 , 而有
백우유질　자문지　　자유집기수왈　무지　명의부　사인야　이유

斯疾也 ! 斯人也 , 而有斯疾也 !
사질야　사인야　이유사질야

백우伯牛는 공자의 학생으로, 성은 염冉이고 이름은 경耕이었습니다. 그가 병이 들자, 공자는 친히 가서 그를 보았습니다. 공자는 학생들을 자기의 자녀처럼 대했습니다. 공자가 남쪽 창 밖에서 손을 뻗쳐 백우의 손을 잡고 탄식해 말하기를, "이 사람에게 죽음이 다가오다니, 정말 운명이다. 이 사람이 왜 이런 병이 났단 말인가! 이 사람이 왜 이런 병이 났단 말인가!" 하고 두 번 거듭하고는 어찌할 수 없이 떠나갔습니다.

이 단락은 내용이 매우 간단합니다. 그런데 백우는 도대체 무슨 병이 난 것일까요? 알 수 없습니다. 후세와 근대에 이르러, 사람들이 이 단락을 특히 지적해 말했습니다. 어떤 사람들은 서양 문화의 영향을 받아 말하기를, 그의 병은 폐병이었으므로 공자가 전염될까 두려워 들어가지 않고 창 밖에서 그의 손을 잡고 문병했다고 합니다. 또 어떤 사람들은

폐병이 아니라고 합니다.

19세기에 인류를 위협한 큰 병은 바로 폐병이었고, 20세기에 인류를 위협한 것은 암이었습니다. 나는 21세기에는 틀림없이 정신병일 것이라고 생각합니다. 이 말은 정말입니다. 정신병은 장래에 갈수록 심각해질 것이며, 지금 이미 시작되었습니다. 비록 물질문명이 진보해 인류에게 생활상의 많은 편리를 가져왔지만, 결코 인류를 위해 행복은 가져오지 않았으며 인류에게 더욱 많은 정신적인 고통을 가져왔을 뿐입니다. 이러한 고통의 결과는 장래에 또 병적인 심리와 정신분열을 가져올 것이며, 이미 정신병은 증가하기 시작했습니다. 이것은 질병 이야기가 나온 김에 해 본 여담이었습니다.

또, 어떤 학자들은 백우의 병이 문둥병이었기 때문에 공자가 감히 가서 접촉하지 않았다고 말합니다. 그래서 학생들이 방법을 생각해 내어, 공자가 그의 한 손을 잡도록 했다는 것입니다. 공자는 밖에서, "아! 왜 이런 병을 얻게 되었는가? 이게 무슨 병인가?" 하고 탄식했는데, 알 수 없습니다. 물론 이것이 성병이라고 말한 사람은 없었습니다. 왜냐하면 명나라 이전의 의학 서적의 기록에는 성병이 기록되어 있지 않기 때문입니다. 성병은 뒤에 외국에서 들어온 것이며, 옛날 전통 의학에서는 성병을 광창廣瘡이라고 했는데 성병이 광동廣東 지방을 통해서 수입되었기 때문입니다. 광동은 외국과 접촉이 가장 빨랐던 통상 항구였으며, 이로써 성병은 외국에서 들어왔다는 것이 증명됩니다.

그런데 백우가 걸린 병은 이상의 여러 가지 병이 모두 아니었습니다. 그럼 도대체 무슨 병이었을까요? 모릅니다. 그렇다면 여기에서 공자가 학생의 병에 대해 두 번이나 물은 것은 어떤 점에서 훌륭한 일이라 할 수 있을까요? 전국戰國시대에 오기吳起는 위魏나라의 장수가 되었는데, 한 사병의 엉덩이에 종기가 나자 대장군이자 총사령관이었던 이 오기는 자기 입으로 그 종기 고름을 빨아냈습니다. 오기가 이렇게 한 것은 술수였지만, 공자가 이렇게 한 것은 인자함에서 나온 것이었습니다.

이사李斯의 쥐 철학

오기吳起의 이야기가 나온 김에 유가 말류 지파支派의 에피소드를 한 토막 말하겠습니다.

우리가 다 알듯이 공자는 도道를 증자曾子에게 전하고, 증자는 『대학』이라는 한 편의 심득 보고서心得報告書를 썼습니다. 증자는 공자의 손자인 자사子思에게 도를 전하고, 자사는 또 『중용』이라는 한 편의 심득 보고서를 썼습니다. 자사는 맹자에게 도를 전했는데, 맹자도 대단해서 적지 않은 논문을 썼습니다. 순자荀子의 저서도 한 부가 세상에 전해지고 있지만, 약간 물을 탄 것이라 가짜와 진짜가 섞여 있습니다. 게다가 순자의 학생 중에는 반거충이들이 몇 명 나왔는데, 이사李斯나 오기吳起 같은 사람들이 그 예입니다.

이사에 대해 이야기해 봅시다. 정치 철학사로 볼 때, 이사의 철학은 무엇일까요? 우리는 그것을 '쥐 철학'이라고 할 수 있을 것입니다. 어떤 것이 쥐 철학일까요? 인류의 사상은 역사의 변화 발전과 절대적인 관계가 있다는 것을 먼저 이해해야 합니다. 우리가 『사기』를 펼쳐 「이사전」李斯傳을 보면, 이사의 쥐 철학을 알 수 있습니다. 이사는 소년시절에 순자에게서 배웠는데 당시 그는 아주 가난했습니다. 맹자 이후 전국 시대 말기가 되자, 사람들은 모두 현실적이 되었습니다. 세상이 어지러워질수록 인심은 현실적이 되며, 국가 사회가 안정되어야 비로소 인의人義의 마음과 도덕적 행위가 자주 눈에 띄게 됩니다. 뒷날 진시황에게 영향을 끼친 이사의 사상은 바로 현실에 얽매여서 나온 것입니다.

이사가 어느 날 화장실에 갔습니다. 오늘날의 수세식 화장실이 아니라, 옛날 농촌 사회에서 볼 수 있었던 큰 똥구덩이였습니다. 깊고 큰 구덩이 위에 나무판자를 놓고, 사람이 그 위에 쭈그리고 앉아 대변을 보는 것입니다蹬坑. 이런 똥구덩이는 그 안에 똥이 층층이 쌓여 있어 멀리서 바라보면 높은 누각 같았습니다. 구덩이가 깊은 것은 대변이 떨어지는 시간도 길고 소리도 커서, 그 때마다 똥을 훔쳐 먹던 쥐들이 놀라 흩어져 도망갔습니다. 어느 날 가난뱅이 이사가 화장실에서 보니, 조그맣고 빼빼 마른 쥐들이 사람을 보고 놀라 황급히 도망가는 모습이 몹시 가련했습니다.

그런데 이사는 그 후 또 쌀 창고에서 쌀을 훔쳐 먹는 쥐를 보았습니다. 그 쥐는 살이 찌고 몸집이 큰데다 사람이 오는 것을 보고서도 도망가거나 피하지 않을 뿐 아니라, 오히려 눈을 휘둥그렇게 뜨고 우쭐대는 모습이었습니다. 이사는 이상하게 느꼈습니다. 그리고 찬찬히 한번 생각해 보았습니다. 마침내 그는 현실적인 이치를 한 가지 깨닫게 되었습니다. 알고 보니 사람을 보자마자 도망가는 조그맣고 빼빼 마른 쥐는 의지할 곳이 없었지만, 살찌고 크며 사람을 보고도 피하지 않는 쌀 창고의 쥐는 의지할 곳이 있었습니다. 차이가 여기에 있을 뿐이었습니다. 의지할 곳이란 곧 재주로, 산에 의지한다든가 밑천이 있다든가 하는 것입니다. 이사는 이 이치를 깨닫고 난 후, 순자에게 이야기하고 공부를 그만 하겠다고 했습니다. 순자가 그에게 공부를 그만두고 무엇을 하려느냐고 묻자, 이사는 제후에게 유세하여 부귀공명을 얻겠다고 했습니다. 순자가 "너는 아직 안 된다. 학문이 아직 성취되지 않았다."고 말하자, 이사는 "사람이 밥도 못 먹을 정도로 가난한데, 어찌 학문 도덕을 중시하겠습니까? 제 말이야말로 바른 말입니다!" 라고 말했습니다. 선생은 이 말을 듣고 말했습니다. "너는 생각하는 것이 정말 큰일이구나. 가거라!" 그리고 이사를 학적에서 제명시켜 버렸습니다.

마침내 이사는 진시황이라는 명청이를 만나 둘이 한 덩어리가 되어, 국가를 백성이 살 수 없을 지경으로 만들었습니다. "쥐의 눈빛은 한 치 밖에 못 본다."(鼠目寸光)는 말이 있듯이, 쥐 철학은 현실만 중시하고 인의도덕이 무엇인지 모른 결과, 진시황이 사구沙丘에서 죽은 후에 이사도 자신을 보전하기 어려웠습니다. 그래서 이사 부자父子가 사형당하기 전에 이사는 자기 아들에게 이렇게 말했습니다. "이제는 너와 함께 누런 개를 끌고 고향 상채上蔡의 동문 밖으로 토끼 사냥을 나가는 것도 불가능하게 되어 버렸구나."

이사는 쥐 철학을 했는데, 왜 성공할 수 있었을까요? 이는 당시의 시대적 환경을 보아야 합니다. 춘추전국 시대 3, 4백 년 동안의 동란 속에서 백성은 가난하고 재물은 소진되어 경제적으로 빈곤했을 뿐만 아니라, 인재도 역시 거의 없어져 버렸습니다. 진정한 인재의 양성은 아무래도 백여 년의 안정된 사회라야 가능합니다. 다른 것은 놔두고, 청나라 말기의 화가인 보유溥儒의 그림만 얘기해 봅시다. 남들은 그의 그림이 정말 좋으며, 그만한 사람이 또 없다고 말합니다. 그러나 나는 이렇게 말합니다. "그대는 보유의 예술이 좋다고 하지만, 그가 그렇게 되기까지 밑천이 얼마나 들었는지 아는가? 청나라는 고아와 과부가 2, 3백 만을 이끌고 입관入關했다. 황제라고 칭한 3백 년 동안 궁정에서 이 예술가 한 사람이 양성되었을 뿐이다. 그대 생각에 밑천이 얼마나 되겠는가?" 이후주李後主의 다음과 같은 사詞가 있습니다.

　　수레들은 흐르는 물인 듯
　　말들은 헤엄치는 용인 듯 오가고　　　　　　車如流水馬如龍
　　꽃피고 달은 둥근데 때마침 봄바람이 불어오누나　　花月正春風

　정말 아름답습니다. 그렇지만 이 시의 원가가 얼마였을까요? 한 사람의 만승지존萬乘之尊으로 한 국가를 가지고 장난질하고 나서야 이런 시가 나올 수 있었습니다. 다른 사람은 결코 이런 시를 써낼 수 없습니다. 기백에 있어서 황제가 되어 보지 못한 사람은 이런 경지를 억지로 써낼 수 없습니다. 만일 가난뱅이가 서문정(西門町: 대북시의 거리 이름—역주)의 큰 거리에 서 있다면 다음과 같이 쓸 수 있을 것입니다.

　　거리의 차들은 흐르는 물인 듯
　　헤엄치는 용인 듯 오가는데　　　　　　　　車如流水馬如龍
　　내 호주머니는 허공처럼 텅텅 비었네　　　　口袋太空空

　그러므로 한 국가의 인재는 수백 년 동안 안정된 문화 속에서 비로소 양성될 수 있습니다. 그러나 전쟁이 한 번 일어나면 또 텅 비게 되어 버립니다. 그러므로 전국 시대에 이르러 오직 소진蘇秦과 장의張儀, 이 두 반거충이 학생들이 천하를 가지고 놀았습니다. 그들은 당시의 총아

였지만, 만약 춘추 시대의 자공·자로 같은 인재와 소진·장의를 비교한다면, 자공과 자로는 그들을 정면으로 쳐다보지도 않았을 것입니다. 그러나 전국 말기에 이르러는, 소진·장의 등의 인재도 떠나가 버리고 이사李斯 같은 사람들이 갑자기 천하의 형세를 일변시켜 큰 실수를 했습니다. 이로 보아 당시의 인재가 얼마나 심각하게 고갈되었는지 알 수 있습니다. 역사는 이렇게 보고 이렇게 읽어야 합니다. 이야기만 읽어서는 안 되고, 환경·지리 일체를 분명히 알아야 이해할 수 있습니다.

한고조漢高祖와 항우項羽가 출현했을 때, 사람들은 한고조가 건달 출신이라고 했습니다. 그 때는 건달이고 뭐고가 없었습니다. 4백 년 동안 전쟁을 치르고 난데다, 다시 진시황·이사 두 녀석들이 한 번 해먹고 난 후 세상 사람들이 온통 이와 같았는데, 어찌 한고조뿐이었겠습니까? 문화의 재건립은 한문제漢文帝·한무제漢武帝 때 이루어졌으며, 그 사이의 근 백 년 동안은 공백기로 문화가 거의 없었다고 말할 수 있습니다. 그래서 한문제·한무제가 문화를 정돈 건립한 공훈은 확실히 인정해 줄 만한 것입니다.

오기吳起는 증자(曾子: 증자의 둘째 아들 증신曾申의 오기인듯하다—역주)의 학생인데, 역시 졸업을 하지 못했습니다. 공부는 하려 하지 않고 현실적인 명리名利만을 추구하는 인물이었습니다. 이로써 당시 문화가 쇠퇴한 모습을 볼 수 있습니다. 오기는 후에 대장이 되었는데, 어떤 사병이 종기가 나자 입으로 그 피고름을 빨아내 주었습니다. 그러자 사병의 모친은 울면서 말했습니다. "그 애의 아버지가 종기가 났을 때도 오 장군이 이렇게 했기에 오 장군을 위해 목숨을 바쳤는데, 지금 또 내 아들에게도 이렇게 하니 아들까지 또 오 장군에게 목숨을 바치려 할 것이다."

왜 이런 것들을 얘기했을까요? 이 단락의 글 내용을 풀이하다보니 하게 되었던 것입니다. 다시 본문으로 돌아갑시다. 백우의 병이 어디에 있는지 찾지 못하고, 공자는 백우가 죽기 전에 찾아와 손을 한 번 잡고 그를 바라보았습니다. 죽어가는 제자를 한 번 보는 것은 평범한 일인데도 이렇게 신중하게 『논어』 속에 기록해 놓았습니다. 평범한 가운데 연구할 가치가 있는 점이 있다는 것을 알 수 있습니다. 백우의 병은 큰 미결 사항입니다. 우리는 이를 여기에서 잠시 보류하고, 다음에 다시 토론합시다.

그러나 한 글자는 여기서 토론할 수 있는데, "무지, 명의부!"亡之, 命矣夫에서의 '亡'(무)자입니다. 옛 사람들의 해석으로는, 공자가 당시 그의 손을 잡고 몹시 슬퍼하며 탄식하기를, 백우가 불치병에 걸리다니 정말 운명인 모양이라고 했다는 것입니다. 그러나 나의 견해로는 고문古文 속의 '亡'(무)자는 흔히 '無'(무)자와 서로 통하므로, 오늘날 말로 해석해 보면, 공자가 슬픔에 잠겨 "운명은 정말 믿을 수 없을까? 정말 운명은 없을까?" 하고 탄식한 것이 됩니다. 다시 말해, "이렇게 좋은 사람이 어찌 이렇게 단명할 수 있을까?"라는 뜻입니다.

번갈아 찾아오는 근심과 병

전통 문학 속에는 인생에는 "가난과 병이 연달아 닥쳐온다."(貧病交加)라는 비탄이 늘 있습니다. 방금 위에서 말한 것은 한 사람의 병이었고, 다음에 말하려고 하는 것은 한 사람의 가난입니다. 세상에는 가난과 질병이 연달아 닥쳐오는 사람이 너무나 많은데, 이는 우리가 마음을 기울이고 힘을 써야 할 점입니다. 인仁의 도를 실천한다는 것은 바로 사회 전체에 부富가 고루 배분되도록 하는 데서 출발해야 합니다. 오늘날의 정치술어로 말하면, 곧 모든 국민의 부강 안락에 도달해야 하는 것입니다.

지난날 장관급의 높은 지위에 있었던 한 친구를 두 달 전에 우연히 만났습니다. 그의 기색이 좋아 보여 나이를 물었더니, 이미 여든을 바라보는 나이라고 아주 유머 있게 말했습니다. 지금 이 친구는 무척 가난한데 그가 말하기를, 사람 사는 세상에는 두 글자가 있지만 자기는 하나만 허락하고 절대 두 글자를 동시에 허락하지 않는다고 했습니다. 무슨 글자를 말한 것이었을까요? 가난과 근심을 뜻하는 '궁수'窮愁 두 글자였습니다. 사람은 대체로 가난(窮)하면 반드시 근심(愁)이 있기 마련인데, 가난에다 근심을 더하면 생활에 쪼들려 의기소침해지고 맙니다. 그러나 그 친구의 말이 자기는 가난 하나만은 허락하고 근심은 절대 허락하지 않는다고 했습니다. 다시 말하면, 낙천지명樂天知命하여 즐거운 마음으로 살 수 있다는 것이었습니다. 그는 정말 그렇게 삽니다. 지금도 지기知己를 만나면 즐겁게 이야기꽃을 피웁니다.

어떤 사람이 그에게 있었던 재미있는 일화 하나를 내게 들려주었습니다. 그는 비록 가난했지만, 집안에는 수십 년 동안 심부름하는 늙은 하인을 두고 있었습니다. 하인은 월급도 받지 않고 그를 시중들어 왔습니다. 어느 날 그는 메모 한 장을 써서 하인에게 주면서 그의 친구 한 사람에게 전해 주라고 했습니다. 그의 친구는 그의 사정을 알고 있는데다 수십 년 동안의 오랜 우정이 있는지라, 돈을 좀 달라는 그의 메모를 받고는 당연히 그대로 주었습니다. 그 돈 천 원을 받은 그는 그 날 즉시 한 식당으로 가서 제일 좋아하는 요리 몇 가지를 시키고, 자신이 가지고 있는 담배가 그리 좋은 것이 아니어서 역시 제일 좋아하는 영국산 최고급 담배 한 갑도 시켰습니다. 그리고 혼자서 천천히 식사와 담배를 즐겼습니다. 그런 다음 호주머니에서 그 천 원짜리 돈을 꺼내 식당 종업원에게 주었습니다. 종업원이 거스름돈을 내주려고 하자, 그는 나머지는 팁으로 주는 것이니 거스름돈을 내어줄 필요가 없다고 했습니다. 사실 그 외국산 담배 값까지 계산해도, 그가 내야 할 돈은 모두 3, 4백 원에 불과했습니다. 종업원이 팁이 너무 많다고 하면서 계속 거스름돈을 내주려고 하자, 그는 한사코 그만 됐으니 거스름돈은 필요가 없다고 말했습니다. 이처럼 그는 원래부터 씀씀이가 컸는데, 아랫사람에게 주는 팁이 특히 많았습니다.

그 친구는 여든이 가까운 지금까지 옛날 모습 그대로였습니다. 습관이 되어 자기에게 돈이 있는지 없는지는 잊어버리고 사는 것이었습니다. 그래서 친구들이 그 사람에게, "자네는 옛날과 같이 여전히 유머가 풍부하군." 하자, 그는 웃으며 말했습니다. "나는 이렇게 하고 싶네. 즉, 두 글자 중 한 글자만 갖는 것일세. 가난(窮)은 가난으로 돌리고 절대 근심(愁)하지 않아. 만약 가난한데다 근심까지 한다면 수지 타산이 맞지 않게 되지. 가난에 쪼들리는데다 의기소침해지기까지 하면 너무 억울하지 않나." 많은 사람들이 번갈아 닥치는 가난과 질병으로 시달리는데, 거기에다 심리적인 근심까지 더하고 싶어 하지 않는 것은 수양이 상당히 높은 것이라 할 수 있습니다.

앞에서 공자는 백우의 병을 언급했는데, 다음에는 안회의 가난을 말합니다.

공자께서 (안회를 찬탄하여) 말씀하셨다. "훌륭하구나, 회回여! 한 그릇 밥과 한 쪽박 물 정도로 (어렵고 힘들게) 빈민촌의 누추한 골목(의 낡은 무허가 건물)에서 살아간다면, 남들은 그(런 환경에 처해 마음속의) 근심과 번뇌를 견뎌 내지 못할 텐데 회는 그 즐거움을 바꾸지 않(아서 마음으로 한결같이 기뻐하고 있)으니, 훌륭하구나, 회여!"

子曰：賢哉回也！一簞食，一瓢飲，在陋巷。人不堪其憂，回也不改
자 왈　현 재 회 야　　일 단 사　　일 표 음　　재 루 항　　인 불 감 기 우　회 야 불 개

其樂。賢哉回也！
기 락　　현 재 회 야

이 몇 마디 말은 대단히 간단해 보이지만, 자신이 몸소 실천해서 경험을 쌓고 단련해보면 간단하지 않습니다. 공자는 첫 마디에서 안회를 찬탄하고, 그 다음에 그의 생활을 언급하고 있습니다. "일단사"一簞食, 도시락 한 그릇이라는 뜻으로, 고대의 도시락은 찐 밥이었는데, 대로 얽은 그릇 속에 넣었습니다. "일표음"一瓢飲, 당시에는 수돗물이 없었습니다. 고대에는 물을 길어다 팔았는데, 안회는 물을 살 돈도 없어 오직 약간의 냉수만으로 살아야 했습니다. 그는 물질적인 생활이 이처럼 힘들고 어려웠으며, 빈민촌의 누추한 골목에 있는 낡은 무허가 건물에서 살았습니다. 어떤 사람이든 이런 환경에 처하면 마음속의 근심과 번뇌를 견디어 낼 수 없었습니다. 그러나 안회는 여전히 그 즐거움을 바꾸지 아니해서 마음으로 한결같이 기뻐했습니다. 이것은 정말 어려운 일인데, 안회는 물질 환경이 이 정도로 고통스러웠지만 심경은 의외로 담박하여 변함이 없었습니다.

글로 읽기에는 쉽지만, 개인의 수양이 이런 경지에 도달하려면 정말 어렵습니다. 심지어 며칠 동안 먹을 밥이 없는데도, 하늘을 이고 땅에 꿋꿋이 서 있는 기개를 유지하기란, 진짜 그렇게 하는 것은 말할 것도 없고, 거짓으로 그렇게 하기도 쉽지 않습니다. 안회가 물질 환경의 영향을 받지 않는 정도에까지 이르렀으니, 공자가 안회를 이렇게 찬탄하고 좋아한 것도 무리가 아니었습니다. 공자의 3천 제자 중 오직 안회만이 이 수양을 해낼 수 있었지만, 불행히도 그는 단명하여 서른두 살에 죽었습니다. 근대에 공맹 사상을 연구한 사람이 안회는 영양 부족으로 죽었다고 했는데, 비록 우스운 말이지만 모두들 영양에 신경을 써야 할 필요가 있습니다.

스스로 그은 학문의 한계선

여기까지 말하고 나니, 산봉우리를 돌아 또 하나의 높은 산봉우리가 나타나는 형세입니다.

염구가 말했다. "(선생님, 우리가 노력하지 않는다고 꾸짖지 마십시오) 선생님의 학문(道)을 (우러르고) 기뻐하지 않는 것은 아니나 (따르기에) 힘이 부족합니다."
공자께서 말씀하셨다. "(너의 말은 틀렸다) 힘이 부족한 사람이라면 반쯤이라도 가서 그만두는 것인데, 지금 너는 한계선을 그어놓고 아예 (걷기) 시작도 안 하고 있(으면서 그 선을 지나갈 수 없다고 생각하고 있으니, 이는 스스로 타락墮落을 달가워하)는 것이다."

冉求曰：非不說子之道，力不足也。子曰：力不足者，中道而廢。今
염구왈 비불열자지도 역부족야 자왈 역부족자 중도이폐 금
女畫。
여획

이 글은 이런 뜻입니다. 염구가 한번은 공자에게 이렇게 말했습니다. "선생님, 우리가 노력하지 않는다고 꾸짖지 마십시오. 우리는 선생님의 학문을 몹시 우러르지만, 힘이 미치지 못하여 따를 수가 없습니다." 이에 공자는, "너의 말은 틀렸다. 절반을 하고 그 공을 이룰 방법이 없는 것은 힘이 부족한 탓이다. 그렇지만 너는 아예 시작도 하지 않고, 어떻게 이룰 방법이 없다는 것을 아느냐?"고 대답했습니다. '금여획'今女畵은 너는 그림이나 배우러 가라는 말이 아니라, 너는 하나의 선을 그어 자기를 그 한계 속에 가두고 있다는 말입니다.

공자의 이 말은, "너는 해서 성공할 것인가 못할 것인가를 상관하지 말아라. 네가 뜻을 굳게 세워 하려고만 한다면 성취는 네가 하기 나름에 달려 있으니, 이것이 곧 진정한 노력이다. 지금 너는 스스로 한계선을 그어놓고, 아직 걷기 시작도 하지 않고 자기는 그 선을 지나갈 수 없다고 생각하고 있으니, 이는 스스로 타락함墮落을 달가워하는 것이 아니냐?" 라는 뜻입니다.

이어서 진정으로 학문을 하는 것을 말하고 있는데, 공자는 어느 정도까지 해야 한다고 말했을까요?

공자께서 자하에게 (유자儒者에 대해) 말씀하셨다. "(인류가 필요로 하는 사람, 사회에 없어서는 안 될 사람이 바로 유자인데) 너는 (인정 세태에 깊이 통달하여 이를 훤히 아는) 군자다운 유자가 되어야지, (그렇지 못하고 책벌레나 다름없는) 소인 같은 유자는 되지 말아라."

子謂子夏曰：女爲君子儒，無爲小人儒。
자 위 자 하 왈　　여 위 군 자 유　　무 위 소 인 유

먼저 무엇을 선비로서의 '유'儒라고 할까요? 설문해자說文解字의 또 다른 해석에 의하면, 한자의 '儒'(유)란 '인류 사회가 필요로 하는 사람'이라는 뜻으로, '사람 인 변'(亻)에 '필요하다'는 뜻의 需(수)자를 더해서 만들어진 글자입니다. 우리가 '부처 불'(佛)자를 보면, 弗＋人, 곧 사람이 아니라는 것이며, 이는 초인超人입니다. '신선 선'(仙)은 山＋人, 곧 산사람으

로, 높은 산 흐르는 물과 같은 그 무엇이 있다는 것입니다. 需+人은 인류가 필요로 하는 사람, 사회에 없어서는 안 될 사람, 바로 儒者(유자)입니다.

우리는 모두 공맹 사상을 유가학설儒家學說이라고 부르고 있지만, 궁극적으로 어떤 모습이라야 儒(유)라고 불릴 수 있을까요? 공자는 여기에서 두 가지로 나누어 말하고 있습니다. 그 하나는 '군자다운 유자'(君子儒)이며, 또 하나는 '소인 같은 유자'(小人儒)입니다. 더 나아가 『예기』禮記 중의 「유행편」儒行篇을 보면, 유자儒者의 여러 가지 유형類型들이 있으며, 유자에게는 응당 어떤 성취가 있어야 하는지, 그리고 그의 태도와 인격의 규범은 어떠해야 하는지에 대해 분명하게 언급되어 있습니다. 또, 공자가 여기서 언급한 유자의 두 가지 유형 중 하나인 군자다운 유자행(君子之儒行)도 그 속에 포함되어 있습니다.

자, 이제 어떤 사람이 소인 같은 유자인지 말해 봅시다. 책도 잘 이해하고, 문장도 잘 쓰고, 학문상의 이론도 잘 따져 말하는 사람이 있습니다. 그러나 책 읽는 것 이외에, 실제로 천하 국가를 그에게 맡겨 놓으면 큰 문제가 발생하는데, 이런 사람은 이른바 책벌레로서 소인 같은 유자입니다. 국가와 천하의 대사를 처리하기 위해서는 재능·덕행·학문 세 가지가 겸비되어야 할 뿐만 아니라, 또 진정한 사회 체험이 있어야 합니다. 만약 경험은 조금도 없고 책 속에 나온 것을 이해만 하고 있다면 이를 꺼내 쓸 경우 통하지 않습니다. 세상일의 현실 상황을 모른다면 통하지 않습니다. 예컨대, 이 근래에 미국 대통령이 중동에 도착해서 무엇을 말했던가요? 우리는 이런 것을 알 수 있을까요, 없을까요? 신문에 뉴스가 보도된다고 하지만, 신문에 보도된 것과 원래 대통령이 말한 것과는 거리가 얼마나 먼지 모릅니다. 신문에 근거해서 세상일을 논할 수는 있지만, 이는 책벌레의 견해일 뿐입니다. 군자다운 유자는 무엇이 다를까요? 바로 인정세태에 깊이 통달하여 이를 훤히 아는 것입니다. 앞에서 말했던 자로의 과감성, 자공의 통달, 염구의 다재다능을 다 갖춘 것이 바로 군자다운 유자입니다.

사람을 꿰뚫어보는 눈

자유가 (벼슬길에 나아가) 무성武城 지방의 (행정 수장인) 읍재가 되었는데 (와서 공자를 뵙자),

공자께서 (첫마디로) 말씀하셨다. "너는 (그곳에서) 인재를 (발굴해) 얻었느냐?"

"담대멸명이라는 사람이 있는데, (그는 호방한 기상이 있어) 때로는 걸보기에 행실이 관례에 의하지 않고 상도常道를 따르지 않(아서 조금도 개의함이 없)지만, (의기를 매우 중시하고 절대로 사사로움이 없어서) 공적인 일이 아니면 (지금까지) 저의 집에 온 적이 없습니다."

子游爲武城宰。 子曰：女得人焉爾乎？ 曰：有澹臺滅明者，行不由
자유위무성재　　자왈　여득인언이호　　왈　유담대멸명자　행불유
徑。非公事，未嘗至於偃之室也。
경　　비공사　미상지어언지실야

자유子游는 공자의 제자로서 공자보다 45세 적었으며, 성은 언言, 이름은 언偃이었습니다. 그는 벼슬길에 나아가 무성武城 지방에서 재宰라는 관리, 즉 수장首長이 되었습니다. 그가 돌아와 선생님을 뵈오니 공자는 그에게 그 지방에서 인재를 얻었느냐고 물었습니다. 여기에서 주의해야 할 것은, 역사에서 볼 수 있듯이 고대부터 후진 양성을 대단히 중시했다는 것입니다. 특히, 한나라·당나라 시대에는 지방 인재에 대해 모두 신중한 선발을 거쳤으며, 인재 선발을 중요한 일의 하나로 여겼습니다. 그러므로 자유라는 학생이 와서 공자를 뵙자, 공자의 첫 마디가 지방에서 인재를 발굴했는지의 여부를 묻는 것이었습니다. 왜냐하면 어느 곳 어느 시대나 다 인재를 필요로 하기 때문입니다. 자유는 "담대멸명澹臺滅明이란 사람이 있습니다." 라고 대답했습니다.

담대멸명은 호가 자우子羽로서, 나이는 공자보다 39세 적었으며 얼굴이 몹시 못생겼습니다. 흔히 인용하는 공자의 말 가운데 하나가, "외모만 보고 사람을 평가하였다가 자우를 잃었다."(以貌取人, 失之子羽)는 것인

데, 이것은 바로 이 사람에 관한 고사故事입니다. 그는 이보다 앞서 공자를 만난 적이 있었는데, 우리의 선생님이신 부자夫子께서는 그날 무슨 일로 기분이 좋지 않았던지, 이 젊은이의 못생긴 생김새를 보고는 그리 관심을 보이지 않았습니다. 이 젊은이는 얼마 안 있다 가 버렸는데, 그 후에도 그는 여전히 공자의 학생이 되기를 원했으며, 학문도 대단히 뛰어나 뒷날 훌륭한 인물이 되었습니다. 역사에는 그와 그의 제자들의 이름이 남방 제후들 사이에 떨쳤다고 기록되어 있습니다. 담대멸명이 그곳에 이르자 각국의 원수들은 모두 그를 환영했습니다. 게다가 그는 영웅호걸의 협기를 좀 지니고 있었습니다.

자유는 무성에서 담대멸명을 발견하고, 다시 공자에게 소개했습니다. 그래서 공자는 뒷날, 사람은 외모로 판단할 수 없다고 탄식했습니다. 즉, 외모로 인재를 판단하면 흔히 실수를 하게 된다는 것입니다. 공자는 잘못을 스스로 인정했습니다. 틀리면 틀린 것이라고 공자는 자기의 잘못을 인정하는 데 대단히 용감했습니다.

자유는 담대멸명이라는 인재를 하나 찾았다고 공자에게 보고하면서, 이 사람은 "행불유경"行不由徑한다고 했는데, 이 구절에 대해 옛 사람은, 길을 가되 작은 길로 가지 않는다는 뜻으로 풀이하였습니다. 오늘날 상황으로 본다면, 작은 길로 가지 않으면 설마 큰길로 간다는 것일까요? 자동차에 치여 죽지 않는 게 이상할 것입니다. 자유는 또 말하기를, 그는 지금까지 자기 집에 와서 개인적인 이야기를 한 적이 없었다고 했습니다. 한대漢代 이래로 '행불유경'行不由徑을 작은 길로 가지 않는다는 말로 해석한 데 대하여 나는 동의하지 않습니다 (주자朱子는 徑을 지름길이라고 주석했습니다). 옛날에는 경徑을 그냥 길(道)이라고 했지 꼭 작은 길이라고 하지는 않았습니다. 사람이 큰길로만 다니고 지름길로 다니지 않는 것은 명청한 짓입니다. 설마 눈먼 봉사라서 넘어질까 두려워 작은 길로 가지 못했을까요?

그럼 어떤 것이 '행불유경'行不由徑일까요? 우리가 방금 말했듯이 담대멸명은 뒷날 제자들을 이끌고 남방 일대에서 제후들에게 유세하여 명성이 공경公卿들 사이에 진동했습니다. 그는 가는 곳마다 그 나라 원수元首

의 주목을 받았습니다. 그에게는 호방한 기상이 있어, 겉으로 보기에 행실이 관례慣例에 의하지 않고 상도常道를 따르지 않아서 조금도 개의함이 없었는데, 이런 것을 '행불유경'行不由徑이라고 합니다. 즉, 자공의 통달함과 같은 도리가 있었습니다. 그는 '행불유경'했기 때문에 공자도 그를 잘못 보았습니다.

자유는 여기에서 말하기를, 담대멸명이 '행불유경'해서 겉으로는 관례에 벗어나지만, 그에게는 하나의 큰 장점이 있다는 것을 발견했다고 했습니다. 즉, 그는 의기義氣를 매우 중시하고 절대 사사로움이 없어 공적公的인 일이 아니면 지금까지 자기 집에 온 적이 없었다는 것입니다. 이 때문에 나는 '행불유경'을 이렇게 해석해야 한다고 생각합니다. 그렇지만 나의 이런 견해도 '행불유경'한 것입니다. 내가 이렇게 풀이하는 것은 고의가 아니라, 이 원문의 해석과 관련해서 분명하지 못한 점이 있기 때문입니다. 나로서는 "내가 어찌 변론하기를 좋아하겠는가? 내가 부득이해서 그럴 뿐이다."(予豈好辯哉? 予不得已也)라고 한 맹자의 한마디를 빌릴 수밖에 없습니다 (「등문공」하―역주).

공을 이루고 물러남

이 편의 앞부분은 모두 학생들에 관한 이야기였습니다. 다음에서는 그 시대의 인물들에 대한 논평으로 대인처세待人處世의 학문의 도리를 설명합니다.

공자께서 말씀하셨다. "(노나라 대부) 맹지반은 자기의 공로를 자랑하지 않는 사람이다. 전쟁에서 패배하여 후퇴하게 되자 부대를 맨 뒤에서 (엄호하면서) 적군을 가로막고 왔으며, 성문에 들어올 무렵에는 (비로소) 자기 말 엉덩이에 채찍질하여 (부대 행렬 앞으로 뛰어가면서) 말하기를 '(내가 담력이 커서) 감히 뒤에서 적군을 가로막고자 한 것이 아니라 (사실은) 말이 달리지 않았기 때문(에 그랬는데, 정말 죽을 지경)이었다!' 고 했다."

子曰: 孟之反不伐, 奔而殿, 將入門, 策其馬曰:非敢後也, 馬不進也!
자 왈 맹 지 반 불 벌　 분 이 전　 장 입 문　 책 기 마 왈　 비 감 후 야　　 마 부 진 야

맹지반孟之反은 노나라의 대부大夫였습니다. 노애공魯哀公 11년에 노나라에 난難이 있었습니다. 작전할 때에 맹지반은 지휘관 중의 한 사람이 되었습니다. 공자의 학생인 염유冉有도 싸움에 참가해 지휘관이 되었습니다. 맹지반은 어떻게 스스로 자랑하지 않았을까요? 공功이 있어도 교만하지 않고 떠벌이지 않는 것을 '불벌'不伐이라고 합니다. 옛날에는 '伐'(벌)과 '矜'(긍) 두 자를 늘 이어서 함께 사용했습니다. '矜'(긍)이란 스스로 고명高明하다고 생각하는 것이고, 伐(벌)은 공이 있거나 재능이 있다고 스스로 자랑하는 것입니다. 맹지반은 싸움에서 지고 철수 후퇴할 때에 맨 뒤에서 따라가면서 적군으로부터 군대의 철수 후퇴를 엄호했습니다 (奔而殿).

우리가 알듯이 역사 기록에 따르면 노나라는 이 싸움에서 패배하였습니다. 군사학을 공부한 사람은 이기는 전쟁을 하기는 쉬워도 지는 전쟁을 하기는 어렵다는 것을 압니다. 군사에서의 작전계획은 두 가지인데, 두 가지 계획은 부문을 나누어 수립합니다. 예를 들어, 지휘관이 된 자는 전쟁에서 승리할 계획을 짜고, 참모장은 따로 패배시의 계획을 짠 다음, 두 가지 계획을 배합시켜 운용합니다. 참모장이 승리할 계획을 짜면, 지휘관은 다시 승리할 계획을 짜지는 않습니다. 그랬다가 패배하면 비참하게 될 것입니다. 전쟁은 승리 아니면 패배입니다. 그러나 한 사람이 전쟁에서 어떻게 승리할 것인가 하는 계획도 세우고, 또 패배했을 때의 계획도 세우는 것은 심리적으로도 문제가 됩니다. 물론, 특수한 장군감은 이 범위에 들어가지 않습니다. 중국 역사상 패배 전쟁으로 가장 유명한 군사가는 마땅히 제갈량을 꼽아야 하는데, 그는 기산祁山에서 여섯 번 출동하여 매번 철수 후퇴했지만 한 사람의 병졸도 죽지 않았습니다. 그는 고금 이래로 가장 안전한 철수 후퇴에 성공한 전략가입니다.

전쟁터에서 패배하고 그 누가 감히 맨 뒤에서 따라가려고 하겠습니까? 평소에 밤길을 가더라도 담이 작은 사람은 뒤에 귀신이 있을까 두려워 앞서 뛰어갑니다. 전쟁에서의 패배는 이보다 더 두렵습니다. 그런

데 맹지반은 달랐습니다. '분이전'奔而殿은 전방에서 패배한 사람을 먼저 철수 후퇴시키고, 그 뒤에서 적군을 가로막는 것입니다. 殿(전)이란 맨 뒤란 뜻입니다. 그런데 전방에서 철수 후퇴한 맹지반이 자기의 성문으로 들어갈 때에는(將入門), 비로소 얼른 말 엉덩이를 채찍질하여 부대 행렬의 앞으로 뛰어가서 말하기를(策其馬曰), "감히 뒤에서 적군을 가로막고자 한 것이 아니라 말이 달리지 않았기 때문이다."(非敢後也, 馬不進也)고 했습니다. 즉, "내가 담력이 커서 뒤에서 적군을 가로막은 것이 아니라, 사실은 이 말이 달리지 않아서 그랬는데 정말 죽을 지경이었다!"라고 말한 것입니다.

공자는 맹지반의 수양이 이 정도에 이른 것이 대단히 훌륭하다고 생각했습니다. 이 이야기에서 우리가 이해해야 할 점이 두 가지 있습니다. 첫째, 역사상 전쟁이 끝나고 나면 공을 심하게 다투어, 이 때문에 동료 사이에 흔히 적이나 원수가 됩니다. 특히, 청나라 때에 어떤 사람들은 전쟁의 공로를 자기가 차지하고 잘못은 남에게 전가시켜, 내부 불평을 일으켰습니다. 태평천국의 실패는 바로 여러 장수들이 공을 다툰 것에서 비롯되었습니다. 둘째, 이 이야기를 통해서, 노나라의 당시 국내 인사 문제는 매우 복잡했지만 맹지반은 수양이 대단히 높아서, 동료 사이에 마찰을 일으킬까 봐 스스로 공을 나타내지 않았을 뿐 아니라, 동료 사이의 질투를 피하기 위하여 스스로 겸손했다는 것을 알 수 있습니다.

『논어』에 이 단락을 넣어 둔 까닭은, 맹지반이 공을 차지하지 않았던 이야기를 빌려 춘추 시대에 인사 분쟁이 심하게 어지러웠음을 반영하기 위해서였습니다. 실제로 인사 분쟁은 어느 시대에나 다 마찬가지입니다. 솔직하게 말해, 어떤 곳에서 일을 하여 성적이 좀 좋게 나타나면 여기저기에서 질투와 배척이 일어납니다. 그런데 성적이 나쁘면 어떻게 될까요? 이건 또 너무 억울합니다. 사람 노릇 하기가 정말 그리 쉽지 않습니다. 당시 노나라의 인사 문제도 이런 모습이었는데, 맹지반은 이런 면에서 자기 처신을 잘했기 때문에 공자는 그가 교만하지 않고 자랑하지 않는다고 내세워 칭찬해 준 것입니다. 아울러 또 다른 관점에서 보면, 맹지반이 더욱 훌륭한 것은 자기 스스로 공을 자처하지 않았을 뿐만 아니라, 동료 사이의 무의미한 시기와 질투를 없앰으로써 국가에 손실이 미치지 않도록 했다는 점입니다. 옛 사람이 말하기를, "운명의 시련을 견딜 수 있어야 참으로 굳센 사나이이고, 남의 시기를 당하지 않는 자는 평범한 인재이다."(能受天磨眞鐵漢, 不遭人忌是庸才)라고 했습니다. 이릉李陵과 소무蘇武의 고사가 바로 이와 같습니다.

당시 이릉의 군대가 외롭게 작전을 하는데 우군友軍은 각각 시기심을 품고 구하러 오지 않았기 때문에, 이릉은 어쩔 수 없이 투항했습니다. 사마천은 이 문제로 한무제漢武帝와 다투게 되었을 때, "이릉의 투항은 몰린 것입니다. 우군이 그를 시기하여 지원하지 않는 상황에서 그 홀로 5천 사병의 외로운 군대를 이끌고 멀리 떨어진 지역에 깊이 들어갔습니다. 사생결단의 싸움에서 최후에 10여 명이 남았지만, 용감하게 적과 대치했는데 어찌 그를 책망할 수 있겠습니까?"라고 주장했습니다. 결과적으로 한무제는 화를 내고, 사마천은 궁형宮刑을 당했습니다.

뒤에 소무가 돌아와 편지를 써서 이릉더러 돌아오라고 권했을 때, 이릉은 이렇게 답장을 보내 왔습니다. "나를 어찌 돌아오라고 합니까? 내가 돌아가면 오로지 인사 법규에 따라 사건을 처리하는 사람들이 이리 트집 잡고 저리 트집 잡아 끝이 없을 것입니다. 나는 그에 변론할 방법이 없고 정말 견딜 수 없을 것입니다. 전방에 나가 고통을 당하고, 돌아가면 법을 안다고 하는 전문가들이 달걀 속에서 뼈를 찾듯이 한 글자만 틀려도 죄를 물을 텐데, 이 어찌 사람이 참을 수 있겠습니까?" 이른바 "소송 처리 관리들이 소장 내용을 멋대로 짓는다."(刀筆之吏弄其文墨)는 말이 바로 이런 뜻입니다.

이 이야기를 하자니, 또 한고조漢高祖 때 대장인 주발周勃의 이야기가 생각납니다. 주발은 공로가 컸습니다. 문제文帝 때에 이르러서는 문무를 겸했기에 만인지상萬人之上이요 일인지하一人之下인 재상이 되었습니다. 뒷날 그는 어떤 사건 때문에 감옥살이를 하게 되어 감옥 관리자가 서라면 서고 앉으라면 앉아야 했습니다. 주발은 한때 수 십 만의 군대를 통솔하고 자신의 명령 하나에 온 군사가 "예." 하고 따르는 위풍을 뽐냈던 것을 탄식하지 않을 수 없었습니다. 그는 어쩔 수 없이 감옥에 들어와 갖은 억울함을 당하고, "오늘에야 비로소 옥졸의 존엄함을 알았다!"고 탄식하였던 것입니다.

맹지반을 이야기하면서 왜 이런 이야기들을 하는 것일까요? 글을 읽더라도 죽은 글을 읽지 말고, 글을 읽고 그 의미를 현실적으로 살려 내야 한다는 것입니다. 『논어』를 읽는 것도 어떻게 사람이 되고 일할 것인가를 알기 위한 것이지, 결코 시험공부를 하기 위해서가 아닙니다.

성인도 불평이 있을까

이어서 시대에 대한 공자의 탄식이 나옵니다. 우리는 늘 남을 비평하고 불평하는데, 이러는 것도 사실은 인지상정人之常情입니다. 역사에 보면 불평했다가 죄를 얻은 사건이 때로는 있었지만, 사람마다 불평이 있기에 불평을 하고 나면 좀 나아지고, 불평을 하지 않으면 더 곤란한 문제가 생깁니다. 공자가 시대에 대해 가끔 불평을 좀 한 것도 결코 허물이 되지 않습니다.

공자께서 말씀하셨다. "(위나라의 종묘와 국가 제사를 관장하는) 축祝 (관직의 대부) 타鮀처럼 잘 둘러대는 말재주가 없다면, 송宋(나라의 공자) 조朝만큼 잘생긴 외모를 지녔다 하더라도 오늘날의 사회에서는 상대해 주지도 않고 통하기도 어렵다!"

子曰：不有祝鮀之佞，而有宋朝之美，難乎免於今之世矣！
자 왈　불 유 축 타 지 녕　이 유 송 조 지 미　난 호 면 어 금 지 세 의

먼저 축타祝鮀에 대해 말하겠습니다. '타'鮀는 사람 이름으로, 그의 자는 자어子魚이며, 당시 위衛나라의 대부로서 말재주가 좋았습니다. 축祝은 당시의 관직명으로 종묘와 국가 제사를 관장하는 관직이었습니다. 그에 관한 자료는 『좌전』노정공魯定公 4년의 「축타장위어채祝鮀長衛於蔡」속에 상세히 기록되어 있습니다. 송조宋朝는 송나라의 공자公子로서, 공

자는 세습하는 관명으로 이른바 세가공자世家公子인데, 그의 이름은 조朝로서 아주 잘생겼었습니다.

공자孔子는 말하기를, "만일 사람이 축타처럼 잘 둘러대는 말재주가 없다면, 비록 송나라 공자公子 조朝만큼 멋지게 잘생겼다고 하더라도, 이 사회에서는 상대해 주지도 않고 통하지도 않는다."고 했습니다. 그러므로 시대의 변란 속에 처한 사람은 인물이 잘생겨야 할 뿐만 아니라 말재주도 있어야 합니다. 오늘날 사회에서는 이 정도로도 부족하며 재력財力까지 있어야 합니다. 이것은 변란 속에 처해 있던 당시 사회에 대한 공자의 탄식으로, 공자의 불평으로 여겨도 좋습니다!

공자가 당시의 사회에 대해 좀 탄식을 했는데, 그럼 공자 이전의 사회는 다 좋았을까요? 아닙니다. 역시 마찬가지였다는 것을 우리는 이해해야 합니다. 사람과 사람 사이에, 사람과 일 사이에 조성된 갖가지 번뇌는 천고 이래로 같아서 우리 나라뿐만 아니라 외국도 마찬가지입니다. 그러므로 우리는 고대 때는 아주 좋았는데 오늘날은 못하다고 생각해서는 안 됩니다. 미래에 후대 사람들은 우리의 오늘을 보고 그들 시대보다 좋았다고 생각할 것입니다. 이는 세태 인심으로서 천고 이래로 같은 이치입니다. 그러므로 우리가 고서적을 읽을 때는 당시의 고대인으로 돌아가야 할 것이 아니라, 오늘날 어떤 사람이 될 것인가를 미루어 알아야 하는 것이 중요합니다. 위에서 공자가 한차례 불평을 한 것을 보았는데, 그는 현실에 머리를 숙였을까요? 공자는 처음부터 한결같이 머리를 숙이지 않았습니다.

공자께서 말씀하셨다. "(밖으로 나갈 때 사람으로서 그) 누가 문을 거치지 않고 나갈 수 있겠는가? 어찌하여 올바른 도를 따르지 않을까! (사람은 반드시 바른 길을 걸어가야 한다)"

(많은 사람들이 단지 눈앞의 현재만 보고 뒷날의 결과를 생각하지 않습니다. 우리는 적지 않은 사람들이 많은 악을 짓고서도 여전히 편안히 천수를 누리는 것을 볼 수 있지만, 이것은 결국 다음 생에서 계산하게 됩니다)

子曰：誰能出不由戶？何莫由斯道也！

자 왈   수 능 출 불 유 호   하 막 유 사 도 야

공자는 비록 시대를 불평하고 탄식했지만 그래도 정도正道를 가야 옳다고 생각했습니다. 군자는 현실에 머리 숙여서는 안 됩니다. 최후의 승리, 최후의 성공은 역시 정도正道로 돌아갑니다. 공자는 예를 들어 말하기를, "수능출불유호"誰能出不由戶라 했는데, '호'戶는 대문의 안쪽 문입니다. 이 말은 "밖으로 나갈 때 사람으로서 그 누가 문호를 거치지 않고 나갈 수 있겠는가?"라는 뜻입니다. 문을 나서야 비로소 바른 길을 걸을 수 있듯이, 사람은 반드시 바른 길을 걸어가야 한다는 것입니다. 삿되고 삐뚤어진 길을 걸어가면 우여곡절을 겪게 되고 좋은 결과가 있기 어렵습니다.

이 단락도 사람이란 반드시 사람됨의 기준이 있어야 한다는 것을 말합니다. 많은 사람들이 정도正道를 가지 않고서는 한때 뜻을 이루더라도 최후에는 역시 문제가 됩니다. 그런데도 많은 사람들이 단지 눈앞의 현재만 보고 뒷날의 결과를 생각하지 않습니다. 우리는 적지 않은 사람들이 많은 악을 짓고서도 여전히 편안히 천수天壽를 누리는 것을 볼 수 있지만, 이것은 결국 다음 생에서 계산하게 됩니다.13)

아무짝에도 쓸모없는 서생

공자께서 말씀하셨다. "사람은 본질적인(質) 면이 문화적인(文) 면보다 발전하면 야만적이 되고, 문화적인 면이 본질적인 면보다 발전하면 형식적이 된다. (재능·학식·품덕의 세 가지가 겸비되어) 문화적인 면과 본질적인 면이 균형 있게 발전해야 비로소 군자이다."

(다시 말해, 후천적인 문화적 도야와, 인성이 본래 가지고 있는 돈후함과 원시적인 소박한 기질이, 서로 균형을 이루어야 비로소 군자라고 할 수 있다는 것입니다)

---

13) 『생과 사 비밀을 말한다』 부록 「업보차별경」과 「능엄경이 말해주는 중생의 생사윤회 인과 대원칙」을 읽어보라.

子曰 : 質勝文則野, 文勝質則史 。 文質彬彬, 然後君子。
자 왈 질 승 문 즉 야   문 승 질 즉 사   문 질 빈 빈   연 후 군 자

'질'質은 있는 그대로의 본질, 곧 바탕입니다. '문'文이란 인류가 스스로 더한 많은 경험과 견해가 쌓여진 인문 문화들을 말합니다. 그렇지만 중요한 것은 역시 사람의 본질입니다. 원시인과 문명인은 본질상에 있어 차이가 없습니다. 배고프면 먹고 싶고, 추우면 옷을 입고 싶습니다. 인간의 본질만 이와 같을 뿐 아니라, 만물의 본질도 역시 마찬가지입니다. 식욕과 성욕은 사람이나 동물이나 다른 것이 없습니다. 그러나 이러한 본질에 반드시 문화적인 수양을 더해야 비로소 야만의 시대를 벗어나 문명사회의 궤도에 진입할 수 있습니다.

공자는 "사람은 본질적인 면이 문화적인 면보다 발전하면 야만적이 된다."(質勝文則野)라고 했습니다. 즉, 원시인의 본질에 따라서 발전해 가면 문화는 천박해지고 낙후되고 야만으로 흐르게 된다는 것입니다. 반대로 만일 문화가 진보된 사회로서 문화 지식이 사람의 본질을 가려 버리면 좋을까요, 좋지 않을까요? 공자는 이렇게 되는 것도 결코 좋다고 생각하지 않았으며, 균형이 맞지 않는 것도 옳지 않다고 여겼습니다. 그래서 공자는 다시 "문화적인 면이 본질적인 면보다 발전하면 형식적이 된다."(文勝質則史)고 했습니다. 즉, 문화(文)가 본질(質)을 이기면, 사람의 본질을 간직하지 못해 '사'史가 된다는 것입니다.

이 '사'史를 역사歷史의 '史'로 보면, 너무 점잖거나 고루한 것이 됩니다. 이를 역사를 통해 검증해 봅시다. 어느 나라 역사든 모두 마찬가지로, 한 나라가 1백여 년 동안 태평한 후에는 나라의 형편이 점점 쇠약해지고 예술 문화가 특히 발달합니다. 예술 문화가 특히 발달한 시대는 사회가 쇠퇴로 향하고 있는 것입니다. 로마 전성기 때처럼 건축·예술·노래·춤 등이 점점 발전하여 절정에 이르면, 국운은 쇠약으로 돌아섭니다. 그 때문에 공자는 "문화적인 면과 본질적인 면이 균형 있게 발전해야 비로소 군자이다."(文質彬彬, 然後君子)라고 했습니다. 후천적인 문화의 도야와 인성이 본래 가지고 있는 돈후함과 원시적인 소박한 기질이 서로 균형을 이루어야 비로소 군자라고 할 수 있다는 것입니다.

국가 전체의 문화도 이와 같고 우리들 개인도 이와 같습니다. 그래서 나는 공부를 지나치게 열심히 하는 학생을 그리 좋아하지 않는데, 이는 내가 틀린 것인지도 모릅니다. 그러나 나는 성적이 좋은 많은 학생들이 도수가 높은 근시 안경을 끼고 있는 것을 보는데, 이러한 학생은 공부하는 것 외에는 쓸모가 없습니다. 내가 본 바로는 이러하고, 또 수십 년 인생 경험으로 이렇게 생각하고 있지만, 내 생각이 맞는지 안 맞는지는 아직 감히 결론을 내리지 못하겠습니다. 그러나 사회에서 유능한 사람, 장래에 사회에 공헌하는 사람은 꼭 학교에서 공부를 열심히 하여 성적이 좋은 사람만은 아니라는 것은 확실합니다. 성적이 좋은 학생이 장래에 사회에 나와 반드시 위대한 성취를 이루는 것은 아닐 것입니다.

그저께 모 대학의 한 대학원생이 석사학위를 받았는데 몹시 부끄럽고 황송하게도 내가 지도교수가 되었습니다. 그런대로 괜찮아 마지막에 85점의 높은 점수로 통과시켰습니다. 이 학생은 공부는 대단히 잘합니다만, 내가 보기에 그는 세상일은 조금도 몰라 자동차 하나도 부를 줄 모릅니다. 공부를 잘하는 사람이 반드시 나라를 구할 수 있을까요? 나라를 구할 수 있고 세상 사람을 구할 수 있는 사람은 꼭 공부를 잘하는 사람은 아닙니다. 가령 어떤 사람이 공부를 잘해 학문도 좋고 재능도 좋으며, 인품과 덕성도 좋다면 비로소 "문화적인 면과 본질적인 면이 균형 있게 발전했다."(文質彬彬)고 할 수 있으며, "비로소 군자가 될 수 있는"(然後君子) 인재인 셈입니다. 그래서 나는 항상 가장들에게, "자녀들을 책벌레로 만들지 말라. 책벌레는 무용지물의 대명사이다." 라고 충고합니다.

청나라 중엽 이후를 한번 봅시다. 서양 문화와 교류한 이후, 과거시험에 일등으로 장원급제한 사람 중에 몇 사람이나 국가에 공헌했습니까? 또, 역사 속에서 찾아보면, 장원한 사람 중에 몇 사람이나 국가에 중대한 공헌을 했을까요? 송나라에는 문천상文天祥 한 사람이 있었고, 당나라에는 무과 진사 출신의 곽자의郭子儀 한 사람이 있었습니다. 겨우 한두 사람이 비교적 유명했을 뿐입니다.

최근 몇십 년 동안 대학에서 1등으로 졸업한 사람은 얼마나 됩니까?

그들이 사회에 공헌한 바가 어디 있습니까? 또 국가에 대한 공헌은 어디 있습니까? 한 개인이 지식이 높다 해서 재능도 반드시 그만큼 높은 것은 아니며, 또 재능이 높다고 인품덕성이 반드시 그만큼 높은 것도 아닙니다. 재능·학식·품덕의 세 가지가 겸비되어야 한다는 것이 공자가 말한, "문화적인 면과 본질적인 면이 균형 있게 발전해야 비로소 군자이다."(文質彬彬, 然後君子)의 뜻입니다. 학교 교육에서도 여기에 주의를 기울여야 하며, 가정 교육에서도 많은 주의를 기울여야 합니다.

인성의 기본 문제

"문화적인 면과 본질적인 면이 균형 있게 발전해야 한다."(文質彬彬)라는 구절에 대해 더 깊이 들어가면, 개인의 구체적인 수양과 인성 본질 문제로 들어가게 됩니다. 인성은 결국 선일까요, 악일까요? 이것은 철학상의 하나의 큰 문제입니다. 동양 철학은 기본적으로 수천 년 동안 이 문제를 토론해 왔지만 결론을 내릴 방법이 없었으며, 서양 철학도 이 문제를 토론했습니다.

우리는 공맹 사상에 근거해서 인성의 본질은 본래 선량한 것이라고 생각합니다. 가장 유명한 『삼자경』三字經의 첫 구절은 공자의 말인 "사람이 처음 타고난 본성은 착하다."(人之初, 性本善)를 인용하고 있는데, 선하지 않은 것은 모두 후천적으로 나쁘게 배운 악습惡習이란 것입니다. 이른바 "사람은 처음 태어났을 때에는 선량하고 순결한 본성에 가깝지만, 점차 습관이 더해지면서 그 본성과는 멀어진다."(性相近也, 習相遠也)는 것입니다.

맹자도 예를 들면서 인성은 기본적으로 선한 것이라고 설명했습니다. 맹자는 이렇게 말했습니다. "우리가 길을 가다가 한 꼬마가 우물 속에 빠진 것을 보고, 처음 느끼는 생각과 처음 할 일은 틀림없이 아이를 구해야 한다는 것이다. 이 꼬마가 누구이든, 원수의 자식이든, 자기의 자식이든 반드시 구하고만 싶어 한다. 그러므로 측은한 마음은 사람이라면 누구에게나 있다. 인애·자비의 마음을 모두가 가지고 있다. 또, 사람은 비참하고 불쌍한 사람을 보면 마음속으로 반드시 그를 불쌍하게 생각하고 괴로워한다. 이로써 사람의 마음은 착한 것임을 알 수 있다." (『맹자』 「공손추」—역주).

이와 반대로, 순자 같은 사람은 인성은 태어날 때부터 악하다고 주장했습니다. 예를 들어, 한 어머니가 쌍둥이를 낳았습니다. 그런데 그 중의 한 아이가 젖을 먹으려 할 때 다른 아이가 울어 대면서 젖을 빼앗아 자기가 먹는데, 이것으로 보아 인성은 악한 것임을 알 수 있다고 했습니다. 순자는 사람이 착하게 되는 것은 후천적인 교화教化로 천천히 형성되는 것이라고 했습니다.

공자나 맹자, 순자 이외에 또 다른 일설은 맹자와 동시대인 고자告子가 주장한 것인데, 그는 사람의 본성은 착한 것도 나쁜 것도 아니라고 생각했습니다. 고자는 말하기를, "인성은 마치 나무와 같아서, 컴퍼스로 재면 둥근 모양으로 만들 수 있고 곱자로 재면 또 네모 모양으로 만들 수 있다."고 했습니다. 묵자墨子도 그런 주장을 했습니다. 묵자는 말하기를, "인성은 흰 실과 같아서 검은색으로 물들이면 검은색이 되고, 빨간색으로 물들이면 빨간색이 된다. 인성은 선악이라 할 것이 없으며, 선악은 모두 후천적인 염색이다." 라고 했습니다. 오늘날 교육에서 적응성의 관념은 묵자의 설과 비슷합니다. 그리하여 인성이 선하다 악하다, 선하지도 않고 악하지도 않다는 논쟁을 철학에서는 수천 년 동안 계속해 오고 있습니다. 중국도 그러하고 외국도 그러합니다.

그러나 이러한 학문적 이론들은 오늘날까지도 아직 인류에게 공인된 정론定論을 제시하지 못하고 있습니다. 적어도 학술사상에 있어서 이와 같습니다. 그래서 우리는 인류 문화가 대단히 우습다고 항상 말합니다. 우리의 5천 년 문화 역사나 서양인의 수천 년 문화 역사는 모두 똑같이 인류는 가장 위대하며 가장 대단하다고 생각하고 큰소리치고 있습니다. 즉, 인류가 만물의 영장靈長이라고 스스로 큰소리치고 있습니다. 그러나 만물의 눈에는, 예를 들어 돼지·소·닭·오리 같은 것이 보기에는, 사람이란 만물 중에서 가장 좋지 않으며 교활하고 잔인하게 보일지 모릅니다. 인류는 그런 동물들을 전문적으로 살해하고 먹기 때문입니다.

그런데 만물의 영장이라고 하는 우리 인류는 비록 몇 천 년의 문화를 가지고 있지만, 몇 가지 기본적인 문제, 예를 들면 우리의 생명은 도대체 어디에서 왔는가, 인성은 결국 선한 것인가 악한 것인가 하는 것에 대해서도 지금껏 확실한 답을 갖고 있지 못합니다. 인류는 철학·종교·과학 등이 발전되고 그 문명이 이미 우주를 정복했다고 스스로 생각하지만, 이 또한 허풍에 지나지 않습니다.

엄격하게 말해서 인류의 오늘날 문명은 우주로 진군進軍하기 시작했다고 말할 수는 있지만, 우주는 아직 우리들에 의해 결코 정복되지 않았습니다. 비록 우주에 도달했다고 하더라도, 인류 자신의 절실한 문제는 여전히 수천 년 전과 마찬가지로 아직 해결되지 않았습니다. 과학은 왜 우주여행을 하려고 하는 것입니까? 그 중요한 목적은 역시 생명의 근원을 탐구하기 위한 것입니다. 오늘날 과학에 의한 물질문명이 제아무리 발달해도, 과학의 기본 정신은 여전히 이러한 문제의 근원을 탐구하는 것입니다. 그러나 이 문제에 대한 해답을 아직 찾아내지 못했으며, 오히려 이런 식의 탐구 기술을 물질문명으로 발전시켜 오늘날 문화의 추세를 형성하기에 이르렀습니다.

우리는 문제를 너무 멀리까지 언급하지 맙시다. 인성에 관한 형이상적·형이하적 문제는 이후에 다시 토론합시다. 인성의 본질에 대해 이상에서 말한 서로 상반되는 이유는 양쪽 다 그리 충분하지 않으며, 또 문제가 있습니다. 이제 우리는 돌아와 인류 본성이라는 이 '질'質이 도대체 어떠한지만 토론해 봅시다. 이 문제도 말하기 어렵습니다. 인간의 원시적인 본성, 즉 '질'質은 비교적 솔직합니다. 한 어린애가 나타내는 동작을 보면, 비록 물건을 깨뜨려 잘못했지만, 그 어린애의 모습은 아주 귀엽습니다. 왜냐하면 그 애는 후천적인 색깔이 더해지지 않아 인성의 본질 그대로이기 때문입니다. 사람이 자라서도 역시 이렇다면 좋을까요, 좋지 않을까요? 이제 우리 전해 오는 한두 가지 철학적인 우스개 이야기를 들어 보고, 모두들 연구하는 데 참고로 삼아 봅시다.

역시 호랑이가 사랑스러워요

어떤 노스님 한 분이 한 어린 고아를 거두어 키웠습니다. 어린애가 겨우 세 살 때 산으로 데리고 와서, 문을 닫아 놓고 바깥의 어떤 사람과도 접촉하지 못하게 하고, 또 아무 일도 가르쳐 주지 않으면서 어른이 될 때까지 길렀습니다. 한번은 노스님이 산을 내려간 동안 스님의 친구가 찾아와서 그 젊은이에게 스승이 어디 갔느냐고 물었습니다. 그는 어리벙벙한 태도로 스승이 산을 내려갔다고 말했습니다. 찾아온 손님은 이상하게 여겨, 너는 그 스님의 제자이면서 왜 아무것도 할 줄 모르느냐고 물으니, 그는 할 줄 안다는 것은 무엇을 말하는 것이냐고 되물었습니다. 그러자 손님은 그에게, 사람을 보면 어떻게 예의를 갖추어야 하고 어떻게 말을 해야 하고, 스승이 돌아오면 어떻게 인사해야 하는지를 가르쳐 주었습니다. 그는 이미 20여 세의 청년이 되어 있었기에, 배운 것을 잘 할 줄 알았습니다. 손님은 노스님이 돌아올 때까지 기다리다 못해 떠나 버렸습니다.

스승이 돌아오자 그 젊은 스님은 산문 밖에까지 나와 맞아들이면서 잘 다녀오셨느냐고 인사를 했습니다. 스승이 보고 이상하게 여기며 이런 식의 거동을 어디서 배웠느냐고 물었습니다. 젊은 스님이 경과를 이야기하자, 스승은 화가 몹시 난 나머지 그 친구를 찾아가 한바탕 소리치면서, "내가 20여 년 동안 그 어린애로 하여금 시비선악是非善惡 같은 것에 물들지 않도록 하여 인성 본래의 깨끗함을 유지하도록 했는데, 결과적으로 자네가 망쳐 놓았네, 내가 20여 년 간 심혈을 기울인 일이 헛일이 되었네." 하고 말했습니다. 우리는 이 이야기를 듣고 그 가운데 내포된 많은 의미를 여러 면에서 이해할 수 있을 것입니다.

두 번째 이야기는 다를 아는 것으로, 이렇습니다. 어떤 노스님 한 분도 이렇게 한 어린애를 거두어 키웠습니다. 그가 스무 살 남짓 되자, 노스님은 그를 데리고 산을 내려왔습니다. 노스님은 그를 몹시 걱정하며 이렇게 일러 주었습니다. "너는 세상을 구경해 본 적이 없기에 지금 데리고 간다. 성 안에 들어가면 번화하고, 갖가지가 화려하더라도 오직 한 가지 호랑이만 빼고는 무엇이든지 두려워하지 말아라. 주의해야 한다. 호랑이는 사람을 잡아먹을 줄 안다." 젊은 스님이 호랑이가 어떻게

생겼는지를 묻자, 노스님은 여자의 모양을 일러 주고, "이것이 호랑이
다." 라고 말했습니다. 노스님은 저자에서 돌아온 젊은 스님에게, 시끄
러운 저자에 갔을 때 제일 좋은 것이 무엇이더냐고 물었습니다. 젊은
스님은 모든 게 다 좋았고 마음을 움직이게 하는 무슨 특별한 것은 없
었다고 했습니다. 노스님이 다시, 그럼 무슨 물건이 가장 사랑스럽더냐
고 묻자, 젊은 스님은 가장 사랑스러운 것은 역시 호랑이더라고 말했다
는 것입니다.

이 두 이야기는 다 인성에 관계됩니다. 그러므로 『논어』상의 이 '질'
質자를 토론하면서 어떤 것이 사람의 본질이다 하고 꼭 말해야 한다면,
결론을 내리기 몹시 어렵습니다. 만일 "본질적인 면이 문화적인 면보다
발전하여"(質勝文) 문화적 수양이 부족하면 아름답지 않습니다. 그러나
"문화적인 면이 본질적인 면보다 발전하면"(文勝質) 책벌레가 될 가능성
이 높습니다. 학식이 너무 좋은 사람은 사람들을 골치 아프게 할 가능
성이 많습니다. 학문을 담론하면 말마다 이치에 맞지만, 사람됨이나 일
하는 것을 보면, 가지가지가 엉망인데다 주관이 유달리 강합니다. 그러
므로 '문'文과 '질'質 두 가지 무게중심은 균형이 맞아야 합니다.

공자는 그밖에 또 하나의 이치를 말합니다.

**공자께서 말씀하셨다. "사람이 타고난 천성은 원래 정직한 것인데,
(거짓 수단으로써 처세하는 등) 진실하지 못하고 허위적으로 일생을 살
아가는 것은 (좋은 결과가 있을 리 없다. 비록 좋은 기회를 만날 때도
있겠지만, 이는 요행일 뿐이며, 의외로 불행을 면했더라도 그것은 결코
필연이 아니다. 필연적으로 결국에는 좋지 않다. 그렇게) 요행히 화를
면하고 있는 것(은, 만에 한 번 있을까 말까 한 일)이다."**

子曰 : 人之生也直 , 罔之生也幸而免。
자 왈　 인 지 생 야 직　　 망 지 생 야 행 이 면

'질'質과 '문'文을 말한 후, 공자는 사람의 천성은 원래 곧은길로 가고,
정직한 것이라고 말했습니다. 묘한 얘기가 되겠는데, 사람은 정직한 것

을 좋아하며, 심리학적으로 보더라도, 설령 나쁜 사람이라 하더라도 자기 친구는 정직한 것을 좋아합니다. 정직한 사람이 정직한 사람을 좋아할 뿐 아니라, 정직하지 못한 사람도 정직한 사람을 좋아하는 것입니다. 이로 보아 사람은 어떤 사람이 되어야 옳은지 이해할 수 있습니다. 사람은 다 남이 정직한 것을 좋아해서, 스스로 정직하지 않은 사람조차도 정직한 사람에 대해서는 기꺼이 속임을 당하려고 하면서도 좋아합니다. 교육적으로 보면, 어떠한 교육도 다 어린이로 하여금 정직하고 거짓말하지 않도록 가르칩니다. 그런데 사람이 그렇게 할까요? 불가능합니다.

　나의 이야기를 해 보겠습니다. 십 몇 년 전에 내게 어린애가 하나 있을 때였는데, 저녁때만 되면 나를 찾아오는 친구들이 너무 많아 도무지 쉴 수가 없고 어떤 때는 귀찮게 느껴졌습니다. 어느 날 나는 정말 피로해서, 손님이 한 분이 찾아오기로 되어 있었는데도 아이에게, "내가 이층에 올라가 잠을 좀 잘 테니 사람이 오거든 내가 없다고 그래라." 하고 일러두었습니다. 이윽고 손님이 찾아오자, 우리 아이는 이렇게 말을 한 것이었습니다. "우리 아빠가 잠 좀 잘 테니 손님이 오시면 안 계신다고 말씀드리라고 했어요." 어린애를 나무라야 했을까요? 나무라서는 안 됩니다. 나는 그 아이한테 정직하라고 가르쳤고 그 아이는 정직하게 말했으니, 그 아이는 옳고 내가 옳지 않았습니다. 그럼 사람은 도대체 솔직해야 할까요, 그러지 말아야 할까요? 융통성 없이 한결같이 솔직한 것은 좋은 것일까요, 아닐까요? 이게 모두 문제입니다.

　그러므로 인생 처세는 확실히 어려워, 일평생 살아갈수록 알 수가 없어집니다. 그러나 공자의 말에 의하면, 사람은 태어날 때 정직하고 솔직합니다. 우리가 보면 어린애마다 정직합니다. 유치원 아이들 중에 잔머리를 쓰는 아이가 하나 있다면, 그 아이는 큰 문제입니다. 그 당시에 몸과 마음에 문제가 있는 것이 아니라, 장래에 커서 문제 인물이 될 수 있습니다. 그렇지만 대부분의 어린이들은 잔머리를 쓸 줄 모릅니다. 그런데 사람이 점점 자라고 경험이 많아지면 '망'罔해집니다.

　이 '罔'(망)자는 어떻게 해석해야 될까요? 보통 사용하는 미망(迷惘: 흐리멍텅하여 어찌할 바를 모르다—역주)의 '惘'(망)자는 '罔' 옆에 '마음 심'(心)을 더했습니다. '罔'(망)자의 뜻은 허위·내용 없음을 나타냅니다. "망지생야" 罔之生也는 사람이 진실하지 못하고 허위적으로 일생을 지낸다는 것입니다. 허위적인 사람은 좋은 결과가 있을 리 없습니다. 좋은 기회를 만날 때도 있겠지만 이는 요행일 뿐이며, 의외로 불행을 면했더라도 그것은 결코 필연이 아닙니다. 필연적으로 결국에는 좋지 않습니다. 공자의 이 두 마디는 사람이란 타고날 때는 정직한데, 나이가 많아질수록 그만큼 '罔'(망)에 가까워진다는 것을 말하고 있습니다. 거짓 수단으로 처세하고도 매우 좋다고 느끼겠지만, 결과는 반드시 나쁘며, 비록 좋더라도 요행히 화나 면하고 있는 것(幸而免)입니다. 그런데 요행히 화나 면하고 있는 것은 만에 한 번 있을까 말까 한 일로서, 이런 도박성 행위는 위험이 너무 크고 수지가 맞지 않습니다.

관녕과 화흠

여기까지 말하고, 다시 방향을 바꾸어 다른 도리를 말합니다. 공자는 학문을 잘하려고 한다는 것이 고통스런 일이 아니라고 생각했습니다.

공자께서 말씀하셨다. "(학문이나 도리 등) 올바른 것을 아는 것은 (꾸준히 익혀보는 습관을 길러) 좋아하는 것만 못하고, 좋아하는 것은 (생활 속의 한 재미로) 즐기는 것만 못하다."

子曰 : 知之者不如好之者 , 好之者不如樂之者。
자 왈　지 지 자 불 여 호 지 자　　호 지 자 불 여 락 지 자

이것은 교육상 한 가지 큰 문제인데, 세상에 어느 누가 좋은 사람이 되고 싶지 않고, 좋은 일을 하고 싶지 않을까요? 모두 하고 싶습니다. 많은 사람들은 마땅히 어떻게 해야 하는지 알고 있으며, 그 이치를 다 이해합니다. 그러나 실제로 해 보면 알고 있는 것과 같지 않습니다. 앞에서 내가 말했듯이, 많은 사람들이 간파할 수는 있지만 견뎌낼 수는

없습니다. 예를 들어, "그만두지 뭐! 생활을 좀 간단히 하지!" 이렇게 간파하지만 그렇게 해야 될 때가 되면 견뎌내지 못합니다. 의롭지 못한 재물을 보았을 때 처음 생각에는 그것을 바라지 않는다고 하지만, 여러 번 보면 눈이 번쩍 뜨입니다. 또 다시 보니 눈알이 벌게집니다.

역사에 이런 이야기가 있습니다. 삼국시대의 관녕管寧과 화흠華歆의 이야기인데, 관녕은 유명한 고사高士로서, 뒤에 그는 일생 동안 누각에서 내려오지 않았습니다. 처음에 학우인 화흠과 함께 공부했는데, 두 사람이 함께 땅을 판 적이 있었습니다. 관녕이 황금 한 덩이를 캐었을 때, 그는 황금을 보고서도 흙덩이인 양 던져버리고 거들떠보지도 않았습니다. 그런데 화흠은 그 황금을 여러 번 보고 나서야 겨우 단념하게 되었습니다. 이 일로 관녕은 화흠과 절교를 하게 되었는데, 어떤 사람들은 관녕이 너무 인정人情과 거리가 멀다고 말할 것입니다. 그러나 고대 역사 기록은 간단하지만, 사실상 그 둘은 학우 사이이고 서로의 우정도 그만큼 좋았기에 관녕은 화흠을 관찰한 지가 오래 되었습니다. 게다가 이 일이 더해져 관녕은 화흠이 담박함을 편안히 받아들이지 못한다고 단정했기 때문에 절교를 한 것입니다.

과연 뒷날 화흠은 조비曹丕가 한漢나라를 찬탈하는 것을 도와 천고의 죄인이 되었습니다. 비록 문장은 대단히 좋았지만, 그는 반동적인 문인으로 변했으며 앞에서 말했던 소인 같은 유자儒者에 불과했습니다. 그래서 관녕은 화흠의 지위가 높아지자 자신은 영원히 누각에서 내려오지 않았는데, 그것은 "너는 정치권력을 누리지만, 나는 너의 땅을 밟지 않겠다."는 뜻이었습니다. 이것이 바로 화흠이 간파는 할 수 있었지만, 견뎌내지 못했던 이치입니다.

또, 우리는 생각할 수는 있는데 해낼 수가 없습니다. 많은 일을 생각할 수는 있지만, 하려고 하면 애를 써서 해낼 수가 없습니다. 다시 말해, 학문이나 도리를 비록 잘 이해하기는 하지만, 실제로 몸으로 힘써 실천해 보면 해낼 수가 없습니다. 그러므로 올바른 것을 아는 것은 좋아하는 것만 못합니다(知之者不如好之者). 학문을 하는 것도 습관을 길러야 하며 하루도 빼먹어서는 안 됩니다. 제1편 「학이」에서 "학이시습지, 불역열호!" *學而時習之, 不亦說乎*라고 했는데, 그 '습'*習*자는 바로 '좋아해야 한다'*(好之)*는 것입니다.

"호지자불여락지자"*好之者不如樂之者*란 좋아하기는 좋아하는데 생활 속의 한 재미로 생각하지 않는다는 것입니다. 오늘날 가장 유행하는 태극권*太極拳* 운동으로 말해 보면, 마작만큼 사람들의 절대적인 환영을 받지 못합니다. 마작놀이를 하는 사람은 마작이 매우 즐겁기 때문에 가만히 앉아서 해도 재미가 있습니다. 태극권 운동이 신체에 유익하다는 것을 아는 것이 곧 "지지자"*知之者*이고, 날마다 하는 것이 "호지자"*好之者*이며, 동작을 한두 번 해 보고는 오늘은 몹시 피곤하니 내일 다시 하자고 한다면 이는 "락지자"*樂之者*가 아닙니다.

학문의 성취를 바라고 즐기는 경지에 들어서기란 대단히 간단하지 않습니다. 우리는 부하나 자녀들에 대해서 이 점을 유의해야 하는데, 그가 어느 면을 즐거워하는가를 보고 그 방면으로 키워 주어야 합니다. 마작놀이를 좋아하면 그쪽으로 키워 주어도 좋지만, 물론 이 경우 그가 마작놀이를 하도록 허용하는 것이 아니라 마작놀이 하는 심리를 유사한 바른 길로 돌려서 발전시키는 것입니다. 이것이야말로 사도*師道*의 원칙입니다. 사람에 대해서만 이럴 것이 아니라, 자기의 수양과 학문에 대해서도 이처럼 해야 합니다. 그러나 공자는 다음에서 또 한 마디를 합니다.

공자께서 말씀하셨다. "(사람의 지혜는 같을 수 없으니 편의상 상중하 세 등급으로 나누어서) 중 등급 이상의 (자질을 갖춘) 사람들에게는 (높고 깊은 이론 등) 상 등급의 것을 말해도 되지만, 중 등급 이하의 (자질을 갖춘) 사람들에게는 (교육 지도 면에서) 상 등급의 것을 말해서는 안 된다."

子曰 : 中人以上 , 可以語上也。中人以下 , 不可以語上也。
자 왈　중 인 이 상　　가 이 어 상 야　　중 인 이 하　　불 가 이 어 상 야

이것은 사람의 지혜가 같을 수 없어서 편의상 상·중·하 세 등급의

차이로 나누었다는 말입니다. 중 등급 이상의 자질을 갖춘 사람에게는 높고 깊은 이론을 말할 수 있지만, 중 등급 이하의 자질을 갖춘 사람에게는 교육 면이나 교도敎導 면에서 그들에게 너무 높은 요구를 해서는 안 되며, 약간 낮은 요구를 하는 것이 무방하다는 것입니다. 그러나 중 등급 이하의 사람이라고 해서 그들의 성취가 반드시 영원히 중 등급 이하에 있는 것은 아니니, 그들도 노력하면 마지막의 성취는 중 등급 이상과 같아질 수 있습니다. 이는 역사상의 많은 예를 들어 설명할 수 있습니다. 대체로 선생님이 되어 본 사람이나 지도자가 되어 본 사람은 다 공자의 이 말이 절대 정확하다는 것을 체험했을 것입니다.

총명 때문에 잘못되다

위의 말들은 모두 공자의 "사람은 본질적인 면이 문화적인 면보다 발전하면 야만적이 되고, 문화적인 면이 본질적인 면보다 발전하면 형식적이 된다."(質勝文則野, 文勝質則史)는 말에 쭉 이어지는 것으로, 교육의 도리이자 지도자의 원칙입니다. 누구나 지도자가 되었을 때는 부하가 어떤 사람인지를 먼저 살펴보아야 합니다. 그의 능력이 중 등급 이하로 보이는데도 높은 임무를 그에게 맡긴다면 틀림없이 엉망이 됩니다. 교육의 원리도 마찬가지여서, 자기 자녀의 교육에 더욱 주의해야 합니다. 자기 자녀가 제일이라는 식으로 해서는 절대 안 됩니다. 자기 자녀에 대해서도 그 수준이 어떠한지 관찰해보고, "중 등급 이상의 사람들에게는 상 등급의 것을 말해도 되지만, 중 등급 이하의 사람들에게는 상 등급의 것을 말해서는 안 된다."는 식으로 해야 합니다. 다음 세대를 교육함에 있어서 가장 기본적인 점은, 자녀가 노력하고 편안하게 살아가며 사회의 좋은 구성원이 되기만을 바라야 하지, 자녀가 특수한 점이 있기를 바라서는 안 된다는 것입니다.

소동파蘇東坡 같은 사람은 명성이 그렇게 크게 떨치고 문인학자 중에서는 운이 정말 좋았습니다. 소동파보다 학문이 나은 사람이 없는 것은 아니었지만, 소동파는 국제적으로 이름이 났으며 몇몇 황제들도 그를 좋아했습니다. 당시에 고려와 일본에서 파견된 사신들도 그를 알았습니다. 심지어 적국의 사람들도 모두 그를 알아, 당시 금金나라에서 파견한 사신이 제일 먼저 물은 것이 바로 소동파와 그의 작품으로, 그의 문장과 시詩·사詞는 중국과 외국에 널리 전해졌습니다.

뒷날 소동파는 정치 무대에서 거듭 거듭 타격을 받고, 이를 탄식하는 다음과 같은 시 한 수를 지었습니다.

총명함이 좋다고 사람마다 말하건만	人人都說聰明好
나는 그 총명 때문에 일생을 그르쳤네	我被聰明誤一生
다만 바라노니 낳은 아들 어리석고 미련해서	但願生兒愚且蠢
재난 없이 공경 벼슬에 이르기를	無災無難到公卿

우리는 소동파의 이 시에서 인생을 봅니다. 그는 대단히 고통스러워하고 번민했습니다. 학문이 훌륭하고, 명성이 크며, 벼슬이 높다고 고통이 없을까요? 고통이 더 많습니다. 이것이 우리가 그의 시를 통해 알 수 있는 첫째 점입니다. 둘째로, 이를 통해 소동파의 관점이 우습다는 것을 알 수 있습니다. 이 시의 앞 두 구절을 보면, 소동파뿐만 아니라 모든 사람들이 모두 느끼는 점입니다. 셋째 구절도 아주 좋습니다. 그런데 넷째 구절의 내용은 그가 너무 총명한 데 원인이 있습니다. 세상 어디에 이런 일이 있을까요?! 낳은 아들이 멍청하고 미련하기가 돼지 같으면서 일생 동안 재난을 당하지도 않고 줄곧 고관대작에 이르기를 바라다니, 그는 계산을 너무 자기 뜻대로 해 버렸습니다. 총명이 나를 그르친 것인가요? 아니면 내가 총명을 그르친 것인가요? 인생철학의 관점에서 소동파의 선생님이 이 시를 보았다면 앞 세 구절은 맞다고 동그라미를 쳤겠지만, 마지막 구절은 ×표를 세 개나 치는 데 그치지 않고, 소동파를 불러다가 면전에서 이렇게 한바탕 꾸짖었을 것입니다. "너는 또너 좋을 대로 계산했구나. 너무 총명해! 어찌 자신을 그르치지 않겠느냐?"

이상 이 편의 중간 부분은 몇 구절을 연결시켜 보면 인생과 학문의 도리를 말한 것입니다. 이어서 말하는 것은 정치 문제에 관한 것입니다.

정치와 종교

번지가 (무엇이 정치 지도자의 참) 지혜(인지)에 대하여 묻자

공자께서 말씀하셨다. "(귀신이 있기는 하지만 사람과는 그 길이 다르다. 귀신은 천도天道의 문제여서 우리와는 멀고, 우리가 살아가는 모든 것은 인도人道로서 우리와 가깝다. 정치·교육·경제·군사·사회는 모두 사람의 일로서 귀신을 위주로 삼아서는 안 된다. 그러므로) 정치 지도자의 도리는 귀신을 공경하되 멀리하는 것이다. 그렇다면 지혜롭다 하겠다."

(올바른 사람으로서 처세하는) 인仁(의 용용)에 대하여 묻자,

공자께서 말씀하셨다. "(다른 사람을 이끌어 가는) 인자仁者가 (인애로운 마음이 극히 필요해서) 무슨 일에 대해서나 (가볍게 보지 말고) 먼저 어렵게 보고, (문제의 여러 면을 살펴 연구한 다음, 마지막으로 하나의 결론을 내고), 그런 뒤에 (그 중도中道적) 성과를 얻는다면, 인하다고 할 수 있을 것이다."

樊遲問知。子曰:務民之義 , 敬鬼神而遠之 , 可謂知矣。問仁。曰 :
번지문지 자왈 무민지의 경귀신이원지 가위지의 문인 왈

仁者先難而後獲 , 可謂仁矣 。
인자선난이후획 가위인의

여기서의 '知'(지)는 '智'(지)자로 읽어서 지인용智仁勇의 '智'(지)가 되는데, 고대에 '知'와 '智'는 서로 통용되었습니다. 번지樊遲는 공자의 학생인데, 수레를 몰았던 사람으로 앞에서 나왔기에 다시 소개할 필요가 없겠습니다. 그가 어느 날 공자에게, "무엇을 참 지혜라고 합니까?" 하고 물었습니다. 지혜는 과학·철학을 포함하지만, 여기서는 정치철학에 가깝습니다. 공자는 아주 묘하게 대답하기를, "정치 지도자의 도리는 귀신을 공경하되 멀리하는 것이다. 그렇다면 지혜롭다 하겠다."(務民之義, 敬鬼神而

遠之, 可謂知矣)고 했습니다.

'무민'務民은 무엇일까요? 지도자입니다. 정치에 종사하는 지도자가 바로 무민務民인데, 백성을 지도한다는 것은 백성을 위해 봉사하는 일이기 때문입니다. "귀신을 공경하되 멀리한다."(敬鬼神而遠之)는 말은 공자의 명언이라는 것을 우리는 다 알고 있습니다. 공자는 종교를 믿지 않았을까요? 아닙니다. 공자는 종교를 대단히 믿었는데, 그는 귀신이 있기는 하지만 사람과는 그 길이 다르다고 생각했습니다. 이른바 "천도는 멀고 인도는 가깝다."(天道遠, 人道邇)는 것인데, 귀신은 천도의 문제여서 우리와는 멀고, 우리가 살아가는 모든 것은 인도人道로서 우리와 가깝습니다. 정치·교육·경제·군사·사회는 모두 사람의 일로서 귀신을 위주로 삼아서는 안 되므로, 귀신은 공경하되 멀리하라는 것입니다. 공경하되 멀리하라는 것이지, 믿지 말라는 것이 아닙니다.

과거에도 그랬지만, 오늘날은 종교 이야기만 하면 사람들은 미신이라고 말하는데, 나는 이런 태도를 대단히 옳지 않게 생각합니다. 이런 태도를 지닌 사람이 종교를 이해하고 있는 것인지 그렇지 않은 것인지 한번 생각해 볼 문제입니다. 예를 들면, "이해하지 못합니다. 미신인데 이해할 필요가 어디 있습니까?"라는 식으로 말하는 것 자체가 큰 미신입니다. 왜 그럴까요? 그 사람은 바로 자기에 대한 미신을 가지고 있기 때문입니다. 어떤 것에 대해서 그 내용을 이해하지도 못하면서 멋대로 정의를 내리는 것이 미신이 아닙니까? 명확히 알지 못하면서도 믿는 것이야말로 미신으로서, 지금 당신이 종교에 대해서 알지도 못하면서 이런 정의를 내리는 것이 바로 큰 미신입니다. 공자는 절대 미신을 믿지 않았으며, 귀신을 공경하되 멀리했는데, 이게 바로 지혜입니다.

중요한 문제가 하나 있는데, 그것은 동양이든 서양이든 고대 역사에서는 정치와 종교가 따로 나뉘어 있지 않았다는 것입니다. 역사상 진시황이나 한고조, 당·송·원·명·청대까지 자신이 신앙을 했든, 반대를 했든 종교와 관계를 맺지 않는 황제는 거의 하나도 없었습니다. 외국도 마찬가지입니다.

여기서 여러분에게 한 가지 사실을 말해도 좋겠습니다. 베트남의 이미 작고한 대통령 응오딘지엠(吳廷琰: 1901-1979)이 세상을 떠나기 전, 어떤 신부 한 분이 역시 공부를 가르치는 외국 신부 한 분을 모시고 우리 집을 방문해서 말하기를, 응오딘지엠이 보내서 왔다고 했습니다. 나는 이 일을 듣고 나서 골치가 상당히 아팠습니다. 나는 정중하게 말하기를 "만약 나를 중국의 어느 종교 신도로 본다면 나는 담론하기를 원하지 않습니다. 왜냐하면 나는 어떤 한 종교를 대표할 수 없기 때문입니다." 라고 했습니다. 그러자 그 신부는 말하기를 바로 내가 어떤 종교를 대표하지 않고 비교적 초연하기 때문에 나를 방문하고 싶다고 했습니다. 내가 말했습니다, "먼저 당신에게 말씀드릴 테니 당신이 그들에게 전해주십시오. 나는 홍콩에서 종교 인사들에게 강연을 한 적이 있는데, 나는 말했습니다. 21세기 때에는 모든 종교의 외피를 모두 반드시 벗어버리고 모든 종교의 대문을 모두 반드시 열어야 합니다. 뿐만 아니라 각 종교는 연합해서 공동으로 봉사하면서 인생과 우주의 진리를 추구해야 21세기 문명을 비로소 건설할 수 있습니다. 내가 이렇게 말한 것이 너무 빠른 것인지 모르지만 여러분 기록해 놓으십시오. 장래에는 꼭 이렇게 될 테니까요. 왜 그럴까요? 종교의 외피를 벗어버리지 않고 종교의 대문을 열지 않은 채 문 닫고 서로 교류하지 않는다면, 모든 종교에 대해서 말한다면 여덟 글자의 결론을 내릴 수 있습니다. 그것은 '폐쇄주의 閉鎖主義 자살정책自殺政策'입니다. 종교는 누가 배척하고 있을까요? 결코 종교간의 투쟁 때문이 아니라 자연의 발전과 과학 문명이 종교를 놀리고 있기 때문입니다."

　뒷날 그 신부는 베트남의 사정에 대해 말했는데, 베트남에서의 천주교와 불교 간의 문제였습니다. 나는 말했습니다, "지금 당신은 나의 말을 기록해 놓아도 좋습니다. 나는 중국인입니다. 중국의 역사 문화의 입장에 서서 여러분에게 의견을 하나 드리겠습니다.

　"세계 인류 문화에 있어서, 종교적 관점에서 정치를 보면 어느 지역의 정권이든 종교가 만들어 낸 하나의 작품인 것 같습니다. 이와 반대로 정치적 입장에서 종교를 보면, 어떤 종교도 정치의 한 일부에 지나지 않을 뿐입니다. 순수한 종교 신도는 정치적 입장에서 종교를 보는 것이 제일 좋습니다. 서양의 종교는 상관하지 않더라도, 중국의 역사상 어느 시대나 정치가 종교 문제를 끌어들이면 실패하지 않은 적이 없었습니다." 이런 의견을 그들에게 말했던 것은 대단히 절실하고 정성스러웠던 것이라고 당시에 생각했습니다. 지금에 와서 말하니 더욱더 꼭 들어맞고 조금도 틀리지 않았습니다.

중국 역사상 진한秦漢 이래로, 삼국 시대의 황건적이었던 장각張角, 원나라 때의 백련교白蓮教, 근대의 홍등조紅燈照나 의화단義和團, 태평천국太平天國 사건 등은 모두 정치가 종교를 끌어들인 것입니다. 대체로 정치가 종교를 끌어들여 가지고 놀면 실패할 수밖에 없습니다. 서양의 경우, 십자군의 동방 원정 같은 큰 전쟁은 종교 문제 때문에 일어났던 것인데, 성공했습니까? 실패했습니다. 이것이 그 하나의 예입니다. 둘째로, 정치는 반드시 역사 문화의 경험에 의지해야 하는데, 당시의 베트남은 너무 젊었습니다. 내가 말하기 좀 부끄럽게도 중국의 국운이 아직 좋지 않을 때라 자신도 운이 없는데 남의 얘기를 어떻게 할 입장이 아니었습니다. 엄격히 말해 베트남은 어린이 정도였으니까요. 정치와 역사 문화는 아주 오랜 경험이 요구되는 것으로 어린애처럼 함부로 해서는 안 되는 것입니다.

이런 사례들은 바로 "귀신을 공경하되 멀리한다."는 말의 의미를 설명해 줍니다. 종교사를 얘기해 보면, 불교는 현장玄奘법사가 인도에 가서 경전을 구해온 이후 당태종이 이를 받들었습니다. 아울러 당태종은 도교도 받들었습니다. 당대唐代의 진정한 국교國教는 도교로서, 조정 문무백관의 서열에서 첫째 자리는 도교였으며, 불교는 둘째 자리였지만 대우 면에서는 평등했습니다. 유교에 대해서는 말할 것도 없이 역시 전례대로 받들었으며, 이슬람교에 대해서도 숭배하고 존경했습니다. 옛날의 기독교인 경교景教도 당태종 때 중국에 들어왔는데, 당태종은 경교를 위해 비문碑文까지 쓰고, 광주廣州에 예배당을 짓도록 허락했습니다.

당태종은 그렇게 정치적 패기가 컸던 사람으로, 각 종교를 모두 좋게 보고 어느 종교에 대해서나 "앉으십시오. 차茶 대접해 드리겠습니다."는 식이어서, 자신이 무슨 종교를 믿는다는 것을 나타내지 않았습니다. 솔직하게 말해서, 뒷날 그는 불교를 믿은 것으로 판명되었습니다. 그러나 정치 태도상에서 그는 절대 공평하여, 과거에 비록 헌법은 없었지만 종교에 대해서는 공평했습니다. 그래서 공자는 말하기를, "정치 지도자의 도리와 귀신의 일과의 관계는 완전히 미신으로 여길 수 없다."고 했습니다. 귀신의 일은 때로는 사업이나 정치에 대단히 도움이 되었습니다.

위 본문에서 '경'敬이라는 한 글자는 아주 중요한데, 이는 대단히 공경해야 한다는 것입니다. 나폴레옹을 예로 들면, 그는 황제가 된 후 황제의 관을 발로 차 버리고 이런 관 따위가 무엇이냐고 한 적이 있었습니다. 그러나 그는 이슬람교 국가를 공격하면서 이슬람교 사원을 보면 무릎을 꿇고 남들처럼 예배했는데, 이것이 바로 "귀신을 공경하되 멀리한다."는 도리이자 가장 현명한 지혜로서, 결코 미신이라고 할 수는 없습니다. 신앙은 개인의 일이지만, 큰 일에 처해서는 함부로 어느 쪽도 소홀히 해서는 안 됩니다.

왜 이런 여러 가지 사례를 들어, 귀신을 공경하되 멀리하는 것이 지혜가 됨을 설명했을까요? 위에서 공자가 말한, "정치 지도자의 도리"(務民之義)라는 말에 유의하기 바랍니다. 즉, 한 나라 지도자의 지혜 문제를 말하고 있는 것이지, 보통 한담하듯이 귀신이라는 철학적인 문제를 토론하고 있는 것이 결코 아니란 것입니다.

번지는 뒤에 또 인仁의 문제를 물었습니다. 여기서의 인은 인의 체體를 말하는 것이 아니라, 인의 용用, 즉 올바른 사람으로서 처세하는 인을 말합니다. 공자는 말하기를, "다른 사람을 이끌어 가는 자는 인애로운 마음이 극히 필요해서 어떤 문제에 대해서나 가볍게 보아서는 안 된다."고 했는데, 가볍게 보지 않는다는 것도 유가의 "일을 성실히 한다." (敬其事)는 사상입니다. 특히, 총명한 지도자는 흔히 세상일을 가볍게 보기 쉬워, 소동파처럼 "나는 총명으로 일생을 그르쳤다."고 하는 잘못을 범합니다. 그러므로 어떤 일이나 먼저 어려운 쪽을 생각해야 좋은 결과를 얻을 수 있습니다. 먼저 어려운 쪽에서 문제의 여러 면을 보고 연구한 다음, 마지막으로 하나의 결론을 내고 중도中道적 성과를 얻는 것이 바로 인의 용用입니다. 이렇게 하면 자신에게도 편리하고, 남에게도 편리하며, 백성들에게 더욱 편리합니다.

요 몇십 년 동안 보면, 젊은이들은 서양 문화의 사고방식으로 일을 처리합니다. 즉, "틀렸더라도 두려워하지 말라. 두려워하면 하지 못한다. 틀려도 상관없다. 다시 고치면 된다."는 식입니다. 이렇게 하면 정치 면에서 좋은 점도 있고, 나쁜 점도 있습니다. 어떤 사람들은 "나의 사전에는 불가능이란 단어가 없다."고 말한 나폴레옹의 기백을 인용하기 좋아하는데, 이 말은 하도 많이 들어서 인이 박힐 정도이며, 대단한 기백이 있는 말입니다. 그러나 여러분 생각해 보십시오. 나폴레옹은 성공하지 못했으며, 성공할 줄 몰랐던 것은 중국의 항우와 마찬가지였습니다.

서양 문화를 말하자면, 미국은 과학을 빼놓고는 깊이 파고들어 보면 정말 볼 만한 것이 없고, 유럽에서는 프랑스를 들 수 있는데, 프랑스에는 나폴레옹의 개선문을 볼 수 있을 뿐입니다. 유럽인들은 나폴레옹을 숭배하지만, 나폴레옹 정도의 사람들은 중국 역사상 얼마든지 있어서 열 손가락도 더 꼽을 수 있는데 그게 뭐 대단하다는 것입니까? 나라 살림을 꾸려가는 노련한 사람은 이 '난'難자에 유의해야 합니다. 무슨 일에 대해서나 먼저 어렵게 보고 그 얻는 것은 뒤로 하는 것, 이것이 곧 인의 도리입니다.

산과 물 사이에 있지 않다

그렇다면 무엇이 진정한 지혜일까요? 무엇이 진정한 사랑의 마음일까요?

공자께서 말씀하셨다. "지혜로운 사람의 즐거움은 물과 같(이 느긋 침착하며 영원히 활발하)고, 인자한 사람의 즐거움은 산과 같(이 숭고하고 위대하며 평온하)다. 지혜로운 사람은 (물처럼) 동적動的이고, 인자한 사람은 (산처럼) 정적靜的이다.

지혜로운 사람은 (인생관이나 흥미가 다방면에 걸치면서) 즐겁게 살고, 인자한 사람은 (조용하고 인격 함양이 있어 비교적 그리 쉽게 화를 내지 않고, 또 쉽게 충동적이 되지 않아서 사물을 냉정하게 보며, 무슨 일에 대해서나 먼저 어렵게 보고 그런 뒤에 성과를 얻고 살면서 비교적) 장수한다."

子曰 : 知者樂 , 水 ; 仁者樂 , 山 。 知者動 ; 仁者靜 。 知者樂 ; 仁
자 왈 지 자 락 수   인 자 락 산   지 자 동 인 자 정 지 자 락 인
者壽。
자 수

이 말에 대해, 일반인들은 다음과 같이 풀이합니다. "지자요수知者樂水, 총명한 사람은 물을 좋아한다. 왜냐하면 물의 성질이란 유동적이기 때문이다. 인자요산仁者樂山, 인자한 사람은 산을 좋아한다." 만일 이렇게 해석한다면, 문제가 커집니다. 장자莊子의 말투를 빌려 말해 봅시다. 지자요수知者樂水, 지혜로운 이는 물을 좋아한다고 하니, 그럼 장어·미꾸라지·조기·거북이는 다 물을 좋아하므로 총명하겠네요? 인자요산仁者樂山, 인자한 자는 산을 좋아한다 하니, 그럼 원숭이·호랑이·사자도 다 인자하겠네요? 이런 해석은 맞지 않습니다. 정확한 해석은 "지자락, 수"知者樂, 水, 즉 지혜로운 이의 즐거움은 물과 같이 느긋 침착하고 영원히 활발하다는 것입니다. "인자락, 산"仁者樂, 山, 즉 인자한 사람의 즐거움은 산과 같이 숭고하고 위대하며 평온하다는 것입니다. 이는 자연스러운 이치이지 내가 일부러 비유해서 해석한 것이 아닙니다.

왜 내가 일부러 그런 것이 아닐까요? 그 아래 글을 보면 바로 알 수 있습니다. 공자는 "지혜로운 이의 즐거움은 동적이어서 물과 같다. 인자한 사람의 즐거움은 정적이어서 산과 같다."고 했습니다. 이는 아주 명백하지 않습니까? 글귀를 전체적으로 이해하지 않고 토막 내어서, "知者樂水"를 "지혜로운 자는 물을 좋아하다."로, "仁者樂山"을 "인자한 자는 산을 좋아하다."로 하면, 이는 맞지 않습니다. 어떤 사람은 학문 수양을 하는 데 매우 활기가 있는데, 총명한 사람이 대부분 그러합니다. 마치 다음 두 개의 시구詩句들과도 같이 기백이 있고 기개가 있습니다.

(오늘밤 술 깼을 때 어디 있을까? ―역자 보충)
버드나무 강기슭, 새벽바람에 달은 지새겠지　　　　楊柳岸曉風殘月
장강의 물은 도도히 동쪽으로 흘러가누나　　　　　滾滾長江東逝水

이렇듯 인자한 사람은 대부분 깊고 두터워 산처럼 조용합니다. 그래서 그 아래의 결론이 나옵니다. "지자락"知者樂, 지혜로운 이는 즐거워해서 인생관이나 흥미가 다방면에 미치고, "인자수"仁者壽, 인자한 사람은 조용하고 인격 함양이 있어 비교적 그리 쉽게 화를 내지 않고, 또 쉽게 충동적이 되지 않아서 사물을 냉정하게 보며, 무슨 일에 대해서나 먼저 어렵게 보고 그런 뒤에 성과를 얻는데, 이런 사람은 수명도 좀 길다는 것입니다. 이는 서로 이어지는 뜻입니다. 옛 사람들처럼, "총명한 사람은 물을 좋아하고, 인자한 사람은 산을 좋아한다."고 멋대로 해석해서는 절대 안 됩니다. 그렇게 하면 문제는 아주 커집니다.

모양이 변한 술잔

다음의 두 구절은 공자가 당시의 문화를 탄식한 것입니다. 이 두 구절의 글은 보기에 주제와는 조금도 상관없는 말 같습니다만, 이를 연구해 보려면 춘추전국 시대의 역사와 배합시켜야 합니다.

공자께서 (탄식하며) 말씀하셨다. "(우리의 문화는 이미 쇠퇴했다. 자기의 전통 문화를 유지하는 것은 대단히 힘든 사업이다. 만약) 제나라 (문화)를 (기초로 하여 그것을 좋은 방향으로) 좀더 발전시키면 노나라 (문화 수준)에 이르고, (다시 그) 노나라 (문화)를 좀더 발전시키면 (전통 문화의) 도道에 이르를 텐데."
공자께서 (때마침 손에 들고 있던 술잔을 들고 있으면서 탄식하며) 말씀하셨다. "(보아라, 문화가 쇠퇴하고 시대가 변하니 술잔인) 고觚도 (모양이 변해서 이제는) 모가 나지 않는구나. 고여! 고여! (이런 용구用具까지 시대를 따라서 변하고 있다. 사람은 더욱 끊임없이 변하고 있

다. 역사는 돌이킬 수 없는 것이다)"

子曰 : 齊一變 , 至於魯 ; 魯一變 , 至於道 。
자왈　제일변　지어로　노일변　지어도

子曰 : 觚不觚 , 觚哉 ! 觚哉 !
자왈　고불고　고재　고재

　춘추전국 시대 문화의 변천에 있어서 제齊 · 노魯 양국은 동주東周 시대에나 서주西周 시대에나 핵심적인 영향을 미치는 작용을 가지고 있었습니다. 뒷날 초楚 · 진秦나라는 비록 한 가닥 신흥 문화의 기세에 의존해 전국 시기를 좌우했지만, 시종 부국강병으로써 시국에 영향을 미치는 힘을 가지고 있었을 뿐, 그 문화의 연원을 논하면 여전히 제나라와 노나라를 떠날 수 없었습니다.

　노나라는 주공周公의 후대로서, 주나라 무왕이 천하를 통일하고 연로한 공신들에게 봉해 준 나라입니다. 주공의 후대가 노나라에 봉해져 주대 문화의 정신이 보존되었습니다. 강태공姜太公은 무왕이 천하를 통일하는 것을 도왔는데, 그의 후대는 제나라에 봉해져 후세 도가 학술의 정신을 발전시켰습니다. 바꾸어 말하면, 강태공 계통으로 남겨진 중국 문화는 전통 도가의 문화를 대표한다고 말할 수 있습니다. 노나라의 문화는 주공의 계통을 대표해 후세 유가의 문화를 형성했으며, 초나라 문화는 노장老莊의 계통이 형성한 남방 문화의 성분이 비교적 많았습니다. 묵자墨子는 송나라 문화를 대표하는데, 송나라는 은상殷商나라의 후대이기에 묵자의 학술 사상 속에는 하상夏商나라 문화의 색채가 짙게 남아 있었습니다. 중국 문화나 철학사를 말할 때는 이 점을 분명히 해야 합니다.

　춘추 시대에는 당시의 문자와 언어가 완전히는 통일되지 않았고, 교통도 편리하지 않았습니다. 각 제후국의 정치적 조치도 각자 나름대로의 위정爲政 경향을 갖고 있었지만, 대체적으로는 여전히 대동소이하게 유지했을 뿐입니다. 맹자 앞뒤의 시기에 이르러서는 노나라가 보존해 온 주대 문화도 겨우 한 가닥 명맥만 남아 있었습니다. 그 당시 비교적 흥성한 것은 그래도 도가 전통에서 뻗어나간 연燕·제齊나라 문화였습니다.

제나라는 비교적 강하고 경제가 발달한 국가였습니다. 왜냐하면 오늘날의 산동 해안 일대는 본래 자원이 부족했는데, 강태공이 제나라에 봉해진 후 자원 경제를 발전시키려고 제염製鹽을 시작하여, 제나라를 소금 생산 지역으로 만들었을 뿐만 아니라 어업과 소금의 이익을 크게 증가시켰기 때문입니다. 뒷날 또 관중管仲이 이를 확대 발전시켜 제나라의 경제는 더욱 발달했으며, 전국 시대에 이르러 제나라의 국제적 지위는 지금부터 수십 년 전 당시 대륙의 상해上海와 오늘날의 미국 뉴욕에 해당되었습니다. 그래서 당시 맹자·순자 등의 학자들은 다들 제나라에 한 번 가서 돌아본 적이 있는데, 이는 마치 오늘날 우리들이 모두 미국에 가서 한번 살아 보고 싶은 것과 같습니다. 이것은 공자 이후의 일입니다.

공자 당시의 노나라 문화는 그래도 매우 볼 만한 점이 있었습니다. 공자는 자신의 사상적 입장에서 전통 문화를 보존하고 진흥시키기 위해서는, 제나라 문화를 기초로 삼아 그것을 좋은 방향으로 발전시키면 노나라의 문화 수준에 도달할 수 있으며, 다시 노나라의 문화 수준을 좀 더 끌어올리면 전통 문화의 도道를 회복할 수 있다고 생각했습니다. 이는 공자의 견해이자, 탄식이었습니다.

그 다음으로 공자는 '고'觚에 대해 탄식하고 있습니다. '고'觚는 고증에 의하면 사각형 모서리가 있는 술잔으로, 대북시의 고궁박물관故宮博物院에 가면 볼 수 있습니다. 옛 사람들의 해석에 의하면, "고불고, 고재! 고재!"觚不觚, 觚哉! 觚哉!란, "이 시대에는 무엇이든지 다 변해 버렸다."라고 공자가 탄식하면서 한 말입니다. 즉, "다들 보아라, 이 술잔은 본래 모서리가 있는 것이었는데, 지금의 술잔은 모서리도 평평하게 닳았구나!"라고 말한 것입니다. 여기서는 공자의 이런 탄식을 기록하고 있습니다. 그러나 술잔의 모서리가 닳아 없어진 것이 무슨 기이한 일일까요? 공자가 만일 우리가 오늘날 사용하고 있는 찻잔이 유리로 둥글둥글하게 만들어져 있는 것을 보았다면, "유리잔이구나! 유리잔이구나!"하고 탄식했을 것입니다.

우리가 만약 윗 글과 연결시켜서 보면 공자의 이 말을 이해하게 됩니다. 공자는 이렇게 말한 것입니다. "우리의 문화는 이미 쇠퇴했다. 자기의 전통 문화를 유지하는 것은 대단히 힘든 사업이다. 제나라와 같은 튼튼한 경제 기초가 있어야 후대 문화를 위해 노력할 수 있고, 다시 한 번 문화를 정돈하여 노나라 수준에 이를 수 있다. 노나라 문화는 상당한 기초가 있으니 이를 다시 좀더 발전시키면 전통 문화의 도道를 유지할 수 있다." 공자는 여기까지 말하고 나서, 때마침 손에 들고 있던 술잔을 예로 들면서, "보아라, 술잔의 모양도 변했구나! 무엇이든지 변하고 있다. 시대도 이미 변했다. 술잔이여! 술잔이여!" 하고 탄식했습니다. "이런 용구用具까지 시대를 따라서 변하고 있다. 사람은 더욱 끊임없이 변하고 있다. 역사는 돌이킬 수 없는 것이다."라는 뜻입니다. 이는 술잔을 빌려 문화의 변천에 대해 탄식한 것입니다.

나는 친구들에게 이런 말을 한 적이 있습니다. "탄식하지 말게. 탄식해도 소용없네. 역사는 돌이킬 수 없네. 우리가 죽고 나면, 다음 세대가 예전대로 살아갈 것이고, 예전대로 또 다음 세대를 낳아갈 것이네. 우리는 지금 자기의 임무를 다하고, 우리가 알고 있는 것을 될 수 있는 대로 다음 세대에게 넘겨주어야 하네. 그것을 정리하고 발전시키는 것은 다음 세대의 일일세. 걱정하지 말게. 인심이 옛날 같지 않다거나, 요즘이 옛날만 못하다거나, 세상 형편이 나빠졌다고 말하지만 꼭 그런 것 같지는 않네. 각 시대마다 각 시대의 역사가 있고, 각 역사마다 각 역사의 정신이 있네."

그래서 공자가 여기서 "고불고, 고재! 고재!"觚不觚, 觚哉! 觚哉! 라고 한 것은 술잔만을 가리켜 변했다는 것이 아니라, "변했다. 모든 것이 변했다."고 하는 탄식입니다.

속을 줄 아는 군자

공자가 마침 탄식하고 있을 때, 옆에 있던 한 학생이 다음과 같이 문제를 제기했습니다.

재아가 (어느 날 공자와 논쟁에 가까운 대화를 나누며) 물었다. "(선생님은 날마다 우리더러 인仁을 배워 사람이 되고, 일하는 데 인의도덕仁義道德을 중시하라고 가르치십니다만, 지금 세상은 참으로 어지럽고, 나쁜 사람도 매우 많습니다. 그런데 가령 어떤 사람이) 인의仁義의 수양이 있는 사람에게 (속여) 말하기를, 우물 속에 인의가 있다고 하면, 그의 말을 따라 (인을 수양하기 위해) 우물 안으로 뛰어들까요?"

공자께서 (웃으면서) 대답하셨다. "(네가 물은 것에) 어디 그런 이치가 있겠느냐? (학문을 하여 군자가 된 사람은 결코 멍청이가 아니어서 변화에 대처할 줄 알아야 한다) 군자는 갈 수는 있으나, (절대 남에게 포위되어 곤혹을 당하거나 함정에) 빠져서는 안 되며, (누가 면전에서 속이면 인자한 마음에서) 속아줄 수는 있지만, 사리를 분간 못해 (흐리멍덩하거나, 불만스럽지만 그대로 따르거나, 스스로 아무것도 몰라)서는 안 된다."

宰我問曰：仁者, 雖告之曰：「井有仁焉」。其從之也？子曰：何爲其
재아문왈　인자　수고지왈　　정유인언　　기종지야　　자왈　하위기

然也？君子可逝也, 不可陷也。可欺也, 不可罔也。
연야　군자가서야　불가함야　　가기야　불가망야

재아宰我는 공자가 "썩은 나무에는 새길 수 없다."(朽木不可雕也)고 말했던 바로 그 학생입니다. 나는 그가 신체는 그리 튼튼하지 않았지만 총명은 넘치고, 덕성은 그리 충분하지 않았던 사람이라고 생각합니다. 재아가 어느 날 공자와 논쟁에 가까운 대화를 나누었는데, 그는 한 문제를 의심하고 있었다고 말할 수도 있습니다. 그는 공자에게 물었습니다. "선생님은 날마다 우리더러 인仁을 배워 사람이 되고, 일하는 데 인의도덕仁義道德을 중시하라고 가르치십니다. 그런데 가령 어떤 사람이 인의仁義의 수양이 있는 사람에게 속여 말하기를, 우물 속에 인의가 있다고 하면, 그 말을 들은 사람은 인을 수양하기 위해 우물 안으로 뛰어들까

요?"

재아의 이 질문은 정확하며, 결코 장난스럽지 않고 실제적이었습니다. 그의 뜻은 이렇습니다. "선생님, 당신은 날마다 우리에게 인의도덕을 중시하라고 가르치십니다만, 지금 세상은 참으로 어지럽고, 나쁜 사람도 매우 많습니다. 이럴 때 어떤 사람이 와서 우물 속에 도덕이 있다고 우리를 속이면, 우리는 우물 속으로 뛰어들어야 할까요? 도덕은 한 근斤에 몇 푼어치 가치가 있을까요?" 이는 우리가 지금 묻기를 "이 사회가 이렇게 나쁜데 인의가 무슨 소용이 있습니까?" 라고 하는 것이나 마찬가지입니다.

공자는 이 말을 듣고 나서, 웃으면서 말하기를, "너는 왜 그렇게 생각하느냐? 학문을 하여 군자가 된 사람은 결코 멍청이가 아니어서 변화에 대처할 줄應變할 줄 알아야 한다."고 했습니다.

공자는 『주역』을 몹시 찬양했는데, 『주역』의 도리에는 '변화에 적응한다'適變는 것과 '시기를 따른다'隨時는 두 가지 요점이 있습니다. 우리는 시대를 이해하고 시대에 적응해야 합니다. 그러나 자신이 중간에 서서 이 변화에 순응하되 자신의 중심 주장과 중심 사상이 있어야 합니다.

공자는 여기서 말합니다. "군자는 절대 남에게 포위되어 곤혹을 당하거나 함정에 떨어지지 않는다."(不可陷也). 예를 들면, 일체를 내던지고, 심지어는 이 사회의 환경도 버리고 일생의 부귀공명을 버리더라도 절대 곤혹을 당하지 않습니다. 만일 곤란한 환경에 처해 어쩔 수 없이 부귀공명을 취했다고 변명하면서 스스로 고결하다고 주장한다면, 이는 남을 대하기 민망한 일입니다. 이는 골기가 없는 것으로, 군자가 아닙니다. 골기가 있는 행위 방식은 자기희생이며, 곤혹을 당하지 않습니다.

"속일 수는 있으나 사리를 분간 못하게는 할 수 없다."(可欺也, 不可罔也). 이 말은 누가 면전에서 자신을 속이더라도 속아 주는 것이 인자함이라는 것입니다. 그러나 흐리멍덩하거나, 불만스럽지만 그대로 따르거나, 스스로 아무것도 모르면 안 된다는 것입니다. 그래서 공자는, "네가 물은 것에 어디 그런 이치가 있겠느냐?"고 물었습니다. 결론적인 뜻은 사람은 반드시 인의 도덕을 중시해야 한다는 것입니다. 이는 공자가 표방한 것이자 그의 학문의 중심으로서, 사람에게는 중심 사상과 중심 노선이 있어야 한다는 것입니다. 만일 이 중심 사상이 시대에 통하지 않더라도 옳다고 생각되는 한, 심지어 시대의 버림을 받는 것까지도 좋지만, 그러나 현실에 함몰되어서는 안 된다는 것입니다. 그래서 공자는 다음에서 다시 확대 해석하고 있습니다.

　　공자께서 말씀하셨다. "군자가 학술 지식(學文)을 널리 배우고 (난 다음 정통할 수 있도록 하고), 『예기』 속의 문화 정신(禮)으로써 (자신을) 단속(하고 사람됨과 일처리가 예에 들어맞도록) 한다면, 역시 인생의 바른 길에서 그리 벗어나지 않게 될 것이다!"

　　子曰：君子博學於文，約之以禮，亦可以弗畔矣夫！
　　자 왈　군자박학어문　약지이례　역가이불반의부

　　공자는 여기서 "학문을 널리 배우라."(博學於文)고 말하고 있는데, 이 '문'文은 문학뿐만이 아니라, 일체의 학술 문화를 나타냅니다. 오늘날의 말로는 문법文法·문리文理와 일체 지식이 포함됩니다. 그래서 학문을 널리 배워야 한다고 했습니다. '박'博은 곧 해박한 것으로 널리 알아야 다재다능한 사람이 될 수 있습니다. 그러나 해박한 사람은 널리 알고는 있지만, 각 분야에 통달해 있지는 못합니다. 그러므로 먼저 해박한 지식을 구하고 난 다음, 정통할 수 있도록 해야 합니다. 해박하면서 정통하고, 또 자신을 단속하고, 사람됨과 일처리가 예禮에 들어맞아야 합니다.
　　공문孔門의 사상은 예禮를 중시하는데, 앞에서 여러 번 말했듯이 예는 결코 우리가 인사하는 법을 말하는 것이 아니라, 예기禮記 속에 포함된 문화 정신을 가리킵니다. 우리가 만일 그렇게 할 수 있다면 대체로 인생의 길을 걸어가는 데 있어, "바른 길에서 그리 벗어나지 않게 될 것이다."(亦可以弗畔矣夫)라고 공자는 말했습니다. '불반'弗畔은 상궤常軌를 벗어나지 않는다는 뜻입니다.

오해받은 미인과의 만남

여기서는 이제 한 가지 사건을 인용합니다.

공자께서 (위나라에 도착했을 때 마침 남자南子라는 총비寵妃가 정권을 독점하고 있었는데, 그녀는 사람을 시켜 공자에게 한번 만나고 싶다고 알려 왔다. 그래서) 남자를 만나셨는데 자로가 (이를 듣고 못마땅해 하며 그리) 기뻐하지 않(고 공자를 난감하게 하는 태도로 몰아붙이)자, 공자께서 맹세를 하셨다. "(너희들의 견해는 나의 견해와 다르다) 내가 부정(하고 어찌 구해 볼 방법이 없다고 생각)하는 사람은, (죄악이 극도로 커서 사람들만 그를 싫어할 뿐 아니라) 하늘도 그를 싫어할 것이다! 하늘도 그를 싫어할 것이다! (그런 사람이라면 내왕해서는 안 된다. 너희들이 남자에 대해 이렇게 못마땅해 할 필요가 없다)"

子見南子, 子路不說。夫子矢之曰 : 予所否者, 天厭之! 天厭之!
자 견 남 자　　자 로 불 열　　부 자 시 지 왈　　여 소 부 자　　천 염 지　　천 염 지

이 단락은 묘합니다. 남자南子는 고대의 미녀인데, 원래 송宋나라의 공주로서 위령공衛靈公에게 시집갔습니다. 공자는 위나라에서 상당히 오래 있었습니다. 위나라는 본래 공자를 머무르게 하여 국정國政을 그에게 맡길 뜻이 있었기 때문에, 학생들 중 많은 사람이 공자가 위나라에서 군주의 권력을 얻고 싶어 한다고 의심했습니다. 당시 위나라 제후인 위령공은 예쁜 왕비 한 사람을 총애했는데, 그녀가 바로 남자南子였습니다.

춘추전국 시대에 정권을 독점했던 여성들이 여러 사람 있었지만, 오늘날까지 이 문제를 다룬 전문 서적을 본 적이 없습니다. 나는 누군가가 여력이 있다면, 이런 여성들이 정치를 좌지우지했던 기풍에 대해 역사상 사례를 열거하여 책을 한 권 쓰라고 권하고 싶습니다.

고금동서의 역사상, 정치와 관계있는 여성은 아주 많아서, 거의 어떠한 정권이든 여성과 무관하지 않았습니다. 우리가 알듯이, 영국에서 섹스 스캔들이 터져 나오는가 하면, 또 백악관에서 성추문이 터져 나와

전 세계 신문들이 그토록 시끄럽게 떠들어대는데, 나는 그런 기사를 읽고 아주 재미있게 느낍니다. 한 학생이 "왜 재미있게 느끼세요?" 하고 묻기에 나는 "이게 무슨 별난 일이냐? 신문이 떠들어대는 것은 별개의 문제다." 하고 대답했습니다.

동서고금의 어떠한 정권도 여성과의 문제가 발생하지 않았던 정권은 거의 없었습니다. 그 여성들 중 어떤 이들은 좋은 여성들이었는가 하면, 어떤 이들은 나쁜 여성들로서 역사의 전체적인 형태와 모두 관계가 있었지만, 안타깝게도 고대에는 남존여비男尊女卑로서 남성 우월주의였기 때문에 역사의 기록은 이 방향으로 발휘하지 않았을 뿐입니다. 명말청초明末淸初의 문학가인 이립옹李笠翁은 "인생은 바로 연극 무대이며, 역사도 연극 무대에 불과하다. 이 무대에서 연극하는 사람은 오직 두 사람일 뿐 제3자는 없다. 그 두 사람이 누구일까? 하나는 남자요, 하나는 여자다." 라고 말했습니다.

이 말이 나오니 또 다른 유명한 이야기가 하나 생각납니다. 전하는 바에 의하면, 청나라의 건륭 황제가 강남江南을 유람하면서 강소성江蘇省의 금산사金山寺에 들렀습니다. 장강 위에 수많은 배들이 오고가는 것을 보고 황제가 한 노스님께 물었습니다. "노스님께서는 여기서 산 지 얼마나 되었소?" 노스님은 물론 이 질문을 한 사람이 바로 현재의 황제라는 것을 모르고 이렇게 대답했습니다. "수십 년 살았습니다." 황제는 다시 "그 수십 년 동안 날마다 얼마나 많은 배가 오가는 것을 보았습니까?" 하고 물었습니다. 그러자 노스님은 "오직 두 척의 배를 보았을 뿐입니다." 하고 대답했습니다. 건륭은 놀라면서, "그건 무슨 뜻입니까? 수십 년 동안에 왜 두 척만 보았다는 것입니까?" 하고 묻자, 노스님은 대답했습니다. "인생에는 오직 두 척의 배가 있는데 한 척은 명예라는 배이고, 다른 한 척은 이익이라는 배입니다." 건륭 황제는 이 말을 듣고 기뻐하며, 이 노스님은 아주 훌륭한 분이라고 생각했습니다. 이입옹은 "인생의 무대에는 오직 두 명의 배우가 있다. 하나는 남자요 하나는 여자다." 라고 했는데, 이 역시 아주 자연스러운 현상입니다.

공자가 당시 위나라에 도착했을 때 마침 남자南子라는 총비寵妃가 정권을 독점하고 있었는데, 그녀는 사람을 시켜 공자에게 한번 만나고 싶다고 알려 왔습니다. 오늘날에는 외교상 아랍의 이슬람 국가를 제외한 어떤 나라든지 그 나라에 도착하면 원수元首의 부인을 만나는 것이 그리 대단한 일은 아니며, 외교상 관례적인 예의에 지나지 않습니다. 그러나 고대에는 그렇지 않았으며, 특히 남자南子란 여성은 명성이 좋지 않았기 때문에, 공자는 그녀가 만나자는 제의를 승낙하지 않았습니다. 뒤에 어떤 사람이 공자에게 이르기를, 위나라에서 무언가를 하려면 남자와 잘 통해야 한다고 했지만, 공자는 당연히 그런 길을 따르지 않았습니다.

그러나 공자가 어느 날엔가 남자를 만난 것은 확실한데, 역사 기록에 의하면 공자가 남자를 만났을 때 남자는 공자를 더할 나위 없이 공경스럽게 대했다고 합니다. 당시 남녀가 서로 만날 때는 그 사이에 주렴珠簾을 걸어 놓았는데, 남자南子가 국가의 대례복을 입고 주렴 안쪽에서 공자에게 무릎을 꿇고 절하며 공자를 매우 존경하는 태도로 대했다는 것도 사실입니다.

지금 『논어』에는 공자가 남자南子를 만났다고 기록되어 있습니다. 그것을 알고, 학생 가운데 성격이 가장 괄괄한 자로子路가 불쾌한 나머지 공자를 난감하게 하는 태도로 몰아붙여서 공자는 자로에게 맹세하여 말하였습니다, "너는 나를 의심하지 말아라! 내가 남에게 부끄러운 일을 했다면, 하늘이 천둥을 쳐서 죽일 것이다! 하늘이 천둥을 쳐서 죽일 것이다!" 옛사람들은 이 구절의 글에 대해 모두 이렇게 해석했습니다.

만일 이러한 해석이 맞다면, 한번 생각해 보십시오, 우리 민족 문화가 표방하는 성인聖人이란 분이 너무나 엉망이지 않습니까? 공자가 남자南子를 만났을 때 법도에서 벗어난 행동이 있었을까요? 불가능한 일입니다. 남자가 비록 사회적 명성이 그리 좋지 않았지만, 공자도 그녀를 깔보지 않았습니다. 어쨌든 그녀는 위나라 임금의 첩如夫人으로서 한사코 공자를 좀 만나고자 한 것도 도리로 보아 당연한 일이었으며, 공자는 특히 예의를 중시했는데, 이게 또 무슨 예의에서 벗어난 일이 있었겠습니까?

자로라는 학생이 공자가 남자南子를 만나고 온 데 대해 얼굴을 찌푸려 보이자, 공자는 교장校長도 이제 그만하고 사직하겠다고 생각했습니다. 학생들의 심한 위협을 받고, 학생들 앞에서 "하늘이여! 천둥을 쳐서 나를 죽이십시오. 천둥을 쳐서 나를 죽이십시오." 하고 맹세까지 했다는 것입니다. 이런 해석이 어디 있습니까? 이는 후인들이 공자의 모습을 완전히 잘못 빚은 것입니다. 그러므로 공가점孔家店이 타도된 것이 당연했습니다. 모두 그 점원들이 멋대로 한 탓입니다! 자기 사장을 그렇게 괴상한 모습으로 빚어 놓았으니 말입니다. 어떤 이들은 지금도 여전히 공자의 상을 그런 식으로 고지식하게 빚고 있습니다. 공자가 어디 이랬겠습니까? 공자의 태도는 본래 대단히 활기차고도 느긋했습니다.

공자가 남자를 만난 것은 사실입니다. 자로가 그리 기뻐하지 않은 것도 사실이며 공자가 맹세한 것도 확실합니다. "시지"矢之는 엄중한 것인데, 공자는 어떤 맹세를 한 것일까요? 문제는 그 아래 구절인 "여소부자"予所否者에 있습니다. 공자는 자로에게, "너희들의 견해는 옳지 않다."고 말했습니다. 이 점은 반드시 주의해야 합니다.

옛 사람이 말하기를, "만사가 끝내 어찌 될지 그 누가 알리. 인생에서 가장 두려운 것은 뜬소문이어라."(萬事誰知究竟, 人生最怕是流言)고 하였고, 또 "뭇 사람들의 입은 쇠를 녹이고, 쌓인 헐뜯음은 뼈를 녹인다."(衆口鑠金, 積毁鎖骨)고 했는데, 이는 바로 남의 말이 두렵다는 것입니다. 또 "그 누가 내 등 뒤에서 내 말을 하지 않을까? 나는 또 누구 앞에서 남의 말을 하지 않을까?"(誰人背後無人說, 那個人前不說人)라는 말이 있듯이, 우리는 인정세태에 통달해서 어떤 일에 있어서나 자기 마음에 물어 부끄러운 바가 없어야 합니다. 옆 사람이 내 등 뒤에서 어떻게 말하든 상관하지 말고, 다만 자신에게만 물어야 합니다. 그래서 공자가 위에서 말한 것은 다음과 같은 뜻입니다. "너희들의 견해는 나의 견해와 다르다. 내가 부정否定하고 어찌 구해 볼 방법이 없다고 생각하는 사람은, 죄악이 극도로 커서 사람들만 그를 싫어할 뿐 아니라 하늘도 역시 그를 싫어한다. 그런 사람이라면 내왕해서는 안 된다."

우리 다시 생각해 봅시다. 남자南子는 정말 하늘이 싫어하는(天厭之) 그런 사람이었을까요? 그녀는 역사상 하희(夏姬: 춘추 시대 정鄭나라 목공穆公의 딸로서, 처음에 자만子蠻에게 시집갔으나, 자만이 일찍 죽자 진陳나라 대부 하어숙夏御叔의 처가 되어 미서微舒라는 아들을 낳았다. 어숙이 죽자, 진영공陳靈公과 대부大夫 공녕孔寧·의행부儀行父 등과 사통私通했다. 미서가 진영공을 죽이자, 공녕 등은 초楚나라로 도망가 초나라 군대가 진을 공격하도록 요청했다. 하희는 楚庄王의 포로가 되어 연윤 상로連尹喪老의 처로 하사되었는데, 상로가 전사하자 하희는 신공무신申公巫辰과 제나라로 돌아가겠다고 모의하고는 진晉나라로 도망가 신공무신의 처가 되었다.—역주)와 같지는 않았는데, 뒷날의 하희는 보통 심한 정도가 아니라 아주 나빴습니다. 위나라 역사를 보면, 남자南子에게는 무슨 뚜렷한 잘못이 없었으며, 예쁘게 생긴 데 불과하여 위령공이 그녀에게 몹시 빠졌을 뿐입니다! 정치 면에서 비교해 보면 위나라는 그래도 좋은 편이었습니다. 또한 공자가 여러 제후국을 이리저리 떠돌아다닐 때도 위나라에 가장 오래 있었습니다. 위나라 임금도 공자를 보호하였고, 남자南子도 역시 공자를 보호하였으며, 위나라의 대신이나 거백옥遽伯玉 같은 사람들도 공자를 보호하였습니다.

공자가 여기서 말한 것은 다음과 같은 뜻일 뿐입니다. "너희들은 남이 함부로 하는 말을 듣고 그대로 믿지 말아라. 헛소문은 지혜로운 자에게서 그친다(謠言止於智者). 총명하고 지혜가 있는 사람은 듣자마자 그 말이 참인지 거짓인지 안다. 내가 옳지 않다고 생각하는 것은 너희들의 견해와는 다르다. 만일 참으로 죄악이 극도로 큰 사람이라면, 하늘의 뜻도 그를 버릴 것인데 하물며 사람이겠느냐? 너희들이 남자南子에 대해 이렇게 못마땅해 할 필요가 없다." 옛날의 해석대로, 어린애가 무엇을 몰래 훔쳐 먹고 어른이 때릴까 두려워하는 모습으로 공자를 그려서는 절대 안 됩니다. 이런 일이 어떻게 있을 수 있겠습니까! 이것은 궁벽한 시골 마을의 세상물정을 모르는 서생들의 견해일 뿐입니다.

이어서 공자는 다음과 같이 말합니다. 이런 것을 보더라도 『논어』는 내용이 연결되어 일관되고, 편집 구성이 대단히 좋다는 것을 알 수 있습니다. 남자南子의 이야기를 한 후 바로 공자의 말 한마디를 넣어 두었습니다.

공자께서 말씀하셨다. "중용中庸의 (중화中和 작용인) 덕德은 지극한 것이다! (양쪽의 의견이 서로 다를 경우, 만일 지도자적인 최고 덕업德 業을 갖춘 사람이라면 양쪽의 의견을 중화中和시켜, 양쪽 모두 그 옳은 일면을 취하게 하고 동시에 그 옳지 않은 일면을 버리게 하면 되는데) 일반인들 중에 이 중화 작용의 도리를 잘 운용할 수 있는 사람이 드물 게 된 지 오래 되었(고 대부분은 치우친 길을 걸어간)다!"

子曰 : 中庸之爲德也, 其至矣乎! 民鮮久矣!
자왈 중용지위덕야 기지의호 민선구의

공자의 손자인 자사子思가 『중용』中庸을 쓸 때 제3장에서 이 말을 인 용했습니다. 공자는 '중용'中庸이란 아주 어려운 것이라고 말했는데, 중 용이란 무엇일까요? 공자의 중용도 해설하기 어렵습니다. 마치 '인仁'자 처럼 체體와 용用이 있지만, 지금 나는 중용의 체는 말하지 않겠습니다. 앞으로 『중용』을 공부할 때 말하기로 하고, 지금은 중용의 작용을 말해 보겠습니다.

어떤 학자들은 글을 지어서 중국 문화를 욕하는데, 그들 역시 중국인 입니다. 오늘날 우리들 가운데 중국 문화를 욕하는 사람들이 아주 많습 니다. 정말 한없는 감개를 느끼게 합니다. 우리의 이 국가는 역사상 오 대五代의 8, 90년 동안 몹시 어지러웠는데, 외부 민족이 침략해 들어온 시대로서, 당시에 많은 사람들은 어떤 모습으로 변했을까요? 아주 꼴사 납고도 나쁘게도 그들은 이민족이 자기 중국인을 침략하는 것을 도왔습 니다. 그래서 당나라 말기에 사공도司空圖는 그 비감함을 다음과 같이 시로 읊었습니다.

어느 날 소관蕭關에 전쟁이 일어나니	一日蕭關起戰塵
하황河隍에는 고향 소식 끊겼네	河隍隔斷故鄉音
한인들이 오랑캐 말 배워서	漢人兒得胡兒語
오히려 성城을 향해 한인을 욕하네	卻向城頭罵漢人

앞으로 1백 년 남짓 이후에 우리의 현대사를 쓸 때에도 누군가 이렇게 쓸지도 모릅니다. 오늘날 중국 문화를 욕하는 사람은 외국인이 아니라 우리 중국인 자신입니다. 자기 자신에 대해 분명히 알지 못하기 때문입니다.

지금도 아주 유명한 학자가 그의 글 속에서, 중용은 대충대충 한다는 뜻이라고 말하고 있습니다. 그는 곡해하여 이렇게 말합니다. "장씨는 맞다고 하고, 이씨는 안 맞다고 한다. 그런데 왕씨는 맞고 안 맞고 상관없으니 중용으로 하자! 고 한다." 이 학자는 뜻밖에도 중용을 이렇게 해석하고 있는데, 그는 중용이 무엇인지에 대해 자신이 잘 연구해 보지 않은 것입니다.

나는 중화中和할 수 있는 것이 중용의 작용이라고 생각합니다. 『역경』易經의 이치에 의하면, 천하의 모든 사물과 사람은 언제 어디서나 변하고 있으며, 매초마다 변하고 있어 불변하는 것은 없습니다. 이런 변화에 어떻게 적응할 수 있느냐, 이런 변화를 어떻게 이끌어 나갈 것이냐 하는 것이 학문의 중심입니다. 또 『역경』은 말하기를, 변화는 서로 대립적인 변화이기에 어떠한 일도 모두 상대적이어서 정면正面이 있으면 반드시 반면反面이 있고, 좋음이 있으면 반드시 나쁨이 있으며, 맞다고 말하면 그와 동시 맞지 않는 것이 발생한다고 합니다. 이처럼 일체가 상대적인데, 이 상대적인 중간에 중화中和의 도리가 있습니다.[14]

그래서 중용은 이 중화 작용을 말한 것으로, 공자가 말한 중용의 뜻은 양쪽의 의견이 서로 다를 경우에 만일 지도자적인 최고 덕업德業을 갖춘 사람이라면 양쪽의 의견을 중화시켜, 양쪽 모두 그 옳은 일면을 취하게 하고 동시에 그 옳지 않은 일면을 버리게 하면 된다는 것입니다. 이것이야말로 공자가 "중용의 덕德은 지극한 것이다."(中庸之爲德也, 其至矣乎)라고 말한 뜻입니다. 공자는 또 탄식하면서, "민선구의."(民鮮久矣) 고 했는데, 일반인들 중에 중화의 도리를 잘 운용할 수 있는 사람은 아주 적고, 대부분 치우친 길을 걷는다는 것입니다.

---

14) 이 단락에 대한 보다 깊은 이해를 위해서는 남회근 지음 송찬문 번역 『중용강의』를 읽어보기 바란다.

『논어』는 이 단락을 공자가 남자南子를 만난 이야기 다음에 둠으로써, 우리가 조금 전에 말했던 도리를 설명하고 있습니다. 일반인들이 어떤 사람의 일에 대해 비평할 때는 여러 방면의 세상 물정에 유의해야 합니다. 장차 사회에 나가 일을 할 때 당신의 부하나 친구, 심지어 적까지도 당신에 대해서 마찬가지일 것입니다. 그들이 당신을 나쁘다고 욕할 때는 무엇이든 나쁘고 좋은 것이 없습니다. 당신을 칭찬할 때에도 무엇이든 좋고 나쁜 것이 없습니다. 그러나 칭찬을 하든 욕을 하든 어느 쪽이나 다 문제입니다. 우리는 자기의 본분을 잊어서는 안 되며, 자기를 분명히 알고 이런 헐뜯음이나 칭찬에 동요되지 말고, 자기의 진정한 행위만을 물어야 합니다. 그러므로 공자가 여기에서 한 말은 공자가 남자南子를 만난 진상을 설명하는 것입니다.

요·순도 다 못한 일

다음은 이 「옹야」편의 결론이나 마찬가지입니다.

자공이 (자신의 높은 이상을) 말했다. "만약 어떤 사람이 백성들에게 널리 은덕을 베풀고, 민중을 구제해 줄 수 있(는 복지사업을 도모한)다면, 어떻겠습니까? (선생님이 표방하는) 인자함(仁)이라고 할 수 있겠습니까?"

공자께서 말씀하셨다. "(네가 말한 일은 너무나 위대하다) 어찌 인仁하다고만 하겠느냐? 틀림없이 성인의 대사업일 것이다. (사실 이 일은 영원히 해낼 수 없으며 다 할 수 없는 대사업으로서, 나도 해낼 수 없고 정권을 잡은 사람도 마찬가지여서) 요·순 같은 (고대의 성명한聖明) 임금조차도 그런 일을 해낼 수 없어 걱정하셨다.

(이처럼 전체를 한 번에 해낸다는 것은 우리들만 해낼 수 없는 것이 아니라 요·순 임금도 해낼 수 없었다. 중요한 것은 사람이 좋은 일을 하고 싶어 하는 데에 있으며, 절대적인 대공大公은 어렵고 어려워서 해낼 수 없으니, 사사로움을 적당히 유보하고 천천히 공公으로 확충해야

한다. 그러므로) 진정으로 인仁한 사람은 자기가 서고자 하면 남도 서게 하고, 자기 뜻을 이루고자 하면 남도 뜻을 이루게 하는 것이다. 가장 가깝고 쉬우며 평범한 것에서부터 자기를 미루어 남까지 이해할 수 있다면, 바로 인仁의 실천 방향이라 할 수 있다."

子貢曰：如有博施於民，而能濟衆，何如？可謂仁乎？子曰：何事
자공왈　여유박시어민　이능제중　하여　가위인호　자왈　하사

於仁，必也聖乎！堯舜其猶病諸！夫仁者，己欲立而立人，己欲達而達
어인　필야성호　요순기유병저　부인자　기욕립이립인　기욕달이달

人。能近取譬，可謂仁之方也已。
인　능근취비　가위인지방야이

자공이 여기서 제기한 문제는 적확하고 요령이 있으며, 공자의 중심 사상의 요점을 찔렀습니다. 자공은 공자에게, "가령 어떤 사람이 널리 베풀어 많은 사람을 구제하고, 전체 백성을 위해 복지 사업을 도모한다면 어떻겠습니까?" 하고 물었습니다. 오늘날로 말하면, 단체·사회·정부가 하는 공익사업이 사회 복리입니다. 중국 고대에는 사회 복리 사상이 없었을까요? 만일 사회 문제를 연구하는 사람이 있다면, 이 문제에 주의해야 합니다. 우리의 역사 문화 속에서 사회 복리 문제에 관한 기록을 찾아낼 수 없을 것 같은데 사실상 없었을까요? 아닙니다. 있었습니다. 사회사상도 일찍이 있었으며, 사회 복리 사상도 일찍이 있었습니다.

과거에는 모든 것이 개인에게 편중되어 개인의 입장에서 사회 복리 일을 했는데, 이는 개인의 도덕 수양이었습니다. 사람들에게 알리면서 돈이 있으면 좋은 일을 해서, 다리를 놓고 길을 내거나, 그렇지 않으면 여름에 길에 차 항아리를 내다 놓았습니다. 나도 어렸을 때 보았는데, 여름만 되면 집안이 아주 바빴습니다. 날마다 차를 끓였는데, 큰 솥마다 차를 끓여서 길에 어느 정도 거리를 두고 한 통씩 놓아 지나가던 사람들이 시원한 차를 공짜로 마음껏 마셨습니다. 많은 집들이 이렇게 했는데, 이 모두가 사회 복리였습니다. 과거 전통 사회는 물론 농업 경제가

그 기초였기 때문에 개인이 사회사업을 하고 복리 사업을 한 것인데, 이런 일을 일종의 도덕, 소위 보이지 않는 가운데 공덕을 쌓는 것으로 생각했습니다.

오늘날에는 사회 복리 사업을 정부나 단체가 하는 것으로 생각합니다. 시대가 달라져, 공업 시대와 농업 시대는 서로 다르고 사상도 다릅니다. 자공이 말한 "널리 베푼다"博施는 것은 바로 사회 복리입니다. 널리 조건 없이 남에게 주고 여러 사람을 구제하여 도움을 받도록 하는 것입니다. 공자의 학생 중에서 자공만이 이런 말을 했는데, 이는 자공이 호방한 기상이 있어 때로는 책벌레가 그리 되려고 하지 않았기 때문입니다. 공자도 그런 자공을 꾸짖지 않고 그가 옳다고 생각했지만, 격려하지는 않았습니다.

자공은 한편으로 인의仁義를 말하면서 한편으로 가난한 체 하는 것에 동의하지 않았습니다. 안회가 3일 동안에 쉬내 나는 도시락 하나 먹고 물 한 모금 마시는 것으로 배를 채우는 것과는 달랐습니다. 그는 장사를 하고자 했으며 돈이 많았습니다. 그래서 감히 이렇게 큰소리를 쳤습니다. "제가 널리 베풀고(博施), 민중을 구제하면(濟衆) 어떨까요? 선생님이 표방하는 인자仁慈함이라고 할 수 있을까요?" 자공의 이 질문에 대한 공자의 대답이 묘합니다. "네가 말한 일은 너무나 위대하다. 어찌 인仁하다고만 하겠느냐! 사실, 영원히 해낼 수 없으며 다할 수 없는 대사업으로서, 나도 해낼 수 없고, 정권을 잡은 사람도 마찬가지여서 요·순 같은 고대의 성제명왕聖帝明王도 해낼 수 없었다."

중요한 것은 사람이 좋은 일을 하고 싶어 하는 데에 있으며, 절대적인 대공大公은 어렵고 어려워서 해낼 수 없습니다. 그래서 '公'(공)자를 '私'(사)자로 변화시킨 것이 유가 사상입니다. 도가에서 변천, 발전되어 온 양주楊朱 사상은 "터럭을 하나 뽑아 천하를 이롭게 할 수 있더라도 하지 않겠다."(拔一毛以利天下而不爲也)고 했습니다. 절대 개인주의를 중시하여, "나는 너의 털을 뽑지 않고, 너도 나의 털을 뽑지 말라. 그래서 한 터럭도 뽑지 않는다."고 했습니다. 묵자墨子는 "분골쇄신하여 천하를 이롭게 하겠다."(摩頂放踵以利天下), 즉 최대한 공공公共을 위하겠다고 말했습니다. 유가는 이들을 옳지 않다고 여겼습니다.

유가는 사사로움을 적당히 유보하고 천천히 공公으로 확충해야 한다고 말했습니다. 삼민주의三民主義는 유가의 이 사상으로부터 온 것임을 우리 모두 유의해야 합니다. 유가에서 "자기를 미루어 남에게 이른다." (推己及人)는 것은, 내가 먹을 밥이 있으면 너도 먹을 밥이 필요하겠다고 생각하여 너에게 좀 나누어 주고, 또 우리 두 사람이 먹을 밥이 있으면 그 사람에게 좀 나누어 주고, 우리 세 사람이 먹을 밥이 있으면 다시 모두에게 좀 나누어 주는 것입니다. 한 걸음 한 걸음씩 확충해 나가는 것입니다. 전체를 한 번에 해낸다는 것은 우리들만 해낼 수 없는 것이 아니라 요·순도 해낼 수 없었습니다. 그래서 공자는 자공의 이상이 너무 높다고 한 것입니다. 마치 플라톤의 이상국가理想國家처럼 말한 뜻이 너무 높다는 것입니다. 공자는 자공에게 말하기를, "진정으로 인仁한 사람은 자기가 일어서려고 하면 남의 이익을 고려해 남도 일어서도록 해 준다."고 했습니다.

학문 도덕도 이와 같아서, 내가 어떤 사람이 되려고 하면 남도 역시 그런 사람이 되려 한다는 것을 잊지 말고, 내가 장래에 잘 되고 앞날이 유망하기를 바라면 남도 역시 앞날이 유망하기를 바란다는 것을 잊어서는 안 됩니다. 특히 여러분이 장래에 사회에 나가 지도자가 되면, 부하를 많이 사랑해서 마치 자기의 자녀·형제처럼 그를 생각해야 합니다. 내가 이익을 바라면 그들도 이익을 바라고, 내가 피곤하면 그들도 마찬가지로 피곤한 것입니다. 가장 가깝고 쉬우며, 가장 평범한 것에서부터 상대를 이해해야 합니다. 이렇게 할 수 있다면 인仁의 방향을 찾았다고 말할 수 있습니다. 즉, 인을 실천하기 위해 걸어갈 수 있는 길을 한 갈래 찾은 것입니다.

이제 「옹야」 한 편을 전체적으로 연관시키면서 살펴보았는데, 이 편은 제1편 「학이」學而의 도리들을 더욱 드러내 보인 것이나 다름없습니다. 즉, 사실로써 증명하고 토론했습니다. 공문孔門의 학문 속에서 인仁의 응용은 자기를 미루어 남에게 미치는 것으로推己及人, 자기의 이익을 생각할 때에는 남의 이익도 생각하고, 이를 확충하여 천하인의 이익까지 생각하는 것입니다. 인의 길은 바로 이렇게 걸어가기 시작하는 것입니다.

이제 제6편 「옹야」雍也의 강의를 마칩니다. 지금까지의 여섯 편을 이어놓으면, 『논어』 전체 중에서 공자와 제자 사이의 학문 문답의 요강要剛이 됩니다.

述而

제7편 「술이」는 제1편 「학이」의 주해나 다름없습니다. 아울러 앞 여섯 편에 담긴 내용을 더욱 풀이하면서 학문의 도리를 보다 넓혀 가고 있습니다. '술'述이란 서술敍述·기술記述한다는 의미입니다.

고금의 모든 근심을 한 어깨에 걸머지고

공자께서 말씀하셨다. "옛 전통 문화를 배워 (보존하며 알고 있는 것은 후대에 이어지도록) 전하기는 하되 (자기의 의견을 더하여) 창작하지는 않으며, 옛 전통 문화를 믿고 좋아하는 점에 있어, 속으로 나를 노자와 팽전에게 견주어 본다. (나는 별로 훌륭한 게 없다. 그저 골동품의 하나일 뿐이다)"

子曰：述而不作，信而好古，竊比於我老彭。
자 왈 술 이 부 작   신 이 호 고   절 비 어 아 노 팽

공자의 사상을 연구해 보면, 공자가 스스로 아주 겸허했다는 것을 알게 됩니다. 공자는 여기서 "나는 옛 전통 문화를 배워 전하기는 하되 창작하지는 않는다."(述而不作)고 했습니다. 무엇이 '술'述일까요? 바로 지난 것을 계승, 발전시키는 것입니다. 이는 과거를 이어 미래를 개척하는 것으로, 전통 문화를 보존하며, 알고 있는 것은 후대에 이어 전해지도록 하는 것입니다. 다시 말해서, 지금 말하고 있는 것은 씨앗을 뿌리는 셈이며, 자기가 창작을 하지 않고 의견을 더하지 않는 것과 같습니다.

공자가 시서詩書를 정리하고 예악禮樂을 확정하고 『역경』 「계사전」을 짓고 『춘추』를 저술하는 등 6경六經 문화를 정리한 것은 단지 옛 사람을 계승한 것이지, 창작한 것은 아니었습니다. 그는 "옛 전통 문화를 믿고 좋아한다."(信而好古)는 태도를 지녔습니다. 그것은 미신이 아니라, 진실한 믿음이었는데, 고증을 거친 진실한 믿음이었습니다.

첫 역사 문헌이자 『상서』尙書라고도 불리는 『서경』은 제1편이 「요전」堯典으로 시작되는데, 설마 요堯 이전에는 역사가 없었을까요? 당연히 있었습니다. 우리가 다 알듯이 조상의 문화는 황제黃帝로부터 시작되었다고 하는데, 황제로부터 요에 이르는 기간의 역사는 1천여 년이나 됩니다. 중국 문화 5천 년은 황제부터 계산하기 시작한 것이지만, 황제 이전까지 거슬러 올라갈 경우, 우리들의 옛날 주장대로라면, 중국 역사는 12만 년이나 된 것입니다. 이전 역사 12만 년이, 뒤에 나이가 좀 많아져 양학당洋學堂에 들어가자 5천 년 문화로 변해 버렸으니, 훗날 다시 3천 년으로 변해 버릴지 어찌 알겠습니까? 내가 보기에 나중에는 단지 1천여 년으로 변해 버릴지도 모르겠습니다. 우리의 역사 문화는 갈수록 짧아지고 있습니다!

공자는 당시 시서詩書를 간추리면서 왜 『상서』에서 요 이전의 것은 빼버렸을까요? 요 이전의 것은 문헌이 부족하여 감히 경솔하게 단언할 수 없었기 때문입니다. 공자는 여기서 "옛 전통 문화를 믿고 좋아한다."(信而好古)고 말했는데, 그가 학문 하는 태도는 전통 문화를 정말로 몹시 믿고 좋아하며 이를 보존하는 것이라고 설명했습니다. 공자가 자술한 이 여덟 자를 보고 나서, 오늘날 학자들의 학문하는 태도를 보면 그와 정반대입니다. 오늘날에는 '작이불술'作而不述하여 창작을 전문으로 하고 있습니다. 뿐만 아니라, 글을 쓰는 것도 천고의 문장을 온통 베끼는 것이어서, 얼마나 잘 베꼈느냐 못 베꼈느냐에 성패가 달려 있습니다.

옛날에 글을 쓸 경우에는, 예를 들어 '자왈'子曰이라고 덧붙여 이 말이 공자의 말을 인용한 것임을 표시했습니다. 오늘날에는 지적 소유권이라는 것이 있지만, 옛날 사람에겐 무슨 '권'權이고 뭐고 하는 문제가 없었습니다. 예를 들어, 시를 지을 경우 옛 사람과 같은 시구를 하나 지었다면, 그 아래에 '차구'借句라고 쓰거나 '누구누구의 시구를 빌림'(借××人句)이라고 써서 밝혔습니다. 문장을 쓰면서 공자나 소동파 등 옛 사람의 말을 인용하고도 출처를 써서 밝혀 놓지 않으면 틀림없이 선생님이나 가장家長으로부터, "너 이 녀석, 어찌된 거냐? 부도덕하구나!" 하고 꾸지람을 당했습니다.

그러나 오늘날의 저작은 남의 것을 표절하여 남의 것의 인용임을 밝히지 않을 뿐 아니라, 심지어는 온통 도둑 인쇄한 경우가 아주 많습니다. 나 자신도 이런 일을 직접 경험해 본 적이 있는데, 내 책 한 권이 이미 세 번이나 도둑 인쇄되었습니다. 나는 그래도 그 출판사를 격려하며, "내 책을 도둑 인쇄한 것을 대단히 환영한다."고 말했습니다. 왜냐하면 나는 책 뒷면에다, "수정하기 위해 판권을 잠시 보류함"이라는 글을 한 줄 넣어 놓았기 때문입니다. 나는 내 자식들이 장래에 내 저작에 의지해 밥 먹고 살기를 바라지 않습니다. 만일 그런 것이라면 어쩔 도리가 없게 되어 버립니다. 저작의 목적은 세상 사람들로 하여금 널리 알도록 하는 것인데, 내가 구태여 보류할 필요가 있겠습니까?

또 한 번은 어떤 사람이 장학금을 타기 위해 논문 한 편을 써서, 심사해 달라고 내게 보내 왔습니다. 내가 논문을 펼쳐 잠깐 보니 아주 좋았습니다. 그러나 바빠서 내가 다 읽지 못하고 다른 학생에게 건네주면서 내 대신 읽어 보고 의견을 좀 말해 보라고 했습니다. 그 학생은 논문을 보고 나서 웃으면서 말하기를, "선생님, 온통 선생님 글입니다."고 했습니다. 대조해 보니 과연 한 글자도 안 틀렸습니다. 바로 이것이 '작이불술'作而不述입니다.

또 있지요? 옛것이라고 하면 무엇이든지 의심하는 것입니다. 고대 문화에 대해서는 믿지 않습니다. 그러기에 윗사람을 범해 혼란을 일으키기 좋아합니다. 특히 항일전쟁 이전의 어떤 학인들은, 지금 말하지만, 정말 죽어 마땅합니다. 훗날 우리들의 사상은 한때 그들의 영향을 받았는데, 그들은 일본인들을 따라서 말하기를, "요순堯舜은 실존 인물이 아니라 중국인들이 꾸며낸 것이다. 요는 향로香爐로서 고대의 향로이고, 순은 촛대이다. 우禹도 사람이 아니라 파충류이다." 라고 했습니다. 이는 일본인들이 고의로 우리들을 모욕한 것인데, 우리 학자들도 그들을 따라서 이렇게 주장했던 것입니다. 우리들의 문화가 오늘날 이 지경에 이른 것은 우연이 아닙니다. 수십 년 동안 모두들 옛것을 의심하여 함부로 전통을 내동댕이치고, 옛 사람의 경험을 내버리고 그들의 학문을 경시한 나머지 이 모양으로 변한 것입니다. "옛 전통 문화를 믿고 좋아한다."(信而好古)는 공자의 말은 곧 역사와 인생의 경험을 보존해 가는 것으로, 공자는 이에 대해 대단히 신중한 태도를 지녔는데, 정말 훌륭한 일입니다.

그러나 공자는 겸허하게 말하기를, "속으로 나를 노자와 팽전에게 견주어 본다."(竊比於我老彭)고 했습니다. '노팽'老彭은 노자老子와 팽조彭祖를 아울러 말하는 것입니다. 팽조는 이름이 팽전彭籛인데, 고대 사료에 의하면 그는 8백년을 살았다고 전해집니다. 이 사람이 실제로 살았는지의 여부는 잠시 묻지 않기로 하고, 아무튼 중국 전통 문화 중에는 팽전이라고 하는 오래 산 노인이 한 사람 있었습니다. 공자의 말은, "나는 뭐 별로 대단한 게 없고, 노자와 팽전을 본받고 싶을 뿐이다. 이 두 사람은 다 전통 문화를 중시했을 뿐만 아니라 '술이부작, 신이호고'述而不作, 信而好古의 태도를 지니고 있었다."는 것입니다. 요컨대 그는 유머로 말하면서, "나는 별로 훌륭한 게 없다. 그저 골동품의 하나일 뿐이다." 라고 한 것이나 다름없습니다.

이어서 공자는 학문하는 태도와 교육의 정신을 말하고 있는데, 바로 자기 인생의 취향을 설명한 것입니다.

　공자께서 (자기 인생의 취향을 설명하여) 말씀하셨다. "(내게는 학문이라 할 것이 없다. 어느 곳에서나 유의하여) 묵묵히 학습하면서 기억(하려 노력)하고, 배움에 싫증내지 않으며, 남을 가르치기에 지치지 않으니, 이 세 가지 이외에 내게 무엇이 있겠는가?"

　子曰 : 黙而識之, 學而不厭, 誨人不倦, 何有於我哉?
　자왈　묵이지지　학이불염　회인불권　하유어아재

공자는 자신이 "묵이지지"(黙而識之)한다고 말했습니다. 학문은 지식에 의존해서 해야 합니다. 여기서의 '識'(지)자는 고대에 '誌'(지)·'記'(기)·'志'(지)자와 통용되었습니다. "묵이지지"黙而識之는 곧 이런 뜻입니다. "학문을 하려면 마음이 평온해야 한다. 마음에 다른 일을 두어서는 안 되며, 밖으로 나타내려고 애써서는 더욱 안 된다. 묵묵히 마음에서 깨달아야 한다. 이것이 가장 중요하다."

공자는 또 "배움에 싫증내지 않는다."(學而不厭)고 했습니다. 그는 스스로 말하기를 학문하는 취향은 영원히 싫증내지 않는다고 합니다. 이는 문장 상으로 보면 이해하기 쉬워서 얼른 생각하기에 별로 대단한 일이 아닌 것 같지만, 실제로 한번 체험해 보면 공자의 학문 수양이 여기에 있음을 알 수 있습니다. 이 말은 대단히 평범합니다. 그러나 세상에서 가장 위대한 것이 바로 평범함으로서, 평범함에 편안히 머물기는 아주 어렵다는 것을 알아야 합니다. 이 역시 "남이 나를 알아주지 않더라도 원망하지 않는다."(人不知而不慍)는 말의 확장된 의미입니다.

우리들 자신의 경험이 증명하듯이, 어떤 것 하나를 배우기로 결심하고 시간을 들여 한동안 많은 노력을 해 보지만, 싫증내지 않고 계속해 나갈 수가 없습니다. 그러므로 일생 동안 배우면서 싫증내지 않을 수 있다는 것은 정말 간단한 일이 아닙니다. 예를 들면, 붓글씨 쓰기나 태극권 운동은 처음 시작할 때는 아주 재미가 있지만, 계속 연마하여 많이 진보했을 무렵이면 자기가 쓴 글자가 볼수록 싫어져 그야말로 보고 싶지 않게 되어 버리고, 태극권도 잘 배울 수 없다는 생각이 들면서 더 이상 하고 싶지 않다는 생각이 듭니다. 이때가 바로 고비로서 진보하기 시작한 것이지만, 대다수는 이런 상황에서 싫증을 내고 그만두어 버립니다. 그렇기 때문에 공자의 이 말은 확실히 훌륭하게 느껴집니다.

또 한 가지 점은 "남을 가르치기에 지치지 않는다."(誨人不倦)인데, 학문을 가르치는 태도를 말합니다. 이 역시 쉬워 보이지만, 실제로 해 보면 어려운 일입니다. 맹자는 "천하의 영재를 얻어 교육시키는 것이 한 가지 즐거움이다." 라고 했지만, 만일 천하의 둔재를 얻어 교육시켜야 한다면 그것은 한 가지 괴로움일 것입니다. 남을 가르친다는 것은 때로는 정말 어렵고 싫증나는 일입니다. 특히, 오늘날 청년들은 어려서부터 교육의 기초가 되어 있지 않아, 거의 새로 기초를 다져야 합니다. 그러므로 진정한 교육자는 종교인의 정신으로 사람을 사랑하고 세상을 사랑해야 합니다. 자신의 몸을 던져 호랑이를 먹여 주고, 바다 속에 뛰어들어 사람을 구하는 것과 같은 희생정신이 있어야 합니다. 또, 직접 환심술換心術을 써서 자기의 학문을 어떻게 해서든 상대의 머릿속에 집어넣어 주려는 그런 심정과 같아야 합니다. 그러나 많은 학자들은 학문을 이루게 되면 오히려 천고에 전해서는 안 되는 비결이라도 되는 듯 혼자 품고 남에게 가르쳐 주려고 하지 않습니다.

공자의 이 세 마디 말은 쉬운 것으로 보이지만 실천해 보면 대단히 어렵습니다. 후세에 사표師表가 될 사람들은 공자의 이 말을 격언으로 삼아, 학문에 싫증날 때가 오면 이 말을 상기하여 마음속으로 부끄러워하고 즉시 바로잡고 분발해야 합니다.

공자는 위 세 마디에 이어서 말하기를, "이 세 가지 외에 내게 무엇이 있겠는가?"(何有於我哉)라고 했습니다. 이 단락에서 공자가 한 말을 구어체로 풀이해 보면 이런 말이 됩니다. "내게는 학문이라고 할 것이 없다. 다만, 어느 곳에서나 유의하여 묵묵히 학습하고 그것을 기억하려고 노력할 뿐이다. 또 학문을 탐구하기에 싫증내지 않고, 남을 가르치기에도 싫증내지 않는다. 이 세 가지 외에 나는 아무것도 모르고, 아무것도 없다." 그러나 이 세 가지야말로 진정한 학문으로서, 우리는 다들 해내기 어려운 일입니다. 그래서 나는 이 「술이」편을 제1편 「학이」의 확대 주해라고 생각합니다.

꿈 속의 근심과 즐거움

이어서 학문과 위정爲政의 도리가 나옵니다. 공자는 당시 시대 기풍의 쇠퇴를 대단히 우려했습니다. 이른바 나라를 근심하고 백성을 근심하는 마음이었는데, 그가 근심한 것은 무엇이었을까요? 다음을 봅시다.

공자께서 말씀하셨다. "(시대가 참으로 걱정스럽다. 세상 사람들이) 인품 덕성을 (중시해서) 수양하지 않(고 눈앞의 현실만 말하)는 것, 진정한 학문을 익히지 않는 것, 마땅히 행하여야 할 의義를 듣고서 (그것이 옳다는 것을 알면서)도 능히 행동에 옮기지 못하는 것, 착하지 못한 점을 (알면서도 자신의 나쁜 습성 때문에) 능히 고치지 못하는 것, 이런 것들이 나의 근심이다."

子曰 : 德之不修, 學之不講, 聞義不能徒, 不善不能改, 是吾憂也。
자 왈   덕 지 불 수   학 지 불 강   문 의 불 능 사   불 선 불 능 개   시 오 우 야

이 네 가지의 내함에 의하면, 공자가 당시에 천하를 근심하고 국가를 근심하며 민족을 근심하고 문화의 쇠퇴와 변란을 근심하는 심정이, 충분히 진술되었습니다. 이러한 일들은 오늘날에도 우리의 마음을 짓누르고 있습니다. 공자는 "시대가 참으로 걱정스럽다. 사람들은 인품 덕성의 수양을 중시하지 않고 그저 눈앞의 현실만 말하며, 진정한 학문을 익히려고도 하지 않는다."고 말했습니다. 오늘날 교육은 비록 보급되었지만 사람들이 책읽기를 좋아하지 않고, 책을 사려는 생각은 하지도 않듯이 당시에도 꼭 그러했습니다.

오늘날 출판되고 있는 책들은 모두 바지 주머니에 넣을 수 있는 작은 책들로서, 읽기 위한 책이 아니라 버스 안에 앉아 만지작거리는 책이 되어 버렸으며, 만지작거려 낡아지면 그뿐입니다. 우리가 지난날 책을 읽을 때 되풀이하여 외우고, 그 내용을 신중히 생각하고 뜻을 밝혀 보려고 했던 것과는 다릅니다. 오늘날 책을 외우는 것은 외운 글을 자기의 학문으로 삼기 위해서가 아니라, 일시적인 시험 응시용으로 삼기 위한 것입니다. 그래서 많은 사이비似而非 사상들을 우연히 계발하고, 많은 지식도 가지고 있습니다. 과거에는 책을 읽는 것이었지만, 오늘날에는 책을 보는 것이어서 보고 지나가면 그만입니다. 실제는 깊이 들어가지 않습니다. 이러한 지식이 꼭 학문이 될 수 있는 것은 아닙니다.

가장 걱정스러운 것은, 마땅히 그래야 한다는 말을 듣고 그것이 옳다는 것을 스스로 알면서도 단지 자신의 나쁜 습성을 고칠 수 없다는 것

입니다. 자기가 가고 있는 길이 잘못된 것임을 뻔히 알면서도 기꺼이 고치려고 하지 않는 것입니다. 왜 고치지 못할까요? 시대 환경의 풍조가 그러하고 외부 환경의 압력이 있는데다 자기 스스로 결심을 할 수 없기 때문에, 예전대로 답습할 수밖에 없습니다.

공자는 여기서 자신이 근심하는 네 가지 일을 말했습니다. "세상 사람들이 인품 덕성을 수양하지 않는 것, 진정한 학문을 익히지 않는 것, 마땅히 행하여야 할 의義를 듣고서도 능히 행동에 옮기지 못하는 것, 착하지 못한 점을 알면서도 능히 고치지 못하는 것"(德之不修, 學之不講, 聞義不能徙, 不善不能改). 이것은 어느 사람에게나 또 역사상 어느 시대에나 있는 공통적인 병폐입니다. 특히, 세상이 잘못되어 가고 시국이 어지러울 때면 어떤 국가 사회에나 이 네 가지 현상이 나타날 수 있습니다. 이 단락의 말을 통해 공자의 진실한 심정을 알 수 있으며, 그래서 그를 숙세주의자淑世主義者, 즉 구세주의자救世主義者라고 합니다.

한 민족, 한 국가가 망하는 것은 두렵지 않습니다. 왜냐하면 나라는 망해도 다시 되찾을 수 있기 때문입니다. 결심이 있고 용기만 있다면, 국가를 회복할 수 있으므로 두려워할 것이 없습니다. 특히, 중국 민족은 다른 민족과는 달라서 역사상 이미 여러 차례 나라를 되찾은 경험이 있습니다. 그것은 바로 우리에게 유구하고 튼튼한 문화가 있어서, 나라는 망하더라도 문화는 남아 있었기 때문입니다. 그러므로 우리가 진실로 두려워해야 할 것은, 자신의 문화의 뿌리를 파내어 끊어 버리면 만겁萬劫이 지나더라도 회복하지 못할 상태에 빠져버린다는 사실입니다. 여기에 기록된 공자의 탄식도 인문 문화가 소멸되었을 때 초래될 결과에 대한 근심에서 비롯된 것입니다.

우리가 다시 동서고금의 역사를 살펴보면, 국가 문화가 망한 뒤 비록 형태는 존재할지라도 이미 뿌리가 흔들려 버린 상태라면 돌이키기가 어려웠습니다. 이것은 필연적인 일입니다. 유대인은 비록 나라는 망했지만 그들이 국가를 세운 문화 정신은 대대로 후손들의 마음속에 새겨져 계속 살아 있었습니다. 문화는 보기에는 공허한 것 같지만, 그것은 한 국가민족 역사의 명맥입니다. 공자는 여기에서 국가 정치를 말하지 않고 인문 문화를 말하고 있는데, 사실은 이것이 바로 민족 역사의 핵심입니다. 국가 천하의 모든 일이 그 속에 들어 있습니다.

바로 앞의 두 단락과 이 단락에서는 공자가 자기는 어떤 사람이며 남에게는 어떻게 대하는가 하는 것과 학문하는 요점을 설명했습니다. 다음에는 학생들이 공자를 묘사한 내용이 나옵니다. 위에 나온 공자의 말들을 통해 우리는 공자가 늘 세상을 걱정하고 백성을 걱정하면서 아주 힘들게 살아갔음을 보았습니다. 옛 사람의 말에 "백 년 삼만 육천 일, 근심 아니면 병중에 있네."(百年三萬六千日, 不在愁中卽病中)라는 말이 있는데, 사람이 백 살까지 산다 하더라도 근심이 아니면 병고 속에 살아야 하니, 인생은 너무나 비참하지 않습니까? 보통 사람의 수명을 67세로 보고 계산을 한번 해 봅시다. 15세 이전은 철이 없으니 계산에 넣을 수 없고, 마지막 15년은 노쇠가 심하여 눈은 잘 안 보이고 귀는 잘 안 들리니 또 계산에 넣을 수 없습니다. 그 중간 3, 40년도 절반은 잠을 자는 시간이니 또 계산에 넣을 수 없습니다. 남은 세월은 15년 정도밖에 안 되는데, 또 그 속에서 세 끼 밥 먹고 대소변 보는 데 많은 시간을 써 버리니 진실로는 고작 몇 년을 사는 데 불과합니다. 이 몇 년 동안이라도 진정으로 즐거우면 그래도 괜찮은데, 걱정이 아니면 병고 속에서 살아갑니다. 그렇다면 인생철학의 입장에서 이 장부를 결산해 보면, 사람이 사는 것은 그 값이 제로(零)나 마찬가지입니다. 너무나 비참합니다! 만일 집안일, 나라 일, 온 천하의 일 등 일마다 관심을 가진다면 그야말로 살아갈 수 없습니다.

특히 공자를 예로 들면, 보이는 것으로는 나라 걱정, 집안 걱정, 천하 걱정이었고, 보이지 않는 것으로는 "세상 사람들이 인품 덕성을 수양하지 않는 것, 진정한 학문을 익히지 않는 것, 마땅히 행하여야 할 의義를 듣고서도 능히 행동에 옮기지 못하는 것, 착하지 못한 점을 알면서도 능히 고치지 못하는 것"들이었습니다. 그는 걱정했을 뿐만 아니라 직접 상관하려고 했으니, 이런 식으로 계산해 보면 공자의 일생은 대단히 고통스러워 정말 견딜 수 없었을 것만 같습니다. 정말 이러하다면, 소위 성인이란 걱정이 많고 다정다감한 사람일 뿐입니다. 잠깐! 그러면 그러한 공자가 우환의 일생 중에서 일상생활은 어떻게 영위해 나갔을까요?
다음을 봅시다.

**공자께서는 평소 집에서 지내실 때에 명랑하고 느긋하시며, 활발하고
유쾌하셨다.**

子之燕居 , 申申如也 , 夭夭如也 。
자 지 연 거　　신 신 여 야　　요 요 여 야

여기 나오는 '연거'燕居의 '燕'(연)자는 '晏'(안)자와 서로 통합니다. 문학
적으로는 평거平居라고도 하는데, 곧 집에서의 일상생활을 말합니다. 공
자가 평소에 집에서 생활하는 모습은 "신신여야"(申申如也), 종일 눈썹을
찌푸린 채 근심 속에서 지내지 않았습니다. 그는 수양이 아주 훌륭해서
대단히 명랑하고 느긋했습니다. 뿐만 아니라, 공자는 "요요여야"(夭夭如
也), 공자는 비록 늘 나라를 걱정하고 백성을 걱정했지만, 언제나 활달
한 마음과 활발한 기분을 잃지 않고 세속에서 우뚝 설 수 있었으니, 이
얼마나 훌륭한 모습입니까? 그가 즐기는 것은 인생의 평담과 만족을 알
고 근심이 없는 것이었으며, 자기를 위해서가 아니라 다만 천하 창생을
위해서 늘 근심했습니다. 그래서 공자는 또 다음과 같이 근심합니다.

**공자께서 (탄식하며) 말씀하셨다. "심하구나! 나의 노쇠함이. 오래
되었구나, 내가 꿈에 주공을 다시 보지 못한지가. (오늘의 시대가 이
모양으로 어지럽게 되었으니, 정말 이 짐을 더 이상 짊어질 수가 없구
나)"**

子曰 : 甚矣 ! 吾衰也 。 久矣 , 吾不復夢見周公 。
자 왈　심 의　　오 쇠 야　　구 의　　오 불 부 몽 견 주 공

여러분이 모두 알다시피 역사에서 공자 이전의 고대 문화를 언급할
때는 반드시 주공周公을 언급합니다. 왜냐하면 주周 왕조가 건국된 이후
의 인문 문화는 주공의 손에서 정리되어 실행되었기 때문입니다. 마치

지금의 우리가 전통 문화를 이야기하려면 반드시 공맹을 언급하는 것이 나 마찬가지입니다. 오늘날 우리는 여기서 공자가 한 말을 빌려 다음과 같이 바꿔 말할 수 있습니다. "아! 나는 늙었다. 꿈속에서 공자를 본 지 오래 되었구나!" 공자의 탄식이 어떤 의미인지 이해할 수 있겠지요?

만일 이것을, 공자가 저녁에 잠을 편히 못 자고 항상 꿈을 꾸었다는 식으로 해석해 버린다면, 공자의 정신 건강에 문제가 있는 것이니, "명랑하고 느긋하시며 활발하고 유쾌하셨다."(申申如也, 夭夭如也)가 아니라 괴롭고 괴로운 모양이 되어 버리겠지요. 정신이 건강하고 신체가 건강하면 당연히 꿈을 꾸지 않는데, 공자는 몸과 마음이 건강했습니다. 그러므로 이 말은 시대를 탄식하는 말로서 그 뜻은 이러합니다. "오늘의 시대가 이 모양으로 어지럽게 되었으니, 정말 이 짐을 더 이상 짊어질 수가 없구나."라는 것입니다. 물론 공자는 이렇게 개탄을 했을 뿐이고, 실제로는 끝까지 그 짐을 지고 나갔습니다. 꿈에 주공을 보지 못한 것과는 상관없이, 그는 끝까지 깨어 있으면서 중국 문화를 계승 발전시키는 짐을 짊어졌습니다. 그러므로 우리는 공자의 사상 속에 어떤 정신들이 감추어져 있는지 주의해야 하는데, 그런 정신은 제4편 「이인」에 이미 언급되었고, 여기서는 더욱 분명하게 제시하고 있습니다.

도·덕·인·예

공자께서 (자신의 중심 사상이라 할 수 있는 네 가지를) 말씀하셨다. "사상은 (천인합일天人合一의) 도道에 뜻을 두(어 학문 목표를 높게 세우)고, 실천 행위는 (반드시 바른 사람으로서 처세하는 인도人道의 도덕 행위인) 덕德에 의거하(여 시작)하며, 도道와 덕德의 발휘는 (사람과 사물을 사랑하는 마음인) 인仁에 의지(해 가족·사회·국가 등 온 천하에 대한 사랑으로 확충)하고, 지식과 학문은 (예禮·악樂·사射·어御·서書·수數 등의) 육예(藝)에 노닐어야 한다."

子曰 : 志於道, 據於德, 依於仁, 游於藝。

자왈 지어도 거어덕 의어인 유어예

만일 누군가가 "공자의 학술 사상이 진정으로 말하려고 하는 것은 무엇인가?" 하고 묻는다면, 대답하게 이 네 마디를 인용하여 이것이 곧 그의 중심 사상이라고 답할 수 있습니다. 또, 공자가 교육의 진정한 목적으로 삼은 "자기도 세우고 남도 세운다."(立己立人)는 것도 이 네 가지 점에 있다고 말할 수 있습니다. 그리고 이 네 가지에 관한 교육 방법이 제8편 「태백」에서 공자가 말하는, "시를 통해 감흥을 발휘하고, 예를 통해 행실을 바로 세우고, 음악을 통해 성정을 완성한다."(興於詩, 立於禮, 成於樂)는 것입니다.

첫째로 "사상은 도에 뜻을 둔다."(志於道)에서 '도'道는 무슨 도를 말하는 것일까요? 일반 사람들은 공자가 말하는 것은 인도人道이지 천도天道가 아니라고 합니다. 왜냐하면 천도는 아득하고 멀어서 형이상의 범위에 속하기 때문입니다. 도대체 신이라는 존재는 있을까요, 없을까요? 생명은 어떻게 시작되었을까요? 우주는 어떻게 형성되었을까요? 이런 것들이 다 천도에 속합니다. "천도는 멀다."(天道遠)고 하는 것은 결코 공간상으로 멀다는 말은 아닙니다. 과학이 발달한 오늘날의 관점에서 보면, 이것은 더욱 불합리합니다. 지금은 달에 도착하는 것도 불과 며칠 사이의 일인데, 어떻게 멀다 하겠습니까? 이 '원'遠자는 여기에서는 고원高遠하다는 뜻으로, 인류의 지식 정도와는 거리가 너무 멀다는 것입니다.

"인도는 가깝다."(人道邇)라는 말은 인도는 비교적 얕고 가까워 알기 쉽다는 것입니다. 그러므로 너무 고원한 것은 잠시 말하지 않기로 하고, 먼저 사람들 자신에게 절실한 문제를 해결한 다음 다시 우주의 문제를 말한다는 것이었는데, 일반인들은 공자가 인도人道만을 말했다고 합니다. 이것은 후대인들이 공자에 대해 내린 정의였습니다. 사실 공자는 그렇게 말하지 않았습니다. 당시 공자의 학생이었던 자공만이 오직, "선생님의 (학문과 밖으로 드러난 아름다운 언어·사상·행위·거동·대인待人·처세 등인) 문장은 늘 들을 수 있었지만, 선생님이 (인성의 본원과 우주의 생성이나 생명의 기원 같은) 천도에 관하여 말씀하시는 것은 들을 수 없었다."(夫子之文章, 可得而聞也。夫子之言性與天道, 不可得而聞也)고 했는데, 이 말은 「공야장

」편에 나옵니다. 자공의 이 말에 근거하여 공자가 『역경』 속에서 논한 학문을 다시 보면, 그는 천도, 즉 우주의 근원을 확실히 알았습니다. 그러므로 자공의 말은, "공자가 인도를 말한 것은 우리가 알아들었지만, 우주의 오묘함을 말한 것은 우리들의 학문이 부족하여 사실 알아듣지 못했다."라는 뜻입니다.

따라서 공자가 여기서 말한 "지어도"志於道의 '도'道에 대해, 우리는 융통성 없이 이에 대해 범위를 하나 정해서 말하기를, 공자가 인도人道만을 말한 것이지 천도天道를 말한 것이 아니다고 할 수 없습니다. 공자의 사상을 연구하려면 『역경』「계사전」을 연구해야 합니다. 그의 많은 중요한 사상이 모두 이 「계사전」에 나타나 있으며, 형이상에 관한 학문도 여기에 들어 있습니다. 그럼 공자가 여기에서 말한 '도'道는 무엇일까요? 공자 자신이 정의를 내리지 않았기 때문에, 우리가 공자 대신 정의를 내리기 어렵다고 정직하게 대답할 수 있습니다. 공자가 말한 "지어도"志於道에 대하여는 많은 것을 열거함으로써 그가 형이상의 도를 알았다고 증명할 수 있습니다. 인생의 보통 행위인 형이하로부터 시작하여 천지만물 최고의 현묘한 도에 이르기까지 그는 모두 알고 있었습니다. 그렇지만 일반 학생들은 그 정도에까지 이르지 못했으므로, 그는 이 방면으로 지나친 언급을 하지 않았습니다. 만일 공자가 이 방면에 대해 전문적으로 말했더라면 그는 한 종교의 교주로 변했을 것입니다. 비록 후인들은 그를 유교의 창시자라고 불렀지만, 그 자신은 당시에 대단히 소박했으며 교주의 길을 가지 않았습니다.

본문의 "지어도"志於道에 근거하여 '도'를 형이상의 도라고 해석하면, 바로 우리의 입지立志를 높고 멀게 하여 그 경지에 도달하기를 바라는 것이 됩니다. 이 '도'道는 천도와 인도를 포괄하여 형이상·형이하의 것을 모두 포함합니다. 이것은 우리로 하여금 이러한 '도'에 뜻을 두도록 가르치는 가장 근본적이자 가장 최고의 목적이 됩니다. 그런데 거기에 도달할 수 있느냐 없느냐 하는 것은 별개의 문제입니다. 마치 여러분이 젊은 시절 막 사회에 나가 일하게 될 때에는 누구나 다 부귀공명을 얻어야겠다고 뜻을 세우는 것과 같습니다. 돈 버는 것을 목적으로 한다면 적어도 몇 천만 원까지 벌기를 바랍니다. 그러나 그렇게 뜻을 세우기는 했지만, 사실은 지금까지 한 달에 몇 천 원밖에 벌지 못했습니다. 만일 몇 천만 원으로 뜻을 세워 놓고도 몇 천 원밖에 못 번다면 일하기 싫어서 돌아가는 것이 좋겠다고 할 것입니다 (한국의 화폐 가치로 말하면, 수천만 원은 수억 원, 수천 원은 수십만 원에 해당함—역주). 이는 세운 뜻을 실현시킬 수 있느냐 하는 것은 별개의 문제임을 말해 줍니다. 그러므로 공자는 "학문을 함에는, 목표를 높고 멀게 설정해야 한다."고 말한 것입니다. 이것이 첫째 "지어도"志於道의 뜻입니다.

둘째로 "행위는 덕에 의거한다."(據於德)는 것은, 뜻은 비록 높고 멀리 세워야 하지만 실천은 반드시 인도人道에서부터 시작해야 한다는 것입니다. 이른바 천인합일天人合一의 천도와 인도는 도덕 행위에서 시작해야 한다는 겁니다. 바꾸어 말하면, "지어도"志於道는 철학 사상을 말하는 것이고, "거어덕"據於德은 바른 사람으로서 처세의 행위 철학입니다. 옛 사람은 '덕'德이란 바로 '득'得이라고 해석했는데, 성과가 있는 것이 곧 덕이라는 것입니다. 그러므로 공자는 아주 분명하게 이르기를, "사상은 도에 뜻을 두고, 행위는 덕에 의거해야 한다."고 했습니다. 만일 이 단락의 네 가지 점을 근거로 하여, 『논어』에서 말하는 도리를 분석해 보면 많은 것들이 "거어덕"據於德을 설명해 줍니다.

셋째는 "도와 덕의 발휘는 인에 의지한다."(依於仁)입니다. 이미 말했듯이 인仁에는 체體와 용用이 있습니다. 인의 체는 내심의 수양입니다. 이 것은 이른바 성명의 학(性命之學) 또는 심성의 학(心性之學)으로서 내재적인 것입니다. 이 내재적인 것이 외부적인 작용으로 표현된 것이 애인애물愛人愛物인데, 예를 들면 묵자사상의 겸애나 서양 문화의 박애입니다. "의어인"依於仁은 인에 의지하는 것입니다. 다시 말해서, 도와 덕의 발휘는 사람과 사물을 사랑하는 마음에 근거해야 한다는 것입니다. 이런 사랑의 마음, 곧 사람과 사물에 대한 사랑의 마음이 사회에 대한 사랑, 국가에 대한 사랑, 세계에 대한 사랑 등 온 천하의 사랑으로 확충되어야 하는 것입니다. 이것이 바로 인仁의 발휘입니다.

마지막으로, 인에 의지한 후에야 "지식과 학문이 육예에 노닐 수 있습니다."(游於藝). 여기서 '유'游는 헤엄칠 '유'游이지 유희할 '유'遊가 아닙니다. 여기서 우리가 특별히 주의할 것은 유희한다는 遊(유)는 책받침변(辶)이지만 여기서는 물수변(水)의 헤엄친다는 游(유)입니다. 그리고 "유어예"游於藝의 '예'藝는 예禮·악樂·사射·어御·서書·수數 등 육예六藝를 말합니다. 공자 당시의 교육은 육예를 위주로 했습니다. 육예 중의 '예'禮는 오늘날 말로는 철학적·정치적·교육적·사회적인 모든 문화를 포함합니다. 현대 예술인 무도·영화·극·음악·미술 등은 '악'樂에 속합니다. '사'射는 군사·무공 방면입니다. 과거의 활쏘기 등이나 오늘날의 사격·무술·체육 등과 같은 것입니다. '어'御는 수레를 모는 것으로서, 물론 오늘날의 비행기나 우주선 조종도 여기에 포함됩니다. '서'書는 문학 방면과 역사 방면이며, '수'數는 과학 방면입니다.

이처럼 과거 인재의 양성과 생활의 충실은 육예 수양에 의지했던 것으로, 절대 좁은 의미의 예술이 아니었습니다. 회화는 원래 문예였는데, 오늘날 미술은 문예와 분리되어 세분화되었고, 또 세분화될수록 범위가 좁아졌습니다. 어떤 사람들은 과학을 이처럼 세분화하면 병폐가 생긴다고 했습니다. 예를 들면, 어떤 사람이 코가 막혀 의사의 진찰을 받으러 갔는데, 코 전문 의사는 치아의 영향 때문이라면서 먼저 치과에 가서 진단을 받으라고 할지도 모릅니다. 그 다음에 방사선과·신경과·심전도 등 각종 검사를 받고 나서 다시 원래의 코 전문 의사에게로 왔습니다. 그런데 코 전문 의사는 이번에는, "당신은 의사를 잘못 찾아왔다. 나는 주로 왼쪽 콧구멍만 치료하는 사람인데, 당신은 오른쪽 콧구멍이 막혔으니 그쪽 전문 의사를 찾아가야 한다."고 말합니다. 이것은 병의 치료를 예로 들어 과학의 지나친 세분화를 풍자한 것입니다. 고대 중국에서는 이렇게 세분화하지 않고 육예의 범위에 속하는 것은 다 '예'藝라고 하였습니다.

우리는 도·덕·인·예의 네 가지 수양에 대해 그 요점을 모두 알아야 합니다. 이 네 가지 중 앞쪽 절반인 "지어도, 거어덕"志於道, 據於德에는 정신과 사상이 포함되고, 뒤쪽 절반인 "의어인, 유어예"依於仁, 游於藝는 생활 처세의 기준이 됩니다. 이것은 공자의 전체적인 원칙임과 동시에 사람마다 이 네 가지 점을 고루 갖추어야 비로소 학문이라고 할 수 있다는 것을 말하고 있습니다. 고원한 사상이 없으면 너무 속기俗氣를 면치 못하고, 너무 현실적인 것만 추구하면 인생에 싫증이 나게 될 뿐입니다. 근거가 되는 상당한 덕행이 없다면 인생은 뿌리가 없는 것이 되어 끝내는 성숙할 수 없습니다. 사람이 만일 인의 내적 수양이 없으면 심리적으로 안주할 곳이 없습니다. "유어예"游於藝함이 없다면, 다시 말해 지식과 학문이 깊고 넓지 않다면 인생은 무미건조하게 되어 버립니다. 그러므로 이 네 가지가 다 필요한데, 후세인들은 모두 이 네 가지 중 어느 한 가지에 치우쳐 있습니다. 사실 공자 사상의 입장에서는 이 네 가지를 균형 있게 발전시켜야 합니다.

다음에 또 한 가지 문제가 나옵니다.

공자의 학비 문제

공자께서 말씀하셨다. "자기를 반성하고 검토 단속할 수 있으면서 보다 나은 배움으로 기꺼이 나아가고자 하는 사람이라면, 나는 일찍이 가르치지 않은 적이 없다! (그런 사람이라면 나는 꼭 가르치겠다)"

子曰 : 自行束修以上 , 吾未嘗無誨焉 !
자 왈   자 행 속 수 이 상   오 미 상 무 회 언

여기 나오는 '속수'束修에 대해서는 한나라 때부터 모두 '학비'學費라고 해석했는데, 마치 공자도 당시 보습補習 학원을 차려놓고 있었던 것 같습니다. 그렇게 해석하면 공자는 여기서, "학비를 내기만 하면 나는 가르치지 않은 적이 없다."고 말한 것이 됩니다. 학비를 냈으니 당연히 가르쳐야지요! 교육이 마치 무엇을 팔고 사는 것과 같습니다. 특히, 지금의 교육은 완전히 상업 행위입니다.

한번은 내가 대학교 강의를 끝내고, 나이가 지긋한 저명한 경제학자 한 분과 함께 차를 기다리고 있었습니다. 곧 비가 올 것 같기에, 나는

택시를 잡아 그분과 함께 탔습니다. 한담을 나누던 중에 나는 오늘날 학교에서 선생님들을 이렇게 대우하는 것은 상업 행위나 마찬가지라고 말했습니다. 그러자 이 경제학자는 나더러 문외한이라고 하면서, "상업 행위는 고객 제일주의여야 하는데, 학생도 고객이요 우리도 고객이지만 학교는 아예 우리 같은 고객은 관심을 기울이지도 않으니, 이것은 상업 행위가 못 돼요!"라고 말했습니다. "그럼 무엇입니까?" 하고 내가 물으니, 그는 관료주의식 풍조라고 말했습니다.

이것은 현대 교육 제도가 완전히 서구화되어 확실히 상업 행위가 되어 버린 것을 말해 줍니다. 이전의 전통 교육제도는 스승과 제자 사이가 부자형제지간과 같아서 일생 동안 스승이 학생에 대해 책임을 졌습니다. 그러나 지금은 이런 책임감이 사라져 버렸고 지식은 상품이 되어버려, 우리의 원래 교육 제도·교육 정신과는 완전히 달라졌습니다. 이 점은 우리가 반드시 검토해 볼 필요가 있습니다.

이제 다시 '속수'束修라는 글자를 말해 봅시다. 고대에는 학비를 '속수' 束修라고 했는데, 왜 그랬을까요? '속'束은 바로 끈으로 묶어 한 묶음(一束)을 만든 것이며, 修자는 脩(수)자와 같은데 그슬린 고기를 말합니다. 학생이 가르침을 받으러 스승을 찾아갈 경우, 당연히 스승에게 예물을 드려야 했을 것입니다.

고대에는 예물을 '지'(贄: 폐백 지—역주)라고 하였습니다. 이 贄(지)자에는 '조개 패'(貝) 부수가 들어가는데, 패는 곧 조개껍데기입니다. 한민족 漢民族은 중원中原에 거주하였기 때문에 조개류가 적었는데, 물건이란 희소해야 가치가 있는 법이라 조상들은 조개껍데기를 화폐로 유통시켰습니다. 그래서 고대에는 재물과 관계가 있는 글자, 예컨대 '보배 보'寶자나 '재물 재'(財)자 등에는 모두 '조개 패'(貝) 부수가 들어갔습니다. 어떤 사람은 친구를 뜻하는 朋(붕)자는 바로 조개껍데기 두 꿰미의 모양으로서,

술 있고 고기 있을 때는 형님 동생 했건만　　　有酒有肉皆兄弟
급한 어려움에 어디 한 사람이나 보이던가?　　　急難何曾見一人

라는 유머가 담겨 있다고 말합니다. 옛날 사람들이 조개껍데기를 드리면서 어른들을 뵙고 경의를 표시한 것을 '지경'贊敬이라 했는데, 이는 일종의 예절이었습니다.

옛 사람들은 이 단락에 대해, 공자가 "학비를 내기만 하면, 나는 가르치지 않은 적이 없다."고 말한 것으로 해석했는데, 이런 해석에 대해 나는 늘 의심해 왔습니다. 내 생각에는 "자행속수이상"自行束修以上이란 구절의 핵심은 "자행"自行이라는 두 글자에 두어야 한다고 봅니다. 만일 진짜로 공자에게 그슬린 고기 한 묶음을 바쳐야 했다면, 왜 하필 '자행'自行이라고 했을까요? 자행自行이라 하지 않고, 자교(自繳: 스스로 바친다는 뜻—역주)라 해도 되는데 말입니다. 내 생각으로는 옛 사람들의 해석에 문제가 있습니다. 아마 내가 공자를 좋게 말하고 싶기 때문인지도 모릅니다. 내 친구가 나에게 우스갯소리로, "자네가 공자를 그렇게 아름답게 말하니 공자는 꿈에 주공을 만나고 싶어 하지 않을지 모르네. 그리고 어느 날 자네가 꿈에 공자를 만나면, 공자는 틀림없이 자네에게 감사할 것이네." 라고 했습니다. 이건 정말 우스갯소리입니다.

나의 견해에 의하면, 핵심은 '자행'自行이라는 두 글자에 있고, "자행속수"自行束修는 "스스로 점검을 행한다."(自行檢點)는 의미입니다. 만일 속수束修가 그슬린 고기라면 공자의 삼천 제자는 어디서 그렇게 많은 그슬린 고기를 얻을 수 있었을까요?! 보관해 놓으려고만 해도 그렇게 큰 보관 장소가 없었을 텐데 말입니다. 또, 공자의 제자 중 안회는 변변한 도시락 하나도 없었는데, 그슬린 고기가 어디서 나 선생님께 드렸을까요? 공자는 그를 가르쳤을 뿐만 아니라, 그를 가장 아끼는 제자로 생각했는데 말입니다. 나는 공자의 이 말의 생각은 이렇게 해석해야 한다고 생각합니다. "나는 자기를 반성하고 자기를 검토 단속할 수 있으면서 한층 더 나은 배움을 향해 기꺼이 나아가고자 하는 사람은 지금까지 누구든지 가르치지 않은 적이 없었다. 그런 사람이라면 나는 꼭 가르치겠다." 이것은 내가 옛 사람과 견해를 달리 하는 점인데, "자행속수"自行束修는 바로 스스로 점검 단속한다는 뜻이라고 봅니다.

자극과 유도의 교육법

공자께서 (교육 방법의 원칙을) 말씀하셨다. "(자극과 유도를 통한 교육 방법으로 생각을 자극) 분발시키지 않고는 계도啓導해 주지 않으며, (강한 지적 탐구심에서) 의심해 보도록 하지 않고는 연구시키지 않으며, 네 귀퉁이 중 한 귀퉁이를 들어 보일 때 나머지 세 귀퉁이를 돌이켜 깨닫지 못하면 본래의 자기 지혜의 자리로 돌아오지 못한다."

子曰:不憤不啓,不悱不發,擧一隅不以三隅反,則不復也。
자 왈 불 분 불 계   불 비 불 발   거 일 우 불 이 삼 우 반   즉 불 복 야

여기서는 교육 방법의 원칙을 말합니다. 첫째 원칙은 "불분불계"不憤不啓로서, 여기서의 '분'憤은 격분激憤하는 마음입니다. 모르는 일에 대해 어떻게든 알려고 하는 것도 격분의 일종입니다. 학생에게 어떤 일을 하지 말라고 하면, 학생은 오히려 그 일을 꼭 하려고 하는데, 이것은 그를 자극하여 그로 하여금 격분하게 하는 방법입니다. '계'啓는 곧 '발'發로서, 먼저 학생을 격분하게 한 다음 나아가서 그를 계발시키는 것입니다.

이런 교육 방식의 좋은 예가 하나 있습니다. 전하는 바에 의하면 청대의 명장 연갱요年羹堯는 한군漢軍 양황기鑲黃旗의 자제로서, 어렸을 때 아주 고집이 세고 쓸 만한 인재가 못 되었습니다. 그의 부친은 그에게 좋은 선생을 몇 분 초빙해 주었지만, 선생들은 모두 연갱요에게 두들겨 맞고 달아나 버렸습니다. 나중에는 그를 가르쳐 달라는 초빙에 감히 아무도 응하지 못했는데, 마지막으로 한 은사隱土가 ― 일설에는 고염무의 형제라고 합니다. 고염무는 비록 일생 동안 청나라의 관료가 되지 않고 반청反淸 지하 활동에 종사했지만, 다른 사람들에게는 동포의 복지를 위해서 나서서 일을 하라고 했습니다 ― 그를 가르쳐 보겠다고 나섰습니다. 연갱요의 부친이 이 선생에게 자기 아들은 고집이 세고 쓸 만한 인재가 못 된다고 설명해 주자, 늙은 선생은 상관없다고 하면서 유일한 조건으로, 좀 큰 화원花園을 하나 만들되 문을 내지 말고 담장의 높이를

높게 해달라고 요구했습니다.

이렇게 해서 그 은사는 연갱요를 가르치기 시작했습니다. 연갱요는 처음에는 이 선생을 두들겨 패서 달아나게 하려고 했으나, 뜻밖에도 늙은 선생은 무공이 높아 때려도 맞지 않았습니다. 그런데다 선생은 그에게 아무것도 가르쳐 주지 않고, 저녁이면 자신의 높은 경공輕功을 운용하여 담을 훌쩍 뛰어넘어 나가 버렸습니다. 그리고 밖에서 한참 거닐다가 표연히 뛰어넘어 다시 돌아왔습니다. 연갱요는 이 선생님께 어찌해 볼 방법이 없었습니다. 늙은 선생은 때로는 피리를 불었는데, 피리를 불면 기氣를 기를 수 있습니다. 연갱요는 그것을 듣고, 피리 부는 것을 배우고 싶다고 했습니다. 그래서 선생은 피리 부는 것을 이용하여 그에게 기를 기르도록 한 다음에야, 서서히 그를 가르치기 시작했습니다.15)

뒤에 늙은 선생은 개인적인 일이 있어 그곳을 떠나게 되었는데, 떠나기 전에 그는 "이 어린애의 기질을 아직 완전히 바꾸지 못한 게 아쉽다."고 했습니다. 비록 선생이 중도에 떠났지만, 연갱요는 이미 문무를 겸비한 정도가 되어 있었습니다. 그래서 뒷날 티베트를 평정한 명장이 되었습니다. 그는 뒤에 자기 자식들의 선생을 대단히 존경했을 뿐만 아니라 선생을 선택하는 데도 엄격했는데, 다음과 같은 대련 한 폭을 지어 집 안에 붙여 놓았습니다.

스승을 존경하지 않으면	不敬師尊
천벌을 받고	天誅地滅
남의 자제를 잘못 가르치면	誤人子弟
남자는 도둑이 되고, 여자는 창녀가 된다	男盜女娼

이 이야기는 공자가 말한 교육의 원칙, 즉 반드시 먼저 그의 생각을 자극해서 분발하게 만들어 굳센 지적 탐구심을 갖게 한 후에야 그에게 본래 있는 지혜를 계발해 낼 수 있다는 것을 말해 줍니다.

---

15) 기氣에 대한 이해와 수련 수행 방법은 특히 남회근 지음 유우홍 엮음 송찬문 번역 『호흡법문 핵심 강의』와 『선과 생명의 인지 강의』, 그리고 신원봉 옮김 『정좌수도 강의』를 읽어보라.

　둘째 원칙은 "불비불발"不悱不發로서, 학생의 의심을 불러일으키는 것입니다. '비'悱는 마음속에 의심을 품고 동의하지 않는 것을 말합니다. 예를 들어, 학생에게 옛 사람은 이렇게 말했으나 좀 고려해 볼 필요가 있다고 일러 주는 것입니다. 공자가 말한 "인의仁義를 놓고는 스승에게도 양보하지 않아야 한다."(當仁不讓於師)는 말은 한유韓愈가 말한 "스승이 반드시 제자보다 현명한 것은 아니다."(師不必賢於弟子)라는 말과 같습니다. 선생이라고 꼭 완전히 옳은 것은 아니므로 그저 복종하고 받아들이기만 해서는 안 된다는 것입니다. 고지식하게 받아들이기만 한다면 학문은 갈수록 잘못됩니다. 의심을 많이 하면 자연히 연구하게 되는데, '발'發은 곧 연구한다는 것입니다.

　셋째로, "네 귀퉁이 중 한 귀퉁이를 들어 보일 때 나머지 세 귀퉁이를 돌이켜 깨닫지 못하면 본래의 자기 지혜의 자리로 돌아오지 못한다."(擧一隅而不以三隅反, 則不復也)라는 말은, 사물을 여러 방면으로 보아야 한다는 뜻입니다. 탁자의 네 귀퉁이 중 한 귀퉁이만 가르쳐도 나머지 세 귀퉁이를 다 이해하는 사람이라면, 그는 돌아올 수 있습니다. '복야' 復也는 돌아오는 것입니다. 어디로 돌아오는 것일까요? 생각과 지혜의 본 자리로, 즉 자기 지혜의 본래本有 경계로 돌아오는 것입니다.

　우리가 학생들을 교육할 때에는 반드시 학생이 분발(憤)하고, 의심(悱) 하여, 지적 탐구를 하도록 격발(發)시켜야 합니다. 아동 교육 면을 보면, 어떤 아이는 무엇을 잘 받아들이려고 하지 않는데도 부모는 아이가 무조건 자기 말에 복종하기를 바랍니다. 특히, 노년 세대들은 흔히 자기의 경험을 대단히 중요하게 여겨 아이들이 그것을 받아들여 주기를 바랍니다. 그러나 아이로 하여금 고집을 꺾고 어른 세대의 경험을 받아들이게 하려면, 교육 방법 면에서 반드시 그 아이로 하여금 먼저 분발(憤)하고 의심(悱)할 수 있도록 만들어야 합니다.

　다시 이도저도 아닌 이야기를 하나 해서 설명하겠습니다. 청나라 건륭시대에 대대로 선비 집안 출신의 높은 관리에게 아들이 하나 있었는데, 문학 방면은 재주가 좋았지만 쓸 만한 인재는 못 되고 품행은 단정하지 못했습니다. 어느 해 부친이 이 아들에게 오백 냥의 은전을 주면서 북경에 가서 과거시험을 보라고 했습니다. 북경에 도착한 아들은 은전 오백 냥을 기생집에서 다 써 버리고 기생집에서 쫓겨나, 남은 것이라고는 병들어 장작처럼 말라버린 몸뚱이 하나뿐이었습니다. 아들이 집에 돌아오자, 그간 사정을 알고 난 부친은 화가 치밀어 아들을 때려죽이고 싶을 정도였습니다. 그런데 아들의 행장을 뒤져보다가, 그가 쓴 두 구절의 시를 발견하고는 그만 웃고 말았습니다. 생각해 보니 시가 오백 냥 은전의 가치가 있는지라, 이 녀석이 문학 방면에서는 크게 터득한 바가 있구나 하고 생각했습니다. 문학적으로는 확실히 훌륭한 시였습니다! 그 시는 이렇습니다.

근래에 병든 몸 제비처럼 가벼워　　　　　　近來一病輕如燕
부축 받아 안장에 올라도 말이 모르네　　　　扶上雕鞍馬不知

옛 사람들은 문학을 이처럼 숭상했습니다. 오늘날이라면 과학은 잘 못하면서, 이러한 두 구절의 시만 지었다면 부모가 화병으로 죽지 않는 것이 이상할 것입니다. 우리는 이 예를 통해서도 '분'憤과 '비'悱의 이치 한 귀퉁이를 설명할 수 있습니다. 이 단락의 뒷부분인 "거일우불이삼우반, 즉불복야"擧一隅不以三隅反, 則不復也는 사람의 깨닫는 능력을 말하고 있습니다. 어떤 사람들은 책을 읽고 학습하는 데는 열심이지만 깨닫는 능력이 부족하여 기껏해야 책벌레나 될 뿐입니다. 예를 들어 역사를 연구하는 목적은 적어도 '지나간 일을 잊지 않고 뒷일의 스승으로 삼기'(前事不忘, 後事之師也) 위해서입니다. 지난날의 일과 현재의 일은 원칙적으로 거의 틀리지 않아서, 이치는 같으면서 단지 발생 시대와 지역만 다르고 현상만 다를 뿐임을 이해하는 것입니다. 그러므로 역사를 많이 읽으면, 하나를 들어 세 개를 돌이켜 알듯이 뒤로는 과거를 알고 앞으로는 미래를 알 수 있습니다. 그렇지 않으면 죽은 글만 헛되게 읽는 것이 되어 "즉불복야"則不復也, 즉 본래의 자기 지혜의 자리로 돌아오지 못하는데, 학식이 도대체 무슨 의미가 있겠습니까?

천고에 어려운 한 번뿐인 죽음

공자의 교육 방법의 원칙과 원리를 말하고 나서, 또 다음을 말합니다.

공자께서 상喪을 당한 사람 곁에서 식사하실 때는 배부르도록 드신 일이 없었다. 공자께서 곡哭을 하신 날에는 노래를 부르지 않으셨다.

子食於有喪者之側, 未嘗飽也。子於是日哭, 則不歌。
자 식 어 유 상 자 지 측   미 상 포 야   자 어 시 일 곡   즉 불 가

이것은 공자가 양생과 장례를 대단히 중시했음을 말해 줍니다. 그는 상가喪家에 가서는 식사를 배부르게 하지 않았으며, 그날 곡을 하였으면 마음속이 괴로우므로 절대 노래를 부르지 않았습니다. 이것은 간단해서 공자뿐만 아니라 우리도 마찬가지입니다. 여기에 무슨 대단함이 있다고 여기에 이 두 마디 말을 넣어 놓았을까요?

이 말은 평범해 보이지만, 공자가 생사生死라는 문제를 대단히 중시했음을 설명해 줍니다. 동서고금의 종교·철학·과학은 모두 이 문제를 탐구해 왔습니다. 생명은 어디서 왔다가 어디로 갈까요? 죽은 후에 또 무엇이 있을까요, 없을까요? 다시 태어난다는 과거의 설처럼 죽은 후에 다시 환생할까요, 하지 않을까요? 뒷날에 또 인도와 이집트의 학설이 더해졌는데, 사람이 죽은 후에 다시 환생하면 꼭 사람이 되는 게 아니라, 그가 전생에 지은 선악 도덕에 따라 무엇이 되느냐가 결정된다는 것입니다. 이른바 윤회·삼세인과三世因果로서, 불가佛家의 사상입니다. 서양 사상도 마찬가지인데, 기독교에도 이런 사상이 있습니다. 사람이 죽은 후에 세계 종말이 다가왔을 때 영혼이 다시 부활하여 하느님의 심판을 받는다는 사상입니다. 부활은 재생再生이 아닙니까? 이것도 같은 이치이지만 동양에서만큼 자세히 말하지 않았을 뿐입니다. 이는 동서고금의 크나큰 문제입니다. 그러므로 공자도 생사의 일을 대단히 중시했습니다.16)

---

16) 이 단락에 대한 보다 깊은 이해를 위해서는 남회근 지음 송찬문 번역 『생과 사 그 비밀을 말한다』와, 남회근 지도 이숙군 역저 송찬문 번역 『입태경 현대적 해

이 두 마디 말을 공자의 생활 습관과 생활 모습을 묘사한 「향당」편 속에 넣지 않고 이곳에 넣은 것은, 이어서 다음의 말을 이끌어 내기 위함이었습니다.

공자께서 안연에게 말씀하셨다. "(시대와 국가가) 써 주면 국가와 천하를 위해 일을 하고, (시대와 국가가 필요로 하지 않고) 버리면 (은퇴해서 숨어 지내(며 하늘을 원망하지 않고 남을 탓하지 않으면서 세상에 이름이 알려지지 않은 채 살아가)는 것은 오직 나와 너만이 그럴 수 있을 것이다."

子謂顔淵曰 : 用之則行, 舍之則藏。惟我與爾有是夫!
자 위 안 연 왈   용 지 즉 행   사 지 즉 장   유 아 여 이 유 시 부

공자가 어느 날 안연에게, "시대와 국가가 나를 써 준다면 나서서 국가와 천하를 위해서 일을 할 것이고, 시대와 국가가 나를 필요로 하지 않는다면 은퇴해서 스스로 숨어 버리겠다."고 말했습니다. 어디로 숨는다는 것이었을까요? 예를 들면, 소동파는 그의 시에서, "만인의 바다 속에 한 몸을 숨긴다."(萬人如海一身藏)고 했는데, 대단히 훌륭합니다. 특히, 오늘날 이 시대에 적합합니다. 옛 사람들은 삼림 속으로 숨으러 갔지만, 지금은 그럴 필요 없이 아파트 방에 숨어 문 하나만 걸어 잠그면 죽어도 아는 사람이 없습니다.

공자는 또, "이런 것은 오직 나와 안회 두 사람만 할 수 있다."고 했습니다. 왜냐하면 안회는 공문孔門에서 도덕 수양이 가장 훌륭한 학생이었고, 나머지 3천 제자는 그와 비교해 보면 많이 떨어졌기 때문입니다. 사실상 이 일은 정말로 어렵습니다. 우리 자신이 체험해 보면, 써준다고 꼭 나서서 일을 할 수 있는 것이 아닙니다. 가령 요즘 같은 상황에서 키신저 같은 일류 인물을 다 제쳐놓고 당신더러 나와서 해 보라고 하면 할 수 있을까요?

그런가 하면, 시대가 당신을 필요로 하지 않을 때에, 당신이 하늘을

석」을 읽어보기 바란다.

원망하지 않고 남을 탓하지 않으면서 세상에 이름이 알려지지 않은 채 살아가는 일도 해내기가 어렵습니다. 사람은 나름대로 불평이 있기 마련입니다. 특히, 지식인들은 항상, "지금 세상에서 나를 빼고 누가 있단 말이냐?" 하고 생각합니다. 자기를 나서게 해 주면 제갈량보다도 더 잘할 수 있다는 것입니다. 그러므로 자기를 완전히 인식하지 못하면 은퇴하는 것도 어렵습니다. 이 때문에 공자는 자기의 아끼는 제자 안회에게, "오직 너와 나, 둘만이 할 수 있다."고 말했습니다.

『논어』 전편에서 앞과 뒤를 연결시켜 보면 스승과 제자간의 토론장면이 되는데, 앞 단락의 대화에 대해 가장 불만인 사람은 또 자로였습니다. 그래서 자로는 참지 못하고 다음과 같이 입을 열었습니다.

자로가 (앞의 대화에 불만을 참지 못하고) 물었다. "(선생님!) 선생님께서 전쟁에서 삼군의 대군大軍을 통솔하신다면, 지휘자로 누구와 함께 하시겠습니까? (안회는 데리고 갈 수 없습니다. 그는 영양실조이고 체력도 충분하지 않으니, 선생님은 아무래도 저를 데리고 가셔야 하겠지요!)"

공자께서 (웃고 나서 자로를 꾸짖어) 말씀하셨다. "(전쟁을 하더라도) 미친 호랑이처럼 무모하게 강을 건너뛰려다 죽어도 뉘우침이 없는 (너 같은 성격을 가진) 사람이라면, 나는 (절대로) 함께 (데리고 가서) 하지 않겠다. (이런 것은 용감하기만 하지 무모한 것인데 어찌 하겠느냐? 단숨에 해치우는 것이 용감한 것처럼 보이지만, 죽어도 후회하지 않는 이런 식은 억울하게 죽는 것일 뿐이다) 지휘자는 반드시 어떤 일 (의 시작)을 앞에 두고는 (실패할까) 두려워해 (주도면밀하게 신중하게 고려하고 총명한 척 하지 말아)야 하며, (마침내 그 일이 왔다면) 지혜로써 (각 방면을 모두 그렇게) 잘 도모하여 일을 (촉진하고) 성공시키는 사람이어야만 하겠다. (이것이 인재를 통솔하는 지휘자의 기본 수양이다)"

子路曰 : 子行三軍 , 則誰與 ? 子曰 : 暴虎馮河 , 死而無悔者 , 吾不與
자로왈　자행삼군　즉수여　자왈　폭호빙하　사이무회자　오불여

也。必也臨事而懼，好謀而成者也。
야   필야림 사이구   호모이성 자야

　자로는 그래도 자기 자신을 잘 알았습니다. 공자가 "써주면 국가와 천하를 위해서 일하고, 버리면 숨어 지낸다."(用之則行, 舍之則藏)는 수양을 말하자, 자로는 자기는 그렇게 할 수 없다는 것을 알고 이렇게 말합니다. "선생님, 선생님께서 전쟁을 하신다면 누구를 데리고 가시렵니까? 안회는 데리고 갈 수 없습니다. 그는 영양실조이고 체력도 충분하지 않으니, 선생님은 아무래도 저를 데리고 가셔야 하겠지요!"(子行三軍, 則誰與)─문장 속의 삼군三軍은 오늘날의 육·해·공군이 아닙니다. 당시에는 차전車戰이었으며, 중군中軍·좌군左軍·우군右軍을 삼군이라고 했습니다.

　공자는 자로의 말을 듣고 웃었습니다. 그리고 자로를 꾸짖습니다. "너 같은 성격을 가진 사람은 전쟁을 하더라도 절대 데리고 가지 않겠다. 강을 건너뛸 수 없는데도 미친 호랑이처럼 건너뛰려고 하니, 이런 것은 용감하기만 하지 무모한 것인데 어찌 하겠느냐? 단숨에 해치우는 것이 용감한 것처럼 보이지만, 죽어도 후회하지 않는 이런 식은 억울하게 죽는 것일 뿐이다." 자로의 이런 용기는 큰 용기가 아닙니다. 공자 학문 중의 지智·인仁·용勇 세 가지는 서로 이어져 있습니다. 진정으로 큰 용기는 반드시 지智와 인仁이 함께 합니다. 또 진정한 인은 반드시 지혜와 용기가 함께 합니다. 진정한 지혜도 반드시 인과 용기가 함께 합니다. 이 세 가지는 분리할 수 없습니다. 공자는 말하기를 지휘자의 수양은 반드시 "일을 앞에 두고는 실패할까 두려워하여 신중하며, 지혜로써 잘 도모하여 일을 성취하는 사람이어야만 하겠다"臨事而懼, 好謀而成.고 했습니다. "임사이구"臨事而懼는 일을 두려워하라는 것이 아니라, 어떤 일이 손에 이르러 시작할 때는 실패할까 두려워하여 주도면밀하게 고려하고 스스로 총명한 척하지 말아야 한다는 것입니다. "호모이성"好謀而成은 일이 마침내 왔다면 두려워하지 않고 반드시 지혜로써 각 방면을 모두 주도면밀하게 고려하여 그 일이 성공하도록 촉진해야 한다는 것입니다. 이것이야말로 인재를 통솔하는 기본 수양이라고 했습니다.

남아가 이 정도는 되어야 영웅이지

이 때문에 다음에서 공자 자신의 표명을 끌어내어 그의 입신처세에 대한 태도를 설명합니다.

공자께서 (자신의 입신처세의 태도를 표명하여) 말씀하셨다. "(부귀란 수단을 가리지 않고 함부로 구해서는 안 되는 것이며, 구한다고 해서 얻을 수 있는 것이 아니다) 부귀가 만일 수단을 가리지 않고 구해도 되는 것이라면, 비록 말채찍을 잡는 사졸士卒 노릇이라도 (해서 따라다니며 아부하여 구)하겠다.

(그러나 천하의 일에는 해도 되는 일이 있고 해서는 안 되는 일이 있다. 어떤 것은 마땅히 해야 되지만 어떤 것은 마땅히 해서는 안 된다. 이 양자 사이에는 큰 문제가 있다) 만일 마땅히 구해서는 안 되는 것이라면, (부귀란 생활의 형태일 뿐 인생의 목적이 아니므로 어떤 것도 하지 않고) 내가 좋아하는 것(인 인의도덕)을 따라 (내 인생길을 걸어)가겠다."

子曰 : 富而可求也 , 雖執鞭之士, 吾亦爲之 ; 如不可求 , 從吾所好 。
자왈 　부이가구야 　수집편지사 　오역위지 　여불가구 　종오소호

이 단락은 공자의 유명한 말입니다. 『논어』에서는 "부이가구야"富而可求也이지만, 이것을 사마천이 『사기』 「백이열전」에서 인용할 때에는 "부귀여하구야"富貴如何求也로 하여, '귀'貴자 하나를 더 넣었습니다. 이것도 문제인데, 고서상의 이런 작은 문제들은 책을 읽을 때 주의해야 합니다. 나는 『논어』의 기록이 비교적 맞아서 '귀'貴자가 없어야 한다고 생각합니다. 왜냐하면 『상서』尙書 「홍범편」洪範篇 상上에서 말하고 있는 오복五福에는 수壽·부富·강녕康寧·유호덕攸好德·고종명考終命이 있을 뿐 '귀'貴는 없기 때문입니다. 중국인의 인생철학은 부귀富貴 두 글자를 흔히 이어서 말하는데, 사실은 부하면 자연히 귀하고 부하지 못하면 귀하지 못해서 '부'가 더 중요합니다. 그러므로 여기의 '부'富는 마땅히 '귀'貴를 포

함해서 말한 것입니다.

공자는 여기서 이렇게 말합니다. "부富란 함부로 구해서는 안 되는 것이며, 구한다고 해서 얻을 수 있는 것이 아니다. 만일 아무렇게나 구해도 좋은 것이라면, 남의 마부가 되어 뒤 따라다니면서 아부를 해서라도 구하겠다. 그러나 만일 마땅히 구해서 안 되는 것이라면, 어떤 것도 하지 않고 내가 좋아하는 바를 따르겠다."

공자가 좋아한 것은 무엇이었을까요? 바로 인의 도덕입니다. 그런데 정말로 부귀는 구해서는 안 될까요? 공자의 이 말에는 문제가 있습니다. 옛말에 "작은 부는 부지런함에서 오고, 큰 부는 운명에서 온다."(小富由勤, 大富由命)는 말이 있습니다. 작은 돈을 모아 절약하고 부지런히 일하면 부해지지 않을 사람이 없습니다. 게으른데다 절약도 하지 않으면 영원히 부해질 수 없습니다. 그러나 어느 정도까지가 큰 부인지 말하기 어렵습니다만, 큰 부는 확실히 운명입니다. 우리가 생활 속에서 체험하는 바이지만, 재산을 모으는 것이 때로는 쉽습니다만, 돈이 없을 때는 한 푼도 어렵습니다. 그래서 사람들은 말하기를, "한 푼 돈이 영웅을 죽음으로 몰고 간다."고 합니다.

옛 사람의 시에 이런 말이 있습니다.

미인이 웃음 팔아 천금을 얻기는 쉬워도	美人買笑千金易
궁해진 장사는 밥 한 그릇 얻기도 어렵다	壯士窮途一飯難

궁해졌을 때는 참으로 밥 한 그릇도 해결하기 어렵습니다. 그렇지만 배불러 더 먹을 수 없는 시절에 이르면, 끼니때마다 여러 곳에서 대접받기가 너무 쉽습니다. 다시 말해서, 작은 부는 부지런함에서 오지만 큰 부는 운명에서 옵니다. 그러나 운명은 또 어떤 것일까요? 이것 역시 형이상形而上으로 이야기해야 되니 잠시 제쳐놓겠습니다.

여기서 공자가 말한 '구求한다'는 말은 '노력해서 한다'는 뜻이 아니라 '방법을 생각한다'는 뜻으로, 원칙을 위반하면서 구하면 안 된다는 것입니다. 그래서 그의 말 속에 '가구'可求와 '불가구'不可求라는 두 개의 정반대의 도리가 있습니다. '가'可와 '불가'不可는 인생도덕의 가치를 가리켜 한 말입니다. 만일 부를 수단을 가리지 않고 얻어도 좋은 것이라고 한다면, 이런 부는 꼴 보기 싫고, 이치에 맞지 않습니다. 그러므로 공자는 "이런 부를 구해도 되는 것이라면, 나는 일찍 구했을 것이다. 그러나 천하의 일에는 해도 되는 일이 있고 해서는 안 되는 일이 있다. 어떤 것은 마땅히 해야 되지만 어떤 것은 마땅히 해서는 안 된다. 이 양자 사이에는 큰 문제가 있다. 만일 구해서는 안 되는 것이라면, 구하지 말아야 한다. 부유하고 부유하지 않고는 중요하지 않다. 부귀란 생활의 형태일 뿐 인생의 목적이 아니므로, 나는 내가 좋아하는 것을 따라 나 자신의 길을 걸어가겠다."고 말한 것입니다.

공자께서 (평소 생활 속에서) 대단히 신중하고 주의했던 것은 재계齋戒·전쟁·질병이다.

子之所愼;齊·戰·疾。
자 지 소 신　　제　　전　　질

공자가 평소에 대단히 조심하고 주의했던 것은 '제'齊·'전'戰·'질'疾의 세 가지였습니다.

고대의 齊(제)는 齋(재)와 같은 뜻으로, 마음을 깨끗이 하고 욕심을 적게 하는 것을 '재'齋라고 했습니다. 옛 사람들이 국가의 큰 행사를 거행하거나 천지 조상에게 제사 지낼 때는 재계齋戒를 해야 했습니다. 목욕재계란 마음을 깨끗이 하고 욕심을 적게 하는 것(淸心寡欲)으로, 오늘날 채식을 흘재吃齋라고 부르는 것과는 달랐습니다. 이 잘못은 1천여 년 동안 습관이 된 것이기 때문에 고칠 필요는 없습니다. 고대의 '재'齋는 내심의 수양을 말하는 것으로, 기질의 변화에 중점을 두었습니다. 『예기』에서는 기질을 변화시키는 첫째 공부가 곧 재심齋心으로서, "사람은 언제나 공경하지 않음이 없고 언제나 올바르게 생각하는 듯 엄숙해야 한다."(毋不敬, 儼若思)고 말하고 있습니다. 오늘날 말로 하면 심리를 정화淨化하는 것입니다. 그러므로 공자는 재계齋戒에 대해 매우 신중하고 대단

히 조심했습니다.17)

　다음으로 공자는 전쟁에 대해 아주 신중했는데, 우리는 군사 사상사를 말할 경우 흔히 공자의 말도 인용합니다. 공자는 군사軍事에 대해 몰랐던 것이 아니라, 군사 철학 이론에 밝았지만 평소에 함부로 전쟁에 대한 말을 하지 않았을 뿐입니다.

　셋째는 질병입니다. 이는 위생·보건을 포함하는데, 곧 양생養生의 이치를 말합니다. 공자는 몸의 건강에 대단히 유의했습니다. 이처럼 재계·전쟁·질병은 공자가 특별히 조심한 일이었습니다.

　공자의 생활 습관에 관한 일을 왜 여기다 넣어 두었을까요? 앞에서 말했듯이 이 「술이」편은 제1편인 「학이」편을 해석, 발휘한 것이기 때문입니다. 다음의 이야기를 봅시다.

　공자께서 제나라에서 (순舜 임금 시대의) 소韶라는 음악을 들으시고 (감상하며 심경心境이 평온하고 전일專一해진 나머지, 밥 먹는 동안에도 자기가 밥을 먹고 있다는 것도 잊어버리고 망아忘我의 경지에 이르러서) 석 달 동안 고기 맛을 모르시더니 말씀하셨다. "상고 시대의 음악이 이런 경지에까지 이른 줄은 생각지도 못했다!"

　　子在齊聞韶, 三月不知肉味。曰:不圖爲樂之至於斯也!
　　자 재 제 문 소　삼 월 부 지 육 미　왈　부 도 위 악 지 지 어 사 야

　'소韶'는 고대 음악의 하나로, 삼대三代 이전 순舜 임금 시대의 음악입니다. 공자는 이 음악을 듣고 3개월 동안 고기 맛을 몰랐습니다(三月不知肉味). 어떤 사람은 공자가 이 3개월 동안 채식만 했다고 해석합니다. 오사 운동 당시 사람들은 이 말에 근거하여, 공자는 가난해서 고기조차 먹을 수 없었다고 말했습니다. 그러나 사실은 이런 뜻이 아닙니다. 바른 뜻은, 공자가 소악韶樂을 듣고 난 후 심경이 평온하고 생각이 전일專一해

17) 자기의 심리를 이해하고 정화하는 데에는 『선과 생명의 인지 강의』 제2일 강의 둘째 시간 중 역자보충 「오위백법:우주만유 일체법의 분류」(百法明門論)와, 『중의학 이론과 도가역경』 부록 중의 「대장치병약」大藏治病藥을 읽어보기 바란다. 남회근 선생은 이 두 편의 글을 자주 읽고 반성 실천하기를 권한다.

진 나머지, 밥 먹는 동안에도 자기가 밥을 먹고 있다는 것을 잊었다는 것입니다. 다시 말해, 소악을 감상하면서 자기를 잊어버리는(忘我) 경지에 이르렀다는 것입니다. 이 단락도 고대 음악이 이 정도까지 훌륭했다는 것을 묘사하고 있습니다. 그래서 공자는 "상고 시대 음악의 경지는 우리가 생각할 수 없을 정도로 훌륭했구나." 하고 감탄한 것입니다.

남면하여 왕노릇 하기가 쉽지 않다

지금까지 공자의 내심 수양과 제자 교육, 그리고 일상생활 모습을 말하여 우리들에게 본보기를 보여준 후, 다음에서 문제를 제기합니다.

염유가 (어느 날 동료 학생들에게) 말했다. "(우리) 선생님께선 (정말) 위나라 임금이 되고 싶으실까?"

자공이 말했다. "좋아, 내가 곧 여쭤어 보겠네."

자공이 안으로 들어가 (주제와 상관없어 보이는 질문을) 말했다. "백이와 숙제는 어떤 사람입니까?"

"(훌륭한 사람들이지) 고대의 현인들이다."

"(선생님! 그 두 분은 인도仁道의 절개를 지키기 위해 임금이 되지 않고 수양산에 들어가 밥도 먹지 않고 굶어 죽었습니다. 선생님이 보시기에) 그분들은 마지막에 원망(을 하거나 후회)하지 않았을까요?"

"(그분들은 원망하지 않았을 것이다. 지향志向을 세워 정하고 최고의 도덕적인 목표에 도달하기 위해, 굶어죽는 것을 마다하지 않고) 인仁을 추구하여 인을 얻었는데, 무엇을 원망했겠느냐?"

자공은 나와서 말했다. "(자네 걱정 말게. 우리) 선생님은 위나라 임금이 되지 않으실 것이네."

冉有曰:夫子爲衛君乎? 子貢曰:諾, 吾將問之。入曰:伯夷叔齊,
염유왈 부자위위군호   자공왈 낙 오장문지   입왈 백이숙제
何人也? 曰:古之賢人也。曰:怨乎? 曰:求仁而得仁, 又何怨? 出曰:

하 인 야　왈　고 지 현 인 야　왈　원 호　왈　구 인 이 득 인　우 하 원　출 왈
何人也。曰 古之賢人也 曰 怨乎 曰 求仁而得仁 又何怨 出曰
부 자 불 위 야
夫子不爲也。

　　공자가 여러 나라를 두루 다니던 무렵, 각국은 공자가 정권 탈취를
꾀할까 봐 그를 배척했습니다. 그러나 위나라에서만은 위령공과 남자南
子, 그리고 대신들이 잘 대해 주어 공자를 존경하고 배려해주었습니다.
그래서 당시 사람들이 공자를 의심하고, 심지어는 공자의 제자들도 여
러 가지 헛소문을 듣고 공자를 의심했습니다. 그러던 어느 날 염유가
동료 학생들에게, "우리 선생님은 정말 위나라 임금이 되고 싶으실까?"
(夫子爲衛君乎) 하고 말했습니다. 물론 염유는 선생님이 임금이 되는 것을
반대한 것이 아닙니다. 오히려 선생님이 임금을 하겠다고 하면 자기도
나서서 도와 드렸을 것입니다. 자공이 이 말을 듣고 말했습니다. "좋아,
내가 가서 물어보겠네."(諾, 吾將問之).
　　당시 공자에 대한 헛소문이 대단했던 모양입니다. 그러기에 자공도
단정적인 말을 하지 않고, 자기가 선생님에게 물어 보겠다고만 했습니
다. 사람과 사람 사이의 대화는 일종의 높은 예술인데, 자공의 질문 방
법은 아주 뛰어난 것이어서 우리가 배울 만합니다. 자공은 선생님 앞에
가자마자, "선생님, 질문이 있습니다! 선생님은 임금이 되고 싶으십니
까?" 하는 식으로는 절대 말하지 않았습니다. 자공은 자극 유도식憤啓悱
發 교육을 받은 데다 진정으로 유능한 외교관이었기 때문에 화술이 아
주 뛰어났습니다. 그는 공자에게 단도직입적으로 묻지 않고, "선생님,
백이와 숙제는 어떤 사람들이라고 생각하십니까?"(伯夷叔齊, 何人也) 하고
주제와는 상관없어 보이는 질문을 했습니다.
　　그러자 공자는 "훌륭한 사람들이다. 고대의 현인들이지!"(古之賢人也)
하고 대답했습니다. 자공은 다시 물었습니다. "선생님! 그 두 분은 인도
仁道의　절개를 지키기 위해 임금이 되지 않고 수양산에 들어가 밥도
먹지 않고 굶어 죽었습니다. 선생님이 보시기에 그분들은 마지막에 원
망을 하거나 후회하지 않았을까요?" 이에 공자는 말하기를, "그분들은
원망하지 않았을 것이다. 지향志向을 세워 정하고 최고의 도덕적인 목표

에 도달하기 위해, 굶어죽는 것을 마다하지 않고 인仁을 구하여 얻었는데 무엇을 원망했겠느냐?"(求仁而得仁, 又何怨)고 했습니다.

자공은 여기까지 듣고 나서는, 선생님이 임금이 되고 싶어 하는지를 더 이상 물을 필요가 없어서, 그는 곧바로 나와 염유에게, "자네 걱정 말게. 우리 선생님은 그런 상관없는 일을 하시지 않을 걸세."(夫子不爲也)라고 말했습니다. 자공은 선생님에게 임금이 되시겠느냐고 물었습니까? 그렇게 하지 않았습니다. 그러면 이 주제를 물었습니까? 틀림없이 물었습니다. 이것이 바로 본받을 만한 대화의 예술입니다.

여기까지 말하고 나서, 다음에 바로 공자 자신의 심회心懷 한 단락을 이어 둠으로써 윗 단락에 대한 해석으로 삼았는데, 꼭 들어맞습니다.

공자께서 말씀하셨다. "거친 밥을 먹(어 허기를 채울 수 있)고, 물을 마시고, 팔을 굽혀 베개 삼아 한잠 푹 잘 수 있는 한, (나름대로 인생의) 즐거움은 그 가운데 (무궁하게) 있다. (결코 물질에 의존해야 할 필요가 없으며 헛된 영예가 필요하지 않다. 그러므로 불합리하고 불법적으로 수단을 가리지 않고) 의롭지 않으면서도 부귀해지는 것은 나에게는 뜬구름이나 같다."

子曰 : 飯疏食飲水 , 曲肱而枕之 , 樂亦在其中矣 。 不義而富且貴 , 於
자왈　반소사음수　　곡굉이침지　　낙역재기중의　　　불의이부차귀　어

我如浮雲。
아 여 부 운

이것은 공자의 유명한 말일 뿐만 아니라, 문학적인 경지에서 보아도 매우 아름답게 표현되었습니다. 공자는 말하기를 "거친 반찬과 밥이 있어 허기를 채울 수 있고 맹물이라도 마시며 팔을 구부려 베개 삼아 한잠 푹 잘 수 있는 한, 인생의 즐거움은 무궁하다! 아주 편안하다!"고 했습니다. 다시 말하면, 사람의 수양이 최고 수준에 도달하려면, 먼저 물질적인 외부 환경의 유혹에 흔들리지 않을 수 있고 더 나아가 허영심의 미혹에서 벗어나야 하며, 심지어는 황제 노릇을 하라고 자리를 주더

라도 노릇을 해야 할지 말아야 할지 먼저 분명히 판단해야 한다는 것입니다. 이런 수양이 있어야 비로소 공자의 학문 수양의 경지를 볼 수 있습니다.

인생의 큰 즐거움은 자기에게 자기 나름대로의 즐거운 재미가 있기에, 결코 물질에 의존해야 할 필요가 없으며 헛된 영예가 필요하지 않습니다. 불합리하고 불법적으로 수단을 가리지 않고 부귀에 이르는 것은 대단히 수치스런 일입니다. 공자는 자신에게는 이런 부귀가 뜬구름이나 마찬가지라고 했습니다.

부귀를 뜬구름에 비유한 것은 더없이 묘합니다. 후세에 생각하는 것처럼, 부귀는 하늘의 뜬구름과 같으니 거들떠보지 말라는 것이 결코 아닙니다. 당시唐詩나 송사宋詞에는 뜬구름과 흐르는 물에 대해 쓴 작품이 대단히 많습니다. 그러나 공자 당시에는 그런 작품이 드물었습니다. 우리가 여기서 주의해야 할 것이 있습니다. 하늘의 뜬구름은 잠깐 동안에 한데 모였다가 잠깐 동안에 흩어져 버려 그림자조차도 없습니다. 그러나 사람들은 똑똑히 보지 못해서, 뜻이 이루어졌을 때는 부귀공명이 뜬구름처럼 한군데 모여 있는 것만 보지만, 이내 흩어져 버린다는 것은 알지 못합니다. 인생의 일체는 뜬구름이어서 모이고 흩어짐이 일정하지 않습니다. 이 점을 꿰뚫어보고 나면, 자연히 물질적 환경과 허영의 유혹을 받지 않게 되고 자기의 정신적 인격을 세울 수 있게 됩니다.

여기에 다시 공자의 말 한 단락을 삽입해 놓았습니다. 여기에 수록된 공자의 몇 단락 말들이 공자가 몇 살 때 한 것인지 고증할 길은 없지만, 제자들은 『논어』를 편집하면서 공자의 관념을 연관시켜 아주 묘하게 구성함으로써 한 체계를 이루었습니다. 그래서 다음 단락은 공자의 목적이 학문에 있음을 말하고 있습니다.

공자께서 말씀하셨다. "내가 몇 년 더 살아서 쉰 살 이후에 『역경』을 공부한다면, 큰 허물이 없을 수 있게 될 것이다."

子曰 : 加我數年, 五十以學易, 可以無大過矣。
자왈 가아수년 오십이학역 가이무대과의

　이 말을 근거로 해서 보면, 공자는 아무래도 40여 세에서, 많아야 49세 사이에 이 말을 한 것임을 알 수 있습니다. 공자는 만일 자신이 몇 년을 더 살아 50세 이후에 『역경』을 배워―『역경』은 고대 문화입니다―통하고 나면, 인생에 큰 잘못(大過)이 없을 것이라고 말했습니다. '대과'大過는 『역경』 64괘의 이름 중 하나입니다.

　이런 관점에서 보면, 인생에서 진정으로 학문을 탐구해야겠다고 스스로 깨닫는 시기는 대개 이 시기입니다. 현대 의학에서 인류의 지혜 발달이 가장 성숙하는 시기는 50세에서 60세 사이의 시기라고 합니다. 그러므로 거백옥遽伯玉이 "내 나이 50에 비로소 49년 간의 잘못을 알았다."(吾年五十方知四十九之非)고 한 말이 옳은 것으로 증명된 것입니다. 사람이 1년을 더 살면, 반성도 1년을 더 하게 됩니다. 사람이 과거의 잘못을 알 수 있다는 것만도 훌륭한 것입니다. 그래서 공자가 이 몇 마디를 한 때가 연령상으로 이 시기였음이 틀림없습니다. 이 시기에 두뇌가 가장 성숙하므로 진정으로 학문을 탐구할 자격이 있습니다.

　다음 단락에서는 공자의 학문이 『역경』 이외에도 아언雅言이었음을 말해 줍니다. 다시 말해 공자는 평소에 함부로 말을 하지 않았으며, 그가 말한 것은 다 고아高雅하고 근거가 있었습니다. 그렇다면 공자가 사투리는 전혀 쓰지 않았다는 말일까요? 그런 뜻은 아닙니다. 공자가 밥을 먹으면서도 반드시 "마시고 먹음이여! 마시고 먹음이여!" 했다는 것이 아니라, 공자가 한 말은 모두 학문적인 근거가 있었다는 뜻입니다. 무엇에 근거했을까요?

　공자께서 하시는 말씀은 고아高雅하고 근거가 있었으니, 『시경』과 『서경』을 말씀하실 때와 예禮를 집행하실 때의 말씀은 모두 고아하고 근거가 있었다.

　　子所雅言, 詩, 書, 執禮, 皆雅言也。
　　자소아언　시　서　집례　개아언야

　중국 문화의 보고인 『시경』·『서경』·『예기』 등은 다 고아하고 근거가 있는 것으로, 상고 문화의 중심이었습니다. 다시 말해서, 공자의 사상과 언행은 다 근거가 있는 것으로, 지난 것을 이어 계승 발전시키고 과거를 이어 미래를 열기에 충분한 것이었습니다.

공자에 관한 이런 일들을 기록하고 귀납하여, 다음에 또 한 단락을 이야기합니다.

섭공이 (어느 날) 자로에게 공자(는 어떤 사람인지)를 물었으나, 자로는 대답하지 않았다.

뒤에 공자께서 말씀하셨다. "너는 왜 말하지 않았느냐? 그는 학문을 탐구하느라 발분하면 밥 먹는 것도 잊고, 학문적으로 얻는 바가 있으면 즐거움으로 걱정을 잊으며, 늙음이 닥쳐오고 있다는 것조차도 알지 못하는 사람이라고 말이다!"

葉公問孔子於子路 , 子路不對。子曰:女奚不曰:「其爲人也, 發憤
섭공문공자어자로   자로부대   자왈 여해불왈   기위인야   발분

忘食, 樂以忘憂, 不知老之將至。云爾!」
망식 낙이망우 부지로지장지   운이

"섭공이 용을 좋아하다"(葉公好龍)라는 고사는 역사상 유명합니다. 그는 용을 좋아해서, 궁궐 안 곳곳에다 용을 새기고 그려 놓았는데, 진짜 용이 감동하여 마침내 몸을 나타내자 섭공은 오히려 놀라 죽을 지경이 되었다는 이야기입니다. 당시 자장子張도 말했듯이 섭공은 진짜 용을 사랑한 것이 아니라, 용처럼 생긴 것을 좋아한 것입니다. 후인들은 이 고사를 겉은 그럴싸하지만 실속이 없는 것의 비유로 삼습니다.

그 섭공이 어느 날 자로에게 공자는 어떤 사람이냐고 물었는데, 자로는 대답하지 않았습니다. 자로가 대답하지 않았던 것은 아주 잘한 일이었습니다. 왜냐하면 자로의 입장에서는 뭐라고 말하기가 불편했기 때문입니다. 공자처럼 위대한 사람에 대해서는 정말 어디서부터 말을 시작해야 좋을지 모르는 일이며, 설령 말을 했다 하더라도 섭공은 이해하지 못했을 것입니다.

섭공이 가고 난 후, 자로는 안으로 들어가 선생님께 보고를 드렸습니다. 그러자 공자는 이렇게 말합니다. "너는 왜 그에게 이르지 않았느냐? 너의 선생님은 발분해서 학문을 탐구하느라 늘 가난하여 먹을 밥이 없고, 자기 배가 고파도 도무지 감각이 없어서 사람이란 밥을 먹어야 한다는 것도 잊어버리는 그런 사람이라고 말이다. 또, 학문상 얻는 바가 있으면 즐거워서 근심도 잊어버리고 노쇠의 위협도 대수롭게 여기지 않는 사람이라고 말이다."

배움을 위한 공자의 이런 정신도 우리가 본받아야 할 점입니다. 공자는 인생수양을 하는 데 있어 영원히 젊었습니다. 그래서 그의 학문과 도덕은 날마다 새로울 수 있었고(苟日新, 日日新, 又日新), 영원히 진보하면서 수시로 새로운 경지를 보였습니다.

진보와 퇴보

다음에는 이어서 공자의 말을 인용합니다.

공자께서 말씀하셨다. "(나는 평범한 길을 걸어왔다) 나는 태어나면서부터 아는 사람이 아니라, 옛 전통적인 것을 추구하기 좋아하고 (부지런하고) 민첩하게 학문을 탐구해 온 자이다."

子曰 : 我非生而知之者, 好古, 敏以求之者也。
자왈 아 비 생 이 지 지 자   호 고   민 이 구 지 자 야

이 말의 문자적인 뜻은 간단하여, 보자마자 곧 알 수 있습니다. 요즈음 관념으로 말하면 공자가 학생이나 친구들에게, "나는 결코 타고난 천재가 아니라, 전통적인 것을 추구하기 좋아하고 부지런하고 민첩하게 학문을 탐구해 왔을 뿐이다." 라고 한 것입니다.

태어날 때부터 아는 천재가 정말 있을까요? 이것도 하나의 문제입니다. 옛 역사 기록에 따르면 황제黃帝나 요 임금은 태어날 때부터 알았던

천재라고 하는데, 후인들은 이를 믿지 않습니다. 태어날 때부터 알았던 천재들이 확실히 있었습니다. 예를 들면, 당나라의 백거이白居易는 갓 태어나 아직 엄마 품에 안겨 말도 할 줄 모를 때인데도 無(무)자를 알아보았습니다. 여러 차례 시험해 보고, 책을 한 권 가져다 가리켜 보라고 하면 틀림없이 無자를 가리켰습니다.

고대에는 태어날 때부터 아는 일이 있다는 것을 믿는 사람들이 많았습니다. 그래서 옛 사람은 "책은 금생에 이르러 읽으면 이미 늦다."고 말했는데, 이 뜻은 사람의 천분天分과 지혜는 대부분 전생에서 지니고 온 것이라는 뜻입니다. 이는 현대 과학에서 연구 중인 천재의 문제와 관계됩니다. 천재는 혈통의 유전에서 오는 것일까요? 아니면 또 다른 미지의 요소로부터 오는 것일까요? 또는, 후천적으로 발전하는 것일까요? 천재들은 흔히 특별히 애호하는 것들이 있습니다. 이 문제에 유의하지 않으면 이해하기 어려울 것입니다만, 만일 유의해 보면 많은 자료를 발견하게 될 것입니다. 어떤 사람은 태어날 때부터 어떤 것을 이해하는데, 대단히 신기한 일입니다. 신문지상에 늘 보도되듯이, 어떤 아이는 수학 방면에 사람들이 놀랄 만한 재능을 가지고 있거나 또는 다른 방면에 천부적인 비범함을 지니고 있습니다. 그렇지만 이런 경우를 진정한 천재라고 할 수는 없습니다. 그 밖에 태어날 때부터 알았던 천재가 있었는데, 예를 들면 고서에 황제黃帝는 태어나면서부터 신령했다고 기록되어 있습니다. 오늘날의 관점에서 보면, 이런 것은 모두 역사상 어떤 인물을 추켜올린 거짓말입니다. 그러나 교육학이나 심령학의 입장에서 연구해 보면 확실히 천재가 있으며, 세상에는 이런 사람들이 아주 많습니다. 하지만 오늘날 일반사람들은 이런 일에 그리 유의하지 않습니다.

공자가 여기에서 말하는 것은 자기는 평범한 길을 걸어왔다는 것입니다. 자기는 타고난 천재가 아니라, "옛 전통적인 것을 추구하기 좋아하고 민첩하게 학문을 탐구해 온 사람이다."(好古, 敏以求之者也)라고 했습니다. 여기의 '敏'(민)자는 민첩하다는 것으로, 총명과 노력이 그 안에 들어갑니다. '호고'好古는 전통적인 것을 추구하기 좋아하는 것입니다.

옛것을 좋아한다는 말이 나왔는데, 여기서 주의할 것이 있습니다. 우리 나라 사람들은 최근 수십 년 전까지만 해도 수천 년 동안 관념상으로 "지금은 옛날만 못하다."고 생각해 왔습니다. 옛 기록들을 보면 역사상 여러 곳에서 옛 사람의 사례를 끌어 증명하고, 옛 사람에 대한 찬미로 가득 차 있습니다. 이런 상황에서 근세기에 서양 문화가 도입되었습니다. 16, 7세기 이후부터 서양 문화에는 일대 전환이 있었는데, 그로부터 옛날이 오늘날만 못하다고 생각하여 뒤로 올수록 앞 시대를 뒤엎었습니다. 오늘은 잘못일 가능성이 많고 내일은 더 좋아질지 모른다고 생각하게 된 것이지요. 이런 사고방식은 철학에까지 영향을 미치게 되었습니다. 도대체 인류 문화는 진보하는 것일까요, 아니면 퇴보하는 것일까요? 동양적인 관점은 지금은 옛날만 못하다는 것으로, 인류의 역사 문화는 퇴화하고 진보하지 않았다고 보는 것입니다. 오늘날 서양 문화의 관점은 옛날은 지금만 못하다는 것으로, 고대는 영원히 낙오된 것이며 새로운 것은 영원히 진보한다는 것입니다. 이 두 가지 서로 상반되는 관점은 철학에 있어서 한 가지 문제를 형성했습니다.

우리는 이에 대해 먼저 기본적으로 인식해야 할 것이 있습니다. 도대체 무엇을 진보라고 합니까? 무엇을 퇴보라고 합니까? 먼저 이것을 정의해야 합니다. 우리가 동서고금의 문화를 연구하다 보면 하나의 결론을 얻을 수 있습니다. 예를 들면, 오늘의 시대는 과학 문명의 시대입니다. 16세기 이후 서양의 과학 문명은 상공업의 발달과 사회 경제의 번영을 자극했습니다. 또한 상공업의 발전과 사회 경제의 번영은 다시 과학 문명의 진보를 자극함으로써, 자극과 발전의 순환을 이루었습니다. 오늘날 지금까지 과학 문명의 발전은 인류에게 생활상의 많은 편리를 가져왔지만, 인류에게 행복을 가져오지는 않았습니다. 오히려 반대로 인류의 정신에는 더 많은 고통과 번뇌를 가져왔습니다.

이렇게 동서 문화를 함께 연구해 볼 때, 물질문명의 진보라는 입장에서나 자연 과학의 관점에서 보면 내일은 오늘보다 낫습니다만, 정신문화 입장에서 보면 오늘은 어제보다 못합니다.

다음으로, 정치 철학의 입장에서 현실을 말하지 말고 이론만 이야기해 봅시다. 왜냐하면 일체 학문은 궁극적으로 모두 철학으로써 결론을 내려야 하기 때문입니다. 예를 들어, 역사상 제왕정치·민주정치·독재정치·자유 정치 등 갖가지 정치사상과 방식이 출현하였지만, 결국 어느 정치 체제가 가장 좋은 것이라고 그 누가 최종 결론을 내릴 수 있을까요? 내가 믿기로는 결론을 내릴 수 없습니다. 역사상 이런 정치 체제들은 어느 것이나 다 있었고, 사람들이 보았고, 경험했지만 어떤 것이 절대 좋고 어떤 것이 절대 나빴다고 말할 수 있는 사람은 아무도 없습니다. 약도 마찬가지입니다. 한약은 한약의 용법이 있고, 양약은 양약의 용법이 있습니다. 어떤 병에는 몇 가지 다른 약을 써서 상대적으로 치료할 수 있는데, 이것도 정치 철학의 이치와 같습니다. 그러므로 결국 고대의 것이 좋은가 현대의 것이 좋은가도 단정적으로 말하기 어렵습니다.

이틀 전에 대학입시 연합고사가 있었습니다. 어느 가난한 학생이 과외를 지도하여 매월 6, 7천 원씩 벌었는데, 요 이틀 동안 날마다 가방 하나 메고 나가 자기가 가르치는 학생들 시험성적을 보러 다니느라 땀을 뻘뻘 흘리며 바빴습니다. 자기가 가르친 학생들이 모두 합격했다고 나에게 알려주었습니다. 그 학생이 잘 가르친 것입니다. 하지만 그가 말하기를 자기가 다니는 모 대학 사회학과에서 나누어준 중국사 강의안은 모두 영문으로 쓰여진 것이며 모두 다 외국인의 관념으로 중국 역사를 바라본 것이라고 했습니다. 게다가 중국은 진시황 이전에는 엉망진창이어서 추장제였다가 진秦나라가 시작되어서야 중국이 있게 된 셈이라는 것입니다. 이 학생은 탄식하면서 말하기를, "제가 보기에는 다시 몇 백 년만 더 지나면 한漢나라 시대 이후에야 중국이 있었다고 하지 않을까 싶습니다."라고 했습니다. 이게 바로 이른바 최고 학부라는 것이냐며 한숨지었습니다. 그는 또 자기가 대학입시 연합고사에 참가한 어느 응시생에게 사서四書가 무엇이냐고 묻자, 선생님이 가르쳐준 적이 없어서 모른다고 하더랍니다. 그러면서 지금의 컴퓨터 시험 문제를 계속해 나가면 중국 문화는 끝장날 것이라고 말했습니다. 스무 살 남짓 된 이 대학 3학년 학생도 중국 문화가 끝나가고 있다고 느끼고 있으니 이 문제는 정말 심각합니다. 그와 여기까지 얘기하고 나서 내가 그에게 말했습니다, "중국 문화의 전파에 있어 어떻게 이 씨앗을 이어가느냐는 젊은 세대들에게 달려 있다. 20년 후에 우리 세대가 죽고 나면 문화 전체의 중책이 바로 여러분의 어깨에 떨어질 텐데 이 문화의 종자를 어떻게 이어갈 것이냐? 오늘날 유행을 중시하는 사람들은 그러려고 하지 않을 것이다. 그래서 중국 문화는 필연적으로 쇠락해 갈 것이다. 쇠락해져가서 없어질 지경이 되어서야 다시 되찾는다는 것은 아주 심각한 일이다." 옛것을 좋아한다고 한 공자의 이야기를 하고 보니 우리는 오늘 이 문제의 심각성을 더욱 민감하게 깨닫게 됩니다.

공자는 자신이 태어나면서부터 아는 사람이 아니라 단지 옛것을 좋아하는 정신을 가지고 있다고 말했습니다. 우리가 오늘날 중국 문화를 부흥하자고 하든지, 중국 문화를 보존하자고하든지, 후대를 위해서 생각하자든지 하는 것도 다 좋지만, 어떻게 옛것을 좋아할까요? 전통 문화를 계승한 다음 지혜를 운용하여 민첩하면서도 부지런히 반성하고 연구하는 것입니다. 다시 "민이구지(敏以求之)"하는 것이야말로 진지하게 하는 것입니다.

"민첩하게 학문을 탐구해 왔다."(敏以求之). 공자는 여기서 이렇게 말함으로써 자신의 성취가 힘써 배운 데서 온 것임을 말하고 있습니다. 이것은 그의 겸손한 말이자, 또한 정직한 말입니다. 어떤 천재도 힘써 배우지 않으면 쓸모가 없습니다. 많은 사람들이 총명하지만, 총명한 사람은 흔히 그리 힘써 배우려고 하지 않습니다. 학문하는 것이 착실하지 않으면, 민첩하게 학문을 탐구할 수 없습니다. 이 때문에 학문도 알맹이가 없습니다. 그러므로 공자의 이 말은 분명하게 우리들에게 이르기를, 학문을 하거나 사람됨이나 일처리의 기본 원칙은 바로 "옛 전통적인 것을 추구하기 좋아하고 민첩하게 학문을 탐구하는 데에" 있으므로 이를 탐구하지 않으면 안 된다고 했습니다.

여기에서는 공자의 지혜의 성취·학문의 성취·사람됨의 성취가 모두 평범한 것이며, 그가 천재여서가 아니라는 것을 말했습니다. 그러면 그는 어느 정도로 평범했을까요? 다음을 보겠습니다.

총명한 사람의 장난감

공자께서는 괴이한 일, 힘으로 하는 일, 어지러운 일, 귀신에 관한
일은 (좋아하지 않아 거의) 말씀하시지 않으셨다.
(사람의 지혜가 철학적인 최고 경지에 도달하여 '괴·력·난·신'이 비집고 들어
올 수 없어야 비로소 진정 평범한 사람입니다)

子不語 : 怪 · 力 · 亂 · 神。
자불어 괴 력 난 신

공자는 "괴이한 일(怪), 힘으로 하는 일(力), 어지러운 일(亂), 귀신에 관
한 일(神)"이 네 가지에 대해서는 많이 말하는 것을 좋아하지 않아 토
론했던 일이 드물었습니다. 이 때문에 우리들의 머릿속에서 공자는 평
범하고 성실한 일개 보통 사람으로 생각됩니다. 건륭 시대의 유명한 재
자才子였던 원매袁枚는 『자불어』子不語란 제목의 필기소설(筆記小說: 수필 형
식의 짤막한 소설—역주)을 한 권 썼는데, 주로 귀신 등 기괴한 일들에 관
한 내용입니다. 이런 일들에 대해 공자가 이야기하지 않았기 때문에, 자
기가 이야기하고 싶어서 쓴 것이라고 했습니다. 그 외에 기효람의 『열
미초당필기』閱微草堂筆記나, 강희 시대 포송령이 지은 『요재지이』聊齋誌異,
또 왕어양의 『지북우담』池北偶談은 모두 청나라 초기의 큰 명사名士나 큰
재자才子들의 작품으로서, "괴·력·난·신"의 이야기로 가득 차 있습니
다. 마치 오늘날 사람들이 귀신 이야기를 좋아하는 것과 같습니다.
며칠 전에 영국에서 심령학을 연구하는 박사 한 분이 나를 찾아왔습
니다. 현재 심령학 연구가 세계 각지에서 유행하고 있는데, 이 학문은
절대 경시할 수 없습니다. 언젠가 과학이 인간의 사후 영혼이 가는 곳
을 증명한다면 많은 종교가 장차 설 자리가 없게 될 것입니다. 그 다음
에는 유물 사상唯物思想이 완전히 무너져 그림자조차 보이지 않게 될 것
입니다. 세계 문화도 대변화가 있게 될 것입니다. 유물 사상을 토대로
하여 과학발명에 종사했던 사람이나 많은 과학 이론 내지는 아인슈타인
의 상대성 이론, 그리고 기타 철학상의 관점 모두 문제가 될 것입니다.
또 하나의 문제가 있습니다. 오늘날 전 세계가 과학의 시대이지만,

우리가 정치 철학이나 인류 철학의 입장에서 이 시대의 문화를 보면 "괴·력·난·신"으로 가득 차 있습니다. 한 시대가 쇠퇴해 갈 때에는 사회가 이 네 가지 분위기로 가득 찹니다. 무엇이 괴怪일까요? 아주 많습니다. 어떤 미국인이 나체로 다닌다든지 중학생 일이십 명이 둘러서서 대마초를 피우는 등등 전 세계에는 기기괴괴한 일들이 많이 일어나고 있습니다. 신문에 허다하게 보도되는 기이한 이야기들은 '괴이한'(怪) 일들을 선전하고 있는 것이나 다름없습니다. 이런 일이 신문에 실리면 모방하는 사람들이 생깁니다. 얼굴 훼손 사건 같은 것은 이전에 이런 잔혹한 수단을 아는 사람이 없었지만, 신문에 보도된 이후에는 똑같은 사건들이 연이어 발생했습니다. 이것이 사회의 '괴이한'(怪) 현상으로 어디에서나 볼 수 있습니다.

'력'力은 또 어떻습니까? 서문정西門町의 깡패들이 싸울 때는 툭하면 칼로 찌르고, 영화나 텔레비전을 보면 유도·레슬링·씨름 경기에서 근육을 치는 소리가 크면 클수록 좋아들 합니다. 그러나 중국 무술을 배우고 무술인으로서의 도덕을 중시하는 사람들은 이런 모습을 보면 매우 우습게 여깁니다. '난'亂은 사상의 혼란이나 사회의 변란을 말합니다. '신'神은 괴상망측한 일을 말합니다. 민간의 미신 조직이나 여러 파로 나뉘어 흥기하고 있는 신흥 종교들은 이미 단속된 압단교鴨蛋敎와 한참 주목받고 있는 통일교統一敎 이외에도 많이 있습니다. 지금 신흥종교성 조직들이 4, 50개나 되는데, 문제가 심각합니다. 때로는 그 뒤에 어떤 배후가 있지 않을까 하는 의심이 드는데, 이것은 사회 관련 분야 종사자들이 주의를 기울여야 할 문제입니다.

한 사회가 "괴·력·난·신"으로 충만 되어 있다는 것은 매우 심각한 문제입니다. 우리 자신을 반성해 보더라도, 우리들 머릿속에 "괴·력·난·신"의 생각이 절대로 없다고 보증하기 어렵습니다. 우리가 커다란 곤란을 당하게 되면 이러한 것들이 출현하여, 우리는 적어도 운명을 생각해 보게 될 것입니다. 나는 늘 말하기를, 세상에서 가장 미신을 잘 믿는 사람들은 지식인들이라고 합니다. 가령 고의로 어떤 지식인에게, "당신 기색이 좋지 않다."고 말하면 그는 곧바로 자신의 관상 좀 봐 달라고 할 것입니다. 바로 이런 심리에 기대어 "괴·력·난·신"이 발달합니다. 스스로 과학자라고 말하는 사람이 더 미신을 믿습니다. 나는 오늘날 큰 미신이 하나 있다고 말하는데, 바로 많은 사람들이 과학 만능을 믿는 것입니다. 이 역시 똑같이 심각한 문제입니다.

사람의 지혜가 철학적인 최고 경지에 도달하여 "괴·력·난·신"이 비집고 들어올 수 없어야 비로소 진정 평범한 사람입니다. 공자가 인仁의 도리를 말한 것도 이런 이치입니다. 그러므로 우리는 "괴·력·난·신" 이 네 가지를 가볍게 지나칠 수 없습니다. 이 네 가지 점을 가지고 우리 사회를 연구해 보면, "괴·력·난·신"의 자취로 가득 차 있음을 볼 수 있습니다. 매 시대마다, 황제마다, 정책마다 이 네 글자를 배경으로 삼았습니다. 특히 역사상 어떤 유명 인사에 대해서는 한결같이 괴상망측한 것을 억지로 끌어다 붙였습니다. 예를 들면, 증국번은 이무기가 변한 것이고, 원세개는 두꺼비가 변한 것이며, 청나라 말기의 좋고 나쁜 몇몇 대인물들은 서산 십괴西山十怪라는 등 전생·내세에 관한 이야기들이 있었습니다. 당시에 문자로는 기록되지 않았지만, 입으로 전해져 정말 그럴 듯했습니다. 그러므로 학문 수양이 평범하면서 "괴·력·난·신"의 영향을 받지 않을 정도에 이르기가 어렵습니다.

그렇지만 대학교에서 철학과 수업을 받는 학생이 7, 80명이나 되는 것이 참 이상합니다. 예전에는 진정으로 철학을 배우려는 학생은 서너 명인데다 진로도 나빴습니다. 일반인들 눈에는 철학자란 신경병 환자나 별 다를 바가 없었습니다. 졸업 후 직업을 찾아도 언제나 문 밖에서 거절당합니다. 뿐만 아니라, 철학 얘기만 꺼내면 점치는 일이나 관상 보는 것을 연상합니다. 왜냐하면 길거리의 글자풀이 점쟁이들 간판에 모두 '철학 관상'·'철학 점보기'라고 쓰여 있기 때문입니다. 차라리 철학과에서 관상에 관한 학식을 가르쳐서 장래에 간판에다 '모모 철학과를 졸업한 관상 전문가'라고 쓰는 것이 나을 것입니다. 재미있지 않겠습니까?

중국인에게 맞는 철학 명언이 있습니다. "마음이 불안하면, 관상을 보고 점을 본다." 대체로 관상 보러 오는 사람에게는 재물 손실을 좀 볼 것이라며 100퍼센트 영험을 보증하니 틀림없이 맞다고 합니다. 당연히 맞지 않습니까? 관상 보는 데 몇십 원 헛돈 썼으니, 이미 재물 손실을 좀 본 게 아닙니까? 이게 바로 "괴·력·난·신"이 소동을 피우고 말썽부릴 수 있는 기본 요소입니다. 진정한 과학자나 진정한 철학자는 진리를 이해해야 비로소 "괴·력·난·신"을 없애고 진실한 평담으로 돌아갈 수 있습니다. 나는 늘 말하기를, "괴·력·난·신" 이 네 가지는 어리석은 사람의 작품이자 총명한 사람의 놀잇감이라고 합니다. 그렇지요?

다음에는 이어서 타인과의 관계에 있어서 공자의 사람됨과 처세의 도리를 묘사합니다.

겸허와 자신감

공자께서 말씀하셨다. "세 사람이 길을 가게 되면, 그 중에는 반드시 나의 스승(이 될 만한 사람)이 있다. 나는 그의 좋은 점은 가려서 본받고, 그의 좋지 않은 점으로는 나 자신을 반성하여 바로잡는다."

子曰：三人行, 必有我師焉, 擇其善者而從之 , 其不善者而改之 。
자 왈　삼 인 행　필 유 아 사 언　택 기 선 자 이 종 지　기 불 선 자 이 개 지

앞 「학이」편에서 우리는 옛 사람들이 "無友不如己者"(자기보다 못한 벗은 없다)란 구절을 "자기보다 못한 친구들과는 사귀지 말라."는 뜻으로 잘못 해석했다고 논박했는데, 여기 이르러 이 점을 분명하게 볼 수 있습니다.

공자는 여기서, "세 사람이 함께 가면 그 중에는 반드시 나의 선생이 될 만한 사람이 있다."고 했습니다. 사실 공자의 이 말은 좀 에누리해서 말한 것으로, 어느 누구든 다 나의 선생이 된다고 말해야 마땅합니다. 나보다 훌륭한 사람은 물론 나의 선생이지만, 나보다 못한 사람도 나의 선생입니다. 왜냐하면 남의 어리석음이나 나쁜 면을 보고, "저렇게 어리석지 않아야. 저렇게 나쁘지 말아야지." 하고 자기가 반성할 수 있기 때문입니다. 그러므로 그들 모두를 충분히 나의 선생으로 여길 수 있습

니다. 공자의 이 말은, 학문 연구란 죽은 글공부를 하는 데만 노력하는 것이 아니라 사회를 관찰하면서 남의 옳은 점은 배우고 옳지 못한 점은 거울삼아 스스로 반성해야 한다는 의미입니다.

이 말은 평범하게 들리며, 모두들 이 도리가 맞고 또 마땅히 이렇게 해야 한다고 알고는 있습니다. 그러나 우리의 경험에 비추어 보면, 사람들은 이렇게 하려고 하지 않습니다. 나를 포함한 대다수의 사람들이 일종의 오만한 심리를 가지고 있기 때문입니다. 공자의 태도처럼 우리는 자기보다 나은 사람을 보면 존경하고 본받아야 합니다. 그렇지만 자기보다 나은 사람을 발견했을 때 오만한 심리가 작용해서 마음속으로 괴로울 때가 많습니다. 그 사람이 훌륭하다고 생각했다가도 한 2초만 지나면 역시 자신이 더 낫다고 생각되고, 생각하면 할수록 자신이 더 낫다고 느껴집니다. 마치 "하늘도 크고, 땅도 크고, 나도 크다. 달빛 아래서 그림자를 보니, 볼수록 자신이 위대하게 보인다."는 예전의 시골 사람들 말대로입니다. 사람은 날 때부터 이런 나쁜 근성을 가지고 있습니다.

그러므로 공자의 이 몇 마디 말은 평범해 보이고 별 어려운 점이 없는 것 같지만, 깊이 연구해 보면 사람이 무리지어 사는 사회에서 정말로 다른 사람의 장점을 발견하여 스스로 마음 깊은 곳으로부터 개선하고 배우려는 생각을 내기란 결코 쉽지 않습니다.

그런데 사람이란 언제나 이렇게 소박하고 겸손하기만 해야 할까요? 때로는 좀 오만한 듯한 자신감을 가지는 것도 필요합니다. 그래서 다음 글이 나옵니다.

(송나라 대부 환퇴가 공자를 미리 꾀하여 죽이려 하자 학생들이 소식을 듣고 공자에게 도피하시라고 말씀드렸지만)
공자께서 말씀하셨다. "하늘이 내게 (역사와 문화의 책임인) 덕德을 부여해 주셨거늘, 환퇴가 감히 나를 어찌 해칠 수 있겠는가?"

子曰 : 天生德於予, 桓魋其如予何 ?
자 왈 천 생 덕 어 여 환 퇴 기 여 여 하

환퇴桓魋는 송나라 대부大夫로서 공자를 모살謀殺하려 한 적이 있었습니다. 학생들이 소식을 듣고 공자에게 도피하라고 말했지만, 공자는 조금도 개의치 않았습니다. 사실상 그런 정치 사회 환경 속에서는 도피할 수도 없었습니다. 공자는 종교인처럼 확고한 일종의 자신감을 갖고 있었습니다. 그는 학생들에게 말하기를, "하늘이 나를 낳아 역사와 문화의 책임을 내 몸에 맡겼는데, 환퇴가 어떻게 감히 나를 해칠 수 있겠느냐?"고 했습니다. 결과는 물론 환퇴가 공자를 어찌할 수 없다는 것이 증명되었습니다. 이것은 오만이 아닐까요? 아닙니다. 자신감입니다. 우리가 여기에서 이해해야 할 것은 때로는 어떤 일에 대해 절대적으로 자신하는 마음이 있어야 한다는 것입니다. 자신감이 없어서는 안 됩니다.

무공을 배운 적이 있는 사람은 자신감을 상실해 버리면 무예가 아무리 좋아도 패배한다는 것을 잘 압니다. 군사 분야를 배우는 사람은 이것을 더 잘 알고 있습니다. 『사기』의 「형가열전」荊軻列傳을 보면 형가는 검술이 결코 높지 않았는데, 한번은 검술 고수를 찾아가서 만났습니다. 형가가 검을 들어도 상대는 꼼짝도 않고 그저 형가를 노려만 보았습니다. 결국 형가는 칼을 거두어 칼집에 넣고 돌아와 버렸습니다. 오늘날의 무협 소설로 말하면, 그 사람의 눈은 이미 일종의 굳센 기를 단련하여 성취한 것입니다. 사실은 평온하면서 자신감에 찬 정신이 상대방을 꺾어 이긴 것입니다. 무협소설을 예로 들어 자신감의 중요성을 설명했는데, 특히 키가 작은 사람이 기골이 장대한 사람과 싸울 경우, 먼저 자신감을 잃어버리면 반드시 패배합니다. 자신감은 많은 경우, 그리고 많은 일에 있어 매우 중요합니다.

지금까지는 공자의 사람됨·처세·학문 등의 수양에 대해서 큰 단락으로 말했고, 다음은 다시 그의 교학 방면의 교육법으로 들어갑니다.

공자께서 (자신의 교육 방법을) 말씀하셨다. "너희들은 내가 (학문을 강講하면서 아직도 무언가) 숨기(고 전해주지 않)는 게 있다고 생각하느냐? 나는 너희들에게 (조금이라도 절대) 숨기는 게 없다. 나는 (나

자신을 교재로 삼아) 너희들에게 평소 (나의 사람됨·처세·언행의) 행실 속에서 (남김없이 다 표현하여 학문을 이미) 보여 주지 않은 것이란 없으니, 이것이 바로 나다. (절대로 죽은 책에서 죽은 글만 읽지 말고, 신비감이나 호기심을 갖지 말라)"

子曰: 二三子以我爲隱乎? 吾無隱乎爾。吾無行而不與二三子者, 是
자 왈   이 삼 자 이 아 위 은 호   오 무 은 호 이   오 무 행 이 불 여 이 삼 자 자   시

丘也。
구 야

　이것은 다음과 같이 말하는 것이나 다름없습니다. "여러분은 내가 학문을 강講하면서 아직도 무언가 비밀을 숨기고 전해 주지 않는다고 생각하는가? 나는 조금이라도 감춘 것이 절대 없다. 아는 것을 말하지 않음이 없고, 말은 다하지 않음이 없는데, 여러분은 학문을 하면서 왜 이해하지 못하는가?" 우리는 학문을 하면서 한 가지 잘못된 생각을 하기 쉬운데, 선생님이 한 수 감추어 놓지 않았을까 하고 걱정하는 것입니다. 특히, 　고대에는 무공을 가르치면서 선생님이 한 수를 남겨 두었을 가능성이 많습니다. 한 수를 남겨 둠으로써 제자가 스승을 쓰러뜨리는 것을 막을 수 있는 것입니다. 그러나 이렇게 남겨 두다 최후에는 전해지지 않아 모두 없어져 버렸습니다.

　공자는 말하기를, "나는 보류해 놓은 것이 없다. 나의 학문은 간단하다. 내 자신이 바로 교재로서 평소 나의 사람됨·처세·언행에 모두 표현된다. 학문은 바로 이 안에 들어 있어서 이미 여러분에게 일러 주었다. 절대로 죽은 책에서 죽은 글만 읽어서는 안 된다."고 했습니다. 바꾸어 말해서, 이 단락은 공자의 교육법이 일상 행위를 통해 곳곳에서 남김없이 표현되었으니 신비감이나 호기심을 갖지 말라는 것을 나타낸 것입니다. 그는 어느 때 어디서나 가르쳤으며, 학문은 생활 경험에서 얻어진 것임을 보여 주었습니다.

　책에서는 지식을 얻고, 옛 사람의 경험이나 견해, 터득한 바를 찾아 얻습니다. 그러나 이런 지식이나 견해나 터득한 바를 자기 몸에 응용하

여 체험해 보아야 합니다. 그래서 공자는 "나는 너희들에게 평소 행실 속에서 보여 주지 않은 것이란 없다."(吾無行而不與二三子者)고 했는데, 이는 어느 때 어느 곳에서나 학문의 도리를 나타내 보였으니 너희들은 이런 면에서 이해하고 학습해야 한다는 말입니다.

이어서 다음에는 공자의 교육의 중심 취지를 말합니다.

> **공자께서 네 가지를 (교육의 중심으로) 가르치셨으니, 학문·실천·충실·신의이다.**

> 子以四敎 : 文·行·忠·信。
> 자이사교　문　행　충　신

오늘날 공맹 학설을 연구하는 어떤 사람들은 새로운 시대 경향을 따라서 이렇게 말합니다. "공자의 교육 방법은 매우 과학적이었다. 당시 공자는 과科를 나누어 교육했는데, 문文·행行·충忠·신信의 네 부문으로 나누어 학생들을 가르쳤다. 이는 오늘날 학과를 나누어 가르치는 것과 같았다." 그러나 이것은 우스운 이야기입니다.

이 네 가지는 공자의 교육의 취지를 말하는 것입니다. 첫째는 '문'文인데, 이에는 지식·문장 ― 넓은 의미의 문장 ― 이 포함됩니다. 문장의 '문'文은 문채·글귀와 조리를 말하며, '장'章은 서로 이어지는 전체적인 문리文理를 말합니다. 좁은 의미의 문장은 문자로 된 작품을 가리키는데, 이는 후세의 관념입니다. 춘추전국 때의 문文은 넓은 의미의 문장으로, 일체의 지식과 문학을 포함하여야 합니다.

둘째는 '행'行입니다. 아무리 문장이 좋고 지식이 많더라도 이것만으로는 기껏해야 문인文人이 될 뿐입니다. 학자들은 주의해야 합니다. 일찍이 옛 사람들이 "문인은 대체로 행함이 없다."(文人多無行)고 한 말이 있습니다. 문인이 행함이 없다는 것은, 다시 말해 문인은 지식이 많아서 바른 이치든 굽은 이치든 모두 조리가 있기에 범사凡事를 대수롭지 않게 여겨, "명사의 풍류는 대범하여 구애받지 않는다."(名士風流大不拘)는 것입니다. 또, 흔히 문장을 잘 쓰는 사람은 실제적인 공훈업적이 없습니다. 우리의 3천 년 문학사를 보더라도 문학에 조예가 깊고 시詩·사詞·가歌·부賦가 훌륭했던 사람들은 업적 면에서는 별로 큰 성취가 없었습니다. 시인을 예로 들면 두보·이백 등은 다른 분야에서는 별로 큰 성취가 없었습니다. 공훈 업적을 성취한 사람들은 꼭 문학이 훌륭한 사람들은 아니었습니다.

그렇지만 당대의 몇몇 황제들은 문장이나 시詩·사詞가 매우 훌륭했는데, 특히 당태종은 시를 아주 잘 지었습니다. 그런데도 그는 시를 지으려고 하지 않았습니다. 그는 서예도 훌륭하였습니다. 당대 문학이 좋은 것은 황제들이 문학을 제창한 탓이었습니다. 송조의 유가들은 이학理學을 잘 강의했는데, 그 원인을 따져보면 역시 송태조의 영향을 받았기 때문입니다. 태조 조광윤趙匡胤 자신이 이학에 정통하였습니다. 그러므로 사회 기풍을 바꾸는 것은 한두 사람에게 달려 있지만, 지금의 나와 여러분 같은 한두 사람은 아닙니다. 이것은 역사에서 그 많은 증명을 얻을 수 있습니다. 그러나 공훈 업적이 있는 사람은 그의 위대한 공훈업적이 흔히 문학적인 재기才氣를 덮어 버렸습니다. 그래서 공자의 네 가지 가르침 중 행行도 보통의 조행操行만을 가리키는 것이 아니라 일생 사업의 성과를 가리키는 것이었습니다.

다음으로 셋째인 '충'忠입니다. 이 충忠은 당송 이후에 말하게 된 것과 같은 어떤 한 사람에 대한 '충성'이라는 의미가 아닙니다. 공자가 여기서 말하는 충忠은 국가·사회·부모·친구 등 어떤 사람, 어떤 일에 대해서든 약속을 했으면 끝까지 실행하는 변함없는 성실한 마음(誠心)을 말합니다. 한 가지 일, 한 가지 사물에 대해서 마음을 다하지 않음이 없는 것을 충忠이라고 불렀습니다.

넷째는 '신'信으로, 곧 신의가 있는 것을 말합니다. 이상 네 가지는 공자가 내세운 교육의 중심 취지로, 서로 떼어서 생각할 수 없는 것입니다. 그가 과科를 나누었다고 말하는 것은 우스운 이야기입니다.

여기까지 말하고 보니, 우리는 중국의 현대 교육에 대해 느끼는 바가 많습니다. 특히, 매년 연합고사 전에 이런 문제를 늘 이야기하는데, 그동안 해왔던 예상 문제 출제 방식에 따라 금년(1974년)의 작문 주제는 틀림없이 건설 분야의 열 가지 항목 중에서 출제될 것으로 예상했습니다. 그러나 막상 출제된 문제는 예상 밖이었는데, 나는 문제의 주제가 아주 좋았다고 생각합니다. 출제된 문제는 『순자』 중에 나오는 "내가 종일토록 생각해 본 적이 있으나, 잠깐이라도 배우는 것만 못했다."(吾嘗終日而思矣, 不如須臾之所學也)는 순자의 말이었습니다. 그런데 뜻밖에 어느 큰 신문사의 사설에서 이에 대해, "지금은 이미 과학 시대가 되었는데도 이런 케케묵은 문제를 내는 것은 시의에 맞지 않는다."고 비평했습니다. 나는 이런 사설을 보고 한숨짓는 것조차도 낭비라고 느꼈습니다. 신문이란 문화를 이끌어 가는 선봉 역할을 해야 하는데, 예상 밖으로 이런 관점을 지니고 있다니 천하의 일을 알만 합니다!

오늘날의 교육은 정말 심각한 문제입니다. 특히, 우리 국가민족 문화의 앞날에 대해서는 더 큰 문제입니다. 내가 항상 느끼는 바로는 최근 몇십 년 동안 우리 나라의 문제는 근본적으로 교육에서 발생했을 뿐만 아니라 심각합니다. 서양의 극단적인 사상이 우리 문화에 침입하게 된 것도 바로 당시의 교육에 문제가 있었기 때문입니다. 보세요, 전 세계 어느 지역 어느 국가이든 앞장서 방향 전환을 시작하고 극단적인 사상으로 기울어지기 시작한 사람들은 바로 지식인들이었고, 모두들 문제를 깨달았을 때는 이미 늦은 상태였습니다. 그 다음으로 극단적인 사람들은 자본가들인데, 정말 큰 문제입니다. 이런 문제들에 대해서 학문과 안목을 가지고 깊이 연구해야 합니다. 가난한 신세를 고쳐 보려고 했던 것은 야심가의 속임수에 넘어간 것으로, 결과적으로 고쳐 봐도 역시 빈궁하기는 마찬가지였습니다. 왜 그랬을까요? 이것은 교육의 문제와 절대적으로 관련이 있습니다. 3천 년에 걸친 역대의 흥망성쇠도 교육과 관련이 있습니다.

옛날에는 교육의 목표를 명문화하여 규정하지 않았지만, 현재는 삼민주의 교육으로 규정하고 실시합니다. 문 닫아놓고 우리끼리 검토해보면, 삼민주의의 교육은 학교에서 결코 성공한 셈이 아닙니다. 무슨 까닭인지 연구할 필요가 있습니다. 과거에 우리는 비록 명문화된 교육의 중심 취지가 없었지만 글공부 하는 사람들은 근본적으로 품성과 도덕을 잘

닦아야 한다는 것이 공인된 교육의 목적이었습니다. 그러나 근년 들어서는 서양 문화를 추종하면서 특히 요즘에는 "교육은 곧 생활이다."같은 미국식 교육방침을 표방하고 있는데, 여러분들이 영위하는 생활이란 바로 현실에서 겪는 물질의 영역입니다. 따라서 오늘날에 와서는 교육의 목적도 변하여 심성心性 수양을 완전히 소홀히 합니다. 지금은 그 정도가 어디까지 이르렀을까요?

몇 년 전에 사범대학을 졸업하고 이미 석사학위를 받은 학생 한 사람이 어느 날 나를 보러 왔습니다. 내가 그에게 오늘날 우리 교육의 목적은 무엇이라고 생각하느냐고 묻자, 그는 "선생님 우리들의 교육의 목적은 시험이예요!" 하고 대답하는 것이었습니다. 이 말은 너무 침통해서 우리는 서로 쓴웃음을 지을 수밖에 없었습니다. 그렇습니다. 초등학교 졸업 후에는 중학교 입학시험을 보고, 중학교 들어가면 초등학교에서 배운 것은 소용없으니 내버리고, 중학교 졸업하면 고등학교 입학시험 보고, 고등학교 들어가서는 중학교에서 배운 것이 소용없으니 또 내버립니다. 고등학교 졸업하면 대학 시험 보고, 고등학교에서 배운 것은 소용이 없어져 당연히 내버립니다. 유학 시험을 보고 나서는 대학에서 배운 것 내버리고, 유학에서 돌아와 공무원 시험 봐서 공무원 되고 나면 또 승진 고시를 봅니다. 3년에 한 번 큰 시험이 있고, 2년에 한 번 작은 시험이 있습니다. 그렇습니다! 우리의 교육은 시험이 그 목적이 되어 버렸습니다. 시험이란 것은 치러 보았자, 현실이 그 시험만으로 다 되는 것은 아닙니다. 청나라 때 어떤 사람이 시험에 대해 평하기를,

한 시대의 영웅의 기를 소모시킴은 　　　　銷磨一代英雄氣
형식적인 글과 전체서殿體書이네 　　　　官樣文章殿體書

라고 했는데, 오늘날 과학 팔고八股의 시험 방법은 더 끔찍합니다. 장래에는 아마 이렇게 변할 것입니다.

한 시대의 정신을 소모시키는 것은 　　　　銷磨一代精神氣

컴퓨터 규정과 기계 서적이네   電腦規程機械書

(우리는 들으며 고개를 가로 저의며 탄식했다)

그저께 경력이 많은 유명한 중학교 국어 선생님 한 분이 나를 보러 와서 역시 탄식을 하며, "금년 교육 목표가 컴퓨터 교육과 컴퓨터 시험으로 바뀌었는데, 갈수록 잘못 되어 가고 있다." 라고 했습니다. 현재 고등학교 3학년 교육은 학문을 가르치는 것이라고 할 수 없다며, 그저 학생들에게 어떻게 컴퓨터 시험에 응시할 것인지를 알려 줄 따름이라고 했습니다. 국어 분야에서는 하나의 명사名詞에 대해 학생들에게 정확한 해석을 가르쳐 주어야 할 뿐 아니라, 네댓 가지 정확한 답안 작성법을 알려 주어야 한다는 것입니다. 게다가 일부 국어 교과서들은 편찬할 때부터 문제가 있어서 중학교 선생님들이 이런 문제를 발견하여 교육부에 제출했지만 거들떠보는 사람이 아무도 없다가, 지금 시험을 눈앞에 두고서야 신문지상에 문제가 있다고 보도하고 있답니다. 그리고 문제가 되는 부분에 대해서는 학생들에게 앞으로 시험에 어떻게 응시하라고 알려 주기만 하면 된다고 합니다.

이게 바로 교육입니다! 어떻게 할까요?

지금 우리는 공자의 교육의 취지가 문文·행行·충忠·신信이라고 말했습니다. 과거에는 덕행德行의 길을 향하여 걸어라 했고, 학생들의 지식과 학문의 성취에 대해서는 2차적인 요구였습니다. 교육을 받는 첫째 목적은 인품과 덕성의 기초를 다지는 것이었습니다. 수천 년 동안 선조들의 도덕이 어떻게 그처럼 돈후할 수 있었을까요? 바로 덕행 교육의 결과였습니다.

그러므로 문文·행行·충忠·신信은 결코 학문의 네 가지 과科가 아니라, 오늘날의 개념으로 굳이 해석한다면 공자가 표방한 교육의 중심이었다고 하는 것이 마땅합니다. 문文에는 문학 내지는 일체 학문의 완성이 포함됩니다. 행行은 좁은 의미로는 행위와 품덕이고, 넓은 의미로는 사업의 성과입니다. 충忠·신信은 내심 수양으로서, 인격의 함양입니다.

시대가 쇠퇴하니 귀신이 사람을 희롱하네

이제 다음에서는 공자의 말을 인용하여, 당시 사회 기풍의 변화에 대하여 크게 탄식합니다!

공자께서 (사회 기풍의 변화를 크게 탄식하며) 말씀하셨다. "(고대의) 성인聖人은 (가버렸으니) 나로서는 만나볼 수가 없다. (그러나 성인의 도를 배우는 사람은 언제나 있겠지! 성인이 가르친 도를 따라 배우면 비록 완전하게 배우지는 못했더라도 충분히 군자라고 부를 만할 테니, 내가 그런) 군자라도 만나볼 수 있다면 좋겠다."

공자께서 말씀하셨다. "(진정한) 선인善人은 (과거 역사에는 있었지만, 이제는 없다. 적어도) 나로서는 만나볼 수가 없었다. (사상의 중심이 확립되어 사회가 아무리 변하더라도, 심지어 하늘이 무너지더라도 상관하지 않고 꿋꿋이 자기의 길을 가는) 변함없는 마음(恒心)이 (있고 굴센 힘이) 있는 사람만이라도 만나볼 수 있다면 좋겠다.

(오늘의 사회인들은 껍데기들이 많다. 근본이 텅텅 비어 아무 것도) 없으면서도 (허세만 부리고 자신이 대단한 학문이) 있는 척 하고, (속이 아주) 텅 비어 있으면서도 차 있다고 (자만하여 스스로 옳다)하고, (마땅히) 검약해야 하는데도 (체면치레와) 걸치레를 (중시)하니, 이런 사람들은 모두 항심恒心을 가지(고 학문 도덕을 향해 노력하)기가 어려운 것이다!"

子曰: 聖人, 吾不得而見之矣! 得見君子者, 斯可矣。 子曰: 善人,
자왈 성인 오부득이견지의 득견군자자 사가의 자왈 선인

吾不得而見之矣! 得見有恒者, 斯可矣。 亡而爲有, 虛而爲盈, 約而爲
오부득이견지의 득견유항자 사가의 무이위유 허이위영 약이위

泰, 難乎有恒矣!
태 난호유항의

이 몇 마디 말은 아주 많은 것을 느끼게 합니다. 오늘의 세상 풍조를 보면서도 공자 당시와 똑같은 탄식이 나옵니다. 공자의 시대와 같은 변

란의 시대에는 갖가지 이상한 현상들이 나타납니다. 그래서 공자는 국가 민족의 문화 명맥이 끊어져 버릴까 심히 두려워하고 근심했습니다. 공자의 말은 이러합니다. "고대의 성인은 가 버렸으니 나는 만나볼 수가 없다. 그러나 성인의 도를 배우는 사람은 언제나 있겠지! 성인이 가르친 도를 따라 배우면 비록 완전하게 배우지는 못했더라도 충분히 군자라고 부를 만할 테니, 내가 그런 사람을 볼 수 있다면 만족하겠다."

이것은 공자가 시대 풍조를 탄식하는 말로서, 그 당시 진정으로 군자라 칭할 만한 사람을 이미 볼 수 없었음을 알 수 있습니다. 공자는 이어서 또 말합니다. "진정한 선인善人이 과거 역사에는 있었지만, 이제는 없다. 적어도 나는 아직 본 적이 없다. 죽음으로 선한 도를 지켜내는(守死善道) 변함없는 마음(恒心)을 지닌 사람만이라도 볼 수 있다면, 다시 말해 사상의 중심이 확립되어 사회가 아무리 변하더라도, 심지어 하늘이 무너지더라도 상관하지 않고 꿋꿋이 자기의 길을 가는 변함없는 마음(恒心)이 있고 굳센 힘이 있는 사람만이라도 볼 수 있다면 좋겠다." 이는 일생 동안 역사 문화를 위해 희생할 수 있는 사람도 없어졌음을 말하는 것입니다.

그 아래 문단에서는 당시의 사회 현상을 말합니다. "없으면서도 있는 척 한다."(亡而爲有)에서 '亡'(무)자는 없다는 뜻입니다. 공자의 말은 이러합니다. "오늘의 사회인들은 껍데기들이 많다. 근본이 텅텅 비어 아무것도 없으면서도 허세만 크게 부리고 자신이 대단한 학문이 있는 척한다." 사회가 변란기에 처했을 때는 이런 현상이 얼마든지 있습니다. 어떤 이는 돈이 있다 하여 유명 인사와 사귀고 자기를 내세우면서 학문이 대단한 양합니다. 물론 그런 사람들과 상대해서는 안 됩니다. 그런 사람은 입만 열면 끝장나 버립니다.

이어서 "텅 비어 있으면서도 차 있다 한다."(虛而爲盈)고 했습니다. 사회 변란시기에는 속이 아주 텅 비어 있으면서도 자만하여 스스로 옳다고 여기는 사람들이 많습니다. 우리가 겪어 보면 알 수 있듯이 대체로 지나치게 오만한 사람은 자신의 무의식중에 반드시 무거운 열등감이 있습니다. 우리는 그 사람의 오만함을 이해해 주어야 합니다.

"검약해야 하는데도 겉치레를 한다."(約而爲泰)에서 '約'(약)자는 검약입니다. 사회가 어지러운 시기에는 사람들이 마땅히 절약해야 합니다. 그런데도 이렇게 하는 사람이 드문 것은 체면치레와 겉치레를 중시하기 때문입니다. 솥에 안칠 쌀이 없어도 상관하지 않고 먼저 겉치레부터 하고 보는 것입니다.

이 세 가지 중 어느 한 유형의 사람도 항심恒心을 가지고 학문 도덕을 향해 노력하는 사람은 없을 것입니다. 왜냐하면 그는 심리상으로 이미 건전하지 않기 때문입니다. 이것은 사회의 병폐이자 개인의 병폐입니다. 공자 당시에만 그랬던 것이 아니라, 지금 우리들의 시대에도 그렇습니다. 동서고금의 역사를 보면 대체로 변란의 시대에는 다 그랬습니다. 그러므로 이런 변란의 시대에 처해서는 우리가 특별히 주의하여 자기 수양을 더욱 강화해야 합니다.

이상은 공자의 교육과 방법을 말하고, 동시에 시대에 대한 그의 근심을 말했습니다. 다음에서는 또 그의 생활 태도를 말합니다.

공자께선 낚시질을 하셨으나 그물을 쓰지는 않으셨고, 활은 쏘되 둥지로 돌아와 쉬고 있는 새를 쏘지는 않으셨다. (무엇을 하시든 교활하고 간사한 심보를 써서 남을 괴롭히기를 좋아하지 않으셨다)

子釣而不綱 ‚ 弋不射宿。
자 조 이 불 강　익 불 석 숙

이 두 마디 말은 공자의 개인 생활을 기록한 제10편 「향당」에 넣어야 마땅하다 할지 모르겠습니다. 그런데 왜 여기에 넣었을까요? 그 나름대로 일리가 있습니다. 이 두 마디 말은 공자의 살아가는 태도를 설명한 것입니다. 공자는 낚시질을 하기는 했지만 기계적인 방법을 쓰지는 않아서 큰 그물을 쓰지 않았습니다(子釣而不綱). 여기서 '綱'(강)은 즉 '網'(망)입니다. 현대적 생산 관념으로 보면, 이런 태도는 뒤떨어진 것이겠지요! 오로지 낚싯대만 써서 고기를 낚는다면 어업 회사도 설립할 필요가 없습니다. 이는 그야말로 경제 정책과 완전히 위배됩니다. 그러나

이 말은 생산문제를 토론하는 것이 아니라 개인의 사람됨의 원칙입니다.

다시 말해서 공자는 낚시를 하든 무엇을 하든 교활하고 간사한 심보를 써서 남을 괴롭히기를 좋아하지 않았다는 것입니다. 또, 공자는 사냥할 때 활을 쏘되 깃드는 새, 즉 둥지로 돌아와 쉬는 새는 쏘지 않았습니다(弋不射宿). 이 점도 지난날 전통 문화의 한 정신을 나타내는데, 이와 같은 정신은 물론 지금도 우리 문화 속에 남아 있습니다. 우리가 옛 소설에서 볼 수 있듯이, 사람들은 싸울 때 암살용 무기의 사용을 싫어했고, 만부득이 사용할 때에는 표창(鏢)을 썼습니다. 그리고 표창을 쓸 때에는 반드시 "표창 받아라." 하고 크게 한 번 소리를 치며 먼저 인사를 하여 알려 주었습니다. 이것은 비록 사소한 행동이지만 민족성의 특징이자 우리 민족의 전통 도덕이었습니다.

요즈음 이런 전통 문화들을 말하면, 다른 관점에서는 낙오된 사상으로 보일 수도 있습니다. 그러나 최근의 문화적 흐름으로 보면 결코 낙오된 것이 아닙니다. 현대 생물학자들은 동물 애호를 극력 제창하고, 전 세계에 동물 보호회가 조직되어 있으며, 야생 동물 보호회는 사냥 중지를 제창하고 있습니다. 옛날 우리 선조들은 동물 애호에도 당연히 도덕이 있다고 생각했습니다.

예를 들면, 우리들은 옛날부터 전해 오는, "그대에게 권하노니, 봄철의 새는 잡지 말게. 새끼는 둥지 속에서 어미를 기다린다네."(權君莫打三春鳥, 子在巢中望母歸)라는 말을 다 알고 있는데, 옛날에 어린이가 공부할 때 선생님이 가르쳐 주어 생활 교육이 된 것입니다. 봄철의 새가 이제 막 새끼를 부화한 시기에는 잡지 말아야 합니다. 어미가 잡혀 죽으면 새끼는 둥지에서 굶어 죽게 되어 아주 비참합니다. 이런 교육은 사소한 일처럼 보이지만, 이를 확대하면 바로 인애심仁愛心이 됩니다. 그러므로 공자의 이 두 가지 점을 여기에 넣어 둔 것은 사랑의 마음을 확충하는 것이 인仁임을 말하고자 한 것입니다.

허자虛字 속에 감추어진 진실

이어서 또 공자가 학문하는 요점을 충분히 나타내고 있습니다.

공자께서 말씀하셨다. "(무지하여 아무것도) 알지도 못하면서 전문가인 척 하는 사람이 있으나, 나는 (절대로) 그런 일이 없다. (독서를 많이 하고) 많이 듣고 (많이 물어) 그 중 좋은 것을 가리어 따르고, 많이 보고 (직접 체험해 보아야 할 뿐만 아니라) 그것들을 (주의 깊게) 기억해 두는 것은 태어날 때부터 아는 것의 다음가는 일이다."

子曰 : 蓋有不知而作之者, 我無是也。多聞, 擇其善者而從之。多
자왈 개유부지이작지자   아무시야   다문   택기선자이종지   다

見而識之, 知之次也。
견이지지   지지차야

여기서 '蓋'(개)자는 허자虛字로서 고문 중의 '夫'(부)자와 같은데, 예를 들면 『상서』에서 볼 수 있는 曰若(왈약) 등등도 마찬가지입니다. 백화문이 보급된 후 어떤 이들은 이런 글자들이 아무 상관없는 글자들이라고 싫어합니다. 그러나 사실은 관계가 있습니다. 우리가 평소 말할 때 보통 "에……, 아……, 응……" 등의 군소리를 하는 것과 같습니다. 작문법을 연구해 보면, 이런 글자들은 문장의 기세에 큰 영향을 미칩니다. 잘 활용하면 말뜻을 더 충분히 표현할 수 있습니다.

허자虛字가 문학에서 차지하는 위치에 대해서는 근대에 좋은 예가 하나 있습니다. 신해혁명이 성공한 후에 청조 황제가 퇴위했는데, 당시 융유隆裕 황태후, 즉 선통 황제 어머니의 퇴위문도 역사상 중요한 문헌입니다. 전하는 바에 의하면 당시 남통南通 출신으로 장원급제했던 장건張謇이 썼다고 합니다. 본래 이 문장 속에는 "곧 원세개가 전권을 가지고 공화 정부를 조직한다."(即由袁世凱以全權組織共和政府)는 말이 없었는데, 원세개가 측근들에게 일러 방법을 모색해 집어넣은 것입니다. 이 퇴위문은 만청 3백 년 간의 조정이 최후에 물러나면서 머리를 조아릴 때 전 국민에게 한 말이었습니다. 무엇이라 말했을까요? 더욱이 이 마지막 문

장 한 편에서 최후의 한마디를 어떻게 말하는 것이 좋았을까요? 즉, 최후에 어떻게 물러난다는 것을 말하는 것인데, 이 문장을 어떻게 잘 마무리 지을까 하는 것이 정말 어려운 일이었습니다.

결국 그 최후의 구절은 '기불의여'豈不懿歟라는 넉 자로 정해졌는데, 내용과는 아무 상관이 없는 것으로 완전히 뜻 없는 말(虛語)이었습니다. 그렇지만 이 말은 문장의 기세나 의식 형태意識形態 면에서는 대단히 중요했습니다. 전하는 바에 의하면 어느 태사太史가 이 넉자를 넣어 끝을 맺었다고 합니다. 섭하암葉遐菴이 기록한 일화逸話로서, 신해년辛亥年 공화정부 선포 전에 북경에서 들었던 한 가지 이야기는 다음과 같습니다.

"퇴위 칙령은 장금파(張金坡: 이름은 錫鑾)가 일찍이 다른 사람에게 초안을 잡도록 시켰으나, 그 사람의 문장이 쓸데없이 긴 것 같아 내게 수정해 달라고 건네주었다. 나는 아직 시기상조라고 여겨 옷 주머니 속에 감추어 놓았다(당시 중요한 문건은 집 안에 놓지 않고 대부분 옷 주머니에 넣어 놓았다. 한번은 야간에 수십만 원짜리 송금 수표를 받아 역시 옷 주머니 속에 넣어 놓고 감히 누구에게도 알리지 못했다). 12월 20일 전후에 이르러 비로소 문안을 수정하려고 붓을 들었는데, 남방에서 이미 초안을 하나 마련하여 전보로 북경에 알렸다(이 초안 원고는 장계직張季直·조죽군趙竹君 두 사람이 썼다고 한다). 마침내 모군某君이 원고를 고쳐 확정했다. 이 원고의 마지막 구절인 '기불의여'豈不懿歟 넉 자는 어느 태사太史가 써 넣었다고 들었는데, 나는 심히 감탄했다. 이 넉 자가 아니면 문장을 끝맺을 수가 없었기 때문이다."

이것은 그 일에 참여했던 사람의 기록이므로 믿을 수 있습니다. 그의 말대로 실질적인 내용이 없고, 내용과는 상관없는 이 넉자의 허자는 문장을 마무리하는 기세에 있어서 큰 작용을 하므로 매우 중요합니다. 여러분들이 이 허자가 문장 속에서 갖는 작용을 체험해 보게 하려는 뜻으로, 또 역사상 중요한 문헌의 하나이므로 원문을 다음에 수록하니 모두들 감상하고 이해해보기 바랍니다.

朕欽奉隆裕太后懿旨：前因民軍起事，各省響應，九夏沸騰，生靈塗炭。特命袁世凱遣員與民軍代表討論大局議開國會，公決政體。兩月以來，尚無確當辦法。南北

睽隔, 彼此相指, 商輮於途, 士露於野, 徒以國體一旦不決, 故民生一日不安. 今全
國人民心理多傾向共和, 南中各省旣倡議於前, 北方諸將亦主張於後, 人心所向, 天
命可知, 予亦何忍一姓之尊榮, 兆民之好惡. 用是外觀大勢, 內審輿情, 特率皇帝將
統治權公之全國, 立爲共和立憲國體. 近慰海內厭亂望治之心, 遠協古聖天下爲公之
義. 袁世凱前經資政院選擧爲總理大臣, 當茲新舊代謝之際, 宣佈南北統一之方, 卽
由袁世凱以全權組織共和政府, 與民軍協商統一辨法. 總期人民安措, 海宇又安, 仍
合漢滿蒙回藏五族完全領土爲一大中華民國. 予與皇帝得以退處寬閒, 優遊歲月, 長
受國民之優禮, 親見郅治之告成. 豈不懿歟! 欽此.

　이로써 알 수 있듯이 문자에 대해서도 때로는 주의를 기울여야 합니
다. 특히, 외교상의 문자나 심지어 한 통의 서신을 쓰는 데 있어서는
정식 외교와 관계가 있으므로 글자마다 유의해야 합니다. 비록 문자는
보잘것없는 재주이지만, 도장을 새기는 것과 같아 평생 도장을 새겨도
예술품이 될 수 있는 것은 몇 개 되지 않듯이, 문자도 이처럼 어렵습니
다. 이상은 '蓋'(개)자를 말하다보니 나왔던 이야기였습니다. 이 '蓋'(개)자
는 때로는 '때문에'라는 뜻을 갖는데, 어떤 일에 대해 먼저 결과를 서술
하고 나서 원인을 말할 때 먼저 이 蓋(개)자를 더하여 씁니다.

　위 단락에서 공자는 말하기를, "어떤 사람들은 자기가 무지하여 아무
것 도 모르면서도 전문가인 척하면 하는데, 나는 이런 일을 절대 하지
않는다."고 했습니다. 그러므로 여러분들은 공자를 본받아서, 사회에 나
가 일을 하거나 지도자가 되었을 경우 모르면 모른다고 하십시오. 전통
의 지도자학에서 말하는 진정한 지도자는 용인用人을 잘하는 것이지, 꼭
자신이 많은 것을 알아야 하는 것은 아닙니다. 한고조 유방 같은 사람
은 뭘 알았던가요? 그의 장점은 바로 자신이 아무것도 알지 못한다고
솔직하게 승인할 수 있었던 점이었습니다. 가장 두려운 것이 자신이 뭐
든지 다 안다고 생각하는 것인데, 이는 가장 중대한 잘못입니다.

　지도자로서 가장 좋은 방법은 설사 자신이 알더라도 모른다고 말하는
것입니다. 제갈량은 본래 뭐든지 다 알았지만, 여러 사람들의 의견을 모
아서 더욱 큰 효과를 얻기 위해 항상 남의 가르침을 청했습니다. 자기
보다 모르는 사람에게도 묻는 것이 가장 총명한 방법입니다. 그러나 사

람들은 알고 나면 꼭 나타내기 좋아하는 나쁜 버릇이 있습니다. 이런 태도는 학자로서는 괜찮지만, 실제 일처리를 할 때에는 그래서는 안 됩니다. 큰 금기 사항입니다. 그랬다가는 적어도 자신이 매우 고생할 것입니다. 윗사람의 능력이 너무 뛰어나면, 아랫사람 중에 쓸 만한 인재가 없게 됩니다. 아랫사람이 능력이 있어도 발휘할 수가 없습니다. 왜냐하면 부하에게 멍청하다고 두어 차례 꾸짖으면, 세 번째는 부하가 좋은 의견이 있어도 감히 말하지 않고 그저 윗사람이 하자는 대로 "예", "예" 하기 때문입니다. 이렇게 되면 지도자는 혼자 고생하기 마련입니다. 이 정도는 그래도 괜찮은 편인데, 가장 미운 것은 "부지이작"不知而作, 즉 자기가 알지도 못하면서 한사코 전문가인 척하는 것은 더 심각한데, 절대 이런 잘못을 범해서는 안 됩니다.

뿐만 아니라, 공자는 또 이르기를, "많이 듣고 그 중 좋은 것을 가리어 따르라."(多聞, 擇其善者而從之)고 했습니다. 이 '聞'(문)자에는 독서를 많이 하고, 많이 듣고, 많이 묻는 것이 포함됩니다. '학문'이란 한편으로는 배우면서 한편으로는 묻는 것으로, 남에게 가르침을 많이 청하여 남의 의견을 듣는 것입니다. 들은 것이 꼭 맞는 것은 아니므로, 다시 선택하여 좋은 견해를 채택해야 합니다. 그저 듣는 것만으로는 부족하고 경험을 해야 합니다. 많이 보아야 하고, 또 직접 겪어야 합니다. 역사를 읽는 사람이 해당 사실을 체험해 본 적이 없다면, 역사를 읽어도 소용이 없습니다. 기껏해야 책벌레가 되고 말 뿐입니다. 예를 들면, 어떤 지도자가 될 것인가 하는 이론을 말하기는 쉽지만, 이것은 반드시 하나의 조직, 심지어는 작은 직장에서라도 책임을 맡아 본 사람이라야 체험할 수 있습니다. 그러므로 많이 보되 직접 겪고 체험해 보아야 할 뿐만 아니라, 주의 깊게 기억해 두어야 합니다. 그래서 지난 일을 잊지 않고 기억해서 뒷일의 스승으로 삼아야 비로소 쓸모가 있습니다.

이 두 마디를 합해 놓은 것이, "많이 듣고 그 중 좋은 것을 가리어 따르고, 많이 보고 그것들을 기억해 두는 것은 태어날 때부터 아는 것의 다음가는 일이다."(多聞, 擇其善者而從之, 多見而識之, 知之次也)로서, 이렇게 하는 것이 지식과 학문을 탐구하는 제2등 인재가 됩니다. 제1등 인재로는 천재가 있는데, 반응이 영민합니다. 예를 들면, 역사상 유명한 이야기인데, 장량은 왜 한고조를 도왔을까요? 장량은 당초에 혼자서 진시황에 반항하여 암살을 하려 했지만 이루지 못하고, 마지막에 유방劉邦을 만났습니다. 어떤 사람이 장량에게 왜 유방을 돕고 싶어 하느냐고 묻자 장량은 말하기를, "나의 모든 의견을 다른 사람들은 이해하지 못하는데, 오직 유방만이 이해하므로 그를 돕고 싶다."고 했습니다.

유방도 확실히 지도자로서의 천재적인 면이 있었습니다. 예를 들면, 한신이 한번은 출병하지 않고 사람을 유방에게 보내어, 자기를 가왕假王 — 제왕齊王으로 봉해 달라고 요구했습니다. 유방이 듣고 나서 화가 치밀어 탁자를 치며 크게 욕을 해댈 참이었는데, 바로 그 때 장량이 탁자 밑으로 유방을 발로 살짝 한 번 찼습니다. 유방은 이미 입 밖으로 "에이, 빌어먹을 놈······"까지 나왔으나 살짝 발로 차인 순간 말투를 바꾸어, "에이, 빌어먹을 놈! 봉해 달라면 진짜 왕으로 봉해 달라고 해야지 무슨 가왕에 봉해 달라고?" 라고 했습니다. 이리하여 유방은 한신을 제왕에 봉했습니다.

이 일로 보면 장량이 말로 하지 않고 살짝 한 번 차자마자 유방은 알아차렸습니다. 그렇지만 우리 같은 사람들은 가볍게 차이는 것은 말할 것도 없고, 엉덩이가 짓무르도록 맞아도 알아차릴 수 없습니다. 역사상에는 이런 일들이 아주 많아서 어떤 이들은 정말 총명했습니다. 그러므로 공자는 말하기를, "제1등인은 천재이고, 천재가 아닌 바에야 학문을 해서 보충해야 한다."고 했습니다. 천재가 아니면서 학문마저 탐구하려 하지 않으면 바로 "부지이작"不知而作하는 사람이니, 그렇다면 그 사람은 끝난 것입니다. 천재가 아니라면, 학문을 어떻게 배워야 할까요? 남의 의견을 듣고, 많이 보고, 많이 경험하고, 남에게 많이 배우는 것이 바로 "지지차야"知之次也입니다.

여기까지 말하고, 다음에는 공자의 교육 태도로 옮겨가는데, 공자의 사람으로서의 도리에 맞는 행위를 서술하는 것이기도 합니다.

호향 사람들은 함께 얘기하기가 어려웠는데, 그곳의 한 젊은이가 공

자를 찾아 뵙(고 서로 이야기를 나누)자 제자들이 (그 까닭을 알 수 없어) 의아하게 여겼다.

공자께서 말씀하셨다. "(향상 진보하려는 사람에 대해서는 우리가 반드시) 그가 진보하기를 바라(고 도와주어야 하)지만, (진보할 기회를 주지 않고) 그가 퇴보하기를 바라서는 안 된다. 그럴진대 너희들은 어찌 그리 (마음과 태도가 옹졸하고) 심하게 대하느냐?

어떤 사람이 (마치 목욕을 하여 깨끗이 하듯이 자신을 반성하고) 스스로를 깨끗이 하여 진보하려 한다면, 그의 깨끗함을 도와주려는 것이지 그의 지나간 잘못을 감싸 주려는 것은 아니다!"

互鄉難與言 ， 童子見 ， 門人惑 。 子曰 ： 與其進也 ， 不與其退也 。 唯
호향난여언　　동자현　　문인혹　　　자왈　여기진야　불여기퇴야　　유

何甚 ？ 人潔己以進 ， 與其潔也 ， 不保其往也 ！
하심　　인결기이진　　여기결야　　불보기왕야

호향互鄉은 지명입니다. 이 작은 지방이 어디에 있었는지 후세에 고증할 길이 없으니, 그저 이런 지방이 있었다고 알 뿐입니다. 다시 말해, 이 지방 사람들과는 말하기가 어려워 그들과 서로 말할 방법이 없었습니다. '난여언'難與言이라는 말은 대단히 묘하게 쓰였습니다. 이 지방 사람들은 지방색이 너무 강했다는 것일까요? 아니면 온통 바보 같은 사람들이었다는 것일까요? 무슨 의미인지 말하기 어렵습니다. 요컨대 당시에 이 지방 사람들은 평판이 그리 좋지 않았습니다. 그러나 이 지방의 한 젊은이가 공자를 보러 왔기에 공자는 그와 얘기를 나누었습니다. 공자의 제자들은 선생님이 왜 이 지방 사람과 얘기를 나누는지 이상히 생각했습니다. 다들 그 까닭을 알 수 없었습니다.

도리에 맞는 공자의 행위

이 얘기가 나왔으니, 여러분에게 말해 두어야 할 것이 있습니다. 여

러분은 장래에 사회에 나가 정치 지도자가 될 기회가 많을 것입니다. 여러분이 중국의 민족성을 논하게 될 때 읽을 책이 한 권 있는데, 고염무의 명저인 『천하군국리병서』天下郡國利病書입니다.

고염무는 앞에서 말했듯이 명나라가 망한 이후 끝까지 투항하지 않았습니다. 그는 훌륭한 인물이었기 때문에, 그가 투항하지 않으니 청나라는 당연히 그를 질시했습니다. 그러나 그는 재간이 있었습니다. 자신은 투항하지 않고 학생들로 하여금 청나라 조정의 벼슬을 하게 함으로써 학생들이 자신을 보호하게 하고, 자기는 암암리에 청나라 전복 음모 활동을 했습니다. 그는 돈도 많아서 가는 곳마다 부인을 얻어, 아이를 낳고는 떠났습니다. 그가 많은 부인을 얻어 많은 아이를 낳은 것은 그 나름의 이유가 있었습니다. 그가 청나라를 반대하고 명나라를 회복하는 일을 하다가 잘못되면 멸족을 당할 수 있기 때문에, 대를 이을 뿌리를 남겨 놓기 위한 일이었습니다. 그는 천하를 두루 다니면서 『천하군국리병서』를 썼습니다. 각 지방마다 가서 살피고, 특히 각 성省의 군사 요새는 모두 가서 보고 이 책을 썼습니다. 그래서 이 책은 뒷날 중국 지리와 중국 지방 정치사상 연구의 필독서가 되었습니다.

또 한 권의 책은 고조우顧祖禹가 쓴 『독사방여기요』讀史方輿紀要인데, 역시 정치·군사상의 지리를 연구하는 데 중요한 책으로 오늘날 읽어도 가치가 있습니다. 이 두 권의 책을 합해서 '이고전서'二顧全書라 하는데, 당시 국가 천하사에 뜻이 있는 사람이나 군사를 연구하는 사람은 반드시 읽어야 할 책들이었습니다. 이 책들은 각 성省에 대해 먼저 총평을 하고 지역 특성·민족성을 분명하게 밝혀 놓았는데, 꼭 연구해 볼 만합니다. 여러분이 장래에 지방을 다스리는 책임자가 될 경우, 이런 학문들을 먼저 이해하고 일을 처리한다면 매우 큰 도움이 될 것입니다.

중국 각 지방 사람들의 성격은 확실히 다른 점이 있다고 느껴집니다. 그래서 고대에 장군이 병사를 거느릴 때 어느 지방 출신의 병사가 돌격에 적합하고, 어느 지방 출신의 병사가 후방에서의 병참보급 근무에 적합하고, 어느 지방 출신의 병사가 육상 전투에 적합하고, 어느 지방 출신의 병사가 수상 전투에 적합한지에 대해 대체적인 이해가 있어야 했습니다. 그러므로 청나라를 중흥시킨 상군湘軍·회군淮軍은 각각 다른 장점이 있었습니다. 정치도 마찬가지입니다. 그러나 한 가지 주의해야 할 점은, 지방 민속이 다르더라도 만일 외세 침입이 있을 때는 반드시 일치단결해서 먼저 외세의 침략을 몰아내 놓고 보았다는 것입니다.

약재 같은 것도 지방 특성이 있는데, 어떤 약재는 그 지방 이외에서 산출된 것은 약효가 떨어집니다. 당귀 같은 약재는 대만에서 재배 생산하지만 약효는 떨어집니다. 당귀는 제일 좋은 것이 감숙성이나 섬서성에서 나는 진귀秦歸이고, 그 다음이 사천에서 나는 것으로 질이 약간 떨어집니다. 오늘날 연구에 따르면 대만의 아리산阿里山의 기후·토질은 감숙성이나 섬서성과 같지만, 이곳에서 재배 생산된 당귀의 약효는 늘 문제가 있습니다. 지리적 관계로 각지에서 생산되는 식물도 다르고, 출신 인물의 개성도 다른 것입니다. 그래서 고대에 지방 수장首長이 된 자는 해당 현縣의 현지縣誌와 해당 성省의 성지省誌 같은 자료에 대해서 먼저 다 알아야 했습니다. 물론『독사방여기요』를 한 번 읽을 수 있다면 더욱 좋았습니다. 한층 더 잘 이해할 수 있었으니까요.

지방성의 관념은 항상 사람의 마음속에 깊이 뿌리박혀 있습니다. 그래서 지방성에 관한 편견은 흔히 개인에 대한 평가에 영향을 미칩니다. 흔히 우리는 "아, 그 사람 그 곳 사람이구만!" 하는 말을 듣습니다. 마치 어느 지방 사람들은 온통 다 극악무도한 듯이 말하는데, 공자의 학생들조차도 그랬습니다. 공자가 호향의 한 청년을 접견하자, "제자들이 의아하게 여겼다."(門人惑)고 하는데, 이 말이 얼마나 심각합니까? 학생들은 다 이상히 여기면서 선생님이 왜 호향 사람과 이야기를 하는지 의심했습니다. 역시 공자는 보통 사람과는 달랐습니다.

공자는 학생들에게 이르기를, "향상하고 진보하려는 사람은 우리가 반드시 도와주어야 한다. 어떤 사람에게나 진보할 기회를 주지 않아서는 안 된다. 사람을 퇴보하게 해서는 안 된다."고 했습니다. 그러면서 공자는 "너희들 너무 심하다(唯何甚). 왜 그렇게 마음과 태도가 옹졸하냐?" 하고 학생들을 꾸짖었습니다. 우리 자신도 반성해 보아야 합니다. 우리는 때로 어떤 사람이 좋지 않다고 느끼면, 그 사람이 실제로 좋은 일을 했는데도 좋은 사람이라고 생각하지 않으려 합니다. 사람의 심리는 흔히 이런 폐단이 있을 수 있습니다.

공자는 다시 제자들에게 말했습니다. "어떤 사람이 스스로를 깨끗이 하여 진보하려 한다면, 그의 깨끗함을 도와주려는 것이지 그의 지나간 잘못을 감싸 주려는 것은 아니다!"(人潔己以進, 與其潔也, 不保其往也). 다시 말하면 이런 말입니다. "나쁜 사람이라도 마치 목욕을 하여 몸을 깨끗이 하듯이 자신을 반성하고 진보를 꾀하려고 할 수 있다. 그가 이렇게 할 수 있다면 좋은 일이니, 도와주어야 하지 않겠는가? 그가 어제 한 가지 잘못이 있었다고 하여, 오늘 잘했더라도 잘한 것으로 보아 주지 않는다면, 세상에 친구로 사귈 만한 사람이 하나도 없게 되고, 쓸 만한 인재도 없게 된다."

그러므로 이 단락은 교육의 자세를 말하면서, 아울러 자기의 도량을 키우라고 말하고 있습니다.

공자께서 말씀하셨다. "인仁은 (결코 손에 닿을 수 없고 아득히 높고) 멀리 있는 것일까? 내가 (인자한 마음을 일으켜) 남을 사랑하고자 하(는 마음이 조금이라도 있)기만 하면 (바로 인애仁愛의 도리로서, 이것이) 곧 인에 이르는 길이다."

子曰 : 仁遠乎哉 ? 我欲仁, 斯仁至矣 !
자 왈   인 원 호 재   아 욕 인   사 인 지 의

이것은 '이인'里仁에 대한 해설이라 할 수 있는데, 곧 인仁의 용用을 말하고 있습니다. 인의仁義는 결코 손에 닿을 수 없고 보이지 않고 아득히 높고 먼 것이 아닙니다. 인자한 마음을 일으켜 남을 사랑하고자 하는 이러한 애심愛心의 관념이 조금이라도 있기만 하면, 바로 인애의 도리로서, 이것이 곧 인仁에 도달할 수 있는 길입니다. 그러므로 밖에서 인을 구해서는 안 됩니다.

다음에서는 공자의 학문을 하는 모습이자 바른 사람으로서의 모습을 보여 주는 하나의 사실을 이야기하고 있습니다.

동성불혼의 우생학

진陳나라의 (사법행정 장관직인) 사패司敗가 물었다. "소공昭公은 예禮를 압니까?"

공자께서 말씀하셨다. "예를 압니다."

공자께서 물러가시자, 사패가 (공자의 제자) 무마기에게 읍하고 다가가서 (목소리를 낮추어) 말하였다. "내가 듣기로 (진정으로 훌륭한) 군자는 한쪽 편을 들지 않(고 사심을 가지지 않)는다고 하였는데, (당신 선생님인 공자는 한 시대의 성인으로서 훌륭한) 군자(임에)도 역시 한쪽 편을 드는가요? (사심을 떠날 수 없는 모양이군요. 고대에는 같은 성씨끼리 결혼하지 않았습니다. 오나라와 노나라는 주공周公의 후예로서 예법대로라면 혼인을 할 수 없지요. 그런데도) 노나라 임금은 오나라에서 부인을 맞아 왔는데, 그들은 같은 성씨였기 때문에 부인을 오맹자吳孟子라 불렀습니다. (그래서 내가 공자에게 소공은 예를 아는 것이냐고 물어 보았는데, 당신 선생님은 그가 예를 안다고 답했습니다) 그런 임금이 예를 안다면 (저마다 예를 아는 것이지) 누가 예를 모르겠습니까? (당신 선생님도 역시 사심이 있는 게 아니오!)"

무마기가 이 말을 공자께 아뢰자, 공자께서 말씀하셨다. "나는 (참으로) 행복하구나. 내게 잘못이 있으면 남이 꼭 지적해 주니 말이다."

陳司敗問: 昭公知禮乎? 孔子曰: 知禮。 孔子退。 揖巫馬期而進之曰:
진 사 패 문 소 공 지 례 호   공 자 왈 지 례   공 자 퇴   읍 무 마 기 이 진 지 왈

吾聞君子不黨, 君子亦黨乎? 君取於吳爲同姓, 謂之吳孟子。 君而知禮,
오 문 군 자 부 당 군 자 역 당 호   군 취 어 오 위 동 성 위 지 오 맹 자   군 이 지 례

孰不知禮? 巫馬期以告。 子曰: 丘也幸, 苟有過, 人必知之。
숙 부 지 례 무 마 기 이 고   자 왈 구 야 행   구 유 과 인 필 지 지

'진'陳은 나라이고, '사패'司敗는 관직명인데 바로 '사구'司寇입니다. 부적절하지만 굳이 비교한다면 오늘날의 사법 행정 장관 같은 것입니다. 실제는 사법 행정 장관보다 권력이 크고 권력을 집행할 수 있는 사람입니

다. 그는 노나라 소공昭公에 관한 문제를 공자에게 물었습니다. 이것은 외교상의 일로서, 우리가 주의해야 할 문제입니다. 외국에 가는 많은 사람들이 그 나라의 지식인과 이야기할 때, 서서히 우리 나라 정치 문제를 이야기하게 됩니다. 이 때 대답하기 아주 곤란한 문제가 많은데, 공자도 이런 상황을 만난 것입니다. 노나라는 문화를 중시하는 예의의 나라였습니다. 진나라의 사패가 노나라 소공이 예를 아는지 모르는지 물었을 때, 공자는 국가의 입장에서 당연히 소공이 예를 안다고 대답했습니다.

공자가 자리를 뜬 뒤, 진사패는 공자의 학생인 무마기巫馬期 — 성이 무마, 이름은 시施, 호는 자기子期로, 공자보다 30세 아래였음 — 에게 읍하고 인사를 했습니다. 그는 외교 예절상 무마기 곁으로 한 걸음 다가가 목소리를 낮추어 말했습니다. "내가 아는 바로는 진정으로 훌륭한 군자는 한쪽 편을 드는 일이 없고, 사심私心을 가지지 않습니다. 당신 선생님인 공자는 한 시대의 성인聖人으로서 훌륭한 군자지만, 그도 사심을 떠날 수는 없는 모양이군요. 소공이 오나라 여자를 부인으로 맞아들여 오맹자吳孟子라 하였는데, 고대에는 같은 성씨끼리 결혼하지 않았습니다. 오나라와 노나라는 주공周公의 후예로서 예법대로라면 혼인을 할 수 없지요. 그런데도 소공이 그렇게 했기에, 내가 공자에게 소공은 예를 아는 것이냐고 물어 보았는데, 당신 선생님은 그가 예를 안다고 답했습니다. 소공이 예를 안다면, 저마다 다 예를 아는 것이지 또 어느 누가 예를 모르겠소? 당신 선생님도 역시 사심이 있는 게 아니오!"

여기서 우리 연구해봅시다. 왜 우리 민족은 이렇게 잘 발전해서 세계적으로 우수한 민족이 되었을까요? 이는 우리 옛 예법상 동성同姓끼리 결혼하지 않는 제도와 관계가 있습니다. 현대의 우생학적 관점에서 보면, 이것은 고대의 아주 좋은 제도입니다. 동성결혼은 3대만 지나도 종족이 끝나 버립니다. 외종사촌끼리 결혼해서 낳은 아이는 흔히 머리가 매우 나쁘고 심지어는 백치가 되는데, 이것은 혈통문제입니다. 예법 면에서는 더욱 안 되는 일입니다. 오늘날 풍습에는 동성 간에 흔히 결혼을 하는데, 이것은 같은 조상에서 갈라진 지 5대가 지난 자손이 아니면 결혼하지 않는다는 옛 관습에 위배되는 것입니다.

무마기는 진사패가 선생님을 이렇게 비평하는 것을 듣고 와서, 공자에게 보고했습니다. 그러자 공자는 이렇게 말했습니다. "나는 참으로 행복한 사람이다. 내가 한 가지만 잘못해도 남이 지적을 해 주니 말이다." 이 말을 통해 우리는 두 가지를 깨닫게 됩니다.

첫째, 사람은 지위가 높으면 잘못해도 지적해 주는 이가 없으니 불행하다는 것입니다. 이것은 자기가 높은 지위에 앉아 보아야 체험할 수 있습니다. 나는 오랫동안 글을 가르쳤기 때문에 제자들이 이미 5, 6대를 내려가고 있습니다. 여기저기서 나를 만나는 사람들이 자기 선생님의 선생님이라고 부르면서, 하는 소리마다 아첨하는 말입니다. 어떤 때는 내가 외출할 때 어느 기관에서 승용차를 보내 주고 참모·부관들이 옆에서 시중을 들어 주는데, 이럴 때면 나는 차라리 홀로 빠져나가 자유롭게 행동하고 싶어집니다. 인생은 이런 시기가 되면 가장 위험합니다. 산 채로 매장될 수 있으니까요!

나는 자주 이렇게 말합니다. "중국의 철학은 대단하다. 황제가 왜 자신을 고가孤家나 과인寡人이라고 불렀겠는가? 황제가 되면 정말 외로운 사람이 되어 버려, 어떤 때 좀 편안한 마음으로 즐거운 시간을 보내고 싶어도 감히 와서 함께 즐거운 얘기를 나누려는 사람이 없었으니, 정말 재미가 없었다." 그래서 우리가 역사 심리를 연구해 보면, 지위가 높을수록 마음이 공허해진다는 것을 알 수 있습니다. 불평이나 탄식하는 말 한마디 하고 싶어도 상대가 없으니, 상당히 가련합니다!

그러니 부귀공명이 좋은 것이라고 생각하지 마십시오. 높은 지위에 이르면, 과인寡人, 즉 외로운 사람이 됩니다. 그뿐 아니라 나이가 많아져서, 만나는 사람마다 할머니·할아버지라고 존칭을 해 주면 외돌토리가 되어 인생은 끝나 버린 것이나 다름이 없습니다. 말이 나오고 보니, 예전 사천四川의 동맹 회원同盟會員 한 분이 생각나는데, 이 연로하신 분은 일생 동안 많은 일을 하셨습니다. 나는 그분과 나이 차가 많이 났지만 나이를 따지지 않는 친구 사이였습니다. 그는 내게 당시 혁명의 경과를 많이 얘기해 주면서, 자기가 지은 시 두 구절을 들려 주었습니다.

| 높은 자리에 오를수록 | 回回坐上席 |
| 점점 무덤으로 변하는구나 | 漸漸變墳堆 |

나이가 많거나 지위가 높아지면 자기에게 잘못이 있더라도 지적해 주는 사람이 없으니, 윗자리에 앉기도 쉽지 않은 일이라는 것을 말하고 있는 시입니다. 그래서 공자는 여기서 자기가 잘못하면 지적해 주는 사람이 있으니 자기는 행복하다고 말한 것입니다.

두 번째로 깨달을 수 있는 것은 무엇일까요? 공자는 노나라 소공이 예를 아는지 모르는지에 대해 아주 분명히 알고 있었습니다. 그렇지만 다른 나라 관리가 자기 국가의 임금에 대해 물었을 때, 결코 자기 나라 임금이 옳지 않다고 비평할 수는 없었습니다. 그러므로 당연히 소공이 예를 안다고 말해야 했습니다. 공자의 말은, "당신들 외국인이 우리 임금이 옳지 않다고 하는 것은 당신들의 자유일 뿐이다. 당신들이 그렇다고 생각한다면 구태여 내게 물을 필요가 어디 있는가? 그런데도 당신이 내게 물으니, 나는 당연히 이렇게 대답하는 것이다."라는 뜻입니다. 그러므로 이것은 공자의 고명함이자 외교상의 예였습니다.

이어서 공자의 생활 정취를 말하고 있는데, 앞에서 말한 "유어예"游於藝의 함의를 풀이한 것입니다.

생활의 예술

공자께서는 (음악을 매우 좋아해서) 남이 노래하는 자리에 함께 있을 때 잘 부르면, 반드시 그 노래를 반복하게 하고, 그런 뒤에 (자신이 배워서 할 줄 알게 되면) 그 곡에 맞추어 따로 가사를 한 수 지어 부르셨다.

子與人歌而善, 必使反之, 而後和之。
자 여 인 가 이 선　　필 사 반 지　　이 후 화 지

공자는 음악을 매우 좋아했습니다. 음악과 시가詩歌는 오늘날로 말하면 예술과 문학의 혼합입니다. 과거의 지식인은 문학과 예술 수양을 대단히 중시했습니다. 한당漢唐 이후 그 범위가 점점 좁아져 악부樂府에서 시詩와 사詞로 변했습니다. 어느 정도의 문학과 예술 수양이 없는 인생은 살아가기가 고통스럽습니다. 특히, 사회나 정치 분야에서 일하는 사람은 정신적으로 상당히 고독합니다. 후세인들은 문학과 예술 수양이 없을 경우 대부분 종교의 길을 갔습니다. 그렇지만 사람들은 순수한 종교가 요구하는 구속도 견디기 어렵기 때문에, 문학과 예술, 음악의 경지를 즐기는 것이 더 낫습니다. 그리고 나이가 많은 사람들에게는 음악 가운데서도 성악이나 취주 악기보다 손으로 연주하는 거문고나 북 같은 악기가 적합합니다.

이 때문에 훗날 변천하여 이룩된 시詩와 사詞는 음악적 경지를 가지고 있지만, 소리 높여 노래 부를 필요는 없습니다. 나직이 내키는 대로 읊어도, 음악적인 정취에 젖어들고 문학적 세계에 도취될 수 있습니다. 최근에 보면 연로한 많은 친구들이 퇴직했지만, 자식들은 커서 떠나버린 데다 자신은 할 일이 없어서 하루 종일 뭘 해야 좋을지 모르며, 하다못해 카드놀이도 사람이 없어서 하지 못합니다. 그래서 나는 사람들에게 전통 문화의 옛 길을 따라 문학과 예술 수양을 하라고 권하면서, 그렇게 하면 나이가 들어서도 마음의 안주처가 있을 것이라고 말합니다. 수천 년 동안 우리 옛 선비들은 인생이 저물어 가도 하루 종일 바빴습니다. 왜냐하면 학문 수양이란 영원히 끝이 없는 것이기 때문입니다. 붓글씨를 예를 들어 봅시다. 붓글씨는 일생을 쓰더라도 졸업할 수가 없으며, 누가 꼭 잘 썼다고 단정적으로 평가하기도 어렵습니다. 뿐만 아니라, 어떤 사람들은 글씨를 잘 쓰기는 하지만, 꼭 서예가가 될 수 있는 것은 아닙니다. 그것은 그가 글씨를 잘 쓰기는 하지만, 글씨를 쓰는 방법인 서법書法을 반드시 알고 있다고는 할 수 없기 때문입니다. 반대로 어떤 사람은 글씨를 잘 쓰는 것은 아니지만, 그의 글씨를 보자마자 글씨를 배운 적이 있음을 알 수 있는 경우도 있습니다. 시詩와 사詞도 이러합니다.

그래서 과거 수천 년 동안 노인들은 붓글씨를 쓰고, 시를 짓고, 사도 지으면서 일생 동안 끝없이 바쁜 듯 살았는데, 그들이 이렇게 할 수 있었던 것은 심리적으로 한 가지 희망이 지탱해주고 있었기 때문입니다. 바로 그들은 자기가 쓴 글씨나 시·사가 영원히 남아 전해지기를 바랐던 것입니다. 사람이 8, 90세까지 산다 하더라도 결국 수명은 한정된 것이기 때문에, 그들은 자신이 쓴 글씨나 시·사를 시간적인 제약을 초월하여 영원히 남김으로써 자신의 명성을 후세에 전할 수 있다고 믿었습니다. 그래서 그들은 인생을 대단히 즐겁게 살았고, 끝까지 희망과 진취적 정신을 가득 품고 있었습니다. 나 자신도 만년에 접어들었지만, 나이가 중년 이상이 되면 심정이 쓸쓸해지기 쉬운데, 그 원인은 바로 정신수양이 결핍되어 있기 때문입니다.

　공자는 이러한 인생의 도리를 깊이 알고 있었기 때문에 시詩와 악樂의 교화를 대단히 중시했습니다. 그렇지만 그는 음악가도 아니었고, 노래도 잘하지 못했습니다. 그는 『악경』樂經을 수정했지만, 실전되었습니다. 지금 이 단락에서 공자가 남이 노래를 잘 부르는 것을 들으면 꼭 한 번 더 불러 달라고 청했다는 이야기를 하고 있습니다. 그리고 자신이 배워서 할 줄 알게 되면 "그 곡에 맞추어 따로 가사를 한 수 지어 부르셨다."(而後和之)고 했습니다. '화지'和之는 상대의 노래 내용과 곡조에 맞춰 따로 한 수 짓는 것을 말합니다.

　'화'和에 대해 말하자면, 우리는 흔히 시제詩題에서 「모모 선생의 시에 화하다」(和某某先生詩)나 「모모 선생의 운에 보하다」(步某某先生韻)라는 제목을 볼 수 있습니다. '화'和와 '보'步의 차이는 이렇습니다. '화'和는 원래의 곡조와 내용에 따라 가사를 새로 한 편 짓는 것입니다. (우리가 들어보면 오늘날의 노래는 곡조는 괜찮은데, 내용이 안 좋은 것이 많습니다. 이로써 우리 문화가 쇠퇴하고 있는 일면을 볼 수 있는데, 문학적 수양이 너무 부족해 가사의 깊이가 없습니다. 오늘날 신문지상의 문장들도 마찬가지로서, 고문의 수명이 긴 것과는 다릅니다. 옛 문장들은 읽고 나면 문장의 구절들이 머릿속에 남아있고 구절 속의 글자를 함부로 바꾸기를 좋아하지 않았습니다. 왜냐하면 고문속의 구절은 다방면으로 통할 수 있고 다방면으로 바라볼 수 있어서 깊이 음미하고 새겨볼 만했습니다. 그러나 지금의 백화문은 이런 문학적 경지가 없는데, 오늘날의 시와 노래 가사 내용도 백화문과 상황이 같습니다).

'보'步는 또 다른데, 글자의 뜻은 앞에 사람이 가고 있고 우리는 뒤에서 한 걸음 한 걸음 앞사람의 발걸음을 따라 걸어간다는 뜻입니다. 즉, 상대의 성조聲調만 따르고, 내용은 꼭 원래 노래의 내용 뜻대로 해야 하는 것은 아닙니다. 이것을 보운步韻이라고 합니다.

이상에서는 공자가 음악 교육을 중시했음을 말했고, 다음은 공자가 자기 자신에 대해 평론한 것입니다.

공자께서 (자신을 평론하여) 말씀하셨다. "문학적 수양에 있어서는 아마 내가 일반 지식인들과 거의 같겠지만, 자신이 몸으로 힘써 실천하는 면에서 군자(의 기준에 이르렀는지)에 대해서는 (스스로 반성해 보니, 정말로) 나는 아직 큰 체득이 없다."

子曰：文，莫吾猶人也。躬行君子，則吾未之有得。
자 왈　문　막 오 유 인 야　　궁 행 군 자　　즉 오 미 지 유 득

이것은 공자의 겸허한 말이자, 정직한 말입니다. 이 한마디를 통해서 우리는 몇 가지 결론을 귀납해낼 수 있습니다. 첫째, 공자는 문학이나 각 분야의 성취가 최고봉에 도달했지만, 언제나 자신을 대단하게 여기지 않았다는 것입니다. 동서고금을 볼 때, 학문뿐만 아니라 어느 분야에서든 진정으로 성취를 이룬 사람은 자신이 최고봉에 서 있을 때에도 자신을 아주 평범하게 여겼습니다. 이것은 필연적인 모습이었지, 일부러 그런 척하는 것이 아니었습니다. 사람이 진정으로 최고봉에 도달했을 때에는 자연히 자기가 아주 평범하다고 여겨지게 됩니다. 뿐만 아니라, 그들은 매사에 조심스러웠는데, 자신이 아는 것이 너무 한정되어 있다고 생각하고 감히 이 정도면 족하다고 생각하지 않습니다. 위의 이 글을 통해 알 수 있듯이, 공자는 진정으로 겸손하고 스스로를 평범하게 여겼으며, 일부러 그러한 척한 것이 아니었습니다.

둘째, 유가에서 말하는 학문이란 올바른 사람됨과 일처리의 도리를 가리키는 것임을 알 수 있습니다. 결코 머리가 총명하고 문학이 뛰어나고 지식이 해박한 것을 말하는 것이 아닙니다. 이런 것들은 학문의 지

엽일 뿐 학문 자체라고 할 수 없습니다. 학문이 문학에 표현되어, 문학이 학문의 꽃이 됩니다. 여기서 공자는 학문의 꽃과 근본을 말했습니다. "문, 막오유인야"文, 莫吾猶人也의 '莫'(막)자는 긍정사가 아니라 현대 구어체로 번역하면 '아마'의 뜻에 가깝습니다. 이 단락에서 공자는 말하기를, "만약 문학적 수양을 말한다면, 다시 말해 문학을 말한다면 아마 나는 일반 지식인들과 거의 차이가 없을 것이다. 하지만 자신이 몸으로 힘써 실천하는 면에서 군자의 기준에 이르렀는지에 대해서는 스스로 반성해보니, 정말로 나는 아직 큰 체득이 없다."고 했습니다.

우리는 이로부터 알 수 있듯이, 공자가 진정으로 겸허하고 온화했으며, 학문하는 이런 태도는 대단히 소박하여서 일부러 비틀고 펴서 꾸민 흔적이 조금도 없습니다.

범부와 성인의 구분

다음에서는 공자 자신의 말을 인용하여 학문하는 도리를 설명합니다.

공자께서 (학문의 도리를) 말씀하셨다. "(사람됨의 최고 기준인) 성인聖人과 (그 다음인 현자와 또 그 다음인) 인자仁者의 경지에야 내 어찌 감히 이를 수 있겠는가? (나의 수양은 거기까지는 도달하지 못했다. 그것은 아주 높은 경지여서 나는 아직 멀었다) 그러나 (비록 성인이 아니고 인자가 아니지만, 나는 일생 동안 이 길을 향하여 걸어가면서 언제나 노력해서 하고 싫증낸 적이 없었다) 배우기를 싫어하지 않고 (영원히 전진하고), (누구든 와서 배우고자 하면) 남을 가르치는 데 게을리 하지 않는 점에 있어서는, 그러하다고 말할 수 있을 것이다!"
공서화가 말했다. "바로 그것이 우리 제자들이 배워서 따를 수 없는 점입니다!"

子曰 : 若聖與仁, 則吾豈敢。抑爲之不厭, 誨人不倦, 則可謂云爾已
자왈 약성여인 즉오기감   억위지불염 회인불권 즉가위운이이

矣! 公西華曰 : 正唯弟子不能學也!
의　공서화왈　정유제자불능학야

　　우리 문화는 하·은·주 삼대 이후 사람됨의 최고 기준을 하나 세웠
는데, 바로 성聖입니다. 인도의 부처(佛), 중국의 신선(仙), 서양 문화의
신神은 거의 동일한 개념입니다. 성聖의 다음이 현賢인데, 현자도 군자입
니다. 다시 그 아래가 인자仁者입니다. 지난 세대에서는 친구에게 편지
를 쓸 때, 상대방의 인품을 존경한다는 뜻으로 '누구누구 형 인자께'(某
某吾兄仁者)나 '누구누구 인자께'(某某仁者)라고 하였는데, 이 말은 동년배·
후배·선배들에게 다 사용할 수 있는 경칭이었습니다.

　　공자는 여기서 말했습니다. "성자와 인자의 경지야 내가 어떻게 감당
하겠는가? 나의 수양은 거기까지는 도달하지 못했다. 그것은 아주 높은
경지여서 나는 아직 멀었다. 그러나 비록 성인이 아니고 인자가 아니지
만 나는 일생 동안 이 길을 향하여 걸어가면서 언제나 노력해서 하고
싫증낸 적이 없었다. 학문 방면으로 말하면 나는 영원히 전진하고 노력
하여 만족해하거나 싫증을 내는 일이 없었다. 또한, 남을 가르치는 일에
도 마찬가지로 싫증을 느끼는 때가 없어, 누구든 와서 배우고자 하면
나는 언제나 가르쳤다. 오직 이 두 가지 점은 내가 해냈다고 할 수 있
다." 공자의 학생인 공서화가 이 말을 듣고 말했습니다. "선생님! 그것
이 바로 우리 학생들이 일생 동안 해낼 수 없는 점입니다."

　　이 단락은 문자상으로는 이렇게 써져있지만, 논리적으로 추론해 보면
공자가 이렇게 한 것이 바로 성인과 인자의 행위상의 경지입니다. "배
우기를 싫어하지 않고, 남을 가르치는 데 게을리 하지 않는다."(爲之不厭,
誨人不倦)는 것은 사실 쉽게 해낼 수 없는 일입니다. 학문을 추구함에 있
어 결코 만족함이 없고 싫증냄이 없이 오직 진보하기만을 바라는 것입
니다. 오늘의 성취만을 전부라 생각하지 않고, 내일의 진보를 향해 다시
앞으로 나아갑니다. 무슨 일에서든 이렇게 하는 것, 이것이 "배우기를
싫어하지 않는다."(爲之不厭)는 것입니다. 그리고 남을 가르침에 있어서도
싫증을 낼 줄 몰라, 가르침을 청해 오는 사람이면 누구에게나 아는 것
을 다 가르쳐 주고 할 말을 다 해 줍니다. 같은 문제를 세 번이나 묻

고, 네 번째로 또 묻는다고 해서 싫다고 느끼지 않습니다. 이런 사람을 혐오하거나 다시 가르쳐 주기 싫어 포기해 버리는 심리가 결코 없습니다. 그렇지 않다면 인자한 마음이 없는 것입니다.

학문만 이렇게 하는 것이 아니라, 일을 하거나 지도자가 되더라도 배우기를 싫어하지 않고 남을 가르치기를 게을리 하지 말아야 합니다. 이것이 "위지불염, 회인불권"爲之不厭, 誨人不倦입니다. 이 두 가지는 확실히 우리가 일생토록 완전히 해낼 수 없습니다. 솔직히 말해서, 우리는 사람으로서 자신이 살아가는 것조차 싫어질 때가 있습니다. "부유하면 천 명의 식구도 적다고 불평하고, 가난하면 자기 한 몸도 많다고 한탄한다."(富嫌千口少, 貧恨一身多)고 한 옛 사람의 말과도 같습니다.

나는 어제 한 젊은 학생과 함께 식사를 했는데, 그 학생은 국수를 먹으면서 내내 얼굴빛이 몹시 언짢아 보였습니다. 그렇다고 무슨 걱정이 있는 것도 아닌 것 같았습니다. 사는 것에 대해 어떻게 생각하느냐고 내가 묻자, 그는 사는 게 별 의미가 없다면서 죽는 것이나 별다를 게 없다고 했습니다. 그래서 나는 그의 마음이 너무 쓸쓸한 탓이라고 말해 주었습니다. 이것은 또 체력과도 관계가 있는데, 그의 체력이 너무 약하기 때문일 수도 있습니다. 내가 사람들과 접촉하면서 경험상 늘 발견하는 것인데, 어떤 사람들은 살아 있으면서도 심리적으로는 살아 있지 않는 것처럼 느끼고 있습니다. 어떤 사람들은 사는 것에 싫증을 느껴, "부유하면 천 명 식구도 적다고 불평하고, 가난하면 자기 한 몸도 많다고 한탄한다."는 지경에 이르러 있습니다.

확실히 사람이 심히 가난하면 자신이 쓸데없는 존재로 느껴집니다. 하루 종일 바쁘게 일해도 자기 몸 몇 십 근의 고깃덩이를 먹여 살리는 것에 불과하기 때문에, 마침내 이 몇 십 근 고깃덩이도 귀찮게 느껴져 먹여 살리는 데 게을러집니다. 그러므로 "배우기를 싫어하지 않고, 남을 가르치는 데 게을리 하지 않는 것"(爲之不厭, 誨人不倦) 이 두 가지는 겉보기에는 쉬워도 해 보면 어렵습니다. 특히, 나이가 들었을 때는 더욱 쉽지 않습니다. 공자가 이 두 마디 말을 한 시기는 나이가 이미 많을 때였으며, 당시 사람들은 공자를 성인·인자라고 불렀습니다. 그렇지만 공자는 죽을 때까지 한결같이 세상을 구하고 사람들을 구한다는 목표 아래 노력하였는데, 이것이 바로 성인의 겉으로 드러나는 특징입니다.

공자는 여러 종류의 성인을 언급한 적이 있는데, 여기서 우리는 공자가 '성지시자'聖之時者였음을 볼 수 있습니다. '시자'時者란 공자가 유행을 따른다時髦는 뜻이 아닙니다. 유행을 따른다는 단어는 후세에 이르러서야 나타난 단어입니다. 여기의 '시'時란 시대에 뒤떨어지지 않고 시대에 따라 진보하고 적응 변화할 줄 안다는 뜻이며, 그래서 공자를 '성지시자'聖之時者라고 했습니다. 그는 일생 동안 이 방향으로 노력했기 때문에, 그의 노력은 "해 보았자 어쩔 수 없다는 것을 잘 알면서도 한다."(明知其不可爲而爲之)는 말로 일컬어집니다. 당시 공자 자신도 시대를 구할 수 없다는 것을 알았지만, 그렇다고 자신이 해야 할 책임을 포기한 것은 아니었습니다. 이것이 바로 우리가 자신의 인생 목표에 대해서나 자기 사업에 대해 반성해야 할 점입니다. 보통 사람들은 한 시대에 성취를 이루는 것을 사업으로 삼습니다. 그러나 훌륭한 사람이나 성현의 경지에 들어선 사람이 노력하는 것은 천추千秋의 영원한 사업입니다. 공자가 노력한 것은 바로 천추의 사업이었습니다. 다음에는 이 「술이」편의 결론이 시작됩니다.

기도는 구원을 청하는 신호

공자께서 (한번은) 중병이 났는데 (약이 효과가 없자, 제자들이 다급해졌다. 특히, 성격이 조급한) 자로가 (더 당황해서 천지신명에게) 기도드릴 것을 제의하였다.

공자께서 물으셨다. "(자로야) 그런 일이 있느냐? (가능할까?)"

자로가 말했다. "있습니다. 뇌문誄文에 '그대를 위해 천신天神과 지신地神에게 기도한다.' 고 했습니다."

공자께서 말씀하셨다. "(그만 두어라!) 만일 그런 것이라면 나는 (날마다 기도하고 있다. 뿐만 아니라) 기도한 지도 오래 되었다. (그래도 병이 났다. 귀신의 일이나 생명의 이치는 모두 그렇게 간단한 것이 아니다. 기도란 것은 일종의 정성과 공경심이다. 이른바 천인합일天人合一은 정성과 공경심에서 이루어지며, 학문 수양을 하는 것도 언제 어디서나 정성스럽고 공경스러워야 한다)"

子疾病, 子路請禱。子曰:有諸? 子路對曰:有之。誄曰:「禱爾于
자질병　자로청도　자왈 유저　자로대왈 유지　뇌왈　도이우

上下神祇」 子曰:丘之禱久矣!
상하신기　자왈 구지도구의

　한번은 공자가 병이 났는데, 아마 병이 매우 위중해서 오늘날 상황으로 말하면 의사도 속수무책일 정도였던 모양입니다. 그래서 학생들이 다급해졌습니다. 특히, 성격이 조급한 자로가 더 당황해서, 부적을 쓰는 사람이나 주문을 외우는 자를 청해서 절을 하든가, 그렇지 않으면 신부나 목사를 청해서 기도를 하든가, 스님을 모셔다 경을 읽게 하자고 공자에게 제의했습니다. 이것은 종교와 관련되는데, 천지신명에게 구원을 빌자는 것이었습니다.

　그러자 공자는 "유저?"有諸, 즉 "자로야, 이런 일이 있을까? 가능할까?" 라고 했습니다. 이 말의 의미는, 사람이 병이 위중할 때 보살이나 하느님 앞에 무릎을 꿇고, "보살님! 하느님! 저를 오래 살게 해 주십시오! 2년만 더 살게 해 주십시오! 저는 아직 받을 빚이 있는데 2년만 더 살면 다 받을 수 있습니다. 천천히 가겠습니다. 이렇게 빌면 되겠느냐?"라는 것입니다.

　소설을 보면, 제갈량은 기산祁山에서 여섯 번 출병했는데, 몸은 늙고 공은 세우지 못한 채 자기가 죽게 되리라는 것을 알고 북두성에 기도했습니다 (이것은 소설에 써진 것이지, 역사상 실제로 있었던 일은 아닙니다. 만일 실제로 이런 일이 있었다면, 제갈량을 제갈량諸葛亮이라 부르지 말고 제갈암諸葛暗이라 고쳐 불러야 할 것입니다. 그러나 도가에는 이런 주장이 있습니다. 북두北斗는 북극성이라고 부르는데, 북극성과 남극성이 사람의 생사를 관장합니다. 뒷날 민간전설에 나오는 남극선옹南極仙翁의 모습은 장수長壽를 축하하는 상징이 되었습니다. 도가의 주장은 남극선옹은 수명과 삶을 관장하고 북두성군北斗星君은 죽음을 관장한다고 합니다. 그래서 죽지 않기를 바라려면 도가의 방법으로 북두에 절해야 합니다. 다른 방법으로는 부적을 쓰거나 주문을 외우거나 등을 켜는 법 등이 있습니다). 결국은 제갈량 역시 죽었습니다.

이 이야기는 소설에 써진 것이니 상관하지 맙시다. 그렇지만 『논어』의 이 단락은 공자가 귀신의 일과 형이상의 것에 대해 부인하지 않았다는 것을 말해 줍니다. 앞서 말했듯이 공자는 괴怪·력力·난亂·신神을 말하지 않았는데, 귀신이 존재하는지 존재하지 않는지에 대해 그는 토론하지 않았습니다. 왜냐하면 "중 등급 이상의 사람들에게는 상 등급의 것을 말해도 되지만, 중 등급 이하의 사람들에게는 상 등급의 것을 말해서는 안 된다."(中人以上, 可以語上也, 中人以下, 不可以語上也)는 것이기 때문입니다. 초현실적인 세계를 이야기할 경우, 우리가 알지 못하는 다른 세계 존재가 있는지 없는지에 대해서는 5천 년 역사를 가진 동서 문화사상 오늘에 이르기까지 철학과 종교가 해결하지 못한 문제입니다. 우리는 이런 것을 비과학적이라고 말할 수는 없습니다. 과학은 결코 만능이 아니며, 오늘날의 과학은 이 문제의 답을 찾으려고 하지만 아직 찾지 못했습니다. 과학이 문제를 해결했다고 생각하지 마시기 바랍니다. 사실상 문제는 아직 해결되지 않았습니다.

아인슈타인 같은 위대한 사람은 안타깝게도 너무 일찍 죽었습니다. 그는 생명의 승화昇華를 4차원 공간(Four Dimensional Space)으로 변환시키려고 생각했습니다. 그렇게 될 경우 사람은 지금과 같은 모습이 아니라 신통력을 갖게 되어 기계에 의존하지 않고도 공중 비행을 할 수 있습니다. 그에게는 이런 이상理想이 있었지만 완성하지 못하고 죽었습니다. 죽을 무렵이 되었을 때, 그는 우주간의 생명 뒤에는 어떤 존재가 있다고 생각하였습니다.

무엇일까요? 물론 유물 사상적인 것이 아닙니다. 그는 물리학을 했던 사람이고, 과학자들은 모두 유물 사상적으로 탐구했습니다. 그렇지만 그는 그것이 유물적인 것에 속한 것이 아니라 또 다른 차원에 속한다는 것은 알았지만, 무엇인지는 알지 못했습니다. 그래서 그는 어찌해 볼 길이 없어 하느님을 믿을 수밖에 없었습니다. 왜냐하면 이 하나의 힘이 어떤 것인지에 대해 연구해 내지 못했고, 그것을 알 수 없는 바에야 하느님을 믿음으로써 정신적으로 보호받고 위안을 얻는 것이 오히려 나았기 때문입니다.

형이상의 어떤 것이 있을까요, 없을까요? 생명은 몸이 죽고 난 후에 다시 태어날 수 있고 다시 올 수 있을까요? 이런 것은 모두 인류가 아직 해결하지 못한 큰 문제입니다. 그러므로 인류 문화는 더 이상 허풍을 떨어서는 안 됩니다. 철학의 입장에서 보면 인류 문화는 대단히 유치한 것으로, 자기 자신의 문제조차도 해결하지 못하고 있는 것입니다.

사람은 아동기에서 청소년기 사이에 꿈과 공상이 가장 많습니다. 찻잔 하나를 몇 시간씩 보며 좋아할 수도 있습니다. 흙더미나 기와 조각 하나를 보고도 크게 흥미를 느껴, 그것으로 성을 쌓고 연못을 만들면서 하루 종일 놀 수도 있습니다. 후에 교육을 더 받고 20세 전후가 되면 다른 단계에 들어가게 되는데, 학문과 사업의 이상理想을 실현할 기초는 바로 이 시기에 다져집니다. 역사상 유명한 대정치가·영웅·문학가 등 성공한 사람들을 보면 대부분 이 시기에 성공의 기초를 다진 사람들입니다. 이 시기에 기초를 쌓지 않고도 뒷날 성공한 사람이 절대 없는 것은 아니지만, 그 예는 무척 드뭅니다. 30세에서 40세까지는 별다른 독창적인 견해가 없고, 단지 10세에서 20여 세 사이에 가졌던 이상을 실행에 옮겨 현실화하는 것일 뿐입니다. 역사적 인물들은 거의 30여 세에 성공했으며, 특히 지도자나 통치자들은 예외가 드물었습니다. 한고조는 나이가 좀 많았지만, 역시 40여 세로서 50세를 넘지 않고 성공했습니다. 그가 천하를 통일하는 데는 5, 6년밖에 걸리지 않았습니다.

학문을 한 인물들도 다 마찬가지였습니다. 늙어서야 성공한 사람도 없지는 않았으나, 아주 드물었습니다. 5, 60세가 되면 사람은 부질없이 추억에만 머뭅니다. 그래서 노인들을 만나면 그분들의 과거 이야기를 들을 마음의 준비를 해야 합니다. "내가 예전에 이러이러했다."고 오늘도 말하고, 내일 만나도 역시 같은 말을 해서 수백 번이나 들을 수 있습니다. 하지만 그에게 오늘날의 사정을 말해 주면 금방 잊어버리곤 합니다. 그러므로 사람의 학문이나 일체의 견해는 청년 시절의 틀을 벗어나지 못합니다. 특히, 과학이 그렇습니다. 과학자가 35세 이후에 새로운 발명을 하는 일은 아주 드뭅니다. 새로운 발명을 하는 과학자들은 젊은 사람들입니다. 그리고 학문 사상은 5, 60세가 성숙기인데, 그 무렵이 되면 사람들은 시들어 버립니다. 앞에서 말했듯이 동서고금의 인류 문화는 20여 세의 문화입니다. 과거를 계승하여 미래를 열어 가면서도 영원히 젊고 영원히 성숙하지 않습니다.

그러므로 동서양의 문화는 종교든 철학이든 과학이든 최후의 결론을 아직 얻은 적이 없습니다. 생명은 도대체 어디서 올까요? 생명의 가치는 궁극적으로 어디에 있을까요? 모두 다 결론이 없습니다. 그저께 젊은 학우와 얘기했듯이 나는 최근 정중강丁中江 선생이 쓴 『북양군벌사』北洋軍閥史를 읽었는데, 근대 수십 년 동안의 사건들을 기초 자료로 인용하면서 기술한 것입니다. 나는 각 문헌마다 소홀히 하지 않고 읽었는데, 다 읽고 나서 "사람이란 도대체 무엇을 위한 존재인가?"라는 감상을 갖게 되었습니다. 이 역시 아직 답이 없는 해묵은 철학 문제입니다. 물론, 우리가 많은 답안을 가정해 볼 수는 있습니다만, 이런 답안들은 다 인위적이고 주관적인 것이지 결코 철학적으로 정확한 답안은 아닙니다. 그러므로 귀신이 있는지 없는지 우리는 모릅니다. 이 문제는 잠시 미루어 놓겠습니다.

그러나 우리가 공자의 태도를 보면, 그는 이 문제에 대해 잘 알고 있었습니다. 그가 병이 났는데 약이 효과가 없자, 자로는 "신에게 빌어 봅시다! 기도 한번 해 보시지요!" 했습니다. 공자가 듣고 자로에게 물었습니다. "그런 일이 있느냐?" 공자의 이 말은 아주 묘합니다. 그는 분명히 알고 있으면서, 자로에게 "그런 일이 있느냐?" 하고 물었지, "너는 믿느냐?" 하고 묻지 않았습니다.

공자가 이렇게 묻자, 자로는 학문에 이런 근거가 있음을 제시하고자 고고학을 인용하여 말했습니다. "있습니다! 뇌誄에 이르기를 '그대를 위하여 천신과 지신에게 기도한다.'(禱爾于上下神祇)라고 했습니다." 이 '뇌'誄는 중국 문화중의 제문祭文으로, 역대 제왕의 뇌문誄文이 바로 이것입니다. 다시 말하면, 자로는 이렇게 대답한 것입니다. "고대의 뇌문에 사람은 응당 천지 상하의 각 신에게 기도해야 한다고 했습니다."

그러자 공자는 "만일 그런 것이라면 나는 날마다 기도하고 있다. 뿐만 아니라 기도한 지도 오래되었다. 그래도 병이 났다."고 했습니다. 이 문장을 더 연구해 보면 공자의 말은 다음과 같은 뜻임을 알 수 있습니다. "기도란 것은 일종의 정성과 공경심이다. 이른바 천인합일天人合一은 정성과 공경심에서 이루어지며, 학문 수양을 하는 것도 언제 어디서나 정성스럽고 공경스러워야 한다." 『대학』에 "열 개의 눈이 보고, 열 개의 손이 가리킨다."(十目所視, 十手所指)는 말이 있듯이, 수양은 정성스럽고 공경스럽게, 이른바 "어두운 방에서도 흐트러지지 않는"(不虧暗室) 정도로 해야 합니다. 공자의 말은 자기 자신이 날마다 이렇게 하고 있어서 귀신과 통하고 있는 것이나 다름없다는 뜻입니다. 이 단락의 말은 바로 이런 도리이며, 이것이 첫째 요점입니다.

둘째로, 보통 사람들은 위급한 어려움이 닥쳐서야 신에게 빌거나 부처에게 절하거나 하느님께 기도합니다. 이른바 "늘그막에야 승려가 되고 급해서야 부처님 다리 안고 사정한다."(垂老投僧, 臨時抱佛)는 격입니다. 다시 말해서, 사람은 평소에는 스스로 위대하다고 생각하지만, 큰 곤란이나 극도의 위험을 만나게 되면 자신이 아주 보잘것없고 아무것도 할 수 없음을 느낀 나머지 자신감을 완전히 상실하고, "하늘이여! 신이시여! 당신께서 저를 구해 주셔야 합니다!"고 기도합니다. 비록 이때에 약간의 자신감을 유지할 수 있더라도 고도의 수양이 필요합니다.

여기서 역사에 나오는 한 사람을 이야기해 봅시다. 여러분이 다 아는 주순수朱舜水는 명나라가 망한 후에 일본으로 망명을 갔습니다. 본래는 일본에 구원병을 요청해 명나라 회복을 노리고 있었습니다. 배가 태평양을 항해하는 중 큰 태풍을 만나게 되었는데, 배에 탄 사람들은 모두 살려 달라고 소리쳤지만 주순수는 배 가운데 단정히 앉아서 움직이지 않았습니다. 전하는 바에 의하면 당시 배에 탄 사람들은 바다 위에 빨간 등 두 개가 떠서 배를 향해 오는 것을 보았다고 합니다. 고대의 미신에 의하면 이것은 해신海神이 맞으러 오는 신호여서, 선원들은 배에 탄 사람들이 모두 죽을 것이라며 무릎을 꿇었습니다.

그때 주순수가 "정말 이런 일이 있단 말인가? 우리가 살아날 수 있는 방법은 없는가?" 하고 말하자, 선원들은 "도道가 있는 사람이 무릎을 꿇으면 혹시 희망이 있을지 모르겠습니다."고 했습니다. 주순수는 "여러분은 종이와 붓을 가지고 오라. 내가 부적을 써서 태우면 아마 물리칠 수 있을 것이다."고 말했습니다. 주순수는 순수한 유가였는데, 어떻게 부적을 써서 도가에서 하는 것을 행할 수 있었을까요? 이는 이상하지 않습니까? 마침내 그는 종이에다 '敬'(경)이라는 한 글자를 썼습니다. 그리고 그것을 태우고 나자, 태풍은 멈추고 배도 안정되어 무사히 일본에 도착했다고 합니다. 주순수의 이 방법이 대단하지 않습니까! 제갈량보다도 더 뛰어나서, 바람을 부르고 비를 부르며 콩을 흩뿌려 병사를 만들 정도니, 군대를 이끌어 전쟁을 해서 명나라를 회복해야 하지 않겠습니까? 이런 일은 실제로 있을 수 있습니다. 깊이 연구해 보면, 이것은 또 하나의 학문이 됩니다. 오늘날의 과학으로는 정신과학 또는 심령학이라고 합니다. 정신과 영혼의 분석, 사람의 정신력이 우주와 상통하는지의 여부는 또 다른 문제입니다.

셋째로, 우리 민간에 "평소에는 향도 피우지 않더니, 급할 때야 부처님 다리 안고 사정한다."(平時不燒香, 急時抱佛脚)는 속담이 있는데, 일반인들이 다들 그렇습니다. 많은 사람들이 친구를 사귐에 있어 평소에는 찾아보지 않다가 환난이 있거나 돈 빌리고 싶을 때야 찾습니다. 그래서 공자는 기도를 해 보자는 자로에게, "그만 두어라! 만일 그런 것이라면 나는 날마다 기도하고 있는 중이다."고 했습니다. 바꾸어 말하면, 귀신의 일이나 생명의 이치는 모두 이렇게 간단한 것이 아니라는 것입니다.

한가한 사람들이나 감상에 젖어 사는 법

공자께서 말씀하셨다. "사치스러우면 불손해지고, 검약하면 고루해지는데, 불손하기보다는 차라리 고루한 것이 낫다. (사람됨이 지나치게 개방적인 것보다 좀 보수적인 것이 더 낫다)"

子曰 : 奢則不孫 , 儉則固 , 與其不孫也 , 寧固。

자왈   사즉불손   검즉고   여기불손야   영고

공자는 인생의 수양을 말하고 있는데, 사람이 "사치스러우면 불손해진다."(奢則不孫)고 하였습니다. 여기서의 사치는 잘 입고, 예쁘게 꾸미고, 집안을 잘 꾸미는 등 물질적으로 누리는 사치뿐만이 아닙니다. 넓은 의미의 사치로, 허풍 치기 좋아한다든가, 일을 할 때 자기를 내세우기 좋아하는 것도 다 사치에 속합니다. 사치스럽거나 개방적인 데 습관이 된 사람은 불손해지기 쉬워 예법을 조금도 지키지 않습니다. 이런 사람들은 사납고 거만합니다. 반면에 "검약하면 고루해진다."(儉則固)고 하였습니다. 이 '儉'(검)도 넓은 의미의 검약으로, 돈을 절약해 쓰는 것만이 아니라, 무엇에든지 비교적 보수적이고 신중하며, 어느 것이나 소홀히 하지 않고, 디디고 선 곳이 튼튼하여 기초가 비교적 안정되어 있는 것을 말합니다. 오늘날 말로 하면 기초가 착실한 것입니다.

공자는 "불손하기보다는 차차리 고루한 것이 낫다."(與其不孫也, 寧固)고 했는데, 사람됨이 지나치게 개방적인 것보다 좀 보수적인 것이 더 낫다는 것입니다. 좀 보수적이면 비록 성공할 기회는 많지 않더라도 크게 실패는 하지 않습니다. 반면에 개방적인 사람은 성공할 기회는 많지만, 실패할 기회도 많습니다. 인생 수양의 입장에서 말한다면 역시 "검이고" 儉而固가 낫다는 것입니다. 개인의 입장에서 사치와 검소를 말해 보면, 역시 "검소하다가 사치해지기는 쉬워도, 사치하다가 검소해지기는 어렵다."(從儉人奢易, 從奢入儉難)는 전통적인 말 그대로입니다.

여름이면 날씨가 무더운데, 예전에 중경重慶에 있을 때는 모두 부들부채를 사용했습니다. 한 객실에 많은 사람들이 함께 있을 경우, 천으로 큰 바람개비를 만들어 한 사람이 한 쪽에서 잡아당겨 바람을 일으키면 다들 그 밑에 앉아 시원하다고 했습니다. 지금 사람들은 에어컨이 없으면 살 수 없다고 하는데, 나는 "절대 죽지 않을 테니 걱정마라."고 합니다. 오늘날 물질문명이 발달하여, 낙후된 곳에 가면 사람들이 견디지 못하는데, 이것이 사치하다가 검소해지기 어려운 예입니다.

증국번은 사람을 등용하는 데 시골티를 중시하였습니다. 역사상 많은 사람들이, 예를 들면, 여몽정呂蒙正 같은 사람은 재상을 지냈으면서도 생활이 청빈하였습니다. 텔레비전에서 인기가 높은 포청천包靑天 같은 사람은 일생 동안의 생활이 청빈 검소하기 이를 데 없어, 다른 사람들의 비난을 살 만한 결점이 없었습니다. 그토록 오랫동안 대신으로서, 오늘날로 말하면 중앙 비서장 겸 대북시장격인 용도각직학사 겸 개봉부윤龍圖閣直學士兼聞封府尹이라는 큰 대관을 지냈건만 일생 동안 청빈 검소하였습니다. 민간 전설에서는 그를 신으로까지 여겨, 유가 문화를 말할 때 포공包公은 하나의 모범이 되어 버렸습니다. 송대의 조청헌趙淸獻 같은 사람은 당시 사람들이 그를 철면어사鐵面御史라고 불렀는데, 관직에 있으면서 누구에 대해서도 잘못을 눈감아 주지 않고 청렴 공정하였으며, 간소한 정치, 깨끗한 형무刑務 처리로 감옥 속에 죄수가 없었습니다. 그 역시 포청천과 같았습니다. 역사상 많은 명신들이 검소하게 살았으며, 어떤 대신들은 죽을 때 관조차 살 수 없을 정도였습니다. 그들은 일생 동안 한 푼도 탐오하지 않았을 뿐 아니라, 자기의 월급도 저축하지 않아 후대 자손들이 그를 위해 관을 살 능력도 없어 옛 친구들이 돈을 모았는데, 이것이 바로 검소한 풍모입니다.

산들바람 휘영청 밝은 달

다음이 이어집니다.

공자께서 말씀하셨다. "군자는 마음이 시원스럽고 너그러우며, 소인은 늘 근심하고 두려워한다."

子曰 : 君子坦蕩蕩 , 小人長戚戚 。
자 왈   군 자 탄 탕 탕   소 인 장 척 척

「학이」편에서 "인부지이불온, 불역군자호?"人不知而不慍, 不亦君子乎라고 했습니다. 사람이 일생 동안 자기를 이해해 주는 사람이 없고, 학문이 있지만 발전할 기회가 없더라도 하늘을 원망하거나 남을 탓하지 않는 것은 아주 어려운 수양입니다. 그러므로 "군자는 마음이 시원스럽고 너그럽다."(君子坦蕩蕩)고 했습니다. 마음이 언제나 산들바람에 휘영청 밝은 달입니다. 봄바람이 부는 것처럼 시원하고 편안하며, 가을달이 빛을 흩뿌리듯 맑고 빛납니다. 내심으로 이런 경지를 유지해서, 뜻을 이루었을 때나 어려움에 처했을 때나 낙관적입니다. 맹목적인 낙관이 아니라, 자연스럽고 명랑한 마음이기에 남에 대해서도 원한이 없습니다. 포청천이나 조청헌 같은 사람이 이런 경지에 이르렀는데, 이것이 "군자탄탕탕"君子坦蕩蕩입니다.

소인은 어떨까요? "소인은 늘 근심하고 두려워한다."(小人長戚戚)고 했습니다. 소인은 항상 마음속에 근심할 일이 있어 서서히 협심증이 됩니다. 이것은 우스갯소리로서 생리적인 병명을 빌어, 심리의 병적인 상태를 형용한 것입니다. 소인은 늘 마음에 무엇인가가 걸려 있습니다. 다른 사람이 자기를 부당하게 대한다고 생각하거나, 또는 이 사회가 잘못되었다고 생각합니다. 그렇지 않으면 어떤 일이 자신에게 불리하게 되었다고 느낍니다. 우리는 모두 "이 사회는 어쩔 수 없다."고 투덜거리는 잘못을 범하기 쉽습니다. 이렇게 말하는 속뜻은, 자기는 대단하지만 사회에는 얼빠진 사람들뿐이라는 것입니다. 이 역시 일종의 "늘 근심하고 두려워하는"(長戚戚) 심리적 병입니다. 우리는 이 두 구절을 좌우명으로 삼아 책상 앞에 붙여 놓고 때때로 주의하여 보면서 자신을 격려하여 "시원하고 너그러운"(坦蕩蕩) 마음을 길러야 합니다.

이어서 공자 개인의 군자적 풍모를 설명합니다.

공자께서는 (학문 수양이 외면의 기색과 자태에 드러나) 온화하면서도 엄숙하시고, 위엄이 있으면서도 사납지 않으시고, 공경스러우면서도 침착하셨다.

子溫而厲, 威而不猛, 恭而安。
자온이려　위이불맹　공이안

이것은 공자의 학문 수양이 외면의 기색과 자태에 드러난 모습을 제자들이 기록한 것입니다. 첫째, 공자는 온화했습니다. 누구에게나 친절 온화하면서도 엄숙했습니다(溫而厲). 온화한 가운데도 사람이 범접할 수 없는 엄숙함이 있었습니다. 둘째는, 위엄이 있으면서도 사납지 않았습니다(威而不猛). 위엄이라고 하면 일반 사람들은 무섭고 냉혹한 폼을 재는 것을 연상하는데, 이런 것은 위엄이 아닙니다. 진정한 위엄은 내심의 도덕적 수양으로서, 마음이 시원스럽고 너그러운(坦蕩蕩) 경지에 이르면 자연히 위엄이 있습니다. 사실은 봄바람처럼 따스하지만, 남들의 눈에는 여전히 함부로 가까이할 수 없어 보입니다. '불맹'不猛은 사납거나 잔인하지 않은 것입니다. 무대 위의 산대왕山大王이 징과 북소리가 울리는 가운데 갑자기 사나운 모습으로 나타나 마구 휘젓고 다니면서 보여 주는 모습 같은 것이 '맹'猛입니다. 셋째는, 공경스러우면서도 침착했습니다(恭而安). 공자는 무슨 일에나 누구에게나 대단히 공경스러우면서도 활발하고 또 침착했습니다.

이 세 가지 점도 제1편 「학이」의 주해나 다름없습니다. 공자를 본보기로 삼아, 학문이 훌륭한 사람은 그 내심 수양이 이러한 모습으로 외면에 드러난다는 것을 보여 주고 있습니다. 다시 말하면, 공자는 엄숙한 온화함이 있고, 자연스러운 위의가 있으면서 결코 사납고 흉악하지 않고, 영원히 그렇게 침착하면서 공경하는 기색과 자태였다는 것입니다.

泰伯

제왕 자리도 헌신짝

제8편 「태백」은 제2편 「위정」에서 말한 개인의 학문 수양의 의미를 확대 해석한 것입니다. 제목인 「태백」은 이 편 첫 단락에서 공자가 언급하고 있는 오태백吳泰伯의 이름으로, 그는 공자가 항상 내세워 찬양했던 성인입니다. 태백은 어떤 사람이었을까요?

우리가 오늘날 말하는 중국 전통 문화는 엄격히 말한다면 주대周代 문화입니다. 주공周公이 그동안의 고대 문화를 집대성했고, 공자는 이것을 정리했습니다. 그러므로 우리의 중국 전통 문화는 요·순·우·탕·문왕·무왕·주공·공자가 전승한 문화를 총칭하는 것입니다.

전통의 문화 역사를 말하다 보니, 중국 역사철학과 관계된 책이 생각납니다. 청나라 때는 금서禁書였지만 지금까지 보존되어 온 책인데, 아마 여러분은 본 적이 없을 것입니다. 가응총賈應寵(자는 부서鳧西, 명나라 숭정崇禎 말년 사람)이 쓴 『목피산객고사』木皮散客鼓詞라는 책으로, 악기를 타면서 노래로 부르는 가요 형식으로 우리 역사를 서술한 것입니다. 이 책은 명말 청초 시기의 작품인데, 그 속에는 반청복명反清復明의 민족의식이 충만한 데다, 심오한 역사 철학적 의미와 문학적 경지도 담겨 있습니다.

중국 역사철학을 말하면, 왕조 시대로 계산하여 춘추 시대와 전국 시대는 주 왕조에 속합니다. 주 왕조는 약 8백 년 간 천하를 통치했고, 한나라는 4백 년, 당나라는 3백 년, 원나라는 80여 년 간이었습니다. 명나라는 약 3백여 년 간이었고, 청나라도 2백여 년 간 통치했습니다.

난세를 말하면, 위진남북조 시대가 2백여 년 간 계속되었습니다. 역사를 통틀어 역사가 가장 길고 전통이 유구한 것은 8백년 간 지속한 주 왕조였습니다.

민간 소설에서는 강태공姜太公이 80세 때 문왕文王을 만났다고 합니다. 주무왕周武王이 강태공보다 불과 몇 살 아래였으니, 당시 주무왕과 함께 중국을 통일한 사람들은 다들 8, 90세였습니다. 당시에는 세상일에 밝고 노련한 사람들이 나라의 이익을 위해 힘쓰고 나라 일을 계획했는데, 그런 사람들일수록 경험도 풍부하고 믿음직해서 오늘날의 상황과는 크게 차이가 있습니다. 그렇지만 이런 차이는 걱정할 필요가 없습니다. 시대는 늘 변하고 역사도 돌고 돌아 반복되므로, 앞으로는 노인의 현명함을 존경하게 될지도 모릅니다. 젊은이는 패기는 있지만 높은 지혜와 경험이 없고, 반면에 노인은 지혜는 있지만 패기가 너무 작습니다. 이 두 가지가 결합되면 완벽해집니다. 한쪽으로 치우쳐서는 안 됩니다.

소설에 의하면 강태공은 80세에 문왕을 만났는데, 이 늙은 선생께서는 그래도 거드름을 피우고 나서려 하지 않았습니다. 결국 문왕이 수레를 밀었는데, 8백 보를 밀고는 더 이상 밀지 못하자, 강태공은 문왕 자손의 천하를 8백 년 동안 보우保佑해 주겠다고 말했습니다. 이것은 소설에 쓰여 있는 이야기이지만, 한 가지 의미를 지니고 있습니다. 신화나 소설은 그 외피를 벗기면 진짜 의미가 나타납니다. 이것은 소설과 민간 문학이 상용하는 수법입니다.

주 왕조가 천하를 무려 8백 년 동안이나 통치한 것은 실로 쉬운 일이 아니었습니다. 역사에서는 조상인 문왕의 덕이 깊고 두터웠기 때문이라고 합니다. 이른바 조상의 덕이란 미신이 아니라, 선조 때부터 대대로 역사의 토대를 다져 왔다는 의미입니다. 역사의 토대를 다지는 것은 쉽지 않습니다. 진시황이 천하를 통일한 것을 보아도 역시 조상 몇 대에 걸쳐 다져 온 토대가 있었기 때문입니다. 그러나 진나라가 걸어 온 길은 주 왕조와 비교할 수 없습니다. 주 왕조는 시작부터 도덕 정치의 길을 걸었습니다. 반면에 진나라는 처음부터 법치를 기초로 삼았습니다. 주나라는 도덕을 정치의 기초로 삼았으니, 곧 덕치德治·예치禮治였습니다. 교육문화 면에서 진나라의 법치도 여러 대 동안 다져 온 것으로 2, 3백 년 후에야 진시황이라는 결과가 있었습니다. 주 왕조의 선대가 쌓아 온 덕이 열매를 맺은 것은 주문왕 때가 아니라 주무왕이 천하를 통일한 때였습니다.

그러면 태백은 어떤 사람이었을까요? 그는 주문왕의 큰아버지이자 주무왕의 큰할아버지였습니다. 주문왕의 할아버지는 대왕大王이었는데, 그에게 세 아들이 있었습니다. 큰아들이 태백泰伯, 둘째가 중옹仲雍, 셋째가 계력季歷이었으며, 계력의 큰아들이 곧 주문왕으로, 이름은 희창姬昌이었습니다. 대왕은 당시 은나라가 쇠퇴하고 정치가 몹시 부패한 것을 보고 혁명을 하려는 생각이 있었습니다. 중국의 고대 규칙에 의하면, 대왕은 자리를 장자인 태백에게 물려주어야 했습니다. 그래서 대왕은 태백에게, "네가 노력해 보아라. 장래에 은나라의 부패한 정치를 뒤엎을 수 있을 것이다." 하고 말했습니다.

그러나 태백은 전통적인 관념에 따라, 은나라의 정치가 부패했다 하더라도 주나라는 어쨌든 은나라의 제후국이므로 은나라를 뒤엎어서는 안 된다고 생각했습니다. 그는 대왕인 부친의 이 생각에 대해서 아들로서 효도하기 위해서는 부친의 말을 따르지 않을 수 없고, 천하의 공도公道를 위해서는 부친의 말을 따르기 어려워서 이러지도 저러지도 못할 난처한 입장에 처했습니다. 태백은 사상·견해·학문·도덕 면에서 훌륭하지 않은 데가 없었지만, 대왕의 생각을 받아들일 수는 없었습니다.

대왕은 셋째 아들인 계력의 큰아들, 즉 주문왕이 장래에 중국을 통일할 수 있을 것이라고 보았습니다. 대왕은 큰아들인 태백이 이렇게 고결한 사람이라면 ─ 물론 큰 아들이 옳지 않다고 말할 수는 없었습니다. 태백은 옳았고, 대왕도 태백을 마음에 들어했습니다 ─ 자리를 셋째인 계력에게 물려줄 수밖에 없다고 생각했습니다. 그런데 고대 종법 사회에서는 큰아들이 있는 한 작은아들에게 자리를 물려줄 수 없도록 되어 있었습니다. 태백은 이러지도 저러지도 못할 난처한 입장에 처해 있던 차에 부친의 뜻을 알고는, 제왕의 자리를 피해 도망가 버렸습니다. 그래서 뒷날 대왕은 계력에게 자리를 물려주었고, 계력이 죽고 나자 주문왕이 자리를 이었습니다. 그 한 대 한 대가 모두 도덕 정치를 했습니다. 뒤에 주문왕은 억울하게 옥살이를 했지만, 결코 혁명은 일으키지 않았습니다.

무왕 때 이르러서야 강태공과 함께 혁명을 일으켜 은나라를 전복시켰습니다. 이렇게 몇 대에 걸쳐 수백 년 간 주 왕조의 덕정德政은 백성들에게 깊이 스며들었습니다. 고대에는 덕을 세우고 공을 세우는 것(立德立功)을 중시했는데, 훗날 불교에서 이를 인용하여 공덕功德이라는 한 단어로 사용했습니다. 온 나라 백성들에게 정치적으로, 또 공적으로나 사적으로 은혜를 베푸는 도덕적 행위와 사회에 끼친 공적을 합하면 공덕이 됩니다. 주 왕조의 정치는 이런 정도에까지 이르렀습니다.

오태백은 이렇게 하여 제왕의 자리를 버리고 남방으로 도망갔는데, 그곳이 뒷날의 강소江蘇 지방입니다. 이 지방은 당시 개발되지 않은 미개지였는데, 오태백은 달아난 김에 이런 야만 지방까지 갔습니다. 뒷날 그의 자손들이 다른 곳으로 옮겨 자리를 잡았는데, 그곳이 남방의 오吳나라였습니다. 춘추전국 시대의 오나라는 그의 후대였습니다. 무왕은 천하를 통일한 후 비로소 태백의 자손들을 오나라로 봉했습니다. 주무왕이 태백을 봉하기 전까지, 태백은 왕후조차도 하지 않았습니다. 요즈음 말로 하면, "정의를 위해, 신앙을 위해 제왕이 되지 않아도 좋다. 인격을 손상시킬 수는 없으며 진리의 사상을 흔들 수는 없다."는 것이었습니다. 그래서 떠나버렸습니다.

우리는 때로 "황제 자리를 주어도 하지 않겠다."는 말을 하지만, 그것은 허풍 치는 것이지 기회를 얻지 못하는 것일 뿐입니다. 우리는 황제를 하라고 해도 잘할 수 없습니다. 영화나 텔레비전 연기는 그런대로 해내겠지만, 실제로 해 보라고 하면 놀라 기절하거나 나라를 망쳐 놓고 말 것입니다. 그렇게 해서는 안 되겠지요. 그러나 태백은 정말 제왕을 할 만한 인재였으면서도 하지 않았는데, 이는 대단히 쉽지 않은 일입니다. 공자 사상에서는 이런 사람을 가장 숭상했습니다. 태백은 부귀공명을 첫째 자리에 놓지 않고, 진리·도덕을 첫째 자리에 놓았습니다. 궁지에 빠져 죽든 굶어 죽든, 그것은 별개의 문제로서 대수롭게 여기지 않았습니다. 그래서 공자가 가장 존중한 사람은 태백·백이·숙제 같은 사람들이었습니다. 이 제8편은 첫머리부터 태백을 이야기하고 있습니다.

　공자께서 말씀하셨다. "태백은 정치적인 도덕이나 개인적인 도덕 수양이 모두 최고점에 도달한 분이라 하겠다. 세 번이나 천하를 사양했(고 끝내는 도망 가버렸)으나, (후세의) 백성들은 (역사상의 이 일을 알지 못해) 그를 칭송할 길이 없었다."

　子曰 : 泰伯其可謂至德也已矣。三以天下讓, 民無得而稱焉。
　자왈　태백기가위지덕야이의　삼이천하양　민무득이칭언

　이것은 공자가 평소에 했던 말로서, 이 편의 제 1단락으로 삼은 것입니다. 공자는 태백에 대해 이렇게 말했습니다. "인생의 도덕을 볼 때, 공덕公德은 정치적 도덕이고 사덕私德은 개인적 도덕을 말하는데, 태백은 공사公私 양쪽의 도덕·수양이 모두 최고점에 도달했다. 그는 세 번이나 천하를 사양하고 끝내는 도망가 버렸다. 후세의 백성들은 역사상의 이 일을 알지 못했다." 이 일이 후세에까지 전해 내려오게 된 것은 오로지 『좌전』左傳의 상세한 기록 덕분입니다. 태백 자신은 제왕도 마다했으니, 당연히 헛된 명성으로 백성들의 칭송 받는 것은 더더욱 바라지 않았을 것입니다. 공자는 이러한 그를 특별히 존경했습니다. 이것은 훗날 도가 사상이라 일컬어진 것이기도 합니다(우리가 앞서 언급했듯이 당시에는 유가와 도가의 구분이 없었습니다).
　사람의 도덕 수양이 정말로 "마음이 시원스럽고 너그러운"(坦蕩蕩) 경지에 이르려면 수양이 어느 정도까지 되어야 할까요? "천하를 헌신짝처럼 버리고, 제왕장상을 하찮게 여겨 그 자리를 마다하는"(棄天下如敝屣, 薄帝王將相而不爲) 정도까지 이르러야 합니다. 도덕을 위해서, 자기 평생의 신앙을 위해서, 그리고 인격의 건립을 위해서 황제의 자리도 헌신짝처럼 내버리고, 나가면 장군이요 들어오면 재상인 부귀공명도 바라지 않을 수 있어야 합니다. 이 정도가 되면 자연히 "마음이 시원스럽고 너그러운" 경지에 이르게 될 것입니다.

앞에서 말했듯이 사람이 구하는 바가 있으면 강직할 수가 없습니다. 증자도 "남에게 구하는 자는 남을 두려워한다."(求於人者畏於人)고 했습니다. 남에게 요구하는 바가 있으면 남을 두려워할 수밖에 없습니다. 남에게서 돈을 빌리면 항상 주눅이 들어 있는 것과 같습니다. 구한다는 것은 매우 고통스럽습니다. 이른바 "사람이 구함이 없으면 품격이 스스로 높다."(人到無求品自高)고 하겠습니다. 그러므로 "마음이 시원스럽고 너그러운"(坦蕩蕩) 경지에 이르려면, 천하를 헌신짝처럼 버릴 정도까지 수양이 되어야 합니다. 그런 다음에야 천하대임天下大任을 맡을 수 있습니다. 왜냐하면 그런 사람이 이런 직무를 맡게 되면, 자기가 제왕장상帝王將相이 된 것을 영광으로 여기지 않고, 온통 자기에게 정말 무거운 책임이 주어졌다고 생각하여 마음과 힘을 다하지 않을 수 없기 때문입니다.

그런데 수양제隋煬帝는 이와는 다른 오만방자한 말을 하나 했습니다. 그는 "내가 본래 부귀를 구할 마음이 없건만, 부귀가 한사코 찾아올 줄 누가 알았으리요."(我本無心求富貴, 誰知富貴迫人來)라고 했는데, 이런 오만방자한 말을 할 수 있었던 것은 그 나름의 기백이 있었기 때문입니다. 이것은 부정적인 것입니다. 그는 강도江都에서 자신이 곧 실패하리란 것을 알고 궁지에 빠졌을 때, 거울을 보고 자신의 뒤통수를 치면서, "이 좋은 머리를 누가 벨 수 있을까?" 하고 말했는데, 뒷날 결국 백성들에게 살해되었습니다.

그의 이러한 기백은 부정적否定的인 것으로, 도덕적인 생각이라 할 수 없습니다. 내가 여기서 그의 말을 인용하는 것은, 그러한 "부귀가 한사코 찾아올 줄 누가 알았으리요." 일 때에 부귀에 미혹되지 않을 수 있었던 사람이 바로 오태백이었다는 것을 말하기 위해서입니다.

천자의 귀한 몸이 평민을 친구로

다음은 공자가 인생 수양의 경지를 설명한 것입니다.

공자께서 (정치 지도 철학이자 인생 수양의 도리를) 말씀하셨다. "공

경하면서도 예(禮의 중화中和)가 없으면 (지나치게 되어 오히려) 수고롭게만 되고, 신중하면서도 예(의 중화)가 없으면 (지나치게 되어 오히려) 두려워하게만 되고, 용감하면서도 예(의 중화)가 없으면 (지나치게 되어 오히려) 난폭하게만 되고, 강직하면서도 예(의 중화)가 없으면 (지나치게 되어 오히려) 박절하게만 된다.

윗사람인 군자가 (먼저) 가족 친지들에게 (진실한 감정과 친근한 정으로) 돈독하게 대하(여 사랑하고, 그런 다음 그 사랑을 점점 밖으로 확충하여 가)면, 백성들 사이에 인애仁의 기풍이 일어나고, (부모에게서 태어났고 조상의 전통을 이어왔기 때문에) 옛 전통을 버리지 않으면 백성들이 교활한 행동을 하지 않는다. (그리하여 사회가 안정된다)"

子曰 : 恭而無禮則勞, 愼而無禮則葸, 勇而無禮則亂, 直而無禮則
자왈　공이무례즉로　신이무례즉시　용이무례즉란　직이무례즉

絞 。 君子篤於親 , 則民興於仁 。 故舊不遺 , 則民不偸 。
교　　군자독어친　즉민흥어인　고구불유　즉민불투

이 단락은 우리가 깊이 연구해 보아야 할 많은 뜻이 담겨 있습니다. 크게 말하면 정치 지도 철학이고, 작게 말하면 개인의 인생 수양 도리입니다. '공'恭은 바로 공경입니다. 어떤 사람은 선천적으로 태도가 조심스러워 사람이나 일에 대해 공경스럽습니다. 반면에 어떤 사람은 선천적으로 의기양양해서 남에게 지려 하지 않습니다. 어떤 윗사람들은 이런 사람에 대해 좋지 않은 인상을 가지는데, 사실 그럴 필요는 없습니다. 이런 태도는 그의 천성으로서, 속마음까지 반드시 그런 것은 아닙니다. 그러므로 우리는 어떤 사람의 좋고 나쁨을 판단할 때 겉모양에만 좌우되어서는 안 되며, 될 수 있는 한 객관적이어야 합니다.

공자는 "공경하면서도 예가 없으면 수고롭게만 된다."(恭而無禮則勞)고 했는데, 여기에서의 예禮는 예절을 가리키는 것이 아니라, 예의 정신·사상 문화의 내함을 가리킵니다. 표면적인 태도로만 공경하는 것을 예라고 생각해서는 안 됩니다. 공경하는 태도가 있으면서도 예의 정신이 없다면 수고롭기만 합니다(勞). 바꾸어 말해, 외형적인 예절은 물론 중요하지만, 내재적인 예의 정신이 없이 그저 누구에게나 한결같이 예절만 바르다면 그것은 수고스러우며 침착하지 못합니다.

공자는 또 "신중하면서도 예가 없으면 두려워하게만 된다."(愼而無禮則葸)고 했습니다. 어떤 사람은 일하는 것이 신중하고 몹시 조심스럽습니다. 조심스러운 것은 물론 좋습니다만, 지나치게 조심스러우면 무능하거나 추진력이 없게 되어 아무것도 감히 시작하지 못합니다. 우리 속담에 "떨어지는 나뭇잎에 머리 깨질까 봐 걱정한다."라는 말이 있는데, 이런 사람이 확실히 있습니다.

"용감하면서도 예가 없으면 난폭하게만 된다."(勇而無禮則亂). 어떤 사람들은 용기와 패기가 있어 쉽게 결심을 내리고 즉시 일을 하는데, 이것이 용勇입니다. 그러나 이 경우 내적인 수양이 없다면 소동을 일으켜서 일을 망쳐 놓기 쉽습니다.

"강직하면서 예가 없으면 박절하게만 된다."(直而無禮則絞). 어떤 사람들은 개성이 곧고 숨김이 없어 옳고 틀린 것을 분명하게 따집니다. 윗사람이나 어른이 되는 사람은 이런 사람을 만나면 아주 힘들고 난처합니다. 솔직히 말해서 이런 양성적陽性的인 사람은 마음씨가 아주 좋고 솔직·성실합니다. 그러나 이런 사람은 학문적인 연마와 수양을 거치지 않으면 박절해지는데, 지나치게 박절하면 끊어져 버려 일을 그르치게 됩니다.

공자가 여기서 말한 공恭·신愼·용勇·직直, 이 네 가지는 모두 사람의 미덕으로서 각기 좋은 개성입니다. 그렇지만 반드시 문화 교육을 통해 중화中和해야 합니다. 중화를 얻지 못하면 치우치게 되어, 미덕도 오히려 큰 결점이 되어 버립니다. 태도가 지나치게 공경스러우면 공연한 수고가 됩니다. 중국인들은 "예가 많으면 반드시 속인다."(禮多必詐)고 말해 왔는데, 예를 들면 왕망王莽은 예가 많았습니다. 또, 지나치게 신중하면 추진력이 없어집니다. 지나치게 용감하면 충동적으로 쉽게 결단을 내려서 때로는 일을 그르칩니다. 지나치게 곧으면 때로는 일을 이루지 못할 뿐 아니라, 도리어 일을 망쳐 놓습니다.

항우項羽의 성격은 지나치게 용감하고 곧은, 두 가지의 결점이 있었습니다. 청대의 시인 왕담王曇은 "항우가 병서兵書를 잘못 읽어 항량項梁을 저버렸다."(誤讀兵書負項梁)고 했는데, 이는 매우 일리가 있습니다. 그래서 문화 교육이 대단히 중요한데, 스스로 중화中和할 줄 알아야 합니다. 우리가 이 네 가지 점을 이해하고 나면, 자기의 개성을 반성하는 기준으로 삼을 수 있습니다.

공자는 이어서 말하기를, "윗사람인 군자가 가족 친지들에게 돈독하게 대하면 백성들 사이에 인의 기풍이 일어난다."(君子篤於親, 則民興於仁)고 했습니다. 중국인들은 효도를 중시합니다. 사람이 자기 부모ㆍ형제ㆍ자매ㆍ친구들에 대해 진실한 감정이 없고 친근한 정이 돈독하지 못하면서, 천하를 사랑하고, 국가를 사랑하고, 사회를 사랑한다는 것은 속 빈 구호에 지나지 않으며, 그것은 불가능합니다. 자기 부모ㆍ형제ㆍ자매ㆍ친구들도 사랑해 본 적이 없는 사람이 어떻게 천하ㆍ국가ㆍ사회를 사랑할 수 있겠습니까? 사사로운 것은 사랑하지 않지만 대중은 사랑한다고 말하는 사람이 혹시 있을지도 모르지만, 이런 일은 사실상 있을 수 없습니다. 천하 국가를 사랑하는 것은 바로 부모ㆍ형제에 대한 사랑의 확대입니다. 그러기에 말하기를, 가족 친지들에게 돈독하게 대하는 자는 사람이 사사로이 자기의 부모형제를 사랑할까봐 두려워하지 않는다고 합니다. 유가에서는 사랑이란 가까운 곳으로부터 점점 밖으로 확충해 가는 것이므로 "먼저 가족 친지들에게 돈독하게 대하면, 백성들 사이에 인의 기풍이 일어난다."(先篤於親, 然後民興於仁)고 주장합니다. 가족 친지를 친근하게 대하는 의로움으로부터 출발하면, 사회 기풍이 인애仁愛로워져 사람마다 서로 사랑하게 됩니다.

다음으로 공자는 "옛 전통을 버리지 않으면 백성들이 교활해지지 않는다."(故舊不遺, 則民不偸)고 했습니다. '고구'故舊는 두 가지로 해석할 수 있습니다. 지난날에는 옛 친구ㆍ옛 선배로 해석했습니다. 옛 사람이 말한 '염구'念舊란 옛 친구에 대한 우정을 못 잊어 그를 늘 그리워하는 것입니다. 이른바 "물 한 방울의 은혜를 넘치는 샘물로 갚는다."(滴水之恩, 湧泉以報)는 것입니다. 한신韓信이 밥 한 그릇의 은혜를 잊지 않았던 고사와 같습니다. 한신은 불운했던 시절에 배가 몹시 고파 시냇가에서 빨래

하던 한 노파의 밥을 한 그릇 얻어먹었는데, 너무 바쁜 나머지 할머니의 이름도 물어보지 못한 채 헤어졌습니다. 뒷날 그가 왕으로 봉해졌을 때 이 노파를 찾아 보답하고 싶었지만 찾을 수가 없었으므로, 천금千金의 돈을 물 속에 놓아두고 갔다는 것입니다. 옛 사람에게는 이런 정신이 있었습니다. 한나라 광무제光武帝는 황제가 된 뒤, 옛 학우인 엄광嚴光을 찾아 옛 이야기를 나누었습니다.

또 주원장朱元璋은 황제가 된 뒤, 젊은 시절에 함께 농사일을 했던 친구인 전흥田興을 찾았으나 찾지 못하자 전국에 수배령을 내렸습니다. 전흥은 한사코 평생 벼슬을 하려하지 않고, 가는 곳마다 좋은 일을 할 뿐이었습니다. 뒷날 어떤 사람이 보고하기를, "어느 현縣에서 호랑이 다섯 마리가 나타나 사람을 잡아먹어 모두들 무서워하고 있었는데, 어떤 사람이 이 호랑이 다섯 마리를 다 때려 죽였습니다." 라고 했습니다. 이 보고를 들은 주원장은 그 사람이 틀림없이 자신의 옛 친구 전흥이 한 좋은 일 것이라고 생각했습니다. 그래서 주원장은 당시 문학 수양이 대단히 높았던 한림원翰林院 진사들을 불러, 그들에게 얼른 편지를 써 보내어 전흥을 데려오라고 명했습니다. 그러자 이 한림원 선생들은 편지를 쓴다면서 옛날 문장투의 공자왈, 맹자왈 하는 문구에만 매달리고 있었습니다.

주원장은 한참 지켜보다 이맛살을 찌푸리고 머리를 흔들더니, 자기가 직접 편지를 쓰기 시작했습니다. 그가 쓴 것은 구어체(白話)였는데, 내용은 대략 이러했습니다. "황제는 황제고, 주원장은 주원장이다. 너는 나를 황제라 하여 친구가 아니라는 말을 하지 마라. 네가 오지 않으면, 나는 너를 패기가 없다고 할 것이다. 우리 두 사람은 예나 지금이나 변함없이 좋은 형제다. 나는 오늘 황제의 신분으로 너를 찾는 것이 아니다. 우리 두 형제가 만나게 되더라도, 황제는 황제고, 주원장은 주원장이다. 패기 있는 네가 황하를 건너오려무나!" 둘이 함께 소 먹이던 시절에 서로 싸우면서 욕하던 말투 그대로였습니다. 전흥은 이 편지를 보고 주원장을 찾아왔습니다. 황제를 찾아왔지만 벼슬은 얻지 않고 한바탕 즐겁게 놀고는 떠났습니다.

이것이 바로 역사상의 '염구'念舊입니다. 그러나 오늘날에는 이런 일이 드뭅니다. 어떤 사람은 처지가 좋아지면, 옛 친구를 보고서도 성씨가 어떻게 되느냐고 묻습니다. 옛 사람은 "부귀하다고 남에게 교만해서는 안 되며, 다만 빈천할 때에는 남에게 교만해도 좋다."고 했습니다. 가난한 자는 패기를 가지고, 내가 가난하지만 너를 안 보겠다면 안 본다고 해야 하는 것입니다. 이것이 '고구'故舊의 첫째 의미입니다.

'고구'故舊의 또 하나의 의미는 '전통'입니다. "고구불유"故舊不遺란 곧 전통 관념을 버리지 말라는 것입니다. 만일 당신이 전통을 뒤엎으려면, 먼저 당신 자신을 뒤엎는 것이 더 좋습니다. 왜냐하면 당신은 부모에게서 태어났고, 조상의 전통을 이어왔기 때문입니다. 부모라는 전통이 없다면, 당신이라는 계통을 전할 수 없습니다. 만사는 그 뿌리가 있기 마련입니다. 그래서 공자는 "옛 전통을 버리지 말라."(故舊不遺)고 했습니다. 위대한 인물은 반드시 참된 감정을 가지고 있기에 영웅이 될 수 있으며, 역사에 남을 수 있습니다. 참된 감정이 있어야 자기를 희생하고 바칠 수 있습니다. 윗사람에게 이런 도덕이 있으면, 백성들이 교활해지지 않습니다(則民不偸). 여기서 '偸'(투)자는 몰래 훔친다는 뜻입니다. 즉, 교활한 행동을 하지 않으면 사회 기풍이 안정된다는 것입니다.

공자의 이 말을 왜 태백의 이야기 다음에 넣어 두었을까요? 바로 정치 철학상의 기풍을 말하기 위한 것으로, 유가가 주장하는 도덕 정치와 개인의 수양은 무엇보다도 도덕 정신에 있다는 것입니다. 도덕 정신은 확고한 사상과 진실한 감정이 있어야 발휘할 수 있습니다.

이상은 공자의 교육 사상이자, 제2편 「위정」을 좀더 자세히 설명한 것입니다. 다음 단락부터는 문장을 보면 공자의 문인들이 기록한 것임을 알 수 있습니다. 앞에서 말했듯이 중국 고대의 관습에서는 직접 가르친 학생은 제자라 부르고, 그 제자 이후 세대의 학생들은 문인門人이라고 불렀습니다. 훗날에 와서는 점차 함께 사용되어 학생은 다 제자라고도 부르고 문인이라고도 불렀습니다.

부끄럽지 않은 일생 너무도 어려워라

다음 단락부터는 거의 문인들에 관한 기록입니다. 다음 단락에서는 증자에 대해 말하고 있습니다.

증자가 병이 나서 죽음이 가까워지자, 자기 제자들을 불러 놓고 말했다. "내 발을 펴 보아라. 내 손을 펴 보아라. 『시경』에 이르기를 '전전 긍긍하기를, 깊은 못 가에 서 있듯, 얇은 얼음판을 밟고 가듯 한다.'고 하였다. (인생이란 이렇게 어렵다. 특히 이해관계가 있는 경우, 충신이 될 수 있느냐 없느냐, 효자가 될 수 있느냐 없느냐 하는 이런 도덕적 결단이 한 생각에 달려 있는데, 대개의 사람들은 자기가 손해 볼 것 같으면 돌아서버린다. 나는 이제 손도 다리도 감각을 잃었으니, 절반은 이미 죽은 것이나 같다) 이제부터는 내 잘못을 면하게 되었음을 알겠다. 제자들아!"

曾子有疾, 召門弟子曰：啓予足, 啓予手。詩云：「戰戰兢兢, 如臨
증자유질　소문제자왈　계여족　계여수　시운　전전긍긍　여림

深淵, 如履薄冰」而今而後, 吾知免夫！小子。
심연　여리박빙　이금이후　오지면부　소자

이 단락 마지막의 '소자'小子는 오늘날에는 남을 꾸지람할 때 '너, 이 녀석'의 뜻으로 쓰이지만, 지난날에는 '젊은이'라는 뜻이었습니다. 오늘날 말로는 '너희 젊은이들'의 뜻인데, 여기서는 증자가 학생들을 부르는 호칭으로 쓰였습니다.

이 단락의 말을 왜 「태백」편에다 넣었을까요? 이 글은 안회가 죽은 뒤 도통道統을 전해 받은 증자가 자신의 학문 수양에 대한 경험담을 이야기한 것입니다. 우리는 제1편에서 증자가 매일 세 가지 것으로써, 즉 "남을 위해 일을 함에 있어 충실하였는가? 친구들과 사귐에 있어 신의를 잃지 않았는가? 스승의 가르침을 실천하였는가?" 하는 것으로써 자신을 반성한다는 학문 수양을 말한 것을 읽었습니다. 지금 그는 병이 들어 죽음이 가까워지자 제자들을 불러 모았습니다(召門弟子). 여기서 '門

弟'라고 문인과 제자를 이어서 쓰고 있습니다. 즉, 학생들과 손제자(徒孫)들을 불러서 뒷일을 분부하고 있습니다. 그는 "내 발을 펴 보아라. 내 손을 펴 보아라."(啓予足, 啓予手)라고 했는데, 이것으로 보아 증자의 병세는 이미 손발이 다 마비된 정도였음을 알 수 있습니다.

말이 나온 김에 우리가 알아야 할 것은, 사람의 생기生氣는 보통 발로부터 사라지기 시작합니다. 갓난애들이 작은 침대에 누워서 노는 걸 보면 초기에는 손을 그리 움직이지 않고 양발을 구르면서 노는데, 이 기간에는 생명력이 발 쪽에 있기 때문입니다. 발은 곧 뿌리입니다. 유아기가 되면 어린애는 가만히 앉아 있지 못하고 두 다리로 항상 뛰려고 합니다. 왜냐하면 아이의 생명력이 쉬지 않고 자라기 때문입니다. 중년이되면 점점 다리를 움직이기가 싫어지면서 손이나 두뇌를 움직입니다. 나이가 좀더 들면 앉자마자 다리를 꼽니다. 노년에 들어서는 다리를 꼬지도 않고 몸을 뒤로 젖혀 의자 등에 기댄 채 양 다리를 책상 위에 올려놓는 것을 제일 편히 여깁니다. 다리에 힘이 없어졌기 때문입니다. 그래서 예전에 관상 보는 이들은, 노인들이 겨울이 되어서도 발바닥에 열이 나는 것은 장수할 상이라고 했는데, 사실 생리적으로 양 다리에 생명의 활력이 있는 것이 확실합니다. 노인들을 보면 다리가 뜻대로 움직여지지 않아 길을 걸을 때 힘이 드는데, 이것은 다리가 이미 사망에 가까워진 것입니다. 늙어 갈수록 하반신이 둔해지고 생명력이 없어집니다. 나중에는 손도 움직이기 싫어지고, 두뇌만 사용하게 됩니다. 죽음이 임박하면, 소수의 예외를 제외하고는 다리가 먼저 감각을 잃는 것이 정상입니다. 현재 서양에서는 사망 과학을 연구하고 있는 중인데, 사망이 일종의 전문 학문이 되었습니다. 이 역시 동양 옛 문화의 영향 중 하나입니다.

증자가 "내 발을 펴 보아라. 내 손을 펴 보아라." 라고 한 것은, 병이 위중해져 곧 죽게 되었기 때문입니다. 자기의 손발이 어디에 있는지조차도 모르고, 손발이 자신의 말을 듣지 않게 되어 학생들로 하여금 대신해서 손발을 단정하게 놓으라고 할 수밖에 없었습니다. 그는 이때 숨이 곧 끊어지려 했으므로, 오직 두뇌만 썼습니다. 학생들이 선생의 손발을 단정히 놓고 나자, 선생은 『시경』의 「소아 소민」小雅小旻의 구절을 인용했습니다.

전전긍긍하여   戰戰兢兢
깊은 연못에 임한 듯하고   如臨深淵
살얼음을 밟는 듯하다   如履薄冰

평생을 살아가면서 자신의 사람됨을, 깊은 연못가에 서 있는 듯 또는 살얼음을 밟는 듯 대단히 조심한다는 뜻인데, 특히 도덕을 중시하는 사람은 이를 조심합니다. 흔히들 '개관논정'蓋棺論定이라는 말을 쓰는데, 사람에 대한 판단은 그가 죽어 관 뚜껑을 덮고 나서야 결론 내릴 수 있다는 것입니다.

그러나 나는 늘 친구들에게 말하기를, "내 경험으로는 세상에는 관 뚜껑을 덮고 나서도 결론을 내릴 수 없는 일이 많다."고 합니다. 내가 아는 바로는 많은 사람들이 억울함을 지닌 채 관 속으로 들어갔습니다. 평생 선행을 했던 좋은 사람도 관 속에 들어간 뒤 반드시 사람들의 좋은 평판을 듣게 되는 것은 아니었습니다. 또는 관 뚜껑을 덮을 때에는 그가 어떤 일에 잘못이 있었다고 판단되다가도, 뒷날에는 그에게 잘못이 없음이 밝혀지는 경우도 있었습니다. 그러나 그때는 이미 너무 늦은 것입니다. 그러므로 나는 '개관논정'이라는 말도 때로는 의심해 볼 만해서 관 뚜껑을 덮고 나서도 결론지을 수 없는 경우도 있다고 봅니다.

풍도馮道 이야기

여기서 풍도馮道라는 사람을 예로 들어 보겠는데, 말이 나온 김에 역사를 토론해 보기 위해서입니다. 이야기를 하기 전에 특별히 밝혀 둘 것은 풍도란 사람은 함부로 본받아서는 안 된다는 것입니다. 지금은 단지 학술적인 면에서 객관적으로 연구해 볼 뿐입니다.

당말 오대唐末五代의 80여 년 동안 혼란 속에서 이 사람이 황제가 되고 저 사람이 황제가 되는 등 이리저리 바뀌면서 대단히 어지러웠습니다. 그들은 모두 변방 민족 출신이었습니다. 우리가 오늘날 일컫는 변방 민족은 고대에는 모두 호인胡人이라고 했습니다. 이러한 변방 민족들이 통치하던 당시에 풍도라는 유명한 사람이 있었는데, 그 어지러운 시대에 73세까지 살다가 죽었습니다. 오대五代라는 용어 그대로, 왕조가 바뀔 때마다 새 황제는 매번 그에게 정치를 도와달라고 요청하였고 그는 또 그에 응했으므로, 그는 오뚝이(不倒翁) 정치가가 되었습니다. 뒷날 송나라 때 구양수가 역사를 쓰면서 그를 욕하여 말하기를, "중국 선비의 절개가 이 사람 때문에 다 상실되었다."고 했습니다. 풍도는 네 성씨姓氏, 여섯 황제 밑에서 재상 노릇을 했습니다. 이른바 '젖만 주면 다 어머니'라는 식으로 절개가 없었습니다! 역사 기록으로 보면 풍도가 그런 사람이었다는 것을 알게 되며, 지식인 중에서 아주 망할 자식이었다고 할 수도 있습니다.

나는 역사를 읽은 뒤, 인생의 경험 게다가 체험을 통해서 이 사람은 너무나 기이하다고 생각하게 되었습니다. 만약 태평한 시대에 이 사람이 정치 풍랑 속에 우뚝 서서 흔들리지 않았다고 한다면 오히려 기이하게 여길 만하지 않습니다. 그러나 그렇게 큰 변란의 80여 년 속에서 그가 끝까지 넘어지지 않은 것을 보면, 확실히 단순한 인물이 아닙니다. 우선 이 사람은 적어도 탐오貪汚하지 않았기에 남의 공격을 받지 않을 수 있었다고 생각해 볼 수 있습니다. 뿐만 아니라 다른 품격 행위 면도 틀림없이 최고 수준에 도달하여 남이 그를 공격할 약점이 없었다고도 볼 수 있습니다.

동서고금의 정치는 언제나 매우 현실적인 것이기 때문에, 정치권 속에서의 시비 분쟁은 아무래도 피할 수 없습니다. 그런데 당시에 풍도를 공격한 사람은 하나도 없었습니다. 이런 관점에서 보면 그는 정말 굉장한 인물입니다. 뿐만 아니라, 장수까지 누려 자칭 장락노인長樂老人이라고 했으니, 정말 크게 허풍을 친 것입니다. 역사상 이렇게 감히 허풍을 쳤던 사람이 둘 있었는데, 그 하나는 청나라의 건륭 황제로서 자칭 십전노인十全老人이라고 했습니다. 60여 년 간 황제 자리에 있었고 80여

세에 죽어 모든 것이 좋았으므로, 인생에 빠진 것 없이 완전하다고 하여 스스로 일컬은 칭호였습니다.

또 한 사람, 신하로서는 오직 풍도가 자칭 장락노인이라고 했습니다. 이 노인은 정말 대단합니다. 뒷날 유가에서는 그가 절개를 잃었다고 욕했는데, 유가적 관점에서 보면 그는 확실히 줏대 없는 사람이었습니다. 그렇지만 다른 관점에서 보면 다르게 이해될 수 있습니다. 역사적으로나 사회적으로 대체로 남의 공격을 받는 것은 귀납하면 재財와 색色 두 가지 부류 문제 발생에서 벗어나지 않은데, 풍도라는 사람은 이 두 가지 면에서 모두 문제가 없었습니다. 그의 저술은 대단히 적어서 거의 남아 있는 것이 없다고 할 정도이므로, 그의 문학이 좋았는지 어땠는지는 모르겠습니다. 뒷날 천천히 찾아보다가 다른 곳에서 그가 지은 시 몇 수를 찾아냈는데, 그 중에 좋은 시가 몇 수 있습니다. 예를 들면, 다음의 세 편입니다.

천 도 　　　　　　　　　　　天 道

불우함과 출세는 다 운명이니	窮達皆由命
어찌 수고로이 한탄하겠는가	何勞發嘆聲
다만 좋은 일만 할 줄 알고	但知行好事
앞날이 어떨지는 묻지 말라	莫要問前程
겨울 가면 얼음은 녹기 마련이고	冬去冰須泮
봄이 오면 풀이 스스로 난다	春來草自生
청컨대 그대 이 도리 살펴보라	請君觀此理
천도는 매우 분명하니라	天道甚分明

우연히 짓다 　　　　　　　　偶 作

험난한 시대라고 슬퍼 말지니	莫爲危時便愴神
앞날에는 왕왕 기약할 까닭 있는 법	前程往往有期因
산하는 밝은 임금께 돌아감을 알지니	須知海嶽歸明主
천도는 선한 사람도 해치는 건 아닐세	未必乾坤陷吉人

도덕이 어느 때 세상을 떠난 적 있던가?	道德幾時曾去世
배와 수레 어딘들 못 건너고 못 가겠는가?	舟車何處不通津
다만 마음에 모든 악 없게 하면	但敎方寸無諸惡
이리 호랑이 무리 속에서도 꿋꿋이 선다네	狼虎叢中也立身

사신으로 흉노에 갔다 돌아와 짓다	北使還京作
작년 오늘 황제의 칙사로 가서	去年今日奉皇華
조정만을 위하고 집안을 위하지 않았네	只爲朝廷不爲家
어전에서는 위로주 주시는 천자 눈물 흘리고	殿上一杯天子泣
문전에서는 쌍절에 나라 사람들 탄식하네	門前雙節國人嗟
흉노에 갈 땐 겨울이라 자꾸 눈이 오더니	龍荒冬往時時雪
조정에 올 땐 봄이라 곳곳에 꽃이 피었네	兔苑春歸處處花
일행으로 간 위아랫사람 골육과 같았는데	上下一行如骨肉
모래 바람에 몇 사람이나 죽어 묻혔던가	幾人身死掩風沙

「우연히 짓다」(偶作) 중 마지막 두 구절은, 자기 마음씨가 좋고 몸가짐이 올바르며 생각 행위가 공명정대하기만 하면, 야수들 무리 속에서도 몸을 꿋꿋이 세울 수 있으니 야수들에게 먹힐까봐 두려워하지 않는다는 말입니다(狼虎叢中也立身). 이 구절에서 알 수 있듯이, 풍도란 사람은 확실히 보통 사람들이 미치지 못하는 점이 있었습니다. 구양수와 같은 많은 사람들은 풍도가 절개를 굽혀 어떤 황제가 찾든 벼슬길에 나갔다고 비난했지만, 다른 관점에서 보면 그는 나름대로 훌륭한 점이 있었습니다. 오대라는 80년 간의 대란 속에서도, 문화를 보존하고 국가의 원기元氣를 보존한 것은 그의 지울 수 없는 공적입니다. 국가 민족의 전반적인 국면을 멀리 내다보고 돌보기 위해, 천추에 남을 불충이라는 죄명을 자기 스스로 짊어진 것이라 할 수 있습니다.

그의 시 작품을 통해서 보면, 그의 생각은 이런 것이었습니다. "내가 누구에게 충성을 하겠느냐? 이들은 다 다른 나라 사람들로서 이 땅을 치러 와서는 저마다 잠시 황제 노릇을 하는 것일 뿐인데, 그런 사람들에게 충성을 다한다고? 그런 일은 절대 하지 않는다. 나는 이 땅 사람이야!" 그래서 그는 오대시대 황제들을 황제로 여기지 않았으며, 그들을 이리나 호랑이에 비유하여 야수들 무리 속에서도 자신의 몸을 꿋꿋이 세울 수 있다고 했던 것입니다. 또, 그는 일생 동안 청렴·엄숙·소박했으며, 도량도 넓어 원수들을 포용하고 감화시킬 수 있었습니다. 나는 친구들과 역사 철학을 이야기할 때면, 이 사람의 입신수양을 잘 살펴볼 만하다고 종종 말하곤 합니다. 그의 정치적인 태도와 사람됨의 태도를 보면 나쁜 편이 아닙니다. 오대로부터 몇십 년 동안 우리 문화가 보존될 수 있었던 것은, 내가 보기에 그의 공로가 컸다고 생각됩니다. 그런데도 그는 절개가 없었다는 천고의 치욕적인 오명을 역사에 남겼습니다.

그러므로 이 일만 봐도, 사람이란 말 못할 사연이 많은 까닭에 관 뚜껑을 덮고 나서도 그 일생을 평가하여 결론지을 수 없다는 것을 알 수 있습니다. 그렇지만 이야기를 시작하기 전에도 언급했듯이 우리가 여기서 반드시 주의해야 할 일이 있습니다. 우리 끼리 문 닫고 학문을 토론하건대, 절대로 풍도를 본받으려고 해서는 안 된다는 것입니다. 솔직히 말해서, 우리는 풍도를 본받고자 해도 그렇게 할 수 없습니다. 왜냐하면 우리는 그만한 학문 수양이 되어 있지 않고, 또 그만한 절개가 없기 때문입니다. 다음으로, 풍도가 적을 포용하고 적을 감화시킬 수 있었던 것을 보면, 그는 거의 화를 낸 적이 없었음을 알 수 있습니다. 우리는 이 점에서도 그를 따를 수가 없습니다. 어떤 어리석은 사람들은 일생 동안에도 성깔이 없어 화를 내지 않지만, 그것은 수양이 아니라 감히 화를 내지 못하는 것일 뿐입니다. 풍도가 시대의 거센 풍랑 속에서도 꿋꿋이 설 수 있었던 것은 실로 연구해 볼 만합니다.

이것은 역사적으로 눈에 띄는 비교적 큰 사례를 든 것입니다. 살면서 경험하는 일이지만, 주변에서 평범한 사람이 죽었을 때 그가 일생 동안 좋은 사람이었는지 나쁜 사람이었는지 정확하게 알 수 없을 뿐더러, 장례식장에 가서 곰곰이 생각해 보아도 단정적으로 결론짓기 어렵습니다.

그러므로 이 단락에서 증자는 일생 동안 사람됨에 "전전긍긍"戰戰兢兢

했다고 특별히 말했습니다. '전전'戰戰은 벌벌 떠는 모양이며 '긍긍'兢兢은 감히 발도 자신 있게 내디디지 못하는 모양입니다. "여림심연"如臨深淵은 깊은 못이 내려다보이는 벼랑 끝에 서 있는 것같이 아슬아슬한 모양입니다. 이런 곳에서는 잠시만 방심해도 즉시 실족하게 되고 그 한 번의 실족이 천고의 한이 됩니다(一失足成千古恨). "여리박빙"如履薄冰은 초겨울에 언 얇은 얼음이나 이른 봄에 녹기 시작한 얼음 위를 걷는 것같이 위태로운 모습으로, 이런 얼음판을 건널 때에는 조심해서 재간 있게 건너야지, 잠시 소홀히 하여 빠졌다가는 그대로 목숨을 잃게 됩니다. 사람이 일생 동안 수양을 하되, "고개 들어 하늘에 부끄럼이 없고, 고개 숙여 남들에게 거리낌이 없다."(仰不愧於天, 俯不怍於人)고 한 맹자의 말처럼, 죽어도 유감이 없을 정도까지 이르고자 하는 것은 실로 위대한 공부입니다. 사람이 사람을 속이는 것은 흔히 있는 일인데, 가장 묘한 것은 사람은 자신을 속이기 좋아한다는 것입니다. 그러나 죽을 때가 되면 결국 자기를 속일 수 없습니다. 내심으로 남에게 빚진 것이 없으려면 깊은 연못가에 선 듯하고 살얼음을 밟는 듯이 조심해야 합니다.

위의 세 마디 말은 증자가 손발을 움직이지 못할 정도로 병이 깊어진 뒤 학생들에게 한 말로서, "인생이란 이렇게 어렵다. 특히 이해관계가 있는 경우, 충신이 될 수 있느냐 없느냐, 효자가 될 수 있느냐 없느냐 하는 이런 도덕적 결단이 한 생각에 달려 있는데, 대개의 사람들은 자기가 손해 볼 것 같으면 돌아서 버린다."는 말입니다. 이어서 증자는, "이제부터는 내 잘못을 면하게 되었음을 알겠다."(而今而後, 吾知免夫)고 말했습니다. 다시 말하면, 그는 "나는 이제 손도 다리도 감각을 잃었으니, 절반은 이미 죽은 것이나 같다. 이 지경에 이르러서야 나는 이제 더 이상 잘못을 범하지 않게 될 것이라고 감히 큰소리치는구나." 하고 말했습니다. 이를 통해서 증명되듯이, 학문이란 결코 문장을 잘 쓴다든가 지식이 해박한 데에 있는 것이 아니라 바로 사람됨과 처세의 수양에 있으며, 공문孔門은 이 점에 가장 주의를 기울였다는 것입니다.

여기의 전후 세 단락은 긴밀히 서로 연관되어 있습니다. 즉, 증자가 병으로 죽게 되었을 무렵, 노나라의 대부 맹경자孟敬子가 와서 그에게 물었던 것인데, 맹경자가 무슨 문제를 물었는지는 기록이 없습니다.

증자가 병이 나서 (노나라 대부) 맹경자가 문병을 가니,

증자가 말했다. "새가 죽을 때에는 그 울음소리가 애처롭고, 사람이 죽을 때에는 그의 말이 착합니다. (나는 이제 죽습니다. 당신은 평소에 남의 말을 귀 기울여 듣지 않았습니다. 나는 이제 마지막 말을 정성스럽고 엄숙하게 당신에게 남기는 것이니 주의를 기울여 듣기 바랍니다)

군자가 소중히 여길 인생의 도리가 세 가지 있는데, 몸가짐에 난폭함과 오만함을 멀리하는 것, 표정을 바르게 하여 신의에 가까운 것, 말을 할 때는 천박함과 사리에 어긋남을 멀리하는 것입니다. (나는 다만 당신의 처세 수양에 대해서 도움을 줄 수 있을 뿐입니다) 정치에 관한 일이라면 (내게 물을 필요가 없습니다) 맡아보는 사람들이 있으니, 그들에게 물으십시오."

曾子有疾, 孟敬子問之。曾子言曰：鳥之將死, 其鳴也哀。人之將
증자유질   맹경자문지   증자언왈   조지장사   기명야애   인지장

死, 其言也善。君子所貴乎道者三：動容貌, 斯遠暴慢矣。正顏色, 斯
사   기언야선   군자소귀호도자삼   동용모   사원폭만의   정안색   사

近信矣。出辭氣, 斯遠鄙倍矣。籩豆之事, 則有司存。
근신의   출사기   사원비배의   변두지사   즉유사존

이 말은 무슨 의미일까요? 증자는 먼저 "조지장사, 기명야애. 인지장사, 기언야선"鳥之將死, 其鳴也哀。人之將死, 其言也善이라고 말했습니다. 이 말의 뜻은 다음과 같습니다. "내 당신에게 말씀드리겠소. 새가 죽을 때 우는 소리는 반드시 슬픕니다(이것은 자연계의 현상으로, 새뿐만 아니라 모든 동물들이 죽을 때는 우는 소리가 몹시 처량합니다). 사람이 죽을 때 하는 말은 대부분 좋은 말입니다 (주의해야 합니다. 다 그런 것은 아닙니다. 젊었을 때 보았는데, 어떤 토비土匪들은 총살당하기 직전에도 모진 말을 하곤 했습니다. 죽어서도 다시 사나이로 태어나겠다고 내뱉는 모습을 생생하게 기억하는데, 결코 좋은 뜻이 아니었지요). 보통사람은 죽음에 임하면 인생을 바라보는 눈이 흔히들

비교적 냉정하고 남기는 말도 대부분 착한 말입니다." 왜 증자는 이 두 마디 말을 먼저 했을까요? 이를 통해 증자의 교육 태도를 볼 수 있습니다. 바꾸어 말하면 그는 죽기 전에 맹경자에게 중요한 가르침을 남기려고 한 것입니다. 즉, 그는 이렇게 말한 것입니다. "나는 이제 죽습니다. 당신은 평소에 남의 말을 귀 기울여 듣지 않았습니다. 나는 이제 마지막 말을 정성스럽고 엄숙하게 당신에게 남기는 것이니 주의를 기울여 듣기 바랍니다." 그래서 증자는 이 두 마디를 먼저 말하여 어기語氣를 더 무겁게 했습니다.

그런 다음 맹경자에게, "군자가 소중히 여길 인생의 도리道가 세 가지 있습니다."(君子所貴乎道者三)라고 했는데, 여기서의 '도'道는 유가, 즉 공문孔門의 인생의 도리입니다. 사람이 도리를 배우는 데는, 즉 학문을 하고 교육을 받는 데는 세 가지 중요한 점이 있다는 것입니다. 우리는 증자가 여기에서 말한 세 가지 점에 대해 정말 유의해야 합니다.

첫째는 "몸가짐에 난폭함과 오만함을 멀리하는 것"(動容貌, 斯遠暴慢矣)입니다. 즉, 사람의 몸가짐과 풍모는 학문 수양을 통해 서서히 자신을 바꾸는 것이지, 꼭 타고난 것은 아니라는 뜻입니다. 앞에서 말했던 '색난'色難이 바로 이런 이치입니다. '폭'暴은 난폭한 것이고, '만'慢은 오만해서 사람을 깔보는 것인데, 사람의 이 두 가지 결점은 거의 타고난 것입니다. 특히 '만'慢, 즉 사람이 자기를 내세우는 심리는 좀 좋게 말하면 자존심이지만 지나치면 바로 오만입니다. 오만한 나머지 무엇이든지 자신이 맞다 고 생각합니다. 이런 결점들은 고치기 어렵습니다. 학문 수양의 훈도薰陶를 거치면 난폭하고 오만한 기가 자연히 겸허 온화하고·침착한 기질로 바뀝니다.

둘째는 "표정을 바르게 하여 신의에 가까운 것"(正顏色, 斯近信矣)으로, 여기서 '안색'顏色은 표정입니다. 앞에서 말한 몸가짐에는 일거수일투족을 비롯해 서 있는 자세, 앉은 자세 등 일체의 동작과 기질이 포함됩니다. 안색顏色은 곧 남에 대한 태도입니다. 예를 들어, 남에게 같은 대답 한마디를 하더라도 태도가 정성스러워야 합니다. 적어도 얼굴에 웃음을 띠어야지 쌀쌀한 표정을 지어서는 안 됩니다. "표정을 바르게 하여 신의에 가까운 것"은 말하기는 쉬워도 실천하기는 정말 쉽지 않습니다. 사회에서 살아가는 사람들을 보면 마치 빚을 독촉하는 듯한 표정입니다. 표정에 부드러움을 지닐 수 있으려면 내심의 수양을 잘해서 서서히 바꾸어야 합니다.

셋째는 "말을 할 때 천박함과 사리에 어긋남을 멀리하는 것"(出辭氣, 斯遠鄙倍矣)인데, '출사기'出辭氣란 말을 바르게 잘하는 것을 말합니다. "평소에는 말을 하지 않지만, 일단 말을 하면 반드시 들어맞는다."(夫人不言, 言必有中)는 것은 학문 수양이 자연스레 밖으로 드러나는 것인데, 이 정도가 되면 당연히 천박함을 멀리하게 됩니다(遠鄙倍矣).

이 단락에서 맹경자가 증자에 물은 것이 무슨 문제였었는지는 기록이 없어 모르겠지만, 증자가 대답한 말은 우리가 보았습니다. 그런데 다시 그 아래 구절인 "변두지사, 즉유사존"籩豆之事, 則有司存과 연결시켜 보면, 맹경자가 물은 것이 증자가 앞에 말한 세 가지 문제가 아니었음을 알 수 있습니다. 문맥으로 볼 때, 우리는 노나라 대부 맹경자가 증자에게 국가 대사를 처리하는 데 무슨 비결이 있느냐고 물었음이 틀림없을 것이라고 추측해 볼 수 있습니다. 그런데도 증자는 그런 것은 상관 않는다는 듯 문제를 밀쳐놓고, 단지 그에게 사람으로서 행할 도리를 가르쳐 주었습니다. 그러고는 마지막으로 "정치에 관한 일이라면 맡아보는 사람들이 있으니, 그들에게 물으십시오."(籩豆之事, 則有司存)라고 했습니다.

'변두'籩豆는 고대의 제기祭器로서 대나무로 만든 것인데, 이 구절에서는 집정執政의 뜻을 나타냅니다. 고대 정치에서 조규朝圭·조복朝服은 다 표지標識가 달랐는데, 특히 법을 집행하고 정사를 시행하는 문물 같은 것은 더욱 엄격했습니다. 예를 들면, 예전에 사용한 헌병 견장 도안을 두고 어떤 이는 사자라고 하지만, 사실은 사자가 아니라 폐치獬라는 짐승으로서 고대에 법 집행을 나타내는 표지標識였습니다. 전설에 의하면 고대에 이런 들짐승이 있었는데, 대단히 영민해서 좋은 사람 나쁜 사람을 잘 가릴 수 있었으며, 나쁜 사람을 만나면 반드시 뿔로 찌르고 좋은 사람은 찌르지 않았다고 합니다. 이런 것들이 바로 고대의 표지입니다.

증자는 여기에서 맹경자에게 이렇게 말한 것입니다. "나는 다만 당신의 처세 수양에 대해서 도움을 줄 수 있을 뿐입니다. 정치 사법상의 일은 내게 물을 필요가 없습니다. 이런 일들은 맡은 사람이 따로 있으니, 그들에게 물으십시오." 뒷날 한문제漢文帝가 승상인 진평陳平에게 화폐와 양곡 출납 문제들을 물었을 때 진평이 주관자가 따로 있다고 대답한 것이나, 또 한선제漢宣帝 때의 "병길이 소에 관해 물었다."(丙吉問牛)는 이야기도 같은 이치입니다. 이와 같이 맹경자가 물었던 것은 '변두'邊豆 같은 일이었고, 증자는 그를 교육시키는 데 목적이 있었기 때문에 그에게 사람됨을 중시해서 내심의 기본적인 도덕 수양부터 하라고 요구했던 것입니다. 학문이 좋아지고 덕행이 높아진 다음에는 정치에 종사하든 다른 일을 하든 바르게 순조롭게 할 수 있습니다. 이것은 기본적인 수양의 문제이지 기술적인 문제가 아닙니다. 기술적인 문제는 전문가들에게 가서 물어 보아도 됩니다.

학문이 깊을 때 의기意氣는 평범하다

다음 단락은 증자의 평소 가르침을 문인들이 기록한 것입니다.

증자가 (학우였던 안회의 미덕을) 말하였다. "유능하면서도 무능한 사람에게 묻고, 많이 알면서도 적게 아는 사람에게 묻고, 있으면서도 없는 듯하고, 차 있으면서도 텅 빈 듯하고, 남이 자기에게 잘못해도 따지고 다투지 않는다. 전에 내 친구가 이렇게 했었다."

曾子曰:以能問於不能, 以多問於寡, 有若無, 實若虛, 犯而不校。
증자왈 이능문어불능 이다문어과 유약무 실약허 범이불교

昔者吾友, 嘗從事於斯矣。
석자오우 상종사어사의

이 단락은 증자가 학우였던 안회의 미덕을 말한 것입니다. 그 미덕 중 첫째는 "유능하면서도 무능한 사람에게 묻는다."(以能問於不能)는 것입니다. 대체로 천재나 총명하고 재능 있는 사람들이 범하기 쉬운 한 가

지 잘못이 '만'慢인데, 그들은 매우 오만하여 남에게 가르침을 청하려 하지 않습니다. 그러나 안회는 남들보다 월등히 뛰어난 인물이었지만, 자신이 아는 것이 적을까 걱정하고 분명히 알지 못할까 걱정하여, 늘 자기보다 못한 사람에게도 가르침을 청했습니다. 제갈량이 성공한 원인의 하나도 바로 이 점인데, 그의 명언인 "집사광익"集思廣益은 남의 학문과 생각을 모아서 자기의 지식과 견해를 증가시킨다는 말로서, 이렇게 하는 것이 자기에게 대단히 유익하다고 했습니다. 이 역시 자신이 잘 알면서 모르는 사람에게도 묻는다는 이치입니다. 그러나 재능이 있는 사람은 일반적으로 남에게 가르침을 청하지 않는데, 특히 자기보다 못한 사람에게는 가르침을 청하려 하지 않습니다. 유가에서는 요순堯舜이 일반 통속적이면서 가장 알기 쉬운 속담을 세밀하고 신중하게 체험하여 살피기를 좋아했기 때문에(好察邇言) 성인이 되었다고 말합니다. 비록 변변찮은 말이라도 우리들을 크게 계발시켜 주는 일이 흔히 있으므로, 이 점을 유의해야 합니다.

둘째는 "많이 알면서도 적게 아는 사람에게 묻는다."(以多問於寡)는 것입니다. 여기서 '多'(다)자는 지식이 해박한 것을 말합니다. 안회는 공자가 가장 아끼는 학생이었고, 지식이 대단히 해박했습니다. '문어과'問於寡는 자기보다 지식이 적은 사람에게 묻는 것입니다. 이것이 한 가지 해석이고, 다른 한 가지 해석이 있습니다. 정치 종사자는 대부분 다재다능한 인재여서 무엇이든지 알고 있습니다. 寡(과)는 전문가라고 할 수 있는데, 그들은 한 가지 분야를 전문적으로 연구합니다. 그 한 가지 전문 분야는 학문이 해박한 사람이라고 해서 반드시 알 수 있는 것은 아닙니다. 해박한 사람은 대강은 알지만 깊이 들어가서는 알지 못합니다. 반면에 전문가는 한 부문을 깊이 연구한 사람들입니다. 그러므로 해박한 사람이라 하더라도 반드시 전문가에게 가르침을 청해야 한다는 것이 '문어과'問於寡의 또 다른 해석입니다.

셋째는 "있으면서도 없는 듯하다."(有若無)는 것입니다. 자신의 학문이 대단히 해박하지만, 남을 대할 때에는 평범하여 마치 아무것도 모르는 것 같이 보입니다. 넷째는 "차 있으면서도 텅 빈 듯하다."(實若虛)는 것입니다. 속이 아주 깊고 충실한 사람이지만, 겉보기에는 텅 빈 것 같고 대단치 않게 보이는 것입니다. 다섯째는 "남이 자기에게 잘못해도 따지고 다투지 않는다."(犯而不校)는 것입니다. 자기보다 못한 사람이 자기에게 불손한 일을 해도 ─ 아랫사람이 윗사람에게 불손한 것이 犯(범)입니다 ─ 잘못을 따지지 않고 원한으로 남기지도 않는 것입니다.

이 다섯 가지는 말로는 쉬워 보이지만, 실제로 남을 대하고 살아가면서 경험해 보면 모두 잘 해내기 어렵습니다. 그래서 증자는 "나의 친구 안회가 이 다섯 가지 일을 해냈다."고 했습니다. 공자가 찬탄한 안회가 학문이 높고 뛰어났다는 것을 여기에서도 엿볼 수 있습니다.

대의명분에는 하늘이 무너져도 내 뜻 못 바꿔

증자가 말하였다. "어린 고아를 맡길 수 있고, 사방 백 리인 지방의 운명을 맡길 수 있고, 중대한 일에 임해서는 그의 뜻을 빼앗을 수 없다면, 이런 사람은 군자겠지? 군자야!"

曾子曰 : 可以託六尺之孤, 可以寄百里之命, 臨大節而不可奪也。 君
증자왈   가이탁육척지고   가이기백리지명   임대절이불가탈야   군

子人與 ? 君子人也 !
자인여   군자인야

사람의 학문 수양이 친구지간에 "어린 고아를 맡길 수 있는"(可以託六尺之孤), 즉 처자를 맡길 수 있는 정도까지 이르기는 아주 어려워서, 그런 사람은 그야말로 없습니다. 역사상 의기義氣를 중시하는 사람은 많았지만, 외롭게 남은 가족을 맡길 수 있는 사람은 드물었습니다. 정치상 유명한 '탁고'託孤의 예로는 유비劉備가 백제성白帝城에서 제갈량에게 자식을 맡겼던 일이 있습니다.

유비의 아들인 유선劉禪은 누구나 아는 아두阿斗입니다. 우리는 전에 머리가 둔해 싹수가 노란 젊은이를 꾸짖을 때 '아두'라고 했습니다. 유비는 죽음을 앞두고 제갈량에게 외롭게 된 자식을 부탁하면서, "그대는

재능이 조비曹丕의 열 배나 되니, 내 자식을 보필해 줄 만하면 보필해 주고 그렇지 않으면 그대가 대신 제왕이 되구려." 라고 했습니다. 제갈 량이 밝기(亮)가 50촉광이라면 유비는 아마 100촉광쯤 되어 그보다 더 밝았던 것 같습니다. 유비의 이 말에 제갈량은 놀라 즉시 무릎을 꿇고, "신은 나라와 백성을 위해 죽는 날까지 모든 것을 다 바쳐 일하겠습니 다."(臣鞠躬盡瘁, 死而後已)라고 말했습니다. 즉, "당신은 안심하십시오! 제 목숨은 이미 당신께 바쳤습니다. 당신의 아들이 도와 줄 만하든 그렇지 않든 저는 반드시 돕겠습니다." 라고 한 것입니다. 이리하여 "국궁진취, 사이후이"鞠躬盡瘁, 死而後已라는 여덟 글자는 제갈량이 스스로 자기 운명 을 결정해 버린 것이 되어버렸습니다. 제갈량은 뒷날 실제로 그렇게 했 습니다. 이것은 역사에 나오는 큰 '탁고'를 말해 본 것입니다.

개인적인 탁고, 특히 오늘날 이 사회에서 친구가 죽었을 때 그의 가 족이나 어린 자식을 돌보아 준다면, 사람들은 "정신 나간 사람이겠지? 정신 나간 사람이야!" 라고 하지, "군자겠지? 군자야!" 라고는 절대 하 지 않을 것입니다. 오늘날의 사회 기풍이 이런 정도까지나 떨어졌습니 다. 중국 문화의 대의大義에서 보면, 어린 고아를 맡을 수 있는 사람은 "사방이 백 리인 한 지방의 운명을 맡길 수 있습니다."(可以寄百里之命). 백 리百里는 확대하면 천하를 나타냅니다. 옛날 당나라 때부터 이른바 백리후百里侯는 현장縣長이라고 불렸습니다. 춘추 전국 시대의 백리百里는 정치 제도상 오늘날 일개 성省에 해당합니다. 고대에는 현장을 부모관父 母官이라고 불렀는데, 다시 말해서 백성들에 대해서 부모처럼 관심을 가 지고 돌보아 준다는 뜻입니다. "가이기백리지명"可以寄百里之命은 진정으 로 좋은 지방 행정 수장이라면 지방 백성들의 생명과 재산과 안전을 책 임지고 보장할 수 있도록 맡길 수 있다는 것입니다. 이 두 가지 점은 어렵습니다.

"임대절이불가탈야"臨大節而不可奪也, 작은 일에 대해서는 흐리멍덩할 수도 있지만, 중대한 일이 앞에 닥쳤을 때에는 어떤 일이 있어도 그 뜻 을 잃지 말아야 한다는 것입니다. 역사상 많은 충신의사忠臣義士들은 중 대한 일을 앞두고 그 뜻을 빼앗기지 않았습니다. 가장 유명한 문천상文

天祥이나 육수부陸秀夫 같은 이들은 유가를 빛낸 사람들이라고 말할 수 있습니다. 그러나 문천상의 일생을 연구해 보면, 생애 전반기에는 풍류를 즐기고 멋대로 행동한 난봉꾼이었습니다. 그가 태수를 지내던 시절에는 가희歌姬가 수없이 많았고 하루 종일 술 마시고 노래를 들었습니다. 그러나 나라가 큰 어려움에 처하게 되자, 처자식들에게 작별할 시간조차도 갖지 않았습니다. 더욱이 그가 의연히 정의를 위해 희생한 것은 보기 드문 일이었습니다. 이른바 "강개하여 몸을 버리기는 쉬워도 의연히 정의를 위해 희생하기는 어렵다."(慷慨揖身易, 從容龍義難)고 한 말의 뜻이 바로 이것인데, 그는 어느 정도까지 의연했을까요?

원나라의 쿠빌라이는 문천상을 몹시 숭배하여, 한사코 그를 위해 재상 자리를 비워 놓고 3년이나 기다렸습니다. 그는 자신이 허락만 하면 일인지하요 만인지상의 자리에 앉을 수 있었습니다. 쿠빌라이는 여러 차례 그와 이야기를 나누었는데, 말마다 그를 문 선생이라 부르면서 우러러 존경하고 재상을 맡아 줄 것을 요청했지만 그는 끝내 허락하지 않았습니다. 문천상은 이렇게 몇 년 동안 옥살이를 하고 마지막으로 한번 더 쿠빌라이와 이야기를 할 때, 쿠빌라이에게 말했습니다. "당신이 나를 이렇게 대해 주고 존중해 주는 데 대해서 대단히 감사드리오. 당신은 나의 지기知己라고도 할 수 있소. 이왕 지기가 된 바에야 나를 도와주시기 바라오." 쿠빌라이는 그가 3년 동안 감옥살이를 하고서도 끝내 뜻을 굽히지 않는 것을 보고, 이제는 어찌해 볼 방법이 없다는 것을 알았습니다. 그래서 그에게 "좋소! 내일로 합시다!"라고 대답했습니다. 문천상은 이 말을 듣고 즉시 무릎을 꿇고, "고맙소! 고맙소!"라고 했습니다.

문천상이 감옥살이를 하는 3년 동안, 그가 견디지 못하고 변절할까 봐 걱정한 제자 한 사람이 세 가지 희생 제물(소·돼지·양—역주)을 준비하고 한 편의 제문祭文을 써서 살아 있는 문천상에게 제사를 올렸습니다. 문천상은 평소대로 제물을 먹고 그 제문을 읽고 난 다음, 사람을 통해 그 제자에게 안심하라며 송나라에 부끄러운 일을 절대 하지 않을 것이라고 전했습니다.

그는 생애 전반 동안 먹고 마시고 놀고 즐기면서 뭐든지 했습니다. 그러나 이처럼 중대한 일에 있어서는 그의 뜻을 빼앗을 수 없었습니다 (臨大節而不可奪). 그러므로 평소에 건들거리는 사람이라도 경시해서는 안 됩니다. 문천상처럼 평소에는 멋대로 하고 사생활에 별로 조심성이 없다가도, 위험이 닥쳤을 때는 절대 대충대충 하지 않는 사람들이 있습니다. 그러므로 사람을 볼 때는 큰 틀에서 보아야 합니다. 증자는 "이런 사람은 군자겠지? 확실히 진정한 군자야." 라고 말했습니다.

이처럼 공맹 사상이 말하는 학문은 결코 죽은 글이나 읽는 것이 아닙니다. '지호자야의언재'之乎者也矣焉哉투의 문언문도 아니고, '니마하파'呢嗎呀吧투의 백화문도 역시 아닙니다. 유가의 교육 목적은 바로 이 단락에서 언급한 사람됨에 있으며, 여기에 진정한 유가의 학문이 있습니다.

어느 정도라야 지식인일까

앞의 몇 단락은 증자가 공문 학문의 정화精華를 말한 것인데, 다음은 두 가지 작은 결론이나 다름없습니다.

증자가 말하였다. "선비는 뜻이 원대하고 강인하지 않으면 안 되니, (국가 사회에 대한) 책임은 무거운데 가야할 (인생길과 역사의) 길은 멀기 때문이다. (개인의 사랑으로부터 시작하여 남을 사랑하고 세상을 사랑하고, 나아가 사물을 사랑하고 일체의 것을 사랑하는 것으로 발전해 가는) 인仁으로써 자기 책임을 삼으니 매우 무겁지 아니한가! 죽은 뒤에야 그만두는 것이니 매우 멀지 아니한가!"

曾子曰: 士不可以不弘毅, 任重而道遠。仁以爲己任, 不亦重乎! 死
증자왈 사불가이불홍의 임중이도원 인이위기임 불역중호 사

而後已, 不亦遠乎!
이후이 불역원호

2,3천 년 전 상고 문화의 '사'士는 오늘날의 병역 제도와 약간 비슷

한데, 당시의 정치 제도이자 사회 제도였습니다. 청년 열 명마다 가운데 한 명씩 추천하여 국가나 공공단체를 위해 봉사하게 한 것이 바로 '사' 士였습니다. 그래서 土자는 '열 십'(十) 밑에 '한 일'(一)을 더한 모양입니다. '사'士로 선발된 사람은 정치 교육을 받고 법령 규정을 학습해야 했습니다. '사'가 벼슬하여 업무를 집행하는 것을 출사出仕라고 했습니다. 그러므로 고대의 '사'는 글공부를 한 일반적인 청년을 말하는 것이 아니었습니다. '사'의 교육은 정부가 주관했으므로, 어떤 '사'가 법률과 정치를 알고자 하면 관청에서 배워야 했습니다. 평민 교육은 공자가 시작한 것으로, 당시에는 그런 명칭이 없었습니다. 여기에서 증자가 말하는 '사'는 이미 상고 시대의 제도가 아니라 책을 읽은 지식인의 통칭입니다. 그러므로 증자는 선비는 선비로서의 기풍이 있다고 말한 것입니다.

"불가이불홍의"不可以不弘毅의 '홍'弘은 '크다, 마음이 크다, 도량이 크다, 안목이 크다'는 뜻입니다. '의'毅는 강직·의연하고 결단력이 있는 것으로, 일을 정확히 보고 단단히 파악하여 일 처리에 대한 견해가 확실한 것을 말합니다. 어떤 사람은 견해는 있지만 책임지고 해 보라고 하면 엉망으로 해 놓습니다. 결단을 내리지 못하기 때문입니다. 어떤 사람은 결단은 잘하는데 안목이 원대하지 못하고 견해가 한정되어 있습니다. 그러므로 안목·견해·과단·결심을 더한 원대함과 강인함 뿐 만이 아니라 그 속에는 정기正氣도 있고 입장도 공정해야 합니다. 그래서 증자는, 지식인은 원대함과 강인함을 기르는 것이 기본 조건이라고 생각했습니다. 왜 이 두 가지 기본조건을 길러야 할까요? 지식인은 국가와 사회를 위해서 무거운 책임을 짊어졌기 때문입니다.

"임중이도원"任重而道遠의 '도'道는 영도領導한다는 뜻도 되고, 길(道路)을 의미하기도 합니다. 지식인이 짊어진 책임은 무거운데, 가야 할 인생의 길, 역사의 길은 멀고 아득합니다. 사회와 국가의 많은 일들을 짊어지고 끝없는 역사의 길을 가야 합니다. 그래서 옛날의 교육 목적은 사람으로서의 원대함과 강인함을 길러 국가 사회를 책임지게 하는 데 있었습니다. 우리들의 오늘날의 교육은 서양 문화의 영향을 받아 '생활이 곧 교육의 목적'이 되어 버렸고, 이로부터 일변하여 '현실이 바로 교육'이 되어버렸습니다. 다시 말해_이미 '지식이 곧 돈'이 되어 버려서, 무엇을 배울 때면 배우고 나면 돈을 얼마나 벌 수 있느냐고 먼저 물어 봅니다. 이처럼 고대와 오늘날의 교육 정신은 너무도 상이해서 서로 모순되는 상황에 처해 있습니다. 내가 보기에는 머지않아 상황이 변해서 원래 모습으로 돌아올 것 같습니다. 그렇지만 그 변화와 회귀 과정의 틈새에 살고 있는 우리들 세대는 몇십 년 동안 정말 불쌍한 처지에 놓여 있습니다. 그러나 미래를 분명히 인식하고 장래에는 역시 우리 전통 문화의 길을 걸어가야 합니다. 이는 교육의 기본 목적입니다.

다음에 이어지는 말은 "인으로써 자기 책임을 삼으니 매우 무겁지 아니한가!"(仁以爲己任, 不亦重乎)입니다. 앞에 한 말의 의미를 좀더 넓혀 말하고 있는 것인데, 지식인은 무엇 때문에 국가 사회에 대해 그렇게 무거운 책임을 져야 할까요? 무엇 때문에 역사를 위해서, 인생을 위해서 그렇게 먼 길을 가야 할까요? 교육을 받은 지식인에게 있어서 인仁이란 바로 자신의 책임이기 때문입니다. 무엇이 인仁일까요? 사람을 사랑하고, 사회를 사랑하며, 세계를 사랑하고, 천하 일체를 사랑하는 것입니다. 유가의 도통정신道統精神인 '친친親親 · 인민仁民 · 애물愛物'은 개인의 사랑으로부터 시작하여 남을 사랑하고 세계를 사랑하고, 나아가 사물을 사랑하고 일체의 것을 사랑하는 것으로 발전해 가는 것입니다. 서양 문화의 사랑은 흔히 좁은 의미로 흐르지만, 인仁은 넓은 의미의 사랑입니다. 그러므로 지식인은 세상을 구하고 사람들을 구하는 것을 자신의 책임으로 삼아야 하며, 이 짐은 짊어지고 가기에 대단히 무거운 것입니다.

그렇다면 인생의 길, 역사의 길에서 이 책임을 언제까지 짊어져야 할까요? 물러나 쉴 수는 없을까요? 없습니다. 물러나 쉴 수 있는 때란 없고 죽어서야 끝납니다. 그러므로 이 길은 아주 먼 것입니다. 이렇게 무거운 짐을 지고 먼 길을 가려면, 위대한 마음 · 넓고 큰 기백 · 진정한 결심 · 과감한 결단 · 심원한 안목 그리고 정확한 견해 등으로 형성된 원대함(弘)과 강인함(毅)이라는 두 가지 조건을 길러야 합니다.

이상 몇 단락을 연결시켜 보면, 증자가 말하는 학문 수양을 통하여, 공문孔門이 전하는 학문의 원리와 방법과 목적을 설명하고 있음을 알 수 있습니다. 다음에서는 다시 문장의 다른 변화 기복이 나타납니다.

문장은 역시 내 것이 좋아

글 쓰는 얘기가 나왔으니 말인데, 나는 예전에 젊은 학우들과 왜 글을 쓸 수 없는지에 대해 이야기해 본 적이 있습니다. 처음에 원고지를 대하면 벌써 절반은 겁이 나고, 손에 펜을 들면 또 절반 겁이 납니다. 펜과 원고지는 다 갖추어졌는데도 한 글자도 써 낼 수가 없습니다. 원인은 마음속으로 "나는 지금 글을 쓰고 있다."고 자꾸 생각하기 때문인데, 그러면 잘 쓸 수 없습니다.

사실 글을 쓰는 데 별다른 방법이 있는 것은 아닙니다. 펜을 들고 먼저 자신이 글을 쓰는 것이라 생각하지 말고, 보통 말할 때처럼 지껄이는 것이라고 생각하여 지껄이고 싶은 것은 무엇이든지 떠오르는 대로 쓰는 것입니다. 원고를 다 썼으면 펜을 놓고, 내용이 알맞은지 어떤지 다시 보고 수정합니다. 마치 집안에 가구를 들여놓을 때 의자가 잘못 놓였으면 옮겨 보고, 탁자 위치가 안 좋으면 옮겨 보고, 몇 번 옮기다 보면 알맞게 되는 것과 같습니다. 우리는 모두 글을 쓸 수 있는데도 글 쓰는 것을 두려워하거나, 남의 글은 좋고 내 글은 그만 못하다고 생각합니다. 글을 잘 쓸 수 없는 것은 스스로 겁을 먹어 자신이 없는 탓입니다. 이 역시 원대하지 못하고 강인하지 못한(不弘毅) 탓입니다.

글쓰기에도 약간의 오기, 즉 당신의 글은 당신의 글대로 맛이 있고, 내 글은 내 글대로 맛이 있다, 내 글이 좋지 않으면 좋지 않은 대로 맛이 있고, 내 글도 역시 글이니 글이 아니라고 할 수 없다는 식의 오기가 있어야 합니다. 스스로 이런 크고 굳센(弘毅) 기백을 길러야 합니다. 여러 번 써 보면 되는데, 무슨 어려움이 있겠습니까? 특히 오늘날 백화체 글은 쓰기가 더 쉽습니다. 문학가가 되는 것은 별개의 문제입니다. 냉정히 말해서, 문학가가 되려면 예술가와 같은 천부적인 자질이 있어야 합니다. 그림을 그릴 줄 모르는 사람은 아무리 울면서 애를 써도 그림 한 장 못 그려냅니다. 나더러 인물화를 그리라고 하면 코는 마늘뿌리 같고 눈은 파인애플처럼 될 겁니다. 그렇지만 화가는 멋대로 대충 칠해도 되는데, 이것이 천부적인 자질입니다.

이제 『논어』로 돌아와서 보면, 이 「태백」편의 글은 전체적인 구성에 변화와 기복이 있도록 배치되어 있습니다. 지금까지는 하나의 커다란 클라이막스를 말했고, 증자의 말로써 공문의 학문을 설명했습니다. 이어서 다음부터는 평탄한 길이 나옵니다. 자꾸 클라이맥스로만 올라가면, 연극에서처럼 공연을 계속해 나갈 수 없습니다. 다음은 공자의 말을 인용하고 있습니다.

공자께서 (교육 방법과 목표와 내용을) 말씀하셨다. "시詩를 통해 감흥을 발휘하고, 예禮를 통해 행실을 바로 세우고, 음악樂을 통해 성정性情을 완성한다."

子曰 : 興於詩, 立於禮, 成於樂。
자 왈　홍 어 시　입 어 례　성 어 악

이것은 공문의 교육으로, 학문하는 내용입니다. 첫째는 "시를 통해 감흥을 발휘하는 것"(興於詩)으로서, 시 교육의 중요함을 강조하고 있습니다. 여기서의 '흥'興은 흥취興趣의 흥입니다. 흥이 나는 것은 사람의 정감情感입니다. 사람은 다 정감이 있는데, 만약 속마음에 억눌러 두면 병적인 심리가 됩니다. 그러므로 밖으로 표현하여 풀어야 합니다. 정감을 발휘하는 제일 좋은 방법은 예술과 문학인데, 시가 그 한 방법입니다. 고대의 시에는 문학·예술·철학·종교 등이 모두 포함되었습니다. 고대적엔 시와 음악이 서로 나누어질 수 없는 것이었고, 시도 문학의 예술이었습니다. 그래서 공자는, 사람은 기본 수양으로 시를 알아야 한다고 했습니다.

이 점에 관하여 나는 늘 생각하는데, 엄숙한 일에 종사하는 사람, 예를 들어 정치나 경제인이나 의사들은 특히 이 점에 주의를 기울여야 합니다. 나는 의사 친구들에게 그림을 배우라고 자주 권합니다. 진정한 명의는 생활이 몹시 가련합니다. 나는 의사 부인들이야말로 위대하다고 생각합니다. 의사는 사생활이 거의 없고, 1년 365일 동안 날마다 온종일 바쁩니다. 하루 종일 많은 환자를 접촉해야 하는데, 만나는 사람들마다 찡그린 눈썹에 고통스런 얼굴입니다. 이런 식으로 계속되면 의사 자신도 병이 날 것입니다. 특히 정신과 의사들이 그렇습니다. 나는 한 정신과 의사에게, "당신도 거의 환자가 됐습니다." 하고 농담한 적이 있습니다. 그러자 그 영민榮民종합병원의 정신과 의사는, "당신 말이 맞습니다. 학생 시절에 정신과를 공부할 때는 가르치는 선생님이 정신병 환자로 보였으니까요. 정신과 의사들은 환자를 많이 보게 되면 자연히 정신병자 비슷하게 변합니다." 하고 말하는 것이었습니다.

또, 관리들은 흔히 관료 티가 난다는 소리를 듣는데, 이게 무슨 특이한 일은 아닙니다. 관리 노릇을 오래 하다 보면 자연히 관리 특유의 관료적인 모습이 되어 버리는 것이지요. 의사는 의사 티를 내느라고 친구들을 만나면 흔히, "자네, 혈압이 높아 보이네." 하고 말합니다. 상인은 상인 티를 내지요. 별로 이상한 일이 아닙니다. 모두가 현대 심리학에서 말하는 직업병입니다. 같은 직업에 오래 종사하다 보면 사람이나 일을 보는 시각도 습관적으로 직업적 관점에서 출발합니다.

그러므로 대체로 엄숙한 일에 종사하는 사람들은 특히 주의해야 합니다. 옛날에는 이런 생활상의 조절調劑을 시詩에 의탁했고, 예술적 수양으로써 조절하였습니다. 그래서 옛날엔 큰 벼슬을 지낸 사람일수록 문집도 많이 남기고 시도 많이 지었는데, 그것은 그가 일부러 예술 수양에 몰두했기 때문이 아니라, 한가해지면 많은 감정을 따로 풀길이 없어서 시나 예술에 의탁할 수밖에 없었기 때문입니다. 그래서 공자는 "시를 통해 감흥을 발휘한다."(興於詩)고 했습니다. 예를 들면, 왕안석王安石은 시와 정치 생활 두 가지가 거의 완전히 다른 풍격을 이루었습니다.

그러나 예술이나 문학을 오래 배우게 되면 한 가지 병폐가 생기게 되는데, 이른바 "문인은 품행이 단정하지 못하다."(文人無行)는 것입니다. 일반적으로 순수하게 문학에 종사하는 문인은 품행이 그리 좋지 않아 건들거리거나 재능을 믿고 오만하며 남을 깔본다는 평을 듣습니다. 또 한 가지 가장 큰 병폐는 천고 이래로 문인들끼리 서로 경시하여, 글은 자기 것이 좋고 남의 글은 마음에 들지 않는다고 생각하는 것입니다. 우스운 이야기가 하나 있는데, 어떤 사람이 다음과 같은 시를 지어 허풍을 쳤습니다.

천하의 문장은 삼강에 있고	天下文章在三江
삼강의 문장은 오직 내 고향에 있다	三江文章唯我鄕
내 고향 문장은 내 아우에게 있고	我鄕文章數舍弟
내 아우는 나에게서 문장을 배웠다	舍弟跟我學文章

이리저리 빙빙 돌려 말하지만, 결국은 자기 문장이 제일 좋다는 것입니다. 그러기 때문에 예술 수양을 중화하기 위해, 공자는 "예를 통해 행실을 바로 세워야 한다."(立於禮)고 말합니다. 우리 일반인들은 학자와 문인을 같이 생각하는데, 사실은 학자는 학자로서 학술 전문가를 말하며, 문인은 문장을 잘 쓰는 사람이지 꼭 학자인 것은 아닙니다. 어떤 사람은 문장은 잘 쓰지만 그와 함께 학문 사상을 토론해 보면, 예를 들어 경제학·심리학 등등을 이야기해 보면 아무것도 모릅니다.

예전에 어느 대문호大文豪가 각 전문 분야의 학자들과 어울려 한담할 때 나도 참석한 적이 있었는데, 그 대문호는 그들의 이야기를 듣고 견디다 못해 한 과학자에게 물었습니다. "당신은 컴퓨터가 좋다고 하는데, 컴퓨터도 시를 지을 줄 아나요?" 이 질문에 대답하는 사람이 좌중에 아무도 없었습니다. 물론 그 과학자도 어떻게 대답해야 할지 몰라 머뭇거리고 있기에, 내가 대신 이렇게 대답했습니다. "컴퓨터도 시를 지을 수 있습니다. 하지만 잘 짓는가 못 짓는가 하는 것은 별개의 문제입니다. '1 2 3 4 5, 동서남북중'도 꼭 시가 아니라고 할 수는 없지 않겠습니까." 항일전쟁 시절의 자동차는 주행 도중 고장으로 자주 멈춰 섰는데, 한 사람이 이것을 옛 사람의 시를 고쳐 다음과 같이 묘사했습니다.

한 번에 2, 3리를 가는데	一去二三里
고장은 네댓 번이구나	抛錨四五回

| 6, 7보 앞으로 나아가면 | 前行六七步 |
| 8, 9, 10보는 사람이 민다 | 八九十人推 |

이 역시 시입니다. 문인이 문장만 좋을 뿐, 철학 수양도 없고 과학도 모른다면 그 병폐가 큽니다. 그러므로 "시를 통해 감흥을 발휘하는 것"(興於詩)만으로는 안 되고 "예를 통해 행실을 바로 세워야"(立於禮) 합니다. 즉, 예禮에 발을 붙이고 서야 하는데, 이 예는 『예기』의 정신으로서 철학 사상과 과학 정신이 포함됩니다. 그리고 "음악을 통해 성정을 완성한다"(成於樂), 최후의 완성은 음악에 있습니다. 고대에 공자가 수정修訂한 『악경』樂經은 현재 전해 오지 않지만, 대체로 평안하고 즐거운 정신을 발휘한 것입니다. 즉, 전체 백성들 생활에서 교육과 오락이 조합된 경지입니다.

우민 정책愚民政策

공자의 교육 방법과 목표와 내용을 말한 뒤, 다음 단락에서는 다른 문제를 말합니다.

공자께서 말씀하셨다. "(어떤 일에 있어서는) 백성들로 하여금 따라오게 하면 되지, 그 까닭을 알게 할 수는 없다."

子曰 : 民可使由之, 不可使知之。
자왈　민가사유지　불가사지지

오사 운동 때 공가점孔家店을 타도하는 데 있어, 이 말도 공자의 죄상의 하나가 되었습니다. 오늘날 일부 사람들이 공자를 비판함에 있어 아마 이 죄목도 클 것입니다. 그들은 공자의 이 말이 전제적 사상이며 비민주적이라고 봅니다. 글자대로 풀이해 보면 '민'民은 일반인들로서, 곧 백성들입니다. "가사유지"可使由之는 백성들에게 시키기만 하면 된다는 것입니다. 이는 마치 군대에서, 목표는 바로 전방이며 몇 분 내에 도달하라고 명령을 내려 걷게 하는 것과 같습니다. "불가사지지"不可使知之는 이유를 말해 주지 않고 절대적으로 복종하게 하는 것입니다.

중화민국에 이른 뒤 오사 운동 전후에 여러 사람들이 이 두 마디 말을 고쳤습니다. 강유위康有爲와 양계초梁啓超는 이렇게 고쳐 말했습니다. "공자는 절대로 민주적이었다. 옛 사람들은 이 두 마디에 구두점을 잘못 찍은 것이다. '民可使由之'는 '民可使, 由之'로 해야 한다. 즉, 백성들의 지식이 높아져서 스스로 선택하여 투표할 수 있으니, 그들에게 정치적 자유를 주어도 된다는 것이다. 또 '不可使知之'는 '不可使, 知之'로 해야 한다. 즉, 백성들의 교육이 아직 수준에 이르지 못했으니, 그들을 교육시키고 훈련시켜서 그들로 하여금 알게 해야 한다는 것이다." 아주 좋게 고쳤습니다. 또, 어떤 사람들은 이에 동의하지 않고, 강씨・양씨도 구두점을 잘못 찍었다면서, '民可, 使由之'로 해야 한다고 했습니다. 즉, 사회를 살펴보아 백성들이 민주적으로 될 수 있으면 민주정치를 한다는 것입니다. 또 '不可, 使知之'로 하여, 사회를 살펴보아 백성들이 아직 민주적으로 되지 못했으면 교육을 시켜서 먼저 알게 해야 한다는 것입니다.

어떻게 구두점을 찍었든 간에 모두들 좋은 마음에서 우리의 공부자를 도와주려는 의도를 가진 것으로, 공자는 절대적로 민주적이었으므로 타도되어서는 안 되며 함부로 비평하지 말라는 뜻이었습니다. 나도 젊은 시절에는 그들이 이렇게 구두점을 찍든 저렇게 찍든 일리가 있다고 생각했습니다. 그러나 이제 늙어서 머리가 완고해진 탓도 있겠지만, 달리 구두점을 찍을 필요는 없고 원래대로 보는 것이 옳다고 봅니다.

실제로 일반인들에게 때로는 시키는 대로 하라고 요구할 수밖에 없는 경우가 있는데, 왜 그렇게 해야 하는지 이유를 가르쳐 줄 길이 없기 때문입니다. 수십 년에 걸쳐 경험하면서 내린 나의 결론입니다. 지금 현재까지 내 의견은 이러합니다만, 앞으로 내가 총명해져서 생각이 바뀔지도 모르겠습니다. 어쨌든 지금 현재까지 내가 내린 결론은 이러한데, 예를 들어 일을 시키면서 먼저 계획과 이유를 말해 주면 꼭 일을 엉망으로 만드는 이들이 있습니다. 군부대를 이끌면서 "300미터를 50초 내에 달려라. 달리면 상을 주고 못 달리면 처벌하겠다."고 명령하는 것과 같습니다. 결과적으로 잘 달린 사람에게 상을 주면 되는데, 상을 받은 사람은 틀림없이 대단히 기뻐할 것입니다. 그러나 이유를 먼저 말해 주면서 무슨 정치학이니, 무슨 심리학이니, 무슨무슨 학이니 이론을 들어 설명해 준다면, 그는 아마 절반까지 달려가서는 심리학이나 정치학을 연구하느라고 목표에 도달하지 못할 수 있습니다. 이런 예를 근거로 생각해 보면, 공자의 말이 절대적으로 맞습니다. 공자는 결코 우민 정책을 말한 것이 아닙니다.

사실 어떤 사람들의 두뇌·수준·재능은 단지 남의 명령만 들을 수 있습니다. 물론, 어떤 사람들은 지도자로서 타고난 재능을 갖추고 있습니다. 예전에 동맹회의 노인 두 분이 내게 말해 준 얘긴데, 국부 손 총리(孫文)는 우스갯소리를 잘했다고 합니다. 한 번은 상해에서 모두 모여 한담하는데, 총리가 "여러분은 무엇을 잘할 수 있습니까?" 하고 물었답니다. 사람들이 모두 자기 생각을 말하고 나서 총리에게도 똑같은 질문을 하자, 그는 "나는 한참 생각해 보았는데, 지도자 외에는 할 수 있는 것이 하나도 없습니다." 라고 했답니다. 아주 묘하게 들리는 말인데, 사실은 솔직한 말입니다. 여러분, 잘 생각해 보십시오. 총리의 말은 맞는 말입니다. 그가 영수領袖로서 타고난 인재였다는 것은 아무도 부인할 수 없는 사실입니다. 반대로 어떤 사람들은 선천적으로 남의 명령이나 들어야 할 사람으로서, 좋은 참모는 될 수 있습니다. 그러나 이런 사람이 명령을 내리는 지도자가 된다면 틀림없이 잘해 내지 못합니다. 이런 사람들을 만나면 오직 "백성들로 하여금 따라오게 하면 되지, 그 까닭을 알게 할 수는 없다."(民可使由之, 不可使知之)고 밖에 할 수 없습니다.

그리고 내가 살면서 체험해 보니 천하의 사업은 바보 같은 사람들이 뛰어들어 해내는 것이라는 것도 알게 되었습니다. 나이가 많아지면 아는 것도 많아지고 경험도 풍부해지지만, 창업은 고사하고 버스 타는 데도 차에 치일까 두려워합니다. 아는 것은 비록 많지만 아무것도 해낼 수 없습니다. 그러므로 "민가사유지, 불가사지지"民可使由之, 不可使知之도

하나의 명언으로서, 다르게 구두점을 찍을 필요는 없습니다.

사회가 어지럽게 되는 원인

공자께서 말씀하셨다. "(경제적으로 어려운 시절이 되어서) 사람들이 용맹을 좋아하거나 가난을 싫어하면 사회는 어지러워진다. (사회 교육이 몰락하고 도덕이 쇠미해져서) 사람들이 (남을 사랑하는 마음이 없어져) 불인不仁하고, (이기적이 되어) 서로 사이에 심히 미워하면 사회는 어지러워진다."

子曰 : 好勇疾貧 , 亂也。 人而不仁 , 疾之已甚 , 亂也。
자왈 호용질빈 난야 인이불인 질지이심 난야

공자가 여기서 말하는 '호용'好勇은 툭하면 싸우고 흥분하는 것입니다. 국가로 치자면, 옛날 싸우기 좋아했던 많은 군벌軍閥들의 용맹을 말하는 것입니다. '질빈'疾貧은 가난을 싫어하고 가난의 고통을 견디지 못하는 것입니다. 이 두 가지 점이 곧 사회 동란의 근원입니다. 이 두 가지를 연결시켜 말할 수도 있는데, 경제적으로 어려운 시절이 되면 사람들은 목숨을 돌보지 않고 용맹을 좋아하게 되어 재난과 변란의 근원이 됩니다. 사회적 관점에서 역사를 보면 한 시대가 혼란스러워지는 것은 반드시 사회적으로 경제가 쇠퇴할 때인데, 이것이 이른바 "배고프고 추우면 도적질할 마음이 일어난다."(饑寒起盜心)는 것입니다.

여기서 공자는 "사람들이 불인不仁하고 서로 사이에 몹시 미워하면 사회는 어지러워진다."(人而不仁, 疾之已甚, 亂也)고 했습니다. 사회 교육이 몰락하고 도덕이 쇠미해지면, 모든 사람들이 마음속에 남을 사랑하는 마음이 없어지고 이기적이 되어, 실패하거나 실수한 사람에 대해 동정심을 가지지 못하고 그들을 포용하지 못합니다. 이것은 사회의 큰 병폐로서 이런 풍조가 오래 가면 시대가 어지러워집니다. 사회나 정치 변천의 역사를 연구해 보면, 모두 공자의 이 두 마디 말의 범위를 벗어날 수 없습니다. 일반 사람들에게 오직 정신 수양에만 힘쓰고 물질적인 빈곤에 영향 받지 않으며 굳세고 숭고한 인격을 발휘하라고 하면, 불가능한 일입니다. 소수 사라들에게는 이런 요구를 할 수 있지만, 일반 사람들에게는 안 될 일입니다. 그러므로 사회 전체가 가난한데다 교육이라는 제방이 붕괴되어 사람들이 툭하면 만용을 부리게 되면, 이런 사회는 변란이 일어날 수밖에 없습니다.

"사람들이 불인하게 되면"(人而不仁) 살인하고 남을 없애버리는 것을 즐거움으로 삼는데, 이는 사회가 깊이 병든 모습입니다. 때때로 정치·종교·사회·철학의 관점에서 보면, 살인하기 좋아하는 자는 일종의 심리적 변태입니다. 군사 사상사를 연구할 때는 많은 사람의 인성人性도 동시에 연구해야 합니다. 현대사에서 많은 사람들이 히틀러를 연구하고 있는데, 잘 알다시피 그에게는 심리적인 변태가 있었고, 이런 것들이 모두 재난과 변란의 근원이었습니다.

작은 것에서 사람을 알아보고

공자께서 (개인 교육에 대한 관점을) 말씀하셨다. "만약 주공周公과 같은 재능과 고상한 인품덕성을 지녔다 하더라도 교만하고 인색하다면, 그 나머지는 볼 것도 없다. (사람은 재능이 있더라도 노력해야 하며, 원대하고 굳센 포부와 깊고 두터운 미덕을 갖추어서, 교만하지 않고 인색하지 않아야 한다. 교만하지 않아야 겸허하게 되고, 인색하지 않아야 동정·포용·기백을 갖출 수 있다)"

子曰 : 如有周公之才之美 , 使驕且吝 , 其餘不足觀也已 。
자 왈 여 유 주 공 지 재 지 미   사 교 차 린   기 여 부 족 관 야 이

지금까지는 공문의 교육 큰 원칙들을 말했습니다. 이 단락에서는 개인 교육에 대한 공자의 관점을 제시하고 있습니다. 이것은 바로 앞 단락에서 나온 "서로 사이에 심히 미워하는 것"(疾之已甚)을 잇는 주해라고

도 할 수 있습니다.

　이미 여러 번 말했지만, 재능才·품덕德·학문學 세 가지를 두루 다 갖춘 사람은 많지 않습니다. 과거를 보면 정치적으로 한 가지 큰 비밀이 있는데, 역사상 총명한 제왕은 탐욕스러웠어도 유능한 사람을 등용하길 좋아했다는 것입니다. 인품 덕성이 그리 좋지 않다는 것을 뻔히 알면서도, 재능이 있으면 관직에 등용하여 때로는 한쪽 눈을 감아 주고 그리 상관하지 않았습니다. 그런데 이런 사람이 정말로 국가 사회를 위해 좋은 일을 할 수 있었습니다. 어떤 사람은 대단히 청렴결백하고 인품도 좋고 학문도 훌륭했지만, 미련하기 이를 데 없어 일을 해내지 못했습니다. 그러면 이런 이들은 한림원翰林院으로 보내져 지위야 높았지만, 일한 지 얼마 안 되어 거기서 찬밥 신세가 되었습니다.

　또 하나의 예를 들어 보겠습니다. 송태조 조광윤이 천하를 평정하고 황제가 된 뒤에, 그의 젊은 시절 학우였던 조보趙普는 책을 많이 읽어본 적이 없었다고 스스로 말했으며, 훗날 재상이 되었을 때 『논어』 반 권으로 천하를 다스린다는 말을 하곤 했습니다. 그는 늘 서랍 속에 『논어』를 넣어 놓고는, 해결하기 어려운 정치적 문제가 있으면, 마치 종교 신앙인들이 경전을 찾아보듯 『논어』를 넘겨보았습니다.

　송태조 조광윤은 저녁이면 평복을 입고 대신들 집에 들르기를 좋아했습니다. 재상 조보의 집안 사람들과는 이전부터 잘 아는 사이라 특히 그의 집에 자주 들렀습니다. 큰 눈이 내린 어느 겨울날 저녁, 조보 부부는 이렇게 추운 날씨에 황제가 오지는 않을 것이라 생각하고 있었습니다. 그런데 대문 두드리는 소리가 나기에 나가 보니 황제였습니다. 조보 부부는 속으로 크게 당황했습니다. 왜냐하면 당시 남방은 아직 평정되지 않았고, 그날 오후에 공물로 바쳐진 물건들이 와 있었는데 조보가 아직 황제께 보고하지 못했기 때문이었습니다. 조보는 얼른 무릎을 꿇어 황제의 행차를 맞이하고, 그 사유를 아뢰었습니다. 송태조는 그를 위로하면서 상관없으니 공적인 일은 내일 아침에 말하자고 했습니다.

　송태조는 응접실에서 이리저리 왔다 갔다 하다가 공물 속에 큰 병이 하나 있는 것을 발견했는데, 뜻밖에도 그 위에는 조보에게 보낸다고 쓰여 있었습니다. 송태조는 이상하게 여기며 그 병을 열어 보았지요. 그랬더니 병 안에는 오이처럼 생긴 작은 금덩이들이 가득 들어 있었습니다. 조보를 포함해 누구도 예상하지 못한 일이었습니다. 조보는 크게 놀라면서 즉시 황제에게 무릎을 꿇고, 정말로 아직 자세히 보지 못해 그것이 황금인 줄은 몰랐다고 아뢰었습니다. 그러자 송태조는, "당신이 재상의 몸이니, 남들은 천하의 일이 모두 당신 같은 서생의 손에서 결정되는 줄로 생각하고, 그렇지 않다는 것을 모르오. 다른 나라에서 이런 약간의 물건을 보내 온 게 뭐 대단하겠소? 이건 받으시구려. 주는 대로 받아도 괜찮소!" 하고 말했습니다. 송태조의 마음 속 동기가 무엇이었든 간에, 여하튼 훌륭했습니다.

또 한 사람인 조빈趙彬은 원래 조광윤의 동료이자 친한 친구였는데, 그는 오대 시대 주周 왕조의 외척이었습니다. 조광윤은 늘 그에게 술을 마시러 가자고 했지만, 한사코 사양하면서 어느 쪽으로도 기울어지지 않고 중립적으로 자신의 위치를 지켰습니다. 훗날 조광윤은 황제가 되자, 그의 인품이 훌륭하다고 여겨 조보와 함께 중용重用했습니다. 어떤 사람이 조광윤에게 조빈의 사생활을 밀고했지만, 조광윤은 곧이듣지 않았습니다. 황제 조광윤은 사소한 일에서 사람을 알아본 것입니다.

이런 이야기들은 재능과 품덕才德을 구비한 사람이라야 국가의 대신이 되고, 사회적으로 훌륭한 인물이 된다는 것을 말해 줍니다. 이 단락에서 공자도 재능과 품덕이 서로 결합되지 않은 문제를 말하고 있습니다. 중국 전통 문화는 주공周公이 정리한 것이고, 공자는 그의 도통을 계승한 데 불과합니다. 주공은 정치에 종사해서 국가의 수상이 되었는데, "일목삼악발, 일반삼토포"一沐三握髮, 一飯三吐哺라는 유명한 말이 바로 그에게서 유래되었습니다. 곧, 머리를 한 번 감다가 세 차례나 머리털을 움켜쥔 채 나왔고, 밥을 한 끼 먹다가 세 차례나 뱉으면서 나와 손님을 맞고 공무를 처리했다는 말입니다. 일국의 수상으로 내정·외교를 다 처리해야 했으므로 그를 만나려는 많은 사람들을 거절하지 못해 이처럼 바빴습니다. 바쁘기만 한 것이 아니라 아랫사람들을 대하거나 어떤 일을 대하더라도 이처럼 마음을 다하고 좋은 태도를 보였습니다. 이것이 바로 주공의 재능과 고상한 품덕美德이었습니다.

만일 주공 같은 재능과 고상한 품덕을 갖춘 사람이라도, 교만하여 남을 깔보고, 인색해서 동정하고 포용하는 것조차도 기꺼이 베풀려 하지 않고, 돈 쓰기를 아까워하며, 남을 도와주거나 격려해 주기를 아까워하며, 남에게 상장 한 장 주는 것을 아까워한다면, 말할 필요도 없이, 그가 이룩하는 성과는 틀림없이 볼 만한 것이 별로 없을 것입니다. 사람은 재능이 있더라도 노력해야 하며, 원대하고 굳센 포부와 깊고 두터운 미덕을 갖추어서, 교만하지 않고 인색하지 않아야 합니다. 교만하지 않아야 겸허하게 되고, 인색하지 않아야 동정·포용·기백을 갖출 수 있습니다.

학문 탐구의 목적은 무엇인가

다음 단락부터는 제2편 「위정」과 호응됩니다. 즉, '위정'의 원리를 좀 더 자세히 설명한 것으로, 학문 수양이 외적 활용 면에서 한 가지 중요한 점에 도달한 모습을 보여 줍니다.

공자께서 (당시의 세태에 대해 탄식하여) 말씀하셨다. "(나에게 와서 배우고자 하는 학생이) 삼 년을 배우고서도 공명功名과 이록利祿의 직업을 얻는 데 목적을 두지 않(고, 학문을 위해서 배우)는 사람은 정말 얻기 쉽지 않은 일이다."

子曰：三年學，不至於穀，不易得也。
자 왈　삼 년 학　부 지 어 곡　불 이 득 야

이것은 당시의 세태에 공자가 탄식한 말입니다. 일반인들이 공자에게서 배우고자 하는 목적이 자신의 학문을 위해서가 아니라 직업을 얻기 위해서라는 것입니다. 공자를 따라 3년 동안 배우는 목적이 단지 '곡'穀, 즉 봉록俸祿을 위해서라는 것입니다. '봉'俸과 '녹'祿은 다릅니다. 앞에서

"자장이 녹을 구하는 것을 배우고자 하다."(子張學干祿)에서 말했듯이 '봉'俸은 노임으로 오늘날의 월급이며, 관위官位의 높이에 따라 해당 대가를 지급받는 것입니다. '녹'祿은 오늘날의 실물 배급에 해당하지만, 제도는 달랐습니다.

예를 들어, 청나라 때는 학생이 "십 년 동안 힘들게 공부할 때 묻는 자가 하나도 없었다."(十年窓下無人問)고 할 정도였는데, 왜 그렇게 간절히 과거시험(功名) 합격에 급급했을까요? 수재秀才에 합격하는 것이 그 첫걸음이자 최소한의 공명을 얻는 것이었는데, 수재에 합격하면 녹祿을 받게 되어 실물 배급을 받아 생활을 유지할 수 있었습니다. 이것은 과거시험 등급일 뿐, 관위官位는 상관이 없었습니다. 과거시험에 합격하고 공명이 있고 나서 관직이 있어야 녹에 봉이 더해졌는데, 녹봉의 수량이 상당히 볼 만했습니다. 공자 당시의 '곡'穀자는 공명功名과 이록利祿을 나타냅니다.

공자는 여기서 이렇게 말하고 있습니다. "내게 와서 배우고자 하는 학생은 목적이 모두 직업을 찾는 데 있다. 3년을 배우고서도 직업을 얻는 데 목적을 두지 않고, 학문을 위해 학문하는 사람은 정말 드문 일이다." 공자는 지금부터 2천여 년 전에 살았으니, 동서고금을 막론하고 사람들이 배움을 추구하는 목적이 다 대우待遇받기를 원해서라는 것인데, 듣기 좋게 말하면 앞날을 위해서입니다.

교육 문제가 나오니 많은 감회가 많은데, 많은 사람들이 오늘날의 교육에 문제가 있다고 말합니다. 나는 이렇게 말합니다. "교육은 3천 년 동안 내내 문제였고, 세계적으로도 교육 문제는 본래부터 있었다고 할 수 있다." 왜 그럴까요? 우리는 3천 년 동안 내내 남존여비男尊女卑의 관념 속에 살아왔는데, 왜 남존여비였을까요? 남자는 가문을 빛내고 조상을 빛낼 수 있는 존재였기 때문에, 모두들 아들이 훌륭한 인물이 되기를 바랐습니다. 그런데 옛날에는 아들이 훌륭한 인물이 될 수 있는 가장 좋은 길이 책을 읽는 것이었습니다. 옛 사람은 "모든 것이 다 하급이고, 오직 책 읽는 것이 최고다."(萬般皆下品, 唯有讀書高)라고 했는데, 이것이 수천 년 동안의 우리 전통이었습니다. 물론 오늘날에는 달라져서, "모든 것이 다 상급이고, 오직 책 읽는 것이 최하다."(萬般皆上品, 唯有讀書低)라고 고쳐야 할 것으로 보입니다.

이 말은 현대화된 사회를 바라보면서 얻은 나의 개인적인 느낌입니다. 과거에는 모든 것이 하급이고 오직 책 읽는 것이 최고였는데, 모든 직업 중에서도 벼슬하는 직업이 가장 좋았기 때문입니다. "십 년 동안 힘들게 공부할 때 묻는 자가 하나도 없더니, 과거에 급제하여 이름이 나자 천하가 아는구나."(十年窓下無人問, 一旦成名天下知)라는 말이 있듯이, 책을 읽으면 벼슬할 수 있고 벼슬하면 재산을 모을 수 있다는 것이 수천 년 간 내려온 관념이었습니다. 우리 모두 예전에 집에서 글공부할 때 이런 생각이 머릿속에서 오락가락하지 않았나요? 개인적으로 반성해 보면 나 자신도 그렇지 않았다고 말할 수 없습니다.

그러나 만약 학문의 도리를 엄격히 말해서 이런 관념의 성분이 있다면, 순수한 학문이라 할 수 없습니다. 오늘날 서양 문화가 들어와 우리의 교육 제도가 변했고, 교육 정신이나 방법도 다 변하고 있는데, 변한 뒤의 모습이 어떠합니까? 그간 수십 년 동안의 모습을 보고 내가 이해한 바로는, 이전과 달라진 것은 없고 단지 명칭만 바뀐 데 불과합니다. 오늘날은 '생활은 곧 교육'으로서, 교육은 곧 생활 방편을 위한 것이 되어 버렸는데, 이는 앞에서 말한 과거의 관념과 다를 바 없습니다.

오늘날에는 대학교 입학시험에서 학과를 선택할 때, 의대에 합격하는 것이 제일 좋습니다. 장래에 의사가 되면 남에게 도움 받을 필요가 없기 때문입니다. 이처럼 교육 목적은 오로지 생활을 위한 것이 되었고, 생활 관념도 일변하여 돈을 벌어 잘 사는 것에 지나지 않게 되었습니다. 진정으로 학문을 위해 학문을 하고, 진리를 추구하기 위해 학문을 한다는 사람은 정말 드뭅니다. 시대마다 이런 사람이 전혀 없는 것은 아니었고 대단히 드물었는데, 이런 사람은 흔히 시대 전체에 영향을 미치곤 했습니다. 동서양이 모두 이렇습니다. 각 시대의 혼란을 봅시다. 시대를 움직이는 진정한 원동력은 사상입니다. 그런데 이러한 사상을 창조한 사람들은 대체로 당시에는 이름이 세상에 알려지지 않은 채 가난과 핍박 속에서 굶어 죽거나 궁지에 몰려 죽었습니다. 그러나 그들의 사상은 후세에 큰 영향을 미쳤습니다.

예를 들면, 만주족이 산해관으로 들어옴으로써 촉발된 민족주의 사상은 고정림顧亭林 · 황이주黃梨洲 · 왕선산王船山 · 이이곡李二曲 등 몇 사람의 사상으로부터 영향을 받은 것입니다. 이것은 그 뒤 줄곧 발전하여 오늘날의 민족주의 사상을 형성했습니다. 서양에서 20세기 사회에 가장 큰 영향을 미친 마르크스도 가난과 굶주림으로 죽었습니다. 마르크스 자신도 당시에는 자기의 사상이 전 세계를 뒤흔들어 놓게 되리라고는 생각하지 못했을 것입니다.

우리는 오늘날 사상 문제가 얼마나 중대한지 알 수 있습니다. 공자도 한 예가 되는데, 생전에 그는 그토록 불우했지만 사후에는 공간과 시간을 뛰어넘어 천추만대에 영향을 끼쳤습니다. 이것이 바로 진정한 학문입니다. 그러나 지식인이 공부를 시작할 때 이렇게 학문을 위한 학문에 뜻을 세우는 사람은 너무나 적습니다. 공자 당시에도 이미 이런 탄식이 있었는데, 지금은 더 말할 것도 없습니다. 우리가 사상의 도리를 이해하려면 이 관점에서 체험하고 연구해야 합니다.

은사는 산이 더 깊지 않음을 걱정한다

다음에서 공자는 학문의 도리와 개인의 수양을 계속 말합니다.

공자께서 말씀하셨다. "진리를 독실하게 믿고 학문을 좋아하며, 죽음으로 (가장 좋은 길, 가장 좋은 사상 원칙인) 선善한 도를 지키라. 위험한 나라에는 들어가지 말고, 어지러운 나라에는 살지 말라.

천하가 (안정되어) 정상 궤도에 있다면 (재능 있는 자는 마땅히) 나와서 (국가 사회에 공헌하는) 일을 하고, (혼란하여) 정상 궤도에 있지 않다면 (세상 사람들을 구제할 수 있는 재능이 있더라도 현실 상황이 내게 속하지 않으니 구할 방법이 없으므로) 숨어서 (먼저) 자기를 보호하고 충실充實하게 하라.

나라가 정상 궤도에 있는데도 (재능 있는 자가 국가 사회에 여전히

공헌하지 못하고) 빈천 속에 처해있다면, (그것은 지식인으로서) 치욕
스러운 일이다. 나라가 정상 궤도에 있지 않은데도 (편안히) 부귀를 누
린다(거나 각종 수단과 방법을 이용해 정당하지 못한 방법으로 부귀를
얻는다)면, (이 역시 옳지 않고) 치욕스러운 일이다."

子曰：篤信好學，守死善道。危邦不入，亂邦不居。天下有道則見，
자 왈　독신호학　　수사선도　　위방불입　　난방불거　　천하유도즉현

無道則隱。邦有道，貧且賤焉，恥也！邦無道，富且貴焉，恥也。
무도즉은　방유도　빈차천언　　치야　　방무도　　부차귀언　　치야

이 단락의 관념은 『예기』의 「학기」學記와 「유행」儒行 두 편과 함께 연
구해야 합니다. 「학기」편은 학문의 목적이 무엇인가를 말한 것으로, 우
리 문화의 전통 정신입니다. 「유행」편은 지식인이라면 마땅히 어떻게
스스로를 훈련하여 자신의 인격을 이룰 것인가를 말한 것입니다. 사람
은 많은 유형이 있어서 여러 가지 다른 인격을 형성하는 것이지, 결코
저마다 똑같기를 요구하지 않습니다. 그러나 어떤 개성이 어떤 학문에
적합한지, 자신을 어떻게 양성해야 하는지에 대해서는 각기 하나의 기
준이 있습니다.

이 단락에서 공자가 말한 것도 『예기』중의 「학기」와 「유행」 두 편
에서 말한 개인 문제에 해당합니다. "진리를 독실하게 믿고 학문을 좋
아하며, 죽음으로 선한 도를 지키라."(篤信好學, 守死善道)는 것은 하나의
사상이자 신앙문제입니다. 진리에 복종하고 진리를 절대적으로 독실하
게 믿고, 또 배우기를 좋아해야 합니다. 진리는 불변하는 것이어서 시대
나 지역, 물질적 환경의 영향을 받지 않습니다. "수사선도"守死善道란 이
신앙이나 이 주의主義를 지키는 것입니다. '선도'善道는 가장 좋은 길, 가
장 좋은 사상 원칙을 말합니다.

공자는 이어서 개인이 "수사선도"의 포부가 있다면 "위험한 나라에는
들어가지 않고, 어지러운 나라에는 살지 않는다."(危邦不入, 亂邦不居)고 했
습니다. 이렇게 하는 것은 결코 교활한 것이 아니라, 문화 정신을 보존
하기 위함입니다. 위험한 동란動亂의 시기에는 세속을 벗어나는 수양이

있어야 하고, 위험한 곳에는 가지 않아야 합니다. 위험한 지역에는 반드시 사상에 문제가 있으므로 가지 않는 것이 좋습니다. 또, 동란 속에 있는 사회에는 머무르지 말아야 합니다. "천하가 정상 궤도에 있다면 나와서 일을 하고, 정상 궤도에 있지 않다면 숨어서 자기를 보호하고 충실充實하게 하라."(天下有道則見, 無道則隱)는 이 두 마디 말은 전통적인 은사사상隱士思想입니다. 이야기가 나왔으니, 우리가 토론해야 할 중요한 문제를 하나 말해 봅시다.

전통적으로 본래부터 유가와 도가는 분리되어 절대 합류할 수 없다고 생각했습니다. 도가는 대부분 은사가 되는 경향이 있었습니다. 은사를 말하자면 생각할 게 대단히 많습니다. 중국의 역사 문화를 연구하다 보면 이상하게 느껴지는 일이 있습니다. 즉, 학문이 높고 도덕이 훌륭한 사람일수록 대부분 은거하면서 이름을 알리려 하지 않았고, 끝내는 성명조차도감추어 버렸다는 점입니다. 우리가 다 알듯이 장량張良의 스승은 황석공黃石公인데, 황석공은 별호別號일 뿐이고, 그가 도대체 누구인지 알지 못합니다. 그는 성명조차도 버릴 만큼 명리名利를 하찮게 보았던 것입니다.

그러나 이런 부류의 은사 사상은 상고 시대부터 줄곧 존재해 왔습니다. 이것이 도가의 길이었습니다. 공맹 이후의 유가는 은사 사상을 절대 반대하고, 세상을 위해 봉사하는 길(用世之道), 이른바 배운 것을 실제 활용하는 것(學而致用)을 중시했습니다. 학문이 훌륭한 사람은 사회와 국가에 공헌해야지 물러나 은사가 되는 것은 옳지 않다고 여겼는데, 이는 후세의 유가 사상입니다. 그래서 후세의 유가 사상에서는 공맹 사상을 내세워 은사를 반대했습니다.

그러나 사실은 후대 정치에 가장 영향을 미친 것은 은사 사상이었습니다. 서양 문화의 정치사상 입장에서 보면 중국의 은사 사상은 약간은 이른바 '부동의不同意'주의 같습니다. 그러나 '협력하지 않는다'는 것은 결코 아닙니다. 또 다른 하나의 관념으로서, 서방 문화는 아직도 이런 사상 형태를 보존하고 있는데, 예를 들어 자유 투표에 있어서 찬성표도 던지지 않고 반대표도 던지지 않는 것은 곧 동의하지 않는다는 의사로서, 그러려면 먼저 자신의 입장을 지녀야 합니다. 이것은 굳이 비유로 말해 본 것입니다. 역사적으로 중국의 역대 정치는 은사 사상으로부터 대단히 큰 영향을 받았습니다.

유명한 이야기로, 한고조 때의 '상산사호'商山四皓가 있습니다. '호'皓란 백발 노인을 뜻합니다. 진시황 때부터 은사가 되어 숨어 살았던 네 노인을 말하는데, 그들은 학문도 훌륭하고 명성도 있으며 도덕도 높았지만 나오지 않았습니다. 한고조 때에는 그들의 나이도 많아져 수염과 머리도 다 하얗게 되어 '사로'四老라고 존칭되었습니다. 한고조는 황제가 되어 그들에게 나와 줄 것을 청했지만, 그들은 한고조가 어진 사람을 예의와 겸손으로 대하지 않을 것으로 보고 그 청을 받아들이지 않았습니다. 왜냐하면 한고조는 마구 욕하기를 좋아하고 거친 말을 잘했을 뿐만 아니라, 천하를 얻기 전에는 자신을 따르던 지식인들의 모자를 벗겨 변기로 사용할 정도였기 때문입니다. 육가陸賈가 한고조에게 지식인을 존중하라고 충고하자, 한고조는 "이 늙은이의 천하는 말 위에서 얻은 것이다."(乃翁天下馬上得之)라고 대꾸했는데, 이는 "나의 천하는 싸워서 얻은 것인데, 네가 뭘 안다고 지껄이느냐?"란 뜻입니다.

뒤에 천하가 태평하게 되고 지식인들이 나와서 한고조를 도와 정사를 잘 처리하자, 비로소 한고조는 지식인을 존중하게 되었습니다. 이것은 육가가 그에게 "천하는 말 위에서 얻었지만, 말 위에서 다스릴 수 없다."(乃翁天下馬上得之, 不可馬上治之)고 일러 준 덕분이었습니다. 한고조는 대단히 총명한 사람이라 육가에게 어떻게 해야 하느냐고 묻자, 육가는 나라의 제도制度를 마련하라고 일러 주었습니다. 한고조는 제도를 마련한 뒤 처음으로 조회에 나가 황제로서 맨 윗자리에 앉아 보니 그 맛이 아주 좋았는지라, 그제서야 지식인도 일리가 있다고 생각했습니다. 그래서 그는 상산사호에게 산에서 나와 정치를 해 달라고 예의로써 청했던 것인데, 그들은 응낙하지 않았던 겁니다.

뒤에 한고조가 태자를 세워 황제 자리를 물려주려 할 때 문제가 하나 발생했습니다. 한고조는 당시의 태자였던 여후呂后 소생의 효혜제孝惠帝를 폐하고, 자기가 좋아하는 척희戚姬 소생의 아들 여의如意를 태자로 세우기로 마음먹었습니다. 이에 여후가 장량에게 계책을 물었더니, 장량은 태자 효혜제가 상산사호를 모셔오면 한고조가 감히 태자를 폐지하지 못할 것이라고 일러 주었습니다. 그래서 여후는 효혜제로 하여금 후한 예를 갖추어 상산사호를 귀빈으로 모셔오게 하는 데 성공했습니다. 한고조는 이것을 보고 척희에게, "태자 패거리太子黨羽가 이미 이루어졌다. 나도 모셔올 수 없었던 상산사호까지 모셔왔으니, 태자를 여의로 바꾸려고 했던 일은 없었던 걸로 하자."고 말했습니다. 여기서 우리는 정치체제와 사회 의 사상 문제, 그리고 학설學說 사상이 왜 정치에 이렇듯 큰 영향을 미치는지를 보았고, 동시에 은사가 왜 중요한지도 설명했습니다.

은사들은 뒷날 위진魏晉시대에 고사高士라고 불렸는데, 『고사전』高士傳이라는 책도 있습니다. 고사는 '고상한 선비'라는 말인데, 학문이 훌륭하고 재능도 있어서 나라를 다스리는 큰 인재가 될 수도 있었지만, 일생 동안 숨어 지내면서 나서지 않았던 이들을 가리키는 말입니다. 물론 나서지 않은 것에도 좋은 점이 있었습니다. 나서서 만일 잘못했다가는 그 뛰어난 명성도 없어졌을 테니까요. 나서지 않을수록 고상했기 때문에 어떤 사람은 일생 동안 고사高士로서 살았습니다.

송나라 때는 이들을 처사處士라 불렀습니다. 어떤 사람은 과거시험에 합격하지 못할까 두려워 고의로 처사가 되어 부귀공명을 버렸는데, 그로 하여 명성이 더 커진 사람도 있었습니다. 이런 사람은 때로는 황제가 특별히 기용해서 시험을 치르지 않고 벼슬하기도 했습니다. 물론 진짜 처사도 많았는데, 송대에는 양박楊璞이라는 처사가 그러했습니다. 진종眞宗 황제가 그를 청해도 나오지 않자, 뒤에 지방관에게 명령해 갖은 방법으로 회유와 협박을 함께 하여 그가 나오도록 만들었습니다. 그가 경사京師에 도착하자, 진종은 아주 공손히 그를 맞이했습니다. 진종이 그에게, "선생이 오시는 길에 틀림없이 많은 이들이 배웅했을 텐데, 그 중에는 좋은 시를 지어 올린 사람도 있겠지요!" 하고 묻자, 그는 자기 마누라만 시 한 수를 지어 주었다고 했습니다. 진종은 부인의 시가 틀림없이 훌륭할 것이라고 하면서, 그 시를 읊어 달라고 청했습니다.

다시는 호랑한 듯 술 퍼마시지 말고 　　　　　更勿落魄耽杯酒
절대로 미친 듯이 시 짓기나 좋아하지 말라 　　切莫猖狂愛作詩
오늘 붙잡아서 벼슬길에 보내니 　　　　　　今日捉將官裏去
이번에도 돌아오면 그 머리 그냥 두지 않으리라 這回斷送老頭皮

　진종은 듣고 나서 "하하" 하고 크게 웃고, 그를 경사京師에 며칠 머물며 놀게 한 뒤 돌려보냈습니다. 양박은 같은 시대에 살았던 충방种放처럼 진정한 처사로서 한사코 세상에 나오려고 하지 않았습니다.
　당나라 측천무후則天武后 때의 노장용盧藏用 같은 사람은 경사 근처에 있는 종남산終南山에서 은거한다고 공공연히 소문내어 결국 조정에 불려 들어가 관리가 되었는데, 이것은 처사가 취했던 또 하나의 수단이었습니다. 이 일은 뒷날 종남첩경(終南捷徑: 벼슬을 빨리 하는 지름길—역주)이란 성어成語가 되었습니다. 육방용은 일찍이 은사에 대해 칭찬과 비난을 겸한 시를 지었습니다.

산 속에 사는 지사 산이 더 깊지 않음을 한하니 　志士棲山恨不深
사는 곳 남이 알면 이미 초심 저버린 것 　　　人知已是負初心
엄광 같은 무리를 다시 말하지 말지니 　　　　不須更說嚴光輩
소부와 허유부터 지금까지 잘못 됐네 　　　　直自巢由錯到今

　후세의 유가들은 '부동의' 주의의 이런 은사·고사·처사들을 괘씸하게 여겼으며, 그래서는 안 된다고 보았습니다. 학문 있는 사람들은 마땅히 사회와 국가를 위해 공헌하는 바가 있어야지, 일생 동안 학문을 하고서도 세상에 나오지 않는 것은 옳지 않다고 생각했습니다. 그들은 공자가 은사를 꾸짖었다고 말했습니다. 『논어』하론下論에서 볼 수 있는 것처럼, 공자는 당시 여러 명의 은사를 만나 꾸지람을 들었습니다. 공자는 꾸지람을 듣고 나서 뭐라고 말했을까요? 이것은 하론下論에서 많이 말했습니다. 공자는 "새나 짐승과는 함께 같은 무리를 지을 수 없다."(鳥獸不可與同羣)라는 말을 했는데, 후세 유가들은 이 말을 인용하여, 공자가 이들에게 동의하지 않고 그들을 새나 짐승이라 비난했다고 해석했습니다. 그렇지만 이것은 잘못된 해석입니다.

실제로 공자의 사상은 은사들을 대단히 숭배하고 존경했습니다. 공자가 은사들과 다른 점이 있다면, 그는 성인으로서의 포부를 가지고 사회와 국가에 대해 어찌해 볼 수 없음을 잘 알면서도 끝까지 노력했다는 점입니다. 비록 구할 수는 없었지만 구하기 위해 할 수 있는 데까지 노력했습니다. 공자가 성인이 된 까닭은 바로 여기에 있습니다. 이 사람을 구할 수 없다는 것을 잘 알면서도, 힘과 마음을 다하여 그를 구하려고 노력하여 다만 얼마라도 구해야 한다는 것이 공자의 성인됨입니다. 은사들의 도가 사상은 구할 수 없는 일은 구하려 하지 않습니다. 이것이 중국 전통 사상의 양대 주류입니다.

도가는 시대사상의 조류에 대해, 막을 수 없는 산골 홍수의 폭발적 물줄기로 보고, 막을 수 없는 것을 기어이 막으려 하는 사람은 바보로서 그 자신도 반드시 떠내려 갈 것으로 보았습니다. 만일 시대를 구하고자 하면 산골 홍수의 힘이 어느 때 어느 곳에 이르러 약해지겠는가를 예측하여, 먼저 그 약해지는 곳의 하류에 가서 조금씩 이끌어서 하천도랑으로 끌어들이는 방법을 씁니다. 그러나 유가 사상은 그렇지 않아서, 시대의 추세에 대해 산골 홍수의 폭발적 물줄기로 보는 것은 마찬가지이지만, 막을 수는 없더라도 이 산골 홍수의 물줄기를 따라 옆에서 뛰어가면서 홍수의 흐름 속에 빠져있는 사람을 보면 한 사람이라도 구하여 가다가, 어느 유리한 형세에 이르면 홍수를 하천도랑으로 끌어들입니다.

이 두 가지 사상은 다 옳습니다. 공자는 도가가 은사의 길을 걸어 하류로 가서 기다리는 것도 틀리지 않다고 생각했습니다. 그래서 그는 "새나 짐승과는 함께 무리를 지을 수 없다."고 말한 것입니다. 이 말을 자세히 연구해 보면 공자는 도가 사상을 찬성한 것이지 결코 반대한 것이 아닙니다. "새들은 높이 나는 것이니, 높이 날고 싶으면 높게 날려무나! 들짐승은 산림 속에서 생활하는 것이니, 당연히 산림 속에서 생활하려무나! 그렇지만 나는 사람이기에 높이 날 수도 없고 산림에도 들어

가고 싶지 않다. 나는 그저 인간 세상의 일이나 좀 해야겠다!"는 것입니다.

수재라고 세상일을 다 알까

"위태로운 나라에는 들어가지 말고, 어지러운 나라에는 살지 말라. 천하가 정상 궤도에 있다면 나와서 일을 하고, 정상 궤도에 있지 않다면 숨어서 자기를 보호하고 충실하게 하라."(危邦不入, 亂邦不居, 天下有道則見, 無道則隱)는 공자의 말을 해석하기 위해 지금까지 한참 이야기를 했는데, 공자 역시 은사 사상을 찬성했음을 알 수 있습니다. 공자는 말하기를, 구인구세救人救世의 재능이 있더라도 현실 상황이 내게 속하지 않는다면 구할 방법이 없으므로 먼저 자기를 보호하고 충실히 하라고 했습니다.

그러나 그 다음 구절에서는, "방유도, 빈차천언, 치야. 방무도, 부차귀언, 치야."(邦有道, 貧且賤焉, 恥也。邦無道, 富且貴焉, 恥也)라고 했습니다. 이것은 한 걸음 더 나아가 우리에게 다음과 같이 말하고 있는 것입니다. "만약 사회가 점점 궤도에 오를 때는 재능이 있는 자는 마땅히 국가 사회에 공헌하는 바가 있어야 하는데, 여전히 공헌하지 못하고 빈천 속에 처해 있다면 그것은 지식인으로서 치욕스런 일이다. 만약 난리가 나있고 궤도에 오르지 못하는 사회에서 편히 부귀를 누리거나 혹은 각종 수단과 방법을 이용해 정당하지 못한 방법으로 부귀를 얻는다면, 이 역시 옳지 않고 부끄러운 것이다."

위의 말에 이어, 다음 단락에서 공자는 다시 진정으로 은사가 되는 객관적 태도를 말하고 있습니다.

공자께서 말씀하셨다. "그 위치에 (실제로) 있지 않다면 (진짜로 그 일의 내용을 알 수 없으니), 그 위치의 정사政事를 (함부로) 논하지 말라."

子曰 : 不在其位, 不謀其政。

자 왈   부 재 기 위   불 모 기 정

이 구절에도 문제가 있습니다. 지식인이 관직에 몸담고 있지 않을 때에는 함부로 정사政事를 비평하지 않는 것이 좋습니다. 진정으로 은사라면 더욱 이러한 흉금이 있어야 합니다. 이 몇 마디 말에 항상 주의해야 합니다. 지금 말이 나온 김에 재미있는 경험들을 말씀드리겠습니다. 나는 학자나 문인이 아닙니다만, 자주 그들과 접촉합니다. 학자나 문인들은 정치 이야기를 하기 아주 좋아할 뿐 아니라, 현실 정치에 만족해한 적이 거의 없습니다. 특히, 자연과학을 배우는 학자는 정치 이야기를 더욱 좋아합니다. 나의 결론은, 문외한일수록 전문가인양 말하기를 좋아한다는 것입니다. 여러분의 경험은 어떠한지요?

내가 아는 바로는 문인들은 전쟁 이야기를 더 좋아해서 입만 열면 공격해야 한다고 합니다. 그들은 전쟁의 어려움도 모르고, 싸워 본 적도 없고, 어떻게 싸워야 하는지도 모릅니다. 마치 거리에서 남이 싸우는 것을 보고 옆에서 큰소리로 싸움을 부추기지만, 자기더러 싸워 보라고 하면 이쪽에서 주먹만 한 번 휘둘러도 먼저 도망가 버리는 꼴이나 다름없습니다. 역대 문인들이 전쟁 이야기를 하는 것도 바로 이와 같습니다.

지식인은 군사軍事 이야기나 정치 이야기를 좋아하는데, 그들 대다수가 이 방면에는 문외한입니다. 그래서 나는 그들에게 자주, "그 위치에 있지 않으면, 그 위치의 정사를 논하지 말라."(不在其位, 不謀其政)는 공자의 말을 인용합니다. 이게 뭔 어려움이 있겠느냐고 그들이 대답하면, 나는 이렇게 말합니다. "키신저가 이 시각에 무슨 공문을 보고 있는지 무슨 말을 하는지 당신이나 내가 알 수 있을까요? 당신이나 내가 알고 있는 정보나 자료는 다 신문에서 본 것이지 결코 기본 자료가 아니므로, 신빙성에 크게 문제가 있습니다. 신빙성이 있다 하더라도 신문지상에 발표된 것은 역시 한계가 있고, 발표되지 않은 것이 또 얼마나 있는지 모릅니다. 뿐만 아니라 이 시각의 상황과도 거리가 멉니다. 사정이 이러한데 어떻게 당신이나 내가 정치를 말할 수 있겠습니까? 게다가 정치는 절대적으로 경험에 의한 것이지 이론에 의존하는 것이 아닙니다. 당신은 누구누구는 안 된다고 하지만, 당신이 직접 해 보면 경험이 전혀 없기 때문에 3개월도 못 가서 끝장날 것입니다.”

그러므로 공자가 “그 위치에 있지 않다면, 그 위치의 정사를 논하지 말라.”고 한 이 말은 대단히 일리가 있습니다. 실제로 그 위치에 있지 않으면, 진짜로 그 일의 내용을 알 수 없습니다. 아주 구체적인 사실을 예로 들어 봅시다. 어떤 종합병원의 한 수술실에서 이 시각에 어떤 환자에게 수술을 하고 있다고 합시다. 당신과 내가 그 수술실의 일을 알 수 있겠습니까? 가족이 수술실 안에서 치료를 받고 있다 하더라도, 안에 들어가지 못하고 문 밖에 서 있는 우리들은 안에서 행해지는 수술의 위험이 어느 정도인지 알지 못합니다. 단지 얇은 문 하나 사이를 두고 있는데도 우리는 그 안의 정황을 모릅니다. 그러므로 ‘정사를 논하는 것’(謀其政)은 상상하는 것처럼 그렇게 간단하지 않으며, 자신이 그 위치에 있어야 그 정사를 집행하고 정사를 논할 수 있습니다.

불행하게도 공자의 이 말은 사람들에 의해 자주 교활한 말로 사용되어 핑계 대는 말이 되었습니다. 심지어 어떤 사람들은 누가 이 말로 방패막이를 삼는 것을 보고, 그가 공자에게서 교활한 것을 배웠다고 오인합니다. 공가점孔家店을 비판한 사람들도 이 말을 공자의 죄상의 하나로 들어 그에게 죄과를 씌웠습니다. 그러나 사실 공자의 본 뜻은, 배운 것을 실제로 활용하여, 진정한 학문은 사람됨과 일처리와 결합되어야 한다는 것을 우리에게 일러주고자 함이었습니다. 또한 어떤 일에 대해 아직 완전히 이해하지 못하여 잘 판단할 수 없을 때에는, 그 내막을 진정으로 이해하기가 어려운 까닭에 무엇이든 함부로 단정하거나 함부로 비평하지 말아야 함을 학생들에게 훈계한 말이기도 했습니다.

문화 부흥 운동

공자께서 말씀하셨다. “태사太師 지摯가 「관저」를 다시 정리하고 나서 (신구新舊 문화가 교류하게 되자) 비로소 그 음악의 (우아함과) 아름다움이 귀에 가득 차서 넘쳐 흐르는구나!”

子曰 : 師摯之始, 關雎之亂, 洋洋乎, 盈耳哉!
자왈　사지지시　관저지란　양양호　영이재

　　이것은 문화를 다시 정리한 것을 말하는데, 우리가 요즈음 문화 부흥을 말하는 것과도 같습니다. 공자는 여러 나라를 두루 돌아다닌 뒤에 노나라에 돌아와 문화를 다시 정리하기 시작했습니다. 시대의 흥망성쇠 속에서 문화란 언제나 맨 앞장을 서는 것인데, 주 왕조의 쇠락 혼란이 이미 심각하였기 때문에, 공자는 문화부흥에 온힘을 다해 그 위험한 국면을 되돌리고자 급히 서둘렀던 것입니다. 공자는 먼저 예악禮樂부터 손댔는데, 『시경』도 '악'樂의 일종이라 할 수 있습니다.

　　「관저」關雎는 『시경』 제1편인데, "관저지란"關雎之亂의 '亂'(란)자는 고대와 현대의 의미가 다르므로 꼭 주의하기 바랍니다. 고대에 이 '亂'(란)자는 지금과는 정반대의 뜻을 가지고 있어서 '治'(치)의 뜻이었습니다. 진한秦漢 이전의 책에서는 이렇게 사용했는데, 당대 이후로는 대부분 이렇게 사용하지 않았습니다. 그 밖에도 예를 들면, '毒'(독)자는 진한 이전에는 치료·치유의 뜻이 있었습니다. 어떤 사람이 우리를 칼로 한 번 찍었다면 상해가 되겠지만, 손이나 발에 종기가 나서 의사가 손이나 다리 하나를 잘라냈다면, 이것은 상해傷害라 할 수 없고 오히려 그에게 감사해야 하는 치료인 이치와 같습니다. 고대에는 문자가 적었기 때문에 한 글자에 많은 뜻을 차용했습니다.

　　"사지지시"師摯之始에서 '사지'師摯는 당시 노나라 문화를 관리하던 대악사大樂師로서, '사'師는 관직 이름이고, '지'摯는 사람 이름입니다. 그는 악대樂隊의 대악사가 아니라 굳이 말하면 오늘날의 문화국장에 해당되는데, 관리官吏일 뿐만 아니라 그 자신이 음악의 전문가였습니다. 공자는 태사太師 지摯가 노나라 문화를 정리하여 신구 문화가 교류하게 되자, 매우 우아하고 아름다워졌다고 했습니다. 그러나 다음 단락에서 공자는 문화 사상을 말하는 동시에 자신의 탄식을 드러냈습니다.

　　공자께서 (당시 사회 일반인들의 세 가지 병폐를) 말씀하셨다. "(사람들이) 겉으로는 호방하면서도 속마음은 정직하지 않고, 외모로는 성

실하면서도 속마음은 너그럽지 못하며, 속은 텅텅 비어 있으면서도 남도 자기도 믿지 않으니, (이 사회가 장래 어떤 모습으로 변할지) 나는 모르겠다!"

> 子曰：狂而不直, 侗而不愿, 悾悾而不信, 吾不知之矣!
> 자 왈　광 이 부 직　동 이 불 원　공 공 이 불 신　오 부 지 지 의

　공자는 당시 사회 일반인들의 생각과 개인의 수양이 세 가지 큰 병폐를 가지고 있다고 탄식했습니다. 이 세 가지 병폐는 공자 당시의 사회만 그랬던 것이 아니라 어느 시대 어느 사회에나 마찬가지였으며, 특히 오늘날 형편을 보면 공자의 이 말에 진심으로 동의하게 됩니다.
　첫째 "사람들이 겉으로는 호방하면서도 속마음은 정직하지 않다."(狂而不直)는 것입니다. 여기에 나오는 '狂'(광)자는 본래 나쁜 뜻이 아니었습니다. 공자도 '광견狂狷'한 선비를 좋아했는데, 비록 기준에는 미달하더라도 사람마다 군자가 되고 성인이 되기를 바랄 수는 없습니다. 그래서 한 걸음 물러나 차선의 것을 바라야 하는데, 적어도 '광狂하거나 '견狷'하면 취할 점이 있습니다. '광狂은 호매강개豪邁慷慨하고 마음씨가 솔직하여, 예를 들면 친구를 사귐에 있어 자신의 잘못을 지적해 주는 친구를 미워하지 않는, 이런 부류의 전형典型을 말합니다. '견狷'은 구차하게 취하지 않고 의롭지 못한 재물은 조금도 바라지 않으며 불합리한 일은 절대로 하지 않는, 매우 보수적이고 개성이 강하면서도 도덕 수양이 있는 것을 말합니다. 공자는 진정한 군자가 없다면 '광狂과 '견狷' 이 두 가지 유형의 사람도 괜찮다고 생각했습니다.
　한 친구가 대륙에서 성省 정부의 위원이나 청장廳長에 해당하는 직무를 맡은 적이 있었는데, 성품이 강직해서 사람들이 그를 좀 두려워했습니다. 그와 함께 버스를 타면서 내가 그의 버스표를 한 번 내주면, 그 친구는 다음에 반드시 방법을 생각해 내어 내 몫의 표를 내줍니다. 이런 사람은 아주 사랑스러운데, 구차하게 남의 것을 취하지도 않고 구차하게 남에게 주지도 않습니다.
　또, 항일전쟁 때 모 부서에서 일했던 요寥 선생이 있는데, 학문도 좋

고 도덕도 훌륭해서 나는 그를 매우 존경했습니다. 1949년도와 1950년도에 내가 대북에 왔을 때 한번은 그와 약속해서 만났는데, 그는 승용차를 타고 형양가衡陽街까지 왔습니다. 차에서 내려 나를 만난 후에는 나와 함께 삼륜차를 타고 갔습니다. 그의 습관대로라면 걸어야 했지만, 나의 습관이 삼륜차를 타는 것이었기 때문입니다. 차를 바꿔 탄 이유는 그가 형양가까지 온 것은 공무이고, 나를 만난 이후의 일은 사적인 일이라 공무용 승용차를 돌려보냈기 때문입니다. 구차하게 취하지도 않고 구차하게 주지도 않는, 그의 이런 정신에 나는 몹시 탄복했습니다. 전쟁에서 승리한 뒤에 그는 명을 받고 상해에 가서 금융계와 접촉하게 되었습니다. 금융계의 많은 우두머리들이 모두 자리에 있었지만, 그가 허름한 중산복中山服 한 벌을 입고 시골 사람처럼 그 자리에 나타나자 아무도 그를 못 알아보았습니다. 요 선생은 만년에 불교를 믿어 관음산觀音山 대공사戴公祠에서 살았습니다. 그는 자신의 죽음을 미리 알기나 한 것처럼 죽기 며칠 전에 몇몇 친구들에게 언제 식사나 함께 하자고 약속했습니다. 약속한 날 친구들을 만나 식사를 한 뒤, 목욕을 하고 옷을 갖춰 입은 다음 친구들에게 함께 염불하자고 청했습니다. 그리고 염불을 하던 중에 그는 염불을 멈추고 미동도 하지 않고 숨이 멎었습니다. 그는 이렇게 세상을 떠났습니다. 참 묘한 일이었습니다. 이 친구는 정말 강직했고, 관직에 수십 년 동안 있었지만 매우 청렴했습니다. 임종 시에 그처럼 침착 자재할 수 있었던 것은 참으로, "고개를 들어 하늘에 부끄러움이 없고, 고개를 숙여 사람들에게 거리낌이 없다."(仰不愧於天, 俯不怍於人)고 할 만했습니다. 조금도 미련이 없이 아주 편안한 상태였고, 일주일 전에 이미 자신의 임종을 알고 있었습니다. 이처럼 도덕 수양은 세상에 태어나고 죽어서 떠나는 것과도 관계가 있습니다. 오늘날 많은 사람들이 "겉으로는 호방하면서도 속마음은 정직하지 않은 것"(狂而不直), 이것이 큰 병폐입니다.

둘째는 "외모로는 성실하면서도 속마음은 너그럽지 못하다."(侗而不愿)는 것입니다. 사람이 겉으로 성실하고 무던해 보이더라도, 마음속으로 나쁜 궁리가 많으면 진정으로 너그러운 사람이 못 됩니다.

셋째는 "속은 텅텅 비어 있으면서도 남도 자기도 믿지 않는다."(悾悾而不信)입니다. 많은 사람들이 속은 텅텅 비어 아무것도 없이 남도 믿지 않고 자신도 믿지 않으며, 그저 영문도 모르고 일생을 살아갑니다.

그래서 공자는 "이 사회가 앞으로 어떤 모습으로 변할지 나는 모르겠다!"(吾不知之矣)고 탄식했습니다. 공자가 볼 때, 당시 시대의 변란 속에서 대부분의 사람들이 이러했다는 것입니다. 호방하면서도 정직하지 않고, 외모로는 성실한데 속마음은 너그럽지 못하며, 게다가 내용이 없을 정도로 천박하면서도 남을 믿지 않고 자신도 믿지 않으며, 또 배움도 추구하지 않습니다. 이 때문에 공자는 탄식한 것입니다. 사실 혼란한 사회에서는 이런 일들이 필연적인 현상입니다. 우리가 처해 있는 오늘날 이 시대에도 어떤 인물들을 보면 공자와 같은 탄식이 나옵니다. "나는 모르겠다."고 한 말은 유머러스한데, 그 뜻은 이 나라 역사가 장차 어떤 모양으로 변할지 정말 모르겠다는 것입니다.

공자께서 말씀하셨다. "학문은 아무리 해도 부족한 듯이 느끼고, 오히려 퇴보하고 잃을까 걱정하라."

子曰：學如不及, 猶恐失之。
자 왈　학 여 불 급　유 공 실 지

이것은 직설적인 말로 앞 단락의 말을 결론지은 것입니다. 공자는 이렇게 말한 것입니다. "진정으로 학문을 위해서 학문을 하고, 언제나 자신이 충분치 못함을 느끼고 스스로 노력하여 진보해야 한다." 이 말은 뒷날 증국번 등이 자주 인용한 "배움은 물을 거슬러 올라가는 배와 같아서 나아가지 않으면 퇴보한다."(學如逆水行舟, 不進則退)는 말로 변했습니다. 학문에는 간단한 원칙이 있습니다. 멈추면 시대 조류에서 밀려난다는 것입니다. 그러므로 진보 아니면 퇴보이지, 그 중간에 머물러 있는 경우는 없습니다. 이 관념은 바로 공자의 "학여불급, 유공실지"學如不及, 猶恐失之라는　이 말에서 온 것입니다.

"학여불급"學如不及, 학문은 아무리 해도 부족한 듯이 느껴야 한다는 것입니다. 이런 정신으로 노력하면서, 또 지금까지 해 온 학문 수양이 퇴보하고 잃어 버리지 않을까 걱정해야 합니다(猶恐失之). 만일 이런 마음이 없다면, 조금 아는 것으로 만족하여 결국 퇴보하게 됩니다. 여러분은 이 말에 깊이 유의해야 합니다. 특히, 중년 이상 되신 분들은 이 말을 깊이 새겨서 더욱 반성해야 합니다.

때로 우리가 보듯이 흔히 중년 이상의 분들은 학문과 사업이 성취되면 무엇이든 다 이루었다고 흔히들 자만하게 됩니다. 그러나 사실은 더 노력하지 않으면 낙오하고 도태됩니다. 사상이든 학식이든 무엇이든 시대에 의해 도태되기 마련입니다. 설령 성취한 바가 있더라도 끊임없이 배우기를 좋아하여 싫증내지 말아야 학문한다고 할 수 있고 도태되지 않을 것입니다. 내가 보기에 몇 명의 중년 친구들은 확실히 탄복할 만합니다. 그들의 집에는 장서가 아주 많습니다. 나이는 곧 60이 가까워 오고 날마다 공무로 바쁜데도 밤에는 책을 두세 시까지 읽고서야 잠이 듭니다. 그래서 그들의 학식과 능력은 부단히 진보하고 있습니다. 그러므로 이런 습관을 꼭 길러야 합니다. 내 개인의 경험으로는 독서 습관이 길러지면 읽지 않는 책이 없어야 하고, 심지어는 나쁜 방면에 대해서도 알아야 합니다. 나쁜 것을 알고서도 따라가지 않는 것이야말로 진짜 재능이 됩니다.

요·순·우 삼대의 다스림

지금까지는 공문 학문 속에서의 개인의 수양, 그리고 사람으로서 행해야 할 대원칙을 말했고, 이제부터는 중국 역사 철학의 한 가지 기준을 평론하고 있습니다. 유가는 역사적으로 특별히 요堯·순舜·우禹 삼대를 숭상했습니다.

공자께서 (역사 철학의 한 가지 기준을 평론하여) 말씀하셨다. "숭고하도다! 순 임금과 우 임금은 천하를 다스렸으나, (임금의 지위를 어

떤 특권으로 여기지 않고 평범하게 여겼으며, 진정으로 봉사만 했을 뿐
결코 권세를 누리려 하지 않았기에) 그 지위에 연연하지 않았다."

子曰 : 巍巍乎! 舜·禹之有天下也, 而不與焉。
자 왈   외 외 호   순   우 지 유 천 하 야   이 불 여 언

"외외호"巍巍乎. 이 세 글자는 다들 알듯이 '숭고하다' 또는 '위대하다'
는 의미입니다. 백화문으로는 몇십 자로 묘사해야 하는 말을 옛 사람은
세 글자로 묘사했는데, 심지어 '외'巍 한 자만으로도 표현해 낼 수 있었
습니다. 이에 대해서는 여기서 더 이상 말하지 않겠습니다. 공자는 "요
堯는 순舜에게 자리를 넘겨주고, 순은 우禹에게 자리를 넘겨주었다."고
말했는데, 이 삼대三代가 유명한 공천하公天下였습니다. 제왕의 자리를
이렇게 넘겨주는 것을 선양禪讓이라 했습니다. 우 임금 이후에는 가천하
家天下로 변했지만, 이것은 우 임금 본래 의도는 아니었습니다. 왜냐하면
우 임금이 자리를 물려줄 마땅한 인물을 찾지 못해, 뒷날에야 자기 아
들을 찾아 이어받도록 했기 때문입니다. 이렇게 해서 가천하家天下로 변
했습니다. 여러분들은 공천하公天下의 도리를 연구하려면 앞서 언급했던
「백이열전」에 반드시 주의를 기울여야 합니다. 「백이열전」편은 읽기가
어려운데, 이 글을 이해하고 나면 중국의 역사 철학도 대체적으로 이해
할 수 있게 됩니다. 그래야 사마천의 역사 철학과 인생철학에 대한 관
점을 이해할 수 있습니다.

사마천의 문장에도 나쁜 점이 좀 있습니다. 어떤 점이 나빴을까요?
세상에서 남을 욕하는 글을 가장 잘 쓴 사람도 사마천이고, 비평하는
글을 가장 잘 쓴 사람도 사마천이었습니다. 다행히 글자로만 본다면 남
을 욕하고 있는 것도 볼 수 없고, 남을 비평하고 있는 것도 볼 수 없습
니다. 그는 『사기』를 쓰고 나서 친구에게 회답하는 편지인 「보임소경서
」報任小卿書에서, 이 『사기』를 "명산에 숨겨 두고 이해할 사람에게 전해
주겠다."(藏之名山, 傳之其人)고 썼습니다.

우리는 어릴 때 공부하면서 사마천의 글이 매우 아름답게 써졌다고만
알았습니다. 그의 글을 모두 읽고 나서야 그는 불평이 크고 남을 꾸짖

고 있고 허풍도 크다는 것을 느꼈습니다. 그는 주공周公이 중국 문화를 집대성하고 공자에 이르기까지 5백 년이 되었다고 했습니다. 공자가 중국 문화를 정리하고 발휘한 뒤로 사마천에 이르기까지 사이가 또 5백 년이 됩니다. 이렇게 해서 그가 『사기』를 쓰게 된 것입니다. 그의 말뜻은 1천 여 년 동안 주공과 공자와 자기를 빼면 다른 사람은 모두 사상이 없다는 것입니다. 사마천은 자신이 『사기』를 썼지만 이해할 사람이 없으니, 명산에 숨겨 놓았다가 나중에 이해할 사람이 있을 때 그 사람에게 전해 줄 수밖에 없다고 생각했습니다.

사마천은 「백이열전」 속에서 공천하公天下의 역사 철학의 도리에 대해 첫 구절에서 매우 조리 있게 말하였습니다. 그는 고대 공천하公天下의 선양禪讓이 그렇게 간단했다고 생각하지 말라고 하였습니다. 요 임금은 나이가 많아지자 계승자를 찾고자 했는데, 결국 순 임금을 찾아냈습니다. 순 임금은 큰 효자였는데, 요 임금은 그를 찾아내고도 즉시 황제를 시키지 않았습니다. 밑바닥 일부터 시작하여 여러 방면의 일을 다 시켜 경력을 쌓게 하고 훈련시킨 지 10여 년이 지나서야 비로소 국가 정권을 그에게 넘겨주었습니다.

그래서 사마천은 「백이열전」에서, "천하를 전하는 것이 이렇게 어려웠다."(傳天下若斯之難也)고 했습니다. 이 말은 겉보기에는 평범한 감탄으로서, 별 상관없는 글귀로 보입니다. 그러나 이 글귀를 통해서 비로소 그의 사상적 배경을 알 수 있습니다. 그것은 즉, "국가를 위해서 일하는 사람은 풍부한 행정 경험에다 도덕과 재능이 있어야 한다. 오랜 관찰을 거쳐 자리를 물려주어도 되겠다고 생각되는 사람에게 제왕의 자리를 넘겨주어야 한다."는 것입니다. 이것은 천하를 전하는 것이 결코 간단하지 않고 대단히 어렵다는 것을 말하고 있습니다.

순 임금이 우 임금을 찾는 것은 더욱 신중했는데, 당시 우의 아버지 곤鯀은 치수治水를 책임졌다가 제대로 하지 못한 죄를 지고 죽임을 당했습니다. 순 임금은 곤의 아들인 우禹를 기용하여 치수를 시켰는데, 이것은 '대우치수'大禹治水라 하여 역사상 유명한 이야기입니다. 우는 손발에 못이 배기도록 자신이 직접 노동하면서 9년 동안 외지外地에서 치수하는 동안 세 번 자기 집 앞을 지나갔지만 시간이 없어 들어가지 못했습니다 (어떤 사람은 이 일을 달리 해석했는데, 우가 이렇게 한 것은 황제가 될 목적에서 의도적으로 다른 사람에게 잘 보이기 위해서였다는 것입니다. 사실 이렇게 비평한 사람은 행정 경험이 없다고 할 수 있습니다. 참으로 책임감 있는 사람은 정말로 바빠서 집에 돌아갈 시간이 없었을 것입니다). 이렇게 하고도 몇십 년 더 일을 시켜 보고서야, 순 임금은 제왕 자리를 우 임금에게 넘겨주었습니다. 이것이 「백이열전」에서 말하는 역사 철학이고, 그 다음에 인생을 논하는 글이 나옵니다. 즉, "백이·숙제는 황제 자리도 버리고 두 사람 모두 은사가 되어 도망갔다."고 서술하고 있습니다.

사마천은 왜 요·순·우 삼대의 선양으로부터 백이·숙제가 황제 자리를 버린 것까지 말했을까요? 왜 어떤 사람은 황제도 마다하고, 어떤 사람은 황제가 되고 싶어도 될 수 없었을까요? 사마천은 이 점을 밝히지 않았기 때문에, 이 글은 이해하기 어렵습니다! 이것은 곧 인생의 관점인데, "어떤 사람은 관직을 사양하여 고향으로 돌아가고, 어떤 사람은 밤을 지새워 과거시험장으로 달려간다."(有人辭官歸故里, 有人漏夜趕科場)는 말과 같습니다. 그래서 이 「백이열전」편은 앞 부분에서는 왕위를 넘겨주는 어려움을 말했고, 뒷 부분에서는 어떤 사람은 황제가 될 수 있음에도 마다했다는 것을 이야기하고 있습니다. 그러나 사마천은 그 까닭을 설명하지 않고 독자 스스로 깨닫기를 바랐습니다. 이제 우리는 이 점에 관해서는 더 이상 논하지 않고 여기서 멈추겠습니다.

사마천은 공자를 매우 추앙했습니다. 공자가 보기에 요·순·우 삼대는 천하를 통치하여 전국의 황제가 되었지만, "그 지위에 연연하지 않았습니다."(而不與焉). 그들은 황제의 지위를 어떤 특권으로 여기지 않고 평범하게 여겼으며, 진정으로 봉사만 했을 뿐 결코 권세를 누리려 하지 않았습니다. 공자는 이것이 진정한 위대함이요, 진정한 숭고함이라고 생각했습니다. 공자는 이어서 요 임금에 대해 말합니다.

공자께서 (상고의 역사 철학을 평론하여) 말씀하셨다. "위대하도다, 요의 임금됨이여! 높고 높도다, 오직 (스스로 만물을 낳았으면서도 사람에게 그 공功을 드러내지 않고, 아무런 보답이나 감사도 바라지 않

는) 하늘만이 크다고 하였는데, 요 임금은 그것을 본받았네! (바닷물처럼 웅장하고 끝없이) 넓고 넓도다, 백성들은 그것을 이름 지을 수도 없었네! 위대하도다, 그가 이룩해 놓은 공적이여! 빛나도다, 그의 찬란한 문화여!"

子曰:大哉! 堯之爲君也, 巍巍乎! 唯天爲大, 唯堯則之。蕩蕩乎!
자왈 대재 요지위군야 외외호 유천위대 유요칙지 탕탕호

民無能名焉。巍巍乎! 其有成功也。煥乎! 其有文章。
민무능명언 외외호 기유성공야 환호 기유문장

요 임금 이전의 역사는 문헌이 없고 기록된 자료가 없습니다. 그래서 공자는 역사를 이야기할 때 일단 그 이전은 끊어버리고 요 임금부터 시작합니다. 오늘날 역사를 연구할 때 요 임금 이전을 상고 시대라고 하는데, 이 시대 역사는 갑골문과 고고학적 유물로 연구할 수밖에 없습니다.

공자는 역사의 서술을 요 임금으로부터 시작합니다. 공자는 요 임금이 성취한 도덕을 하늘만큼 숭고하고 위대하다고 말했습니다. 하늘만큼 위대하다고 할 때의 하늘(天)은 물리 세계의 공간을 말하는 것이 아닙니다. 상고의 '하늘'(天)은 추상적인 대명사였습니다. 하늘의 위대함은 하늘이 스스로 만물을 낳았으면서도 사람에게 그 공功을 드러내지 않고, 아무런 보답이나 감사도 바라지 않는 데 있습니다. 도가의 사상은 사람들의 마음도 이와 같이 베풀기만 하고 거두어들임이 없는 천지를 본받으라고 가르쳤습니다. 유가에도 이런 사상이 있었습니다. 그래서 공자는 요 임금이 하늘처럼 위대하다고 말한 것입니다.

이야기를 하다 보니, 또 인생철학과 사상 배경 문제까지 다루게 됩니다. 유가와 도가는 모두 하늘의 위대함을 알고 우리에게 천지를 본받으라고 가르쳤는데, 이것은 정면正面의 관점입니다. 그러나 어떤 사람들은 그 반면反面에서 이야기하는데, 그 중 가장 유명한 것이 장헌충張獻忠의 칠살비七殺碑입니다. "하늘은 만물을 낳아 사람을 기르건만, 사람은 하늘에 보답하는 것이 하나도 없고, 오직 죽이고 죽이고 죽이고 죽이고 죽

이고 죽이고 죽일 뿐이다!"(天生萬物以養人, 人無一德以報天, 殺殺殺殺殺殺殺). 살殺자가 연달아 일곱 개가 됩니다. 이것은 그의 인생철학인데, 우리는 이를 장헌충 철학이라고 부를 수 있습니다. 어떤 사람들의 철학 사상은 해석하기가 매우 어려운데, 장헌충의 철학은 반면反面에서 보면 나름대로의 일리가 있습니다. 그렇지만 그의 반면 철학도 연구해 보면 마지막에는 정면正面의 도리가 나타나게 됩니다. 이상은 '천天' 자의 의미 확대를 말해본 것입니다.

공자는 하늘의 위대함을 오직 요 임금만이 본받았다고 했습니다. 고문에서 則(칙)자는 법칙이라는 뜻인데, 이 글자 하나만을 동사로 쓰면 본받는다는 뜻으로 해석합니다. 공자는 말하기를, "요 임금의 정치적인 포부와 기개는 하늘의 위대함을 본받아서 오직 백성들에게 베풀기만 하고 조금이라도 거두어들이기를 바라지 않았다."고 했습니다.

공자는 이어서 "넓고 넓도다, 백성들은 그것을 이름 지을 수도 없었네!"(蕩蕩乎! 民無能名焉) 하고 찬탄합니다. 요 임금의 위대함은 바닷물처럼 웅장하고 끝이 없어서 언어로 형용할 수 없다는 것입니다. "위대하도다, 그가 이룩해 놓은 공적이여! 빛나도다, 그의 찬란한 문화여!"(巍巍乎! 其有成功也. 煥乎! 其有文章). 공자의 이 말은, "요 임금의 가장 위대한 성취, 가장 위대한 영광은 우리 민족을 위해 문화의 전통을 연 것이다."라는 뜻입니다.

이 단락은 공자가 상고의 역사 철학을 평론한 것으로, 그가 삼대를 몹시 숭상했다는 것을 알 수 있습니다.

민주인가 전제인가

이 단락을 통해 공자의 사상을 연구해 보면, 공자는 오늘날 말로 민주民主를 대단히 주장했음을 알 수 있습니다. 왜 이렇게 말할 수 있을까요? 우리가 알듯이 『중용』은 공자의 손자인 자사가 지었고, 『대학』은 증자가 지었습니다. 공자의 학문은 증자에게 전해졌고, 증자가 『대학』을 지었다는 것은 이미 말한 바 있습니다. 이제 다시 여러분의 주의를 환기시키고자 합니다. 많은 사람들이 『대학』과 『중용』을 공자의 사상으로 생각하고 있는데, 학술적 입장에서 엄격히 말하면 이 관념은 잘못된 것입니다. 『대학』과 『중용』은 공자의 전통사상을 답습한 것이라 할 수 있을 뿐입니다.

자사의 『중용』은 『대학』의 관념과는 차이가 있으며, 『대학』의 관념은 『논어』속의 공자 사상과는 또 차이가 있다는 점에 우리는 유의해야 합니다.

왜 『중용』이야기가 나왔을까요? 『중용』은 공자의 손자인 자사가 썼는데, 자사는 증자에게 배웠으며 증자는 공자에게 배웠습니다. 앞뒤로 삼대三代가 됩니다. 자사는 『중용』속에서 공자의 문화 사상의 근원을 말하기를, "중니仲尼는 유가 학설의 전통 근원으로서 하은주 삼대이상으로부터 요순 임금의 공천하公天下의 문화 정신의 시작을 서술하고, 주나라 초에 가천하家天下를 중심으로 하여 제후를 분봉分封하고 연방자치체제를 실행한 문왕과 무왕 시대의 헌장인 『주례周醴』·『의례儀禮』·『예기禮記』 등 삼례三禮의 정수를 이어 받았다."(祖述堯舜, 憲章文武)고 했습니다. 그러므로 공자를 연구할 때 그의 손자인 자사로부터 방증을 얻을 수 있습니다. 근대에 들어와 일부 사람들은 공자가 후세 제왕들을 사상적으로 뒷받침했다고 비평했는데, 이것은 옳지 않습니다. 사실은 공자는 곳곳에서 요순의 공천하公天下를 숭상하고 있습니다.

공천하는 오늘날로 말하면 아주 민주적인 것이지만, 이 말에도 문제는 있습니다. 일부 미국 학자들이 찾아와서 중국 문화를 토론할 때 나는 그들에게, 어떤 정치학이나 군사학에 대해서도 결론을 내릴 수 없다는 데 주의하라고 자주 말합니다. 인류는 동서고금을 통해 이 세계에서 제왕정치·민주정치·전제정치 등 갖가지 다양한 정치 체제를 실시해 보았습니다. 그러나 도대체 어느 정치 체제가 좋은 것이었을까요? 어느 정치 체제가 절대적으로 옳은 것이었을까요? 누가 감히 이것을 결론 내릴 수 있을까요? 물론 결론 내리는 사람들이 있는데, 바로 서생인 책벌레들입니다. 이론적으로는 멋대로 결론을 내릴 수 있겠지만, 실제로는 결론을 내릴 길이 없습니다. 나는 말합니다. "당신들 서양 문화에서 말하는 민주주의는 모두 미국식 민주주의를 대표로 하는데, 프랑스식이나 독일식하고는 또 다릅니다. 내 견해로는 당신들의 오늘날 미국식 민주주의는 진정한 전제專制입니다. 자본가가 전제를 하고 있는, 가짜 민주주의이며 진짜 전제정치입니다." 만약 정말로 중국의 과거의 제왕 제도를 이해하고 난다면, 우선 진한秦漢 이전은 말할 필요가 없고 진한 이후의 제왕 제도만을 말한다면, 진정으로 훌륭한 황제가 된다는 것은 매우 힘든 일이었습니다.

당태종이나 송태조 같은 훌륭한 황제들은 황제 노릇 하는 것이 정말 어려웠습니다. 어전에서 회의를 개최하면 항상 공정한 재상들이 황제의 명령을 막아 취소시키거나 보류시킨 채 발표하지 않았습니다. 또, 어떤 대신들은 황제 면전에서 직간하여 쏘아붙이기도 했는데, 자신이 역사에 대해 책임을 다하기를 바랐기 때문입니다. 우리가 역사 기록에서 종종 보듯이 이런 대신들이나 어사御史들은 이튿날 조정에서 직간할 작정으로, 전날 밤 집에서 후사를 안배하고 관까지 사놓은 뒤 가족들에게 때가 됐는데도 돌아오지 않거든 시체를 거두어 가라고 일러두었습니다. 그들은 목숨을 버리고서라도 역사에 대해 책임지려 했습니다. 황제가 이런 대신들을 만나면, 그들의 의견을 따를 수밖에 없었습니다. 그러므로 잘 연구해 보면, 과거 전제정치는 가짜 전제였으며 진짜 민주였다고 말할 수 있습니다.

다음에서 공자는 이런 근거를 더 말해 주고 있습니다.

순舜 임금(이 당시 천하를 평정하고 만고에 아름다운 이름을 남길 수 있었던 것은, 그)에게는 (우禹·직稷·계契·고요皐陶·백익伯益이라는) 신하 다섯 명이 있어 천하를 잘 다스린 덕택이었다. 주 무왕은 "(혁명을 일으켜 걸왕을 타도하고 천하를 평정할 때) 나에게는 (진정으로 훌륭한) 신하 열 명이 있어 나라를 잘 다스렸다." 고 하셨다.

공자께서 이에 대하여 말씀하셨다. "인재란 얻기 어렵다더니, 정말 그렇지 아니한가? 요순 이래 주나라 개국 시기에 인재가 많았다 하지만, 그 중에는 부인이 한 사람 있었으니, 실은 남자 아홉 사람뿐이었다. 주 무왕은 천하의 삼분지이를 차지했으면서도 은나라를 섬겼으니, 주나라의 덕德은 진정한 정치 도덕이라 말할 수 있다!"

舜有臣五人, 而天下治。武王曰: 予有亂臣十人。孔子曰: 才難, 不
순유신오인   이천하치   무왕왈 여유란신십인   공자왈 재난 불

其然乎? 唐虞之際, 於斯爲盛, 有婦人焉, 九人而已。三分天下有其二,
기연호   당우지제 어사위성 유부인언   구인이이   삼분천하유기이

以服事殷。周之德, 其可謂至德也已矣!
이복사은   주지 덕   기가위지덕 야이의

　이것은 역사 철학과 인사人事에 대한 평론인데, 글 속에 담긴 뜻에 우리는 특별히 주의를 기울여야 합니다.

　앞 몇 단락에서는 공자가 삼대를 추앙하고 찬탄한 것을 말했고, 여기서는 순 임금이 어떻게 중국 문화를 위해서 좋은 토대를 마련했는지를 말합니다. 그것은 순 임금에게 우수한 간부가 있었기 때문입니다. 지도자도 물론 중요하지만 간부는 더 중요합니다. 바꾸어 말해, 간부 얻기가 어려워 지도자 노릇 하기도 어렵습니다. 순 임금이 당시 천하를 평정하고 만고에 아름다운 이름을 남길 수 있었던 것은, 그에게 우禹·직稷·계契·고요皐陶·백익伯益이라는 다섯 명의 신하가 있어 천하를 잘 다스린 덕택이었습니다. 겨우 다섯 사람으로 천하를 잘 다스릴 수 있었다는 것에 특별히 유의해야 합니다. 우리가 역사를 연구해보면, 동서고금 어느 시대나 천하를 평정했던 사람은 몇 사람에 불과했다는 것을 발견할 수 있습니다.

　한고조에게는 수하에 삼걸三傑이었던 장량·소하·진평 세 신하가 있었습니다. 한신은 단지 싸움에 능한 장군이었을 뿐이기에 그 안에 포함시킬 수 없습니다. 물론 한고조도 유능했기에 신하들의 의견을 잘 받아들일 수 있었습니다. 한광무漢光武의 중흥기에 소위 운대雲臺 28장수는 중심인물이 아니었습니다. 진정한 중심 인물은 몇 사람에 불과했습니다. 외국 역사를 보더라도 이탈리아를 부흥시킨 인물은 단지 세 명이었습니다. 각 시대마다 혼란을 다스리는 데 결정적인 대책을 마련한 최고의

두뇌는 몇 사람에 불과했습니다. 어찌 국가 대사만 그렇겠습니까? 내가 경험하고 체험해 본 바로는 작은 일도 그렇습니다.

나는 큰 회사 사장들을 꽤 많이 압니다. 어떤 사장은 내가 그의 가난한 시절도 보았고 그가 지금 발전해 가는 모습도 보고 있습니다. 옛 소설에 묘사된 것처럼, 마치 그가 고층건물 짓는 것을 지켜보고 있는 듯한데, 역시 두세 사람이 그를 위해 머리를 쓰고 이리저리 영리하게 사업을 꾸려 나간 덕분에 10년도 안 되어 많은 재산을 소유하게 되었습니다. 개인 사업 역시 이와 같습니다. 그러므로 인생에서 얻기 어려운 것은 지기知己입니다. 개인 사업이든 국가 사업이든 한두 명의 지기나 친구도 없다면 해 나갈 수가 없습니다. 부부의 경우, 서로 의견이 맞지 않으면 매우 어렵습니다. 그러므로 공자의 이 말에는 깊은 의미가 담겨 있습니다. 『역경』에 "두 사람이 마음을 합하면 그 날카로움이 쇠를 끊는다."(二人同心, 其利斷金)고 했는데, 진정으로 두 사람의 뜻이 같고 길이 같으며 마음이 완전히 일치한다면 그 두 사람의 정신적인 힘은 아무리 단단한 것도 뚫고 나갈 수 있습니다.

주무왕도 혁명을 일으켜 걸왕을 타도하고 천하를 평정할 때, 진정으로 훌륭한 신하는 열 사람뿐이었다는 것입니다. 그 열 사람 중에 한 사람은 부인이었으니, 신하는 아홉 명뿐이었습니다. 그래서 공자는 "참으로 인재를 얻기 어렵다."(才難)고 했습니다. 이 단락에서 공자가 학생들에게 말한 내용은 다음과 같습니다. "너희들은 주의해야 한다! 인재란 이렇게 얻기 어려운 것이다. 역사상 순 임금과 무왕의 사례에서 보더라도 그렇지 않으냐? 요·순·우 삼대 이래 주 왕조 1천여 년의 역사에서, 주 왕조 개국 시기가 가장 인재가 많은 시기였지만 그것도 8, 9명이었을 뿐이다. 주 왕조는 8백 년 동안 천하를 다스리면서 문화가 우수했고 모든 문화건설이 왕성했다. 그러나 오직 열 사람이 이런 문화의 토대를 다졌는데, 그 중에 부인이 한 사람 있었으니 남자는 아홉 사람뿐이었다. 하지만 주무왕의 전기前期에 천하의 절반 이상인 3분의 2를 차지하였으면서도, 혁명하자는 말을 경솔하게 꺼내지 않고 여전히 제후의 예를 지키고 있었으니 이는 진정한 정치 도덕이었다."

이 역사 철학에서 공자가 강조하는 것은 인재를 얻기 힘들다는 것입니다. 우리가 알듯이 청대 건륭 이후 가경嘉慶 연간 사이에 공정암龔定盦이라는 괴짜 인물이 있었습니다. 근세의 중국 사상은 근 100여 년 동안 그의 영향을 크게 받았는데, 강유위·양계초 등이 모두 그랬습니다. 그는 재능이 대단히 뛰어나고 문장이 훌륭했을 뿐만 아니라, 국방에도 주의를 기울였습니다. 그는 외몽고와 만주 변방까지 다 가 보았는데, 나라의 문제는 모두 변방에서 발생한다고 보았습니다. 사실 변방에 구멍이 뚫리면 서북쪽 육상으로는 러시아가, 동쪽으로는 바다 건너 일본이 있으니, 장래에 반드시 큰 문제가 생길 것이었습니다. 그는 몹시 과격했는데, 한 편의 글에서는 인재 얻기가 힘들다는 것을 토로하였습니다. 그는 인재가 없기 때문에 장차 천하에 대란이 일어날 거라고 당시에 말했습니다. 그는 글 속에서, "조정에는 유능한 재상이 없고, 거리에는 솜씨 있는 도둑이 없으며, 늪지에는 뛰어난 비적이 없다."(朝無才相, 巷無才偸, 澤無才盜)고 심하게 비난했습니다. 재능 있는 소인조차도 없으니 이 시대의 인재는 끝나 버려, 몇 년 못 가서 천하에 대란이 일어날 것이라고 개탄했습니다. 과연 반세기가 못 되어 홍수전洪秀全이 반란을 일으키고, 이어서 내우외환이 계속 닥쳐왔습니다. 그의 말이 적중한 것입니다. 이는 다시 말해 흥망성쇠와 치란治亂의 중요한 고비에 사회 안정의 중심은 인재에 있다는 것입니다.

하지만 공정암은 괴짜 인물이라서 그다지 내세울 만하지는 않습니다. 그도 괴짜였지만, 아들은 더 괴짜였습니다. 그의 아들은 뒷날 별명이 공반륜龔半倫이었는데, 오륜五倫 중에서 아버지와의 인륜을 인정하지 않았다 하여 붙여진 것입니다. 그는 한층 더 과격하여, 부친의 글을 읽을 때 부친의 위패를 곁에다 놓고 손에는 막대기 하나를 들고 글을 읽다가 옳지 않다고 생각되면 아버지의 위패를 한 번씩 때리면서 "당신, 또 틀렸어요!" 라고 책망했습니다. 불효자식이자 괴짜 인물이었습니다.

바로 앞에서 우리는 공자의 문화 사상에 대해 언급하기를 "중니仲尼는 유가 학설의 전통 근원으로서 하은주 삼대 이상으로부터 요순 임금의 공천하公天下의 문화 정신의 시작을 서술하고, 주나라 초에 가천하家天下

를 중심으로 하여 제후를 분봉分封하고 연방자치체제를 실행한 문왕과 무왕 시대의 헌장인 『주례周禮』·『의례儀禮』·『예기禮記』 등 삼례三禮의 정수를 이어 받았다."(祖述堯舜, 憲章文武)고 했습니다. 여기서 '조술'祖述의 '조'祖는 예로부터 쭉 이어지는 전통으로, 공자는 요·순·우의 일관된 사상을 계승했습니다. '헌장'憲章이란 말에는 예법·정치 제도·사회 예의·문화 정신 등이 모두 포함됩니다. 전통 문화 속에서의 이런 헌장 정신은 모두 문왕·무왕 시대에 견고한 기초를 확립했습니다. 솔직히 말해, 지금까지 보존되어 온 전통 문화의 진정한 정신은 모두 주나라 문화의 정신으로, 공자가 확대 발전시킨 유가 사상입니다. 앞에서는 요·순부터 주나라까지 이야기했고, 이제 다음에서는 마지막 결론으로 우 임금을 말합니다.

대우大禹와 묵자墨子

공자께서 (우 임금을 추앙하여) 말씀하셨다. "우禹 임금에 대해서 나는 결점을 잡을 데가 없구나! (자신은 생활이 몹시 청빈하고 검소하여) 먹는 음식은 형편없으면서도 (종교 신앙적인) 귀신에겐 정성을 다하였고, 입는 옷은 (누더기로서) 허름하면서도 (국가) 제복祭服은 아름답게 하였고, 사는 궁실은 (초가집으로) 허술하게 하면서도 (온 나라에 홍수가 자주 발생 범람하던 당시) 수리水利 사업에는 온 힘을 다했다. (그 뒤로 비로소 농업의 기초가 다져졌으며 문화가 성장하기 시작했다. 전통 문화에 대해 이처럼 위대한 공헌을 한) 우 임금에 대해서 나는 (정말로 더할 말이 없으며) 비난할 결점을 잡을 데가 없구나!"

子曰:禹, 吾無間然矣! 菲飮食, 而致孝乎鬼神;惡衣服, 而致美乎
자왈 우 오무간연의 비음식 이치효호귀신 악의복 이치미호

黻冕;卑宮室, 而盡力乎溝洫。禹, 吾無間然矣。
불면 비궁실 이진력호구혁 우 오무간연의

공자 사상을 전체적으로 연구해 보면, 그가 항상 우 임금을 추앙했던 것을 알 수 있습니다. 여기서 '무간'無閒의 '閒'(간)자는 오늘날의 '間'(간)자입니다. '무간'無閒이란 트집 잡을 수 없다는 것으로, 우 임금의 결점을 찾아낼 수 없다는 뜻입니다. '비'菲는 박薄하다는 뜻으로, 우 임금 자신의 생활은 몹시 청빈하고 검소했다는 뜻입니다. "귀신에게 정성을 다하였다."(致孝乎鬼神)는 것은 전통 문화의 한 가지 큰 문제와 관련됩니다. 여기서의 귀신鬼神은 오늘날 우리가 말하는 귀신이 아닙니다. 하나라 우 임금 이후 전통 문화에 종교적 분위기가 대단히 짙어졌는데, 공자·맹자도 예외가 아니었습니다. 춘추전국 시대에 제자백가 중 묵자가 문화 사상에 큰 영향을 미쳤습니다. 그는 현자를 숭상하고(尙賢), 평등을 숭상하며(尙同), 귀신을 숭상하고(尙鬼), 하늘을 숭상했습니다(尙天).

이야기가 나왔으니, 곁들여 묵자의 사상에 대해 설명해 보겠습니다. 왜냐하면 묵자와 이 단락의 대우大禹의 문화는 서로 잇닿아 있는 관계이기 때문입니다. 공자 이후 전국 시대의 사상계에 묵자의 사상은 아주 큰 영향을 미쳤습니다. 물론 중화 민족은 수천 년 동안 공맹 사상의 영향을 크게 받았지만, 보이지 않는 가운데 가장 큰 영향을 받은 것으로는 또 묵자의 사상이 있습니다. 왜냐하면 묵자의 사상은 변천을 거쳐 훗날 의협 정신과 합류하여, 또 하나의 국면을 열었기 때문입니다.

중국 전통 문화에 나오는 인의仁義 두 글자에 대해 말하자면, 인仁자는 외국어 중에 동의어가 있습니다만, 묵자에 의해 특별히 강조된 의협의 '義'(의)자는 "길에서 공정하지 못한 일을 보면 칼을 뽑아 도와준다."(路見不平拔刀相助)는 정신으로, 외국어에 동의어가 없습니다. 의협 정신은 친구를 위해 신의를 지키고 약속을 중시하여 자기 목숨까지 바칠 수 있는 것입니다. 증자가 말한 "고아를 맡길 수 있고 사방 백 리인 지방의 운명을 맡길 수 있다."(可以托六尺之孤, 可以寄百里之命)는 사상도 묵자의 사상과 같습니다. 우리의 문화 정신은 묵자의 이런 사상으로부터의 큰 영향을 받아, 사회 각 계층에 일반화되었습니다. 이것은 전문적인 주제이므로, 여기에서는 여러분의 주의를 환기시키는 데 그치겠습니다.

중국 사상사를 연구하려면 묵자의 사상에 더욱 특별히 주의를 기울여야 합니다. 그의 사상 중 '상현'尙賢은 현인 정치賢人政治이며, '상동'尙同과 '겸애'兼愛는 평화·박애의 정신을 제창한 것입니다. 묵자는 일생 동안 자신의 주의를 이렇게 실천하여 "분골쇄신토록 천하를 이롭게 하겠다."(摩頂放踵以利天下)는 마음으로 오로지 남을 위해 힘을 다했으며, 국제간의 분쟁도 그가 나서서 조정할 수 있었습니다. 우스갯소리입니다만, 오늘날의 키신저도 묵자의 가방을 들 자격이 없을 것입니다!

역사 기록에 의하면, 송나라와 초나라가 서로 다툴 때 묵자는 그들을 화해시키기 위해 혼자서 두 나라를 다니며 전쟁을 하지 말라고 충고했습니다. 초나라에서는 묵자가 오자 그를 변론으로 당해 낼 수 없다는 것을 알고, 오늘날의 전략 핵무기 전문가에 비할 수 있는 일류 설계사인 공수반公輸班으로 하여금 그와 담판하게 하였습니다. 묵자는 공수반에게 "당신은 송나라를 정복할 수 있다고 하는데, 무엇을 믿고 그러십니까?" 하고 물었습니다. 공수반이 최신식 무기를 공개하여 보여 주자, 묵자는 무기를 모두 묵살하면서 말했습니다. "나는 당신의 모든 무기를 제압할 방법이 있습니다. 당신이 만일 송나라를 공격한다면 나는 곧 당신을 공격하겠습니다." 그러자 궁지에 몰린 공수반은 최후에 이렇게 말했습니다. "무기에 있어서는 내가 당신에게 미치지 못할지 모르지만, 최후의 한 가지 방법에 대해서만은 당신도 당할 재간이 없을 것이오." 이에 대해 묵자가 대답했습니다. "나는 지금 당신이 나를 죽이려 한다는 것을 압니다. 그러나 당신에게 말하건대, 그래 보았자 소용이 없을 거요. 나의 모든 학문은 제자들에게 전해져 이미 많은 사람들이 그것을 배워 익혔소. 당신이 나 묵자 하나를 죽인다 해도, 천천만만의 묵자가 나와서 결국에는 역시 당신이 실패할 것이오."

묵자의 이 외교로 인해, 전쟁은 일어나지 않게 되었습니다. 묵자가 한 말은 정말이었을까요? 정말 그러했습니다. 전국시대에 그의 제자와 문인들은 보이지 않는 가운데 한 갈래의 큰 세력을 형성하고 있었고, 묵자의 학생들은 모든 나라에 흩어져 있었으며, 그들의 중견 지도자는 거자鉅子라고 불렸습니다. 그러므로 중국의 특수 사회 조직은 그 시대에 이미 있었습니다.

당시 진秦나라에 한 거자鉅子가 있었는데, 역시 묵가 조직의 진나라 지부 책임자로서 사회적으로 명망과 지위가 있었습니다. 그에게는 외아들이 있었는데, 죄를 지었기 때문에 법에 따라 사형을 받게 되었습니다. 그러나 진나라 임금은 그가 유명 인사의 외아들임을 알고, 특별 사면령을 내렸습니다. 그의 아버지인 거자는 진나라 임금을 찾아가 아들을 살려 준 데 대해 감사를 드리는 한편, 국법으로는 사면해 줄 수 있으나 묵가의 가법家法으로는 용서할 수 없다고 말했습니다. 그리고는 외아들을 죽여 임금이 국법으로 할 일을 대신하였습니다. 이로써도 알 수 있듯이 묵자는 자기 학생들을 이처럼 엄격하게 가르쳤습니다. 묵자의 제자인 그 거자는 사회적인 공정公正을 위해서, 국법으로는 사면할 수 있지만 묵가의 가법으로는 용서할 수 없다면서, 자기 아들을 죽여 법률 앞에서는 만인이 평등하다는 것을 실천으로 보여 주었습니다. 이런 역사를 통해, 묵자의 사상과 조직, 실천적인 행동이 후세에 큰 영향을 미쳤다는 것을 알 수 있습니다.

『묵자』란 책은 읽어내려 가기가 쉽지 않은데, 그의 이론은 하늘을 숭배했을(尙天) 뿐만 아니라 귀신도 숭배했습니다(尙鬼). 이 '鬼'(귀)자는 앞에서 문자 구조를 풀이해 보았지만, 중국인이 말하는 '귀'가 도대체 어떤 것인지 명확히 말하기 어렵습니다. 화가들이 가장 그리기 좋아하는 대상이 귀신이라지만, 아무도 본 적은 없습니다. 따라서 아무렇게나 그려도 되며, 보기 싫을수록 그럴싸합니다. 은나라 때에는 귀신을 숭배하여 종교적인 분위기가 아주 짙었습니다.

중국이 무슨 종교를 신봉하였는지를 연구해보면, 일정한 종교는 없었고 무엇이든 믿었습니다. 특히, 오늘날 오교동원五敎同源이라는 신흥 종교의 홍만자회紅卍字會와 같은 단체는 공자·노자·석가모니·예수·마호메트 등 다섯 종교 창시자를 나란히 모셔 놓고 있습니다. 우리 민족은 평등을 좋아해서 모든 교주를 다 좋다고 생각하기 때문에 다섯 분을 함께 모시는 것입니다. 은나라 때에는 귀신을 중시했습니다(尙鬼). 묵자는 송나라 사람의 후예인데, 송나라는 은나라의 후예입니다. 그래서 묵자의 사상은 송나라 전통을 계승했습니다. 공자도 본래는 송나라 후예였지만 조상은 줄곧 노나라에서 살았고, 노나라는 주나라 문화를 계승했습니다. 춘추전국 시대에는 각국의 문자가 통일되지 않았고 교통도 통일되지 않았으며, 각 지방의 사상이 달랐다는 것에 우리는 주의해야 합니다. 마치 오늘날의 세계에서 미국과 프랑스가 각각 다른 문화를 갖고 있는 것과 마찬가지였습니다.

묵자 사상은 하늘도 숭배하고 귀신도 숭배했습니다. 얼마 전에 한 학생이 묵자 사상으로 논문을 쓰겠다며, 묵자 사상은 하늘을 대단히 숭배하여 천주교 교의教義와 같은 점이 있다고 말하는 것이었습니다. 나는 그에게 묵자 사상은 귀신을 숭배했지만, 천주교나 기독교와는 다르다는 것을 주의하라고 일러 주었습니다. 『묵자』를 읽어 보면 귀신의 권세와 힘을 많이 말하고 있는데, 이는 과거 고대인들의 공통 신앙이었습니다. 사람이 나쁜 일을 하면 귀신이 찾아옵니다. 좋은 귀신은 사람을 보호할 수 있습니다. 그러므로 수천 년 동안 전통 문화에서 민간에 전해오는, 귀신이 나쁜 사람을 찾아온다는 관념은 결코 공자사상이 아니라 묵자사상의 전승입니다. 묵자사상의 원류는 멀리 하나라 문화에까지 거슬러 올라가는데, 우리가 상고 문화를 제대로 연구하려 하면 힘이 듭니다.

중국 근대 6, 70년 간은 문화 사상이 가장 혼란한 시대였습니다. 민국 초년(1911년)부터 오사 운동까지는 서양인의 방법으로 전통 문화를 연구했고, 그 위에 일본인의 관념을 더해 조상들의 문화를 엉망진창으로 폄하했습니다. 요 임금은 향로요, 순 임금은 촛대며, 우 임금은 커다란 파충류라는 등, 이런 것은 다 일본인들이 전통 문화를 허위 날조한 것입니다. 그런데도 지난날 우리 나라의 많은 학자들은 일본인들의 이런 엉뚱한 말을 믿고 그것을 그대로 끌어다가 우리 문화를 욕보이면서 지금까지도 전하고 있습니다. 오늘날의 우리 학술계가 이렇게 불쌍합니다! 그러므로 엄격히 연구해 보면 우리의 고대 역사 자료에는 외국인의 인정을 받지 못하는 것이 많이 있습니다. 외국인이 이런 자료들을 인정하지 않는 데는 그 나름의 이유가 있습니다. 그들이 만일 우리 문화를 너무 높이 받들면 자신들의 민족 문화는 어느 자리에 놓을 수 있겠습니까?

그러나 우리 학자들과 유학생들은 외국인을 추종하여 자신의 민족문화를 내던져 버리고 서양의 관념을 받아들였으며, 일부 극단적인 사상도 받아들였는데, 참으로 비통한 일입니다. 먼저 자기의 문화 사상을 파괴하고 나서야 이런 길을 갈 수 있는 것입니다. 자세히 연구해 보면, 이런 현대 문화의 변천은 전문적으로 논해야 할 중요한 과제로서 큰 책을 한 권 쓸 수도 있을 것입니다.

우리는 지금 우 임금을 얘기하고 있는데, 전통 문화의 입장에서 말하면 우 임금에게는 도가 사상이 많이 있었습니다. 도가에서는 우 임금이 재간이 뛰어나서 당시에 부적을 쓰고 주문을 외우며 귀신을 부려 황하와 장강의 물길을 다스리고 토지를 개발했다고 말합니다. 도대체 사실이 어떠했는지는 알 수 없습니다. 이러한 전설은 지나치게 허황되고 신화적이어서 일반인들이 믿기 어렵습니다. 그렇지만 우리는 지금 우 임금이 파충류였다거나 귀신을 부릴 수 있는 신인이었다는 것에 상관하지 말고, 한 가지 점을 인식해야 합니다. 그것은 중화 민족이 농업 사회의 기초를 닦고 발전시켜 뒷날 수천 년 동안 농업 입국의 민족정신을 이룩한 것이, 우 임금에서 시작되었다는 점입니다.

그러므로 요·순을 추앙하더라도, 요순시대의 정치가 어느 정도로 훌륭했는지는 우리 잠시 상관하지 말기로 합시다. 그러나 당시의 지리적 환경은 아직 홍수가 자주 발생하던 시대여서, 인구는 별로 없는데다 온 나라에 홍수가 범람하여 높은 산들 몇 개만 산봉우리를 드러낼 정도였습니다. 우 임금이 치수하고 난 뒤부터 비로소 농업의 기초가 다져졌으며, 문화가 비로소 성장하기 시작했습니다.

그래서 공자는 우 임금에 대하여 "나는 그의 결점을 잡을 데가 없구나!"(吾無間然矣) 하고 말했습니다. 공자가 그의 위대함을 어느 정도로 추앙했는지 알 수 있습니다. 공자는 우 임금이 스스로 검소한 생활을 하면서도 귀신을 숭상했다고 말했습니다. 물론 공자의 이 말을 통해 우 임금이 신비한 학문을 얼마나 중시했는지를 알 수 있습니다. 공자는 또 우 임금은 "입는 옷은 허름하면서도 제복祭服은 아름답게 하였다."(惡衣服, 而致美乎黻冕)고 말했습니다. 우리가 알듯이 우 임금은 치수할 때 예복

대신 보통 사람과 마찬가지로 누더기 옷을 입고 일 년 내내 밖에서 뛰어다녔습니다. 그러나 그는 정치 제도인 국가 예복만은 매우 아름답게 제정했습니다. 바꾸어 말해, 조상들은 동굴이나 들에서 살아오면서 옷을 발명한 이후 아직 국가 예복을 어떤 격식으로 할지 정하지 못하고 있다가 우 임금에 이르러서야 격식을 제정했던 것입니다.

또 우 임금은 "궁실은 허술하게 하면서도 수리 사업에는 온 힘을 다했다."(卑宮室, 而盡力乎溝洫)고 했습니다. 역사 기록에 의하면, 우 임금은 비록 황제였지만 사는 궁전은 초가집이었습니다. 소위 '모차토계'茅次土階로서, 위는 기와로 덮지 않고 풀로 덮었을 뿐이요, 앞 계단은 시멘트나 돌조차 없이 흙으로만 쌓아올린 것이었습니다. 우 임금은 이런 궁실에 살면서도 온 마음과 힘을 다하여 치수하였습니다. 공자는 우 임금을 이 세 가지 관점에서 관찰해 보고 말하기를, "우 임금은 전통 문화에 대해 이처럼 위대한 공헌을 해서, 정말로 더할 말이 없으며 비난할 점이 없다."고 한 것입니다.

子罕

이해가 교차하는 생명의 의의

제9편 「자한」子罕은 제5편 「공야장」과 제6편 「옹야」 두 편의 내용을 확장한 것이라 할 수 있습니다. 대부분 공자의 사상과 학문 교육의 관점을 논한 것이며, 일반적인 역사 사상 관념을 천양闡揚하고 있습니다. 첫 단락은 다음과 같습니다.

공자께서는 (평소에) 재물이나 이해관계, 생명의 기원이나 운명, 그리고 인仁 (그 자체가 무엇인지)에 대해서는 드물게 말씀하셨다.

子罕言利, 與命, 與仁。
자한언리　여명　여인

이 한 마디 말을 우리는 특별히 주의를 기울여야 합니다. 이 편의 기록을 통해서 공자가 평소 재물이나 이해관계에 대해 자주 말하지 않았음을 알 수 있습니다. '利'(이)란 오늘날의 관념으로는 항상 금전이나 재물만을 말하지만, 여기서는 '이해관계'라는 뜻도 함께 가지고 있습니다. 이 한 마디 말이 우리에게는 별로 대단하지 않게 들리는데, 우리도 평소 이해관계를 그리 말하지 않는 것 같기 때문입니다. 그러나 사실은 그렇지 않습니다. 잘 살펴보면, 특히 역사를 연구해 보면, 언제 어디서나 이해관계에 신경을 쓰지 않는 사람은 거의 하나도 없습니다. 특히, 춘추전국 시대와 같은 혼란기에는 사람과 사람 사이의 교제, 국가와 국가 사이의 외교는 언제 어디서나 이해관계의 관점 위에 서 있었습니다.

우리가 알다시피 중국의 법가로 순자와 한비자가 있는데,『한비자』「세난」說難편에서는 말 잘하는 것의 어려움을 말하고 있습니다. 춘추전국 시대에는 아직 고시考試가 없었기 때문에 사람이 부귀공명이나 사업상의 지위를 얻으려면 대부분 유세遊說에 의존해야 했습니다. 유세 선비는 말만 잘 떠벌여서는 안 되고, 해박한 학문과 풍부한 그 시대의 지식을 갖추어야 했습니다. 각국 지도자를 만나 자신의 독특한 견해로써 당시의 이해관계를 지적해서 상대의 마음을 움직이고, 군주君主의 신임을 얻어야 공명을 얻을 수 있었습니다.

그러므로 우리는 이 구절에서 '利'(이)자의 함의를 먼저 이해해야 합니다. 상대에게 이해관계를 말하면 마음이 움직이지 않는 사람은 거의 없습니다. 인생에서 일체의 명리名利에 마음이 조금도 움직이지 않을 수 있다면 진정 최고의 학문입니다. 이 한 편의 글을 통해 볼 때 공자는 이해관계를 말했을까요, 말하지 않았을까요? 절대로 말하지 않은 것은 아니고, 아주 드물게 말했습니다(罕言利). 만일 우리가 성인은 절대로 이해관계를 말하지 않는 분으로 상상한다면, 그것 역시 성인의 경지를 너무 지나치게 높고 먼 것으로 추측한 것으로서, 절대 불가능한 일입니다.

그 다음으로 공자는 '명'命을 말했을까요, 말하지 않았을까요? 후세에는 운명을 점쳐 보고 관상을 보는 것을 '명'命이라고 했는데, 여기서는 넓은 의미로 생명의 기원과 의의를 포함해서 말합니다. 세계의 모든 종교는 다 생명의 기원을 말하고 있습니다. 특히, 생명은 신이 창조한 것이라고 거의 모든 종교가 주장합니다. 그러나 종교에서 철학·과학으로 발전한 오늘날, 도대체 생명의 기원은 무엇일까요? 아직 모릅니다. 이 점으로도 알 수 있듯이 인류 문화는 동·서양 모두 유치하며, 우습게도 인류 자신의 문제조차 해결하지 못하고 있습니다. 종교인이 해결하지 못해 철학으로 발전했으며, 철학자가 해결하지 못해 과학으로 발전했으며, 과학자들은 부문별로 나누어 우주·물리·화학·생물·의학 등을 연구하면서 이 문제의 해답을 찾아내고자 합니다. 그러나 우리 선조들은 생명의 기원이라는 문제를 별로 추구하지 않았습니다. 특히, 공자는『논어』하론下論에서 "삶이 무엇인지 모르는데, 죽음을 어찌 알겠느냐?"(未

知生, 焉知死)라면서 이에 대해 묻지 말라고 했습니다. 그래서 공자는 '명' 命에 대해 드물게 말했습니다.

이 때문에 오늘날 학교에서 철학을 공부하는 사람들이나 철학을 가르치는 사람들은 대부분 진정으로 철학에 정통한 것이 아니라, 단지 철학자를 대신해서 철학 지식을 전파하는 이들입니다. 진정한 철학자는 철학 공부를 한 출신들이 아니었습니다. 일본에서 의학을 공부한 한 학생은 자신이 의학을 공부한 뒤로 오히려 인생 문제, 사회 문제에 대해 많은 의문이 일어나 철학을 공부해야겠다고 생각했답니다. 그렇지 않으면 머릿골이 터져 버릴 것 같았다고 합니다. 그의 의견은 옳습니다만, 책에서만 철학을 배우면 큰일 납니다. 끝내는 철학책벌레만 될 뿐 철학자는 못됩니다. 진정한 철학자는 대부분 철학을 배운 출신이 아니었습니다. 오늘날 유행하는 실존주의 같은 사상도 한 의사가 만들어 낸 것입니다. 많은 사람들이 철학을 이해하지만, 그 자신이 철학자인 것은 아닙니다. 예컨대, 책을 읽은 적이 없는 시골 사람이 알고 보면 대철학자인 경우를 흔히 볼 수 있습니다. 시골 할머니한테 가서, 이렇게 더운 날에 왜 그렇게 힘든 일을 하느냐고 물어 보십시오. 할머니는 "명命이 좋지 않아서!"라고 대답합니다. 이것이 대철학자입니다. 그녀는 몸은 비록 힘들지만 마음은 편안하고 거리낌이 없어 번뇌와 고통이 없습니다. 정말로 철학 지식이 있는 사람은 인생 문제에 대해 이 할머니처럼 명쾌하지 않습니다.

그래서 철학을 배운 많은 사람들이 최후에는 미치광이를 닮아 버립니다. 도대체 인생이란 무엇을 위한 것인지 파고들면 들수록 알지 못하게 되고, 급기야는 인생에는 의미가 없다고 느낀 나머지 자기를 해결하기 위해 자살할 수밖에 없으니까요. 이는 명命을 모르는 것입니다. 공자는 학생들을 가르치는 데 있어서 생명의 기원을 철학적으로 분명하게 말하기 어렵다는 것을 알았기 때문에 이를 드물게 말했던 것입니다.

셋째, 공자는 인仁을 드물게 말했는데, 이것은 하나의 큰 문제입니다. 우리가 중국 문화를 말할 때 툭하면 공자를 말하고, 툭하면 공자 사상의 중심인 인도仁道를 말하는데, 지금 우리가 『논어』에 근거해서 보면.

적어도 이 구절의 내용은 공자의 학생들이 직접 기록한 것이므로 이를 인정하지 않을 수 없습니다. 학생들은 여기에서 공자가 인에 대해 자주 말하지 않았다고 기록하고 있습니다. 우리가 다 알듯이 공자 사상의 중심은 인仁인데, 여기서는 공자가 인을 드물게 말했다는 것입니다. 『논어』제4편 「이인」里仁은 편 전체가 인仁과 관련된 기록인데, 이것은 모순이 아닙니까? 그래서 「이인」편을 강의할 때 한 가지 중요한 점이 있었는데, 거기에서 말한 것은 단지 인의 작용과 성질이었을 뿐, 인 자체는 도대체 무엇인가 하는 것은 정의를 내리지 않았다는 것입니다. 그 때문에 여기에서, "공자께서는 재물이나 이해관계, 생명의 기원이나 운명, 인 그 자체가 무엇인지에 대해서는 드물게 말씀하셨다."고 말하고 있는 것입니다. 이 세 가지 중심 문제는 설명하기 어렵습니다. 여기까지만 말하고 잠시 미루어 둡시다. 왜냐하면 하론을 강의할 때 여러분들은 『논어』 전체 속에서 스스로 답을 찾아낼 수 있을 것이기 때문입니다.

역사 문화의 선구

다음은 계속해서 공자에 대해 서술합니다.

달항 고을의 어떤 사람이 말하였다. "위대하도다, 공자여! 박학다식하지만 어떤 한 전문 분야에서는 명성을 이룬 바가 없다."

공자께서 이 말을 들으시고, 제자들에게 (재미있게) 말씀하셨다. "나는 무엇을 전문으로 할까? 수레몰이를 전문으로 할까? 아니면 활쏘기를 전문으로 할까? 나는 (역시) 수레몰이를 전문으로 해야겠지!"

達巷黨人曰：大哉孔子！博學而無所成名。子聞之，謂門弟子曰：吾
달항당인왈　대재공자　박학이무소성명　자문지　위문제자왈　오

何執？執御乎？執射乎？吾執御矣！
하집　집어호　집사호　오집어의

달항達巷은 지명입니다. 당인黨人의 '黨'(당)자는 오늘날과 같은 의미로

쓰인 것이 아닙니다. 고대에서 말하는 '黨'은 지방 사회라는 뜻입니다. 달항 지방의 어떤 사람이, "위대한 공자는 해박한 학식을 가지고 있어서 뭐든지 알고 있지만, 어떤 한 분야의 전문가는 아니다."(大哉孔子! 博學而無所成名) 하고 말했습니다. '무소성명'無所成名은 한 분야 학문의 명가名家로 고정되어 있지 않다는 것입니다. 고대의 책에 자주 나오는 명가名家라는 명사는, 마치 삼민주의三民主義 교수에 대해 '모 선생은 당의 주의黨義를 강의하는 데 뛰어난 명가이다' 식으로, 한 일가를 이루어 그의 이름이 그 자신의 특기를 나타내는 것을 말합니다.

여기에서 말한 "박학이무소성명"博學而無所成名은 공자가 박학다식하여 한 가지 전문가에 그치지 않는 것을 말합니다. 공자는 남이 이렇게 평론하는 것을 듣고 아주 재미있게 자신의 제자들에게 말합니다. "이는 나더러 무엇을 붙잡으라는 걸까? 내가 어떤 전문가가 되는 것이 좋을까? 내가 수레를 모는 전문가가 되는 것이 좋을까? 아니면 군사에서 활쏘기 전문가가 되는 것이 좋을까? 나는 역시 수레 모는 것이나 배워 보아야겠다!" 문자상으로 보면 이 문장은 이렇게 해석됩니다. 우리가 어려서 이런 글을 읽을 때는 아무 맛도 없었고 골치만 아팠습니다. 이게 무슨 재미가 있었겠습니까? 선생님은 그래도 우리더러 외우라 하니, 우리는 한편으로 외우면서 한편으로는 머리를 저어 항의를 표시했습니다. 선생님이 우리더러 무조건 외우라고 하니 외울 수밖에 없었지요. 이런 식으로 외워 두었더니, 수십 년의 세월이 지난 지금도 입만 열면 외울 수 있습니다. 뒷날 자세히 생각해 보니, 그렇게 외우는 공부가 대단히 일리가 있었습니다. "마부가 되겠다."(執御)는 공자의 말은 깊은 의미가 있는 것으로, 곧 문화를 이끌어 가는 역사와 시대의 선구자가 되겠다는 것입니다. 그러므로 제자들이 이 말을 기록해 놓은 것은 깊은 뜻이 있기 때문이지, 중요하지도 않은 말을 의미 없이 기록해 놓고 잊지 말자는 것이 아닙니다.

이상해진 예법

다음에서는 공자의 사상을 말하고 있습니다.

공자께서 (당시 시대를 보고 비애를 느껴) 말씀하셨다. "상례喪禮에서는 삼베로 정교하게 만든 상모喪帽를 쓰는 것이 예禮이나, 지금은 삼베조각을 걸치기만 하는데, 이것이 검소하므로 나는 요즈음 사람들을 따르고 있다.

인사는 무릎 꿇고 하는 것이 예이나, 지금은 두 손을 맞잡아 올리기만 하는데, (이는 성의가 없는 것이므로) 비록 요즈음 사람들과 어긋난다 하더라도 나는 무릎 꿇고 하는 쪽을 따르겠다. (왜냐하면 거기에는 전통 문화 정신이 간직되어 있기 때문이다. 내가 결코 겉모습을 중시하려는 것은 아니다)"

子曰: 麻冕, 禮也。 今也純, 儉, 吾從衆。 拜下, 禮也。 今拜乎上,
자 왈　마 면　예 야　금 야 순　검　오 종 중　배 하　예 야　금 배 호 상

泰也。 雖違衆, 吾從下。
태 야　수 위 중　오 종 하

이것은 공자의 사상인데, 그는 당시의 시대를 보고 비애를 느꼈습니다. 상고 시대에는 어른들이 죽으면 삼베로 정교하게 만든 상모喪帽를 썼습니다. 그러나 공자 당시에는 점점 간소해져 삼베 조각을 걸치는 것으로 족하게 되었는데, 공자는 이렇게 하는 것이 검소하다고 말했습니다. 그리고 상례를 간소화한다는 취지에 동의하여 자신도 검소함을 따르겠다고 했습니다. 중국은 본래 예의의 나라로서, 고대에는 사람이 서로 만났을 때 무릎을 꿇고 절했습니다. 공자는 "이것이 예의다(拜下, 禮也). 그런데 지금 사람들은 인사하는 데 성의가 없다. 두 손을 맞잡아 올리면(拜乎上) 그만이고, 무릎 꿇고 인사하는 일을 싫어한다. 그저 자신이 편한 것만 바라서 게으르다. 이것은 성의가 없는 것이다." 라고 말했습니다. 그리고 이 점에 대해서는, "인사하는 데에는 절대로 성의가 있어야 한다. 이것은 바꿀 수 없는 것이다. 그러므로 시대에 맞지 않고 대다수 사람들이 하는 식과 다르더라도 우리의 옛날 예법을 유지해야

한다. 왜냐하면 거기에는 전통 문화 정신이 간직되어 있기 때문이다. 내가 결코 겉모습을 중시하려는 것은 아니다." 하고 생각했습니다.

공자가 당시에 처한 시대 상황은 우리가 오늘날 처한 시대 환경과 같았다고 할 수 있습니다. 사람과 사람 사이의 예의는 모두 형식으로 흘러 겉모양만 중시할 뿐, 정신은 중시하지 않습니다. 심지어 겉모양의 형태도 문제가 되는데, 예를 들면 오늘날의 인사는 단순히 시늉으로 변해서 한 번 불러 보는 것으로 그칩니다. 마음속으로 성의가 없을 뿐만 아니라, 겉모양의 형태자세조차도 각양각색입니다. 히틀러식으로 손을 한 번 드는가 하면, 오만하게 턱을 치켜들기도 하고, 유럽이나 미국식으로 '헬로', '하이' 같은 인사말이 난무하여 그야말로 가관입니다. 이것은 바로 이 시대의 문제로 너나 할 것 없이 책임이 있으며, 특히 가정 교육은 더욱 소홀히 해서는 안 됩니다.

공자께서는 (처세에 있어) 네 가지를 절대 하지 않았으니, (다른 사람이 더 좋은 의견을 내면 받아들이고) 자기의 의견을 고집하지 않았고, (어떤 일에 대해) 꼭 그래야 한다고 (필연적인 결과를) 요구하지 않았고, 자기의 선입견을 고집하지 않았고, 자기중심적으로 생각하지 않았다.

子絶四：毋意，毋必，毋固，毋我。
자 절 사　무 의　무 필　무 고　무 아

이 말은 해석하기도 쉽고 이해하기도 쉽습니다. 그러나 문자적인 문제로 그치는 것이 아니라, 이것을 일생 동안의 행위 수양으로 실천해 보려 하면 정말 어렵습니다. 여기서 공자는 이 네 가지 일을 완전히 해냈다고 말하고 있습니다.

첫째는 "무의"毋意인데 ─ 이 '毋'(무)는 有無(유무)의 '無'(무)와 통용되지만, 『논어』나 고서에서는 대부분 부정사로 사용되고 있습니다 ─ 공자는 처세에 있어서 자기 의견만이 제일이라고 주장하는 일이 없어, 본래 자기 의견이 있더라도 다른 사람이 더 좋은 의견을 내면 받아들이고 결코 자신의 원래의 의견을 고집하지 않았다는 것입니다.

둘째는 "무필"毋必인데, 공자는 어떤 일에 대해 필연적인 결과를 요구하지 않았습니다. 이 점도 인생철학의 수양인데, 세상일은 반드시 그렇게 되어야 한다는 법이 없습니다. 예를 들면, 나는 어느 정도까지 해내야 한다고 생각하지만, 실제로는 반드시 그렇게 된다는 법은 없습니다. 문학과 철학이 결합된 경지의 다음과 같은 두 마디의 명언이 있습니다. "뜻대로 되지 않는 일이 십중팔구이며, 더불어 말할 만한 사람이 두셋도 되지 않는다."(不如意事常八九, 可與人言無二三). 이처럼 인생의 일은 항상 십중팔구 뜻대로 되지 않습니다. 그리고 뜻대로 되지 않는 일에 부딪쳤을 때 마음의 괴로움을 하소연할 사람도 없습니다. 부모ㆍ형제자매ㆍ처자식들에게도 말할 수가 없는데, 이것은 다 인생 체험에서 얻어진 것입니다. 또 두 마디의 명언이 있습니다. "세상일은 열에 아홉은 뜻대로 되지 않고, 마음에 드는 사람은 백 명 중 하나도 없다."(十有九輸天下事, 百無一可意中人)는 말인데, 이것도 바라는 열 가지 일 중 아홉 가지는 실의한 일이고, 백 사람 중에서 진정한 지기는 하나도 찾을 수 없다는 것입니다. "무필"毋必은 공자가 인생의 이치에 깊이 통달했음을 말해 줍니다.

중국 문화에서 으뜸가는 책인 『역경』은 팔괘를 제시하면서, 변화의 원리를 밝히고 있습니다. 천하의 일은 1분마다 1초마다 변하고 있습니다. 우주의 물리도 변하고 있고, 만물도 변하고 있으며, 사람도 변하고 있습니다. 자기의 생각도 변하고 있고, 감정도 변하고 있고, 심신도 변하고 있어 변하지 않는 사물은 없습니다. 우리는 불변하고 고정된 것을 구하고 싶어 하지만 불가능합니다. 공자는 이 이치를 깊이 깨달았기 때문에 "무필"毋必로써 변화에 적응하고 임기응변할 수 있었습니다.

셋째는 '무고'毋固인데, 자기의 선입견을 고집하지 않는 것입니다. 넷째는 "무아"毋我로서, 모든 것을 자기중심적으로 생각하지 않는 것입니다. 오로지 남을 생각하고 일 중심으로 생각한다는 것입니다. 이 네 가지가 바로 공자의 학문 수양의 위대한 점입니다.

여기서 공자의 이 네 가지를 충분히 설명하여, 다른 학파의 사상과 한번 비교해 보겠습니다. 일반인들이 심원하여 헤아릴 수 없다고 여기고, 심지어 두려워하기까지 하는 불가佛家 사상 중에서 유명한 『금강경』 金剛經을 예로 들어 보겠습니다(이른바 경經은 사서오경四書五經의 경과 같은 의미입니다). 이 책 속에도 위에서 말한 것과 유사한 네 가지가 있는데, 곧 무아상無我相, 무인상無人相, 무중생상無衆生相, 무수자상無壽者相이 바로 그것입니다. 불학佛學에서 말하는 '상'相은 형상 또는 현상을 말합니다. 사람은 다른 사람들과 함께 지내다 보면 자주 고통과 번민을 느끼게 되고 현상現象에 얽매이게 마련입니다. 사람은 세상에 태어나면 반드시 '나'라는 자아自我가 있어 무아無我를 실천하기 어렵습니다. '나'가 있으면 '너'가 있고 '그'도 있습니다. 나·너·그가 있으면 결국 번뇌가 있습니다. 우리는 너도 사람이고 나도 사람이며 모든 사람들이 같다는 것을 잊어버립니다. 모든 사람들이 같다는 것이 불학에서 말하는 평등상平等相입니다. 공자가 네 가지를 절대 하지 않았다는 관념도 바로 평등상을 의미합니다.[18]

나는 전에 모 대학에서 개최한 철학 토론회에서 "나我와 무아無我"라는 주제를 이야기한 적이 있습니다. 우리는 철학에서 늘 사람은 무아의 경지까지 도달해야 한다는 말을 듣습니다. 가능할까요? 사실 말해서 불가능합니다. 예를 들어, 어떤 사람이 "나는 절대로 객관적이다."라고 말했다면, 이 말은 맞는 말일까요? 맞지 않습니다. 이 말은 이미 주관적입니다. 왜냐하면 "나는 객관적이다."라는 생각 자체가 곧 '나'라는 주관을 전제하기 때문입니다.

그러면 어떤 것이 객관적일까요? 객관이란 '중'中이라고 할 수 있겠는데, 천하에 중中이란 것이 있을까요? 중中이란 양쪽에서 보아야 성립되는 개념입니다. 양쪽의 대비로써 성립되는 이 중中은 사실상 또 다른 면에 대해서는 치우친 것이 되므로, 결국 절대적인 중中은 없습니다. 방위를 가지고 말해 봅시다. 당신이 방 한가운데 서서 보면 당신은 중中에 서 있고 전후좌우가 동서남북이 되겠지만, 북쪽에서 보면 당신은 남쪽에 서 있는 것이 되고 남쪽에서 보면 당신은 북쪽에 서 있는 것이

---

18) 이 단락에 대한 보다 깊은 이해를 위해서는 남회근 지음 신원봉 옮김 『금강 경강의』를 읽어보기 바란다.

되어 객관적으로는 중간이 없게 됩니다. 그러므로 무아無我는 관념상의 개념일 뿐, 진정으로 무아의 경지에 이른 사람은 거의 없습니다. 그러나 절대 없는 것은 아니며, 사람이 진정으로 무아에 이르게 되면 마음이 대단히 즐거워지게 됩니다.

우리의 모든 고통은 다 '나我가 있음'으로써 일어나는 것입니다. 남이 우리가 가지고 있는 어떤 물건을 필요로 할 때, 우리는 틀림없이 그 물건을 그에게 주기를 아까워할 것입니다. 남이 그것을 필요로 한다면, 나도 그것을 필요로 하기 때문입니다. 이럴 때에 만일 내가 그것을 포기하고 남에게 줄 수 있다면, 가장 즐거운 경지가 됩니다. 불교를 배우는 한 친구가 와서 무엇을 보살菩薩이라고 하느냐고 묻기에 나는 이렇게 말했습니다. "보살이란 말은 인도의 범어인 보디사트바(bodhisattva, 菩提薩埵)를 중국어로 음역한 것인데, 그 뜻은 일체 중생으로 하여금 진리를 깨닫게 한다는 것이네. 자신은 인생 철리를 이미 깨달았지만, 세상에 대하여, 일체의 사물에 대하여, 대단히 정이 많아서 자신의 힘을 다해 도와주는 것이지. 그래서 우리 말에 '속되지 않음은 신선의 골상이요, 다정함은 부처의 마음이다.'(不俗卽仙骨, 多情乃佛心)고 했는데, 이것이 바로 보살의 경지라네. 보통 말하는 성현聖賢이나 다름없는데, 명칭만 다르고 발음이 다를 뿐이지." 그는 또 불교를 배우는 사람은 보살이 되느냐고 묻기에, 나는 "그렇지 않아. 지금까지 나는 보살을 본 적이 없네." 하고 말했습니다.

그러나 내 친구가 본 사람은 보살이었다고 할 수 있습니다. 그 친구는 20년 전에 배를 타고 팽호澎湖로 가던 중에 조난을 당했습니다. 배에는 아는 사람이 하나 타고 있었는데, 그는 폐병을 앓고 있는 사람이었습니다. 조난을 당하게 되었을 때, 선원은 그가 폐병 환자인 것을 알고 구명조끼를 주며 먼저 배에서 탈출하라고 했습니다. 그는 구명조끼를 받고도 즉시 입지 않고 태연하게 있었습니다. 나중에 한 부인이 어린아이를 안고 갑판 위로 피해 오는 것을 보자, 그는 구명조끼를 그 부인에게 주었습니다. 그러면서 자신은 폐병이 있는 사람이라 먼저 죽으나 나중에 죽으나 마찬가지라고 말했습니다.

처음에 그에게 구명조끼를 주었던 선원이 한참 정신없이 다니다가 와서 보니 그는 아직도 배 위에 머물러 있고 구명조끼도 없는지라, 그에게 왜 아직 탈출하지 않았으며 구명조끼는 어디 있느냐고 물었습니다. 그는 그저 웃음만 지을 뿐(이런 상황 하에서도 그가 편히 웃는 것을 보면, 그가 어떤 마음을 지녔는지 알 수 있습니다), 아무 말도 하지 않았습니다. 선원이 여기저기 찾아보아 다시 구명조끼 하나를 그에게 가져다주었지만, 그는 또 다른 사람에게 주어 버렸습니다. 결국 배는 가라앉았고, 그도 물속으로 가라앉았습니다. 아주 태연하게 말입니다. 이것이 바로 무아無我입니다. 그가 이렇게 한 것은 남이 시켜서가 아니라 완전히 자발적으로 한 것이었는데, 이런 경지를 무아라고 하며, 이것이 사람을 참으로 사랑하는 것입니다. 우리는 이 이야기를 들으면 슬픔을 느끼지만, 당사자인 그의 심경은 오히려 편안했을 것입니다. 그는 스스로 자살한 것이 아니라, 다른 사람에게 동정과 연민을 베푼 것입니다.

그러나 일반적으로 평소 사람됨이나 일하는 데 있어서 이와 같은 진정한 무아는 어렵습니다. 사람마다 똑같이 그림을 그리지만, 그려진 그림은 각각 다릅니다. 글을 써도 글 속에 '나'我가 없으면, 자신이 뜻하는 경지가 없으니 쓰고 싶은 마음이 생기지 않습니다. 우리는 어떤 일을 하든지 거기에 '나'我의 정신이 있습니다. 이 '나'를 모두 없애고 무아의 경지 속에 들어야 비로소 진정한 무아상無我相에 도달할 수 있습니다. 이상 공자가 말한 네 가지를 불가의 무아 관념으로 말해 보았습니다. 사실 이 네 가지는 공문孔門 학문의 중심이 됩니다. 그래서 공자는 학문 수양에 있어서, 자신이 성취했던 "무의毋意, 무필毋必, 무고毋固, 무아毋我"를 본받아야 한다고 우리들에게 가르칩니다.

이어서 한 가지 사실로써 공자가 왜 이 네 가지의 도리를 실천했는지를 말해줍니다.

공자께서 (송나라) 광匡 지방에서 (외모가 서로 닮은 양호라는 악인으로 오인誤認되어 포위 살해되려는) 위기에 처했을 때 말씀하셨다. "(별일 없다. 너희들은 걱정하지 마라) 문왕文王께서 돌아가신 뒤로

(오백 년 동안) 문화가 (쇠락해왔지만) 지금에 전해져 있지 않느냐? (설마 문화의 운명이 끊어지기야 하겠느냐? 만일) 하늘이 (기어이) 이 문화의 토대를 없애려는 뜻이 있었다면, 후세의 내가 (응당 일생 동안) 이 문화를 접촉할 수 없었을 것이다. (그런데 사실 나는 이 책임을 떠맡고자 한다. 솔직히 말해 오늘날 나는 문화를 전하는 일에 전심전력으로 공헌하고 있다. 또, 오직 나만이 중국 문화에 대해 받아들일 수 있고 발휘할 수 있다) 하늘도 이 문화의 근본을 없애려 하지 않(고 전해지기를 바라)는데, 광 사람들이 나를 어찌할 수 있겠느냐? (그러니 너희들은 걱정하지 마라. 나는 죽을 리 없다. 광 사람들도 나를 죽이지 않을 것이다)"

子畏於匡。曰:文王旣沒,文不在茲乎? 天之將喪斯文也,後死者,
자 외 어 광　왈　문 왕 기 몰　문 부 재 자 호　천 지 장 상 사 문 야　후 사 자

不得與於斯文也。天之未喪斯文也,匡人其如予何?
부 득 여 어 사 문 야　천 지 미 상 사 문 야　광 인 기 여 여 하

　광匡 지방에서 있었던 일은 공자가 일생 중에 당했던 몇 가지 큰 사건 중의 하나입니다. 광匡은 송나라에 있었던 지명입니다. 당시에 양호陽虎라는 악인惡人이 하나 있었는데, 전하는 바에 의하면 양호의 외모가 공자를 닮았다고 합니다. 송나라 사람들은 모두 양호를 죽이려 하고 있었는데, 그 무렵 공자가 학생들을 데리고 광 지방을 지나가게 되었습니다. 공자를 본 송나라 사람들은 공자를 양호로 잘못 알고 포위하여 죽이려고 했습니다. 이것이 유명한 "공자가 광 지방에서 위기에 처했다."(子畏於匡)는 사건입니다. 고대의 문자는 간단해서, 이때의 상황을 단지 '외'畏 한 글자로 표현했습니다. 사실 이 글자는 매우 심각하고 두렵고 위험했던 사건임을 나타내는데, 공자를 수행하던 학생들도 당연히 심각하게 느꼈습니다. 말하자면 그들은 놀라 까무러칠 지경이었습니다.
　그렇지만 이때 공자는 "별일 없다. 너희들은 걱정하지 마라." 하고 말했습니다. 그는 명命을 믿었던 것입니다. 이 명命은 보통 점칠 때 보는 운세가 아닙니다. 공자는 이렇게 말했습니다. "문왕이 죽은 뒤 5백 년

동안 중국 문화는 지금까지 쇠락해 왔지만, 설마 중국 문화의 운명이 정말로 전해지지 않고 끊어지기야 하겠느냐? 만일 하늘이 기어이 중국 문화의 토대를 없애려는 뜻이 있었다면, 후세에 태어난 내가 응당 일생 동안 문화를 접촉하지 못했을 것이다. 그런데 사실은 나는 이 책임을 떠맡고자 한다. 만일 하늘이 중국 문화의 근본을 끊어버릴 뜻이 없고 전해지기를 바란다면, 오늘날에도 조금은 남아있어야 한다. 솔직히 말해 나는 오늘날 문화를 전하는 일에 전심전력으로 공헌하고 있다. 또, 오직 나만이 중국 문화에 대해 받아들일 수 있고 발휘할 수 있다. 그러니 너희들은 걱정하지 마라. 나는 죽을 리 없다. 광 사람들도 나를 죽이지 않을 것이다."

우리가 보듯이 공자는 그처럼 위험한 상황에서도 종교적인 심정으로 기도하여 신의보우를 빌지는 않았습니다. 게다가 이때 만일 공자가 군사 정신을 논했다면, 학생들을 곧바로 조직하여 전투 역량으로 변하게 하는 것도 쉬웠습니다. 그러나 그는 이런 수단을 쓰지 않았습니다. 그러므로 공자는 처음부터 한결같이 "재물이나 이해 관계, 생명의 기원이나 운명, 그리고 인仁에 대해서는 드물게 말씀하셨다."(子罕言利, 與命, 與仁)였습니다. 공자는 어디까지나 '인문의 도'를 세워, 모든 사람을 대하고 모든 일을 처리함에 있어 스스로 자신감을 더하고자 했습니다.

이 단락은 공자가 바른 사람으로 처세하여, 곤란에 대처하는 정신을 말해주고 있습니다. 그의 이번의 곤란은 그러한 상황에 직접 처해 본 사람이 아니면 체험하기 쉽지 않습니다. 마치 오늘날 젊은이들에게 항일전쟁 때의 상황을 아무리 말해 주어도 그 실상을 체험적으로 알 수 없는 것이나 마찬가지입니다. 젊은이들은 공습경보空襲警報를 듣고 뛰거나 폭탄을 피해 숨거나 피난을 해 본 경험들이 없기 때문에 그런 맛을 시종 알지 못합니다. 공자가 당시에 처한 상황은 위험천만한 것이었는데도 그는 처음부터 끝까지 전혀 내색을 하지 않고 대수롭지 않게 여겼습니다. 도리어 그는 학생들을 위로하며, "걱정하지 마라! 죽지 않을 것이다. 중국 문화의 책임이 우리들 어깨 위에 놓여졌다. 하늘이 중국 문화를 끊어 버릴 뜻이 있다면 우리는 죽을 수도 있겠지만, 하늘이 우리 문화를 끊어 버릴 뜻이 없는 이상 우리는 죽지 않을 것이다." 하고 말했습니다. 이것이 공자가 환난에 처했을 때 취한 정신이었습니다.

무딘 쇠는 솜씨 좋은 대장간에 모여들고

태재大宰가 자공에게 물었다. "선생님께서는 성인聖人이십니까? 어찌 그렇게도 (해박하고) 다능하십니까?"

자공이 말하였다. "(그야 물론입니다.) 하늘이 그분을 성인으로 삼고자 하셨으며, 또 (해박하고) 다능하십니다."

공자께서 이를 듣고 말씀하셨다. "태재가 (정말로) 나를 알아본 것일까? (그렇지 않다. 나는 고아 출신이라 어려서부터 어렵고 힘든 가운데 일어섰다) 나는 젊어서 빈천했기 때문에 천한 일도 많이 할 줄 아는 것이다. (그래서 세상 물정에 통달하게 된 것이며, 세상과 밑바닥 일에 대해서 잘 알고 있다) 군자는 (자신에 대해 높은 요구를 해야 하고 늘 자기의 인생 경험이 충분하지 못할까 걱정해야 하는데) 그 누가 학문이 해박하다는 말을 들을 자격이 있겠느냐? (이것은 다 아첨하는 말이니, 듣고 믿어서는 안 된다) 천하의 지식을 다 추구할 수는 없는 것이다!"

大宰問於子貢曰：夫子聖者與？ 何其多能也？ 子貢曰：固天縱之將聖，
태재문어자공왈　부자성자여　하기다능야　자공왈　고천종지장성

又多能也。子聞之曰：大宰知我乎？ 吾少也賤，故多能鄙事。君子多乎
우다능야　자문지왈　태재지아호　오소야천　고다능비사　군자다호

哉？ 不多也！
재　부다야

여기서 大는 太(태)로 읽는데, 태재大宰는 춘추 시대의 관직명입니다. 한 태재가 자공에게, "공부자 선생님께서는 정말 성인이십니다. 어찌 그리도 해박하여 갖가지를 다 할 줄 알까요?" 하고 물었습니다. 자공은 당연히 자기 선생님을 추켜올리면서, "그야 물론이지요! 타고난 성인인

데다 학문도 해박하십니다." 라고 했습니다. 뒤에 어떤 사람이 이 대화를 공자에게 알려 주자, 공자는 듣고 나서 말했습니다. "너희들은 태재가 정말로 나를 이해한다고 생각하느냐? 그렇지 않다. 나는 고아 출신이라 어려서부터 어렵고 힘든 가운데 일어섰다. 빈천 속에서 무슨 일이든지 해 보았기 때문에 세상 물정에 통달하게 된 것이야. 그래서 세상과 밑바닥 일에 대해서 잘 알고 있다. 군자는 자신에 대해 높은 요구를 해야 하고 늘 자기의 인생 경험이 충분하지 못할까 걱정해야 하는데, 그 누가 학문이 해박하다는 말을 들을 자격이 있겠느냐? 이것은 다 아첨하는 말이니, 듣고 믿어서는 안 된다. 천하의 지식을 다 추구할 수는 없는 것이다."

『장자』에도 이런 말이 있습니다. "우리들의 생명은 끝이 있으나, 학문지식은 끝이 없다. 유한한 생명으로써 무한한 학문지식을 추구하는 것은 위험하다."(生也有涯, 而知也無涯, 以有涯隨無涯, 殆矣). 생명은 유한한 것이지만, 천하의 지식은 무한한 것입니다. 유한한 생명으로 무한한 지식을 추구하는 것은 위험한 일입니다. 장자의 이 말은 맞습니다만, 젊은 학생들에게는 이 말의 뒤쪽 절반은 얘기하지 맙시다. 그랬다가는 학생들이 장자의 이 말을 끌어다 공부하지 않는 이유로 삼기에 딱 좋을 것입니다.19)

여기서 "나는 젊어서 빈천했기 때문에 천한 일도 많이 할 줄 안다."(吾少也賤, 故多能鄙事)고 한 공자의 말에 특별히 주의해야 합니다. 이 점으로부터 동서양의 문화를 돌아보면 인류역사에서 크게 성공하고 대업大業을 이루고 큰 일을 이루었던 사람들은 모두 역경을 딛고 일어선 사람들이었습니다. 그리고 역경을 딛고 일어선 사람들이야말로 세상 물정을 잘 이해할 수 있었습니다. 그러므로 한 인간의 성취의 입장에서 보면 젊었을 때 좀더 고생을 맛보고 좀더 우여곡절 시련을 당해 보는 것이 좋은 일입니다. 내가 늘 느끼는 일인데, 요즈음 청년들은 유치원에서 대학원을 졸업하기까지 20여 년 동안 한 걸음조차도 걸어 다니려 하지

---

19) 이에 대해 보다 깊은 이해를 위해서는 남회근 지음 송찬문 번역 『장자강의』(상) 「제3편 양생주」를 읽어보기 바란다.

않습니다. 이렇게 좋은 환경에서 자라고 학위도 받았지만, 지나치게 행복한 나머지 사람됨은 엉망이 되어 버렸고 책 읽는 것 외에는 할 줄 아는 것이 없습니다. 세상 물정이라고는 전혀 모릅니다.

진정으로 크게 성공하고 대업을 이루고 큰일을 하려는 사람은 반드시 풍부한 인생 경험이 있어야 합니다. 솔직히 말해서, 우리들 늙은 세대가 그들보다 낫습니다. 왜 그럴까요? 우리가 겪은 한 시대의 대란을 오늘의 청년들은 구경도 하지 못했습니다. 피난하고, 배를 곯고, 나라가 무너지고, 집이 망하는 고통은 더더욱 겪어 보지 못했습니다. 혹시 영화에서 본 적이 있다고도 하겠지만, 그것은 냉방시설이 된 소파에 앉아서 본 것일 뿐입니다. 학문은 체험에서 와야 하는 것입니다. 그러므로 공자의 이 말에 특별히 유의해야 합니다.

자신을 위해 공부했던 옛날의 학자

자장이 말했다. "선생님께서는 '나는 부귀공명을 얻기 위해서가 아니라 자신의 수양을 위해 학문을 했기 때문에 여러 가지를 익혔다.' 고 말씀하신 적이 있다."

牢曰 : 子云 , 吾不試 , 故藝。
뇌왈　　자운　　오불시　　고예

뇌牢는 공자의 학생인 금자개琴子開로서, 곧 자장子張입니다. 여기서 공자가 "오불시, 고예"吾不試, 故藝라고 했는데, 이 말이 묘합니다. 요즘 식으로 우스갯소리를 하자면, 공자는 연합고사에 응시하지 않았기 때문에 학문이 해박하다는 것입니다. 거꾸로 말하면, 시험에 응시했더라면 끝장났을 것이라는 말 같습니다. 그럴 리가 있을까요? 당연히 없습니다. 또 어떤 사람들은, 공자가 자신의 재능을 경솔히 드러내 보이지 않았기 때문에 남 보기에는 다재다능하다고 말한 것으로 해석하기도 합니다. 이게 무슨 말일까요? 그들 말에 의하면, 많은 사람들이 모인 곳이나 연회

석상에서 볼 수 있듯이 말하기 좋아하는 사람은 그의 사람됨이나 학문의 깊이를 남들이 쉽게 간파할 수 있지만, 한구석에 말없이 앉아 자기 의견을 표시하지 않는 사람은 그의 학문이 얼마나 깊은지를 아무도 알 수 없습니다. 그렇지만 실제로는 아마 조금도 학문이 없을지 모릅니다. 이런 이치를 송태조 조광윤이 운용한 적이 있습니다.

당시에 강남 지역은 아직 평정되지 않았는데, 강남에서 문학가이자 유명한 재사 한 사람이 사신으로 송나라 조정에 왔습니다. 그는 남당南唐의 서현徐鉉이라는 사람이었습니다. 조광윤은 송나라 어느 대신의 학문이 서현을 압도할 수 있을지 생각해 보았습니다. 조정에서 한 차례 토론을 거쳤지만 결정할 수 없었습니다. 결국 송태조는 자신의 호위대 중에서 외모가 당당한 호위병 한 사람을 뽑아, 외교복을 입힌 뒤 서현을 맞이하도록 했습니다. 서현은 송나라에 오자, 위로는 천문에서부터 아래로는 지리·철학·과학·문학에 이르기까지 낱낱이 들고 나와 자신의 학문을 과시했습니다. 그런데 외교관으로 가장한 이 호위병은 무조건 긍정하면서 아무 말도 하지 않았습니다. 사흘 후 서현은 송나라에는 분명 인재가 있다고 생각하게 되었습니다. 사신 접대를 책임진 이 외교관 선생만 보더라도 학문을 깊이 감추고 드러내지 않아, 어느 정도인지 알 수가 없었다는 것입니다. 그러므로 우리는 "오불시, 고예"吾不試, 故藝라는 말을 두 번째 우스갯소리로 이해할 수 있습니다.

또 세 번째 이야기가 있는데, 동이수童二樹란 사람이 시험을 치르지 않았던 일을 가지고 공자의 말을 해석해 보겠습니다. 동이수란 사람은, 내가 언급한 적이 있었던 같은데, 청나라의 화가로서 매화그림을 잘 그렸습니다. 또 유명한 이학자理學者이자 학문가였지만 과거시험을 치르지 않았기 때문에 공명功名은 없었습니다. 옛날에는 과거시험을 치를 때 커닝을 방지하기 위해 몸을 수색했기 때문에, 아주 번거로웠습니다. 동이수가 과거시험장에 들어갈 때, 입구의 경비가 그의 몸을 수색하려고 했습니다. 그러자 그는 "국가에서 과거시험을 열어 선비를 뽑는 목적은 천하의 인재를 선발하는 데 있다. 지금 내가 응시하러 왔는데 오히려 나를 좀도둑으로 간주하여 나의 인격이 먼저 상실되었으니, 구태여 고

시에 참가할 필요가 있겠는가?" 라고 하면서 고람(考籃: 과거시험을 칠 때 선비들이 시험장에 식사 또는 필요한 물건을 담아가지고 들어가던 바구니—역주)을 들고 가 버렸습니다. 동이수는 그 후 시험에 응시하지 않고 집에서 독서하고 학문을 닦았습니다. 이처럼 학문을 닦아 스스로 활용할 수 있게 된 다음에 큰 명성을 이루는 것입니다. 이것이 세 번째 해석입니다. 이상은 『논어』를 우스갯소리로 해석해 본 것입니다.

그러면 공자가 한 말의 진정한 함의를 찾아봅시다. 바로 앞에서 공자는 "나는 젊어서 빈천했기 때문에 천한 일도 많이 할 줄 안다."(吾少也賤, 故多能鄙事)고 했고, 지금 여기서는 그의 제자 자금뇌가 말하기를, 공자는 "오불시, 고예."(吾不試, 故藝)라고 말했다 했습니다. 이렇게 연결시켜 보면, 이 말의 의미는 공자가 자신의 수양을 위해 학문을 한 것이지, 자신의 재능을 드러내 보이거나 공명을 취하기 위하기 위한 수단으로서 학문을 한 것이 결코 아니었다는 것입니다. 진한 시대 이후의 유가들이 대부분 공맹 사상을 출세 수단으로 삼아 공명을 취했는데, 이는 진정한 공자의 정신이 아닙니다. 공자는 스스로를 위해서 학문 했지, 부귀공명을 얻는 수단으로 한 것이 아니었기 때문에, 그의 학문은 최고의 예술적 경지에 도달했던 것입니다. 요즈음은 공부하여 진학하는 것이 장래에 직업을 구하고 출세하기 위한 것이기 때문에, 책을 읽어도 예술적 경지가 없고 고통스럽기만 합니다. 옛날 우리가 공부할 때, 예컨대 나 같은 경우는 불학佛學과 선禪을 연구하기 좋아했는데, 당시로서는 시대에 역행하는 것으로서 거들떠보는 사람도 없는 골동품 같은 학문이었지만, 내가 좋아하고 재미가 있었기에 열심히 배웠습니다. 나더러 정치나 금융 혹은 경제를 배우라고 했으면 아마 죽어도 잘 배우지 못하고, 동그라미 치는 것도 잘하지 못해 10,000원을 동그라미 하나 더 쳐 100,000원으로 했을지도 모릅니다.

그런데 예전에 인기를 끌지 못하던 분야가 몇십 년이 지난 지금에 와서 이렇게 인기 있는 분야가 될 줄 누가 알았겠습니까? 정말 나는 생각지도 못했던 일입니다. 그런데 나는 당시 왜 이런 학문을 추구했을까요? 바로 나 자신을 위해서였습니다. 남의 요구에 의해서가 아니라, 내 자신이 흥미를 느꼈기 때문에 하지 않으면 안 되었습니다. 이러했기 때문에 아무 조건이 없고 제한이 없으며,. 이런 것을 배우면 밥 먹고 살 아갈 수 있을지 없을지도 고려하지 않았습니다. 밥이 없으면 죽 먹으면 되고 죽이 없으면 굶으면 되는데, 누가 그렇게 많은 것을 따져 보겠습 니까! 반드시 이런 정신이 있어야 비로소 학문을 깊이 파고들 수 있고, 그래야 학문한다고 할 수 있습니다. 그러므로 이것으로 미루어 볼 때, 공자의 "오불시, 고예"吾不試, 故藝라는 말의 내용들을 대체로 알 수 있습 니다.

다음에는 공자의 진정한 학문 수양의 경지를 말합니다.

공자께서 말씀하셨다. "내가 아는 것이 있겠는가? (솔직히 말해, 나 는 조금의 학문도 없어서) 아는 것이 없다. (만일 교육을 받지 못한) 비천한 사람이 내게 와서 어떤 문제를 물(었을 때 내가 알맞은 답을 할 수 없)으면 (그 때는 어떻게 할까?), 나의 주관이나 선입견을 가지지 않고 빈 마음으로, 그가 문제를 제기한 동기를 반문하고 그의 상대적인 생각의 정반正反 양면을 연구하여 결론을 내려 준다.

(그러므로 나에게는 학문이랄 것이 없다. 묻는 사람에게 대답을 해 주는 것이 아니라, 그 사람이 자신의 의견을 제시하여 나에게 물었을 때 내가 그를 대신해서 정리하여 결론을 내려 주는 것일 뿐이다)"

子曰：吾有知乎哉? 無知也。有鄙夫問於我，空空如也，我叩其兩端
자 왈 오 유 지 호 재   무 지 야   유 비 부 문 어 아   공 공 여 야   아 고 기 양 단
而竭焉。
이 갈 언

이것은 공자의 진정한 수양으로, 특히 앞에서 말한 "무의毋意, 무필毋 必, 무고毋固, 무아毋我"의 도리를 반영하고 있습니다. 공자는 이렇게 말 합니다. "너희들은 내가 진정으로 학문이 있다고 생각하느냐? 솔직히 말하는데, 나는 조금의 학문도 없어 아무것도 모른다. 교육을 받지 못한 사람이 와서 내게 무엇을 물으면, 나는 그저 빈 마음으로 그의 아는 정 도와 묻는 것에 따라 내가 아는 바대로 대답한다. 만일 비천한 사람이

내게 와서 어떤 문제를 물었을 때 내가 알맞은 대답을 할 수 없다면, 그 때에는 어떻게 해야 할까? 나의 주관이나 선입견을 가지지 않고 그가 문제를 제기한 동기를 반문하고, 그의 상대적인 생각의 정반正反 양면을 연구하여 그에게 결론을 내려 준다(叩其兩端而竭焉). 그러므로 나에게는 학문이랄 것이 없다. 묻는 사람에게 대답을 해 주는 것이 아니라, 그 사람이 자신의 의견을 제시하여 나에게 물었을 때 내가 그를 대신해서 정리하여 결론을 내려 주는 것일 뿐이다."

　교육도 본래 이런 것이고 진정한 학문 수양도 이런 것입니다. 지식의 최고처는 바로 무지無知로서, 한결같이 평온하며 주관이 없어서 먼저 어떤 것이 존재하지 않는 것입니다. 이것이 최고의 학문 경지입니다. 공자만 이러했던 것이 아니라, 세계의 많은 대종교가·교주·철학자들도 모두 이와 같았습니다. 그리스 제일의 철학자이자 '서양의 공자'라 불리는 소크라테스도 공자와 마찬가지로 가난한 집안 출신이었으며 박학다식했습니다. 행위나 사람됨도 공자와 비슷했는데, 그는 이렇게 말했습니다. "당신들은 나를 학문이 있는 사람으로 보지만, 정말 우스운 얘기입니다! 나는 아무것도 모릅니다." 이것은 정말이었습니다. 석가모니도 이런 말을 한 적이 있었습니다. 그는 열아홉 살에 왕위를 버리고 출가 수도하였으며, 서른두 살에 가르침을 전하기 시작하여 여든한 살에 죽었습니다. 그는 49년 간 가르침을 전한 후 마지막에 스스로 결론지어 말하기를, "나는 이 49년 동안 한 글자도 말한 적이 없고, 한마디 말도 한 적이 없다."고 했습니다. 진리는 언어 문자로 표현할 수 없는 것입니다.

　우리가 한 걸음 물러나 보면, 공자가 말한 무지無知는 이른바 "통에 물이 반만 차면 소리가 나지만, 가득 차면 소리가 나지 않는다."는 속담과 같습니다. 학문이 충실해지면 자신이 무지하다고 느껴지고, 진정으로 자신에게는 아무것도 없다고 여겨집니다. 텅텅 비어 아무것도 없는 것이 학문이 있는 진정한 경지입니다. 만일 어떤 사람이 자신에게 대단한 학문이 있다는 것을 드러낸다면, 말할 필요도 없이 그 사람은 통에 물이 절반만 찬 것입니다. 무예를 배우는 사람을 보면 쉽게 알 수 있듯이 수련이 제대로 되지 않은 사람들은 손찌검하기를 좋아하는데, 그것은 근골이 부풀어 올랐기 때문이지 고의가 아닙니다. 그렇지만 제대로 수련이 된 사람은 서 있는 모습이 부는 바람에 쓰러질 것 같아도 그의 따귀를 때리면 피할 줄 알기에 절대로 손을 쓰지 않습니다. 학문도 마찬가지여서, 어떤 사람이 학문이 가득한 것처럼 보이면 그것은 바로 유한회사有限會社입니다. 그러므로 공자의 이러한 모습은 학문 수양이 성취된 진정한 경지입니다.

다음은 공자가 만년에 한 탄식입니다.

공자께서 (만년에 시대를 탄식하여) 말씀하셨다. "봉황새도 날아오지 않고, 황하에서는 하도河圖도 나오지 않으니, (훌륭한 시대가 다시 출현하지 않을 것이다. 변란의 시대를 구해 내어 태평시대를 이룩하고 싶었지만 이미 나이가 많아 해낼 수 없다는 생각이 든다) 나도 이제 끝났나 보다!"

子曰:鳳鳥不至, 河不出圖, 吾已矣夫!
자 왈 봉조부지   하불출도   오이의부

이는 시대를 탄식한 것으로, 공자는 자신에게 희망이 조금도 없다고 생각했습니다. 그의 희망은 자신에 대한 것이 아니라 시대에 대한 것으로, 시대를 구해낼 수 없음을 탄식한 것입니다. 전통 문화에는 몇 가지 기이한 것들이 있는데, 용·봉황·기린 같은 것입니다. 우리 문화는 용의 문화입니다. 황제黃帝시대에는 용의 관념에 대해 대단히 중시했을 뿐만 아니라, 지금까지도 계속 전해져서 용이 우리 문화의 상징이 되었습니다.

여기에 문제가 하나 있습니다. 서양인들은 성경에 근거해서 용을 악마라고 생각하기 때문에, 어떤 교파에서는 집안에 용의 그림이나 모형물을 두는 것을 허용하지 않습니다. 뿐만 아니라 그들은 첫째, 황화(黃禍: 황인종의 발흥을 두려워하는 서양인들의 주장)는 원나라에서 비롯되었다고 생각합니다. 둘째, 동양의 이 악마가 황화黃禍로 서양에 온 것이라고 생각합니다. 이것이 서양 문화의 비밀입니다.

과거에 영국인은 이미 100년 동안 실험을 하여 중국의 고아와 영국의 고아를 결혼하도록 촉진하였습니다. 결과적으로 제1대가 태어났는데, 눈동자가 까맣게 변했습니다. 제2대에서는 머리털이 까맣게 변했고, 제3대에 이르자 피부도 노랗게 변했습니다. 어떤 식으로 배합 시켜도 모두 그러했습니다. 그래서 서양인들은 중국적인 것들을 보면 내심으로 늘 경계하고 있습니다. 우리는 이에 대해 알아야 합니다. 그래서 서양의 정치계 인물이나 지식인들은 비록 우리 문화에 대해 탄복하지만 내심으로는 여전히 곳곳에서 우리를 경계하고 있습니다. 서양인들에게 이런 생각이 있기 때문에 용을 두려운 것으로 여기고, 국내의 어떤 교파인들도 이런 잘못된 관념을 가지고 있습니다.

또 서양 문화의 어떤 일파는 우리의 용을 공룡이라고 생각하는데, 이 역시 틀린 것입니다. 나는 자주 서양인 친구들에게 공룡을 우리 문화의 용이라고 생각하지 말라고 이야기합니다. 그럼 우리 문화의 용은 도대체 있었을까요, 없었을까요? 우리 자신들도 확실히 모르겠습니다. 역사상 용을 한 마리 전체로 본 적이 있다는 사람은 하나도 없습니다. "용의 머리가 보이면 꼬리가 보이지 않는다."(神龍見首不見尾)고 하여, 용의 머리만 보았다거나, 꼬리만 보았다거나, 몸통만 보고 머리와 꼬리는 보지 못했다는 식으로 말들을 합니다. 그러므로 공룡을 우리네 용으로 여기는 것은 큰 웃음거리입니다.

어쨌든 이런 동물이 실제로 있었는지 없었는지는 상관하지 말기로 합시다. 용은 단지 중국 문화의 정신을 상징하는 동물일 뿐입니다. 무엇을 상징할까요? 『역경』에서 말하는 여덟 자로서 "변화무상, 은현막측"變化無常, 隱顯莫測입니다. 바로 이 때문에 전통 문화는 공자가 광 지방에서 위기에 처했을 때의 그런 자신감이 있어서 영원히 쓰러지지 않고 영원히 일어설 수 있습니다. 왜 용을 상징으로 삼았을까요? 용은 공중을 날 수 있고 땅을 길 수 있으며 물속을 헤엄칠 수 있는 동물로서, 크게는 우주를 가득 채울 수 있고 작게는 머리카락처럼 가늘어질 수 있는 것, 이게 바로 우리의 용인데, 우리 문화는 바로 이 용을 닮았기 때문입니다.

봉황도 용과 마찬가지인데, 그림으로는 꿩 비슷하게 생겼습니다. 하지만 지금껏 봉황을 본 사람은 없습니다. 단지 전설상으로, 천하가 태평하면 성인이거나 철인인 황제가 출현하는데, 그 때 봉황도 한번 출현한다고 합니다. 그래서 공자는 봉황을 비유로 삼아 그 시대를 탄식한 것입니다. "봉황새도 날아오지 않는다."(鳳鳥不至)라는 말의 함의는 요즈음 식으로 말하면 "이 시대는 우리들의 것이 아니다!"라는 말과 다름이 없습니다.

"황하에서는 하도河圖도 나오지 않는다."(河不出圖)란 말은 무슨 뜻일까요? 고대 문화의 기원은 『역경』 팔괘인데, 전설에 의하면 황하에서 한 마리의 용이 출현하여 등에 그림을 업은 한 필의 말로 변했는데 이 그림을 하도河圖라고 하며, 이 하도가 곧 팔괘의 기원이 되었습니다. 또, 낙서洛書란 것이 있습니다. 우 임금이 치수할 때 천문 지리 공정(工程)을 계산할 방법이 없었는데, 뒷날 낙수洛水에서 흰 거북 한 마리가 그림 한 장을 업고 나왔습니다. 우 임금은 그것을 보고 수학의 최고 원리를 발견했고, 그 결과 공정의 구조를 계산해 내어 홍수를 다스렸습니다. 이리하여 하도와 낙서는 전통 과학과 철학을 선도하게 되었습니다.

여기서 공자는 바로 봉황이 날아오고 하도가 나오는 훌륭한 시대가 다시 출현하지 않을 것이라고 탄식한 것입니다. 다시 말하면, 그는 변란의 시대를 구해 내어 태평시대를 이룩하고 싶었지만 이미 나이가 많아 해낼 수 없다는 생각이 든 것입니다. 공자는 자신의 훌륭한 문화적 수양과 올바른 실천 행위를 통해 역사와 시대를 구하려고 그처럼 열성적으로 온 마음을 다했지만, 시간이 이미 자신에게 속하지 않으며 힘이 모자라 뜻대로 되지 않은 것을 느끼고 크게 탄식했음을 이 단락에서 볼 수 있습니다.

행동심리학

다음에서는 다시 공자의 품행과 도의를 서술합니다.

공자께서는 상복을 입은 사람이나 관복을 갖춰 입은 사람이나 맹인을

보게 되면, 비록 그가 젊은이라 하더라도 반드시 표정이 엄숙해지셨고, 그들 앞을 지나게 되면 반드시 걸음을 빨리하셨다.

子見齊衰者 , 冕衣裳者 , 與瞽者。見之 , 雖少必作 , 過之必趨。
자견자최자　면의상자　여고자　견지　수소필작　과지필추

　이 몇 가지 일은 문자상으로 보면 평범해서 대부분의 사람들이 할 수 있는 것들로 보입니다. 그런데 공자에게 무슨 특별한 점이 있었을까요? 깊이 연구해 보면 다른 점이 있다는 것을 느낍니다. 이 단락은 공자의 사람됨이 정성스럽고 공경스러웠음을 말하고 있습니다. 특히, 그는 위의 세 부류 사람에 대해서는 유달리 엄숙했습니다. "면의상자"冕衣裳者의 '면'冕은 머리에 쓰는 관이며, '면의상자'冕衣裳者란 고대에 정사를 맡아본 고위 관리로, 이른바 귀인을 말합니다. 고대 의복에는 상의와 하의가 있었는데, '의'衣는 상의上衣이고, '상'裳은 하의下衣로서 치마 같은 것이었습니다. 남녀 모두 치마 같은 하의를 입었는데, 후세에 이르러 바지로 변했습니다. 우리가 공자의 조각상에서 볼 수 있듯이, 고대의 의복은 긴 두루마기가 무릎까지 내려왔는데, 다시 그 밑으로 내려온 부분이 '상'裳입니다. 면의상冕衣裳은 고대에 정권을 잡은 고위 관리를 나타냅니다. '고자'瞽者는 맹인입니다.

　공자는 이 세 부류의 사람들을 보면, "비록 그가 젊은이라 하더라도 반드시 표정이 엄숙해졌습니다."(雖少必作). 여기서 '소'少자는 젊다는 뜻입니다. 과거에 유가 사상을 논했던 사람들은 이 少자는 인쇄가 잘못된 것으로 坐(좌)자가 맞는 것이라면서, 공자는 앉아 있다가도 반드시 일어섰다고 말했습니다. 주희가 주석한 사서四書에도 이렇게 해석하여, 공자는 이 세 부류의 사람들을 보면 앉아 있다가도 엄숙하게 일어섰다고 말하고 있습니다. 그러나 사실은 이 글자를 고칠 필요가 없습니다. 少는 少로, 그 뜻은 공자가 이런 세 부류의 사람들을 보면 그 사람의 나이가 많고 적음을 상관 않고 반드시 作(작)했다는 것입니다. 作은 얼굴표정이 바뀌는 것으로, 즉 태도가 엄숙해지는 것입니다. 상복을 입은 사람(齊衰者)을 보면 동정했고, 집정자를 보면 오늘날 우리가 국기를 보는 것처럼 반드시 경의를 표했으며, 맹인을 보면 불쌍히 여겼습니다. 공자는 이런 사람들에 대해 몹시 엄숙해서, 그들의 나이에 상관없이 만일 그들 앞을 지나게 되면 반드시 빨리 지나갔습니다(過之必趨).

문자대로 풀면 이런 해석입니다만, 그 의미를 한층 깊이 살펴보면, 공자는 왜 이 세 부류의 사람을 보면 태도가 변했을까요? 게다가 왜 이 책에 특별히 기록해 두어 이것이 공자의 훌륭한 점이라고 지적하는 것일까요? 자세히 연구해 보면 심리적인 관념이나 개인의 도덕적 수양과 관계가 있습니다. 오늘날 '행동과학' 또는 '행위심리학'이라 부르는 새로운 분야의 학문이 있는데, 이런 새로운 과학의 관점에서 분석해 보면 사람의 개성은 그 사람됨, 일할 때의 생각, 재능과 모두 관계가 있습니다. 이를 통해 연구해 보면 한 가지 이치를 알아낼 수 있습니다.

평소에 거리에서 마주치는 장례 행렬을 보면, 예법이 이도 저도 아니고 엉망인데다 예를 갖추지도 않아, 사람들이 장례에 대해 경건한 마음을 가질 수 없게 되어 버립니다. 그에 따라 사람들은 죽은 사람에 대해 애도의 마음도 별로 가지지 않게 되고 심지어는 장례행렬을 싫어하게 됩니다. 이것은 사람들 개인의 마음이 그렇게 되었기 때문이 아닙니다. 사실은 사회 풍조가 예의를 어지럽혀 놓았기 때문입니다.

예전에는 상갓집 대문에 당대사當大事 · 제중制中 · 엄제嚴制 · 자제慈制 같은 글이 쓰인 흰 종이가 붙어 있었습니다. 오늘날 사람들은 아마 대부분이 이해하지 못할 것입니다. 전통적인 예의는 인생 철리를 중시하여, 본래부터 사람이 태어나고 죽는 것을 하나의 큰 일로 여겼는데, 태어나서 죽기까지의 인생 과정 중에 정말 하나의 큰 일입니다. 그래서 집안에 죽은 사람이 있으면 큰 일을 당했다(當大事)고 했습니다. '제중'制中은 장례를 치르고 있는 중이라는 뜻입니다. 평소에는 아버지를 '엄'嚴이라 하고, 어머니는 '자'慈라고 합니다. 그래서 '엄제'嚴制는 부친상을 입었다는 것이고, '자제'慈制는 모친상을 입었다는 것입니다.

옛날 우리들은 상가喪家를 보게 되면 경건한 마음을 가지고 그 집 문앞에서는 감히 떠들지 못하도록 배웠습니다. 여기에는 두 가지 의의가 있습니다. 그 하나는 전통적으로 장례에 대해 본디부터 경건했다는 것이며, 다음으로는 개인의 동정심을 나타내는 것으로 변고가 발생한 것을 애도한다는 것입니다. 예전에 농촌에서는 어느 집에 상사가 있게 되면 이웃·친척·친구들이 모두 자발적으로 가서 도와주었습니다. 상을 당한 자식들의 비통한 심정을 생각하여, 그들이 다른 일에는 마음을 쓰지 않도록 배려하는 것이었습니다. 그런데 지금은 상가에 문상 가는 일이 재미있는 일로 변해 버렸습니다.

지난날 우리가 공부할 때는 또 이런 교육도 받았습니다. 아무리 높은 지위와 큰 관직에 있더라도 고향에 돌아와 조상의 묘나 사당 앞을 지나갈 때는 백 걸음 정도 떨어진 곳에서 말을 탄 사람은 내리고, 가마를 탄 사람은 가마에서 내려 걸어서 지나가고, 배를 탄 사람은 배에서 일어서야 했습니다. 백 걸음 정도 지난 다음에야 다시 말을 타거나 가마에 오를 수 있었는데, 절대로 말이나 가마를 탄 채 조상의 무덤이나 사당을 지나갈 수 없었습니다. 이것을 어겼다가는 남에게 욕을 먹거나 경멸을 받았습니다.

또, 우리가 어렸을 때는 집안에서 부모나 어른들이 자기 앞을 지나가면 반드시 일어서서 양 손을 맞잡고 인사해야 했습니다. 내 경험으로는 나이가 수십 세가 되어서도 고향에 돌아오면 이렇게 했습니다. 지금도 아버님을 생각하면 마음속에 일종의 경외심이 생깁니다. 불과 수십 년 전부터 학제가 소위 양학당으로 바뀌어, 이런 예의가 다 폐지되어 버렸습니다. 그래서 오늘날 우리의 국민 예의는 우스꽝스럽게 변해서, 전통적인 예의도 없어져 버렸고 서양 예의도 모릅니다.

이 단락에서는 공자가 예의를 중시했음을 말하고 있습니다. 그는 상을 당한 사람을 보면 애도의 마음이 생겼고, 따라서 태도도 숙연해졌습니다. 다음으로, 면의상冕衣裳, 즉 관복을 입은 관리들에 대해서는 왜 그렇게 했을까요? 관리의 제복은 국가체제를 나타내었기 때문인데, 마치 오늘날 우리가 국기를 보면 자연히 엄숙해지는 것과 같습니다. 맹인(瞽者)은 곧 불쌍한 사람을 말하는데, 범위를 확대하면 모든 장애인들이 포함됩니다. 공자는 이런 사람들을 보면 마음이 자연히 숙연해졌습니다.

겉으로 보면 이런 것은 작은 일로 별로 중요하지 않지만, 이런 것을 통해 한 사람의 학문과 사람됨의 수양이 어느 정도에 도달했는지 알 수 있습니다. 어떤 사람은 남의 고통을 보고 동정심이 조금도 없고, 심지어는 마치 어린아이가 불에 타서 죽어 가는 쥐를 보고 곁에서 박수치고 환호하듯 하는데, 행동과학으로 말하면 이것은 일종의 어떤 심리일까요? 공자는 불쌍한 사람들을 보면 엄숙히 일어섰을 뿐만 아니라, 반드시 몇 걸음 빨리 걸어가(過之必趨) 감히 더 보려 하지 않았는데, 이것은 바로 그의 심리적 수양을 드러내는 것입니다.

보이지 않는 정수리

다음에는 공자에 대한 안회의 찬탄을 인용하고 있습니다.

안연이 (공자에 대한 숭배와 존경심을) 한숨지으며 말하였다. "우러러볼수록 더욱 높고, 뚫을수록 더욱 단단하며, 바라보면 앞에 계시는 듯하더니, 홀연히 뒤에 계신다. (사람됨이 숭고하고 위대하며, 평범하면서도 종잡을 수 없는) 선생님께서는 차근차근 사람을 잘 유도해 주시어, (다방면의) 지식(文)으로써 우리를 넓혀 주시고, 예(禮)(의 문화 사상으)로써 (중심을 세워) 우리를 단속해 주신다. 그만두려 해도 그만둘 수 없어, 나의 재능을 다하고 나니, 자신 속에 우뚝 선 바가 있는 듯하다. 비록 선생님이 가시는 길을 따르고자 하나, 찾아 들어갈 수가 없다."

顏淵喟然嘆曰：仰之彌高，鑽之彌堅，瞻之在前，忽焉在後。夫子循
안연위연탄왈 앙지미고 찬지미견 첨지재전 홀언재후 부자순

循然善誘人。博我以文，約我以禮。欲罷不能，旣竭吾才，如有所立卓
순연선유인 박아이문 약아이례 욕파불능 기갈오재 여유소립탁

爾，雖欲從之，末由也已。
이 수욕종지 말유야이

이것은 안회가 공자를 숭배하고 존경하는 마음을 나타낸 논평입니다.

"안연이 한숨지으며 말하였다."(喟然歎曰)에서 '위'喟자는 한숨짓는다는 뜻입니다.

지금부터 2백여 년 전에 살았던 재자才子 김성탄金聖歎은 널리 알려진 사람입니다. 그는 『삼국연의』·『서상기』西廂記 등에 대해 독특한 견해로 평론했습니다. 그의 이름은 김위金喟라 했고, 또 성탄聖歎이라고도 했습니다. 전하는 바에 의하면 그의 성은 장張씨였고, 김 씨가 아니었다고 합니다. 그에게 왜 이런 이름이 지어졌을까요? 김성탄이 태어날 때 그의 조부가 대청에서 초조하게 기다리고 있었다고 합니다. 당시 대청에는 공자상이 한 폭 걸려 있었는데, 갑자기 그림 속의 공자가 한숨을 쉬며 탄식하는 소리가 들렸습니다. 바로 그 때 계집종이 안에서 나와 손자 도련님이 태어났다고 보고했습니다. 조부는 마음속으로 몹시 괴로웠습니다. 손자가 태어났는데 공자가 한숨을 쉬며 탄식하다니, 이 손자는 장래에 문제가 있을 것이란 느낌이 들었습니다. 그래서 김위金喟라고 이름짓고, 또 성탄聖歎이라고도 했다고 합니다. 이것은 전설인데, 여담으로 이야기해 보았습니다.

안회는 공자를 "우러러볼수록 더욱 높다."(仰之彌高)고 찬탄했습니다. 고개를 들어 보면 볼수록 높다는 것입니다. 훗날 인도에서 전해진 불교 문화에서 석가모니에 대해서도 이와 비슷하게 표현한 것이 있었습니다. 불경에서는 석가모니에게 일반인과 다른 서른두 가지 특수한 모습(三十二相)이 있다고 했는데, 그 중 한 가지가 "정수리의 모습을 보지 못한다."(不見頂相)는 것입니다. 불교도들은 불경을 연구하면서 이 구절이 재미있다고 생각했습니다. 처음 연구할 때 어떤 사람들은 석가모니가 왜 정수리의 모습이 보이지 않았는지 이상하게 생각했는데, 뒷날 책을 많이 읽고 나서야 알게 되었습니다. 그래서 언젠가 한 사람이 내게 왜 석가모니의 정수리가 보이지 않았는지를 물었습니다. 나는 "만일 그의 정수리가 보이지 않는다면 그건 부처가 아니라 요괴이니 마땅히 타도해야 한다."고 말했습니다. 사실은, "정수리의 모습이 보이지 않는다."는 것은 곧 "우러러볼수록 더욱 높다."는 뜻으로 매우 숭고하다는 말입니다. 일부 불교도들이나 불학을 연구하는 사람들은 이 말을 사실로 여겨 석가모니는 정수리 뼈가 없다고 하는데, 이 말이 한없이 숭고하고 위대하다는 뜻의 표현인 줄 전혀 모르고 하는 말입니다.

"뚫을수록 더욱 단단하다."(鑽之彌堅)는 말은 공자의 인격과 학문의 조예가 깊고 두터워 파고들수록 깊고 단단하다는 것입니다. "바라보면 앞에 계시는 듯하더니, 홀연히 뒤에 계신다."(瞻之在前, 忽焉在後). 이 말을 글자대로 해석한다면 공자는 은신술이 있어 무협소설로 치면 공부가 높아 붙잡을 수 없다는 말 같습니다. 마치 태극권이나 팔괘권八卦拳의 내공內功이 절정에 도달하여 앞에 있는 모습을 보고 쫓아가도 따라잡을 수 없는데, 다시 보니 홀연히 뒤에 서 있다는 말 같습니다.

그러나 위의 네 마디를 묶어 한마디로 해석하면, 바로 "이 사람은 종잡을 수 없다."는 것입니다. 그의 학문이 도대체 얼마나 깊은지, 인격은 도대체 얼마나 숭고한지 헤아릴 방법이 없기 때문에, 이 네 마디의 문학적인 경지로 묘사하여 공자의 위대함을 갈수록 볼 수 있다는 것입니다. 이것은 안회가 공자를 따라다니면서 느낀 공자에 대한 찬탄이자 결론입니다. 예컨대 서양인들이 예수에 대해 그렇게 했듯이, 사람들은 한 철학자나 어떤 민족 문화의 위대한 성인을 존숭한 나머지 나중에는 그를 종교적으로 신격화시키고 종교의 외피를 입혀서, 마치 정수리를 만질 수 없는 것처럼 성인의 경지를 너무나 높이 떠받드는 잘못을 범하는데 실제로 그분들은 그랬을까요?

우리는 다음과 같은 점에 유의해야 합니다. 세상에서 가장 훌륭한 사람은 사실은 가장 평범했다는 점입니다. 우리가 시골의 촌스런 농부나 성실한 사람을 찾아내어 연구해보면, 진정으로 평범한 사람이 바로 위인임을 발견할 수 있습니다. 그러므로 학문이 훌륭한 사람은 자기가 가장 평범한 사람이라고 말합니다. 만일 그가 자신을 평범하지 않다고 느낀다면, 스스로 자신을 훌륭하다고 인정하는 잘못을 범하게 되고, 이런 심리가 있다면 이 사람의 수양은 한계가 있음을 알 수 있습니다. 진정으로 훌륭한 사람은 가장 평범한 사람으로 보이기 때문에, 철학적인 관점에서 "큰 지혜는 어리석음과 같다."(大智若愚)는 말이 있습니다. 참으로 학문 수양을 하는 사람은 학문이 절정에 다다르면, 자신은 아주 평범하고 보통의 사람이어서 도무지 특별한 것이 없다고 생각하게 되는데, 이 경지가 바로 안회가 공자를 논평한 이 네 마디에 표현되어 있습니다.

반으로 줄어든 스승의 덕

안회는 이어서 공자가 사람을 교육시키는 태도에 대해, "선생님께서는 차근차근 사람을 잘 유도해 주신다."(夫子循循然善誘人)고 말합니다. 여기서 '순순'循循이라는 두 글자에 유의해야 합니다. '순'循은 차근차근 나아가는 것입니다. 교육만 이럴 뿐만 아니라 바른 사람으로서의 처세도 이러해서, 이론을 말하기는 쉬워도 실제 해 보면 어렵습니다. 학교에 있다 보면 학생을 가르치는 일이 몹시 싫증나게 느껴질 때가 자주 있고, 때로는 마음속으로 "아직도 이해 못하니? 정말 멍청하구나!" 하는 생각이 들기도 합니다. 우리가 이런 심리가 일어날 들 때면 역시 나는 공자가 못 되는구나 하고 느끼게 됩니다.

안회는 여기에서 공자는 학생들에게 이런 식으로 화를 내지 않았다고 말합니다. "선생님께서는 차근차근 사람을 잘 유도해 주신다." 교육은 유도誘導하는 것입니다. 동양이나 서양이나 마찬가지입니다. 유도한다는 것은 무슨 말일까요? 이것은 듣기 좋은 말이고, 솔직히 말하면 사람을 속이는 데 지나지 않는 것인데, 선의로 속이는 것입니다. 어린애가 성냥을 가지고 노는 것은 아주 위험한 일인데, 가지고 놀지 말라고 하면 아이는 기어코 가지고 놀려고 할 것입니다. 그럴 경우 재빨리 다른 장난감을 주어 다른 장난감이 더 재미있다고 느끼도록 유도하여 성냥을 빼앗는 것과 같습니다. 이것이 바로 "순순선유"循循善誘로서 선의로 속여서라도 잘 가르치는 것입니다.

교육에서뿐만 아니라 더 나아가 여러분들이 지도자가 되어 정치에 종사할 때에도 "순순연선유인"循循然善誘人을 실천해야 합니다. '순순연'循循然은 상대의 의지에 따르고 개성에 따르고 도리에 따르되, 상대를 데리고 한 바퀴 돌아서 올바른 길로 데리고 가는 것입니다. 인성人性도 반드시 이렇게 인도해야 합니다. 그래서 공자의 사상이 점점 발전하여 맹자에 이르러서는 인성을 막아서는 안 된다고 주장했습니다. 남에게 "하지 마라! 안 돼!" 하고 말하면, 그는 더 하고야 말 것입니다. 특히, 어린이를 교육할 때에는 하지 말라고 하면 어린이는 반항하기 마련입니다. 어린이들은 반항심을 느끼더라도 표면상으로는 당신이 부모나 선생이기에 말을 듣습니다. 그러나 마음속으로는 반감을 품는데, 심리학적으로 보면 이런 반감이 누적되면 결국 그 아이는 모든 사물에 대해 반항적인 생각을 가지게 됩니다. 억압을 많이 받은 어린이일수록 반항도 크기 때문에, 방법을 생각해 내어 차근차근 잘 유도해야 합니다.

물론, 때로는 예외도 있습니다. 군대에서 병사들을 이끄는 경우에는 사실상 많은 이유를 댈 수가 없습니다. 명령은 명령일 뿐이어서 병사에게 어떤 일을 시키더라도 이유를 댈 수가 없습니다. 왜냐하면 전쟁터에서는 이렇게 하지 않으면 안 되기 때문입니다. 공자가 말했듯이 "어떤 일에 있어서는 백성들로 하여금 따라오게 하면 되지, 그 까닭을 알게 할 수는 없습니다."(民可使由之, 不可使知之). 그렇지만 평소의 교육에서는 차근차근 사람을 잘 유도해야 합니다. 젊은이들에 대해 느낄 수 있는 일이 하나 있는데, 그들은 금지하는 책일수록 몰래 본다는 것입니다. 그러므로 차근차근 잘 유도하는 것은 교육의 큰 원칙입니다. 방법을 어떻게 운용하느냐 하는 것은 용병술처럼 운용의 묘가 이 한 마음에 달려 있습니다.

공자의 교육은 피교육자의 생각과 품격에 따라 가르침을 베풀며, 억지로 시키거나 억압하거나 막거나 하지 않고 그에게 문을 가르쳐 주어 안으로 들어가도록 유도하는 것입니다. 그런데 어떻게 유도해야 할까요? 어떻게 그를 속일 수 있을까요? 안회는 공자가 "지식으로써 우리를 넓혀 주시고, 예로써 우리를 단속해 주신다."(博我以文, 約我以禮)고 했습니다. 이른바 인문적인 학문이란 바로 이 두 마디를 가리킵니다. "지식으로써 넓힌다."博我以文는 것은 무엇일까요? 지식이 해박해야 한다는 것입니다. 나는 늘 느끼는데, 오사 운동 이후 백화문의 유행은 오늘날의 교육에 큰 공헌을 했습니다. 지식이 크게 보급되어 오늘날의 청년들은 지식이 해박한데, 이것이 "박아이문"博我以文입니다. 그 밖에도 오늘날은 대중매체가 발달하여, 가정마다 텔레비전이 있고 사회적으로는 영화·신문·간행물·방송 등 각종 지식 전파 수단이 많습니다. 그리하여 오늘날 십여 세 된 청소년들은 우리가 예전에 2, 30세 되었을 때보다도 상식이 더 많습니다. 예전에 우리는 책은 많이 읽었지만, 일반 지식에 대해서는 별로 몰랐습니다. 시골에서 나와 처음 비행기와 기선을 보고는 각각 비륜기飛輪機·화륜선火輪船이라고 불렀습니다. 오늘날은 7, 8세 된 아이들조차도 우주를 압니다.

그러나 지식이 해박해질수록 학문은 없어져, 그 다음에 나오는 "예로써 단속한다."(約我以禮)고 하는 함양이 부족합니다. "박아이문"博我以文의 '문'文은 문자에 국한되는 것이 아니라, 일체의 지식을 포함한다는 것을 이해해야 합니다. 지식은 해박해야 합니다. 그러나 지식이 해박한 사람일수록 생각에 중심이 없습니다.

그래서 과거 중국 정치 지도자에게는 한 가지 비밀이 있었습니다. 물론 이것은 역사에 기록되어 있지 않은 것인데, 어느 황제든 자식에게 전수해 주지 않았습니다. 이 비밀은 무엇일까요? 황제는 당연히 지식이 많은 사람, 해박한 사람을 신하로 채용했지만, 앞사람이 이룩해 놓은 것을 잘 지켜 나갈 신하로는 학식은 많지 않지만 성실한 사람을 찾았다는 것입니다. 이런 사람이야말로 믿음직했기 때문입니다. 대체로 지식이 해박한 사람일수록 중심 사상이 없기 때문에 믿을 수 없습니다. 황제는 이런 사람들에게 높은 직함을 주기는 했지만 실제적인 행정 권력은 주지 않았습니다. 지식이 많은 사람은 좋은 것을 나쁘게 말할 수 있고 나쁜 것도 좋게 말할 수 있습니다. 지금 사람들이 논리를 말하기 좋아하면서 일종의 서양식 사고방식을 철학으로 말하고 있는 것과 같습니다.

예를 들어 법리학法理學의 입장에서 보면, 우리가 좀도둑을 붙잡았다면 경찰서에 보내는 것이 당연합니다. 그런데 당신이 그 좀도둑을 한 대 때렸다면, 그는 상처의 진단을 요구하면서 당신을 상해죄로 고소할 수 있습니다. 그는 자신이 좀도둑질한 것은 법을 위반한 것이지만, 당신이 자기를 때린 것은 인권을 침해한 것이라고 합니다. 적어도 확정 판결 전까지는 자신이 한 피의자에 불과할 뿐인데, 당신이 자기를 때린 것은 인권을 침범한 것으로 상해죄를 범했다는 것이지요. 법률 논리대로라면 이것은 맞습니다. 그러나 또 다른 일면에서 말하면 선은 곧 선이고 악은 곧 악이어서, 나쁜 사람은 마땅히 때려주어야 하며, 그에게는 이런 것을 따지지 않아도 됩니다.

예를 들면, 오늘날 우리는 인권을 말하지만 어떤 사람들은 인권·자유·평등을 그들의 무기로 삼습니다. 이는 다시 말해 논리만을 맹목적으로 따르는 나쁜 점이자, "지식으로써 넓혀 주는"(博我以文) 교육의 폐단입니다. 그래서 "예로써 단속하는"(約我以禮) 교육으로 이 폐단을 고쳐야 옳습니다. 지식은 해박해야 되고, 사상에는 원칙이 있어야 합니다. 한 가지 전문분야에 정통한 길을 걸어가되, 사람됨과 처세에 있어서는 문화사상의 중심 정신을 유지해야 합니다. 이것이 안회가 공자의 교육 방법을 말한 두 번째 점이자 자신이 마음으로 터득한 바였다고 할 수 있습니다.

세 번째로, 안회는 공자의 교육을 받으면서 "그만두려 해도 그만둘 수 없다."(欲罷不能)는 느낌을 크게 갖게 되었다고 말했습니다. 그는 이따금 학문을 그만두고 더 이상 연구하지 않으려고 생각했지만, 마치 연애하다 그만둔 것처럼 미련이 남아 아무래도 포기할 수 없었다고 말하고 있습니다. "나의 재능을 다하고 나니, 자신 속에 우뚝 선 바가 있는 듯하다."(旣竭吾才, 如有所立卓爾)는 안회의 이 말은 다음과 같은 뜻입니다. "나 자신이 모든 재능과 힘을 다해 배우고 나니 성공적이면서 괜찮았다고 생각되었다. 마치 나 자신이 어떤 것을 하나 세운 듯 우뚝 서 있는 느낌이 들면서 선생님께 기대지 않고 의지하지 않아도 이제는 될 것 같다 싶다가도 결국 냉정히 반성해 보면 아직 멀었다."

안회는 이어서 말합니다. "비록 선생님이 가시는 길을 따르고자 하나, 찾아 들어갈 수가 없다."(雖欲從之, 末由也已). 비록 선생님의 길을 따라 걸어가고 그의 정신을 따르고자 해 보지만, 망망하여 두서가 없고 어떻게 걸어가야 할지 단서를 찾을 수 없다는 것입니다.

이상이 안회의 입을 통해 묘사된 공자의 모습인데, 공자의 사람됨이 숭고하고 위대하며, 평범하면서도 종잡을 수 없는 그런 사람이었다고 묘사하고 있습니다. 안회는 두 번째 점으로, 공자가 사람들을 교육시킬 때 매우 잘 유도했을 뿐만 아니라 다방면의 지식도 대단히 중시했고, 지식이 해박해진 다음에는 아울러 중심사상을 세우는 것도 중시했음을 말했습니다. 세 번째 점으로는, 안회 자신이 아무리 노력해도 여전히 공자를 따라잡을 수 없었다고 설명하고 있습니다.

여기서 우리는 선종의 백장대사百丈大師의 몇 마디 말이 연상됩니다. "견해가 스승과 같으면 스승의 덕은 절반으로 줄고, 견해가 스승을 넘어서야 비로소 전수해 줄 수 있다."(見與師齊, 減師半德, 見過於師, 方堪傳授). 선종대사의 제자로서 자격을 갖추려면 선생보다 고명해야 한다는 것을 말하고 있습니다. 백장은 학생의 학문과 견해가 선생과 같으면 선생은 이미 키가 절반은 작아진 것이라고 합니다. 왜일까요? 선생은 걸어 온지 이미 몇십 년이 되었으니, 이 학생은 벌써 선생이 몇십 년에 걸쳐 이룩한 수준에서 선생을 따르고 있기 때문입니다.

교육의 목적은 다음 세대가 그 앞 세대보다 훌륭하길 바라는 데 있으므로, 젊은 세대의 학문과 견해가 선생을 뛰어넘어야 비로소 제자로 삼을 수 있습니다. 내가 항상 느끼는 소감인데, 나이가 많은 우리 같은 사람들이 청년들을 이끌면서 다음 세대 청년들에게 기대하는 바는, 백장대사의 이 말처럼 뒤에 오는 청년들이 우리보다 낫기를 바란다는 것입니다. 왜냐하면 이 몇십 년 동안 국가와 민족의 시대적 운명이 너무나 비참했기 때문입니다. 한번은 내가 강연 때 운명이라는 문제를 이야기하면서 이렇게 말했습니다. "오늘날 청년들을 제외한 우리들 세대는 점을 쳐 볼 필요가 없습니다. 만일 여러분이 팔자를 점쳐 보고 싶다면, 나 자신을 포함하여 여러분들에게 이미 팔자(八字: 여덟 개의 글자—역주)로 논해 놓은 말이 있습니다. 곧, '생어우환, 사어우환'(生於憂患, 死於憂患: 우환 속에서 태어나 우환 속에 죽는다—역주)의 여덟 글자로서, 우리들 세대는 미래 세대의 기초로 깔리도록 운명 지어져 있습니다."

그러나 우리가 비애를 느낄 필요는 없습니다. 이것은 신성한 일입니다. 건축물은 기초가 튼튼하지 않으면 안 됩니다. 그래서 우리 세대는 자신이 미래 세대의 기초임을 분명히 알고 스스로를 튼튼히 세우고, 동시에 다음 세대가 우리 세대보다 훌륭하여 견해와 학식이 모두 우리를 뛰어넘을 수 있기를 희망해야 합니다. 이것은 우리 국가민족이 기뻐하며 축하해야 할 일입니다. 만일 미래 세대가 지금 우리들보다 못한 것을 알게 된다면 우리에게 무슨 희망이 있겠습니까? 그들이 지금의 우리들보다 뛰어나기를 바라야 합니다. 맹자는 "천하의 영재를 얻어 가르친다."고 말했지만, 견해가 스승을 뛰어넘는 청년들이야말로 바로 영재들인데 이런 영재는 항상 얻기 어렵습니다.

대장부는 마땅히 이와 같아야 할까?

다음에서 공자의 처세 태도를 계속 말하고 있습니다.

공자께서 병이 위독해지자, 자로가 문인들을 가신家臣으로 삼아 장례 준비를 하였다.

(뒷날) 병이 좀 나아지자 (이 일을 알고) 말씀하셨다. "(내가 병을 앓은 지가 이렇게) 오래 되었구나, (그동안) 유가 나를 속였구나! (어째서 이런 속이는 일들만 하여 스스로 양심을 속이고 도덕을 위배하였느냐? 나는 본래 평민 백성으로 임금도 아니어서) 가신이 없는데도, (이렇게 학우들을 조직하여) 가신이 있는 듯이 꾸며 (나를 이 모양으로 바꾸어) 놓다니, (이것은 남을 속이고 자기를 속인 게 아니냐?) 내가 누구를 속이겠느냐? 하늘을 속이겠느냐?

또, 나는 가신의 손에 안겨 죽는 것보다 너희들의 손에 안겨 죽는 것이 낫다! 내 비록 성대한 장례는 받지 못(하고, 살아서는 영화를 누리지 못하고 죽어서는 애통해하는 사람이 없다) 하더라도, 설마 길에서 죽기야 하겠느냐? (나도 비참하게 죽지 않고 어쨌든 천수를 다하고 집에서 죽을 것이다)"

子疾病，子路使門人爲臣。病閒曰：久矣哉，由之行詐也！無臣而爲
자 질 병　자 로 사 문 인 위 신　병 간 왈　구 의 재　유 지 행 사 야　무 신 이 위

有臣, 吾誰欺? 欺天乎? 且予與其死於臣之手也, 無寧死於二三子之手
유신　오수기　　기천호　　차여여기사어신지수야　　무녕사어이삼자지수

乎! 且予縱不得大葬, 予死於道路乎?
호　　차여종불득대장　　여사어도로호

이것은 공자의 수양을 말한 것입니다. 이 단락에서 우리는 두 가지 사실을 볼 수 있습니다. 첫째, 당시 공자의 학생들, 특히 자로·자공이 공자를 얼마나 존경했는가 하는 것을 볼 수 있습니다. 다른 관점에서 보면, 평소 내 개인적 생각이지만 여기서 여러분의 주의를 특별히 환기시키고 싶은 것이 있습니다. 나의 견해가 꼭 옳다는 것은 아니지만, 한 가지 참고로 말씀 드립니다. 공자의 훌륭한 점은 그의 학문·도덕·수양이 뛰어났다는 것 이외에도, 앞에서 말했듯이, 당시 그는 정말로 어느 한 국가의 정권을 뒤엎어 버리고 자기가 들어앉을 수 있었지만 절대 그렇게 하지 않았다는 데에 있습니다.

남을 쫓아내고 자기가 들어앉는다(取而代之)는 얘기가 나왔으니, 주제 밖의 이야기를 하나 하겠습니다. 『사기』를 읽어 보면, 유방과 항우 두 사람은 각각 진시황이 순시하는 위풍당당한 모습을 보았습니다. 항우는 그것을 보고 친구에게 "피취이대지"彼取而代之라고 말했는데, 요즘 말로 하면 "내가 그를 끌어내리고 그 자리를 차지하겠다."는 말이었습니다. 유방은 그것을 보고 "대장부당여시야"大丈夫當如是也라고 했는데, 요즘 말로 하면 "대장부라면 마땅히 저 정도는 되어야 재미가 있지."라는 말이었습니다. 심리적으로 보면 같은 의미이지만, 두 사람이 표현한 도량은 완전히 다릅니다. 한 사람은 매우 거칠고 난폭해서, 마치 당신이 의자에 앉아 있는데 어떤 사람이 들어와 당신을 끌어내리면서 "너 내려와! 내가 앉을 테니." 하는 것과 같습니다. 다른 한 사람은 "이 의자를 내가 앉도록 양보해 줄 수 있을까요?" 라고 말한 다음에 앉는 것과 같습니다. 도량이 전혀 다릅니다. 그러므로 우리가 역사를 읽을 때에는 이처럼 문자적인 면에서의 요점에도 특별히 유의해야 합니다.

다시 본 주제로 돌아갑시다. 공자는 당시 제자들이 대단히 많았습니다. 인구가 적었던 것을 감안하면, 오늘날의 아주 큰 정당 같은 것을

하나 조직할 만했습니다. 특히, 춘추전국의 변란이 이미 오랫동안 계속되고 있던 상황에서, 그에게는 3천 명이나 되는 제자가 있었고 그 제자들은 모두 여러 나라의 엘리트들로서 정치·경제·군사 등 모든 분야에서 일했습니다. 그들이 조금 움직이기만 했다면 어느 국가의 정권이라도 빼앗아 차지할 수 있었겠지만, 공자는 처음부터 끝까지 이런 일은 하지 않았습니다. 왜였을까요? 그는 이렇게 해서는 자신의 영향력이 오래 가지 못할 것이며, 또한 그것은 천추만대의 사업이 아니라고 생각했습니다.

공자는 유구하면서도 광대한 영향을 끼칠 수 있는 힘은 권력에 있지 않고 문화와 교육에 있다고 생각했습니다. 위 단락을 보면, 제자들이 그를 마치 정당의 우두머리처럼 떠받들었다는 것을 알 수 있습니다. 그래서 뒷날 유가는 공자를 소왕素王이라고 찬양했는데, 진정한 왕이란 뜻입니다. 소왕은 토지도 없고 백성도 없지만 인류문화가 존재하는 한 그 왕위의 권세는 영원합니다. 공자를 소왕이라고 부른 것은 불교에서 석가모니를 공왕空王이라고 부른 이치나 다름없습니다. 백성도 필요 없고 권력도 필요 없지만, 그의 명성과 권위는 우주와 함께 존재합니다.

둘째, 위 단락에서 우리는 공자가 한결같이 구인구세救人救世의 마음을 가졌을 뿐, 부귀와 권세는 중시하지 않았다는 것을 알 수 있습니다. 그것은 공자가 한동안 병을 앓자, 자로가 학우들을 조직했다고 말한 것으로써 알 수 있습니다. 자로는 공자를 황제나 사회조직의 지도자로 삼고, 학우들을 겹겹의 통솔체계에 소속된 신하로 삼은 것입니다. 여기서의 '신'臣은 계급의 관념으로, 정부조직의 분위기를 엄연히 나타내고 있습니다.

뒷날 공자는 병이 좀 나았을 때 이 일을 알고, "내가 이렇게 오랫동안 병을 앓았구나!"(久矣哉)라고 탄식했습니다. 공자는 "그 동안에 유가나를 속여 왔다(由之行詐也). 어째서 이런 속이는 일들만을 하여 스스로 양심을 속이고 도덕을 위배하였느냐?" 하고 자로를 꾸짖었습니다. 공자는 "자로가 가신이 없으면서도 가신이 있는 듯이 꾸몄다(無臣而爲有臣). 나는 본래 평민 백성으로 제왕도 아닌데, 왜 이렇게 학우들을 조직해서

나를 이 모양으로 바꾸어 놓았느냐?" 라고 했습니다. 이어서 공자는 "내가 누구를 속이겠느냐? 하늘을 속이겠느냐?(吾誰欺? 欺天乎?) 네가 사람을 속인 이 죄과는 내가 짊어지겠지만, 내가 본래 평민 백성인데 너는 나를 이 모양으로 바꾸어 놓았으니, 이것은 남을 속인 게 아니냐? 자기를 속인 게 아니냐? 또 하늘을 속인 게 아니냐?" 하고 말했습니다.

여기까지 읽고 우리는 마음에 느끼어 생각나는 일이 하나 있는데, 이런 감상은 경험으로부터 와야 합니다. 때때로 우리는 지도자가 흔히 부하들에게 떠받들려 잘못되는 경우를 보게 됩니다. 과거의 경험을 돌이켜보면, 우리 자신은 결코 그러고 싶지 않은데도 아랫사람들이 우리를 추켜세웁니다. 특히, 젊은 친구들은 주의해야 합니다. 장래에 그런 지위에 있게 될 때, 남들에게 떠받들어지는 것을 조심해야 합니다. 그 지위에 이르게 되면 사람들은 다 당신의 말이 옳다면서 당신에게 "예. 예." 합니다. 이때 당신은 잘 생각해서 남들이 추켜세우는 것 때문에 잘못되지 않아야 합니다. 역사상 많은 사람들이 어느 단계에 이르러서는 어리벙벙해져, 아랫사람들의 아첨으로 인해 잘못되는 경우가 많았습니다.

또, 지도자가 되면 자신은 그만두고 싶은데 아랫사람들이 막아서 그만둘 수 없는 경우도 생깁니다. 상공업계의 한 친구가 물러나려고 했을 때, 나는 그에게 충고했습니다. "자네는 좋은 일 좀 하게. 자네가 지금 문을 닫아 버리면 자네는 편하겠지만, 자네 아래에 있는 만여 명의 직원들은 어떻게 되겠나? 직원들도 생각해야 하네. 게다가 그들에게 딸린 식솔 몇만 명이 자네 덕으로 밥을 먹고 있으니, 자네는 그만 두겠다고 말해서는 안 되네." 나는 그에게 상공업의 관점에서가 아니라 사회사업의 관점에서 계속 일하라고 권하면서, 이렇게 하는 것이 훌륭한 일이라고 충고했습니다. 그러므로 사람은 때가 되어 물러나고 싶어도 물러날 수 없는 고통이 있습니다.

생사해탈

다시 본 주제로 돌아가겠습니다. 공자는 말하기를, "내가 누구를 속이겠느냐? 하늘을 속이겠느냐?"(吾誰欺? 欺天乎?)라고 했는데, 속된 말로 하면, "너는 왜 나를 이렇게 추접스럽게 만들어 놓느냐? 오히려 내가 망신스럽다!"는 뜻입니다. 이런 점들을 통해 우리는 공자의 태도를 알 수 있습니다. 자로가 공자를 이와 같은 방식으로 섬긴 것에 대해 공자는 우리처럼 속되게 목소리를 높여 한바탕 크게 꾸짖지는 않습니다. 공자는 오히려 잘못을 스스로에게 돌려, 자신이 자로를 잘못 가르쳤다고 느꼈습니다. 그래서 공자는 "내가 누구를 속이겠느냐? 하늘을 속이겠느냐?"고 했습니다.

이어서 공자는, "내가 군신 관계로 신하 곁에서 죽는 것보다 스승과 제자 관계로 너희 학생들 곁에서 죽는 게 더 낫다."(且予與其死於臣之手也, 無寧死於二三子之手乎)고 말했습니다. 이 말은 그 위치에서 체험해 보지 않으면 모릅니다. 역사를 보면, 제왕들은 죽은 후에 매우 불쌍하게 된 경우가 많았습니다. 어떤 황제들은 죽은 후 시체에서 악취가 풍기고 벌레가 생겨도 사람들이 거들떠보지도 않았고 그의 아들들은 서로 황제가 되려고 다투기만 했으니, 황제의 죽음이 정말 한 늙은 백성만도 못했습니다. 명나라의 숭정崇禎 황제는 최후에 나라가 망하여 자살할 때 보검을 들어 공주를 죽이려 했는데, 그 때 나이가 어렸던 공주는 무릎을 꿇고 자신에게 무슨 죄가 있느냐고 물었습니다. 황제는 말하기를, "너는 죄가 없다. 황제의 딸로 태어난 것이 잘못이다."고 했습니다. 이는 남북조 시대에 북송의 순제順帝가, "내생에서는 대대로 제왕 가문에 태어나지 않기를 바란다."고 말한 것과 같은 이치입니다.

그러므로 한 사람이 광명정대하고 통쾌하게 죽기란 참으로 어렵습니다. 내 친구들 중에 불교를 배운 사람, 도교를 배운 사람, 혹은 정좌를 배운 사람들이 내게 와서 수도修道에 대해 묻는 일이 많습니다. 나는 언제나 그들에게 충고합니다. "이런 것을 배우지 말라. 이런 방법이 있기는 하지만 그런 공부를 해낼 수 없다. 부처가 되거나 신선이 되려고 생각하지 말라. 사람이 건강하고 유쾌하게 살다가, 죽을 때 남에게 폐를 끼치거나 남을 힘들게 하지 않고 깨끗이 가는 것이 훌륭한 사람이다." 이 말도 나의 경험 속에서 얻은 것입니다.

내게는 노인 친구들이 많은데, 많은 노인들이 정말 불쌍하게도 깨끗이 떠나지 못하고 남에게 폐를 끼치고 자신도 고통스러워하는 것을 많이 보았습니다. 죽을 때는 남에게 폐를 끼치지 말고, 자신에게도 폐를 끼치지 말아야 합니다. 어떻게 해야 자신의 장래 죽음을 대비할 수 있을까요? 제일 좋기로는 동굴을 하나 찾아 들어가 지내다가, 거의 죽을 때가 되면 돌덩이를 옮겨 출입구를 막으면 됩니다. 그렇지 않으면 남에게 부담을 주어 고통스럽게 만듭니다. 하지만 이것도 충분한 해탈이 아니어서, 양계초가 말한 "인을 구해 인을 얻었는데 무엇을 원망하며, 늙어 죽음이 어찌 죽음의 길을 방해하겠는가?"(求仁得仁又何怨, 老死何妨死路旁)라는 경지만은 못합니다.

이야기하다 보니 장의사와 얽힌 두 친구의 이야기가 생각납니다. 한 친구는 장군인 모씨였는데, 한 번은 장의사 부근에, 그것도 장의사 바로 옆집을 몹시 구하고 싶어 했습니다. 내가 왜 그러느냐고 묻자, 그는 두 가지 이유를 말했습니다. 첫째, 나이든 친구들이 하나씩하나씩 세상을 떠나 자주 장의사에 가야 하는데, 장의사가 가까이 있으면 편리하다는 것이었습니다. 둘째, 어느 날 자신이 떠날 때 장의사까지 스스로 걸어갈 수 있으니 또한 편리하다는 것이었습니다.

또 다른 친구도 장군이었는데, 10여 년 전 정초에 나를 만나서는 금년에는 정말 재수가 없다고 했습니다. 왜 그러냐고 내가 물었습니다. 그는 설을 쇠자마자 정월달에 삼륜차를 타고 친구 장례식에 참석했는데, 그곳에 이르러 차비를 지불할 때 삼륜차 기사가, "선생님 다시 돌아가실 겁니까?" 라고 묻더라는 것입니다. 그는 이 말에 화가 몹시 나서 그 기사에게, "당신이나 돌아가지 마시오." 라고 크게 욕을 했다는데, 뜻밖에 몇 개월 후에 이 친구는 정말로 그곳에 가서 다시 돌아오지 못했습니다. 이런 묘한 일이 있었습니다. 이 두 이야기도 두 가지의 전혀 다른 관점을 보여 줍니다.

이 단락을 통해 공자의 사상의 통달을 볼 수 있는데, 그의 뜻은 왜 죽음도 이런 겉치레를 해야 하느냐는 것이었습니다.

셋째, 공자는 자로에게, "너는 내가 사후에 큰 장례 ― 국장國葬이나 공식적 장례 — 를 치르지 못해 너희들이 생각하는 사후의 영광을 얻지 못할까 걱정하고 있구나." 라고 말했습니다. 우리는 "생영사애"生榮死哀라는 네 글자를 자주 보는데, 살아서는 영화를 누리고 죽은 후에 모든 사람들이 애통해하는 것이 영광이라는 것입니다. 그러나 요즈음은 우리가 장의사에 가서 조문을 해도 애통해하는 정이 없습니다. 공자는 여기에서, "내가 비록 큰 장례를 치르지 못하고, 살아서는 영화를 누리지 못하고 죽어서는 애통해하는 사람이 없다 하더라도, 길에서 죽기야 하겠느냐(予死於道路乎)? 나도 비참하게 죽지 않고 어쨌든 천수를 다하고 집에서 죽을 것이다(壽終正寢)." 라고 말하고 있습니다.

우리는 흔히 부고에서 '수종정침'壽終正寢이라는 넉 자를 보지만, 오늘날은 대부분이 그렇지 않습니다. 왜냐하면 지금 사람들은 대부분 병원에서 죽는데, 몇 사람이나 자기 집에서 천수를 다하고 죽을까요? 고대에는 사람이 자기 방에서 숨을 거두면 정문의 큰 대청으로 옮겨갔기 때문에 '수종정침'이라고 했습니다. 지금은 모두 병원에서 죽어 영안실로 보내지는데, 정침正寢이 어디 있겠습니까? 그리고 지금의 장의사에서는 많은 부인들이 남편을 애도하고 아들들이 부모를 애도하는 만련輓聯을 쓰는데, 모두 도리에 맞지 않는 것입니다.

전통적인 예절에 따르면, 당사자가 문학적으로 시와 대련을 지을 마음이 없으면 가족들이 만련을 쓰지 않았습니다. 오늘날에는 가족들 자신이 만련을 쓸 줄 모르면 다른 사람으로 하여금 대신 쓰게 하는데, 이것은 더욱 영문을 모를 일입니다. 만련은 죽은 사람과 정감이 있어야 쓰는 것인데 정감이 전혀 없는 사람이 어떻게 대신 쓴다는 것입니까? 정감이 있는 사람이라면 본인이 직접 쓰는데, 쓰는 법은 간단합니다. 요즘 말로 "당신이 먼저 갔으니, 곧 따라가리다."라거나 "당신이 한 걸음 먼저 갔지만, 나도 곧 따라갈 것입니다. 마음 편히 먼저 가십시오!"라는 식으로 쓰면 좋지 않습니까? 이처럼 전통 문화를 얘기하자면 오늘날 많은 점들이 다 문제가 됩니다. 그렇지만 여기에서는 공자가 자신의 생사를 아주 평범하게 여겼음을 보았습니다.

팔리지 않는 값진 보배

다음 단락에서 문장의 기세가 한 번 바뀝니다.

자공이 (어느 날 공자와 유머로 이야기를 나누어) 말했다. "아름다운 옥玉 한 덩이가 여기 있는데, (선생님, 제가) 이것을 궤짝櫃 속에 넣어 감추어 두는 게 좋을까요? 아니면 좋은 값으로 파는 게 좋을까요?"

공자께서 (듣자마자 이해하고) 말씀하셨다. "팔아야지! (반드시) 팔아야지! 나는 (여기서) 누군가가 사러 오기를 기다리고 있다. (그러나 사겠다는 사람이 없어 팔리지 않는구나!)"

子貢曰: 有美玉於斯, 韞匵而藏諸? 求善賈而沽諸? 子曰: 沽之哉!
자공왈   유미옥어사   온독이장저   구선가이고저   자왈   고지재

我待賈者也!
아대고자야

위 단락에서 두 번째 賈자는 발음이 '고'입니다. 행상좌고行商坐賈라고 하여, 고대에는 '상'商과 '고'賈자의 뜻이 달랐습니다. 여기저기 돌아다니면서 장사하는 것을 '상'商이라 했고, 일정한 장소에 가게를 열어놓고 장사하는 것을 '고'賈라고 했습니다.

자공이 어느 날 선생님과 유머로 이야기를 나누었습니다. 자공이 "아름다운 옥 한 덩이가 여기 있는데, 선생님, 제가 이것을 금고에 감추어 놓는 게 좋을까요, 아니면 좋은 값으로 팔아야 할까요?" 하니, 공자는 듣자마자 이해하고 이렇게 말했습니다. "팔아야지! 반드시 팔아야지! 나는 여기서 누군가 사러 오기를 기다리고 있다. 그러나 사겠다는 사람이 없어 팔리지 않는구나!" 스승과 제자간의 유머러스한 대화입니다. 다시 말해 공자는 시대를 만나지 못해 자신의 도가 행해지지 않음을 느끼고, 자공의 유머를 빌려 표현한 것입니다. 그래서 다음 구절에서는 공자의 다른 생각을 서술하고 있습니다.

공자께서 (동남쪽 일대 민족의) 미개지인 구이九夷의 땅에 가서 사시

고자 하자, 어떤 사람이 물었다. "(그 지역은 너무 낙후되어 문화가 없고 몹시 야만스럽고) 누추할 텐데 어떻게 하시겠습니까?"

공자께서 말씀하셨다. "(지역이 낙후되어 있는 것은 걱정할 것 없다. 참으로 도덕과 학문이 있는 사람은 어느 곳으로 가든 어느 시대가 되었든 자신이 스스로 처하는 방법이 있다. 그러니) 군자가 거기에 산다면 어찌 누추함이 있겠는가?"

子欲居九夷, 或曰:陋, 如之何? 子曰:君子居之, 何陋之有?
자 욕 거 구 이   혹 왈   루   여 지 하   자 왈   군 자 거 지   하 루 지 유

이는 공자가 평소 뒤에서 하는 불평이었습니다. 구이九夷는 동남쪽 일대 민족의 땅으로, 당시에는 지금의 광동·광서·호남·강서·절강·복건 등 남쪽 지역의 성省으로 나누어진 변방 지역이 그 안에 들어갔습니다. 이 지방들은 아직 개발되지 않아서 사람들이 머리를 풀어 늘어뜨리고 문신을 하는 등 대단히 낙후한 지역이었습니다. 공자는 이런 곳을 한 군데 개발하여 전통 문화를 보전하고 싶었습니다.

그런데 어떤 사람이 말하기를, "그 지역은 너무 낙후되어 문화가 없고 몹시 야만스러운데 어찌하렵니까?" 하자, 공자는 말하기를, "지역이 낙후되어 있는 것은 걱정할 것 없다. 참으로 도덕과 학문이 있는 사람은 어느 곳으로 가든 어느 시대가 되었든 자신이 스스로 처하는 방법이 있는데, 그게 무슨 관계가 있겠는가?" 라고 했습니다. 당나라 유우석劉禹錫이 쓴 『누실명』陋室銘을 읽어보면 마지막 구절에, "공자가 '어찌 누추함이 있겠는가.'라고 말했다."(孔子云何陋之有)라고 했는데, 바로 이 단락에서 온 것입니다. 그는 인용할 때에 "공자운"孔子云이라고 했으니, 천고의 문장을 몽땅 베낀 것이 아니라 단지 차용만 했다고 할 수 있습니다.[20]

---

20) 「누실명」陋室銘

산은 높음에 있지 않으니, 신선이 살고 있으면 명산이요. 물은 깊음에 있지 않으니, 용이 살고 있으면 영기가 있네. 내가 사는 이곳 누추한 집은, 오직 나의 인품 도덕만 향기롭네. 이끼의 흔적은 계단 따라 올라가 푸르고, 풀빛은 주렴 사이로 비쳐 들어와 파랗네. 덕망 높은 선비가 늘 찾아와 담소하고, 저속한 속인과는 오고감이 없네. 소박한 거문고를 청아하게 타고, 경서들을 넘기며 읽어볼 수 있네. 귀를 어지럽히는 시끄

이야기가 나왔으니 생각나는데, 책을 많이 읽으면 고금의 문장에 뭐 대단한 게 없다고 느껴지곤 합니다. 소위 천고의 문장을 몽땅 베껴 쓰는 것은 오늘날 더 심합니다! 어떤 이는 중앙도서관이나 중앙연구원 또는 다른 곳에 가서 수십 년 전의 신문을 찾아내어 신문 한 귀퉁이에 있는 문장 몇 편을 베껴서 새 것처럼 내놓습니다. 혹은 풀 한 병, 가위 한 자루로 신문을 이리저리 자르고 붙여 모으면 곧 책 한 권이나 새 저작물이 됩니다. 어떤 사람은 학생에게 연구를 시키고 자료를 가져오게 하여 이리저리 그러모아 저작물로 발표합니다.

최근에 프랑스 유학중인 학 학생이 여름 방학 때 돌아와 논문 주제를 찾았습니다. 그는 프랑스 선생님이 자신에게 중국 문제의 어떤 주제에 관하여 논문을 쓰라 한다고 했습니다. 나는 말했습니다, "천하의 까마귀는 다 검다. 중국 선생님도 그렇고 외국 교수도 그렇다. 프랑스 선생님이 이 문제에 대해 전혀 모르기 때문에 너의 박사 논문을 이 주제로 지정해 준 것이다. 그는 너의 지도 선생님으로 명의는 걸었지만 실제로는 네가 그를 대신해서 연구하는 것이다."

오늘날의 학술계는 학문을 하는 것이 모두 정직하지 않습니다. 정말 공자가 "내가 누구를 속이겠느냐? 하늘을 속이겠느냐?"고 말한 대로 온통 그렇습니다. 자기가 알지 못하는 문제는 학생더러 논문을 쓰게 하고 연구하게 합니다. 학생은 학위라는 공명을 얻고 싶어서, 자료를 찾기 위해 죽어라고 고생할 수밖에 없습니다. 자료를 찾고 나면 선생에게 넘겨주고, 학생은 학위를 받습니다. 선생은 힘도 들이지 않고 지식을 얻게 됩니다. 이것이 학술계의 비밀로서, 전 세계가 마찬가지입니다. 옛 사람이 도道와 학문을 전하기 위해 학생들을 가르쳤던 것과는 전혀 다릅니다. 사람이 늙고 나니 이런 것들도 간파하게 되는데, 정말 보고 싶지도

러운 음악도 없고, 몸을 수고롭게 하는 관청 공문도 없네. 남양에는 제갈량의 초가집이 있었고, 서촉에는 양자운의 정자가 있었네. 공자께서 말씀하셨지, '(군자가 거기에 산다면) 어찌 누추함이 있겠는가?

山不在高, 有仙則名. 水不在深, 有龍則靈. 斯是陋室, 惟吾德馨. 苔痕上階綠, 草色入簾青. 談笑有鴻儒, 往來無白丁. 可以調素琴, 閱金經. 無絲竹之亂耳, 無案牘之勞形. 南陽諸葛廬, 西蜀子雲亭. 孔子云何陋之有?

않습니다.

공자께서 말씀하셨다. "내가 위나라로부터 노나라로 돌아와 문화를 정리한 뒤에야 음악이 바로잡혀, 아雅와 송頌이 각각 제자리를 얻(어서 중국 문화의 중심이 바로잡히)었다."

子曰 : 吾自衛反魯, 然後樂正, 雅頌各得其所。
자왈　오자위반로　연후악정　아송각득기소

공자의 일생을 연구할 때 이 단락도 그에 대한 중요한 자료가 됩니다. 이것은 공자가 열국을 주유한 이후의 일로서, 만년에 이르러 공자는 권력을 가지고도 세상을 평정할 수 없으며 사회·역사에 공헌하려면 문화와 교육에 종사해야 한다는 것을 깊이 느꼈습니다. 그래서 노나라로 돌아오기로 결정하고 중국 문화를 정리하였고, 이로부터 육경六經이 탄생했습니다. 공자는 여기서 "내가 위나라에서 노나라로 돌아와 문화를 정리하고 난 후에 중국 문화의 중심은 바로잡혔다."고 말하고 있습니다. 그러므로 '문화부흥'은 공자의 이 시기가 바로 한 획을 그은 단계였다고 말합니다(그 전에 한동안 크게 어지럽다가 공자가 정리한 뒤 줄곧 몇천 년 동안 전해 왔습니다). 문학의 길은 문화·문예의 길과 결합되어야 바른 길로 나아갑니다.

취몽醉夢 중에 떨어지지 않다

다음에서는 공자의 평소 생활을 말합니다.

공자께서 말씀하셨다. "(나는 사람이 아주 평범하다) 조정에 나가서는 (공무원으로서) 고위 대신들公卿을 잘 받들어 모시며 정무에 성실하게 종사하고, 집에 들어와서는 (가족의 일원으로서) 부형을 잘 받들어 모시며 책임을 다하고, (친구 사이에는 어려운 일, 특히) 상사喪事는 감히 힘을 다해 도와주어 치르지 않는 일이 없고, (평소에는) 술이나 그 어떤 것에도 빠져 취하거나 추태부리지 않으니, 이 몇 가지 밖에 (나에게는 장점이 하나도 없으며 조금의 학문도 없으니) 무엇이 내게 있겠는가?"

子曰: 出則事公卿, 入則事父兄, 喪事不敢不勉, 不爲酒困, 何有於
자 왈   출 즉 사 공 경   입 즉 사 부 형   상 사 불 감 불 면   불 위 주 곤   하 유 어

我哉?
아 재

　공자는 자신이 평범한 사람이라고 말하고 있습니다. 밖에 나가서 정부회의에 참가할 때에는("出則事公卿"에서의 事자는 동사입니다) 국가 고위 대신들과 함께 회의에 참가하여 정무政務에 정식으로 종사했습니다. 집에 들어와서는 부형을 잘 받들어 모시며(事父兄) 예의바른 가족의 한 성원이자 보통의 백성으로서 관료티를 내지 않았습니다. 아버지로서는 자식들에 대해 책임을 다하고, 동생으로서는 형이나 집안사람들에 대해 책임을 다했습니다. 오늘날로 말하면, 공무원으로서 출근해서는 성실하게 국가의 일에 종사하고 책임을 다하여 본분을 지키며, 집에 돌아와서는 집안의 좋은 성원이 되어 아버지는 아버지로서의 책임을 다하고 남편은 남편으로서의 책임을 다하며, 아내는 아내로서의 책임을 다한다는 것입니다.
　또, 공자는 생사生死의 큰 일에 대해서는 마음을 세심히 기울여, 친구의 집안에 큰 일이 있다든가 누가 죽었을 경우에는 힘을 다해 도와주었습니다(喪事不敢不勉). 친구의 애경사에 있어 기쁜 일에는 예만 표시하고 사람은 가지 않아도 좋지만, 상사喪事에는 예도 표시하고 사람도 반드시가 보아야 합니다. 세상에서의 마지막이 되는 장례식에 예를 표하러 가지 않는다는 것은 말이 안 됩니다. 상가에 대해서는 가족들을 위로하고 자기가 도와 줄 일이 있는지 물어서, 만일 있다면 즉시 도와주어야 합니다. 환난을 당했을 때 친구가 필요한 것이지, 그렇지 않다면야 사람이 친구를 사귄다는 게 무슨 의미가 있겠습니까? 좋은 시절에만 서로 오간

다면 그것은 의미가 없는 것이 아니겠습니까? 좋은 시절에야 친구가 얼마든지 있습니다.

　다음으로, 공자는 "술에 빠져 취하거나 추태 부리지 않았다."(不爲酒困)고 했습니다. 나는 선천적으로 술을 마실 줄 모르고 술 마시는 사람도 싫어합니다. 그렇지만 술을 마시면 어떤 기분인지 알기 위해 술을 좀 마셔 스스로 실험해 보았습니다. 나의 결론은, 사람이 술을 마셔 취한다는 것은 믿을 수 없다는 것입니다. 만일 어떤 사람이 술을 마시고 말을 함부로 한다면, 나는 그가 취한 것이 아니고 미친 척하는 것이라고 생각합니다. 술 마시고 취하는 사람은 없습니다. 아무리 술을 마신 사람이라도 대변은 절대 먹지 않을 것이고, 자기 어머니에게 욕하지 않을 것이며, 자기가 아끼는 사람은 때리지 않을 것입니다.

　공자가 말한 "불위주곤"不爲酒困은 마셔도 취하지 않았다는 뜻에 그치지 않습니다. 사실 사람은 모두 취몽 중에 있다고 할 수 있는데, 인생을 철학적으로 보면 한순간이라도 깨어 있었던 적이 있는 사람은 거의 없습니다. 애정에 취하거나 부귀공명에 취하거나 해서 취하지 않고 있는 때가 없습니다. 도가의 여순양呂純陽은 다음과 같은 두 구절의 시를 읊었습니다.

헛된 명예와 이익은 술보다 진해	浮名浮利濃於酒
취해 버린 인간세상 죽어도 못 깨어나네	醉得人間死不醒

　여순양이 도가의 관점에서 이 세상을 바라보니, 모두 다 취중에 있어 죽음을 앞두고도 깨어나지 못한다는 것입니다. 『논어』에 기록된 공자의 "불위주곤"不爲酒困에는 내 개인의 견해로는 이런 의미가 있습니다. 물론 공자의 주량은 컸습니다. 「향당」편에서 말하기를, 공자는 "술은 정해진 양이 없으되, 어지러운 지경에는 이르지 않았다."(唯酒無量, 不及亂)고 했는데, 만약 주량이 크다는 표현이라면 어떻게 '무량'無量이라고 말했겠습니까? 어쩌면 조금도 마실 줄 몰랐는지도 모릅니다. 그러나 이 말도 맞지 않습니다. 조금도 마실 줄 몰랐다면 왜 또 "어지러운 지경에는 이르지

않았다."(不及亂)고 했겠습니까? 생각해 보면 아마 주량은 컸지만, 취해 본 적이 없었던 것 같습니다. 술을 마실 줄 몰랐다고 말할 수는 없습니다. 그러므로 "불위주곤"不爲酒困의 뜻은, 술에 빠지지 않고 알코올에 중독되지 않았을 뿐만 아니라 언제나 깨어 있는 상태를 유지했으며, 술을 마시고 난 후에도 추태나 취기가 없고 미친 척하지 않았다는 것으로 보아야 마땅합니다.

공자는 끝으로 "이 몇 가지 점 외에 무엇이 내게 있겠는가?"(何有於我哉)라고 말했는데, 이 단락의 전체 뜻을 새겨 보면 다음과 같습니다. "나라는 사람은 아주 평범하다. 나가서는 공무원으로서 성실하게 공무를 보고, 집에 들어와서는 성실하게 가족의 일원이 된다. 친구지간에 어려운 일, 특히 상사喪事와 같은 슬픈 일이 있을 때는 반드시 힘을 다해 도와준다. 평소에는 그 어떤 것에도 취해 있지 않다. 이 몇 가지 점 외에는 나에게 장점이 하나도 없으며 조금의 학문도 없다."

흐르는 물, 지는 꽃, 둘 다 무정하여라

공자가 냇가에서 말씀하셨다. "지나가는 것이 저 흐르는 물과 같구나 ! 밤낮을 쉬지 않으니. (인생도 저 물을 본받아 끊임없이 노력하며 전진해야 한다)."

子在川上曰 : 逝者如斯夫 ! 不舍晝夜 。
자 재 천 상 왈   서 자 여 사 부   불 사 주 야

이 글을 더욱 실감나게 하기 위해 벽담碧潭이란 곳을 배경으로 설정해 보겠습니다. 공자가 소풍을 나가 벽담의 구름다리 위에 서서, 그 아래 흐르는 물을 내려다보면서 말합니다. "지나가는 것이 마치 저 아래 흐르는 물과 같구나. 낮에도 밤에도 흐르고 있으니." 이 두 마디는 문학적인 색채가 매우 짙고, 『논어』 전체 속에서 철학적 의미가 가장 풍부한 것도 바로 이 두 마디입니다. 이를 통해 우리는 몇 가지 요점을 이

해할 수 있습니다.

첫째는 도가 사상인데, 노자도 자주 공자의 이 관념처럼 물을 비유로 하여 인생철학을 설명했습니다. 노자는 우리에게 물을 본받으라고 가르쳤습니다. "사람은 높은 곳으로 오르고, 물은 낮은 곳으로 흐른다."(人往高處爬, 水向低處流)는 옛 말이 있는데, 노자는 우리에게 하류下流 ─ 저급하다는 의미의 하류가 아니라, 물의 하류인 큰 바다를 가리킵니다 ─ 를 배우라고 가르칩니다. 천하의 물은 모두 아래로 흘러 모여서 큰 바다를 이룹니다. 이 '하류'란 겸하謙下로서, 가장 낮은 곳에서 "남이 버리는 것을 내가 취하는 것"(人之所棄, 我則取之)입니다. 사람은 마치 큰 바다가 모든 것을 포용하듯 그런 도량이 있어야 합니다.

노자는 또 우리에게 "최고의 품덕은 물과 같다."(上善若水)고 가르칩니다(『노자』 제8장─역주). 도가는 물을 아주 묘하게 형용했는데, 물은 절대 깨끗한 것이어서 더러운 것이 물속으로 들어가면 물에 씻겨 깨끗해집니다. 우리의 마음과 인품의 수양도 물을 본받아 얼음처럼 맑고 옥처럼 깨끗하여 한 점의 티끌에도 물들지 말라고 합니다. 물은 비록 많은 폐기물과 더러움을 받아들여도 여전히 물로서, 물의 성질은 변함이 없을 뿐만 아니라 영원히 스스로 노력하며 전진하기를 게을리 하지 않습니다.

둘째로 불가佛家에서도 물을 말했는데, 우리가 물을 보면 영원히 한 줄기로 흐르는 물일뿐입니다. 불학佛學의 분석에 의하면 사람의 심리는 흐르는 물과 같습니다. 마치 "장강 물은 도도히 동쪽으로 흘러간다."(滾滾長江東逝水)고 하듯이, 영원히 흐르고 있다는데 정말 그럴까요? 틀렸습니다. 우리가 전등불빛을 계속 밝게 빛나는 상태라고 말하지만, 이것이 틀린 것처럼 말입니다. 우리는 파도가 끊임없이 움직이는 것을 보고 있지만, 사실은 하나의 파도가 지나가고 이어서 또 하나의 새로운 파도가 밀려오는 것일 뿐입니다. 이 새로운 파도를 보았을 때는 이 역시 이미 지나가 버리고, 다시 다음 파도가 밀려오는 것입니다.

전등 불빛도 마찬가지입니다. 우리가 스위치를 켜자마자 발산된 광파光波는 우리가 보는 순간 이미 사라져 버립니다. 우리의 생각·느낌·나이·신체는 한 시간 내지 1분 전에 여기 앉아 있던 나와, 지금 이 시각에 여기 앉아 있는 나 사이에 얼마나 많은 변화를 거쳤는지 모릅니다. 그러므로 지금의 나는 이미 1분 전의 내가 아닙니다(今我非故我). 모든 것이 지나가고 있습니다. 흐르는 물처럼 끊임없이 앞으로 가고 있습니다. "강물은 동쪽으로 흘러가 돌아오지 않는다."(江水東流去不回)고 하듯이, 역사도 영원히 돌이킬 수 없고 시간도 영원히 돌이킬 수 없습니다. 인생은 영원히 파도와 같아 한 파도씩 한 파도씩 지나가 버리면 돌이키고 싶어도 돌이킬 수 없습니다.

다음은 전혀 다른 견해로서, 말하자면 소극적인 인생관이라고 할 수 있습니다. 많은 종교인과 철학자들은 이런 관점에서 꽃이 지면 다시 피지 않을 것으로 보았습니다. 여러분들은 『홍루몽』 속에서 임대옥林黛玉이 꽃을 땅에 묻어 주는 장면을 읽었을 것입니다. 이 정감 많은 아가씨는 꽃이 지자 그 꽃을 모아 땅에 묻어 주는데, 분위기가 아주 아름답고 문장도 훌륭합니다. 그녀가 꽃을 묻으면서 지은 명구는 이렇습니다.

나 이제 꽃을 묻어 주니 남들은 바보라 비웃네   儂今葬花人笑癡
훗날 나를 묻어 주는 이 그 누구일까?   他年葬儂知是誰

이게 바로 임대옥입니다! 어떻게 폐병이 나지 않겠습니까? 어찌 죽음에 그렇게 집착하지 않을 수 있겠습니까? 죽으면 죽는 거지, 누가 자신을 묻어줄까 상관해서 뭐하겠습니까? 다음에 보이는 공정암龔定盦의 시는 임대옥의 시보다 훨씬 뛰어난데, 그의 시는 이러합니다.

떨어지는 붉은 꽃잎 무정물이 아니니   落紅不是無情物
봄철에 진흙 되어 다시 꽃을 보호하네   化作春泥更護花

내가 아는 한 분이, 죽으면 자기에게 만련輓聯을 뭐라고 써 보낼 것이냐고 묻기에, 나는 그를 위해 따로 만련 한 폭을 짓겠노라고 말했습니다. 하지만 그에게 보낼 만련으로는 공정암의 이 두 구절 시가 제일 좋습니다. 왜냐하면 그는 사람됨이 한결같이 지극히 충성스러웠기 때문입니다. 사람이 비록 죽더라도 그 지극한 충성은 사람을 감동시키는데, 그것을 문학적인 경지로 표현하면 바로 공정암의 이 두 구절 시가 됩니다. 이상은 비관적인 각도에서 "지나가는 것이 저 흐르는 물과 같구나! 밤낮을 쉬지 않으니."(逝者如斯夫! 不舍晝夜)라고 한 공자의 말을 생각해 본 것입니다.

그러나 공자는 결코 비관적인 태도로 이 구절을 말하지 않았습니다. 그 속에는 많은 의미가 포함되어 있는데, 지극히 고명高明합니다. 공자는 적극적인 관점으로 인생을 보았습니다. 인생은 흐르는 물처럼 끊임없이 앞으로 나아갑니다. 그러므로 우리는 인생이 한 줄기 흐르는 물과 같다는 것을 이해해야 합니다. 공자가 상류에 서서 학생들에게 이르기를, "유의해라! 너희들 이 물을 보렴. 지나가는 것은 다 이처럼 앞으로 앞으로 나아간다! 밤낮으로 쉬지 않고 앞으로 나아간다."고 했습니다. 그의 이 말은 바로, "우주 천체의 운행은 영원히 굳세니, 군자는 이를 본받아 자기를 굳세게 하여 노력 진보하기를 멈추지 않는다."(天行健, 君子以自强不息)는 말과 같은데, 이것은 『역경』에 나오는 건괘乾卦의 괘사卦辭입니다. 건乾은 하늘(天)을 나타내며, 중국 문화는 건으로써 천체를 나타냈는데, 오늘날 말로는 '우주'입니다.

『역경』은 주나라 문왕의 사상으로, 이것을 공자가 본받은 것입니다. 문왕은 우주란 영원히 돌고 영원히 움직이면서 1분 1초도 정지함이 없는데, 만일 1초라도 정지하면 지구만 끝장나는 것이 아니라 인류도 사라지고 우주도 무너져 버리기 때문에, 우주를 동태적인 것으로 파악했습니다. 이것이 바로 중국의 철학입니다. 사상계에 아주 영향력 있는 현대학자 두 분이 중국 문화는 정태적인 것에 속한다고 평론한 적이 있는데, 나는 그분들에게 말합니다. "노형, 누가 당신들에게 중국 문화가 정태적이라고 일러 주었습니까? 중국 문화를 말하자면 첫번째 책이 곧 『역경』인데, 그 속에 보면 '우주 천체의 운행은 영원히 굳세다.'(天行健)고 하여, 우주는 정태적인 것이 아니라 영원히 움직이는 것이라고 말하고 있습니다."

중국 문화는 정태적인 우주를 주장하지 않습니다. 인생도 마찬가지여서, 끊임없이 진보를 추구해야 합니다. 정靜은 일종의 느린 동태動態로서, 절대적인 정靜이라는 것은 없습니다. 예를 들면, 사람이 의자에 앉아 있으면 정지하고 있는 것처럼 보이지만 사실은 정지하고 있는 것이 아닙니다. 몸 안의 혈액은 1분 1초도 쉬지 않고 순환하고 있으며, 체내각 기관들도 끊임없이 자기가 맡은 바 임무를 다하고 있습니다. '천행건'天行健은 영원히 굳세게强健 운행하는 것입니다. "군자이자강불식."(君子以自强不息)이란 말은 우리로 하여금 우주를 본받아, 즉 공자가 "지나가는 것이 저 흐르는 물과 같구나!" 라고 말한 것처럼 물을 본받아 부단히 전진하라는 의미입니다. 『대학』大學이란 책에서 탕왕의 반명盤銘을 인용하여 말한, "하루 새로워진다면, 하루하루 새로워지나니, 또 하루 새로워질지니라."(苟日新, 日日新, 又日新)와 같은 이치입니다. 인생은 끊임없이 진보해야 합니다. 오늘의 성취에 만족하면 바로 낙오됩니다.

그러므로 "지나가는 것이 저 흐르는 물과 같구나! 밤낮을 쉬지 않으니."라 했던 공자의 이 말에는 여러 방면의 많은 의미가 담겨 있습니다. 공자의 철학, 특히 인생철학의 정화精華가 이 두 마디 속에 집중되어 있다고 할 수 있습니다. 이 구절을 통해 소극적인 면이나 적극적인 면 어느 쪽으로도 우주를 보고 인생을 보며 일체를 볼 수 있습니다. 우리 스스로 이를 체험해서 많은 것을 이해해야 합니다. 여기에서 내가 여러분이 연구하도록 제공한 의견은 그 중의 작고 작은 일부에 지나지 않습니다. 사실 이 두 마디를 근거로 많고 많은 글을 쓸 수 있습니다. 역사는 멈출 수 없는 것이며, 시대는 앞으로 힘차게 나아가는 것입니다. 우주도 그렇고 인생도 그렇습니다.

여인이 꼭 화근은 아니다

여기서는 별도의 한 단락이 나옵니다.

공자께서 말씀하셨다. "나는 도덕(德)을 좋아하기를, 여색女色이나 물

욕物欲이나 기호嗜好를 좋아하듯 하는 사람을 아직 보지 못하였다."

子曰 : 吾未見好德如好色者也。
자 왈   오 미 견 호 덕 여 호 색 자 야

여기에서 말한 '색'色에는 여색女色·물욕物欲·기호嗜好 등 세 가지 의미가 들어 있습니다. 그러나 대대로 내려온 관점은 여색 쪽으로만 치우쳐, 이 글을 위령공에 대한 공자의 탄식이라고 생각하였습니다. 공자가 여러 나라를 두루 돌아다닐 때, 그를 비교적 중시한 나라는 위衛나라였습니다. 당시 위나라 정권에서 비교적 큰 영향력을 가진 사람은 거백옥蘧佰玉이라는 대신이었고, 위나라 임금을 좌지우지한 사람은 뛰어난 미인으로서 임금의 총애를 받았던 왕비 남자南子였습니다. 그래서 공자는 이런 탄식을 하였고, 후에 명언이 되었습니다. 사실 위령공만 그런 것이 아니라, 인정세태를 살펴보면 모든 사람이 대부분 덕德보다는 색色을 좋아합니다. 만일 이 점에서 가장 높은 도덕 기준으로 요구한다면, 세상에서 이 도덕 기준에 들어맞는 사람은 아주 드물 것입니다.

유명한 당 명황과 양귀비의 역사적 고사에서도 알 수 있습니다. 당 명황이란 황제는 분명 훌륭했습니다. 소년 시절에는 대단히 훌륭했지만, 만년에 양귀비를 총애하다가 국가에 변란이 발생하는 지경에 이르렀고 이것은 역사상 유명한 이야기가 되었습니다. 과거 역사에서는 많은 사람들이 이 죄과를 양귀비에게 전가시켰는데, 반드시 그렇게만 말하기는 어렵습니다. 한 여자가 정치에 그렇게 큰 영향을 미칠 수도 있겠지요. 서양에도 이런 상황이 있어서, 영웅은 천하를 정복하지만 여인은 영웅을 정복한다는 말도 있습니다. 그렇지만 어떤 여인인지 보아야 하는데, 참으로 영웅을 정복할 수 있는 여인은 만만치 않습니다.

역사책에 나오는 얘기지만, 촉蜀나라가 망한 후에 촉나라 왕비 화예花蕊 부인은 송나라에 포로로 잡히게 되었습니다. 송나라 태조 조광윤은 그녀에게 촉나라에는 십여 만 명의 대군이 있었는데, 어찌하여 그대는 오늘 포로로서 내 곁에 오게 되었느냐고 물었습니다. 이 때 화예 부인은 시를 한 수 지어 대답했습니다. 그 대체적인 뜻은, 자신은 본래 깊은 궁중에서 사치스럽고 안일하게 지내던 여자로 국가 대사는 알지 못했다는 것이었습니다. 그러나 이 시의 결말에서 그녀는 남자들을 여지없이 욕했습니다.

군왕의 성 위에 항복 깃발 세웠음을	君王城上竪降旗
깊은 궁에 있는 첩이 어찌 알았으리오	妾在深宮那得知
십사만 군사가 일제히 무기를 버리다니	十四萬人齊解甲
어찌 남아 장부는 하나도 없었습니까?	寧無一個是男兒

이 역시 여인이 역사 운명과 관계된 고사입니다. 사람들은 당현종이 양귀비의 손 안에서 잘못되었다고 말합니다. 특히 시인들은 지금까지 다 그렇게 말했는데, 옛 시인들은 대부분 역사적인 큰 일에 대해서 신중하고 엄밀한 비평을 가했습니다. 그러나 다른 견해도 있었는데, 예를 들면 원매袁枚의 시는 이렇게 말합니다.

장생전에서의 맹세 부질없이 회상하니	空憶長生殿上盟
강산에 대한 정은 무거워도 미인에겐 가벼웠네	江山情重美人輕
화청지의 물과 마외파 땅에서	華清池水馬嵬土
옥 씻고 향을 묻는 자 결국 한 사람이었네	洗玉埋香總一人

안록산이 반란을 일으켜 병사들이 장안으로 들이닥치자 당 명황은 피난길에 올라 장안의 남쪽 마외파에 이르렀습니다. 그 때 병란이 발생했습니다. 부대가 움직이려고 하지 않았던 것이지요. 모두들 양귀비를 죽여야 한다는 조건을 제시했습니다. 당 명황은 어쩔 수 없이 양귀비가 목매어 자살하도록 시킬 수밖에 없었습니다. 온천을 만들어 양귀비에게 목욕하라고 준 것도, 양귀비를 자살하도록 시킨 것도 모두 당 명황 한 사람이 한 것이니 역사의 죄과를 한 여인에게만 전가시켜서는 안 됩니다.

마찬가지로 청나라의 공정암도 반대의 논조를 제기했는데, 그의 시한 수는 이렇습니다.

소년은 이미 탕왕과 무왕보다는 못했지만　　　　少年已自薄湯武
진시황과 한고조보다는 못하지 않았네　　　　　不薄秦皇與漢王
생각해 보라. 영웅이 만년에 이르렀다면　　　　　設想英雄遲暮日
온유함 속에 머물지 않으면 어느 곳에 머물까?　溫柔不住住何鄉

　한 영웅이 만년에 이르러 할 일이 없으니, 그를 온유향溫柔鄉에 살게 하지 않으면 뭘 하라는 거냐고 공정암은 말하고 있습니다. 공정암의 이 말은 현대 심리학이나 프로이트의 성심리학과 유사한 점이 있습니다. 성심리학과 마르크스의 이론이 근 백 년 동안 현대 사상에 심각한 영향을 미쳤다는 것에 우리는 유의해야 합니다. 마르크스의 영향도 물론 크지만, 프로이트의 성심리학이 근 백여 년 간 문화를 전환시키는 데 미친 영향은 더욱 큽니다. 그렇지만 이 분야는 정치 이론만큼 중시되지 않았습니다. 성심리학의 관점에 의하면 정력이 넘쳐야 걸출한 사업을 할 수 있습니다. 그래서 영웅·호걸·재자들은 거의 다 행위가 단정치 못했는데, 바로 공자가 "나는 덕을 좋아하기를 색色을 좋아하듯 하는 사람을 아직 보지 못하였다."고 말한 대로였습니다.
　그러나 공자가 요구한 진정한 성인의 경지는 대단히 어려운 일입니다. 일반적인 성심리로 보아 걸출한 사람들은 대부분 정력이 넘쳐 여색의 길로 가기 마련입니다. 이것이 우리가 성심리학의 측면에서 역사를 본 견해입니다. 이를 확대하면 호색好色은 남녀 간의 일만 가리키는 것이 아니라, 물질에 대한 탐욕도 '색色'자로 나타낼 수 있습니다. 특히, 불학佛學에서는 이 사상이 더욱 뚜렷합니다. 유가의 사상에서는 지도자가 되는 사람은 그야말로 어떤 기호嗜好도 가져서는 안 된다고 봅니다. 그러나 사람은 완전히 기호가 없을 수 없습니다. 예를 들어, 어떤 사람들은 아무 기호도 없고 그저 독서만 좋아하는데, 이 역시 하나의 기호가 되어 그의 주변에 모여드는 사람들은 다 책을 좋아하는 사람입니다.
　남조 시대의 양원제梁元帝는 독서만 한 나머지 꽉 막힌 사람이 되어,

적군이 국경에 들이닥쳤는데도 문무 대신들에게 군복을 입고 자신의 책 이야기를 들으라고 했습니다. 결국 나라가 망했습니다. 그는 투항할 때 소장도서 14만 권을 불질러 태우면서 말하기를, "문왕·무왕의 도가 오늘 밤 사라졌다."고 했습니다. 어떤 사람이 왜 책을 태워 버리느냐고 묻자, 그는 책을 만 권이나 읽었어도 오늘 이 지경이 되었기 때문에 태운다고 말했습니다. 독서도 사람을 해치고 멍청이로 만든다는 것을 알 수 있습니다.

이를 통해 우리가 이해하게 되듯이, 윗사람이 뭘 좀 좋아하면 아랫사람은 따라서 그쪽으로 기울어집니다. 이것이 바로 "물건은 좋아하는 사람에게 반드시 모인다."는 이치입니다. 우리가 골동품을 보고 싶으면, 골동품을 좋아하는 사람 집에 가야 볼 수 있습니다. 어떤 사람들은 돌을 좋아하고, 어떤 사람들은 괴이한 나무를 좋아하며, 어떤 사람들은 지폐를 좋아합니다. 어떤 분이 한 이야기인데, 자기의 오랜 친구 하나는 날마다 잠들기 전에 철제금고의 지폐를 한 장씩 한 장씩 세어 보아야 잠들 수 있다고 합니다. 그러므로 공자의 이 말은 하나의 최고 목표가 됩니다. 사람이 책임자가 되면 색色뿐만 아니라 다른 모든 기호도 그에게 허점이 될 수 있어서 다른 사람들이 이용할 기회를 주게 되고, 그 영향으로 사업에 실패하기 쉽다는 것을 우리에게 깨우쳐 주고 있습니다.

다음에는 이어서 공자의 말을 인용하고 있습니다.

공자께서 말씀하셨다. "비유컨대 (내가 흙을 짊어져 날라) 산을 하나 (쌓는다고 하자. 모두 일백 삼태기의 흙을 져다 부어야 하는데) 쌓아올리다가 흙이 꼭 한 삼태기 모자라는 (구십구 삼태기) 지점에서 중지했다면, 그것은 내 자신이 (심리적 피로와 위축 때문에 스스로) 중지한 것이다.

비유컨대 움푹한 땅을 평평하게 메워 고르는 데 있어 내가 흙을 한 삼태기만 부어도 (좀 높아져) 진전했다면, 그것은 내 자신이 (공功을 이루어) 진전한 것이다."

(도덕적 수양을 쌓거나 업적을 이루는 등, 모든 일이 성공하느냐 실패하느냐 하는

것은 내 자신에게 달려 있는 것입니다. 그러므로 외부적인 요인 탓으로 돌리지 말아야 합니다. 외부적인 요인이 형성된 것도 자기 자신과 관계가 있습니다)

子曰: 譬如爲山, 未成一簣, 止, 吾止也。 譬如平地, 雖覆一簣, 進,
자왈　비여위산　미성일궤　지　오지야　비여평지　수복일궤　진

吾往也。
오 왕 야

　우리가 도덕적 수양을 쌓거나 업적을 이루는 것 일체가 이와 같습니다. 학문적 성공뿐만 아니라 도덕적 성공, 사업적 성공도 원칙은 다 같습니다. 모든 것은 진보하지 않으면 퇴보하기 마련입니다. 진보가 없이 제자리에 머물러 있는 것도 퇴보입니다. 특히, 도덕적 수양에 있어서는 진보가 더욱 어렵습니다! 앞에서 말했듯이 영웅은 천하를 정복하지만 자신을 정복할 수 없고, 성인은 천하를 정복하려 하지 않고 자신을 정복하려고 합니다. 사실은 자신을 정복하는 것이 천하를 정복하는 것보다 더 어렵습니다. 도덕적 수양이란 바로 자기정복입니다.

　위의 공자의 말 중 앞부분은 바로 이런 이치를 말한 것입니다. 공자의 말은 다음과 같습니다. "예를 들어, 우리가 흙을 져 날라 산을 하나 쌓는다고 하자. 모두 100짐의 흙을 져다 부어야 하는데, 이미 99짐을 져다 부었다 하더라도 한 짐이 모자라는 상태에서(未成一簣) 멈춰 버린다면, 이 때문에 최고봉의 정점에 도달할 수 없다." 멈춘 것은 누구 탓일까요? 우리는 흔히 어떤 일이 성공하지 못하면 객관적인 환경이나 사회적인 요소를 탓하는데, 공자는 여기서 그래서는 안 된다는 것을 말하고 있습니다. 역시 자신의 심리적 피로와 위축 때문에 스스로 멈춘 것이지(吾止也), 객관적인 요인 탓이 아니라는 것입니다.

　공자는 뒷부분에서 또 말합니다. "예를 들어, 움푹 팬 땅을 메워 평평하게 고를 때 한 짐의 흙만 져다 부어도 좀 높아 보이는데, 이 정도만 이라도 자신이 공을 이룬 것이다." 여기에서 공자가 강조하는 것은, 모든 일이 성공하느냐 실패하느냐 하는 것은 개인 자신에게 달려 있는 것이므로 외부적인 요인 탓으로 돌리지 말라는 것입니다. 외부적인 요인이 형성된 것도 자기 자신과 관계가 있는 것입니다.

여기까지는, 몇 단락 앞에서 공자가 흐르는 강물을 보며 "가는 것이 저 흐르는 물과 같구나! 밤낮을 쉬지 않으니." 라고 한 말에 대한 확대 해석이라고 할 수 있습니다. 다음은 공자가 학생들을 가르친 경험을 이야기한 것으로, 개인에 대한 평론입니다.

배워도 성취하기 어렵다

공자께서 말씀하셨다. "(가르쳐) 말해 준 것을 게을리 하지 않(고 그대로 실천하)는 사람은 회回뿐일 것이다!"

子曰 : 語之而不惰者, 其回也與!
자 왈   어 지 이 불 타 자   기 회 야 여

공자는 학생들 중에서 자신이 가르치는 대로 하기를 게을리 하지 않는 사람은 오직 안회뿐이라고 말합니다. 이 말은 예사롭게 들리지만, 가르치거나 지도하는 위치에서 오래 일해 보면 간단한 말이 아니란 것을 체험하게 됩니다. 오늘날 젊은이들에게 어떤 일, 예컨대 불쌍한 노인을 돌보는 일을 시키면 마지못해 하기는 하지만 열정이 없습니다. 선생님이 시키는 일이라고 생각할 뿐, 자신이 마땅히 해야 할 일이라고는 느끼지 않습니다. 그 정도 밖에 차이가 나지 않습니다. 이론상으로는 하는 말이야 다들 그렇게 말하듯이, 마땅히 사람을 사랑해야 하고 마음을 다해야 한다고 말하지만, 그것을 실천한다는 것은 별개의 일입니다. 나는 젊은이들에게 사회에서 이미 누군가 해 버린 일을 중복해서 하지 말고, 누군가가 반드시 해야 하는데 아직 하지 않은 일을 찾아서 하라고 가르칩니다.

나의 자료에 의하면 우리 사회에는 처지가 매우 딱하고 자식들조차 곁에 없는 불쌍한 노인들이 있습니다. 젊은 사람들로 하여금 이런 노인을 위해 봉사 활동을 하게 할 수 있는데, 주의해야 할 점은 절대 그 노인들로부터 대접 받지 말고 자기가 먹을 도시락도 가지고 가야 한다는 것입니다. 젊은이들은 말을 이치에 맞게 아주 잘합니다. 그러나 저는 그들에게 앞으로 겪을 어려움을 견뎌내야 한다고 말합니다. 어떤 노인들은 오랫동안 봉사를 해 주면 그것을 당연한 것으로 느끼게 됩니다. 물론 처음에는 감사하는 마음이 있었겠지만, 두 번째에는 그러려니 하게 되고, 세 번째에는 봉사자가 지각하면 아마 욕할지도 모릅니다. 그럴 때 봉사하는 젊은이들은 공손히 인사하며 미안하다고 말씀드릴 준비가 되어 있어야 합니다. 이를 통해 알 수 있듯이 좋은 일을 하는 데도 이러한 어려움이 있습니다. 그러므로 이론과 실제를 결합하여, 말해 준 것을 게을리 하지 않아야 합니다(語之而不惰). 말을 했으면 실천을 하고, 그것도 부지런하게 꾸준히 한다는 것은 정말 대단히 어려운 일입니다.

　나도 개인적으로 경험해 보았지만, 사람이란 서로 일을 부탁하는 친한 사람들이 있기 마련인데, 부탁을 들었을 때 할 수 있는 일이면 승낙합니다. 그런데 승낙하고 나서는 귀찮게 느껴질 때가 있어서 2, 3일 미루면서 게으름을 피웁니다. 어떤 때는 경각심을 높여서 일을 재빨리 처리하고, 처리하고 나서는 결과가 어떻게 되었는지 모릅니다. 부탁 받은 일을 처리할 수 없을 때에는 부탁한 사람에게 빨리 알려 주어야 합니다. 그렇게 하지 않으면, 마치 의사가 다른 의사 대신 병을 치료하다가 치료할 수 없게 되자 진통제만 주어서 낫지도 죽지도 않고 병만 오래 끄는 격이 되어 버리는데, 이것은 큰 잘못입니다. 그러므로 공자가 안회에 대해서 한 이 말은 겉으로 보면 대수롭지 않지만, 진정으로 체험해 보면 이런 수양은 정말 쉽지 않습니다.

　다음에서 공자는 계속하여 안회를 칭찬하고 있습니다.

　공자께서 안연에 대하여 말씀하셨다. "애석하구나! 나는 그가 진보하는 것은 보았지만, 그가 (단명했기 때문에) 성취한 것을 보지 못하였으니."

　子謂顔淵曰 : 惜乎! 吾見其進也, 未見其止也。
　자 위 안 연 왈　석 호　오 견 기 진 야　미 견 기 지 야 이것은 공자가 안회 본인에게 한 말이 아니라, 안회에 대하여 학생들에게 말한 것입니다. 안회는 서른두 살밖에 살지 못하고 죽지 않았습니까? 그래서 공자는 "몹시 아깝구나. 나는 그의 진보만 보았지, 그의 성취는 보지 못했다."한 것입니다. 진보가 있으면 큰 성취가 있어야 하는데, 아깝게도 안회는 단명하여 죽었기 때문에 그러한 성취를 이루지 못하였습니다. 그래서 공자는 사람에 대한 다음과 같은 감회를 가지고 있었습니다.

공자께서 말씀하셨다. "싹이 자라나서도 꽃을 피우지 못하는 것이 있구나! 꽃을 피워서도 열매를 맺지 못하는 것이 있구나!"

子曰 : 苗而不秀者 , 有矣夫 ! 秀而不實者 , 有矣夫 !
자 왈　묘 이 불 수 자　유 의 부　　수 이 불 실 자　유 의 부

'묘'苗란 뿌리에서 돋은 싹입니다. 어떤 식물들은 씨앗을 뿌려 놓으면 싹이 훌륭하게 돋아나 장차 크게 뻗으며 자랄 것 같지만, 결국에는 잘 자라지 못하고 가지와 잎이 무성하지 않는데, 이것이 "묘이불수"苗而不秀입니다. 다시 말해 많은 사람들이 어려서는 총명하더니 커서는 흐리멍덩해지는 것입니다. 특히 교육계에서 더욱 볼 수 있는데, 어떤 젊은이들은 처음에는 대단히 훌륭하더니 점점 변해서 결국에는 쓸모 있는 인재가 되지 못하는 것을 봅니다.

다시 더 나아가면, 꽃까지는 잘 피었는데 열매를 맺지 못하는 일秀而不實도 있습니다. 우리가 이 두 마디 말을 돌이켜 자기의 인생을 살펴보면 대부분 꽃은 피웠는데 열매를 맺지 못했다고 말할 수 있을 것입니다. 이 유별난 시대에 태어나, 젊었을 때는 어떻게 되고 싶었다는 꿈이 있었는데, 결국 지금에 이르러 얻은 결론은 자신이 별 볼일 없는 사람임을 알게 되는 것입니다.

이 단락의 중점은 바로 공자가 몇 단락 앞에서 말했던 "중지했다면 그것은 내 자신이 중지한 것이며, 진전했다면 그것은 내 자신이 진전한 것이다."(止, 吾止也. 進, 吾往也)는 것으로, 결과는 자신이 하기에 달린 것

이지 남과는 상관없다는 것입니다. 학문을 하는 것은 더욱이 이와 같습니다. 우리는 젊은이들이 문장력이 좋은 것을 종종 보는데, 많은 사람들이 그에게 큰 기대를 걸지만 나는 그래 보이지 않는다고 말합니다. 바로 "싹이 자라나서도 꽃을 피우지 못하고, 꽃을 피워서도 열매를 맺지 못한다."(苗而不秀, 秀而不實)는 것인데, 진정으로 문장력이 훌륭하여 문학가라고 불릴 만한 사람은 동서고금의 인류역사 전체를 통해서도 3, 4백 명이 채 못 됩니다. 문장 한 분야만 두고 말해 보면, 한 사람이 쓴 많은 책들 중에서 후세에까지 전해질 만한 책이 몇 권이나 될까요? 이것은 모두, 꽃을 피워서도 열매를 맺지 못한 예들입니다.

그러므로 문학이든 학문이든 어느 분야이든, 역사에 남을 만큼 성취해 내기는 아주 어렵습니다. 이것 역시 인물에 대한 공자의 탄식입니다. 많은 사람들이 총명하고 진취적이어서 앞날이 기대되었지만, 최후에는 결론이 없었습니다. 많은 사람들의 사업·도덕·학문이 모두 이 두 마디 말의 범위 안에 있습니다.

후학을 가벼이 보지 말라

그래서 공자는 또 학생들에게 젊은이들에 대한 소감을 말했습니다.

공자께서 말씀하셨다. "(젊은) 후배들을 (절대 경시하지 말고 중요하게 생각하여, 심혈을 기울여 인재를 양성하며) 두려워해야 하니, (미래세대인) 장래의 그들이 오늘의 우리 (세대)만 못하리라고 어찌 알겠는가? 사십이나 오십이 되어도 성취한 바가 없어 이름이 알려지지 않는다면, 그도 두려워할 게 못되는 사람이다."

子曰: 後生可畏, 焉知來者之不如今也? 四十五十而未聞焉, 斯亦不
자왈 후생가외   언지래자지불여금야   사십오십이미문언   사역부

足畏也已。
족외야이

"후배들을 두려워해야 한다."(後生可畏)는 말은 공자의 명언으로, 다음 세대의 젊은이를 절대 경시하지 말라는 것입니다. 옛날부터 지금까지 사람들은 젊은 후배들을 대단히 중시했습니다. 공자가 뒤에 오는 젊은 이들이 두렵다고 말한 것은 그들을 무서워한다는 것이 아니라, 그들을 중요하게 생각하여 심혈을 기울여 인재를 양성해야 한다는 말입니다. "장래의 그들이 오늘의 우리만 못하리라고 어찌 알겠는가?"(焉知來者之不 如今也) 라고 공자는 말했습니다. 다음 세대를 경시해서는 절대 안 되며, 미래 세대가 오늘 세대만 못하리라고 생각해서는 안 됩니다.

이 점을 미루어 보더라도 우리는 공자에게 억울한 누명을 씌워서는 안 됩니다. 우리 학술계는 항상 공자를 대단히 고지식하고 보수적인 사람으로 묘사하고 있는데, 공자의 사상은 이처럼 대단히 진취적이었습니다. 그는 결코 후배들을 경시하지 않았고, 후일의 역사를 더더욱 경시하지 않았으며, 미래 사회가 현재보다 못하리라고 생각하지 않았습니다. 공자는 여기에서, "미래 사회가 오늘보다 못하리라고 어떻게 알겠느냐? 사람도 이와 같다. 그러나 어떤 사람이 40, 50세가 되어서도 성취한 바가 없다면 그 역시 끝난 것이라, 더 이상 바라볼 만한 것이 없다." 고 했는데, 이것도 사실입니다.

앞에서 말했듯이 내 개인적인 견해로는 인류문화는 영원히 젊은 상태에 있습니다. 오늘 현재는 영원히 유치한 단계에 있으며 성숙되지 않고 있습니다. 만일 진정으로 성숙된다면 문화적 입장에서 볼 때, 그때 인류의 생활은 영원히 안정될 것입니다. 이 논의는 가장 번거로운 역사철학적 문제이므로, 더 이상 언급하지 않겠습니다. 이 단락도 공자가 청년들에게 노력하라고 격려하는 말입니다. "젊었을 때 노력하지 않으면 늙어서 슬퍼해도 소용없다."(少壯不努力, 老大徒傷悲)는 옛날 격언이 있는데, 바로 같은 이치입니다.

다음도 학생들에 대한 공자의 격려입니다.

공자께서 (제자들을 격려하여) 말씀하셨다. "격언에 나오는 올바른 말을 따르지 않을 수 있겠는가? (거울삼아 자신을 비추어 보고 자주

반성하며) 자기 잘못을 (발견하면) 고치는 것이 중요하다. 자기의 뜻에 순종하는 말이 기쁘지 않을 수가 있겠는가? 말의 참뜻을 찾아내는 것이 중요하다. (듣기 좋은 말만 좋아하고) 기뻐하면서도 (스스로 반성하여) 말의 참뜻을 찾아내지 않고, 따르면서도 (감상만 하고) 그 말에 따라 자기 잘못을 고치지 않는다면, 나도 그런 사람은 어찌 해볼 수가 없다!"

(다시 말해, 이론상으로 어떤 일을 어떻게 해야 한다고 남에게 쉽게 말하면서도, 정작 자신이 실제로 하지 못하는 지식인들은 어찌해 볼 수 없다는 것입니다)

子曰 : 法語之言, 能無從乎? 改之爲貴。巽與之言, 能無說乎? 繹
자왈　법어지언　능무종호　개지위귀　손여지언　능무열호　역

之爲貴。說而不繹, 從而不改, 吾末如之何也已矣!
지위귀　열이불역　종이불개　오말여지하야이의

이것은 물론 공자가 학생들을 격려하는 말이면서, 동시에 우리가 일생 동안 살아가면서 본받아야 할 점입니다. 법어法語란 우리가 오늘날 흔히 말하는 격언입니다. 옛 사람들의 명언은 옛날에도 법언이라고 불렀으며, 움직일 수 없는 철리哲理가 들어 있습니다. 나는 우리 문화를 배우러 오는 외국 유학생들에게 늘 말하기를, "헛걸음하지 말라. 가장 빠른 방법은 먼저 삼백천천三百千千을 읽는 것이다."라고 합니다. 즉, 『삼자경』三字經 · 『백가성』百家姓 · 『천가시』千家詩 · 『천자문』千字文의 네 권 책을 말하는 것인데, 조금만 노력하여 3개월 동안만 이 책들을 읽으면 중국 문화에 대해서 기본적으로 이해하게 됩니다.

세 글자가 한 구절인 『삼자경』은 전통 문화의 요점만을 간단하게 소개한 것입니다. 역사 · 정치 · 문학 · 사람됨 · 일처리 등이 그 안에 모두 들어 있습니다.

특히 『천자문』은 1천 자인데 이 1천 자를 알고 나면 전통 문화에 대해 기초적인 개념을 갖추게 됩니다. 중국의 진정으로 대단한 문인이나 학자라 해도 글자를 3천 자를 알면 훌륭한 것입니다. 가령 나더러 앉아서 한자 3천 자를 외워서 써 보라고 시험한다면, 아마 여러 날을 들여 천천히 생각해 보아야 할 것입니다. 일반적으로 머릿속에 1천 자 정도를 기억하고 있다면, 이미 대단한 것입니다. 어떤 글자들은 자전에서 찾아보아야 하는데, 우리가 평소에 사용하는 글자는 몇백 자에 불과합니다. 그러므로 『천자문』이라는 책은 단지 1천 자로 중국의 철학·정치·경제 등을 다 말해 놓았으면서도 한 글자도 중복되지 않습니다.

전해 오는 이야기로는 양무제梁武帝 때 주흥사周興嗣라는 대신이 잘못을 범해, 양무제가 처벌로 그에게 하룻밤 사이에 서로 다른 1천 글자로 한 편의 글을 지으라고 했답니다. 만일 지어내지 못하면 죄를 묻고, 지어내면 사면해 주겠다는 약속이었습니다. 결국 주흥사는 하루 낮 하루 밤 만에 『천자문』을 지었는데, 그러고 나서 보니 머리털이 하얗게 세어 버렸다고 합니다. 『천자문』은 천지현황天地玄黃, 우주홍황宇宙洪荒, 일월영측日月盈昃, 진숙열장辰宿列張처럼 네 글자를 한 구절로 한 운문인데, 우주천문에서부터 말해 내려가 사람으로서 행할 도리까지 말하고 있습니다. 한래서왕寒來暑往, 추수동장秋收冬藏 하는 식으로 말해 내려가는데 이 『천자문』을 절대 쉽게 생각해서는 안 됩니다. 현대인들 중에 즉석에서 『천자문』을 잘 풀이할 수 있는 사람은 아마 많지 않을 것입니다.

격언으로 말하자면 『증광석시현문』增廣昔時賢文이라는 책도 한 권이 있는데, 일종의 민간 격언 모음집입니다. 예전에 독서할 때 일종의 과외 독본처럼 읽었는데 누구나 읽을 줄 알았으며, 그 안에는 사람으로서 행할 도리가 들어 있습니다. 물론 그 안에는 "창밖의 달빛 문 닫아 밀어내고, 매화더러 스스로 주장하라 분부하네."(閉門推出窗前月, 吩咐梅花自主張) 같은 풍의 쓸모없는 말들도 들어 있지만 아주 좋은 것들이 많이 수록되어 있습니다. 대만에 온 이후 발견했는데, 시중에서 유통되는 『석시현문』에는 복건·광동·대만 지역의 민간 격언도 실려 있습니다.21)

중국 문화를 말할 때는 사서오경 외에 이런 몇 권의 작은 책들도 경시해서는 안 되며, 전기소설傳奇小說들을 경시해서는 더욱 안 됩니다. 중국 전통 문화의 전파와 영향의 입장에서 보면 이런 몇 권의 작은 책

---

21) 남회근 지음 연성건 엮음 송찬문 번역 『역사와 인생을 말한다』 부록에 실려 있는 「증광석시현문」을 읽어보기 바란다.

들과 몇몇 소설들이 발생시킨 힘은 컸습니다. 사서오경은 공명을 얻기 위한 시험용 외에는 평소에 연구하는 것이 귀찮기 때문에 연구한 사람이 드물었습니다. 그렇지만 이런 책들은 이해하기 쉬우면서도 전통 문화의 정화精華를 모두 표현하고 있어서 많이들 봤습니다. 법어法語를 설명하다 보니, 격언의 도리에 얽힌 이야기를 했습니다.

공자는 "격언에 나오는 올바른 말을 따르지 않을 수가 있겠는가?"(法語之言, 能無從乎)라고 했습니다. 예컨대 우리가 좋은 명언을 보면 좋아하기 때문에 외우고 마음속에 기억하기 마련입니다. 그러나 그저 좋아하기만 하면 소용이 없습니다. "자기 잘못을 고치는 것이 중요합니다."(改之爲貴). 격언을 거울삼아 자신을 비추어 보고 자주 반성하며, 잘못을 발견하면 철저히 고쳐야 합니다. 이렇게 독서해야 비로소 배운 것을 실제에 응용하는 것입니다.

"자기 뜻에 순종하는 말"(巽與之言)은 순종하는 말입니다. 당신의 뜻에 순종하는 말입니다. 우스운 이야기를 하나 해 보겠습니다. 해외교포의 지도급 인사로서 나이 많은 사람이 호화 호텔 식사에 초대되어 상석에 앉았습니다. 이 사람은 방귀를 자주 뀌었는데, 연달아 방귀를 뀌고 나서 "미안합니다!" 하고 사과를 했습니다. 곁에 있던 사람이 "괜찮습니다. 구리지 않습니다."고 하자, 방귀를 뀐 노인네가 "정말입니까? 그럼 큰일인데요. 노인네 방귀가 구리지 않으면 오래 살지 못한다고 하던데요."라고 말하는 것이었습니다. 이 말을 듣자, 구리지 않다고 말했던 친구는 어안이 벙벙해졌고 다른 사람들도 매우 어색해졌습니다. 그런데 1분이 채 지나지 않아서 어떤 사람이 코로 냄새를 맡으면서, "오, 이제 냄새가 조금 나는군요." 라고 말했다 합니다. 이것도 "자기 뜻에 순종하는 말"(巽與之言)을 각박하게 형용한 것입니다.

또 한 친구가 내게 해 준 이야기인데, 그가 외국에 나가기 전에 한 화교 상인에게 선물하려고 축지산(祝枝山: 명나라 사람으로, 이름은 윤명允明이며, 지산枝山은 그의 호임—역주) 그림 한 폭을 준비했답니다. 선물을 받은 그 상인은 그림을 펼쳐서 축지산의 이름을 보더니, "아! 그가 그린 것이군. 그는 나를 아는데, 왜 내 이름을 써넣지 않았을까요?" 라고 말하는 것이었습니다. 이 친구는 듣고 나서, 그것이 명나라 때의 고화古畫라고 밝히기가 난처하여 다음과 같이 "손여지언"巽與之言을 말할 수밖에 없었답니다. "아마 그가 잊어버렸는가 봅니다. 내 돌아가면 그에게 써넣으라고 하지요."

높은 모자에 사람은 눌려 작아지고

앞의 친구가 한 우스갯소리는 몹시 각박하지만, 그는 경험이 아주 풍부해서 사리와 인정을 대단히 꿰뚫어보고 있습니다. 사람은 경험이 많아지면 가혹하고 야박하게 변하기 쉽습니다. 나는 지금 늙었기 때문에 젊은 학생들에게 이렇게 말할 자격이 있습니다. 젊은이들은 우리 노인들이 매우 노회하고 교활하다고 욕하는데, 나는 전적으로 인정합니다. 뿐만 아니라, 나는 이것을 욕이 아니라 노인들을 치켜세우는 말이라고 생각합니다. 노회함은 교활함과는 다른데, 나이가 들수록 경험이 많아져 말을 하더라도 약간 보류할 수밖에 없기 때문입니다. 이 역시 일종의 수양 공부입니다. 나이가 들수록 인심人心을 많이 겪어 보았기 때문에 세상 물정을 꿰뚫어봅니다. 그래서 친구에 대해서도 대단히 너그러워져, 친구가 틀려도 빈정대거나 각박하게 대하지 않고 늘 진심으로 대하는 것이 도덕이고 학문입니다. 여러분은 지도자가 되면 아첨하는 말을 듣기 마련이라는 데에 주의해야 합니다.

공자는 여기에서, "자기 뜻에 순종하는 말이 기쁘지 않을 수가 있겠는가?"(巽與之言, 能無說乎)라고 말했습니다. 추켜세우는 말은 꾸짖는 말보다 듣기에 편합니다. 그 추켜세우는 말이 거짓말인 줄 뻔히 알면서도 기분이 편안합니다. 청나라의 재자才子 원매袁枚에 관한 유명한 이야기가 있습니다. 그는 2, 30세에 이미 이름이 천하에 알려져 현령이 되었는데, 부임하기 전에 선생님 — 건륭 때 명신인 윤문단尹文端 — 을 작별인사차 찾아가 가르침을 청했습니다. 선생님은 그에게 아주 젊은 나이에 현령이 되어 간다는데 무슨 준비를 했느냐고 물었습니다. 원매는 아무것도 준비하지 않고 그저 1백 개의 모자(모자는 아첨을 상징함—역주)를 준비했다고 말했습니다. 선생님은 젊은 사람이 왜 그런 일을 하느냐고 묻자, 원매는 사회 사람들은 누구나 아첨받기를 좋아하는데 선생님처럼 아첨받기를 좋아하지 않는 사람이 몇 사람이나 되겠느냐고 말했습니다. 선생님은 듣고 나서 그의 말이 일리가 있다고 생각했습니다. 원매가 밖으로 나왔을 때, 학우들이 선생님과의 대화가 어떠했느냐고 묻자, 원매는 선생님께도 벌써 모자를 하나 씌워 드렸다고 말했습니다. 이것이 바로 공자가 "자기 뜻에 순종하는 말이 기쁘지 않을 수 있겠는가?"라고 한 말의 뜻으로, 듣기 좋은 말을 싫어하는 사람은 없다는 것입니다.

그러므로 우리는 "말의 참뜻을 찾아내는 것이 중요하다."(繹之爲貴)고 한 공자의 말에 유의해야 합니다. '역'繹이란 연역演繹으로 반성·연구·퇴고·분석한다는 것입니다. "기뻐하면서도 말의 참뜻을 찾아내지 않는다."(說而不繹)는 것은, 듣기 좋은 말만 좋아하고 스스로 반성하지 않는 것을 말합니다. "따르면서도 그 말에 따라 자기 잘못을 고치지 않는다."(從而不改)는 것은, 훌륭한 격언을 감상만 하고 격언대로 자기의 잘못을 고치지 않는 것입니다. 공자는 "나도 그런 사람은 어찌 해 볼 수 없다!"(吾末如之何也已矣)고 말했습니다. 다시 말하면, 이론상으로 어떤 일을 어떻게 해야 한다고 남에게 쉽게 말하면서도 정작 자신이 실제로 하지 못하는 지식인들은 어찌해 볼 수 없다는 것입니다. 공자의 학문은 실제 도리에 맞는 행위를 중시한 것으로, 실천할 수 있어야 비로소 학문이 됩니다.

공자께서 말씀하셨다. "충실忠實**과 신의를 위주로 하고, 자기보다 못한 벗은 없으니, 허물이 있으면 고치기를 꺼려하지 말라."**

子曰：主忠信，無友不如己者，過則勿憚改。
자 왈　주 충 신　무 우 불 여 기 자　과 즉 물 탄 개

이 말은 「학이」편에도 나왔으므로 더 이상 말하지 않겠습니다. 이 말의 중심은 "자기보다 못한 벗은 없다."(無友不如己者)에 있는데, 옛 사람의 해석대로 친구를 사귐에 있어 반드시 자기보다 나은 사람을 선택하라는

뜻으로 생각해서는 안 됩니다. 그것은 틀린 해석입니다. 사람마다 존경해서 모든 친구는 자기보다 못하지 않다고 여겨야 합니다.

의기가 구름을 능가하다

다음에는 학문의 도리란 지식 이외에도 지조를 배양하는 데 있음을 유의해야 한다고 말하고 있습니다. 지조는 인격의 중심입니다.

공자께서 말씀하셨다. "(전쟁에서 상대방의 총사령관인) 대군大軍의 장수는 (사로잡아) 빼앗을 수 있어도, 개인(匹夫)의 (참으로 확고한) 지조志操는 (어떤 상황에서도) 빼앗을 수 없다."

子曰 : 三軍可奪帥也, 匹夫不可奪志也。
자 왈 삼 군 가 탈 수 야 필 부 불 가 탈 지 야

이 말은 사람이 중심사상을 양성해야 한다는 것인데, 이 문제도 앞에서 우리가 토론했던 것입니다. 불가·유가 모두 사람됨이 무아의 경지까지 이를 수 있어야 한다고 주장하는데, 이 무아는 개인의 도덕 수양에 대한 것입니다.

일처리에 있어서는 '나'(我)가 있어야 하며, 정확한 의지와 사상이 있어야 합니다. 오늘날 말로 하면 무슨 '주의'主義라고 부르는, 중심사상을 일컫는 말입니다. 공자는 "대군大軍의 장수는 빼앗을 수 있다."(三軍可奪帥也)고 하였습니다. 고대 전쟁에서는 상대방 총사령관을 사로잡으면 삼군三軍은 지도자를 잃게 되어 전체 군대가 붕괴되었습니다. 그러나 사람의 경우, "필부의 지조는 빼앗을 수 없다."(匹夫不可奪志也)고 하였습니다. 어떤 사람이 참으로 지조를 갖고 있어 지향을 확고하게 세우면 어떤 상황에서도 동요하지 않습니다.

우리가 겪었듯이 항일 전쟁 때 많은 친구들이 여러 해 동안 국가를 위해서, 그리고 자신의 '주의'主義를 위해 희생하였으며, 많은 사람들이

경모敬慕를 받을 만했습니다. 그들은 감동적이고 눈물겨웠으며 굳게 절개를 지켰던 일들이 아주 많았습니다. 적의 후방에서 활동했던 많은 공작원들은 어떠한 시련에도 한결같이 지향을 굽히지 않고 절개를 굽히지 않았습니다. 이처럼 한 개인의 사상과 의지는 정복하기 어려운 것입니다.

제2차 세계대전 이전에 서양인들은 사상·문화적 침략의 심각성에 대해 별로 이해하지 못했습니다. 제2차 대전 이후에 비로소 모든 국가가 이 점에 대해 생각하게 되었는데, 전략적으로 먼저 상대방의 의지를 침탈하여 적의 사상과 의지를 바꿔 버렸습니다. 인류 문화의 전쟁사에서 보면 이 몇십 년 간에 이르러서야 그들은 진정으로 이 이치를 운용할 줄 알게 된 것입니다.

중국 역사를 보면 남북조 시대부터 청대까지 여러 번 이민족의 침입을 겪었음에도 왜 우리 민족은 시종 어떻게 하여 끝까지 서 있을 수 있었으며 외래의 민족은 왜 결국 우리 문화에 동화되었을까요? 바로 문화 역량의 위대함 때문이었습니다. 하버드 대학 교수 한 분이 내게 와서 물었습니다. "세계 많은 국가들은 한번 망하고 나면 영원히 일어서지 못했는데, 어떻게 중국만은 여러 번 크게 망했으면서도 영원히 무너지지 않고 다시 일어설 수 있었던 이유가 어디에 있습니까?" 나는 그에게 이렇게 대답했습니다. "열쇠는 바로 '통일'이라는 간단한 단어에 있습니다. 문화의 통일, 사상과 문자의 통일에 있습니다."

유럽은 춘추전국 시대처럼 교통과 경제와 언어가 통일되어 있지 않다가 최근 들어 통합되어 가고 있습니다. 중국의 언어는 지금까지도 통일되지 않아서 광동어, 복건어 등 각 성 각 지방마다 모두 방언이 있습니다. 그러나 지난날 진한秦漢 문화가 통일된 이후 중국 전체만 아니라 한국·일본·동남아 각국을 포함한 아시아 지방이 모두 한자를 통일적으로 사용하였습니다. 최근 동남아에서 이를 바꾸어 한자를 쓰지 않으려고 했지만, 결국은 어쩔 수 없어 바꾸지 못했습니다. 베트남은 변화 중에 있는데, 아직은 방법이 없습니다. 말레이시아도 변하고 있어서, 거기서 돌아온 학생이 내게 말하기를, 그들은 창문을 뜻하는 窻(창)자를 窻

(창)자로 바꾸어 중간의 두 점을 없애 버렸다는 것입니다. 그래도 학생들은 여전히 窓자로 쓰고 있는데, 선생님은 그것은 이전의 '창'이고 지금 새로 나온 '창'은 중간의 두 점이 없다면서 신식 창 窗 은 그 두 개의 나사못이 필요 없다고 한답니다. 그러나 학생들은 자전字典에는 窓자에 여전히 두 점이 있다고 말한다고 합니다. 들리는 바에 의하면, 이런 부류의 재미있는 일들이 많습니다. 그러므로 통일된 문화가 대단히 중요합니다. 통일된 문화는 멸망할 수 없으며, 뿌리가 뽑아지지 않습니다. 일부 지각없는 지식인들이 스스로 문화의 뿌리를 뽑는 일을 하는데, 이것은 멸망을 자초하는 일입니다.

이 때문에 공자가 말한 "필부의 지조는 빼앗을 수 없다."(匹夫不可奪志也)는 개인의 지조가 일상생활의 모습에 표현되어 있습니다.

공자께서 (자로를 묘사하여) 말씀하셨다. "(자신은) 해어진 허름한 솜두루마기를 입었지만, 여우나 담비 가죽 두루마기를 입은 (부귀한) 사람들과 함께 서 있어도 (개의치 않고) 부끄러워하지 않을 사람은 유由일 것이다! 『시경』에 '마음에 거리끼지도 않고 탐내지도 않으니, 어찌 훌륭하지 않겠는가?' 라고 했다."

자로가 (선생님이) 『시경』의 이 말을 (인용하여 자기를 칭찬하고 격려하니) 항상 외우고 다니자, 공자께서 말씀하셨다. "(내가 너를 칭찬했다고 해서 네가 우쭐거리는구나. 내가 말한 '네가 옳다' 는 것은 학문의 과정에 지나지 않을 뿐이다. 학문은 영원한 것인데, 그것을 가지고 그렇게 자랑하며 다니다니 너는 이미 안 되겠다) 그런 도리야 어찌 훌륭하다 할 만하겠느냐?"

子曰: 衣敝縕袍, 與衣狐貉者立, 而不恥者, 其由也與! 「不忮不求,
자왈 의폐온포   여의호학자립   이불치자   기유야여   불기불구

何用不臧?」 子路終身誦之 。 子曰 : 是道也, 何足以臧?
하용부장   자로종신송지   자왈   시도야   하족이장

이것은 공자가 묘사한 자로입니다. 오늘날 자로와 같은 사람을 만나

면 아주 재미있을 것입니다. 의협심 있고 바른 말만 하는 것이 마치 『삼국연의』의 장비張飛와 『수호지』의 이규李逵와 같아서 속임수를 쓰지 않습니다. 송강宋江이 속임수를 쓰려고 하면, 이규가 그것을 폭로했습니다. 공자의 제자 중에서는 자로가 이렇게 사랑스러운 사람이었습니다. 물론 자로는 학문이 있어서 장비나 이규처럼 거칠지 않고 개성이 호방하고 정의감이 강했습니다.

공자는 여기서 자로에 대해 말합니다. "그는 해진 두루마기를 입고, 가죽 두루마기를 입은 부귀한 사람들 — 대륙 북방의 겨울은 춥기 때문에 가죽 두루마기를 입지 않으면 안 되었습니다. 적어도 양가죽으로 된 것을 입었고, 고급스런 것으로는 여우가죽·담비가죽·친칠라가죽으로 된 비싼 것을 입었습니다 — 과 함께 서 있어도 부끄러워하지 않는다(而不恥者). 그는 열등감이 없어 자기가 남보다 못하다고는 조금도 느끼지 않는다."

이런 기백은 기르기가 쉽지 않습니다. 사람들은 일반적으로 싸구려 옷을 입고 화려한 장소에 가면 곧 심리적으로 자신이 위축됨을 느낄 것입니다. 설사 꾀죄죄한 낡은 샤쓰를 입고 양복을 말쑥하게 차려입은 사람들과 함께 서 있어도 마음속으로 정말로 개의치 않을 수 있으려면 진정한 학문적 기개가 있어야 합니다. 남들은 부귀한데 자신은 가난하다고 느끼지 않으려면 정말 진정한 수양이 있어야 합니다. 공자는 이러한 기개, 이러한 수양은 오직 자로만이 성취했다고 말했습니다. 마치 맹자가 "설대인즉모지"說大人則藐之라고 했듯이, 대단한 사람을 보고서도 평범하게 보고 보통으로 보는 것입니다. (『맹자』「진심」하—역주).

이어서 공자는 『시경』「패풍 웅치」邶風雄雉장에 나오는 시구인 "마음에 거리끼지도 않고 탐내지도 않으니, 어찌 훌륭하지 않겠는가?"(不忮不求, 何用不臧)를 인용하여 자로를 칭찬했는데, 자로가 그렇게 할 수 있었던 까닭은 "불기불구"不忮不求라는 네 글자에 의거했기 때문이라고 말하고 있습니다. '불구'不求는 여러분들이 다 알듯이, "당신은 벼슬이 크지만 나는 벼슬하고 싶지 않으며, 당신은 돈이 많지만 나는 돈을 대단한 것으로 여기지 않는다. 나는 결코 가난을 비애로 느끼지 않으니 당신에게 구하는 바가 없다!"라는 뜻입니다.

'불기'不忮는 무엇일까요? 오늘날 관념으로 해석하면 바로 마음속이 정상적이고 거리낌이 없는 것입니다. 당신이 지위가 높고 돈이 있지만 당신도 사람이고 나도 사람이니, 부귀공명과 빈천 사이에 차등을 두지 않고 똑같이 평담平淡하게 봅니다. 남에게 구하지 않고 희망을 걸지 않아서, 자기의 마음에 물욕이 없으며 평온하여 고요합니다. 사람됨과 일처리가 이와 같다면 "어찌 훌륭하지 않겠는가?"(何用不臧). 어디에 간들 통하지 않겠습니까? 이런 심리가 있으면 자연히 기개가 높고 빛나 보입니다. 그러므로 말하기를, 기질을 배양하는 것은 의복이나 치장으로 배양해낼 수 있는 것이 아니라, 내심에 이런 수양을 갖추고 있어야 풍도風度와 기질이 자연히 흘러나온다고 합니다.

자로는 선생님이 『시경』의 두 구절을 인용하여 자기를 칭찬하고 격려하자, 이 구절을 항상 외우고 다녔습니다(終身誦之). 그러자 공자는 다시 자로에게 이렇게 말했습니다. "내가 너를 칭찬했다고 해서 네가 우쭐거리는구나. 내가 말한 네가 옳다는 것은 학문의 과정에 지나지 않을 뿐이다. 학문은 영원히 끝이 없는 것인데, 그것을 가지고 그렇게 자랑하며 다니다니 너는 이미 안 되겠다."

그래서 공자는 다음과 같이 결론을 내렸습니다.

공자께서 (탄식하여) 말씀하셨다. "한 해의 날씨가 추워진 뒤에야 소나무와 잣나무의 잎새가 시들지 않음을 알게 된다."

(인생은 최후에 결론을 살펴보아야 합니다. 사람은 어렵고 곤궁할 때 비로소 그의 인격을 볼 수 있고 평소에는 알아 볼 수 없습니다. 시대의 격랑이 몰아칠 때에도 굳세고 확고한 인격자만이 물질적 환경에 영향 받지 않고, 사회와 시대가 달라져도 그 인격이 변하지 않습니다)

子曰 : 歲寒 , 然後知松柏之後彫也 。
자왈　세한　연후지송백지후조야

날씨가 추워지면 모든 초목이 시드는데, 오직 소나무와 잣나무만은 늘 푸릅니다. 대만의 기후에서는 볼 수 없지만 대륙은 사계절이 분명하여 또렷이 볼 수 있습니다. 이것은 공자의 탄식입니다. 인생은 최후에 결론을 살펴보아야 합니다. 사람은 어렵고 곤궁할 때 비로소 그의 인격을 볼 수 있고 평소에는 알아 볼 수 없습니다. 문천상文天祥의 경우가 그 예입니다. 그는 국가가 태평할 때에는 풍류재자風流才子에 지나지 않아서 그가 훗날 그처럼 굳고 곧은 호연지기浩然之氣를 보여 주리라고는 아무도 알아볼 수 없었습니다.

옛 사람도 "질풍에 억센 풀을 알 수 있고, 난세에 충신을 알 수 있다."(疾風知勁草, 板蕩識忠臣)고 했습니다. 큰바람이 불면 모든 풀들이 쓰러지지만, 오직 산꼭대기에 사는 풀로서 약으로도 쓰이는 '독활'獨活이라는 ─ 높은 지대에서 다른 풀들은 자라지 못하고 오직 이 풀만이 자라기 때문에 이런 이름으로 불립니다 ─ 억센 풀만은 큰바람에도 쓰러지지 않습니다. 시대의 격랑激浪이 몰아칠 때에도 굳세고 확고한 인격자만이 물질적 환경에 영향 받지 않고, 사회와 시대가 달라져도 그 인격이 변하지 않습니다. 국가가 어지러워지면 곧 충신을 볼 수 있습니다. 이것이 공자가 말한, "한 해의 날씨가 추워진 뒤에야 소나무와 잣나무의 잎새가 시들지 않음을 알게 된다."는 말의 뜻입니다.

인격 수양의 세 가지 요점

다음 단락에서 공자는 인격 수양에 있어서의 세 가지 중요한 점을 말하고 있습니다.

공자께서 (완전한 인격 수양의 달성을 위한 세 가지 중요한 점을) 말씀하셨다. "진정으로 지혜가 있는 사람은 미혹되지 아니하고, 진정으로 인仁한 마음이 있는 사람은 걱정하지 아니하고, 진정으로 용기가 있는 사람은 두려워하지 않는다."

子曰 : 知者不惑, 仁者不憂, 勇者不懼。
자 왈　 지 자 불 혹　 인 자 불 우　 용 자 불 구

공자는 우리들에게 말해주기를, 사람이 완전한 인격 수양을 달성하려면 중요한 점 세 가지가 있는데, 그 중에 하나라도 빠지면 안 된다고 했습니다. 첫째는 지혜입니다. 知(지)는 동양 문화에서 지식이 아니라는데 주의해야 합니다. 공부를 잘해서 아는 것이 많은 것이 지식입니다. 지혜는 지식이 아니며, 총명도 아닙니다. 이것은 불교를 연구해 보면 알수 있습니다. 범어를 음역한 '반야'般若라는 말은 한자어로 '지혜'에 해당합니다. 당시 번역한 불교 경전 중에서 『금강반야바라밀다경』金剛般若波羅密多經의 '바라밀다'와 '반야'는 다 범어의 음역音譯입니다. 반야는 지혜라고 해석되는데, 왜 '금강지혜바라밀다경'으로 번역하지 않았을까요?

옛날엔 번역을 할 때, 다섯 가지 경우는 번역하지 않는다는 원칙이 있었습니다. 외국어에는 뜻이 있지만 한자에는 그 뜻이 없는 것은 번역하지 않는다는 것이 그 첫째였습니다. 예를 들면, '경계'境界라는 단어는 외국어에는 같은 뜻의 단어가 없어서 굳이 '현상'現象이라 번역하지만, 엄밀하게는 두 단어가 완전히 같은 의미를 담고 있지 않습니다. 예컨대 자주 인용되는 송나라 신가헌辛稼軒의 유명한 사詞의 한 구절을 봅시다.

문득 고개 돌려 보니	驀然回首
그 사람은 등불 사위어 가는 곳에 있구나	那人卻在燈火闌珊處

이 구절이 바로 '경계'로서 보일락 말락 한 것입니다. 다시 시의 경계를 말해 봅시다.

지는 달빛 서리 가득한 하늘에 까마귀 울고	月落烏啼霜滿天
강변의 단풍 고깃배 등불에 잠 못 이루는데	江楓漁火對愁眠
고소성 밖 한산사	姑蘇城外寒山寺
한밤중 종소리 객선에 들리누나	夜半鍾聲到客船

이 시는 아주 좋은 경계입니다! 만약에 이것을 "비행기 날아가는 소리에 잠들 수 없구나."(飛機轟轟對愁眠)로 개작하면 이건 소음이지 시가 아

닙니다. 이후주李後主의 사詞 가운데 유명한 구절인,

말없이 홀로 서루에 오르니	無言獨上西樓
초승달은 하늘에 떠 있고	月如鉤
오동 깊은 뜰에 적막이 맑은 가을을 녹이네	寂寞梧桐深院鎖淸秋

를 만약,

달은 둥글고	月如團
삶은 오리고기는 빨갛게 큰 쟁반에 담겨 있네	紅燒鴨子一大盤

로 바꾼다면 '경계'가 없어져 버립니다. 이것은 문학적인 경계를 말한 것입니다. 만약 경계를 '현상'으로 번역하면, "달은 둥글고 삶은 오리고 기는 빨갛게 큰 쟁반에 담겨 있네."야말로 현상입니다.

다른 예로서, 중국 글자인 氣(기)는 어떻게 번역해야 할까요? 서양 문화는 중국과 다른데, 산소(氧氣) · 수소(氫氣) · 가스(瓦斯氣)는 도대체 어느 기氣로 나타낼까요? 한자는 이와 달라서 전電자 하나에도 묘한 용법이 많습니다. 외국어는 문제가 큽니다. 지금 외국어는 수십만 단어나 있지만, 정말 자주 사용되는 것은 몇천 단어일 뿐입니다. 외국어과 학생들에겐 정말 문제입니다. 새 단어가 해마다 증가하여, 내가 보기에는 이대로 가면 7, 80년 이후에는 단어가 수없이 늘어나 결국 폐기하지 않으면 안 될지도 모릅니다.

그러나 한자는 예컨대 電(전)자 하나면 되는데, 불빛을 내는 것은 電燈(전등), 소리를 퍼지게 하는 것은 電唱機(전창기: 전축), 밥을 지을 수 있는 것은 電鍋(전과: 전기밥솥) 또는 電爐(전로: 전기곤로), 그 밖에 電影(전영: 영화) · 電視(전시: 텔레비전) · 電熨斗(전울두: 전기다리미) 등 두세 글자만 합해 놓으면 단어가 되고 누구나 이해합니다. 외국어는 그렇지 않아서 전등은 전등대로 따로 단어가 있고 전화는 전화대로 단어가 있기 때문에, 물질문명이 진보할수록 단어에 쓰이는 글자도 증가하여 이대로 가다가는 머리가 터지게 될 것입니다.

그래서 오늘날 외국어를 한자로 번역할 때에는 음역 방법을 채택하고 주석을 달고 있습니다. 과거의 번역은 지금과는 달랐습니다. 특히, 남북조 시대에 불교가 들어왔을 때 정부는 몇천 명의 일류 학자들을 조직하여 함께 토론하도록 했습니다. 한 구절 원문을 읽은 뒤에 한자어를 책임진 사람이 번역하고 그것을 수천 명이 토론했는데, 어떤 경우에는 한 글자에 대해 몇 개월 동안 토론해도 해결하지 못한 적도 있었습니다. 옛 사람들은 번역에 대해 그렇게 신중했기 때문에 불교가 한자 문화의 일부로 변할 수 있었습니다. 지금 사람들은 영어를 3년만 배워도 우리말을 영어로, 영어를 우리말로 번역하는데, 그가 번역한 것이 무엇인지 누가 알겠습니까? 번역을 부실하게 했기 때문에 우리의 문화가 바로 이 모양으로 뒤엎어져 버렸습니다.

당시에 '반야般若를 왜 '지'智로 번역하지 않았을까요? 그 까닭은 당시에는 지智를 흔히 총명聰明의 뜻으로 해석했기 때문입니다. 총명은 머리가 좋고 말귀가 밝고 눈이 밝아 반응이 빠른 것을 말하는데, 이것은 후천적인 것입니다. 그렇지만 지혜는 선천적인 것으로, 후천적인 반응에 의하지 않고 태어날 때부터 본래 스스로 갖추어져 있는 영명靈明함, 이것을 지혜라고 합니다. '반야般若의 범어 단어에는 다섯 가지 의미가 있는 것을 고려해 볼 때, 지혜란 단어로는 그런 의미를 온전히 나타낼 수 없었기 때문에 아예 번역하지 않고 '반야'로 음역한 것입니다. 여기에서 공자가 "지자불혹"(知者不惑)이라고 했을 때의 知(지)도 불교에서 말하는 지혜의 智(지)에 해당하는 것으로 총명이 아닙니다. 진정으로 지혜가 있는 사람은 무슨 일이든지 자신의 손에 들어오자마자 분명히 알아 미혹되지 않습니다.

공자는 또 "인자불우."(仁者不憂)라고 말했습니다. 진정으로 인한 마음을 가진 사람은 환경에 동요되지 않습니다. 또한 "진정으로 큰 용기가 있는 사람은 두려워할 것이 없습니다."(勇者不懼). 이와 같은 진정한 인仁과 용勇은 모두 큰 지혜와 병존하는 것입니다.

성인의 도와 재능

공자께서 (사람됨과 일처리에서 주의할 일을) 말씀하셨다. "함께 배울 수는 있더라도 함께 같은 길로 나아갈 수는 없는 사람이 있다. 함께 같은 길로 나아갈 수는 있더라도 함께 이룩할 수는 없는 사람이 있다. 함께 이룩할 수는 있더라도 함께 임기응변할 수는 없는 사람이 있다."

子曰 : 可與共學 , 未可與適道。 可與適道 , 未可與立。 可與立 , 未
자왈 가여공학 미가여적도 가여적도 미가여립 가여립 미

可與權。
가여권

이것은 사람됨과 일 처리에 있어서 주의해야 할 일입니다. 이런 인생 경험을 말한 것을 보면 공자는 진정한 성인으로서 정말 훌륭합니다. 공자는, 젊어서 함께 배울 수 있고 친구로서도 아주 좋지만, 함께 같은 길을 가거나 꼭 사업을 함께 할 수 없는 사람들이 있다고 했습니다. 가령 어떤 사업을 할 때 좋은 친구라고 생각하여 함께 동업을 했는데, 나중에는 원수로 변해 정말 수지가 맞지 않는 경우가 흔히 있습니다. 만일 사업을 함께 하지 않았더라면, 계속 좋은 친구로 원만하게 지낼 수 있었을 텐데 말입니다! 친구를 얻기란 어려운 일인데 결국 원수로 변했으니, 이혼한 것이나 마찬가지로 얼마나 고통스럽겠습니까?

그래서 한나라 광무제光武帝가 엄자릉嚴子陵을 찾았을 때에도 엄자릉은 끝내 벼슬하지 않고 한결같이 황제와 좋은 친구로서 남았으니 얼마나 편했겠습니까! 만일 그가 광무제의 관리가 되었더라면, 결국 역사 기록에는 두 사람의 이런 영광스런 자취가 남지 않게 되어 우리에게 알려지지도 않았을 것입니다.

어떤 사람들은 함께 사업은 할 수 있어도 함께 무엇인가 건립하고 창업할 수는 없습니다(可與適道, 未可與立). 우리가 몇십 년 간 인생을 경험해 보고 다시 이 구절의 글을 보면 공자의 훌륭함을 느끼게 됩니다. 명 태조 주원장은 처음엔 공자를 존중하고 맹자를 반대하여, 공자묘에 있는 맹자의 위패를 버리면서 맹자는 대단한 것이 없다고 말했습니다. 주원장은 뒤에 생각이 바뀌어 『맹자』를 읽다가, "하늘이 장차 이 사람에게 큰 임무를 내릴 때는 반드시 먼저 그 심지心志를 괴롭게 하고 그 근골을 수고롭게 한다."(天將降大任於是人也, 必先苦其心志, 勞其筋骨)는 구절을 읽고는 (「고자」 하―역주), 맹자를 진짜 성인이라 여겨 공자묘에 맹자의 위패를 회복시켰습니다. 이는 인생의 경험이 많아야 성현의 말이 소중함을 체험하게 된다는 것을 말해 줍니다.

어떤 사람들은 공동으로 창업은 할 수 있어도 그에게 권력을 줄 수 없으며 공동으로 임기응변을 할 수 없습니다(可與立, 未可與權). 이에 관해서는 역사상 많은 이야기 속에서 볼 수 있는데, 어떤 사람은 학문과 도덕이 모두 훌륭하여 남의 고급 간부가 되어 일인지하―人之下요 만인지상萬人之上으로 활동하는 것은 좋았지만, 권력이 일단 그의 수중에 집중되면 스스로 자신을 해치고 무너져 버립니다. 예컨대 현대사에서의 원세개는 조조와 비슷했는데, 난세의 간웅奸雄으로 치세治世에 꼭 능한 것은 아니었습니다. 만일 손에 대권을 쥐고 있으면서도 학문과 도덕의 수양이 있어 권력을 대단히 평범하게 여긴다면, 이는 훌륭한 일입니다.

찬원 선사와 왕안석

공자가 위에서 말한 세 가지 점에 대하여, 송대의 장산蔣山 찬원 선사贊元禪師가 왕안석王安石에게 한 말을 빌려 좀더 이해해 보겠습니다. 왕안석과 찬원 선사는 형제처럼 친분이 두터웠는데, 한 사람은 출가해서 스님이 되고 한 사람은 재상이 되었습니다. 왕안석은 매월 습관적으로 찬원 선사에게 편지를 써 보냈는데, 찬원 선사는 이 편지를 전혀 뜯어 보지 않았습니다. 어느 날 왕안석이 찬원 선사에게 도를 배울 수 있느냐고 묻자, 찬원 선사는 이렇게 답했습니다. "자네는 도를 배울 수 있는 조건이 딱 하나 있지만, 세 가지 장애를 영원히 없앨 수 없으니 한 생을 더 기다릴 수밖에 없네. 내생에 다시 도 배우는 것을 얘기하세." 라고 했습니다. 왕안석은 이 말을 듣고 몹시 궁금하여 그에게 이유를 설명해 달라고 했습니다. 그러자 찬원 선사가 말했습니다. "자네는 타고난 기질이 강대하고 세상과의 인연이 깊네. 즉, 자네는 기가 강하고 또 인간세상의 공명사업에 열심이지만 성공과 실패에 대해서는 절대적으로 자신이 없네. 그래서 항상 마음의 평정을 이룰 수 없으니 어떻게 도를 배울 수 있겠는가? 자네는 또 성깔이 대단하고 화를 잘 내네. 학문을 하는 데는 아는 것을 중시하지만, 도를 배우는 데는 아는 것이 장애가 되네. 자네에게는 이 세 가지 큰 결점이 있는데 어떻게 도를 배울 수 있겠는가? 그러나 자네는 명리를 중시하지 않고 생활습관이 담박하여 마치 고행승 같은데, 이 점만은 비교적 도에 가깝다네. 그러니 자네는 이승에서 먼저 도를 닦는 이론을 연구하고 다음 생에 다시 보세!" 이 대화를 읽고 나서 왕안석의 일생과 송의 신종神宗 시대 역사의 성패득실을 연구해 보면, 공자가 말한 위의 세 마디 말의 무게를 이해할 수 있습니다.

"당체꽃이 한쪽으로 기울어져 있네. 어찌 그대를 생각하지 않으리? 다만 그대 집이 너무 머네."
공자께서 말씀하셨다. "이는 생각하지 않은 것이니, 생각한다면 멀 것이 있겠는가?"

(실제로는 자신이 애써 깊이 생각해 보려 하지 않기 때문에 제대로 볼 수 없는 것입니다. 사실 가장 높고 심원한 이치는 가장 평범하고 가장 낮고 가까운 데 있습니다. 우리는 흔히 눈앞에 있는 것들을 대수롭지 않게 보아, 생각해 볼 가치가 없다고 생각하여 실패의 씨앗을 뿌립니다)

唐棣之華, 偏其反而 ; 豈不爾思 , 室是遠而。子曰 : 未之思也 , 夫何
당 체 지 화   편 기 반 이   기 불 이 사   실 시 원 이   자 왈   미 지 사 야   부 하

遠之有?
원 지 유

공자는 이 네 구절의 옛 시를 인용하여 묘하게 활용하고 있습니다. 당체唐棣는 식물의 일종으로, 꽃이 밤송이처럼 생겨서 5월에 흰색으로 피어납니다. 이 시를 통해 말하는 것은, 당체 꽃송이가 한쪽으로 치우쳐

있는 듯한 모습을 보고 일시적인 감상이 일어나, 어떤 사물이든지 모두 정正·반反 양면이 있음을 이해하게 되었다는 것입니다. 어떤 일들을 일시적으로 똑똑히 볼 수 없는 것은 그것이 너무 친밀해져서 오히려 우리 자신을 가리고 있기 때문인데, 사실 이치는 바로 우리 눈앞에 있습니다. 마치 우리 집 안에 있음과 마찬가지여서 자세히 많이 사고해보기만 하면 우리 자신의 집에 본래 있는 것임을 알 수 있습니다. "화근과 근심은 항상 미미한 것을 소홀히 하는 데서부터 쌓이고, 지혜나 용기는 대부분 탐닉하는 데서 곤경을 겪는다."(禍患常積於忽微, 智勇多困於所溺)는 것이 바로 이런 뜻입니다.

당체꽃에 관한 네 구절의 시는 두 가지 의미를 포함하고 있습니다. 첫째, 앞에 있는 한 송이 꽃이 정말 예쁘지만 아쉽게도 한쪽으로 좀 치우쳤다는 것입니다. 둘째, 꽃이 기울어져 보이는 것은 자기가 주의 깊게 생각해 보지 않은 탓이란 것입니다. 사업을 하거나 사람 노릇을 하는 데 있어 가장 잘못하기 쉬운 점은 가장 알기 쉬운 일에 주의를 기울이지 않거나 가장 가까운 사람을 지나치게 믿는 데 있습니다.

인생 경험과 역사상 교훈을 통해 우리가 알 수 있듯이, 어떤 사람을 실패하게 만들고 무너뜨리는 것은 적이 아니라 흔히 당신의 좌우에 있는 가장 믿는 측근입니다. 또, 좌우 측근들이 고의적으로 당신을 무너뜨리는 것이 아니라, 그 측근 자신이 무의식중에 잘못을 범하거나 너무 큰 잘못을 범한 나머지 당신을 무너지도록 돕는 것입니다. 그러므로 사람은 자기와 한 집에서 사는 사람과, 가장 비근한 일을 분명하게 보기가 가장 쉽지 않습니다. 마치 우리가 안경을 쓰면 밖의 사물은 잘 볼 수 있지만 흔히 자신이 안경을 쓰고 있다는 사실은 잊어버리고, 안경알이 깨졌을 때 자신의 눈까지 상처를 입는 것과 같습니다. 이 시의 네 구절을 연결시켜 이해해 보면, 우리들이 뭔가를 애호하다 보면 사적인 정에 치우치고, 사적인 정에 치우치다 보면 흔히 일을 분명히 보지 못해서 친숙한 사물일수록 제대로 볼 수 없다는 뜻이 됩니다. 이 점을 특별히 주의해야 합니다.

"공자께서 말씀하셨다. '이는 생각하지 않은 것이니, 생각한다면 멀

것이 있겠는가?"(子曰 : 未之思也, 夫何遠之有). 이것은 공자의 결론입니다. 공자의 말은 이런 뜻입니다. "실제로는 자신이 애써 깊이 생각해 보려 하지 않기 때문에 제대로 볼 수 없는 것이다. 사실 가장 높고 심원한 이치는 가장 평범하고 가장 낮고 가까운 데 있는 것이다. 우리는 흔히 눈앞에 있는 것들을 대수롭지 않게 보아, 생각해 볼 가치가 없다고 생각하여 실패의 씨앗을 뿌린다."

일반적으로 『논어』 전 20편을 상·하 두 부분으로 나누어, 앞의 10편을 상론上論으로 합니다. 상론의 마지막 편은 제10편 「향당」鄕黨인데, 이 한 편은 대부분 공자의 일상적인 처세의 태도를 기록한 것이기 때문에 비교적 좀 무미건조합니다. 사실상 현대적 관점으로 보면 바로 공자의 일상생활의 간단한 묘사입니다. 「향당」에서는 공자의 사상과 사람됨, 처세 방식을 볼 수 있어 공자 연구의 결론이나 다름없는데, 우리는 잠시 보류하고, 상론은 여기에서 일단락 짓겠습니다.